인권의 대전환

인권 공화국을 위한 법과 국가의 역할

인권의 대전환

HUMAN RIGHTS
TRANSFORMED

샌드라 프레드먼 | 조효제 옮김

교양인
GYOYANGIN

- 본서는 다음 책의 한국어 완역판이다. Sandra Fredman. *Human Rights Transformed: Positive Rights and Positive Duties*. Oxford: Oxford University Press, 2008.
- 저자 〈머리말〉의 감사 인사에 등장하는 인물이 너무 많아서 단순히 이름만 나열해놓은 경우에는 번역문에서 생략하였다. 〈법률 일람표〉와 〈판례 일람표〉도 생략하였다.
- 본문에 인용된 국제법 관련 조항의 번역은 대개의 경우 다음 번역본을 따랐다. — 정인섭 편역. 《증보 국제인권조약집》. 서울: 경인문화사. 2008.
- 원문의 명백한 오기나 오자가 발견된 경우, 옮긴이의 판단으로 수정하였다 (예: 8장 2절 2항의 마지막 문구, 8장 3절 3항의 인용 수치 등). 수정한 부분은 번역문에 일일이 표시하지 않았다.
- 원저에서는 'duty'와 'obligation'을 혼용해서 쓴다. 원래 'duty'는 법적으로 구속력이 있는 책임이고, 'obligation'은 타인에 대한 공감에 바탕을 둔 자발적 책임을 말한다. 이 책에서는 특별히 구분이 필요하지 않는 한 모두 '의무'로 번역하였다.
- 'citizenship'은 흔히 '시민권', '시민성', '시민됨' 또는 '시민 자격' 등으로 번역하지만 이 말은 원래 한 시민으로서 민주 정체(polity) 내에서 책임과 의무와 권리를 모두 담지하면서 그것을 충족시켜야 할 존재라는 뜻을 지니고 있다. 따라서 이러한 총체적 의미에서 시민 자격을 부각하기 위해 이 책에서는 원어를 음역하여 '시티즌십'으로 번역하였다. 법적으로 국적 취득을 의미하는 경우에는 통상적 용어인 '시민권'으로 번역한 곳도 있다.

다음을 참조하라. — 키이스 포크,《시티즌십: 시민정치론 강의》, 이병천 · 이종두 · 이세형 옮김, 서울: 아르케, 2009.

- 'regulation'과 'regulatory'는 흔히 '규제', '규제적'이라고 번역하지만 맥락에 따라 '질서', '규정', '조정', '조절' 등의 의미가 담길 때도 있다. 한국에서는 규제냐, 자유 시장이냐 하는 이분법으로만 이해하여 모든 'regulation'을 자유 시장을 억제한다는 의미로 해석하곤 한다. 그러나 이 말을 '규정'(질서)으로 이해하면 그것은 시장을 억제하는 것이 아니라, 진정한 의미에서 시장을 도와주는 개념으로 볼 수 있다. 즉, 규정에 따른 자유 시장이냐, 무질서한 자유 시장이냐 하는 이분법도 가능한 것이다. 번역에서 이 말을 맥락에 따라 규제, 조절, 조정, 규정 등으로 가려서 사용했다.

- 판례 명칭은 한국어로 번역하지 않고 홑따옴표 안에 원래 표기대로 이탤릭체로 표시하였다. 예: '*Airey v. Ireland*' 판례.

- 국제인권법에서 경제적 · 사회적 권리를 'progressive'하게 달성해야 한다고 할 때, 간혹 '점진적'이라고 번역하는 경우가 있다. 그러나 점진적이라는 말은 급격한 변화 없는 온건한 행보라는 뉘앙스가 있어서 경제적 · 사회적 권리에 소극적인 사람들에게 일종의 면죄부를 줄 가능성이 있다. 원래 'progressive'는 '쉬지 않고 앞으로 나아가다'라는 뜻이다. 따라서 본서에서는 '전향적이고 지속적으로'라고 번역하였다.

- 'proactive'라는 말도 어떤 문제가 발생하기 전(事前)에 미리 조치를 취한다는 뜻이므로 '사전적 · 적극적'으로 번역하였다.

- 원저에는 우리에게 다소 생소한 항소심 · 상고심 절차를 다루는 심급 제도들이 소개되고 있다. 예를 들어, 외국에서는 항소심 재판을 마친 사건 중에서 대법원에서 재판하는 사건과 고등법원 상고부에서 재판하는 사건으로 나뉘게 되어 있는 나라가 많다. 이 책에 소개된 판례들은 그 결정 내용이 중요하지, 그것이 어떤 절차를 거쳤는가 하는 점은 본질적인 사항이 아니다. 따라서 한국 독자들에게 불필요한 혼란을 주지 않기 위해서 복잡한 심급 제도를 일일이 구분하지 않고 단순히 상급 법원-하급 법원…… 식으로 번역한 경우도 있다.

| 차례 |

1부 적극적 의무란 무엇인가

1장 인권의 가치를 다시 생각한다 – 자유, 평등, 연대

2장 국가의 역할

2부 법의 지배와 사법부의 역할

    이 책이 인쇄에 들어가는 시점에도 용산 참사 문제가 해결될 기미가 보이지 않는다. 유가족들이 일 년 가까이 풍찬노숙하면서 절규를 해도, 사제들이 길거리에서 매일 천막 미사를 드리면서 호소를 해도 이처럼 심각하고 상징적인 사건에 대해 우리 사회는 충격적일 정도로 무관심한 모습만 보일 뿐이다. 국민 통합과 중도 실용의 말잔치는 넘쳐나지만 인간의 기본권 중의 기본권이라 할 생명과 주거의 문제가 이런 식으로 방치되고 부인되어도 권력은 눈 하나 깜짝하지 않고 일반인들은 부동산 가격에만 신경을 곤두세운다. 참으로 잔인한 국가, 외면하는 대중의 전형적인 상황이 아닐 수 없다.

    한국의 대표적인 시민 운동가 한 분이 이 문제에 대해 발언한 내용을 들어보자. "인간의 기본적인 권리가 주거권인데, 이것을 빼앗는 것에 누가 저항을 하지 않겠느냐. …… (권리를 주장하다) 목숨을 잃은 사람들에게 한 번도 잘못했다는 이야기를 하지 않는 사회는 안심하고 살 수 있는 기본적 권리가 침해되는 사회…… 이명박 정부의 법치주의는 힘없고 가난한 국민들에게만 해당된다. …… **사법 정의가 이 시간까지도 지켜지고 있지 않다고 생각한다.**" (박원순 "국민들 어리석으면 민주주의에도 허점"〈오마이뉴스〉 2009. 9. 1. 인용자 강조). 용산 참사 문제를 일반 인권론의 차원에서 보다 근본적으로 해석한다면 어떻게 될까?

I

인권 운동이나 인권 공부를 하는 사람들은 흔히 인권에 반대하는 사람들의 소리를 접하게 된다. 그러한 반대의 소리에도 여러 종류가 있다. 그중 제일 흔한 것이 통념적인 반대 의견이다. 당장 먹고 살기도 힘든데 '인권' 운운하는 것은 사치가 아닌가, 또는 지키지도 못할 약속을 어째서 함부로 남발하느냐는 식의 즉자적인 반응을 들 수 있겠다. 통념적인 반대 의견은 본말이 전도된 의견이거나 정리되지 않은 감정의 표출이기 쉽다. 그 다음, 정치와 연관해 인권에 반대하는 의견도 있다. 예를 들어, 특정한 세력이 정치적 목적에서 인권을 정치 투쟁의 한 수단으로 여긴다는 비판을 주변에서 흔히 접할 수 있다. 그러나 통념적 이유도, 정치적 이유도 아닌 나름대로 지적·이론적 근거에서 인권에 반대하는 주장도 있다. 여기서 다음과 같은 질문을 던져보자. 용산 참사의 경우 엄청난 인권 유린 사태였음에도 사건 해결이 이토록 요원한 까닭이 무엇일까? 그것은 바로 인권에 반대하는 위의 세 가지 기제가 모두 동원되어 그 사건의 본질을 중성화시키는 부인 기제가 강력하게 작동했기 때문이다.

첫째, 일반인들이 통념적 이유에서 용산 참사를 바라보는 기본 논리는 다음과 같다고 생각된다. "사람들이 죽은 건 가슴 아픈 일이야. 그런 일이 일어나지 않았더라면 더 좋았을 텐데. 하지만 본질적으로 용산 사건은 자기들 개인 사업과 관련된 문제잖아? 꼭 그렇게 극단적인 방법을 써서 저항했어야 했나? 그러면 경찰이 나설 수밖에 없잖아? 경찰의 정당한 공무 집행인 측면이 있지. 그러니 비극적이긴 하지만 인권 유린 사건이라고 보기는 어려워. 시간이 지나면 잊혀지겠지. 우리 같은 보통 사람들이 할 수 있는 일도 없잖아?"

둘째, 정치적 이유에서 용산 사건을 비난하는 것은 너무나 잘 알려진 내용이어서 재론할 필요조차 없을 정도이다. "외부 세력이 개입했으니 선량한 피해자들의 순수한 자구 움직임이 아니었다. 진압 책임자 사퇴 주장은 반정부 세력의 체제 전복 시도다." 운운.

셋째, 용산 참사에서 전면에 드러나지는 않았지만 그 배경에 깔려 있던 지적·이론적 인권 비판 시각도 이 사건을 축소하고 왜곡하는 데 큰 역할을 했다. "사람이 죽었으니 큰 문제가 되었지만 사실 이 사건의 근본 원인은 재산권 문제라 할 수 있다. 자유민주주의 체제에서 재산권과 계약권은 신성 불가침한 원칙인데 그것을 무시하겠다는 주장은 절대 인정할 수 없다. 사인들 사이에서 일어난 일에 국가는 간섭해서도, 간섭할 수도 없다. 그리고 주거권이니 주택권이니 하는 말은 주장 자체가 성립하기 어렵다. 자본주의 사회에서는 필연적으로 경제적 격차가 생길 수밖에 없는데 어떻게 주거의 문제를 인간의 기본권으로 주장할 수 있는가."

지적·이론적 근거에서 도출되는 인권 비판은 두 가지 차원에서 인권을 가로막는다. 우선 통념적·정치적 인권 반대 의견에 외견상 논리성을 부여해줌으로써 통념적·정치적 인권 반대 의견이 결국 타당하다는 식의 인상을 갖게 한다. 덧붙여 인권 문제를 해결하는 데 큰 도움이 될 수도 있는 대중의 여론을 잠재우는, 보이지 않는 역할을 톡톡히 해낸다. 둘째, 지적·이론적 인권 비판은 궁극적으로 인권 문제 해결에 권한을 가진 사법부의 판단에 결정적인 영향을 끼친다. 이 점을 용산 참사에 적용해본다면, 만에 하나 경찰의 과잉 진압 행위가 불법으로 인정된다 하더라도(실제로는 이것조차 희망이 없어 보이지만), 더 근원적인 '주거권' 일반의 문제는 여전히 사법부에 의해 차단될 가능성이 높다. 앞에서 인용한 박원순 변호사의 문제의식도 바로 이러한 지점들을 겨냥하고 있다고 생각된다. 이런 점을 통해 우리는 지적·이론적 인권 비판에 대응하는 문제가 왜 현실적으로도 중요한 과제인지를 알 수 있다. 다시 말해, 대중의 통념을 바로잡거나 경찰의 과잉 진압 여부를 밝히는 것과, 주거권이 엄연한 인권 문제라는 점을 이론적으로 확정하는 문제가 똑같이 중요하다는 말이다. 이러한 기본 관점을 깔고 본서를 읽는다면 용산 참사를 비롯해서 오늘날 한국 사회를 괴롭히는 각종 인권 문제의 해결 방안을 찾는 데 결정적인 도움을 받을 수 있을 것이다.

그런데 지적·이론적 인권 비판은 반박하기가 쉽지 않은 것이 사실이다. 어느 정도 근거가 있고 역사적 발전 배경도 있는, 일종의 철학적 보수주의에 근거한 반대이기 때문이다. 인권에 대한 이론적 반대는 흔히 다음과 같은 구조를 가지고 있다. 《인권의 대전환》은 이러한 지적·이론적 반대 의견에 정면으로 응답하면서 실질적 인권의 보장을 위한 토대를 세우려고 한다.

(1) 우선 '자유'의 개념을 어떻게 이해할 것인가 하는 문제가 있다. 이 질문은 흔히 다음과 같이 표현된다.

- 자유는 외부의 간섭이 없는 상태이다. 외부의 간섭이 있으면 부자유가 생긴다.
- 인권(자유)을 보장하려면 국가가 개인에게 간섭해서는 안 된다. 따라서 인권은 국가에 대해 소극적(자기 억제) 의무를 부과한다.

- 마찬가지 논리로 개인의 자유 시장 활동에 간섭하지 않는 것이 인권 보장의 최선책이다. 자유 시장 활동에 간섭하면 그것은 인권 침해나 마찬가지이다.
- 사회 정의라는 개념 자체가 개인의 자유 시장 활동에 대한 간섭이다. 사회 정의를 요구하면 자유 시장이 일차 분배해준 것을 국가가 다시 강제로 재분배하라는 말이 되기 때문이다. 그러므로 사회 정의와 인권은 내재적으로 반대되는 논리에 입각해 있다.

(2) 국가가 소극적(자기 억제) 의무를 다하기만 하면 개인의 권리가 보장된다고 하는 견해에는 다음과 같은 전제가 깔려 있다.

- 국가가 시민들에게 특정한 선택 또는 어떤 일정한 '선익' — 그것이 외견상 아무리 좋아 보이더라도 — 을 강요해서는 안 된다.
- 시민들에게 '좋은' 일을 해주는 것이 옳은 국가가 아니다. 국가는 개인이 스스로 자기가 좋은 방향으로 선택을 하도록 허용해야 하고, 그런 의미에서 중립적 국가가 옳은 국가이다.
- 국가가 소위 '이성'에 근거해 시민들에게 특정한 선익을 강요하기 시작하면 전제 정치로 가는 지름길이 열린다.
- 중립적 국가는 소극적 자유, 가치의 초연함, 개인의 사적 영역 보호를 추구해야 한다.

(3) 설령 국가가 개인의 자유와 인권을 위해 적극적으로 개입해야 하는 것에 동의하더라도 인권이라는 절대적 기준을 미리 설정해놓고 그것에 맞추는 식으로 개입해서는 안 된다고 하는 논리도 있다. 특히 지구화 시대에 국민 국가의 힘이 변화된 시대 상황을 감안해야 한다는

논리도 이와 연결되어 있다. 이런 논리에서 나오는 비판을 들어보자.

- 국가가 설령 시민들의 삶에 적극적으로 개입하더라도 그것은 인권이라는 선행 조건이 아니라 민주적 정치 과정에 의해 결정되어야 한다.
- 사법부에 의한 적극적 인권 보장은 그 형식과 절차상 반민주적일 수도 있다. (이런 주장에 대해서는 최근 한국에서 출간된 아담 쉐보르스키 외, 《민주주의와 법의 지배》를 참조하라.)
- 민주주의 체제에서는 인권에 대한 국가의 사전 행동형 조치가 없더라도 시민들이 자기 삶과 관련된 근본적 문제들을 잘 결정하도록 되어 있다.
- 지구화 상황으로 인해 국가가 적극적 의무를 추구할 수 없게 되었다. 첫째, 전 세계적으로 자유로운 시장 활동이 중요해진 시점에서 국가의 적극적 의무를 예전처럼 인정할 수 없다. 이것은 자유 시장의 원칙과 관련된 문제이다. 둘째, 자유 시장만이 인간의 복리와 인권을 보장할 수 있는 최선책이다. 셋째, 지구화로 인해 국가가 더는 적극적 의무를 떠맡을 여력이 없다.
- 민영화로 인해 공공 서비스를 위탁받은 사적 행위자, 민간 기업에게 적극적 인권 보호 의무를 부과하기가 어렵다.

(4) 국가의 적극적 의무에 대한 이론적 비판의 종류도 다양하다.

- 국가의 적극적 개입을 요구하는 사회권은 그 내용이 모호하고 그것을 명확하게 규정하기 어렵다(불확정성).
- 국가가 사회권을 충족시킬 의무가 있다 하더라도 그 권리를 실현할 수 있는 자원이 부족하다면 어떻게 할 것인가? 자원이 없는 상태에서 '권

리' 운운하는 것은 단순히 희망 사항에 불과하지 않은가?
- 하나의 예정 또는 미래의 청사진에 불과한 이야기를 '권리'라고 못 박아 주장할 수 있는가?

(5) 위의 비판은 사회권을 사법부에서 다루어서는 안 된다는 논리로 이어지곤 한다.

- 국가의 적극적 의무는 불확정적이므로 사법 심사 대상으로 적합하지 않다.
- 적극적 의무를 판단하는 것은 법원의 제도적 역량을 넘어선 월권 행위이다.
- 적극적 의무는 지속적 감시와 일정한 자원의 투입이 필요하다. 판사가 어떻게 그런 일을 할 수 있겠는가?
- 그러므로 국가의 적극적 의무를 판별하는 것은 정치적 행위이지 사법부가 개입할 문제가 아니다.
- 사법부에 적극적 의무의 심사권을 부여하면 사법부가 입법부와 행정부의 권력에 부당하게 간섭하는 것이 된다.
- 판사들은 선거를 통해 선출되지도 않았고 정치적 책무성도 없는 집단이다. 이들에게 적극적 의무를 맡기는 것은 근본적으로 비민주적이다.
- '정치적인 것'과 '법적인 것'은 구분해야 한다.
- 사법 절차는 일도양단 식의 절차이자 사후 절차이며 서로 간의 다툼을 해결하는 성격의 절차이므로 사회권·사회 정책에서처럼 광범위하고 다중심적인 이슈를 다루기에 적합하지 않다.

(6) 국가가 사회 각 분야에 인권적 규범과 가치를 주입하려고 해도

해당 조직이나 분야에서 그러한 시도를 고분고분 따른다는 보장이 없다.

- 국가가 규범을 제시하더라도 사회의 여러 조직들이 반응하지 않을지도 모른다.
- 오히려 관료적 절차를 더 번거롭게 만들 수도 있다.
- 사회 조직들이 오히려 방어적이 되어 복지부동의 태도를 보일 수도 있다.
- 다양한 하위 시스템을 하나로 통합할 수 있는 방안은 존재하지 않는다. 특히 법률이라는 규범으로 여타 하위 시스템을 완전히 통제할 수는 없다. 법률 역시 하나의 하위 시스템에 불과하기 때문이다.

(7) 국제인권법 체계에 의한 인권 보호는 강제력이 없어서 효과를 기대하기 어렵다. 특히 사회권은 더더욱 그러하다.

- 유엔이 각 당사국에게 단순히 보고서 제출 의무만을 강요할 때 그것은 요식 행위로 변질되기 쉽다.
- 국가 당국자는 인권 보호를 위해 구체적 정책을 입안해야 한다는 의무감이 별로 없다.
- 대중은 국제인권법을 잘 알지 못하며, 그것을 너무나 멀게 느낀다. 그런 상태에서 국제법 논리에 의존해 인권, 특히 사회권을 주장하는 것은 현실과 너무 동떨어진 태도이다.

지금까지 본 바대로 인권에 대해 이론적·지적 측면에서 비판하는 견해는 대다수가 위의 일곱 가지 범주 중 어느 한 곳에 속한다고 볼 수 있다. 뒤에서 재론하겠지만《인권의 대전환》은 이러한 비판에 대해 하나하나 답한다.

II

그렇다면《인권의 대전환》은 현대 인권 사상에서 어떤 의의를 지니는가? 다섯 가지로 의미를 정리해보자.

첫째, 인권의 개념 자체에 대전환을 가져왔다. 이 책의 제목인 'Human Rights Transformed'가 이 점을 잘 표현한다. 원래 '권리'라는 개념은 권리의 주체(A)가 의무의 주체(B)에게 어떠한 근거(C)에서 어떤 권리(D)를 요구한다는 논리 구조를 지니고 있다. 따라서 흔히 외견상 권리를 요구하는 주체 A만 드러나 보일지 몰라도 실제로 A가 권리를 요구할 때는 반드시 의무의 주체인 상대방 B가 있어야 한다. 그래서 무인도에서 혼자 사는 로빈슨 크루소에게는 권리가 있을 수 없다고하는 것이다. 의무의 주체인 B가 존재하지 않기 때문이다. 이처럼 권리의 논리 구조는 반드시 복수의 인간 공동체를 상정하고 있다. 그런데 전통적인 인권 담론은 권리의 주체 A만 강조한 나머지 의무 주체 B의 존재와 역할은 상대적으로 강조하지 않았다. 다시 말해 전통적 인권 개념이 권리 주체의 주장에 초점을 두다 보니 권리 주체의 규범력은 강했지만 의무 주체에 내린 구속력은 약하게 나타났던 것이다. 이런 식의 사회 현상을 울리히 벡은 '용암(溶暗) 현상(fading-out phenomenon)'이라고 표현한다. 전체 현실 중 어떤 부분만 또렷이 강조되고 나머지 부분은 배경 그림자처럼 희미해지는 현상을 말한다. 근대 국민 국가 체제에서 가장 중요하고 가장 영향력 있는 의무의 주체는 두말할 것도 없이

'국가'이다. 시민과 국가가 서로 권리와 의무의 관계로 맺어져 있다는 개념 — 시티즌십 — 이 바로 근대 민주 정치의 기본 전제이기도 하다. 그런데 용암 현상으로 인해 전통적 인권 담론에서는 권리의 주체인 개인은 강조되었지만 개인의 권리를 충족시킬 의무가 있는 주체인 국가는 잘 부각되지 않았다. 《인권의 대전환》은 이러한 부조화를 시정하기 위해 인권 개념의 근본적인 재정립이 필요하다고 제안한다. 권리 주체만 강조했을 때 의무 주체인 국가가 권리 주장 자체를 인정하지 않거나, 또는 말로는 인정하더라도 실천에 있어서는 소극적인 경우가 자주 나타나기 때문이다. 바로 이 점이 사람들이 인권 담론에 실망하게 되는 가장 큰 이유이기도 하다("지키지도 못할 약속을 왜 하느냐?"). 따라서 《인권의 대전환》은 권리 주체(A)의 요구만큼이나, 아니 어쩌면 그보다 더 의무 주체인 국가(B)의 적극적 역할을 강조한다. 다시 말해 인권 개념 속에 '권리의 논리'와 '의무의 논리'가 똑같이 포함되고 반영되어야 한다고 보는 것이다. 이렇게 된다면 인권을 말로만 인정하면서도 인권의 실현에는 소극적인 국가의 태도 자체가 논리적으로 불가능해질 것이다. 저자의 주장을 끝까지 따라가보면 전통적인 '인권'이라는 말만으로는 부족하고, 권리와 의무가 함께 담긴 새로운 용어가 필요하다는 생각까지 든다. 즉, 권리와 의무가 형식적으로는 구분되지만 내용상으로는 합쳐지는 어떤 새로운 경지의 신조어가 필요하다는 말이다. 그러므로 《인권의 대전환》에서 제안하는 새로운 인권 개념은 개인의 '권'리와 국가의 의'무'를 합친 '권무(權務, rights-duty)'라는 통합 개념이라고 불러도 좋을 듯하다. 물론 '권무'라는 용어는 우리말에 존재하지 않지만, 이 책에 등장하는 '인권'이란 말은 '권무'라는 개념으로 이해해야 그 뜻을 온전히 받아들일 수 있다. '권무' 개념은 예상치 않은 가외의 이점을 낳기도 한다. 즉, 개인 권리와 국가 의무를 한 쌍으로 취급하면 인간의 기본 인권(권무)과 단순한 법적 · 계약적인 권리를 확실하게 구분할 수 있다. 이때 현대 인권 담론의 결함으로 흔히 지적되는 '인권 인플레 (human rights inflationism)' 현상 — 모든 권리를 인권으로 오해하는 — 에 효과적으로 대처할 수 있는 방법도 찾을 수 있다.

둘째, 인권의 개념 속에 권리와 의무를 확실히 포함시켜 새로운 '권무' 개념을 창출한다 하더라도 그것을 어떻게 실현할 것인가 하는 질문은 여전히 남는다. 실제로 '권리-의무'가 개념 차원에서 통합된다는 것은 인권의 규범력이 현재보다 훨씬 더 높아진다는 뜻이지만, 규범력이 높아진다고 해도 인권이 반드시 실현된다는 보장은 없다. 통상적으로 인권을 실현하기 위해 가장 확실한 방법은 법을 제정하는 것이다. 그러나 인권의 규범력이 높아지더라도 반드시 법을 제정할 수 있는 것은 아니고(입법은 정치 과정에 달려 있으므로), 설령 법이 제정되더라도 인권이 구체적 정책의 형태로 표현되지 못하면 그런 법은 사문화되기 십상이다. 게다가 인권은 민주주의와 정치를 어떻게 이해하느냐에 따라 극단적으로 위축되기도 하고, 또는 대단히 확장될 수도 있다. 전자는 형식적 법 논리가 지배하는 최소주의 민주주의 체제에서 흔히 일어나는 현상이다. '법과 질서'를 지키기만 하면 인권 문제는 자동적으로 해결될 수 있고, 인간의 물질적 생존과 관련된 문제는 자유 시장에 맡기면 된다는 식의 접근이 바로 그것이다. 현 정부의 인권에 대한 기본 시각이 이런 것이 아닐까 생각한다. 후자는 사민주의형 복지 국가 체제에서 관찰된다. 이는 시민들의 기본권이 '권무'의 형태로 실현될 가능성이 높은 체제이다. 전자의 경우 인권의 형식적 인정을 넘어 그것을 구체적인 사회 정책의 형태로 확장하려는 노력을 대단히 꺼리기 마련이다.

인권은 규범력이라는 '뼈'에다 구체적 실현 방안이라는 '살'을 입혀야 제대로 작동할 수 있는 개념이다. 《인권의 대전환》은 바로 이 지점을 겨냥한다. 그것을 위해 국가의 '자기 억제 의무(duty of restraint=소극적 의무)'와 '적극적 의무(positive duty)'가 어떤 구조와 특성을 지니고 있는지를 상세히 밝힌다. 모든 인권(권무)은 국가의 자기 억제(소극적) 의무와 적극적 의무를 동시에 발생시킨다. 그리고 이 두 가지 의무는 서로 긴밀하게 연관되어 상호 작용을 하면서 인권을 실현한다. 예를 들어, 주거권이라는 권무가 있다고 치자. 주거권은 국가가 개인의 가정사에 간섭하지 않고 사생활을 존중해야 할 자기 억제 의무와, 국가가 그 사람에게 최소한의 인간적인 주거 공간을 제공해주어야 할 적극적 의무를 동시에 발생시킨다. 이러한 접근 방식을 취하게 되면 전통적인 인권 개념이나, 자유권과 사회권의 구분, 또는 국가의 상이한 의무들을 완전히 새롭게 재구성할 필요가 생긴다. 이런 설명을 바탕으로 삼아 《인권의 대전환》에서는 국가가 자기 의무를 구체적인 형태로 표현할 수 있는 방법을 제시한다. 여기서 주목해야 할 점은 사회권을 위해 국가의 적극적 의무를 강화해야 한다는 식의 판에 박힌 접근이 아니라, 사회권 자체도 자유권과 긴밀하게 연관되어 있으며, 사회권을 실현하려면 국가의 자기 억제 의무와 적극적 의무를 동시에 절묘하게 동원해야 한다고 주장하고 있다는 점이다. 요즘 한국 사회에서는 사회권과 관련된 논의가 봇물 터지듯이 나오고 있다. 학술 대회, 세미나, 공청회, 연구 사업 등을 통해 활발하게 사회권을 다루고 있지만 대부분의 내용이 사회권의 항목을 확장해야 한다는 주장, 그리고 법 해석을 동원해 사회권을 적극적 인권으로 격상시켜야 한다는 주장, 또는 사회 정책을 사회권적으로 접근해야 한다는 주장에 머물고 있다. 옮긴이는 이러한 배경에서 《인권의 대전환》이 앞으로 한국 사회의 모든 사회권 논의의 출발점이자 토대가 되는 논리를 제공해줄 수 있을 것으로 믿는다.

셋째, 인권이라는 규범을 뒷받침하고 있는 토대적 기본 가치들이 인권과 얼마나 내적으로 밀접하게 연결되어 있는지를 입증하였다. 자유, 평등, 연대(박애 또는 우애), 민주주의 등은 인권이 추구하는 기본 가치들이며 동시에 그러한 기본 가치들은 인권을 강화한다. 인권을 이러한 가치들과 연결할 때 발생하는 의미는 의미심장하다. 흔히 인권을 국제법으로부터 낙하산식으로 투입된 외래 개념, 혹은 다수결 민주 정치 체제와 불편한 동거를 하고 있는 고슴도치 같은 사상으로 보는 인식이 적지 않다. 이런 인식에서는 인권이 고결한 목표를 지닌 중요한 사상인 것은 부인하지 않지만, 인권의 이질적인 '절대성 주장'이 민주주의 정치와 부합하기 어렵다고 보는 경우가 많다. 그러나 인권이 민주주의의 기본 가치들과 밀접하게 연관된 개념임을 알고 나면 인권이 민주주의의 '먼' 친척이 아니라 공화주의적 민주주의 전통을 강력하게 옹호할 수 있는 최고 · 최적의 원군임을 알 수 있다. 따라서 《인권의 대전환》은 인권의 원천을 주로 국제 사회의 합의된 약속 또는 국제조약법의 의무 사항으로 파악하곤 하는 전통적 인권론에서 한 걸음 더 나아가, 인권을 국가 정치 공동체의 핵심 구성 원리로 자리매김하였다. 이 새로운 인권 개념은 현재 한국 사회에서 '민주주의'를 놓고 벌어지고 있는 격렬한 대논쟁에도 큰 의미를 지닌다. 우리가 어떠한 민주주의 체제를 옹호하든 간에 — 대의민주주의, 참여민주주의, 직접행동민주주의, 직접민주주의, 심의민주주의 등 — 민주주의의 목적은 인권을 중심으로 하여 자유 · 평등 · 연대의 가치를 강화하고 실천하는 것이 되어야 하고, 반대로 인권을 옹호한다는 것은 제대로 된 민주주의 체제를 지향한다는 말과 동의어이기 때문이다. 나는 저자의 이런 주장을 인권 가치를 민주주의 이론과 직접 연계하는 일종의 '페그' 제도(pegging)라고 본다. 인권 가치와 민주주의 이론을 직접 연결하기 위해 저자는 법철학과 정치 이론 분야에서 기라성 같은 사상가들을 섭렵해서, 대담하고 획기적인 인권 이론을 창출하였다. 예를 들어 법철학 분야에서 로베르트 알렉시, 조지프 라즈, 로널드 드워킨, 제러미 월드런, 귄터 토이브너, 캐스 선스타인 같은 학자들을 논하고 있으며, 정치·사회 이론 분야에서는 한나 아렌트, T. H. 마셜, 존 롤스, 위르겐 하버마스, 아마르티아 센, 데이비드 헬드, 마사 너스봄, 아이리스 영, 헨리 슈 등을 깊이 있게 다루고 있다. 현대 법철학과 사회과학 이론의 양대 분야 최고봉들의 사상을 새로운 인권론의 주춧돌로 삼은 것은 인권 이론을 질적으로 비약시키는 데 대단히 큰 역할을 한 것으로 평가해야 마땅하다. 인권 이론의 역사에서 이러한 통합적 시도가 성공적으로 수행된 적은 극히 드물었다고 생각된다. 바로 이런 점에서 옮긴이는 《인권의 대전환》이 앞으로 적어도 한 세대 동안 우리 사회에서 가장 영향력 있는 종합적 인권 이론서의 하나로 계속 읽힐 수 있을 것이라 예상한다.

넷째, 인권을 실현하는 데 법률과 사법부가 어떤 역할을 해야 할 것인가를 명확히 규명하였다. 여기서 저자는 법과 정치를 나누는 통상적인 이분법을 배격하고 법원의 궁극적 역할이 인권을 보장하도록 국가에 촉구함으로써 민주주의 체제를 보존하고 지원하는 것이라고 역설한다. 그러나 《인권의 대전환》에서 저자는 단순히 사법부가 어떤 정치적 의도를 품고 적극적으로 법 창조를 시도하거나 사법부가 행정부에 대한 통제를 강화하는 것을 그 자체로서 지지하지는 않는다. 오히려 사법부는 민주주의 체제를 지키기 위해 국가가 자신의 의무를 방기하지 않도록 주의 깊게 관찰하고, 국가가 스스로 내세웠던 바를 제대로 실천하는지 감시한다. 이는 일종의 '민주적 사법 적극주의(democratic judicial activism)'라 할 수 있을 것이다. 나는 오랫동안 법과 인권·사회 운동이 '평등한 인식의 지평에서' 만나야 하고, 법학과 사회과학이 인권을 함께 신장해야 한다고 주장해 왔다. 《인권의 대전환》에서도 법원이 넓은 뜻에서 '인권 운동'의 한 축이 되어야 하고, 민주주의 체제의 파수꾼 역할을 수행해야 한다고 주장한다. 저자는 법원의 적극적 행동주의를 어떤 정치적 이념이 아니라 인권과 민주주의의 관점에서 엄밀하게 도출해낸다. 그 결과 《인권의 대전환》은 진보적 인권법 이론의 이정표를 세울 수 있었고, 법률이 넓은 의미의 인권 운동에 기여할 수 있는 역할을 확실히 밝힐 수 있었다고 생각한다. 이것은 다시 사회과학 인권 이론에도 큰 자극을 줄 것임을 부정할 수 없다. 저자는 이러한 새로운 이론 정립을 위해 방대한 비교 인권법 연구를 수행하였다. 실제로 《인권의 대전환》에는 10개국(미국, 영국, 캐나다, 이탈리아, 아일랜드, 체코, 벨기에, 유럽연합, 남아프리카공화국, 인도)의 약 100여 개 주요 판례들이 소개되고 있다. 북미, 유럽, 아프리카, 아시아 지역의 주요 사법권에서 일어나고 있는 이 같은 움직임에 대해 우리 사법부도 면밀한 검토와 국내 적용 가능성에 관해 연구를 게을리 해서는 안 될 것이다. 지구화 시대에 어울리는 진정한 '법의 지배'는 전 세계의 보편적 사법 동향을 잘 이해하고, 인권을 위한 세계적인 움직임을 국내 사법 관할권에도 적용할 수 있는 방안을 모색하는 것이 되어야 한다. 또한 모든 법조인은 민주주의의 수호자로서 사법부의 역할을 깊이 숙고해야 한다. 이 책은 그러한 방향의 모범적 지침서로서도 손색이 없다고 본다.

　다섯째, 인권의 신장을 위해서 개인의 권리가 국가의 의무와 긴밀하게 한 짝을 이루어야 한다. 그런데 만일 국가가 자기 의무를 이행하지 않는다면 어떻게 해야 할까? 가장 쉽게 떠올릴 수 있는 것은 법원에 공익 소송을 제기하여 국가의 책임을 묻는 방법일 것이다. 이 책 전체에 걸쳐서 공익 소송의 실제 사례들이 종횡으로 소개되고 있다. 그것만으로도 《인권의 대전환》의 의의는 크다고 할 수 있다. 하지만 이 책은 그러한 사법적 준수 방식 외의 이차적 방식, 즉 비사법적 의무 준수 방식

으로 사법적 방식을 보완하고 강화해야 한다고 강력하게 주장한다. 대
표적인 예로서, 시민사회, 인권 운동, NGO, 국가인권위원회 등이 저
마다 자신의 역할을 통해 인권 신장에 기여할 수가 있으며, 특히 이들
의 '상승 작용적' 접근 방식은 전체 인권 운동의 효과를 크게 늘릴 수
있다고 한다. 이는 신자유주의적 지구화 시대에 특히 필요한 인권 신장
방법론이 아닐 수 없다. 오늘날 인권 침해의 유형은 일국 차원을 넘어
선 지 오래되었고, 특히 인권 운동 단체와 NGO들은 지구화 시대의 초
국적 인권 침해 인과 관계에 대해 많은 경험을 축적해놓은 상태이다.
저자만큼 인권 운동 단체들의 기여를 이론적 · 실천적으로 중시하는 법
학자도 흔치 않을 것이다. 또한 국가인권위원회가 '다중심적' 인권 정
책을 놓고 사법부, 행정부, 시민사회 등과 상호 작용을 통해 인권 의제
를 조율해야 할 당위성도 강조하고 있다. 특히 이러한 논점은 책 속에
서 사례 연구들을 통해 입증된다. 건강권, 주거권, 교육권, 복지권의 영
역이《인권의 대전환》에서 주장한 인권론을 구체적으로 예증하는 사례
로 등장하고 있는 것이다. 현재 한국 사회에서는 개혁 · 진보 세력의 새
로운 방향 설정을 놓고 많은 논의가 이루어지고 있지만 '인권'을 중심
으로 한 새로운 길 모색은 거의 전무한 실정이다. 이 책은 그러한 지적
공백을 채워주는 소중한 자산이 되리라 믿는다. 이렇듯《인권의 대전
환》이 오늘날 우리 인권 운동과 인권 연구에 제기하는 의미가 결코 적
지 않으며, 다차원적 인권 개념의 재정립과 실천 방안의 모색을 촉구하
고 있다는 데에 많은 독자들이 동의할 수 있을 것이다. 인권을 공부하
다 보면 결국 마지막에는, 인권의 규범적 상징성을 넘어 현실 속에서
실제로 인권 원칙을 어떻게 구체적으로 정책화하고 관철할 수 있는가
하는 난제에 봉착하곤 한다. 바로 이런 문제가 인권의 '진짜' 전문가들
이 고민하는 지점이기도 하다. 이 책은 바로 이런 문제에 정면으로 해

답을 제시하고 있다. 그래서 나는 《인권의 대전환》의 의의를 한마디로 "법철학과 사회 이론을 통틀어 현 시점에서 찾을 수 있는 세계 최고 수준의 진보적 인권 이론"이라고 규정하고 싶다.

III

지금부터 3절에서는 《인권의 대전환》에서 새롭게 제기한 이론(theoria)을, 그리고 4절에서는 실천(praxis)의 문제를 정리해보겠다. 나는 오래전부터 번역서에 실리는 옮긴이의 해설이 원서의 내용을 압축·정리하는 것이 되어서는 안 된다고 생각해 왔다. 따라서 3절과 4절의 내용은 본서의 간단한 요약문이 아니라 이 책을 심층적으로 파악하는 데 필요한 일종의 로드맵이라 할 것이다.

자유의 개념

저자는 전통적인 방식으로는 자유를 억압하는 요인도, 자유를 신장하는 행위도 제대로 파악할 수 없다는 입장을 견지한다. 국가의 억압 때문에 개인의 자유가 침해되기도 하지만 빈곤, 질병, 저발전, 낮은 교육 때문에 개인의 자유가 억압되기도 한다. 그러므로 인권을 제대로 실행하려면 반(反)자유의 주요한 원천들 ― 그것이 국가의 간섭이든, 빈곤이든, 공공 서비스의 부족이든 ― 을 모두 제거해야 한다. 이와 함께 국가의 불간섭(무행동 또는 소극적 행동)과 국가의 적극적 행동을 명확히 나누는 것도 불가능하다. 국가의 불간섭은 시민적·정치적 권리를 보호하고, 국가의 적극적 행동은 경제적·사회적 권리를 신장한다는 단순한 이분법이 통용되고 있다. 그러나 흔히 불간섭이라 여겨지는 행위도 근본 차원에서는 적극적 간섭인 경우가 많다. 예를 들어, 국가가 빈민을 돕지 않아서(불간섭) 빈곤이 발생한 것이 아니라, 국가가 특정 계층 사람들만 적극적으로 도와서 빈곤이 발생했을 수도 있음을 상상할 수 있어야 한다. 왜냐하면 국가가 소유권을 창설하고 국가의 법 체계를 동원하여 특정 계층의 소유권을 적극적으로 보호해주기 때문에 불평등이 발생한다고 볼 수 있기 때문이다. 같은 논리로, 어떤 사람이 돈이 없어 쪼들린다는 사실 역시 국가의 적극적 간섭의 결과일 수 있다. 돈을 더 가진 사람이 더 많은 자유를 누릴 수 있도록 국가가 돈에 특별한 기능을 부여해주었기 때문이다. 그러므로 국가가 시민들의 인권을 보호해주겠다고 한다면, 국가는 지금보다 더 적극적인 역할을 수행할 필요가 있다. 권리를 단자적이고 소외된 인간들이 서로를 서로에게서 보호하기 위해 사용하는 수단으로만 이해해서는 안 된다. 인권은 개인이 사회보다 앞선다는 전제 위에서는 성립할 수 없는 개념이기 때문이다. 사회 속 개인의 자유라는 관념은 국가가 시민들에게 다양한 선택 지점을 부여하고, 인간 관계가 활짝 꽃필 수 있도록 하는 틀을 제공할 적극적 의무를 부과한다. 이와 관련해서 국가가 중립적이라거나 중립일 수 있다는 주장 자체가 일종의 환상에 불과하다. 자율성이니 개인주의니 개인의 선택이니 하는 것 자체가 특정한 가치관, 특정한 맥락에 따른 일종의 예외적 주장이기 때문이다. 국가는 모든 사람이 동의해야 마땅한 도덕의 보편적 원칙을 추구해야 한다. 그러한 보편 원칙 중 가장 중요한 것이 인권이라 할 수 있으며, 인권은 다시 자유, 평등, 연대, 민주주의라는 근본 가치로 표현할 수 있다. 이러한 가치들을 외면하고 '국가 중립'이라는 허구의 베일 뒤에 숨는다는 것은 국가의 존립 목적을 저버리는 심각한 오류이고 착각이다. 국가는 시민들에게 특정한 세계관을 강요하지 않으면서도 공적 도덕성을 추구할 수 있어야 한다.

이와 관련해 사회권에 대해서 누가 비용을 대는가 하는 문제가 흔히 부각되곤 한다. 사회적 약정에 대한 책임은 사회의 모든 구성원이 져야 할 의무이다. 그것은 특정 사회적 혜택에 대해 비용을 지불하는 것이 아니고(거래형 모델), 책임과 혜택 사이의 일대일 관계도 아니다(계약형 모델). 이런 것들은 모두 상호적인 관계를 전제로 한다. 그러나 모든 사람이 더 큰 자유를 누리며 살아가기 위해서 사회가 있어야 하므로 모든 사람이 사회에 대해 다 함께 일정한 의무를 져야 한다. 따라서 우리가 흔히 빠지기 쉬운 일차원적 '상호성의 원칙'으로부터 '사회적 연대의 원칙'으로 나아가야 진정한 인권 존중 사회의 토대가 마련될 수 있다. 우리 사회에서 인권 담론이 유행하면서 인권을 마치 "내 것을 철저하게 찾아먹을 줄 아는 자격"으로 오해하는 경우가 많아졌다. 그러나 사회권을 비롯한 모든 인권은 사회의 전체 구성원들이 서로 우애의 정신으로 전체 사회에 자신의 의무를 다할 때에만 진정으로 얻을 수 있는 성격의 연대적 가치이다.

인권, 민주주의, 지구화

인권은 민주주의의 한구석을 차지하고 있는 뜨거운 감자가 아니다. 인권은 민주주의를 구성하고 그것을 유지하기 위해 반드시 필요하며 국가의 적극적 인권 보호 의무는 모든 민주주의 이론의 핵심인 '민의 참여'를 달성하는 데 본질적인 요소이다. 모든 인민이 자신의 민주적 권리를 평등하게 행사할 수 있는 체제가 바로 민주주의 체제라는 데에는 그 누구도 이의를 달지 않을 것이다. 그렇다면 국가는 사람들이 민주적 권리를 평등하게 행사할 수 없게 만드는 모든 장애물 ― 지위, 계급, 성별, 영향력, 정체성 등 ― 을 최대한 적극적으로 제거할 의무가 있다. 이렇게 볼 때 인권을 최대한 보장한다는 것은 곧 국가의 민주주의적 성격을 최대한 확대한다는 말과 같다. 특히 지구화 시대에 이 점은 더욱 강조되어야 한다. 지구화는 그 자체가 목표가 아니라 인류의 복리를 위한 하나의 실험적 과정일 뿐이다. 그런데 지구화가 성공하려면 국가가 간섭해서는 안 된다는 주장은 어불성설이다. 국가들의 연합체인 세계무역기구(WTO)를 보더라도 이 같은 사실을 바로 확인할 수 있다. WTO 체제는 역사상 유례가 없을 정도로 촘촘하게 짜여진 국제적 규제 시스템이기 때문이다. 원활한 자유 무역을 위해서는 이처럼 고도의 규제를 할 수 있게 만들어놓으면서, 인권을 위해서는 국가가 전혀 개입하지 말아야 한다는 주장은 성립할 수 없는 논리이다. 따라서 규제(간섭)냐 탈규제냐 하는 이분법은 허위의 구분법에 불과하다. 문제는 어떤 규제를 선택할 것인가이며, 어떤 가치를 우위에 놓을까 결정하는 것이다. 지구화만으로 인간의 복리를 달성하지 못한다는 점은 이제 너무나 분명해졌다. 노동권에 대한 국가의 규제가 잘 작동하는 곳에서 생산성도 높고 투자 유치도 더욱 활발하다는 실증적 연구가 많이 나오고 있다. 그러므로 각국이 자국 내 사회적 권리를 축소함으로써 상대국에 대해 비교 우위를 획득할 수 있다는 주장은 현실을 전혀 반영하지 못한다. 그리고 설령 민영화가 이루어지더라도 인권의 원칙을 지킬 수 있는 방법이 없는 것은 아니다. 어떤 공적 기능을 민간에 넘기더라도 국가는 최종 책임을 질 수 있고 또 져야만 한다. 계약 조건을 이용해서 공공 업무를 위탁받은 민간업자에게 인권 보호 의무를 실행하게끔 할 수 있다. 또는 민간 수탁 기업에 직접 인권 보호 의무를 부과하는 방법도 고려할 만하다. 요컨대, 공적 주체이든 사적 주체이든 모든 주체들이 인권 보호 의무를 져야 한다는 원칙을 기억할 필요가 있다.

권리를 위한 적극적 의무 : 인권의 새로운 경지

어떤 권리가 국가의 적극적 의무를 발생시키는지 또는 소극적 의무를 발생시키는지 하는 구분에 의해 그 권리의 성격을 나누어서는 안 된다. 예를 들어 소극적 의무를 발생시키면 시민적·정치적 권리, 적극적 의무를 발생시키면 경제적·사회적 권리라는 식의 구분은 이제 과거지사가 된 것이다. 모든 권리는 적어도 세 종류의 대응 의무를 발생시킨다. '존중할 의무'(회피할 의무)는 국가가 개인의 자유를 존중하고 그것에 간섭하지 말아야 할 의무이다. '보호할 의무'는 제삼자가 어떤 개인의 권리를 침해하지 못하도록 국가가 조치를 취할 의무를 말한다. '충족시킬 의무'(지원할 의무)는 국가가 그 권리에 대해 직접 재화나 서비스를 제공해야 함을 뜻한다.

'인권' 특히 적극적 인권(경제적·사회적 권리)에 반대하는 논리 중 이론적으로 제일 어려운 논리는 적극적 인권이 불확정적이라는 주장이고, 현실적으로 반박하기 까다로운 논리는 자원이 부족해서 사회권을 충족시킬 수 없다는 주장이다. 우선 인권이 불확정적이라고 주장하는 사람들의 이야기를 들어보자. 이런 사람들은 적극적 인권의 내용을 구체적으로 정할 수 없으므로 적극적 인권(사회권)은 규범력이 없으며 따라서 진짜 인권이 될 수 없다고 주장한다. 이러한 주장은, 어떤 의무가 '확정적'이 되려면, 충족시켜야 할 명확한 기준들을 미리 구체적으로 설정해놓아야 한다는 가정에 근거하고 있다. 사회권을 열렬히 옹호하는 사람들 중에도 사회권의 내용을 확정해야 한다고 생각하는 일종의 강박감을 느끼는 이들이 많다. 그래서 사회권을 규정한 여러 법규를 연구하고, 빈곤선이나 욕구 이론 등을 이용해서 사회권의 내용을 확정짓고 싶어한다. 그러나 우리는 여기서 '규정(rules)'과 '원칙(principles)'을 구분해야 한다. '규정'을 발생시키는 인권도 있고, '원칙'을 발생시키는 인권도 있기 때문이다. 국가가 개인에게 간섭하지 말아야 한다는 소극적 의무는 흔히 '규정'을 발생시킨다. 규정이란 국가가 개인의 자율성을 존중해주어야 할 절대적 의무를 말한다. 대부분의 전통적 인권 — 시민적 · 정치적 권리 항목들 — 이 여기에 속한다. 규정은 준수하거나 위배하거나, 둘 중 하나이다. 따라서 규정의 규범력은 '실질적 강제력'을 특징으로 한다. 규정을 위배하면 법원의 결정에 따라 처벌을 받게 된다. 반면에 국가의 적극적 의무는 '원칙'의 문제로 볼 수 있다. 예를 들어 국가의 적극적 의무에 속하는 사회권의 문제를 규정의 문제로만 해석해서, 준수냐 위배냐 하는 식의 이분법으로 보기는 어렵다. 가용 자원의 배분이 달린 문제이며 흔히 정치적 의사 결정 과정과 이해관계에 따른 협상이 개재되기 때문이다. 따라서 사회권을 준수냐 위배냐 하는 이분법으로만 해석하면 사회권 옹호자들은 사회권이 문자 그대로 100퍼센트 충족되지 않을 경우 실망하기 쉽고, 사회권 반대자들은 사회권이 제대로 준수되기 어려운 현실을 역이용해서 바로 그 현실 때문에 사회권은 인권이 될 수 없다고 강변하곤 한다. 이런 상황을 타개하기 위해 다양한 학문적 모색이 이루어졌다. 예를 들어 사회권에서 적용되는 '원칙'은, '규정'과는 달리 준수되거나 위배되는 것 외에도 여러 다양한 수준에서 충족될 수 있다. '원칙'의 규범력은 단순한 강제력에서 나오는 것이 아니다. 원칙의 규범력은 법적 · 현실적 가능성을 감안하되 원칙의 내용을 최대한 실현하도록 요구할 수 있는 '일관된 힘'에서 나온다. 다른 말로 하자면, 원칙은 '최적화를 향한 요구'라 할 수 있다. 원칙은 실질적 강제력이 아니라 '자명한 구속력'을 지닌다. '자명한 구속력'이란 쟁점이 되는 원칙이 옳은 원칙이고 마땅히 지켜야 하는 원칙이지만, 특정한 상황에서 다른 원칙의 지배를 받을 수도 있다는 뜻이다. 자명한 구속력으로 인해 나타나는 결과는, 실질적 강제력을 지닌 '규정'에서와 같이 전부(준수) 아니면 전무(위배)가 아니라, 서로 경합하는 여러 원칙들의 맥락에서 유동적인 성격의 최종 결정이 나온다는 것이다.

그러나 '원칙'이 유동적 성격을 지니긴 하지만 그것은 여전히 '자명한 구속력'이라는 일관된 방향성을 띤다. 거칠게 비유하자면, '규정'은 못질하는 것과 비슷하다. 못질은 못을 박거나 빼거나 둘 중 하나가 된다. 그러나 '원칙'은 못질과 다르다. 큰 호수에 보트를 띄워 호수를 건너간다고 상상해보자. 그런데 이 호수에는 통나무들이 아주 많이 떠 있어서 보트가 통나무를 헤치고 호수 이편으로 건너오기가 참으로 어렵다. 따라서 이 상태에서 노를 젓는 것만으로는 보트가 앞으로 나아가는 것이 거의 불가능에 가깝다. 그런데 보트에 밧줄을 매어 호수 이쪽 편에서 계속 당겨준다고 치자. 줄을 당겨도 통나무들 때문에 보트를 끌어오기가 쉽진 않지만 그래도 밧줄을 계속 당기면 보트가 조금씩이라도 이쪽으로 올 수 있다. 이 비유에서 보트가 이쪽 편으로 건너와야 한다는 규범은 '원칙'이라 할 수 있다. 보트에 밧줄을 매어 이쪽으로 오게 하는 힘은 '자명한 구속력'이다. 호수 위에 떠 있는 장애물인 통나무들은 자명한 구속력을 방해하는 '다른 원칙'들이다. 그러므로 이 사례에서, 보트가 호수 저쪽 편에 그냥 떠 있거나(의무의 위배), 아니면 호수 이쪽 편에 도착하거나(의무의 준수), 이 두 가지 경우만 존재하는 것이 아니다. 그 중간에 여러 단계가 있을 수 있다는 말이다. 따라서 사회권의 경우, 보트가 당장 이쪽 편에 도착했느냐 하는 것으로 그것의 준수 여부를 가리지 않고, 보트에 밧줄을 매어 계속해서 쉬지 않고, 조금씩이라도 이쪽으로 당기고 있느냐 하는 것으로 준수 여부를 판단하게 된다. 어떤 특정 시점에서 보트의 위치를 보자면 보트가 통나무들 사이에 끼어 움직이기가 어렵다 하더라도 통나무들과의 간격, 보트의 각도, 바

람의 방향, 노 젓는 사람의 노력 등을 합쳐서 그 상황에서 앞으로 나아
갈 수 있는 가장 좋은 조건을 형성해야 한다. 이것을 '최적화를 향한
요구'라 할 수 있다.

　그런데 국가의 적극적 의무가 실질적 강제력을 가진 '규정'과 구분되
는, 자명한 구속력을 지닌 '원칙'의 문제라 하더라도, 그러한 의무가 얼
마나 충족되었는지를 판단해야 할 필요성은 여전히 남는다. 즉, 국가의
적극적 의무가 지금 당장 충족되지 않는다 하더라도, 사회권 원칙이 자
명한 구속력을 가지도록 노력하고, 현 시점에서 최적화되도록 노력했
는가 하는 점은 어떤 기준으로 판단할 수 있을까? 여기서 적극적 의무
의 '구성 요건' 이론이 나온다. 이 요건들은 유효성, 참여성, 책무성, 평
등성을 말한다. 이 네 가지 요건들이 최적화되었는지를 합당한 수준에
서 판단하면 어떤 적극적 의무가 충족되었는지를 결정할 수 있다. 더 정
확히 말하면, 사회권의 경우, 준수 또는 위배와는 다른 여러 차원이 존
재할 수 있으며, 그것이 충족되는 쪽으로 가고 있는지, 아니면 충족되
지 않는 쪽으로 가고 있는지를 알아볼 수 있다. 여기서 오해가 없도록
한 가지 밝혀 둘 부분이 있다. 물론 사회권 영역에서도 '최소한의 핵심'
이라는 개념을 통해 즉각적인 충족이 필요한 부분을 미리 확정해놓을
수는 있다. 그러나 '최소한의 핵심'이라는 개념 역시 구체적인 기준을
설정하는 문제라기보다 우선 순위와 시간 설정의 문제를 다루고 있다
는 점을 기억해야 한다. 하지만 그렇더라도 진정으로 즉각적 충족을 요
구하는 최소한의 핵심이 있을 수 있다. 이때 최소한의 핵심 개념은 사회
에서 가장 소외된 계층의 기본권을 최적화하기 위해 모든 방안을 강구
해야 할 의무를 지칭한다. 이 경우 최소한의 핵심 개념은 '절대적 핵심'
개념에 가까워진다. 그러므로 가장 소외된 계층의 기본권 보장 문제는
그것이 시민적·정치적 권리가 아닌 사회권으로 표현되긴 하지만, 마

치 고문이나 노예제가 절대적으로 금지되어야 할 '절대적 핵심' 개념인
것처럼, 사회권 역시 절대적 핵심 권리나 마찬가지인 셈이다. 최소한의
핵심에 속하는 사회적 기본권은 극히 무거운 다른 원칙들이 따로 존재
하지 않는 한 반드시 충족시켜야 한다. 다시 말해, 사회권에 부수된 국
가의 적극적 의무의 이론적 성격 때문에 그 의무를 통상적인 의미에서
'확정적'으로 표현하기는 어렵지만, 실질적으로 보면 고문 금지가 절대
적으로 지켜야 할 국가의 의무인 것처럼, 가장 소외된 계층의 사회적 기
본권 역시 절대적으로 지켜야 할 국가의 의무인 것이다.

　또한 어떤 사회적 권리를 특정한 대상을 '소유'하는 권리로만 이해
할 필요는 없다. 권리는 특정한 '행동'에 대한 권리일 수도 있기 때문이
다. 특히 보건·복지권과 관련해서 권리를 단순히 어떤 사람이 복지 꾸
러미를 소유하는 것으로 이해해서는 안 된다. 소유 권리와 행동 원리를
합해서 사회권을 넓게 이해하면 편리한 점도 생긴다. 권리를 특정한 대
상으로 국한해버리면 사람들의 욕구를 어떻게 결정할 것인가 하는, 풀
리지 않는 문제에 봉착할 수밖에 없다. 흔히 사회 정책 전문가들과 사
회권에 관해 토론하다 보면 사람들의 최소한의 욕구를 어떻게 객관적
으로 정할 것인가에 대해서만 논의가 집중되는 경향이 있다. 확실하게
규정할 수 있는 대상 권리를 구체적으로 정하는 데에만 치중한다는 느
낌이 들 때가 있다. 그러나 어떤 욕구를 권리(일종의 사회적 선익)로 규
정하는 일은, 전문가들이 모여 기술적이고 공리적으로 결정할 수 있는
사안 이상의 과제일 수 있다. 욕구의 전반적 형태를 둘러싼 민주적 토
론이 필요한 것이다. 이것은 심의(또는 '숙의熟議')민주주의의 기본 전
제라 할 수 있다. 사회권에서 심의민주주의를 특히 강조하는 것은 인간
의 기본 욕구와 발전적 소망을 미리 정해 두려는 시도 자체가 경우에
따라선 비민주적일 수 있기 때문이다. 또한 권리를 어떤 것을 '소유'할

권리가 아니라, '행동'에 대한 권리로 이해한다면 사회권이 오로지 소득 재분배에만 관심을 갖는다 — 현존하는 분배 불평등의 저변에 깔려 있는 사회 구조나 제도적 맥락을 도외시한 채 — 는 비판으로부터 자유로울 수 있다. 이와 덧붙여 사회권은 시간의 축에 따라 장기적으로 이해해야 하는 권리이기도 하다. 이는 뒤에서 다시 설명할 것이다.

사회권과 사법부의 역할

사회권과 국가의 적극적 의무를 사법부가 다룰 수 있을 것인가 하는 문제 역시 다차원적으로 이해해야 한다. 사회 정책 분야에서 국가의 적극적 의무가 사법 심사에 적합하지 않다고 생각하는 판사들도 사법부의 자원 확충을 위해 국가가 적극적으로 지원하는 것은 환영하곤 한다. 이율 배반인 셈이다. 따라서 국가의 적극적 의무가 사법 심사의 대상이 되는가 하는 문제는, 쟁점이 된 인권의 개념에 달려 있는 것이 아니라 (즉, 자유권은 사법 심사 대상이 되고, 사회권은 사법 심사 대상이 되지 못한다는 식의), 궁극적으로 법원이 자유의 의미를 어떻게 이해하느냐에 달려 있다. 결국 적극적 인권 보호 의무의 궁극적인 목표는 민주주의를 강화하는 것이다. 그렇다면 사법 심사 적합성은 그것이 민주주의를 강화한다는 목적에 부합할 경우엔 적절한 수단이라고 볼 수 있다. 따라서 구체적인 쟁점에 대해 법원의 사법 심사가 적합한가, 부적합한가를 따지기보다 민주주의의 원칙으로 법원의 역할을 이론적으로 정립하는 것이 중요하다. 여기서도 앞에서 말한 적극적 의무의 구성 요건을 다시 활용할 수 있다. 즉, 유효성, 책무성, 참여성, 평등성의 측면에서 법원이 일정한 보완적 역할을 수행할 수 있는 한, 법원이 사회권 문제에 대해 사법적 심사를 하는 것이 필요하고 정당하다는 말이다. 법원은 선출된 국민의 대표가, 수긍할 수 있는 논증을 동원하여, 유권자들에게 자신의 결정을 설명하도록 명령할 수 있어야 한다. 법원은 또한 국민의 대표가 적극적 인권 보호 의무를 수행했는지에 대해 설명을 요구해야 한다. 적극적 인권 보호가 민주주의의 핵심인 '민의 참여'를 보장하기 때문이다. 적극적 인권 보호를 사법 심사의 대상으로 삼을 때 그것은 사법부가 민주 정치에 간섭하여 민주주의를 저해하는 것이 아니라, 오히려 민주주의를 강화할 수 있다. 이것을 '대의제 강화 이론'이라고 한다('대의제 대체 이론'이 아니라는 점을 기억하라). 그런데 일반 대중이 정치와 사회에 효과적으로 참여하려면 자원에 대한 접근성이 있어야 한다. 하루 벌어 하루 먹고살기 급급한 사람들이 민주적 과정에 참여하기는 어렵기 때문이다. 따라서 사회 내의 혜택을 분배하는 행위는 단순한 물질적 분배 행위를 넘어서 정치 참여의 평등성을 보장하는 민주주의의 본질적 조건이 될 것이다. 특히 인권 관련 소송에서 법원은 가장 약한 집단의 목소리를 보장해주어야만 정당한 민주적 역할을 수행한다고 할 수 있다.

시스템 이론과 인권 규범의 준수

국가의 적극적 의무를 강조하는 것은 전통적인 '형식적 법규' 모델이 아니라 '실질적 법 이성' 모델에 더 가깝다. 실질적 법 이성 모델에 따르면 국가는 사회 활동에 실질적 요건을 적극적으로 부여함으로써 인간의 행동을 조정하려고 한다. 그런데 법적인 규범을 통해 사회의 여러 하위 시스템을 조정하려 해도 하위 시스템이 그 규범에 맞추지 못할 가능성이 높다. 시스템마다 사용하는 '언어'가 다르고, 조직 문화도 다르며, 외부의 규범을 따르려 하다가 하위 시스템 내의 재생산 능력과 활력이 떨어질 수도 있기 때문이다. 예를 들어, 인권이라는 규범(법 규범에 가까운 규범)을 군대나 경찰이나 학교와 같은 하위 시스템에 적용하려 할 때 흔히 직면하게 되는 문제를 생각해보라. 갖가지 오해, 내부 구성원들의 저항, 냉소주의와 고의적 태만, 제도적 한계, 현실적 장애 따위가 발생할 소지가 크다. 이를 시스템 조정의 문제라고 하는데, 이 것을 해결할 수 있는 방법은 법률이 스스로 새로운 모델을 채택해서 자 기 자신부터 환경에 적응해 가는 수밖에 없다. 그렇게 해서 다른 하위 시스템과 인접한 영역에서 조금이라도 변화가 올 때 그 하위 시스템의 변화도 기대할 수 있게 된다. 이것을 '재귀적 법률'이라고 하는데 이는 법이 스스로의 규범을 다른 하위 시스템에 강요하지 않고 여러 하위 시 스템의 분권화된 의사 결정 방식과 그것의 타당성을 인정하는 방식이 다. 이는 법률이 여타 하위 시스템과 적절한 관계 맺기를 시도하는 것 이며, 다른 시스템의 내적인 역학을 이해하면서 그것과 함께 작동하는 방식을 모색하는 것이다. 오늘날 재귀적 법률 이론은 놀라울 정도로 발 전했다. 예를 들어, 법률이나 행정 등의 전통적인 하위 시스템만이 아 니라 여러 사회적 결사체들도 하위 시스템의 정당한 분석 단위로 인정 하기에 이르렀다. 즉, 분권화된 다양한 집단들의 의사 결정을 전체 거 버넌스 내의 '분권화된 입법 행위'로 간주하게 된 것이다. 따라서 넓은 뜻에서 국정의 거버넌스에 참여하는 모든 주체들이, 그것이 정부이든 NGO든 간에, 현장에서 '실제로 법률을 제정하는 주체들'로 인정되는 단계에까지 와 있는 것이다. 보수 정부 하에서 시민사회 단체를 백안시 하는 오늘의 한국 현실과 비교하면 참으로 그 격차가 크다고 하지 않을 수 없다.

평등의 두 차원

평등은 소극적 인권 보호 의무와 적극적 인권 보호 의무를 잇는 핵심 고리이다. 평등에 대해 통일된 접근을 취해야만 진정한 사회 진보가 이루어질 수 있다. 그런데 평등은 서로 전혀 다른 두 가지 경로로 발전해 왔다. 하나는 국가가 모든 인간에게 똑같이 간섭하지 말라는 식의 소극적 의무의 형태로, 다른 하나는 국가가 모든 인간에게 최소한의 생존 조건을 보장해주어야 한다는 사회 정책의 형태로 발전해 온 것이다. 이는 다시 '인정(recognition)'과 '재분배(redistribution)'라는 식으로 개념화할 수 있다. 인간을 그 사람의 계급이나 지위나 정체성에 따라 차별하지 말고 똑같은 존재로 인정해주어야 한다는 개념이 '인정상의 평등' 개념이다. 그리고 사회 내의 경제적 서열과 관련된 영향력을 공평하게 배분해야 한다는 개념이 '재분배적 평등' 개념이다. 그런데 인정과 재분배의 문제는 밀접하게 연관되어 있다. 예를 들어 경제적 빈곤이 특정 정체성 집단들 — 여성, 소수 민족, 장애인, 노령자 등 — 에 유독 많이 분포되어 있음이 사회학적으로 입증되고 있다. '인정상의 불평등'과 '재분배적 불평등'은 동전의 양면일 가능성이 높다. 지금까지 평등의 문제는 주로 기회의 평등과 결과의 평등이라는 식으로 논의되어 왔다. 그러나 인권에서 평등 문제는 이제 사전적·적극적(proactive) 행동을 위한 전략에 더욱 치중해야 한다. 이렇게 볼 때 인권에서 평등은 다음과 같은 네 가지 목표를 지니고 있다. 첫째, 모든 사람의 동등한 존엄성과 가치(평등한 가치). 둘째, 어떤 집단의 특유한 정체성을 인정하고 장려한다(차이의 인정). 셋째, 소외 집단의 불이익을 없애야 한다(소외 집단의 기본권 보장). 넷째, 모든 집단의 참여를 보장해야 한다(평등한 참여). 평등의 문제에서 한 사회 내의 여러 다양한 집단을 어떤 식으로 '범주 구분'하는가 하는 점이 점점 더 핵심적 이슈로 대두하고 있다. 그리고 평등 전략을 추진할 때에도 의무의 준수 모델이 어느 정도의 '규범력'을 지니는지를 늘 의식할 필요가 있다. 규범력이 너무 낮은 모델이 되면 '권리' 모델이라기보다 단순한 사회 정책 모델과 유사해질 수 있기 때문이다.

새로운 복지 권리의 모색

'제3의 길' 논쟁이 사회 복지에 끼친 영향은 지대하다. 아마도 '제3의 길' 류의 핵심 이론들보다 더욱 바람직한 방식은 프랑크 반덴브루크의 접근일 것이다. 그는 과도한 복지와 비효율적인 재분배 정책에 대한 반성으로 출현한 '개인 책임론'이 단지 "빈민과 약자의 도덕적 책임에 관한 손쉬운 수사"로만 끝나서는 안 된다고 주장한다. 그 대신 '상호 연결된 책임망' 이론을 통해, 시장이 개인의 책임과 노력을 진정으로 반영하지 못할 때에, 부유층과 권력층과 국가가 적극적으로 문제 해결에 개입해야 한다고 본다.

이 책에서 저자가 주장하는 '적극적 복지 제공 의무 이론'은 이러한 '상호 연결된 책임망'의 접근 방식을 채택하고 있다. 이 접근 방식에서 제시한 적극적 자유 개념은 국가에 개인의 자유와 권리 행사를 보장해야 할 적극적 의무가 있음을 분명히 밝히고 있다. 이와 함께, 이러한 책임 이론을 일방적인 복지 급여 제공 또는 부유층이 빈곤층에게 부를 이전한다는 식으로만 해석할 필요도 없다. 적극적 의무 개념은 대단히 풍부하고 복합적인 차원의 개념이다. 이때 국가의 역할은 개인을 촉진하고 자력화하는 것이다. 이런 개념 안에서 권리를 지닌 사람은 단순히 수동적인 복지 수급자가 아니라 적극적인 행위 주체가 된다. 즉, 국가의 적극적 의무는 직접적인 복지 제공과 사람들이 처해 있는 환경 조건의 원활한 촉진, 두 차원을 모두 포함한다는 뜻이다. 그러나 복지를 제공해야 할 적극적 의무를 반드시 구체적으로 표현되는 사회 보장권 영역에서만 수행할 필요는 없다. 이 경우 어쩌면 가장 기본적인 시민적 · 정치적 권리, 즉 "잔인하거나 비인도적 혹은 모욕적인 처우를 받지 않을 권리"로부터도 사회 보장의 적극적 의무가 발생할 수 있다. 예를 들어, 영국에서 망명 신청자들에게 인간으로서 생존에 필요한 가장 기본적인 처우조차 고의로 거부한 정책을 놓고, 망명 신청자들이 제기한 소송에 대해 사법부가 국가의 적극적 의무를 인정한 사례가 있다.

복지 영역에서 적극적 의무의 또 다른 원천은 평등 원칙이라 할 수 있다. 평등 역시, 다른 영역과 마찬가지로, 전통적인 시민적·정치적 권리로부터 적극적 의무를 도출해낼 수 있다. 예를 들어, 재산 관련 조항으로부터 사회 보장을 제공해야 할 적극적 의무를 끌어낼 수 있다. 재산권 조항이 국가의 자기 억제 의무의 형태로 규정되어 있긴 하지만 말이다. 〈유럽인권협약 제1추가 의정서〉의 제1조는 다음과 같이 되어 있다. "모든 자연인 또는 법인은 자신의 재산을 평화적으로 향유할 권리를 지닌다. 어느 누구도 공익을 위하여, 그리고 법률 및 국제법의 일반 원칙에 의하여 규정된 조건에 따르는 경우를 제외하고는 자신의 재산을 박탈당하지 아니한다." 이 조항은 그 자체로 사회 보장 권리를 발생시키지 않는다. 그러나 유럽인권재판소는, 당사국들이 법률로 제공하는 사회 보장 급여가 수급자의 입장에서는 재산권에 해당한다는 점을 인정하였다. 그렇다면 여기에서 법원의 역할은 무엇일까? 사법부는 생존에 필요한 최소한의 조건을 제공하라고 요구하는 것을 넘어, 복지 영역에서 적극적 의무의 적절한 형태를 갖추기 위해 큰 힘을 기울여야 한다. 사회 보장 영역의 복합적 성격과 광범위한 분배적 결과를 감안할 때, 법원이 특정한 복지 모델을 취하라고 요구하는 것은 적절치 않다. 그러나 법원은 평등 원칙에 따라서 가장 효과적인 영향을 끼칠 수 있어야 한다. 법원은, 분배적 평등을 신장할 목적을 지닌 어떤 정책이 실제로는 인정상의 불평등 또는 지위상의 불평등을 고착시킬 때, 그것을 해결하기 위해 중요한 역할을 수행할 수 있다. 예를 들어, 지위상의 불평등에 대단히 큰 영향을 끼칠 수 있는 방식으로 사회 집단의 범주를 구분하는 행위는, 국가가 그런 행위를 정당화하지 못하는 한, 그 자체로 '자명한 차별'이 된다. 이때 사법부는 국가에 대해 정치적 책무성과 투명성을 지키라고 요구할 수 있다. 사법부가 어느 정도나 심의민주주의적 의미로 이런 요구를 하는가 하는 점은 법원이 국가의 정당화를 검증해보겠다는 의지의 강도와 법원이 요구하는 참여의 범위와 성격에 달려 있다.

IV

이 책의 첫째 축이 3절에서 살펴본 인권 이론의 재구성이었다면, 지금부터는 둘째 축을 이루는 인권의 실천 담론을 살펴보기로 하자. 저자는 전 세계 주요 국가에서 경험한 인권 운동의 구체적 경험을 법적·정치적·정책적 차원에서 분석한다. 우선 구체적인 인권 실천 담론을 소개하기 전에 국가의 적극적 의무가 불확정적이라는 비판을 인권 현장에서 극복할 수 있는 길을 알아보자. 적극적 의무를 '규정'이 아닌 '원칙'으로 이해해서 최적화를 향한 요구라는 식으로 돌파할 수 있음을 위에서 살펴보았다. 그러나 끝까지 해소되지 않는 불확정적인 요소가 나타날 수 있다. 이 말은 적극적 인권 의무의 내용을 정할 때 의사 결정자의 재량이 개입할 수밖에 없다는 뜻이다. 그러나 어떠한 의사 결정이든 계속되는 논의 중의 일시적이고 잠정적인 매듭에 불과하다. 재판에서 판사들의 소수 의견을 기록해 두는 까닭도 바로 이러한 '의사 결정의 잠정성'을 인정하기 때문이다. 따라서 불확정성은 인간 사회의 모든 결정 과정에서 나타나는 보편적 현상이며, 적극적 인권 보호 의무 자체의 특유한 개념적 오류의 예로 사용될 수 없다.

사회권을 실행하는 방법 : 건강권의 예

예를 들어 '건강권'을 보자. 모든 경제 · 사회권 중에서 건강권은 가장 까다로운 권리에 속한다. 국제 인권 기준에도 "달성 가능한 최고 수준의 심신 건강"이라고 나와 있는데 이 말 자체가 본질상 불확정적이라 할 수 있다. 건강에서 달성 가능한 상태라는 것은 극히 다양한 요인 — 개인의 생물학적 조건, 경제 사회 구조, 환경, 라이프 스타일, 의료 제도 등 — 에 달려 있기 때문이다. 이렇게 복잡하고 까다로운 건강 권리를 어떻게 충분히 확정적인 방식으로 규정할 수 있을까? 앞에서 설명한 적극적 의무의 구성 요건 개념을 활용하면 건강권에 관한 구체적 기준의 윤곽을 그려볼 수 있다. 첫째, 유효성에 근거하여, 국가는 건강을 효과적으로 결정할 기본 요소들을 갖출 의무가 있다. 안전한 식용수, 위생 시설, 건강 관련 시설 구축, 기초 의약품 구비, 전문 의료진의 양성 등을 들 수 있다. 둘째, 참여성에 근거해서 지역 사회, 국가, 국제 사회 차원에서 건강 관련 의사 결정을 내릴 때 주민들의 참여를 보장해야 한다. 셋째, 책무성에 근거해서, 국가는 자원이 부족한 상황에서도 건강권에 관한 최적화를 달성하기 위해 최선을 다했음을 설명하고 정당화할 수 있어야 한다. 넷째, 평등성에 근거하여, 모든 사람이 저렴한 가격으로 합당한 수준의 건강 · 의료 서비스를 받을 수 있어야 한다. 특히 저소득 · 소외 계층에게는 평등성의 요건이 대단히 중요한 기준이 된다. 이렇게 네 차원의 구성 요건들이 최적화된 상태라면 그 나라의 건강권은 최소한의 핵심을 충족시켰다고 볼 수 있을 것이다.

전향적이고 지속적인 권리의 실천 방안

그런데 경제 · 사회권은 '전향적이고 지속적인(progressive)' 권리이므로 최소한의 핵심이 충족된 뒤에도 계속해서 더 높은 수준의 최적화를 향해 나아가야만 한다. 여기서 우리는 사회권의 충족 여부를 판단하는 기준은 특정 시점의 정태적 평가뿐만 아니라, 끊임없이 진보하는 과정 그 자체에서도 찾을 수 있음을 알 수 있다. 구체적으로 전향적이고 지속적인 진보란 무엇을 가리키는가? 우선 국가는 현재 상황이 허용하는 한 최대한의 목표치를 달성하기 위해 즉각적인 행동을 취할 의무가 있다. 또한 국가는 권리 실현의 상황을 점검해야 할 즉각적인 의무가 있다. 그리고 그 권리가 차별 없이 행사될 수 있도록 보장해야 할 즉각적인 의무가 있다. 앞에서 보았지만, 사회권에 대한 현실적 반대 중 가장 까다로운 반대가 가용 자원의 문제이다. 이는 정부 투자의 문제와 밀접한 관련이 있으므로 이 부분에 대한 실천 요건도 미리 정해놓는 것이 필요하다. 정부 투자가 과연 사회권의 최소한의 핵심을 충족시키고 있는가? 첫째, 현 상황에서 허용하는 한도 내에서 투자의 충분성을 따져보아야 한다. 둘째, 지출의 효율성을 점검해야 한다. 셋째, 집단, 지역, 계급 간 지출의 형평성 기준을 평가해야 한다. 이러한 여러 기준들을 종횡으로 교직하여 사회권의 최적화를 위한 평가 절차를 개발할 수 있다(3장 참조). 최근 이러한 방향으로 체계적이고 세밀한 방법론이 많이 나오고 있다. 이제 사회권에 대한 통상적인 논리(또는 의무 불이행에 대한 핑계)에 의존하여 사회권을 무시하는 것이 점점 더 어려워지고 있다. 인권 운동 공동체는 이러한 체계적 방법론을 더욱 발전시키고, 정밀한 지표를 개발하여 그것을 현실에 구체적으로 적용하는 방안을 찾아야 할 것이다.

사법적 경로를 통한 인권의 실천

인권의 실천 담론을 크게 나누면 법원을 통한 사법적 방법과 법원 외의 비사법적 방법이 있을 수 있다. 사법적 방법은 통상적인 소송 절차와 공익 소송으로 나눌 수 있다. 이 책 5장에서 소개하는 인도 대법원의 경우는 공익 소송의 문을 활짝 열어놓음으로써 사법 당사자주의의 기본 전제를 변혁했다는 평가를 받았다. 원고 적격성의 범위를 넓히고, 법원이 주도적으로 사실 확인 과정을 진행하며, 법원이 감독 권한을 행사할 수 있는 강제 명령을 발하고, 행정부가 법원의 명령을 준수하는지 여부를 감시했던 것이다. 물론 사법부가 입법부나 행정부를 대신할 수는 없다. 그러나 법원은 민주적 압력을 위한 촉매제 역할을 할 수는 있다. 법원은 서민들을 위해 정부를 법원에 출석시켜 특정 정책을 취하게 된 이유를 설명하게 하고, 정부에 시민사회와 소통하라고 촉구하며, 참여적 윤리의 촉진자 역할을 해야 한다. 공익 소송 운동의 결과 사법부의 권한과 사법 절차에 있어 혁명적 변화가 등장하였다. 사법부의 판결이 사법 적극주의와 사회 운동·인권 운동을 잇는 일종의 사회적 대화의 형태로 나타난 것이다. 법이나 권리와 같은 이슈를 놓고 벌어지는 사회적 대화가 더는 전문직 계층의 고상한 담론에 머물지 않고 사회 내의 다양한 목소리들이 만나는 포럼이 되었다. 이러한 '사법적 대화'로 인해 사법부의 역할이 원심적으로 분권화되는 결과가 나타났다. 이 과정에서 대중과 동반자 관계를 형성하려는 의지가 있는 시민사회 내의 인권 운동 단체와 인권 변호사들이 아주 중요한 역할을 했음을 기억해야 한다.

비사법적 경로를 통한 인권의 실천

비사법적 경로로 인권 의무를 준수하게 만드는 데에는 몇 가지 방법이 있다. 첫째, 인권과 무관한 조직(하위 시스템)이 인권을 존중하도록 견인하려면 그 하위 시스템 내의 행위 주체들을 심의 과정에 근본적 차원에서 참여시킬 필요가 있다. 적극적인 조정자의 중재도 필요하다. 또한 여러 하위 시스템 내에서 사용되는 서로 다른 '언어'들을 공통의 '언어'로 번역해주어야 한다. 둘째, 새로운 거버넌스 방식에 더욱 주목할 필요가 있다. 새로운 거버넌스 방식은 강제적 법규로부터 관련 당사자들의 적극적 협력을 확보하는 쪽으로 이동하는 경향을 보여준다. 특히 사회권 영역에서 법규에 의한 강제성이 어려운 점을 감안하면 비사법적 인권 의무 준수 방식인 설득과 문화 접변적(acculturation) 방식은 앞으로 더욱 더 중요성을 인정받을 가능성이 높다. 새로운 거버넌스 방식에서 상호 평가 방식에 의한 정치적 책무성의 확보가 일차적으로 중요한 포인트이다. 그 다음 '개방형 조정 방식'도 있다. 이것은 중앙 조정 당국의 적극적인 중재와 이해 당사자들의 활발한 참여를 동시에 고무하는 방식이다. 이때 중앙 조정 당국의 메커니즘과 당사자들의 자체 목표 사이에 창조적 긴장이 존재하는 것을 당연시하며 그것을 거버넌스의 주요한 동력으로 삼는다. 개방형 조정 방식에서 심의민주주의와 NGO들의 참여는 대단히 중요한 구성 요소가 된다.

　비사법적 인권 준수 메커니즘의 세 번째 경로는 국가인권위원회를 통한 방법이다. 국가인권위는 명시적 권한과 비명시적 권한을 보유하면서 그것들을 적절하게 구사할 수 있어야 한다. 국가인권위는 인권과 관련된 국가 기관들과 이해 당사자들과 신뢰와 협력 관계, 지속적인 교류를 모색하는 것이 가장 중요하다. 이를 위해 국가인권위는 방어적인 태도에서 탈피하여 거버넌스의 모든 차원에 포진해 있는 이해 당사자들을 적극적으로 인권위의 논의 구조에 참여시켜야 한다. 이때 외부의 보상, 억제책, 고위 공직자의 내부적 역할 등을 중요한 성공 요인으로 간주해야 할 것이다. 국가인권위가 주도하는 논의의 장에 타 정부 기관의 참여가 저조하거나 미온적인 것은 전 세계 공통의 현상인지도 모른다. 하지만 국가인권위는 인권의 저변에 깔린 원칙을 지키면서 하위 시스템의 저항 문제를 해결할 수 있는 메커니즘을 시간을 두고 끈기 있게 마련할 수 있다.

마지막 비사법적 인권 준수 메커니즘으로 '상승 작용적 접근'이 있다. 상승 작용적 접근에는 국가, 사법부, 국가인권위, 시민사회, 이해 당사자들이 모두 포함된다. 상승 작용적 접근이란 사법적-비사법적 메커니즘을 모두 합친 최종 완결판 비슷한 것이다. 이때 여러 가지 고려 사항이 있을 수 있다. 첫째, 국가인권위의 적극적 역할이 필요하다. 국가인권위는 국가 공공 조직 내에 적극적 인권 보호 의무를 부과할 수단을 찾을 책임이 있다. 상호 평가와 이해 당사자들의 참여, 보상과 억제책의 결합 등을 통해 모든 이해 당사자와 역동적으로 만나야 한다. 둘째, 소송 또는 소송 위협을 활용하여 통상적인 사법 심사를 초월하는 '대화' 과정을 작동해야 한다. 셋째, 법원은 감독 기능을 통해 심의의 결과가 국가의 인권 보호 의무를 충족시켰음을 보장해야 한다.

사전적 · 적극적 인권 의무와 심의민주주의

사전적 · 적극적 인권 의무 준수 모델의 가장 중요한 점은 갈등과 이해 관계 협상을 넘어 심의민주주의를 작동해보려는 것이다. 입법부나 사법부에서 어떤 규범을 만들어 내려보내는 것이 아니고 이해 당사자들이 직접 참여해서 규범과 이익을 구성하고 재규정할 수 있다는 취지이다. 그런데 왜 이해 당사자의 참여가 필요한가? 첫째, 의사 결정의 영향을 받을 사람들에게 그 결정에 관한 정보를 전해줄 수 있다. 이는 투명성과 책무성의 보장과 직접 관련되어 있다. 둘째, 의사 결정의 영향을 받을 사람들로부터 정보를 수집할 수 있다. 셋째, 참여를 통해 의사 결정 자체에 영향을 줄 수 있다. 그렇다면 누가 참여할 것인가? 우선 전통적인 대의민주주의의 구조 내에 위치한 행위자를 들 수 있겠다. 그리고 국가의 공식 구조 외부에 있는 시민사회 및 기타 이해 당사자들을 참여시켜야 한다. 고령자나 소수 민족처럼 평소에 자기 목소리를 잘 내지 못하는 집단은 반드시 참여시키는 게 좋다. 마지막으로, 한 가지 이상의 복합적 정체성을 지닌 집단, 그리고 오랫동안 누적적 차별을 겪어 온 집단의 참여를 적극적으로 모색해야 한다. 이러한 복합적 · 중층적 과정을 통해 거버넌스의 바람직한 결과물로서 인권 보호 의무를 둘러싼 준수 메커니즘이 제대로 작동할 수 있을 것이다.

본서는 마지막 장에서 저자가 소개한 모든 인권 이론을 동원하여 주거권, 교육권, 복지권 영역에서 사례 분석을 시도한다. 이 세 가지 권리와 앞에서 소개한 건강권은 사회권 내에서 가장 핵심적인 4대 권리를 형성한다. 현대 한국 사회의 인권 이슈와 결부해 생각해보더라도 이 권리들의 중요성을 당장 느낄 수 있다. 용산 참사를 상기해보면 될 것이다. 그런 의미에서 마지막 8장은 그 자체로서 의미 있게 읽힐 수 있는 중요한 부분이다. 하지만 이런 권리 분석은 그 영역이 중요한 것만큼이나, 분석의 방법론과 접근법도 중요하다. 저자의 접근 방식을 통해 우리는 여타 사회권 영역들의 분석과 처방에 대한 혁신적인 방법론을 접하고 익힐 수 있을 것이다.

V

이 책을 쓴 샌드라 데비 프레드먼(Sandra Debbe Fredman)은 현재 옥스퍼드 대학 법학부 교수이자 같은 학교 엑시터 칼리지의 펠로로 있는 법학자이다. 프레드먼 교수는 옥스퍼드 대학 법학부 역사상 최초의 여성 정교수이자 영국학술원 정회원이라는 묵직한 이력의 소유자이다. 인권, 차별, 여성, 노동법 분야에서 세계적 명성을 떨치고 있지만 우리에게는 비교적 낯선 학자이다. 프레드먼 교수는 인권 분야에서 특히 국가의 적극적 역할을 강조하고, 인권을 법조문으로 해석하는 것보다 인권의 저변에 깔린 기본 가치(근본 취지)를 중시하며, 정치와 법과 시민 사회가 함께 힘을 합쳐 인권 향상을 위해 노력해야 한다는 '상승 작용적' 접근 방식을 주창하는 법학자로 알려져 있다. 프레드먼 교수는 단독 저서, 공저, 편서, 공동 편서의 형태로 왕성한 연구 활동을 벌여 왔다. 대표적 저술 업적만 꼽아보더라도 《고용주로서 국가》(1988), 《영국의 노동법과 노사 관계》(1992), 《여성과 법》(1997), 《차별과 인권》(2001), 《차별법》(2002), 《연령의 평등 문제》(2003) 등이 있다. 《인권의 대전환》은 그간의 모든 연구를 집대성한 본격적인 인권 연구서이자 획기적인 인권 이론서라고 할 수 있다. 따라서 이 책은 그 자체로 중요한 저술일 뿐만 아니라 우리에게 처음 소개되는 국제적인 인권학자의 사상이 집대성된 주저라는 점에서 큰 의미를 부여할 수 있다. 실제로 《인권의 대전환》에는 저자가 《차별과 인권》에서 규명한 '평등' 개념의 다차원적 의미, 《여성과 법》에서 개진한 젠더 인지적 사회 정책의 제도화, 《고용주로서 국가》에서 발전시킨 국가의 적극적 의무관 등이 '인권'이라는 틀 안에서 완결된 형태로 집대성되어 있다. 독자들은 《인권의 대전환》을 통해 인권 이론의 해묵은 난제들이 쾌도난마처럼 풀리는 신선한 독서 경험을 할 수 있을 것이다.

남아프리카공화국에서 태어난 프레드먼은 요하네스버그의 비트바터스트랜드(비츠) 대학에서 철학과 수학을 전공하였다. 비츠 대학은 넬슨

만델라 대통령이 나온 학교이며, 최근 우리에게《잔인한 국가, 외면하는 대중》으로 널리 알려진 인권 사회학자 스탠리 코언(Stanley Cohen)의 모교이기도 하다. 프레드먼은 학생 시절부터 학문적 두각을 나타내어 학부를 졸업하던 해에 전국적으로 졸업 성적이 가장 뛰어난 학생에게 주어지는 '남아프리카 올해의 대학인 상'을 수상하였다. 졸업 후 프레드먼은 잠시 저널리스트로 활동하면서 인종 차별 정권에서 벌어진 통행법, 강제 철거 문제 등을 취재하였다. 1979년 프레드먼은 남아프리카공화국 출신 여성으로는 최초로 로즈 장학생으로 선발되어 영국 옥스퍼드 대학에 유학하여 학부와 대학원에서 다시 법학을 전공하였다. 법학으로 전공을 바꾼 데에는 남아공에서 인종 차별의 현실과 직면해야 했던 경험을 살려 평등과 인권을 공부하려는 의지가 강하게 작용했다고 한다. 프레드먼은 런던 대학 킹스 칼리지의 법학 강사를 시작으로 학계에 발을 내딛었으며 1988년 옥스퍼드 대학의 전임 강사로 임용되었고 2000년에는 옥스퍼드 대학 법학부 역사상 최초의 여성 정교수가 되었다. 12세기 이래 법학을 가르쳐 왔지만 21세기에 들어서야 최초로 여성 정교수를 채용한 옥스퍼드 대학의 이 같은 결정은 당시 세계 법학계에 적잖은 화제를 몰고 왔고, 프레드먼 교수의 학문적 역량이 새삼 주목을 받는 계기가 되었다. 프레드먼 교수는 기존 인권론의 토대를 새롭게 구축할 필요가 있다고 입버릇처럼 말해 왔는데《인권의 대전환》을 내놓음으로써 그 약속을 지킨 셈이 되었다. 프레드먼 교수는 철학과 수학을 공부한 후 다시 법학을 전공해서인지 그의 책을 읽어보면 매우 논리 정연한 주장과 탄탄한 인간론/사회론의 기반 위에서 인권 이론을 전개하고 있다는 느낌을 강하게 받곤 한다. 철학과 법학의 경계면을 토대로 삼아 민주주의와 평등에 대한 냉철한 열정이 그의 학문의 특징을 이루는데《인권의 대전환》에서도 그러한 특징이 유감 없이 발휘되고 있다. 현재 프레드먼 교수는 옥스퍼드 대학에서 비교 인권법, 노동법, 헌법 등을 가르치고 있으며, 사회적 권력의 불평등 문제를 법으로 해결할 수 있는 방안에 대해 연구 중이다.

프레드먼은 학문과 실천을 겸비한 행동하는 지식인으로도 이름이 나 있다. 영국의 올드 스퀘어 챔버스(Old Square Chambers)라는 법률 사무소의 소송 변호사를 겸임하면서 여러 건의 공익 소송을 성공적으로 이끈 경력을 보유하고 있다. 올드 스퀘어 챔버스는 고용 차별, 전문직 윤리, 의료 과실, 상품 하자, 환경 및 보건 등의 공익 사건을 전문적으로 다루는 공익 로펌이다. 또한 프레드먼 교수는 젠더·연령·장애에 관한 영국 정부의 평등 정책 백서 발간에 특별 자문역을 맡았으며, 북아일랜드의 〈단일 평등법〉 제정 당시 법안 기초위원으로 활동하였다. 또한 캐나다 연방 노동법 개정을 위한 아서스 위원회의 위원을 지냈으며, 유럽연합 집행위원회 반차별법위원회의 전문가 네트워크 학술 대표와 고용 권리 연구소의 연구위원을 역임하고 있다. 최근에는 영국 저지 섬의 고용 관행을 놓고 국제노동기구(ILO)에 공익 소송을 제기하여 승소한 사례도 있다. 이처럼 프레드먼은 법학 교수이면서 동시에 법률 현장에서 차별·고용·노동 문제를 놓고 직접 소송에 관여해 온 '인권 변호사'인 탓에 그의 저술은 언제나 이론과 실천이 적절한 균형을 이루고 있다는 평을 듣는다. 《인권의 대전환》에 인용된 판례 중에는 저자가 직접 참여한 소송 건도 상당수 있으며, 이론과 실제 판례를 아우르는 이러한 접근으로 인해 본서는 생생한 현실 세계를 반영하는 인권 이론서로 읽힐 수 있게 집필되었다. 이 책은 프레드먼 교수가 2004년 리버흄 연구재단의 특별 연구 펠로로 지명되어 '경제적·사회적 권리와 실질적 평등'에 관해 3년 동안 연구한 결과이며 2008년 옥스퍼드 대학 출판부에서 간행되었다. 독일 예나 대학의 에버하르트 아이헨호퍼

(Eberhard Eichenhofer) 교수는 《인권의 대전환》이 "진정으로 보편적인 인권 이론을 제시하면서 사회권의 이론적 토대를 완성하는 신기원을 열었다."라고 의미 부여를 한 바 있다.

　여기서 《인권의 대전환》을 번역하게 된 계기를 조금 설명할 필요가 있겠다. 나는 2006~2007년에 하버드 대학 로스쿨 인권 연구소의 국제 펠로로 재직하던 중 하버드의 어느 헌법학 교수로부터 법학자가 되기 전 MIT에서 수학을 전공했다는 이야기를 들었다. 그 교수는 수학을 먼저 공부했던 것이 법학 공부에 좋은 훈련이 되었다고 하면서, 옥스퍼드 대학의 샌드라 프레드먼 교수도 수학을 먼저 공부하고 나중에 법학을 했다는 귀띔을 해주었다. 그후 프레드먼 교수의 글을 몇 편 읽게 되었는데, 처음부터 문제의 핵심을 즉각 드러내고 그것을 힘차고 치밀하게 해체해 나가는 그의 대가다운 글쓰기에 매료되지 않을 수 없었다. 그 즈음에 나는 프레드먼 교수가 국가의 적극적 의무와 사회권과 관련된 주요 저작을 준비 중이라는 소식을 들었다. 당시 나는 졸저 《인권의 문법》을 탈고한 직후였고 그 다음 저서로 지구화와 사회적 권리를 다룬 책을 구상하고 있었기 때문에 그의 새 책 집필 소식에 관심이 가지 않을 수 없었다. 귀국 후 옥스퍼드 대학 출판부에 연락하여 《인권의 대전환》이 정식 출간되기 전에 책을 미리 받아볼 수 있었다. 우선, 《인권의 문법》에서 나는 법과 사회과학과 인권 운동이 함께 개척하는 인권 담론을 주장했는데 《인권의 대전환》에서도 비슷한 주장이 제기되고 있어서 무척 반가웠다. 인권이 지구화에 맞서 민주주의를 지킬 수 있는 강력한 수단이라고 생각하는 점도 비슷하였다. 하지만 동시에 프레드먼의 저서가 내가 구상하던 책보다 더 넓은 범위, 그리고 더 전문적인 문제 의식을 반영하고 있다는 사실도 확인할 수 있었다. 한참을 고심한 끝에 내 책을 쓰는 것보다 프레드먼의 책을 번역하는 것이 우리 사회에 더 큰 도움이 되겠다는 판단을 내렸다. 쉽지 않은 결정이었다. 하지만 세계적 인권학자의 앞선 인권 이론을 남보다 먼저 접하고 그것에 깊이 공감하고 그것을 우리 독자들에게 알릴 기회를 가진 것은, 같은 학문을 하는 연구자로서 큰 보람이고 행운이었다고 생각한다. 어쨌든 나는 2008년 《인권의 대전환》이 정식으로 나오자마자 교양인 출판사의 한예원 사장께 이 책의 중요성을 알렸다. 한 사장님은 연락을 받자마자 즉시 번역 출간을 결정하고 저작권 문제를 해결해주었을 뿐만 아니라 신속하게 편집을 진행해주셨다. 교양인과는 《직접행동》(2007), 《인권의 풍경》(2008)에 이어 세 번째 작업이 된 셈인데 한 사장님께 이 자리를 빌려 그간의 노고에 감사의 인사를 드린다. 번역 작업은 2009년 1학기에 주로 진행할 수 있었는데 우연의 일치로 같은 기간에 서울대 법과 대학에서 인권을 강의하게 되었다. 사회학자로서 법학도들과 한 학기 동안 인권을 논하면서 많은 아이디어를 얻고 법리적 사고방식을 접할 수 있어서 책 번역에 많은 도움이 되었다. 강의를 주선해주신 법과 대학의 여러 교수님들께 사의를 표한다. 또한 이 책을 번역하는 동안 월가를 시발로 하여 전 세계적으로 경제 위기가 닥쳤다. 신자유주의 지구화의 추락을 눈앞에서 목격하면서 사회권의 중요성과 국가의 적극적 역할을 새삼 절감하지 않을 수 없었다. 그렇지만 오늘날 우리 사회의 현실은 이러한 인권 추세와는 정반대로 나아가고 있는 것이 아닌가 하는 우려를 금할 수 없다. 개인의 자유를 위해 국가가 자기 억제 의무를 실천해야 할 분야(예: 집회 및 시위의 자유)에서는 함부로 개입하고, 국가가 적극적 의무를 행해야 할 경우(예: 노동자와 취약 계층의 기본권)에는 수수방관하는, 모순적인 상황이 벌어지고 있는 것이다. 본서에서 제시하는 수준까지는 못 미치더라도 적어도 국가의 존재 의의는 망각하지 않아야 제대로 된 국가라고 말할 수 있지 않을까?

《인권의 대전환》은 현재까지 세계 학계에 나와 있는 인권의 실행 이론 중 가장 탁월한 수준의 성취를 보여주고 있는 명저이다. 하지만 책이 다루고 있는 주제와 전문성 때문에 보통 사람들이 접하기 쉬운 도서라 할 수는 없다. 그런 사정을 염두에 두고 일반 독자들도 내용을 잘 파악할 수 있도록 번역문을 다듬는 데 시간과 공을 많이 들였다. 전문 법률 용어도 꼭 필요한 경우가 아니면 쉽게 풀어 옮기려고 노력했다. 예를 들어, 서로 다른 가치 혹은 법익들을 비교한다는 말을 법학에서는 '형량(衡量, weighing)'이라고 하는데 번역에서는 '무게를 달아보다'라는 식으로 평이하게 표현하였다. 지금까지 십여 권이 넘는 번역서를 냈지만 이 책만큼 내용 파악과 문맥의 정리에 신경을 곤두세워 본 적이 없다. 독자들이 번역문만 읽어도 원서의 내용을 등가적으로 파악하는 독서 경험을 할 수 있도록, '의미상의 일치(semantic correspondence)'를 유지하는 데 번역의 중점을 두었다. 본서가 쉬운 책은 아니지만 저자의 내적 논리를 찬찬히 따라가면서 책의 마지막 장을 넘길 때쯤이면 형언할 수 없이 흡족한 독서 경험을 하게 되리라 믿어 의심치 않는다. 하지만 법학 전공자가 아닌 사람이 법학자의 책을 옮김으로써 원의가 제대로 전달되지 않았거나 오역이 발생한 경우가 분명 있을 것이다. 독자들께서 지적해주시는 대로 앞으로 계속 수정할 것을 약속드린다.

이 책은 특히 다음과 같은 독자층에게 꼭 필요한 인권 이론서로 활용될 수 있을 것이다. 사회권 및 인권에 근거한 사회 정책과 사회 복지에 관심이 있는 학자와 학생, 인권과 법과 정치의 관계 설정을 모색하는 인권 운동가와 인권에 깊은 관심을 가진 독자, 개론서 수준을 넘어 격조 높은 최신 인권 이론을 공부하고 싶은 대학원생과 연구자, 경제적·사회적 권리를 인권의 핵심으로 받아들이고자 하나 이론적 뒷받침이 절실하게 필요했던 독자, 법률가 및 공익·인권 변호사와 로스쿨의 법학도, 소규모 공부 모임을 통해 인권 이론을 제대로 토론해보려는 분들, 자유권과 사회권을 구체적인 정책으로 전환하려고 고민하는 전문가 등을 꼽을 수 있겠다. 현재 한국의 인권 담론은 전통적인 시민적·정치적 권리를 방어하면서, 경제적·사회적 권리를 이론적·실천적으로 관철해야 하는 이중 과제를 짊어지고 있다. 사회권에 대한 학계, 공공 부문, 인권 운동의 관심도 대단히 높아져 있는 상태이다. 《인권의 대전환》이 이러한 시대적 과업을 달성하기 위한 노력에 조금이라도 도움이 되기를 진심으로 희망한다.

이 자리에 몇 마디 감사의 말씀을 부기해 두고 싶다. 늘 그렇듯 옮긴이의 작업을 이해해주고 격려해주는 아내 권은정과 이제 성년이 된 우리 명원이에게 미안하고 감사한 마음을 전한다. 깔끔하게 편집을 처리해준 교양인 편집부 이승희 편집장과 이은주 씨에게도 고마움의 인사를 보낸다. 나는 이 번역서를 이 땅의 모든 인권 운동가, 사회권·보건·복지·사회 정책 전문가, 인권과 민주주의를 지킬 열의가 있는 인권 변호사와 법률가와 법학도, 그리고 국가인권기구의 전문가들에게 바친다. 시간이 다소 걸리더라도 인권의 신장과 자유의 확대는 누구도 막을 수 없는 역사의 대세다. 사회권 영역은 특히 그러하다. 이 책이 인권의 도도한 흐름을 개척해 나가는 우리 모두의 노력에 하나의 작은 몫을 할 수 있다면 그보다 큰 기쁨이 없을 것이다.

2009년 9월
항동골에서 조효제 드림

인권의 대전환은 시급한 과제이다. 오늘날 세계에서 인권에 관해 엄청난 혼동과 오해가 빚어지고 있기 때문이다. 전 세계 수많은 민주주의 국가들이 테러에 대처한다는 명분으로 자기들이 보호하려 한다는 바로 그 인권을 기꺼이 허물어뜨리려 하고 있다. 인권을 위한 의지를 재확인하지도 않고, 민주주의에 대한 위협도 아랑곳하지 않는다. 오히려 이른바 '권리 운운(rights talk)'하는 담론이 권리를 해치는 데 사용되고 있는 현실이다. 테러리즘으로부터 보통 사람들의 생명과 안전을 보호한다는 요란스런 말잔치가 공정한 재판 권리와 고문 받지 않을 자유를 제거하는 명분으로 활용되고 있다. 권리 담론을 왜곡해서 사용하는 비근한 예를 하나 더 들자면, 소위 '불량 국가'에 민주주의를 이식하기 위해 인명이나 비용을 아낌없이 희생해 가면서 군사적 방편에만 골몰하는 행태도 꼽을 수 있을 것이다.

이와 함께, 새천년의 담대한 희망이, 그것을 실현하는 데 필요한 자원을 마련할 수 없다는 이유로 소리 소문도 없이 사라지는 중이다. 국제연합(UN)의 '새천년 발전 목표(MDG, Millennium Development Goals)'는 인류의 공통 미래를 준비하기 위한 보편적 동반 관계 틀을 마련함으로써 다음과 같은 일들을 성취하려고 노력한다. 즉, 전 세계의 극빈 상태를 근절하고, 여성이 자기 힘을 지니도록 하며('자력화, empowerment'), 보편적인 초등 의무 교육을 실시하고, 모자 보건을 개선하고, 영유아 사망률을 낮추며, HIV/에이즈와 말라리아 등의 질병을 퇴치하는 것 등을 말한다. 그러나 많은 나라 정부들은 이런 일들을 단지 하나의 '목표'라고 표현하면서, 자원을 우선적으로 투입해야 할 기본적 인권 문제로 여기지 않고, 그저 듣기 좋은 선택 사항 정도로 치부하고 있다. 따라서 목표 달성 시한인 2015년까지 이 목표를 달성할 가능성은 현재 아주 낮다. 정치인들은 인권을 범죄자와 테러리스트를 다스리는 '원칙'으로 간주하는 데 반해, 아동이 영유아기를 넘어 생존할 권리, 임산부가 안전한 출산으로 생존할 권리, 여성의 문자 해독 권리, 참정권, 가난에서 벗어나 건강한 삶을 영위할 권리 등은 원칙이 아니라 단순히 '포부'로 쳐버리는 것이다.

이와는 조금 다른 맥락에서, 권리와 책임을 결합하려는 시도도 한쪽에서 대두하고 있다. 마치 책임 있게 처신해야만 그 보답으로서 기본적 인권을 얻을 수 있다는 식으로 권리와 책임을 연결하는 것이다. 최근 영국의 정책 당국이 내놓은 담론에는 새로운 '권리와 책임' 헌장(charter of rights and responsibilities)을 만들어야 한다는 주장이 많이 들어 있다. 그러나 이런 주장에는 정부의 책임이 아니라, 권리를 지닌 일반 시민 즉 '권리 보유자'들(rights-holders)의 책임을 강조하려는 저의가 담겨 있다. 그와 함께, 국가 자체를 인권의 의무 주체로 확실하게 종속시키자는 주장은, 정당한 민주주의 정치 과정으로부터 권력을 빼앗을 위험이 있다는 이유로 흔히 거부당하곤 한다. 전후 복지 국가 체제가 크게 보아, 그리고 합당하게, 민주주의 정치 과정의 산물이었던 것은 사실이다. 그러나 대처리즘(Thatcherism)의 칼바람 앞에 사회적 권리들이 일시에 허망하게 날아가버렸던 현실은, 인권이라는 웅장한 건축물을 정치의 토대 위에서만 건설하려는 시도가 얼마나 위험한 일인지를 잘 보여준다.

영국의 보통 시민들이 새로운 '권리장전(British Bill of Rights)'에 어떤 항목이 포함되기를 원하는지를 알아본 최근의 한 여론 조사에서 응답자의 88퍼센트가, 너무 오래 기다리지 않고 적당한 시간 안에 완전 무상으로 입원 치료를 받을 권리를 선호했다는 사실은 의미심장하다. 이와 함께, 대상자의 89퍼센트가 이 권리장전에 배심원에 의한 공정한 재판을 받을 권리가 포함되어야 한다고 응답했다.[1] 바로 이 여론 조사 결과에 '인권의 대전환'에 필요한 핵심 요소들이 다 들어 있다. 즉, 인권은 국가로부터 간섭받지 않을 소극적 권리 — 물론 이런 권리도 하나의 중요한 인권 원칙이기는 하지만 — 이상의 어떤 것이라는 사실이다. 인권에는, 사람이 소중하다고 여기는 어떤 존재가 될 적극적 권리와 그러한 것을 적극적으로 행할 수 있는 권리가 포함된다.[2] 그러한 적극적 권리는 시민적 · 경제적 · 정치적 공동체에 평등하게 참여하기 위해 필요한 자원과 권한을 지닐 권리를 말한다. 또한 인권을 사회로부터 분리된 단자적 개인만을 보호하는 장치로 보아서도 안 된다. 기본적 인권 가치는 본질상 '공동체적(communal)'인 것이다. 예를 들어 '말할 자유'*는 대인 관계 상황에서만 가치를 지닌다. 또한 가정과 가족과 사생활을 영위할 권리는 인간 관계 및 공동체의 맥락에서만 문제가 된다. 생명을 유지할 권리 역시 사람들 사이의 협력을 통해서만 가능하다. 또한 선택의 자유를 행사하기 위해 필요한 선택 항목들은 국가가 조율하고, 공동체의 채널을 통해서만 적절하게 제시될 수 있다는 사실도 똑같

....

말할 자유(freedom of speech) '표현의 자유' 또는 '언론의 자유'로도 번역된다.

이 중요하다. 그러므로 인권을 진정으로 향유하기 위해서는 국가의 힘을 동원해야 한다는 사실을 인정해야만 인권의 대전환을 이야기할 수 있다. 이것은 역으로, 모든 종류의 인권 — 시민적·정치적 권리이든 경제적 권리이든 — 을 온전하게 향유하려면, 인권 원칙이 국가에 각종 의무를 부과해야만 한다는 사실을 의미한다. 이런 새로운 주장은 국가가 개인에게 간섭하지 않고 자기 억제를 실천할 의무가 있다는 전통적인 인권관을 뛰어넘는 것이다. 특히 중요한 것은 이러한 새로운 주장이 국가의 '적극적 의무(positive duties)'를 강조한다는 점이다.

남아프리카공화국의 신헌법을 기초한 사람들은 이러한 기본적인 통찰력을 인정하는 혜안을 지니고 있었다. 오랫동안 극히 기본적인 인권을 부인당하고, 시민들이 일상적으로 박해를 당하던 시대에서 벗어나던 그 시점에 남아프리카공화국 국민들은 적대적인 국가로부터 개인을 보호한다는 원칙과, 진정한 자유와 선택과 평등을 위한 기초 여건을 조성하려면 국가의 힘을 활용해야 한다는 원칙을 본질적으로 통합한 신헌법을 창안하기에 이르렀던 것이다. 따라서 신헌법에서는 말할 자유, 투표할 권리, 공정한 재판을 받을 권리, 고문 받지 않을 권리 같은 조항과 함께, 식량권, 주거권, 의료권, 사회 보장권 같은 조항이 나란히 규정되었다. 더 나아가 신헌법은 국가에게 헌법에 나와 있는 모든 권리 — 시민적·정치적 권리이든 경제적·사회적 권리이든 — 를 존중하고 보호하고 신장할 의무를 지웠다. 물론 그러한 의무 규정이 생겼다고 해서 아파르트헤이트 정권에 의해 의도적으로 형성되었던 극단적인 빈곤 현실이 하루아침에 사라지지는 않았다. 그러나 그런 규정은 국가에게 그러한 권리들이 궁극적으로 달성될 수 있도록 확고하게 노력하라는 의무를 지워놓았다.

국가에 적극적인 인권 충족 의무를 부과하자고 하면, 흔히 국가에게 너무 많은 권력을 주자는 말로, 또는 '유모 국가(nanny state)'를 만들자는 주장으로 오해하곤 한다. 인권의 본질을 착각한 데서 나온 오해이다. 인권 충족 의무는 국가가 마음대로 개인의 삶에 간섭할 수 있도록 국가에게 무제한의 권력을 주자는 말이 아니다. 인권 보호 의무는 국가로 하여금 인권의 진정한 향유를 촉진하는 방향으로 행동할 것을 요구한다. 또한 적극적 의무에 초점을 맞춘다고 해서 유모 국가가 되는 것도 아니다. 인권 충족 의무는 본질적으로 사람들을 '자력화'하도록 돕자는 것이고, 그 의무는 사람들의 인권 충족을 도와주는 '촉진적 국가(facilitative state)'를 필요로 한다. 이런 의무는 인권 충족에 불가결한 기본 수단의 제공(예 : 식량)을 필요로 하겠지만, 교육이나 보건 같은 촉진적 의무 ― 사람들을 자력화하는 ― 도 필요로 한다. 또한 이런 사실은 적극적 의무가 빈곤 계층이나 주변 계층을 위한 것만이 아님을 보여준다. 적극적 의무는 모든 사람들에게 직접적인 방식으로든 간접적인 방식으로든, 모든 이가 자신의 권리를 누릴 수 있을 때 공동체 전체에 이득이 된다는 점에서 필요하다.

그러므로 인권의 대전환을 이루려면 모든 인권을 충족시킬 적극적 의무에 더욱 초점을 맞추어야 한다. 그렇게 하기 위해서 시민적 · 정치적 권리와 경제적 · 사회적 권리를 가르는 인위적 구분을 넘어, 모든 권리가 모든 종류의 의무를 발생시킨다는 점을 인정하는 방향으로 초점을 옮겨야 한다. 그리고 이것보다 더 긴급하게 필요한 것은 적극적 의무의 성격과 기능을 더욱 분명하게 이해하는 것이다. 이 책은 인권의 대전환이라는 과업에서 바로 이러한 측면을 둘러싼 논의에 기여하고자 한다.

많은 분들의 아낌없는 도움이 없었더라면 이 책은 탄생하지 못했을 것이다. 옥스퍼드 대학 출판부의 그웬 부스(Gwen Booth)와 루시 스티

븐슨(Lucy Stevenson)으로부터 큰 도움을 받았다. 이 책을 집필하기 위한 연구를 수행할 수 있도록 3년간 연구 기금을 지원해준 리버흄 기금(Leverhulme Trust)에 특히 감사를 표한다.

이 책을 내게 영감의 원천이 되었던 우리 아이들 젬(Jem), 킴(Kim), 댄(Dan)에게 바친다. 우리 아이들이 모든 사람이 평등하고 온전하게 기본적 인권을 누릴 수 있는 세상에서 자랄 수 있기를 바랄 뿐이다. 또한 이 책을 깊은 사랑과 감사를 실어 내 남편 앨런(Alan)과 나의 어머니 나오미(Naomi), 그리고 돌아가신 아버지 마이크(Mike)에게 바친다.

오랫동안 인권은 억압적인 국가로부터 개인의 자유를 보호해주는 것으로 이해되어 왔다. 이런 견해에 따르면 인권은 국가에게 어떤 적극적인 행동을 취하라고 요구하기보다, 개인의 삶에 간섭하지 말라는 식의 '소극적' 의무만 부과하는 것이 된다. 현대 국가는 여러 종류의 적극적 기능과 책임을 수행한다는 것이 통설이다. 그러나 통상 그러한 책임은 정치의 문제로 여겨지지 권리의 문제로 간주되지는 않는다. 그런데 국가의 적극적 의무를 인정하는 경우, 그러한 의무는 보통 경제적·사회적 권리와 연관되어 있다고 생각된다. 이런 이유 때문에 경제적·사회적 권리는 흔히 엄격한 권리라기보다 포부에 지나지 않는 것으로 치부되고, 그런 권리를 과연 절대적 인권으로 볼 수 있을지에 대해 의문이 제기되곤 한다.

국가의 자기 억제(소극적) 의무와 적극적 의무 사이의 이러한 구분으로 인해 여러 가지 이분법이 생겨났다. 시민적·정지적 권리와 경제적·사회적 권리를 대립시키고, 자유와 평등을 구분하며, 자유주의와 사회주의를 나누는 것 따위의 이분법이 그것이다. 이런 구분에 따르면 국가의 자기 억제 의무는 개인의 자유를 보호하고, 국가의 적극적 의무는 평등을 신장한다고 한다. 또한 전자는 사법적 심사에 적합한 반면, 후자는 사법적 판단의 대상이 되기에 부적합하다는 인식이 있다. 냉전 시기에 이런 식의 구분이 국제 정치의 깊은 균열선 속에 각인되어 있었다. 공산주의 및 사회주의 체제와 연관되어 있던 경제적 · 사회적 권리는 흔히 국가에 대해 개인의 자유를 희생해서라도 평등을 신장하라는 적극적 의무를 부과한다고 여겨졌다. 이와 반대로, 서구의 민주적 권리와 연관된 시민적 · 정치적 권리는 국가의 자기 억제를 통해 개인의 자유를 보호하지만 자본주의 사회에 내재한 근본적인 불평등을 심화한다고 여겨졌다.[1] '평등'보다 '자유'를 주장하는 어느 논자는 다음과 같이 주장한다. "요컨대, '자유권(liberty rights)'은 자유를 중시하는 개인주의 정치철학을 반영하고, '복지권(welfare rights)'은 개인의 자유를 기꺼이 희생할 수 있는 공동체주의 또는 집단주의 정치철학을 반영한다."[2] 1970년대 이래 이러한 이분법은 북반구-남반구(North-South) 논쟁에까지 나타났다. 개도국들은 평등의 목표를 달성하려면 경제적 · 사회적 권리에 훨씬 더 높은 우선 순위를 두어야 한다고 주장했던 것이다.[3]

이런 구분이 얼마나 심했던지 국제 인권 규범과 유럽 인권 규범의 구조에까지 이런 이분법이 등장하였다. 따라서 〈시민적 · 정치적 권리를 위한 국제 규약(ICCPR)〉은 시민적 · 정치적 권리만을 다루고, 〈경제적 · 사회적 · 문화적 권리를 위한 국제 규약(ICESCR)〉은 경제적 · 사회적 권리만을 다룬다고 했다. 유럽에서도 비슷한 유형이 반복되었다. 〈유럽인권협약(ECHR)〉은 〈유럽사회헌장(ESC)〉과는 다른 성격의 권리를 취급한다는 식이었다. 이런 모든 경우에 시민적 · 정치적 권리는 사법적 판단 대상이 되지만, 경제적 · 사회적 권리는 사법적으로 판단할 수 없고 다른 대안적 방식 — 예컨대 자발적인 보고 의무 준수 — 을 적용해야 한다고 했다.[4] 그 결과, 시민적 · 정치적 권리에서는 절대 용납되지 않았을 정도의 경제적 · 사회적 권리 침해 문제를 그냥 덮어 두는 경우가 많았다. 경제적 · 사회적 권리와 국가의 적극적 의무 개념은 국제인권법에서 신데렐라 비슷한 처지에 놓여 있다. 국내 법 체계에 민주적 권리장전이 존재하더라도 경제적 · 사회적 권리는 배제된 채 시민적 · 정치적 권리만 포함되는 경우가 허다하다. 미국, 캐나다, 영국 등이 그러하다. 경제적 · 사회적 권리가 포함된 경우라 하더라도 이때 거론되는 '의무'는 시민적 · 정치적 권리에 대한 '의무'와는 성격이 다른 경우가 많다. 인도와 아일랜드의 헌법은 사법 판단에 적합한 시민적 · 정치적 권리와 사회 정책상의 '지도 원칙(directive principles)' ─ 사법적 판단을 내릴 수 없는 형식적 의무만을 국가에 부과하는 ─ 을 서로 구분한다. 핀란드나 남아프리카공화국처럼 경제적 · 사회적 권리 영역에도 사법적 판단을 내릴 수 있도록 규정한, 혁신적인 헌법을 가진 나라에서조차 경제적 · 사회적 권리는 다른 방식으로 공식화되는 경향이 있다. 시민적 · 정치적 권리는 즉각적인 효력을 발휘하지만 경제적 · 사회적 권리는 전향적이고 지속적으로 실현 가능하며, 그것조차 사용 가능한 자원에 달려 있다는 것이다.

그러나 이러한 구분의 인위적 성격이 점차 분명히 드러나고 있다. 시민적 · 정치적 권리가 적극적 의무를 발생시키는 경우도 많다. 민주적 선거권을 보장하기 위해 적절한 선거 제도를 마련해야 할 국가의 의무가 대표적인 예일 것이다. 반대로 경제적 · 사회적 권리 역시 국가의 적극적 의무만큼이나 국가의 자기 억제 의무를 발생시킬 수도 있다. 예를 들어, 주거권에는 국가가 개인의 가정이나 가족 생활에 개입하지 않을 자기 억제 의무가 포함된다. 따라서 어떤 권리에 연동된 국가의 의무에 관한 성격 규정이 그 권리가 시민적 · 정치적 권리인가 또는 사회적 ·

경제적 권리인가에 달려 있어서는 안 된다. 오히려 헨리 슈(Henry Shue)가 말하듯이 모든 권리는 다양한 의무를 발생시키기 마련이다.[5] 이러한 의무에는 자기 억제의 의무뿐만 아니라, 제도를 설립할 의무, 개인을 다른 개인으로부터 보호할 의무, 사람들의 욕구와 기호를 촉진하고 신장하고 제공할 의무가 포함된다. 이런 식의 접근은 1997년의 마스트리히트 가이드라인에서 특별히 채택되었다. 이 가이드라인은 다음과 같이 규정한다. "경제적 · 사회적 · 문화적 권리는, 시민적 · 정치적 권리와 마찬가지로, 국가에 대해 세 가지 유형의 서로 다른 의무를 부과한다. '존중할 의무(obligations to respect)', '보호할 의무(obligations to protect)', '충족시킬 의무(obligations to fulfill)'가 그것이다."[6] 존중할 의무는 국가에게 개인이 자기 권리를 향유하는 것에 개입하지 말고 자기 억제를 하라고 요구한다. 보호할 의무는 국가에게 제3자가 개인의 권리를 침해하지 못하도록 보호하라고 요구한다. 충족시킬 의무는 국가에게 개인의 권리가 온전히 실현되도록 하는 데 필요한 법 · 행정 · 예산 · 사법 조치와 기타 조치를 취하라고 요구한다.

요즘은 이러한 의무가 단순히 경제적 · 사회적 권리뿐만 아니라 모든 권리에 적용된다는 사실이 국내법과 지역법에서 점차 인정되는 추세이다. 그래서 인도 대법원도 시민적 · 정치적 생명권에도 여러 종류의 적극적 의무가 포함된다고 해석한 바 있다. 유럽인권재판소(European Court of Human Rights) 역시 〈유럽인권협약〉의 시민적 · 정치적 권리로부터도 적극적 권리가 도출된다고 인정한 바 있다. 이 점에서 제일 주목할 만한 사례는 선도적인 남아프리카공화국 신헌법이다. 이 헌법은 시민적 · 정치적 권리와 경제적 · 사회적 권리를 구분하지 않은 채, 국가가 헌법에 열거된 모든 권리를 "존중하고, 보호하고, 신장하고, 충족시킬" 의무를 진다고 명시하고 있다.[7]

그러나 단순히 전통적인 구분을 넘어설 필요성을 인정하는 것만으로는 충분치 않다. 인권이 발생시키는 적극적 의무가 진정으로 무엇을 뜻하는지 그 함의를 완전히 이해하려면 법학 이론으로나 법 실무적으로나 풀어야 할 과제가 많이 남아 있다. 바로 이 점이 본서를 집필한 목적이다. 1부에서는 그 작업을 위한 이론 틀을 제시한다. 1장에서는, 인권의 토대가 되는 자유, 평등, 연대, 민주주의의 가치에 비추어 볼 때, 그러한 가치들에 대응하는 의무들이 적극적인 의무이자 동시에 소극적인 의무라는 사실이 논리적으로 드러난다고 주장할 것이다. 특히, 외부의 개입이 없는 상태만을 자유로 이해하는 전통적 견해를 근본적으로 재검토해야 한다. 인권은 이러한 전통적 자유관보다 훨씬 더 풍부한 자유관에 바탕을 두고 있다. 즉, 인권에서 말하는 자유는 단순히 강압이 없는 상태를 넘어, 사람들이 자신의 자유를 실제로 사용할 수 있는 능력을 어느 정도나 지니고 있는가 하는 점에 주목한다. 실질적 자유를 이런 식으로 이해한다면 그런 자유는, 아마르티아 센(Amartya Sen)의 잘 알려진 견해, 즉 '자유'라는 사상은 자기가 소중하게 여기는 어떤 존재가 될 수 있는 능력, 또는 자기가 소중하게 여기는 어떤 일을 행할 수 있는 능력이라는 견해로부터 도출될 수 있다.[8] 인권의 역할은 단지 사람의 자유로운 선택을 가로막지 못하도록 보장하는 것이 아니고, 자유롭게 선택할 수 있어야 할 자유를 잘 행사할 수 있도록 촉진하는 데에 있다. 이렇게 되면 사람의 선택에 대한 제한을 제거할 의무와 인간의 주체 행위(agency)를 촉진할 의무를 국가에 반드시 부과해야 한다. 따라서 국가의 의무에는 자기 억제를 넘어, 권리의 행사가 가능하도록 보장하는 적극적 의무까지 포함시켜야 한다. 우리 인간이 본질적으로 사회적 존재 — 사회적 협력으로 우리의 인권을 온전히 실현할 수 있는 존재 — 라는 사실을 인정한다면, 이러한 주장이 더욱 설득력을 얻을 수 있다. 개인의 가치와 개인의 선택이 나올 수 있고 또 그것들을 발전시킬 수 있는 현실은 타인과의 교류 속에서만 창조될 수 있다. 자기 이익이라는 목표만 추구해서는 자기 충족을 제대로 달성할 수 없다. 인간의 자기 충족에 도움이 되는 가치 있는 목표에는, 연대와 책임이라는 '공민적(civic) 관계'뿐만 아니라, 보살핌이라는 '개인적 관계'를 통해서도 사회 공동체에 기여하는 행위가 포함되어야 한다.

지금까지 살펴본 자유에 관한 적극적 견해에는, 평등이라는 실질적 개념이 반드시 따른다. 만일 자유가 인간에게 근본적인 가치라면 소수의 자유가 아닌 만인의 자유가 되어야 할 것이다. 그러나 자유를 불간섭으로만 이해한다면 그러한 자유를 잘 행사할 수 있는 사람과, 잘 행사할 수 없는 사람이 반드시 나오기 마련이다. 그러므로 적극적 자유는 국가에게 자기 권리를 온전히 행사할 처지가 못 되는 사람들에게 특별한 주의를 기울여야 할 의무를 부과한다. 그러한 의무로 인해 설령 국가가 불리한 처지에 놓인 사람들에게, 형편이 더 나은 사람들보다 더 많은 자원을 제공하거나 더 큰 촉진적 조치를 취해야만 하는 경우가 생기더라도, 국가는 마땅히 그렇게 해야만 한다.

적극적 의무라는 이름으로 국가가 특정한 가치를 시민들에게 부당하게 강요하거나, 그럼으로써 각자가 자발적으로 선택한 '선익의 이상(ideal of the good)'을 추구할 수 있는 시민의 기본 자유를 침해해서는 안 된다. 그럼에도 국가의 중립성이라는 사상은 허구에 지나지 않는다고 본다. 국가의 불간섭이라는 원칙 자체가 중립적 가치관이 아니라 특정한 가치관에 기반을 두고 있기 때문이다. 불간섭을 통한 개인의 자유라는 사상 대신, 시민들에게 개인이 추구할 수 있는 가능한 여러 선택 지점들을 제공해야 할 적극적 의무를 국가에 부과함으로써 오히려 개인의 자율성을 보호할 수 있다. 이렇게 될 때 모든 사람이 자신이 소중하게 여기는 어떤 선택을 할 수 있는 능력을 지닐 수 있고, 각자가 소중히 여기는 모든 선택들이 평등한 대우를 받을 수 있게 된다.[9]

마지막으로 1장은 권리와 책임의 관계를 다룰 터인데, 특히 "누가 비용을 댈 것인가?" 하는 문제를 검토할 것이다. 어떤 사람이 권리의 혜택을 받게 되면 그것이 다른 사람에게는 비용이 된다고 보는 대신, 모든 사람이 권리를 성취할 때 그것을 우리 모두의 혜택으로 볼 수 있다고 주장할 것이다. 이와 함께, 자유주의에서 말하는 '해악'의 방지 원리가 단순히 자기 억제 의무만을 의미한다고 해석할 필요도 없다. 자유의 적극적인 의미를 받아들이고 나면, '해악'의 실질적 의미 속에 궁극적으로 타인의 자유를 신장시키지 못한 '부작위'(행동하지 않음) 역시 타인에게 해악을 끼친 것이라는 해석이 포함되어야 한다는 사회적 책임론이 더 명백해질 것이다.

2장은 인권 충족의 책임을 수행하는 국가의 성격을 다룬다. 여기서 제일 먼저, 그리고 제일 중요하게 다루어야 할 과제는 적극적 의무와 민주주의를 조화시키는 일이다. 실질적인 자유관에 찬성하면서도 인권의 이름으로 국가에 구체적인 행동을 요구하는 적극적 의무를 부과해서는 안 된다고 생각하는 사람들이 많다. 이들은 그러한 구체적 행동에 관한 결정은 민주적 정치 과정 — 정당하게 선출되고 책무성을 지닌 국민의 대표들이 결정을 내리는 — 에 맡겨야 한다고 주장한다. 특히 이런 견해에 따르면, 적극적 의무에는 흔히 자원 배분 문제가 따르고, 자원 배분의 문제는 본질적으로 정치가 떠맡아야 한다고 한다. 따라서 선진 복지 국가들은 크게 보아 권리에 근거한 윤리가 아니라 정치에 근거한 윤리로부터 발전해 왔다는 것이다. 그러나 2장에서는 이러한 견해가 현대 민주주의의 대의성과 책무성에 관해 너무 많은 예단을 내리고 있으며, 사회 속의 권력과 부가 어떤 방식으로 정치 과정을 왜곡하고 있는가 하는 문제를 고려하지 않는다고 주장할 것이다. 인권은, 제대로 프레임이 짜이기만 하면, 민주주의를 구축하고 유지하는 데 필요할 뿐만 아니라, 모든 사람들이 민주적 의사 결정에 공평하게 참여할 능력을 갖추도록 하는 데에도 필요하다. 따라서 인권은 민주주의와 상충하기는커녕 민주주의의 핵심 요소라 할 수 있다. 2장은 또한 지구화와 민영화가 국가의 권력을 잠식하고 있는 현 상황에서 국가에 적극적 의무를 부과하는 것이 지나치게 유토피아적이라고 하는 주장도 반박할 것이다. 지구화는 인권을 향상시킬 수단으로 보아야 하며, 지구화를 위한 지구화로만 보아서는 안 된다고 주장하려 한다. 지구화는 그 자체로 강력한 국제적 구조를 창출했으며, 국가에 일련의 의무를 부과하고 있다. 이러한 국제적 움직임에는 인권 충족 의무가 포함되어야 하고, 그러한 움직임은 궁극적으로 인권 충족 의무에 종속되어야 한다.

2부는 이론 틀을 넘어 적극적 의무의 성격에 대한 고찰로 넘어간다. 적극적 의무에 반대하는 많은 주장들이 적극적 의무가 무엇을 뜻하는지 확실치 않다는 불확정성(indeterminacy)과, 적극적 의무의 '표제적 성격'*에 비판의 초점을 맞추고 있다. 여기서 사법 심사 적합성의 문제와, 적극적 의무가 과연 어떤 규범적 내용을 포함할 수 있을지 하는 문제를 혼동해서는 안 된다는 점을 미리 전제하고 논의를 시작해야 할 것이다. 3장에서는 규범적 내용을 지닌 적극적 의무 ─ 그 의무가 사법 심사에 적합한가 하는 질문과는 별개로 ─ 가 어떤 구조를 지니고 있는지 그 윤곽을 그리려고 한다. 3장은, 그 자체로 구속력을 지닌 '규정(rules)'과, 구속력이 있다고 자명하게 추정(prima facie)되는 '원칙

───────────

표제적 성격(programmatic nature) 어떤 제목들을 나열해놓고 그것에 맞춰 일을 추진한다는 의미.

(principles)'을 구분한 로베르트 알렉시(Robert Alexy)의 유용한 분류를 활용할 것이다.[10] 엄격한 내용을 지닌 '규정'은 세 가지 가능성밖에 없다. 즉, 규정은 준수되거나 위반되거나 폐지되는 길밖에 없다. 하지만 '원칙'은 법적으로, 그리고 사실(事實)이 허락하는 한도에서만 구속력을 지닌다는 점에서 규정과 다르다. 즉, '원칙'이 특정 사례에서 결정력을 지닐 수 없는 경우도 있을 수 있지만, 그렇다고 해서 '원칙'에 아무런 구속력이 없다는 뜻은 아니라는 말이다. 그런 후 이러한 분석은 '최소 핵심(minimum core)' 개념에 관한 논의를 판별하는 데 다시 활용될 것이다.

일단 적극적 의무의 구조를 설정하고 나면 사법 심사 적합성의 문제로 넘어갈 수 있다. 4장에서는 적극적 의무가 참여민주주의를 장려하는 범위 내에서, 사법 심사의 대상이 될 수 있다고 주장한다. 사법부는, 국민에 대한 정부의 책무성을 강화하는 역할, 정치 과정에서 주변화될 수밖에 없는 사람들에게 목소리를 부여하는 역할, 시민들의 온전하고 평등한 참여를 위한 물질적·사회적 전제 조건을 보장하는 역할, 그리고 궁극적으로 심의민주주의의 촉매 기구로 기능하는 역할 등을 수행한다. 그런 후 5장은 법원의 권한으로써 다초점적이고 자원 집약적인 의무를 다루는 문제로 넘어간다. 이 문제는 인도의 공익법에서 나온 실제 경험에 대한 검증을 통해 알아볼 것이다. 6장에서는 법원 이외의 법준수를 위한 비사법적인 방안을 검토한다. 이 장에서는, 법원과 정치권과 시민 운동 그리고 기타 규제 메커니즘이 힘을 합쳐 심의민주주의의 틀을 통해 적극적 인권을 성취할 수 있는 '상승 작용적 접근 방식(synergistic approach)'을 발전시키자는 결론을 내릴 것이다.

3부에서는 위에서 논의한 이론 틀을 실질적 권리에 적용해본다. 평등에 관한 7장에서는, 차별 금지법에 나오는 '인정(지위)상의 평등'과 복지 국가 및 사회적 · 경제적 권리에 나오는 '분배적 평등' 사이의 상호 작용을 검토한다. 평등의 이 두 측면 모두가 인권의 적극적 의무에 관한 분석 틀 내에 통합되어야 한다고 주장할 것이다. 그후 적극적 의무가 평등을 장려하는 과정을 상세하게 검토한다. 8장에서는 이 책에서 내놓은 분석 틀을 우리에게 친숙한 경제적 · 사회적 권리들 — 특히 주거, 교육, 복지에 초점을 맞춰서 — 에 적용해서 논의를 전개할 것이다.

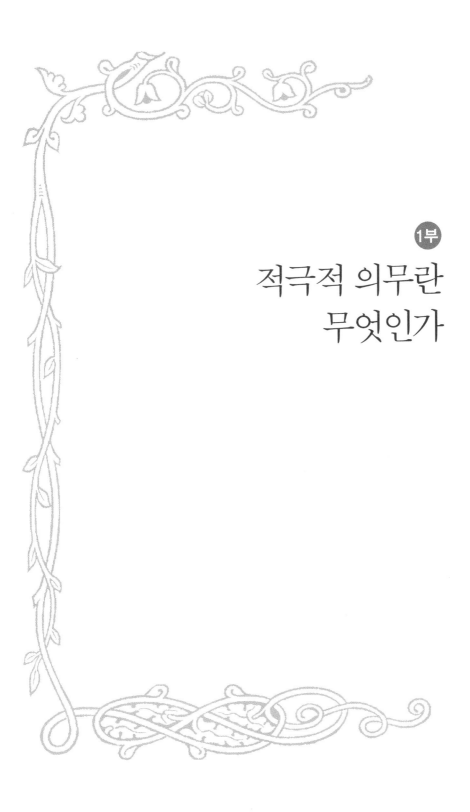

1부

적극적 의무란
무엇인가

1장

인권의 가치를 다시 생각한다
— 자유, 평등, 연대

사람들은 식량이 절대적으로 없을 때 굶주리는 것이 아니라, 배고플 때
음식을 먹을 권리를 갖고 있지 못할 때 굶주리게 된다.
식량의 존재와 음식에 대한 권리 사이를 법이
가로막고 있다. 배가 고파 굶어죽는 것은
법이 내리는 벌이나 마찬가지다.

오랫동안 인권은, 잠재적으로 개인의 자유를 침해하려는 국가에 맞서 개인의 자유를 수호하는 기능을 주로 수행한다고 여겨져 왔다. 그러므로 인권은 국가에 대해 어떤 행동을 취하라는 적극적 의무가 아니라, 개인에 대해 부당한 간섭을 하지 않아야 할 자기 억제의 의무(duty of restraint)를 부과한다고 이해되었다. 이러한 견해의 바탕에는 일련의 특정한 가치들이 자리 잡고 있다. 즉, 자유를 간섭의 부재로 생각하고, 국가를 개인과 분리되고 개인과 대립하는 것으로 규정하며, 개인의 도덕적 선택에 대해 국가는 왈가왈부하지 않는다는 원칙 등이다. 현대 사회에서 국가가 적극적인 역할을 할 수 있다는 사실이 정설이 되었지만, 그러한 가치를 인권이 요구하는 적극적 의무 속에서 찾은 것이 아니라, 정치적 영역 ─ 민주적 정치 과정을 통해 분배를 둘러싼 논란에 관해 결정을 내리는 ─ 에서 찾아 온 것이다.

이 장에서는 그러한 가치들을 조목조목 짚어보고 그러한 가치들이 지나치게 협소한 인권관을 형성하고 있다고 주장할 것이다. 첫째, 인권

은 그 권리를 행사하는 데 국가의 간섭을 받지 않을 자유를 약속하는 것보다 더 큰 약속을 제시한다. 인권은 그보다 훨씬 더 풍부한 자유관에 바탕을 두고 있으며, 이러한 풍부한 자유관은 개인들이 실제로 자기 권리를 어느 정도나 행사할 수 있는 위치에 있는가 하는 점에 더 주목한다. 그리고 이러한 적극적인 자유관은 실질적인 평등관을 수반한다. 인권이 억압을 제거함으로써 자유를 신장하려는 개념임을 감안하면, 평등 약속은 모든 사람들이 그러한 자유를 실제로 향유할 수 있는 위치에 있어야 한다고 요구한다. 둘째, 우리는 사회 안에서만 삶을 충분히 누릴 수 있는 사회적 존재이다. 국가는 권력을 남용하지 않도록 스스로 자제할 필요가 있지만, 동시에 국가만이 개인들이 인권을 온전하게 향유하기 위해 필요한 것들을 제공해줄 실제 능력이 있다. 셋째, 국가가 도덕적 · 윤리적 지향에서 중립적이라고 말하는 것은 아무런 의미가 없다. 국가는 민주주의와 인권의 가치를 지향한다는 점을 분명히 함으로써 시민들에게 일정한 가치를 제시해야 한다.

그렇다면, 인간의 권리는 모든 종류의 의무 — 국가의 자기 억제 의무와 적극적 의무를 포함한 — 를 동시에 발생시키는 것으로 간주되어야 마땅하다. 또한 인권은 한편으로 시민적 · 정치적 권리, 다른 한편으로 경제적 · 사회적 권리 사이의 인위적인 구분을 없앤다. 3장은 인권의 구성을 위해 국가의 적극적 의무에 초점을 맞췄을 때 발생하는 함의를 검토할 것이다. 우선 이 장에서는 우리가 현재 이해하고 있는 인권 — 그것이 형식상 시민적 · 정치적 권리로 분류되든, 아니면 경제적 · 사회적 권리로 분류되든 간에 — 에 내재한 가치들로 인해 국가가 단순히 자기 억제의 의무를 넘어 적극적 의무를 향해 나아갈 필요가 있다는 견해에 대해 상세한 정당화를 시도할 것이다.

1_시민의 적극적 자유와 국가의 적극적 의무

불간섭에서 선택의 확장으로

외부 간섭이 없는 상태를 '소극적' 자유 개념으로 공식화한 가장 좋은 본보기가 이사야 벌린(Isaiah Berlin)의 자유 개념이다. 이 개념에 따르면 "나는 …… 어떤 사람 또는 사람들이 나의 행동에 간섭하지 않는 정도만큼만 자유롭다. 정치적 자유란 어떤 사람이 다른 사람들에게 방해받지 않고 행동할 수 있는 영역을 일컫는다."[1] 여기서 특히 중요한 것은 타인의 간섭에 의해서만 자유가 침해된다고 보았던 점이다. "어떤 목표를 달성할 수 없는 무능력 상태라 해서 그것을 정치적 자유의 결여로 볼 수는 없다." 즉, 타인이 고의로 내게 간섭하지 않는 이상, 내가 나의 선택을 충족하기 위해 필요한 자원이나 기회를 실제로 지니고 있지 못하더라도, 나는 자유로울 수 있다는 뜻이다. 따라서 빈곤은, 그것이 타인의 고의적인 행동으로 야기된 것이 아니라면, 자유의 결여로 생각할 수 없다. 벌린은 평등이나 정의 등의 목표를 위해서 자유를 제한할 수도 있다고 인정한다. 또한 자유를 보호하는 것만이 국가의 유일한 기능은 아니라고 한다.[2] 그러나 그렇게 되면 자유 외의 다른 목표를 채택한다는 것은 자유의 상실을 의미하는 셈이다. 그것은, 예를 들어 국가가 빈곤을 줄여서 개인들의 속박을 제거하는 쪽으로 적극적인 조치를 취한다면 자유의 상실이라는 대가를 치르면서 그렇게 한다는 뜻이다. 궁극적으로 "인간 존재의 일정 부분은 사회적 통제의 영역으로부터 떨어져 너와 별도로 존재할 필요가 있다. 그 영역을 침해하는 것은 아무리 작은 행위라 할지라도 전제 정치라 할 수 있다."[3] 그러므로 자유가 "간섭이 없는 상태, 즉 간섭으로부터의 자유"[4]를 뜻한다면, 인권은 국가에 자기 억제 의무만을 부과할 수밖에 없다.

그런데 강압이 없는 상태를 자유라고 강조하는 전통적 태도는 오늘날 신자유주의로부터 새로운 원군을 얻게 되었다. 신자유주의는 국가의 확대를 개인 자율성에 대한 점증하는 위협으로 보며, 그 대신 자유 시장이야말로 개인이 진정으로 자유로워질 수 있는 유일한 통로를 제공한다고 믿는다. 하이에크(Friedrich Hayek)가 이런 입장을 아주 잘 정리하고 있다. 그는 벌린과 마찬가지로 자유를 "어떤 개인이 다른 사람 또는 사람들의 자의적인 의지에 의해 강압을 받지 않는 상태"로 규정한다.[5] 하이에크에게도 자유는 형식적이고 추상적인 것이다. 어떤 사람이 여러 가능한 선택 가운데 진짜 선택을 행사할 수 있는 정도는 자유와 아무 관련이 없다고 생각한다. "자유는 특정한 저해 요인들 — 타인에 의한 강제 — 의 결여를 지칭한다. 자유는 우리에게 특정한 기회를 약속하지 않지만, 우리가 처해 있는 환경을 어떻게 선용할 것인가를 우리 스스로 결정할 수 있게 해준다."[6] 하이에크는 이렇게 협소한 자유 개념으로부터 그것과 똑같이 협소한 국가 역할의 개념을 끌어낸다.[7] 국가의 지시와 무관하게 각 개인이 스스로 선택을 할 수 있는 상황에서만 진정으로 자유로우며, 그러한 상황은 자발적인 시장 질서에 의해서만 조성될 수 있다는 것이다. 또한 사회 정의라는 개념 자체가 개인의 자유를 위협한다고도 한다. 개인들은, 강제로 강요된 경우에만 집합적인 정의를 추구할 것이기 때문이라는 설명이다. 사회 정의를 요구하는 것은 시장이 분배한 것을 재분배하는 데 필요한 규제 권력 앞에 개인들을 복종시키는 것이라고 한다.[8] 따라서 어떤 정부가 분배 정의나 사회 정의를 추구한다면 그것은 국가 권력을 남용하는 일이 된다.[9] 그렇다면 인권의 역할은 자유 시장 내에서 개인의 자율성에 간섭하려고 하는 국가를 억제시키기만 하면 된다.

그러나 인권의 관점에서 볼 때, 왜 의도적인 국가 간섭이 일체 없어

빈곤과 분배의 문제를 연구해 온 경제학자 아마르티아 센에게 자유란 "어떤 사람이 소중하게 여기는 어떤 것을 행하거나, 소중하게 여기는 상태가 될 수 있는 능력"이다. 이 관점에 따르면, 진정한 자유를 위해선 "폭정뿐만 아니라 빈곤 같은, 조직적인 사회적 박탈뿐만 아니라 부족한 경제적 기회 같은, 반(反)자유의 주요 원천을 제거하는 일"이 반드시 필요하다.

져야만 자유가 보장되는지 그 이유를 이해하기 어렵다. 만일 인권이 모든 사람들에게 보장되어야 하는 것이라면, 그 사람들의 권리 행사 능력에 제한을 가하는 여타 억압 요인들을 무시한다는 것은 도대체 말이 되지 않는 일이다. 자유의 억압 요인들은 국가의 압정이나 불관용으로부터 비롯되기도 하지만, 그것만큼이나 빈곤, 질병, 낮은 교육 등으로부터 비롯된다. 이런 식의 관점은 현대의 여러 이론가들, 특히 아마르티아 센의 통찰에서 끌어낸 것이다. 센은 자유를 간섭의 부재로 보지 않고, 주체 행위 또는 진정한 선택을 할 수 있는 능력, 그리고 그러한 선택에 맞춰 행동할 수 있는 능력이라고 본다. 센에게 자유란, 어떤 사람이 소중하게 여기는 어떤 것을 행하거나, 소중하게 여기는 상태가 될 수 있는 능력을 뜻한다. 센은 다음과 같이 주장한다. "사람들이 얼마나 성취할 수 있느냐는 경제적 기회, 정치적 자유, 사회적 권력, 그리고 양호한 건강 및 기본 교육 같은 조건, 독창성의 격려와 함양 등에 의해 영향을 받는다."[10] 자유를 이런 식으로 규정하면 자신이 소중하게 여기는 목적을 달성할 수 있는 능력이 자유의 본질적인 요소 — 자유와 반대되기는커녕 — 가 된다. 이런 관점에 따르면 "폭정뿐만 아니라 빈곤 같은, 조직적인 사회적 박탈뿐만 아니라 부족한 경제적 기회 같은, 탄압 국가의 불관용이나 과잉 간섭뿐만 아니라 공공 서비스의 부족 같은, 반(反)자유의 주요 원천을 제거하는 일"이 반드시 필요하다.[11]

센은 그의 '역량 이론(capability theory)'을 통해 '주체 행위로서 자유(freedom as agency)'라는 적극적 개념을 발전시켰다. 이 이론은 사람들이 단순히 형식적 권리를 지니는 게 중요한 것이 아니라, 그들에게 실제로 어느 정도나 자신의 선택을 행사할 수 있는 능력이 있는가 하는 점을 고려하는 것이 중요하다고 강조한다. 다시 말해, 어떤 개인이 단순히 선택할 의사가 있는 목표와 그 사람이 실제로 선택할 수 있는 역량을 보유한 목표를 구분하는 것이 극히 중요하다. 이 점은 '기능(functionings)'과 '역량(capabilities)'의 구분에서 드러난다. 센은 어떤 사람이 소중히 여기는 어떤 것 또는 어떤 목표를 '기능'이라고 부른다. "소중한 기능에는 충분히 영양을 섭취하거나 예방 가능한 질병에 걸리지 않는 것과 같은 기본적인 것으로부터, 지역 공동체 활동에 참여할 능력과 자존감의 확보 등과 같은 복잡한 활동과 개인적 상태에 이르기까지 극히 다양한 기능이 있다."[12] 그러나 이 모든 기능이 실행 가능한 것은 아니다. 그러므로 어떤 사람이 일련의 기능을 실제로 달성하려면 그 사람에게 그 기능을 달성할 수 있는 역량이 있어야 한다. 그러므로 역량은 기능들 간의 다양한 조합을 이루는 데 필요한 실질적 자유를 말한다. 어떤 사람이 자기가 할 수만 있다면 원했을 소중한 기능을 달성할 수 없다면, 그것은 정치적 간섭뿐만 아니라 사회적·경제적·신체적 제한 요소 때문에 생긴 것이다. 따라서 이런 관점에 따르면, 벌린과는 달리, 빈곤을 기본적 역량의 박탈로 보아야 한다. 즉 빈곤 자체가 일종의 '반(反)자유'인 셈이다.[13)]

센의 주장을 논리적으로 확장하면 개인들의 역량을 증진하기 위해 국가가 적극적 행동을 취하는 것이 필요하다는 결론에 도달한다. 그러나 센의 연구는 인권 자체에 대한 연구라기보다, 개도국의 발전 목표를 설정하고 그것을 측정하는 데 초점을 두고 있다. 센은 개인의 역량을 증진할 적극적 행동이 일반적인 발전 전략이 되어야 하는지, 아니면 그것을 인권 원칙에서 우러나온 적극적 의무로 규정해야 하는지에 대해 명확한 입장을 취하지 않는다. 역량이라는 개념적 장치를 인권법의 심장부에 이식한 사람은 마사 너스봄(Martha Nussbaum)이다. 너스봄은 역량 이론을 통해, 시민들이 자기 정부에게 무언가를 요구할 수 있는 권리를 보유하고 있다고 하는 헌법적 핵심 원리의 기초를 설명하려고 한다.[14)] 이런 의미에서 너스봄은, 센과 달리, 국가의 적극적인 의무를 인권의 맥락에서 직접 거론한다. 너스봄의 이론에서는, 각 개인이 어떤 가치의 보유자이고 한 사람 한 사람이 목적 자체라고 보는 칸트적 이상이, 인간이 자신의 주요 권한을 행사하려면 그 권한을 뒷받침해줄 물질적 자원이 필요하다는 마르크스적 인식으로 보완되고 있다. 더 구체적으로, 너스봄은 어떤 역량 이하로는 인간이 진정으로 기능할 수 없는, 역량의 하한선(역치, threshold)을 설정할 수 있다고 주장한다. 즉, 시민들이 이러한 역량의 하한선 이상을 지닐 수 있도록 하는 것이 사회의 목표가 되어야 한다는 말이다.[15)] 이 목표와 대응해서 너스봄이 주장하는 권리는, 국가에게 인간 기능의 최소한의 하한선을 보장해줄 적극적 의무를 부과한다.

이러한 주장은 불간섭과 적극적 행동의 구분이 그리 명확하지 않다는 사실을 통해서도 강화된다. 예를 들어 빈곤이 국가가 빈민을 돕지 않아서(불간섭) 발생한 것만이 아니라, 언제나 국가가 의도적이고 적극적으로 간섭했기 때문에 발생한 것이라고 해석할 수도 있다. 소유권을 창설하는 것도 국가의 법 체계이고, 소유권이 절도나 강압에 의해 침해되지 않도록 보호하는 것도 국가의 법 체계이기 때문이다. 제러미 벤담(Jeremy Bentham)의 유명한 선언을 기억하라. "재산은 전적으로 법의 자식이다. …… 오직 법만이 내가 들판에 경계를 치고 그 땅을 경작할 수 있게 해준다. …… 법이 생기기 전에는 재산이 없다. 법을 제거하면 모든 재산은 무효가 된다."[16] 그러므로 캐스 R. 선스타인(Cass R. Sunstein)이 주장하듯, 노숙자가 잘 곳이 없다면 그것은 국가가 주택 문제에서 소유권의 원칙을 시행했기 때문이다. 마찬가지로, 추상적으로 볼 때, 배고픈 사람에게 먹지 말라고 명령하는 법은 존재하지 않는다. 그러나 배가 고프다고 해서 이웃집에 있는 음식을 함부로 먹을 수 없게 만드는 것 역시 실정법이다.[17] 센은 이 점을 아주 강하게 주장한다. 사람들은 식량이 절대적으로 없을 때 굶주리는 것이 아니라, 자기가 배고플 때 먹을 수 있도록 해주는 권리가 없을 때 굶주리게 된다. 따라서 "식량의 존재와 음식에 대한 권리 사이를 법이 가로막고 있다. 배가 고파 굶어죽는 것은 법이 내리는 벌이나 마찬가지다."[18] 제럴드 코언(Gerald A. Cohen)은 한 걸음 더 나아가, 어떤 사람에게 돈이 없다는 사실 자체가 국가의 적극적 간섭의 결과라는 통찰을 제시한다. 왜냐하면 국가가 돈에 대해 특정한 기능을 부여했기 때문이다. 즉, 사람들에게 자기 자유에 대한 외부 간섭을 극복할 수 있는 수단(돈)을 부여했기 때문이다.[19] 따라서 빈곤을 국가의 고의적인 간섭의 결과로 이해하든, 아니면 빈곤을 자유의 장애물 — 국가는 이 장애물을 제거할 수단을 보유

자유주의 정치철학자 존 롤스는 국가의 적극적인 역할이 자유를 확보하는데 꼭 필요하다고 보았다. 하지만 적극적 자유와 소극적 자유가 충돌할 경우 소극적 자유가 앞선다고 본 일관된 입장 때문에 제한적인 이론으로 남아 있다.

하고 있다. — 로 이해하든 간에, 개인이 자신의 인권을 행사할 수 있으려면 국가가 적극적인 행동을 취해서 인권을 보장해주어야 마땅하다.

인권에 내재된 자유의 개념 속에 국가의 소극적 의무만이 아니라 적극적 의무도 들어 있다고 증명한 것은 센의 '주체 행위로서 자유' 이론만이 아니다. 존 롤스(John Rawls)가 주창한 현대 자유주의 사상 역시, 불필요하게 제한적인 형태이긴 하나 센과 유사한 주장을 내놓고 있다. 롤스가 말한 정의의 제1원칙에서는 "각 개인은 평등한 기본적 자유라는, 전적으로 합당한 계획에 대해 박탈될 수 없는 동일한 권리를 지닌다. 이러한 계획은 모든 사람의 자유를 보장한다는 동일한 계획과 부합한다."라고 주장한다.[20] 크게 보아 제1원칙인 기본적 자유는 시민적 · 정치적 권리의 범주를 반영한다. 롤스는 언제나 제1원칙이 우선이라고 강조한다. 만일 재분배적 조치가 기본적 자유를 침해한다면 기본적 자유에 우선권을 주어야 한다고 한다. 그러나 롤스는 후기 저작에서 경제적 · 사회적 불평등이 기본적 자유를 행사할 수 있는 능력을 왜곡할 수 있음을 인정했다. 그래서 그는 제1원칙에, 공적 활동 참여 기술에 해당하는 정치 과정 활용법에 대한 공평한 접근권의 보장을 포함시킨다.[21)] 이것은 어떤 사람이 활용할 수 있는 경제적 · 사회적 기회와 상관없이, 사람들이 소중하게 여기는 실제적 가치나 실제적 유용성은 모든 사람에게 동일하다는 것을 뜻한다.[22)] 이러한 사실은 국가에 공평한 접근성을 보장해줄 적극적 의무를 분명히 부여한다.

롤스의 제2원칙과 관련해서도 국가의 적극적 의무가 일정한 역할을 수행한다. 특히 공직 및 직위와 관련된 기회 균등을 보장할 필요성에서 적극적 의무의 역할이 크다고 한다. 이런 의미에서 기회 균등은 단순한 형식적 기회를 넘어, 만인이 그러한 기회를 얻을 수 있는 공평한 조건을 보장하는 것까지 포함해야 한다.[23)] 이것은, 똑같은 재능과 능력을 지닌 사람들, 그리고 그러한 재능을 발휘하려는 열의를 똑같이 지닌 사람들이라면, 어떤 사회 계급에 속해 있든 상관없이 동일한 성공 가능성을 지녀야 한다는 점을 의미한다. 이렇게 보면 집안의 소득 수준과 상관없이 교육에서 만인의 기회 균등이 특히 중요하다. 이러한 사상은, 부의 지나친 편중 — 특히 정치를 지배할 가능성이 큰 집단에 대한 부의 편중 — 을 방지하기 위해 자유 시장을 규제해야 한다는 점에서, 전통적인 '자연권적 자유(natural liberty)' 사상을 넘어선다.[24)]

그러나 자유를 확보하기 위해 국가의 적극적 의무가 필요하다고 인정한 롤스의 주장은, 소극적 자유와 적극적 자유가 충돌할 경우 소극적 자유가 앞선다고 본 일관된 입장 때문에 제한적인 이론으로 남아 있다. 이런 이유로 인해 롤스는 정치적 자유를 벗어난 여타 자유의 공평한 가치를 보장할 필요성을 부정했던 것이다. 롤스는 바로 이 지점에서 자유를 놓고 충돌이 일어난다고 생각했다. 정치적 자유 외에 여타 자유의 공평한 가치를 보장하게 되면 국가가 일부 시민들의 특정한 가치 체계를 옹호하는 셈이 된다고 생각했던 것이다.[25)] 예를 들어, 롤스는 다음과 같이 주장한다. 즉, 국가가 공평한 종교 자유 가치를 보장해주려면 국가에게는 값비싼 성전 건립이나 순례 여행 등과 같은 활동을 지원해 줄 의무가 생길 것이다. 그렇게 되면 자원을 배분하는 행위가, 개개인이 선이라고 생각하는 특정 개념을 국가가 옹호한다는 뜻이 된다. 아래에서 우리는 어떤 선익에 대해 국가가 중립을 지킬 수 있다고 말하는 사상은 어떤 경우에도 성립할 수 없다고 주장할 것이다. 하지만 롤스에게 있어 소극적 자유를 적극적 자유보다 우선시하는 것은, 개인이 자신의 권리를 온전히 행사할 수 있는 능력에 대해 실제로 얼마나 제한이 가해지는가 하는 점을 무시하는 결과를 낳는다. 따라서 모든 개인이 진정으로 균등한 기회를 누릴 수 있으려면 롤스가 인정하는 것보다 훨씬 더 적극적인 의무를 국가에 부여해야 한다.

선호에서 선택으로

자유를 주체 행위로 폭넓게 파악하는 견해는 개인이 자신의 선택을 충족시킬 수 있는 능력을 촉진해주는 것이 중요하다고 강조한다. 이 논의를 위해 선택이라는 개념의 사회적 의미를 상세히 검토해보아야 한다. 경제학자들은 '선택(choice)'을 대단히 개인주의적 의미로 이해한다. 선택은 개개인의 주관적 선호(preference)를 지칭하며, 그것은 그 개인의 자율성에서 본질적인 것이므로 반드시 존중하고 인정해주어야 한다는 것이다. 자유는 불간섭이고 그러므로 개인의 권리는 국가의 자기 억제와 같은 말이라고 보는 견해는, 적어도 어느 정도는, 국가가 개개인의 선호에 영향을 끼쳐서는 안 된다는 관념에 근거를 두고 있다. 얼핏 보면 자유를 주체 행위로 보는 적극적 견해에서도 이러한 식의 선택 개념을 그대로 쓸 수 있는 것처럼 여겨진다. 달리 말해, 국가는 개인의 주관적 선호를 존중하면서, 그러한 선호를 촉진할 의무를 수행해야 한다는 견해가 그것이다.

　그러나 이런 견해는 선택이라는 개념의 사회적 성격을 간과하고 있다. 특히 '선호' 자체가 사회 구조 내에 이미 깊이 뿌리내리고 있는 제한 요소들의 결과일 수도 있다.[26] 개개인은 자기가 현재 처해 있는 상황, 자기가 보기에 실현 가능한 수준, 그리고 자기가 몸담고 있는 권력 구조에 맞춰 자신의 선호를 조절하곤 한다. 여론 조사에서는 여성 파트타임 노동자들이 주변적인 파트타임 일자리를 선호한다는 결과가 나오곤 한다. 그러나 이러한 조사 결과는 여성 노동자가 처해 있는 근로 환경 ─ 어린아이를 돌볼 책임을 지고 있는 여성에게는 파트타임 일자리가 유일한 선택이 될 수밖에 없는 ─ 이라는 맥락에서 이해해야 한다. 마찬가지로, 유럽의 로마족 집시들은 자녀들을 학교에 보내지 않는 '선택'을 한다는 이유로 흔히 손가락질받곤 한다. 그러나 집시들의 그러한 선택은 소수 민족을 차별하고 그들의 문화와 언어를 무시하는 현행 학교 체제의 관점에서 보아야 옳게 평가할 수 있다. 더 나아가, 개인이 어떤 법적·사회적 조건을 선호할 수 있는 것이 아니라, 애초부터 존재하는 법적·사회적 조건이 개인의 선호를 직접 좌우할 수도 있다. 애초부터 어떤 법적 권리가 없었던 사람은 그러한 법적 권리를 선호한다고 표현하지 못할 수도 있다. 애초에 자기 가능성의 영역 바깥에 존재하는 개념이기 때문이다.[27] 또한 개인의 선호는 활용 가능한 정보에 의해서 결정될 수 있고 대단히 가변적일 수도 있다. 광고에 의존하는 소비 사회에서는 특히 그러하다. 이보다 더 심각한 것으로는, 마약 사용이나 안전벨트 사용 거부와 같은 개인의 선호는 비록 본인이 직접 결정한 것이긴 하나 그 사람의 행복에 나쁜 영향을 끼칠 수도 있다.

　사람의 선호가 그 사람이 처한 상황에 좌우될 수 있다는 사실은 국가에 적극적 의무를 부과하자는 주장에 힘을 실어준다. 선택의 자유를 실제로 증진하려면 그 개념을 외부에서 부여할 수 있는 어떤 것이라고만 생각해서는 안 된다. 그 대신 실행 가능한 선택 지점들의 범위를 늘리는 것이 국가의 의무가 되어야 한다. 선스타인은 그러한 상황에서는 다음과 같이 해야 한다는 결론을 내린다. "자유나 자율을 중시하더라도 그것이 정부의 무행동(inaction) ─ 물론 그것이 여러 가능한 행동 중 하나의 지적인 범주일 수는 있겠지만 ─ 을 뜻하지는 않는다. 실제로 현실에서 대부분의 경우, 아니 모든 경우에, 정부의 조정을 통해 개인의 선택을 제한하는 강압을 제거할 수 있다."[28] 물론 국가의 행동이 사람들의 선택을 가로막은 제한 사항을 풀어주는 선을 넘어서, 사람들에게 어떤 선택을 해야 할지 강요하기 시작하는 나쁜 경우가 나타날 수도 있다. 마르크스(Karl Marx)가 말한 '허위 의식(false consciousness)'을 넘어서는 것이 해방의 자유를 가져다 줄 수도 있지만, 그것이 지나칠 경우 사람들에게 선택을 지시하거나 권위주의적인 제한을 강요할 수도 있다. 센은 이런 문제를 다루는 데에서 선호하는 것의 내용에 초점을 맞추지 않고, 어떤 사람이 무엇을 소중하게 여길 만한 **이유가 무엇인가**라는 점에 초점을 맞춘다. 이렇게 하면 '어떤 사람이 어떤 것을 왜 소중하게 여기며 그것이 무엇을 뜻하는가', 또는 반대로, '어떤 것을 왜 소중하게 여기지 않으며 그것이 무엇을 뜻하는가'라는 질문을 던질 수 있다. 이렇게 하면 선택의 내용을 정하는 것보다, 선택을 효과적으로 행사할 수 있는 여건을 조성하는 것에 초점을 맞추는 것이 더 흡족한 답변이 된다.[29] 이런 방법을 쓰면 상황에 맞춰 선호가 표출되는 문제 ─ 즉, 사회적·정치적·경제적 조건 때문에 자기 가능성의 지평이 줄어들어서 자기에게 애초에 어떤 잠재적 선택이 주어져 있는지조차 알 수 없을 때 사람들이 아예 효과적인 선택을 행사하려 하지도 않는 문제 ─ 를 근본적으로 해결할 수 있다. 그러나 이런 접근 방식은 구체적으로 어떤 선택을 취하라고 강요하지는 않는다. 개인이 진정한 자유 속에서 자신의 선택을 형성하고 그러한 선택을 실제로 할 수 있도록 여건을 만들어주는 것이 전형적인 방법일 것이다. 이때 국가의 적극적 의무는, 사람들에게 특정한 선택을 강요하는 것이 아니라, 그러한 여건을 확보해주는 것이 된다. 이런 식으로 하면 국가의 적극적 의무는 독재적이거나 온정주의적이지 않으면서, 선택의 영역을 확장해 자유를 촉진할 수 있다.[30]

맥락 속의 선택 : 돌봄, 책임, 존엄

센의 규범적 이론 틀은 개인이 소중하게 여길 만한 이유가 있는 것을 행할 수 있는 능력, 또는 그런 상태가 될 수 있는 능력에 최고의 가치를 둔다. 그러나 이런 이론 틀은 사람들이 성취할 수 있는 것에만 지나치게 초점을 맞출 위험이 따른다. 마치 개인이 자신의 목표를 달성할 수 있도록 촉진해주는 것만이 적극적 의무의 유일한 기능인 것 같은 인상을 주기 쉽다는 말이다. 센의 이론 틀이 다른 인권적 가치들 — 선택에 기반을 둔 것이 아니라 대인 관계와 상호 의존성에 근거를 둔 가치들까지 — 을 가로막아서는 안 된다는 점이 중요하다. 이러한 가치들의 핵심에는 '돌봄(caring)'의 가치가 있다. 돌봄의 가치는 선택의 문제가 아니라 책임의 문제로 보아야 한다. 사실 따지고 보면 타인의 돌봄을 받는 사람의 필요성 때문에 돌보는 사람의 선택(역량)이 제한될 수도 있기 마련이다. 이것은 어쩔 수 없는 일이고 경우에 따라서는 합당한 일이기도 하다. 역량 이론에 따르면, 돌보는 사람에게 인권 의무의 주목표는 돌봄의 대상이 되는 사람에게 실행 가능한 선택 지점들을 넓혀주는 것이라고 잘못 가정할 수 있다. 그러나 인권은 선택만을 소중하게 여기지는 않는다. 인권은 사람들 간의 관계도 소중하게 여긴다. 이렇게 되면 타인의 존엄과 그들에 대한 존중을 보장해줄 의무, 그리고 책임과 돌봄을 증진하고 촉진할 의무가 생긴다.

　가족의 책임과 자녀 양육을 살펴보면 이 점이 명확히 드러난다. 역량 이론은 돌보는 사람에게 실행 가능한 선택 지점들을 넓혀주는 데에도 초점을 맞춘다. 예를 들어, 어린이의 보육을 맡아줌으로써 어머니가 직업을 가질 수 있게끔 도와주는 것이다. 역량 이론에 따르면, 어린이의 보육이 제공되어 어머니가 직업을 가질 수 있게 되었는데도 스스로 보육을 계속 맡기로 결정하는 사람은 자기 스스로 원해서 그렇게 선택한 것이므로 그 이상의 정책적 배려는 필요 없다고 간주된다. 이런 사고방식은 책임과 돌봄의 성격을 근본적으로 오해하고 있다. 돌봄 행위는 개인이 자기 충족을 추구하는 과정에서 선택한 것이어서 소중한 것이 아니라, 돌봄 행위 자체가 반드시 필요하고 중요한 사회적 활동이기 때문에 소중한 것이다(책임의 문제). 어떤 사람이 신체적으로, 정신적으로, 심리적으로 자기 선택을 행사할 수 없는 상황과 관련해서도 똑같은 이야기를 할 수 있다. 이 경우 인권 의무는 그 사람의 개인적 성취를 증진하기 위해 요구되는 것이 아니라, 그런 사람이 존엄과 존중을 받을 수 있도록 보장하기 위해 요구되는 것이다.

2_개인주의와 공동체

　국가의 자기 억제 이론에는 각 개인이 국가와 공동체의 규제로부터 풀려날 때에만 온전한 자유를 누릴 수 있다고 하는 두 번째 전제가 깔려 있다. 이런 전제는 또한 각 개인이 이미 완전한 개인성을 형성한 상태에서, 그리고 본질적으로 자유로운 상태에서 사회로 진입한다고 가정한다. 자유주의의 허구에 따르면 자연 상태의 자유로운 개인들이 법과 질서를 바라는 욕구 때문에 국가에 승복한다고 한다. 홉스(Thomas Hobbes)가 생생하게 묘사한 것처럼, 자연 상태에 존재하는 무제한의 자유는 무제한의 전쟁으로 이어지고, 그 결과 인간의 삶은 "험난하고 잔인하며 부족하다."[31] 그렇기 때문에 정치적 권위도 필요하지만 개인의 자유를 보존할 방안 역시 필요하다. 그러나 홉스는 주권적 권력에 법적 제한을 가하면 국가가 질서를 유지할 능력이 떨어진다고 보았다.[32] 국가는 "거대한 바다 괴물(leviathan), 아니 …… 살아 있는 신이다. 우리는 이 괴물에게 평화와 안위를 빚지고 있다."[33] 이와 대조적으로 로크(John Locke)는 동료 인간들보다 주권자를 더 신뢰할 필요가 없다고 생각했다.[34] 그래서 로크는, 사회 계약으로 국가가 성립하더라도 국가가 침해할 수 없는 일련의 '자연권(natural rights)'을 제시했던 것이다. 로크는 사람들이 이런 식의 자연권으로 무장하고 자신만의 완전한 개인성을 갖춘 존재로서 어떤 사회 공동체에 진입한다고 보았던 것이다. 또한 정치 권력의 강제력 행사는 오로지 개인들의 권리를 보장하기 위해서만 가능하다고 보았다. 이러한 자연권에는 개인의 생명권, 자유권, 자신의 삶을 관장할 권리, 자신의 노동을 마음대로 처분할 권리, 재산을 소유할 권리가 포함된다.[35] 따라서 이러한 권리는 본질적으로 국가에 제한을 가할 수 있는 권한이며, 국가 권력이 자기 의사를 시민들에게 강요할 수 있는 범위를 제한하는 기능을 갖게 된다.

자유주의의 대안으로 등장한 또 다른 견해는 아리스토텔레스 시대까지 거슬러 올라가는데, 이 견해는 개인을 본질적으로 사회적 존재라고 규정한다. 아리스토텔레스는 인간이 본성상 사회적·정치적 동물이며, 인간의 온전한 삶은 폴리스(polis, 도시국가) 또는 정치 공동체의 맥락에서만 달성할 수 있다고 주장했다. 정치의 궁극적 목표는 개인으로 하여금 '자기 실현'을 할 수 있도록 도와주는 것이고, 반대로 이러한 실천적 덕성을 가장 폭넓게 발전시켜주는 삶은 정치적 활동에 적극적으로 관여하는 삶이라고도 했다. 따라서 자유는 어떤 공동체 또는 집단적 삶이라는 맥락에서만 의미를 지닌다. 이와 유사하게 헤겔(Georg W. F. Hegel)도, 개인이 사회에 우선하는 존재라고 보는 견해는 애초 그 자유로운 개인을 형성하는 사회적·정치적 환경의 역할을 간과한 것이라고 주장한다. 사람은 자유를 집단적으로 실천하는 행위 — 자유를 행사하는 데 필요한 역량, 태도, 자기 이해 등을 계발해주는 집단적 행위 — 의 일부가 되어야만 자기 자유를 얻을 수 있다는 것이다.[36] 헤겔은 타자를 이해하고 인정하지 않으면 자기 의식과 주관성 역시 발전시킬 수 없다고 본다. 개인은 타인을 인정하고, 타인으로부터 인정받음으로써 자신의 정체성을 형성하기 때문이다. 그러므로 사람은, 자신과 자유로운 타자들 간의 '상호 인정(mutual recognition)' 과정을 통해 자기 자신이 자유롭다는 의식을 발전시키고 유지할 수 있다고 한다.[37]

헤겔이 보기에 각 개인이 타인을 인정하고 사회 질서의 책임을 받아들일 수 있는 역량을 확보하는 길은 국가를 통하는 방법밖에 없다. 하지만 그것이, 헤겔이 암시하는 것처럼, 개인이 국가에 완전히 종속되거나 국가에 완전히 흡수되어야 한다는 뜻일까? 현대 정치 이론가들에게는 개인의 자율성을 포기하지 않으면서, 본질적으로 사회적 성격을 띤 자유를 인정하는, 일종의 사상적 통합 방안을 찾아내는 것이 핵심 과제로 남아 있다. 롤스와 같은 현대 자유주의자들은 개인의 사회적 성격을 전적으로 수용하여, "우리 인간이 선익을 달성하기 위해서 사회 속에서 살아야 한다는 사실은 너무나 당연한 주장"이라고 생각한다.[38] 실제로, 롤스의 정의 이론은 공평한 협력 체계로서 사회라는 개념에 기초를 두고 있다.[39] 롤스는 정치 활동에 관여하는 것만이 인간의 유일한 선익이라는 견해를 받아들이지는 않지만, 정치 활동에 관여하는 시민들을 통해 인간 삶의 최고선을 어느 정도 달성할 수 있음을 인정한다. 그는 사람들이 정치 활동에 자발적으로 참여할 때에 개인의 자율성과 자유의 사회적 성격을 통합할 수 있다고 본다. "우리의 완전한 선익을 위해 정치 활동에 어느 정도나 참여할 것인가 하는 문제는 개인들이 스스로 결정할 문제이며, 그것은 사람마다 다를 수 있다."[40]

위에서 설명한 풍부한 자율성 개념으로부터 그러한 통합 방안을 도출하는 것이 좋을 것 같다. 자유를 주체 행위로 이해하면 사회는 개인의 자유를 제한하지 않으며, 사회적 맥락이 개인의 자유를 증진한다고 보아야 옳을 것이다. 개인은 단지 법과 질서를 유지하는 것 이상의 이유 때문에 사회가 필요하다. 사회의 도움이 없으면 개인은 온전한 잠재력을 발휘할 수 없다. 뿐만 아니라, 개인의 정체성도 본질적으로 사람들 사이의 인정과 인간 관계에 기반을 두고 있는 것이다. 이런 관점은 개인의 정체성이 사회적 관계의 맥락에서 주체들 상호 간의 인정에서 비롯된다고 한 헤겔의 토대론적 견해(foundational view)에 근거를 두고 있다.[41]

이런 입장에 따르면, 권리를, 단자적이고 소외된 인간들이 서로를 서로에게서 보호하기 위해 사용하는 수단으로 이해해서는 안 된다. 그 대신, 하버마스가 말하듯, 법 체계는 인간 주체들 — 상호 연관된 권리와 의무 체계 속에서 서로가 서로를 자유롭고 평등한 시민으로 인정하는 — 사이의 협력을 전제로 한다.[42] 사회 계약을 맺기 위해 필요한 수단을 얻기 위해서라도 각 개인은 타인의 관점으로 세상을 볼 줄 알아야 한다. "그렇게 해야만 자유를 단순히 자연권적인 자유 — 간혹 현실과 어긋나는 — 라고 생각하지 않고, 상호 인정을 통해 형성된 자유로 생각할 수 있다."[43] 그러므로 인권은 개인이 사회보다 우선한다는 전제

위에서는 성립할 수 없는 개념이다.

이처럼 사회는 개인을 형성할 뿐만 아니라, 인간의 온전한 기능에 필요한 다양한 선택 지점들을 가능하게 해준다. 조지프 라즈(Joseph Raz)가 주장하듯, 개인의 자율성을 증진하는 것은 사회적 맥락에서만 가능하다. 그러한 사회적 맥락은 합당한 선택 지점들의 전체 범위를 제시해줄 뿐만 아니라, 인간의 존립에 꼭 필요한 인간 관계를 관장하는 제도와 네트워크를 포함하고 있다.[44] 그러나 사회적 맥락 역시, 그저 주어진 것으로 받아들일 것이 아니라, 인간의 자율성을 증진할 수 있도록 형성할 필요가 있다. 이 견해는 다시, 인권을 적극적 의무를 포함하는 개념이라고 이해하는 견해와 직접 연결된다. 사회 속 개인의 자유라는 관념은, 시민들에게 다양한 선택 지점과 공익, 그리고 인간 관계가 꽃필 수 있는 틀거리를 제공하라고 국가에게 정면으로 적극적인 의무를 부과하기 때문이다.

3_좋은 것과 옳은 것 : 국가는 중립적일 수 있는가?

국가 중립성 이론

개인의 권리를 국가의 자기 억제로 이해하는 소극적 자유 이론의 핵심에는 국가가 시민들에게 특정한 '선익(the good)' 개념을 강요해서는 안 된다는 원칙이 들어 있다. 이런 견해에서는 흔히, '좋은 삶이란 무엇인가'라는 문제에 대해 개인이 스스로 결정을 내릴 수 있는 권리를 자유의 기본으로 생각하기 때문에, 국가가 특정 가치를 개인들에게 강요하지 못하도록 국가에 자기 억제의 의무를 부과해야 한다고 본다. 바로 이 지점에서 자유주의가 아리스토텔레스적인 견해 — 이성의 힘으로 판별할 수 있는 객관적 '선익'이 존재한다고 믿는 — 와 결정적으로 갈라서게 된다. 아리스토텔레스는 폴리스가 하나의 정치적 실체일 뿐만 아니라, 공통 가치에 헌신하는 데 근거를 둔 공동체라고 생각했다.[45] 그는 또 폴리스의 도덕법과 실정법을 구분하지도 않았다. 아리스토텔레스가 생각하기에 폴리스 내 정치적 정의의 원칙은, 도덕적 정의의 기준이자 시민들에게 옳고 그른 것의 기준이기도 했다. 이와 대조적으로, 대다수 자유주의 사상의 핵심 교의에 따르면 좋은 삶을 증진하는 것은 정부의 정당한 활동 영역에 속하지 않는다. 라즈가 지적하듯 이런 식의 자유주의적 입장은 결국 국가의 자기 억제 원칙이나 다름없다. 이런 원칙에 따르면 정부는 어떤 행동이 시민들이 처한 상태에 득이 된다 하더라도 그 이득을 위해 적극적으로 행동해야 할 의무가 없다. 왜냐하면 국가는 어떤 선익에 관해 그것이 합당한 이상이든 부당한 이상이든 간에, 그 둘 사이에서 중립을 취해야 마땅하기 때문이라는 것이다.[46]

벌린이 적극적·소극적 자유에 관한 유명한 — 그러나 상당히 많이 오해된 — 이론에서 펼치고자 했던 바가 바로 이러한 주장이다. 겉으로만 보면 벌린의 적극적 자유는 이 책에서 주장하는 견해와 대단히 비슷한 것처럼 보일 것이다.

  '자유'라는 말의 '적극적' 의미는 개인이 자기 자신의 주인이 되고 싶어하는 욕구로부터 도출된다. 나는 타인의 의지의 도구가 아니라, 나 자신의 의지의 도구가 되고 싶다. 나는 나 자신의 의식적인 목적에 의해, 객체가 아니라 이성에 의해 움직이는 주체가 되고 싶다. …… 나는 …… 내가 마치 한 인간으로서 역할을 수행할 수 없는 무슨 물건이나 동물이나 노예처럼 외부 환경 또는 타인에 의해 어떤 일을 강제당하거나 결정당하지 않고, 나 스스로 결정하고 나 스스로 방향을 정하는 행위자가 되고 싶다. 즉, 나 자신의 목표

와 지향을 궁리하고 그것을 실현하는 행위자 말이다.[47]

그러나 벌린은 소극적 자유와 달리 적극적 자유의 길은 전제 정치로 가는 길이라고 주장한다. 벌린이 이렇게 말한 이유는 적극적 자유와, 이성에서 도출될 수 있는 아리스토텔레스적인 객관적 '선익' 사이에 연결점이 있다고 봤기 때문이다. 만일 그런 식의 객관적 선익이 존재한다면, 인간은 자기 이성을 활용해서 그러한 선익을 알아차릴 때에만 자유로워질 수 있다. 그러므로 이렇게 본다면 자유란 외부의 억제 요소를 제거하는 데에 있지 않고, 내부의 장애 요소 — 개인이 진정한 이성을 획득하지 못하게 가로막는 비합리적이고 주관적인 정념 — 를 극복하는 데에 있다. 이런 식의 주장을 지지하는 강력한 후원자들이 있다. 칸트(Immanuel Kant)는 사람들이 자유로워지려면 자신의 욕구를 초월하여 이성을 추구해야 한다고 주장한 바 있다.[48] 이와 유사하게 헤겔 역시 자유를 성취하려면 경험적 자아인 정념으로부터 실질적 자아인 이성을 해방시켜야 한다고 했다. 이성의 목표는 행위 주체 자신의 자유이다. 상황에 의해 발생한 모든 부수적인 욕구와 의도로부터 벗어난 의지만이 행위 주체 자신의 자유를 지향한다고 본 것이다.[49] 루소(Jean Jacques Rouseau) 역시 취향이나 욕구만으로 추동되는 것은 노예 상태에 불과하며, 자유를 얻으려면 이성이 필요하다고 생각한다.[50]

그런데 여기서 한 걸음만 더 나아가면 벌린이 그토록 염려한 전제 정치에 빠지게 될 가능성이 생긴다. 사람들이 자신의 정념 때문에 맹목에 빠져 이성을 찾지 못한다면 국가가 그들에게 이성의 길을 제시할 의무가 있다는 발상과 연결되기 때문이다. 특히 헤겔은 국가는 객관적 이성을 구체적으로 표현한 형태이므로 모든 사람이 국가에 충성을 바쳐야 한다고 주장했다. 이렇게 되면 역설적으로, 루소의 유명한 말처럼, 사람들은 국가라는 강압을 통해 진정으로 자유로워져야 하는지도 모른다. 루소는, 정념이 아닌 이성을 추구하는 시민이라면 공동선(common good)이라는 개념 속에 포함된 공통점 — 즉, 각 개인의 안녕을 위한 똑같은 관심 — 에 동의할 것이라고 생각했다. 이런 공통점이 구속력 있는 법의 형태로 규정되면 각 시민들은 공동선에 대한 의무를 자기 자신이 스스로 부과한 의무처럼 받아들일 수 있다. 이때 각 개인은 자기 스스로 부과한 의무에 자발적으로 복종하는 것이므로, 그 이전과 마찬가지로 자유로운 상태에 놓여 있다고 할 수 있다. 여기서 결론은 명확하다. 루소는 다음과 같이 말한다. "일반 의지에 복종하지 않는 사람은 전체에 의해 그렇게 하도록 강요당할 것이다. 이것은 자유롭게 되라는 강요를 받는 것이나 마찬가지다."[51]

그러나 벌린은 일반 의지에 복종하는 것을 자유를 향한 궁극적인 단계라고 보지 않고, 권위주의의 나락으로 떨어지는 첩경이라고 본다. 자아를 욕구와 이성의 두 부분으로 나눠버리면 위험하다는 것이다. 왜냐하면 오래지 않아 이성에 해당되는 자아가 공동체 '전체'와 동일시되면서 더 높은 자유의 이름으로 이성에 동의하지 않는 구성원들에게 전체의 의지를 강요할 것이기 때문이다. 벌린은 그런 식의 발상이, 어떤 목표 — 사람들이 더욱 더 이성적이라면 스스로 추구하려고 할 어떤 공공 정의 또는 공중 보건 정책 등 — 를 내세워 사람들에게 특정한 일을 강요하는 것이 정당화될 수 있다는 식의 주장으로 이어진다고 지적한다. 이때 사람들은, 자신의 '진짜' 자아를 위해, 강요와 위협과 탄압과 심지어 고문을 당할 수도 있다. 그러한 가혹 행위가 사람들로 하여금 자신의 진정한 자아에 도달하게 하고 자신의 진정한 선택을 하도록 도와주기 때문에, 그런 행위가 궁극적으로 사람들을 진정으로 자유롭게 해줄 수 있다고 확실히 믿는 상태에서라면 그런 행위를 허용할 수 있다는 것

영국의 자유주의 사상가 이사야 벌린은 자유를 '소극적 자유'와 '적극적 자유'로 구분한다. '소극적 자유'가 단순히 외부 간섭으로부터 자유를 뜻한다면, '적극적 자유'는 개인이 자신의 의지에 따라 목표를 세우고 실현할 수 있는 자유를 뜻한다. 벌린은 '적극적 자유'가 전제 정치로 가는 길을 열 수 있다고 우려하여 '소극적 자유'를 우선시해야 한다고 주장했다.

이다. 벌린에 따르면 이런 식의 발상이야말로, 필연적으로, 사람을 억지로 자유롭게 만들 수 있다는, 철저히 비자유주의적인 사상으로 이끈다.[52] 벌린은 이러한 귀결을 막는 유일한 방안은 소극적 자유 또는 강제가 없는 상태로서의 자유 개념을 최우선시하는 것이라는 결론을 내린다. 소극적 자유를 보장하려면 국가는 특정한 가치나 특정한 세계관들 사이에서 엄격하게 중립을 지켜야 한다는 것이다. 적극적 인권이 요구하는 적극적 의무는 개인이 스스로 선익을 선택할 자유를 반드시 침해하게 되어 있다는 말이다.

이렇게 소극적 자유를 주장하는 결론의 문제점은 국가가 가치 중립적일 수 있다고 가정하는 데에 있다. 그러나 실제로는 국가 중립이라는 환상 자체가 국가가 특정한 가치를 추구하는 실상을 가리고 있다. 롤스가 후기 저작에서 인정한 것처럼 자율성이니 개인주의니 하는 것 자체가 특정한 가치를 추구하기 때문이다.[53] 각 개인이 자기 스스로 결정한 자기 이익을 자유롭게 추구할 수 있어야 한다고 주장한 하이에크의 기본 전제에 대해서도 같은 말을 할 수 있다. 하이에크는 자신의 입장을 중립적인 원칙이라고 내세운다. 그러면서 각 개인의 선택에 대해 국가는 불편부당한 자세를 견지해야 한다는 '강력한 의무'를 국가에 부과한다. 그러나 하이에크의 전제는 중립성을 가장하고 있지만 실제로는 인간의 욕구와 포부에 대해 특정한 관점을 제시하는 견해와 다름없다. 그 관점은 집단의 목표와 사람들 간의 인간 관계를 거부하거나 선택하는 것도, 개인이 애초에 외부로부터 부여받은 여건, 그리고 자기에게 주어진 자원을 자신의 재량에 따라 처분할 수 있는 능력, 그리고 교육·훈련과 같은 사회적 선익에 대한 접근성 등에 의해 제한을 받는다는 점을 간과하고 있다.[54]

이런 점은 현대 사상에 있어 가장 까다로운 질문을 제기한다. 국가가 개입하지 말아야 할 사안 — 다양한 사회 내에서 평등과 자유를 유지하기 위해 가치의 다원성을 지키는 것이 합당하고 또 반드시 필요한 그러한 영역 — 과 국가가 특정 가치를 옹호하거나 혹은 도덕적으로 나쁘다고 생각되는 목표를 적극적으로 금지할 수 있는 사안을 어떤 근거로 구분할 수 있을 것인가? 이 문제는 오늘날까지도 정치 이론가들이 계속 씨름하고 있는 문제이다. 이 문제를 푸는 한 가지 방법은 도덕성(morality)과 윤리(ethics)를 구분하는 것이다. 도덕성은 보편적이고 모든 이들에게 적용되는 규범인 반면, 윤리는 개인 혹은 공동체의 집단적 삶에 관한 특정 가치를 나타낸다.[55] 윤리적 고려는 자신의 문화적 뿌리를 찾는 개인이 스스로 선택하고 계속 재형성해야 할 사안, 즉 선택의 문제이다. 이와 대조적으로, 도덕적 고려는 보편적이고 변하지 않으며,

모든 사람들에 의해 자유롭게 또 협력 속에서 받아들여질 수 있어야 하는 어떤 것이다.[56] 이런 식의 구분은 국가와 개개인의 도덕적 선택의 관계를 어떻게 자리매김해야 할지를 확실하게 판별해준다. 즉, 국가는 모든 사람들이 동의해야 마땅한 도덕의 보편적 원칙을 추구할 수는 있지만, 개인의 윤리적 결정을 무시하면서 집단의 결정을 강요하는 것은 개인의 자유를 침해하는 것이 된다.

물론 보편적 도덕 원칙의 내용을 확정하는 것은 쉽지 않은 과제이다. 현대의 일부 자유주의 사상가들은, 용인할 수 있는 유일한 도덕 원칙은, 보편적 존중 원칙과 각 개인을 하나의 독립적 개체로서 고려해주는 원칙밖에 없다고 생각한다. 따라서 이 원칙에 따르면 국가가 개입할 수 있는 여지는 상당히 작다. 도덕 원칙이 윤리 원칙보다 더 중요해져서 국가가 개입할 권리가 생기는 경우는, 어떤 사람의 윤리적 선택이 다른 사람의 평등하게 존중받을 권리를 침해하는 경우뿐이다. 낸시 프레이저(Nancy Fraser)는 이러한 접근 방법을 이용해서 '참여적 등가(participative parity)' 원칙 — 그가 개인의 윤리를 침해하지 않는 도덕 원칙이라고 규정한 — 을 주장한다.[57] 그러나 이런 해법이 언제나 쉽게 유지될 수는 없다. 이 원칙에서 제일 문제가 되는 부분은, 평등한 존중 및 평등한 고려라는 도덕 원칙이 명백한 의미를 지니고 있고, 모든 사람들이 자신의 윤리적 관점과는 상관없이 이러한 도덕 원칙을 받아들일 것이라고 가정한다는 점이다. 그러나 개인의 윤리적 관점은 집단의 도덕 원칙에 분명히 영향을 끼친다. 개인이 자신의 윤리적 선택에 근거하여 타인의 정체성이나 라이프 스타일 혹은 어떤 가치를 거부할 가능성이 있다. 또한 국가가 평등한 존중과 평등한 고려라는 원칙을 시행하기 위해 그러한 윤리적 선택을 침해해야 할 수도 있다. 이와 반대로, 국가가 개인의 윤리적 선택에 절대로 개입하지 말아야 하는지 여부도 분명치 않다. 특히 어떤 집단의 윤리적 결정이 그 집단 내 구성원들에게 영향을 끼치는 경우를 예로 들 수 있겠다.[58]

롤스는 국가가 개인에게 정당하게 강요할 수 있는 가치와 개인이 스스로 자유롭게 규정할 수 있는 가치를 구분할 수 있는 또 다른 접근 방법을 제시한다. 롤스는 이를 위해, 포용적 가치 체계와 구분되는, '정의의 정치적 개념'을 개진한다. 우리는 민주 사회의 항구적인 조건으로서 포용적 가치 체계의 다원주의가 합당하다는 사실을 전제할 필요가 있다고 롤스는 주장한다. 그런데 만일 국가가 어떤 가치 체계의 교의를 강요하려면 강제적 권력이 필요할 것이다. 하지만 민주주의 국가에서 강제력은 모든 사람들이 동의해야 행사할 수 있다.[59] 이러한 두 가지 상반되는 조건 ― 가치 체계의 다원주의가 합당하다는 사실과 특정 교의를 강요하려면 강제력이 필요하다는 사실 ― 은 '중첩되는 합의 (overlapping consensus)'의 영역이라는 관념을 통해 해소된다. 이것은 "합당하고 이성적인 시민들이 자기 자신의 특정한 가치 체계 교의를 지키면서도 동의할 수 있는 공적인 정당화 근거"이다. 이런 접근의 목적은 단 하나의 유일한 도덕률 ― 도덕적 교의이든 종교적 교의이든 ― 을 만들어내려는 것이 아니라, 모든 사람이 동의할 수 있는 정치적 정의의 개념 ― 서로 다른 이유에서 동의한다 하더라도 ― 을 찾는 것이다.[60] 자신의 특정한 세계관이 무엇이든 간에 모든 사람이 그러한 개념에 동의할 수 있다는 점에서 이러한 롤스의 접근은 중립적이라고 말할 수 있다.[61] 그러나 가치로부터 초연하다는 의미에서 중립은 아니다. 실제로 롤스는 특정 정치적 정의 개념이 모든 교의를 다 똑같이 취급할 것이라고 기대할 수는 없다는 사실을 인정한다.[62] 어느 정도 합당한 정치적 개념이라면 사람들이 지니는 가치 체계 견해의 허용 범위에 대해 어떤 식으로든 제한을 가할 수밖에 없다. 그리고 정당한 원칙에 맞춰

설립한 기본 제도들에서는 어떤 특정한 삶의 방식을 다른 식의 삶의 방식보다 더 장려할 수밖에 없다.[63]

롤스의 중립성 개념은 모든 사람들이 동의할 수 있는 중첩되는 합의 영역을 찾을 수 있는 가능성에 달려 있다. 특히 그의 주장에서 중첩되는 합의란, 합리적이면서 동시에 합당한 시민이라면 받아들일 수 있을 것이라고 가정하는 점이 핵심을 이룬다. 합리성(rationality)은 자기 이익의 추구를 나타낸다. 그러나 합당함(reasonableness)이란 거기서 더 나아가, 존중해야 할 어떤 원칙 — 자기 이익에 반대되더라도 그 원칙이 상호적이기 때문에 존중해야 할 — 을 특별히 정할 필요성을 인정한다. 다시 말해, 다른 사람들도 모두 똑같이 이 원칙을 따를 경우, 설령 자기 이익이 피해를 입더라도 이 원칙을 존중하는 것이 합당하다는 말이다.[64] 이러한 합당함의 개념은 분명 그 자체로서 가치 중립적인 것은 아니다. 롤스는, 합당한 정치적 개념이라면 허용 가능한 개인적 가치 체계의 범위에 일정한 제한을 가할 수밖에 없음을 인정한다.[65] 그러나 로널드 드워킨(Ronald Dworkin)은 정치적 가치와 개인의 도덕 신념을 분리하려는 롤스의 시도를 비판한다. 특히, 롤스의 논의로부터 등장하는 정의 원칙은 논란이 많은 도덕 원칙에 의존하고 있다고 지적한다. 더 나아가 중첩되는 합의 자체가 존재하지 않을 경우, 어떤 핵심 정치 쟁점에서는 만장일치를 이루기가 불가능할 수도 있다.[66] 이 문제를 해결하기 위해, 중립성이 단지 중첩되는 합의를 뜻하는 것에 불과하다 하더라도, 국가가 개입할 수 없는 사안과, 국가가 중립성의 원칙을 훼손하지 않은 채 개입할 수 있는 사안을 구분하려는 시도를 포기해야 할지도 모른다.

완전주의 국가와 적극적 의무

　지금까지의 논의를 통해, 국가가 개인이 어떤 선익을 선택할지에 대해 개입해서는 안 된다고 하는 견해가, 국가가 중립을 취할 수 있다는 허구에 기반하고 있음을 설명하였다. 이 생각을 확대하면 '국가의 중립이 도대체 왜 필요한가'라는 질문으로 이어질 수 있다. 이 질문에 대한 통상적 답변은, 그 누구도, 더더구나 국가는, 인간의 선익에 대해 본인보다 더 좋은 결정을 할 수 있는 위치에 있지 않다는 것이다. 그러므로 어떤 사람에게 특정한 관점의 선익을 강요하면 그 사람의 인간성에 본질적으로 필요한 존중과 관심을 가지고 그 사람을 대접해야 한다는 원칙과 어긋나게 된다. 그러나 이런 식의 '중립적' 접근은 도덕적 상대주의에 기대고 있으면서 동시에 그것과 모순된다. 왜냐하면, 모든 사람이 자신의 선익을 스스로 선택할 수 있어야 한다는 상대주의를 주장하면서도, 적어도 하나의 도덕 원칙 ― 즉, 사람들이 자기가 원하는 선익을 스스로 선택할 수 있어야 한다는 ― 만큼은 절대적으로 받아들이기 때문이다. 하지만 이러한 도덕 원칙 안에는 또 다른 모순이 들어 있다. 사람들이 자신의 선익을 스스로 선택할 수 있을 만큼 완전히 자유로울 수 있다는 가정이 그것이다. 그러나 개인의 선택은 그 사람이 처한 사회적 맥락으로부터 분리되어 존재하는 것이 아니다. 실제로, 선택 행위는 사회적 맥락 속에 확고히 뿌리내리고 있으며, 사회적 맥락에 의해 어떤 선택들이 가능한지, 그리고 각각의 선택에 따르는 가치와 비용이 무엇인지가 영향을 받는다. 또한 선택은, 타인의 선택으로부터 영향을 받고, 자신의 삶 속에서 그 이전에 취했던 결정으로부터도 영향을 받는다. 가장 중요한 것은, 적절한 어떤 옵션들이 미리 제시되어 있지 않은 이상 진정한 선택권을 행사하기란 불가능하며, 국가만이 그러한 적절한 옵션들을 제공할 수 있다는 점이다. 그러므로 국가의 적극적 의무란 것을, 개인이 자신에게 선익이 되는 것을 스스로 선택하지 못하게 한다는 이유만으로 거부할 수는 없다. 그 대신, 국가가 사람들의 삶에 특정한 공적인 도덕성을 적극적으로 불어넣고, 또 그렇게 해야만 하는 방안을 명확히 인식하고, 그것과 계속해서 씨름하는 것이, 우리의 핵심 과제일 것이다.

이 핵심 과제에 대해 가장 신빙성 있는 해법은 라즈가 제시한 방법이다. 라즈는 국가의 중립성이라는 개념을 거부할 뿐만 아니라, 국가가 일정한 공공 도덕성을 증진하는 것이 국가의 적극적인 속성이 되어야 한다고 본다. 그렇지만 이 말은 국가가 시민들에게 특정한 세계관을 강제로 주입한다는 뜻은 아니다. 라즈는 개인의 자율성, 또는 인간이 자기 삶을 형성하는 데 적어도 부분적인 주인이 될 수 있다고 하는 토대론적 관념으로부터 정치적 자유를 도출할 수 있다고 보기 때문이다. 라즈는 개인의 자율성이 인간이 제멋대로 행하는 활동을 의미할 수는 없다고 생각한다. 그 대신 개인의 자율성이 보장되려면 선택할 수 있는 옵션 ― 그중에는 서로 상치되는 도덕적 입장을 선택할 가능성도 포함된다. ― 이 여러 개 존재해야 한다. 따라서 라즈의 '완전주의 국가(perfectionist state)'론은, 하나하나 소중하면서도 서로 다른 삶의 형태가 다양하게 존재한다는 사실과 호응할 뿐만 아니라, 적극적으로 그러한 상태를 요구한다.

이 점은 적극적 의무 개념으로 직접 연결될 수 있다. 사람들은 국가가 인간에게 소중한 자율성을 위한 조건을 형성해줄 때에만 온전하게 자율적일 수 있다.[67] 국가는 개인의 자율을 증진할 의무가 있으므로 자율성을 위한 제반 조건을 마련해줄 필요가 생긴다. 이때 특히, 국가는 서로 합치하지 않고 경쟁하는 과업과 계획과 관계들이 백가쟁명 식으로 표출될 수 있도록 적극적으로 고무해야 한다.[68] 그렇다고 해서 국가

영국의 법철학자 조지프 라즈는 국가의 중립성이라는 개념을 거부하고, 자유주의 국가는 사회 구성원들이 건전하고 가치 있는 인생관을 추구함으로써 좋은 삶을 누릴 수 있도록 적극적으로 도와야 한다고 주장한다. 그에 따르면, 공공 도덕성을 증진하는 것이 국가의 적극적인 속성이 되어야 한다.

가 시민들이 어떤 선택을 하든 무조건 다 받아준다는 말은 아니다. 국가에게는 가치 있는 목표를 추구하도록 장려하고, 저급한 목표를 억제하는 조치를 취해야 할 적극적인 의무도 있을 수 있다. 그렇다면 이런 경우 국가가 온정주의를 행한다는 혐의를 어떻게 피할 수 있을까? 실제로 라즈의 이론은 다양한 온정주의적 조치 — 인간 자율성을 위한 제반 조건을 형성하는 데에만 쓰인다는 조건에서 — 를 의당 받아들인다. 도덕적으로 나쁜 옵션이 인간의 자율성을 신장할 수도 있겠지만, 도덕적으로 나쁜 옵션을 설령 자율적으로 선택한다 하더라도, 그것이 비자율적이지만 도덕적으로 좋은 옵션과 비교해 더 나쁜 결과가 나올 수도 있기 때문이다.[69]

국가의 적극적 의무를 옹호하는 라즈의 견해는 그가 대단히 독특하게 해석하는 '해악의 원칙(harm principle)' — 국가가 개인의 자유에 정당하게 개입할 수 있을 때는 오직 사람들이 해를 입지 않도록 하기 위한 경우일 뿐이라는 원칙 ― 에 기대고 있다. 라즈는 '해악'이라는 개념 속에, 국가의 부작위, 또는 자율성을 위한 제반 조건을 갖추지 못한 사람들에게 그러한 조건을 제공해주지 못하는 것도 포함된다고 본다. 이렇게 보면 해악의 원칙은 국가의 자기 억제의 원칙과는 거리가 멀다. 해악의 원칙에 따르면 국가는 사람들에게 그들이 자신의 자율성을 해치는 행동을 하지 못하도록 강압적 조치를 내릴 수 있다. 이것과 똑같이 중요한 점은, 해악의 원칙에 따라 국가는 사람들이 택할 수 있는 옵션과 기회를 확대하는 데 필요한 행동을 그들에게 강요할 수 있다는 점이다. 그러나 해악의 원칙에서, 도덕적으로 소중한 기회를 증진하고 도덕적으로 해로운 기회를 제거하기 위해 국가가 정당하게 사용할 수 있는 수단에는 제한이 따를 수 있다. 이때 국가는 정치적 수단을 동원해서 도덕적 이상을 추구할 수는 있겠지만, 사람들이 해로운 선택을 하지 못하도록 강제력을 동원할 수는 없다. 강압이 정당화될 수 있는 경우는 도덕적으로 해로운 선택이 실제로 해악을 끼칠 때뿐이다. 그러나 이런 경우라 하더라도 모든 강압적 방법이 정당화되지는 못한다.[70]

물론 이렇게 신중한 접근 방식을 취하더라도 국가에게 너무 많은 권력을 부여하지 않도록 완전히 예방할 수는 없다. 그러나 이 방식은 국가의 중립성이라는 환상을 만들어내려고 하는 게 아니다. 오히려 여타 감시와 균형을 고려해서 국가의 적극적 의무를 만들어보는 것이 필요하다. 여기서 우리 목적에 가장 중요한 점은, 인권으로부터 비롯되는 적극적 의무의 규범적 성격이다. 인권에서 비롯되는 적극적 의무가 있다고 해서 국가가 자기 권력을 무제한으로 사용할 수 있는 백지수표를 위임받은 것은 아니다. 적극적 의무가 국가에게 행동할 것을 요구한다 하더라도 그 요구가 국가에게 자기 억제를 요구하는 의무에 비해 더 많은 운신의 폭을 허용하는 것도 아니다. 그리고 국가의 적극적 의무는,

이 책에서 옹호하는 실질적 자유와 연대와 평등과 민주주의라는 목표를 더욱 증진하지 못할 때에는 정당화되지 못한다. 따라서 인권에서 비롯되는 국가의 적극적 의무는 그 자체로 국가가 자기 권력을 남용하지 못하도록 방지하는 중요한 수단이기도 한 것이다. 이러한 적극적 의무 원칙이 전통적인 자기 억제 원칙에 주는 교훈은, 국가가 행동함으로써 자유를 제한할 수 있는 것만큼이나, 국가가 행동하지 않음으로써 자유를 제한할 수도 있다는 사실이다.

4_누가 비용을 내야 하나? 책임 개념을 다시 생각한다

지금까지의 논의는 국가가 마치 자율적 실체인 것처럼 가정한 상태에서 이루어졌다. 물론 실제로 국가는 인간의 공동체가 그 속에서 작동할 수 있는 유일한 집단적 매개체이다. 이 점은 즉각적으로 국가의 적극적 의무를 조달하는 데 필요한 자원을 누가 책임지고 제공할 것인가 하는 문제를 제기한다. 타인들이 최소한의 생존 조건을 확보할 수 있도록 보장하기 위해 누군가가 자신의 역량 충족을 추구하고 성취할 권리를 희생해야 할 것인가? 다시 말해, 국가는 누군가의 자유를 보장해주기 위해 다른 누군가의 자유에 개입해야만 할까? 그리하여 소극적 자유의 대가를 치러야만 적극적 자유를 얻을 수 있는 것일까? 이 절에서는 본 질문을 검토함으로써 이러한 쟁점들을 풀 수 있는 방안을 모색할 것이다. 누가 비용을 부담해야 하는가 하는 질문에 답하기 위해 우리는 '부담과 혜택' 간의 불가피한 충돌이라는 식으로 이 질문을 프레임화할 수 있다. 권리(rights)는 각각의 권리 보유자에게 혜택을 주는 일련의 선익이라는 특징이 있다. 반면, 이와 '상응하는 의무(correlative duties)'는 타인의 권리를 보장해주기 위해 자기 자유의 일부를 포기해야 하는 사람들이 반드시 져야 하는 부담이다. 그런데 개인을 사회 속에 뿌리를 내리고 사는 존재라는 식으로 폭넓게 이해하는 관점에서 권리와 책임을 재개념화하면 이러한 충돌을 피할 수 있다. 여기서는 세 가지 상이한 해법을 논한다. 첫째, '상호성' 개념은 권리 보유자들 사이의 교류에서 발생하는 상호 혜택에 초점을 맞춘다. 둘째, '공화주의' 개념은 시민적 덕성의 행사를 통해 폭넓은 의미에서 만인의 자기 실현을 강조한다. 셋째, '해악 원칙'을 재구성하여 책임이라는 개념을 직접적으로 다룰 것이다. 세 가지를 차례대로 검토하려고 한다. 이러한 논의가 단지 '수평적' 효과(horizontal effect) — 국가뿐만 아니라 개인도 인권 의무를 완수할 직접적 책임이 있다는 원칙 — 에 관한 것만은 아니라는 점을 지적해야 하겠다. 그러한 책임을 국가에 전가하는 '수직적' 모델(vertical model)에도 적극적 의무 원칙에 따라 시민들이 그러한 의무의 완수를 위해 노력과 재정 지원을 해야 할 필요가 생긴다.

상호성

이러한 쟁점을 해결할 첫 번째 방안은 부담과 혜택이 직접 연결될 때, 즉 상호성(reciprocity)을 인정할 때, 그러한 부담이 정당화될 수 있다고 주장하는 것이다. 이런 식의 접근을 가장 좁게 이해하면 사적인 계약을 연상시킨다. 타인의 행복을 위해 내가 기여해야 할 의무는, 나의 기여분을 나중에 혜택으로 되돌려받을 수 있을 때에만 정당하다고 보는 관점이다. 그러나 상호 교환 관계인 이러한 사적 계약 모델은 너무나 제한적이다. 혜택과 부담이 일대일로 대응하게끔 설계하여 타인에 대한 나의 기여가 직접 내게 보상이 되거나 지불되어야 하기 때문이다. 실제로 적극적 의무는 부담을 하는 사람을 포함해서 그 사회 속의 모든 구성원에게 혜택을 준다. 그러나 혜택이 전 사회에 골고루 퍼져 있으므로, 기여할 책임은 개인 차원의 부담-혜택 등가 교환 관계를 넘어서야만 한다. 또한 그 사회 속에서 어느 특정 개인의 부담과 혜택이 반드시 비율상 정확하게 대응하지도 않는다. 그러므로 상호성 개념으로 사회 속 책임의 구조를 적절히 설명하려면 이런 식의 거래적 설명 틀을 넘어서야 한다.

이보다 더 복잡한 상호성 이론을 개진한 롤스는 그 개념을, 사회적 협력이 이루어질 수 있는 공평한 체제의 이론적 토대로 삼았다. 롤스는 사회 구성원들이 타인도 자기와 같은 행동을 할 것이라는 사실을 안다면 사회적 협력의 조건을 기꺼이 받아들일 것이라고 보았다.[71] 따라서 유리한 사람이나 불리한 사람 모두가 수긍할 수 있는 '정의의 원칙'을 통할 때에만 상호성 원리를 달성할 수 있다고 말한다. 통상적으로는 사회 속에서 불리한 입장에 있는 사람들이 수용할 수 있는 조건에 강조점을 두곤 하지만 이 자리에서는 이 글의 목적에 맞춰, 사회 속에서 유리한 위치에 있는 사람들에 대해 롤스가 어떤 견해를 내놓았는지를 살펴보도록 하겠다. 롤스는 유리한 사람들이 자신의 유리한 입장을 유지할 수 있는 내재적 권리를 지니고 있지 않다고 본다. 개개인이 지닌 응분의 도덕적 미덕과, 개인이 태어날 때부터 누리는 선천적인 재능의 격차는 아무런 관련이 없기 때문이다. 즉 도덕적으로 잘나서 재능을 갖게된 것은 아니라는 뜻이다. 재능을 타고 난 사람이든, 재능이 없이 태어난 사람이든 간에 현 사회 속에서 각종 혜택이 분포되어 있는 상황에 대해 아무런 연고권을 주장할 수 없다는 말이다. 사회적 지위나 행운또는 불운 등과 같은 우연적 요소에 대해서도 같은 말을 할 수 있다.[72] 그러므로 날 때부터 좋은 재능을 많이 지닌 사람들은 자기보다 불리한 조건에서 태어난 사람들을 위한 선익에 기여할 때에만 자신의 유리한 지위를 누릴 수 있다고 한다. 이 점은 '차등의 원칙(difference principle)' — 불평등 상황은, 가장 어려운 처지에 놓인 사람들에게 상대적으로 유리하게 작동할 때에만 정당화될 수 있다. — 에 잘 나와 있다. 가장 불리한 조건에 놓인 사람을 포함한 모든 사람들에게 혜택을 주는 방식으로, 그리고 그 누구도 태어날 때부터 지닌 재능이나 애초의 사회적 지위, 그리고 인생을 살아가면서 맞닥뜨린 행운이나 불운 등 우연적 요소의 혜택을 보지 못하는 방식으로 사회 제도가 설정되어야 한다는 것이다.[73]

그런데 롤스의 이론은 상호적 요소를 필요 이상으로 강조했다고 볼 수 있다. 롤스에 의하면 단순히 혜택을 받기 위한 대응 조건으로 사회에 대한 기여가 필요한 것이 아니고, 이미 혜택을 누리고 있는 기득권층이 더 많은 혜택을 받고자 할 때에만 사회에 대한 기여가 필요하기 때문이다. 롤스가 말하듯, 응분의 도덕적 미덕이 없는데도 운 좋게 뛰어난 재능을 지니고 태어난 사람은, 그 재능을 더 갈고닦아서 재능이 적은 사람들 — 재능이 적은 사람들 역시 자신이 그렇게 태어나야 마땅한 응분의 도덕적 책임은 없다. — 의 선익에 보탬이 되는 방향으로 쓴다는 조건에서만 더 많은 혜택을 받을 수가 있다.[74] 그러나 롤스가 주장하듯이, 만일 타고난 재능이 일종의 공통된 자산이며 그 누구도 자신의 도덕적 미덕 때문에 자신이 그러한 재능과 혜택을 받았다고 주장할 수 없는 처지라면, 그런 것들을 이용해서 더 많은 혜택을 볼 것이 아니라, 그러한 재능과 혜택을 사회 전체의 협동적 노력에 재투자해서 안 될 이유가 없다. 윌 허튼(Will Hutton)은 재산을 하나의 절대적 권리로 보아서는 안 되고, "그 재산이 속해 있는 사회가 그 사람에게 양보해준 것, 계속해서 스스로 그것을 벌고 그것을 소유할 수 있는 응분의 가치를 만들어 가야 하는 것"이라고 주장한다.[75] 재산을 소유한 사람들은

"자신이 재산권을 행사할 수 있는 대가로 사회에 어떤 기여를 해야만 하는" 사회적 구성원인 것이다.[76) 그러나 롤스는 이런 식의 급진적 입장까지는 나아가지 않으려 한다. 그 대신 롤스는, 재능과 혜택을 타고난 사람이 사회 활동을 통해 더 많은 혜택을 받는 것을 정당화하기 위한 방편으로서 상호성 사상을 개진하고 있다.

롤스의 이론은 특정 체제의 세부적인 면을 묘사하기보다, 어떤 체제가 정의로운지를 평가하기 위한 판단 기준을 제공하려고 한다. 그러나 롤스가 상호성에 접근하는 방식은 여러 가지 질문을 제기하며, 그 질문에 어떻게 답하느냐에 따라 사회적으로 어떤 기여를 해야 할지에 관해 매우 다른 모델들이 나올 수 있다. 첫째 질문은, 재능을 많이 부여받고 태어난 사람이 그 재능을 갈고닦아 생산적인 삶을 살아야 한다는 것 외에는, 그런 사람이 사회에 대해 어떤 식의 의무를 충족시켜야 할지에 대해서 롤스가 자세히 설명하지 않는다는 점을 들 수 있다.[77) 재능을 타고난 사람이 시장에서 자기 이익을 극대화하는 방식으로 행동하기만 하면 ─ 그런 행동의 결과가 재능을 적게 타고난 사람들에게 '파급'될 것이라는 기대에서 ─ 롤스가 말한 판단 기준이 충족될 것인지도 확실치 않다. 둘째 질문은, 인간이 지닌 애초의 재능에 국가가 어느 정도나 기여했는가 하는 점을 들 수 있다. 시장에서 큰 성공을 거둔 사람은 타고난 재능만으로 그렇게 된 것이 아니고, 국가가 그 사람에게 그렇게 할 수 있도록 어떤 특혜를 부여해서 그렇게 된 것이라 볼 수 있기 때문이다. 셋째 질문은, 타인을 보살피는 일 또는 기타 무보수 노동을 롤스의 주장에 비추어 생산적이라고 볼 수 있을까 하는 점이다.

그러나 롤스의 상호성 이론에서 제일 문제가 되는 부분은, 개인들이 사회에 기여하게끔 만들려면 보상 ─ 궁극적으로 본인의 자기 이익에 보탬이 되는 ─ 을 주는 수밖에 없다고 가정하는 점이다. 따라서 롤스의 차등 원칙은 불리한 여건에 있는 사람들이 처한 상황을 개선하는 데에 초점을 두고 있긴 하나, 결국 불평등을 정당화해주는 것밖에 되지 않는다. 더 유리한 조건을 가진 사람들이 자신의 재능을 생산적인 활동에 사용한다는 조건만 충족시키면, 더 큰 혜택을 정당하게 추구할 수 있다고 인정하기 때문이다. 그러나 대부분의 사람들은 인간 사회 속에 상호성 외에도 연대와 보살핌의 윤리가 존재하며, 국가는 그러한 윤리를 장려할 위치에 있다는 점을 수긍할 것이다.

연대와 시민적 덕목

상호성 이론은, 사회가 권리를 지닌 개인들로 이루어져 있는데, 이들이 권리를 지닌 다른 개인들과 혜택과 부담을 '거래'하는 관계를 형성한다고 하는 가정에 기반을 두고 있다. 그러나 우리는 앞에서, 개인의 정체성 그리고 심지어 개인의 생존마저도 사회라는 틀 바깥에서는 생각할 수 없다는 의미에서, 사람들이 사회 속에 뿌리를 내린 존재라는 점을 깨달아야 한다고 주장한 바 있다. 사회적 약정에 대한 책임은 사회 속 모든 사람들이 지켜야 할 의무이다. 그것은 어떤 사회적 혜택에 대해 비용을 지불하는 것이 아니고, 책임과 혜택 사이의 일대일 관계 때문도 아니며, 모든 사람이 활짝 핀 존재가 되려면 사회라는 존재가 필요하기 때문에 그러하다. 이렇게 해야 상호성의 관념을 넘어 더욱 풍부한 사회적 연대의 관념으로 나아갈 수 있다. 센은 이런 식의 폭넓은 책임감을 다음과 같이 표현한다. "개인의 자유는 본질적으로 사회적 산물이다. 그리고 ① 개인의 자유를 확장하기 위한 사회적 조치와, ② 개인의 자유를 이용해서 사람들의 삶을 개선할 뿐만 아니라 그것을 가능케 했던 사회적 조치를, 더욱 적합하고 효과적으로 만드는 행위 사이에는 양방향적 관계가 존재한다."[78]

공화주의에서 말하는 '시민적 덕성(civic virtue)'은 이보다 한 걸음 더 나아간다. 개인이 사회적·정치적 참여를 통해 완전을 향해 나아간 다고 하는 아리스토텔레스적인 인간관[79]으로부터 도출된 이 접근 방식 은 사회적 참여를 그 자체로서 하나의 목표이자, 자아 발전에 반드시 필요한 한 부분이라고 본다.[80] 이런 견해를 받아들이면, 어떤 사람들을 위한 적극적 자유 — 국가 개입을 통한 — 가 다른 사람들에게는 자유 의 침해가 된다는 우려로부터 벗어날 수 있게 된다. 이때 사회에 기여 하는 것은 공민의 덕목이 된다. 그러므로 타인의 발전뿐만 아니라 자기 자신의 발전에도 기여하는 셈이 된다.

요컨대, 시민적 공화주의에서는 의무를 자아 충족이라는 방식으로 재정의하는 것이다. 그런데 이것은 두 가지 상호 연관된 관점에서 문제 가 있다. 첫째, 시민적 덕목으로서 자아 충족은 일종의 객관적 개념 — 개인이 설령 자아 충족이 되지 않았다 생각하더라도, 객관적으로 보아 자아 충족이 된 것으로 간주할 수 있는 — 으로 파악해야 한다. 그런데 이렇게 되면 자유와 의무 사이의 경계선이 흐려진다. 즉, 어떤 개인이 자기가 불공평하게 부담을 지게 되었다거나 자신의 자유가 침해받았다 고 느낀다 하더라도, 그 개인은 강압을 받고 있는 것이 아니라 자유로 워지기 위해 도움을 받고 있는 셈이 될 수 있기 때문이다. 시민적 공화 주의는 개인이 사회에 기여해야 하는 바에 있어 어디까지를 한계로 설 정해야 하는지에 대해 별다른 지침이 없다. 에이드리언 올드필드 (Adrian Oldfield)는 시민적 공화주의에 대해 다음과 같이 말한다. "시 민적 공화주의는 달성하기 어려운 학설이다. …… 시민들은 자신의 정 체성 그 자체와 연관이 있는 중차대한 과업을 달성하도록 강력한 요구 를 받는다."[81] 둘째, 가장 순수한 형태의 시민적 공화주의는 동질적인 사회적 목표를 가정할 수도 있는데, 그렇게 되면 자유롭고 적극적인 권리 행사에 필수적인 다원주의를 침해할 위험이 있다.

따라서 공동체성과 적극적인 시티즌십을 지향하는 공화주의적 가치의 지지자라 하더라도 시민의 의무를 강제로 집행해야 한다고 보지 않는 사람이 많다. 예를 들어, 루스 리스터(Ruth Lister)는 시민이 된다는 것과 시민으로서 행동하는 것을 구분한다.[82] 참여하는 존재로서 시티즌십은 인간 주체 행위의 표현이다. 그러나 시민들은 자신의 시티즌십을 포기해야 할 위험 부담을 느끼지 않은 상태에서 참여할 것인지 말 것인지를 자유롭게 결정할 수 있어야 한다.[83] 그러므로 이때 사회에 기여해야 할 필요성은 법적 의무라기보다 도덕적 의무가 된다. 코언이 말하듯이, 인간은 "타인의 행복을 위한 단순한 수단 이상의 어떤 것"이 될 수 있는 개인적 우선권을 보유하고 있지만, 또한 타인의 행복을 고려해야 할 개인적 의무도 지니고 있다.[84] 여기서 한 걸음 더 나아가, 사람들은 사회에 대한 개인적·도덕적 책임을 충족시켜야 할 의무를 소중히 여기고, 그런 의무를 충족시키는 것만큼 존중을 받는 사회를 창조할 필요가 있다. 롤스가 암시하듯, 물질적 보상을 창출하는 것이 중요한 게 아니라, 국가의 적극적 의무 속에 개인적·윤리적 자아 충족감을 함양해야 할 의무가 포함되어야 하는 것이다. 그러나 이런 결론은 이러한 구상 속에 강제적 요소가 들어가야 할지, 말아야 할지에 관해 의문을 남긴다. 바로 이 지점에서 '해악 원칙'을 재구성하여 그 안에 적극적 의무를 포함시키는 문제가 결정적인 과제로 부각된다. 지금부터 이 문제를 검토해보자.

해악 원칙과 적극적 의무

'해악 원칙'은 국가 권력이 개인의 자유를 제한할 수 있는 범위와 정당성을 규정하는 고전적인 자유주의적 진술이다. 해악 원칙은 존 스튜

어트 밀(John Stuart Mill)이 구상한 것인데, 어떤 사람이 타인에게 해악을 끼치지 못하게 하기 위한 경우에만 정부가 개인의 자유를 강제로 제한할 수 있다는 원칙이다. 그런데 우리가 이미 보았듯이, 라즈는 전통적인 '해악'의 범위를 넓혀서 타인의 상황을 개선해주지 못한 것까지도 해악이라고 해석한다. 개인의 자율성이 최우선이라는 원칙은 모든 사람이 똑같이 자율성을 누릴 수 있다는 전제에서 운위될 수 있다. 이 책에서 차용한 폭넓은 자율성 개념을 감안하면, 사회에서 타인의 자율성을 증진하지 않는 행위는, 타인의 정당한 자율적 영역을 침해하는 것만큼이나 해악이 되는 행위라 할 수 있다. 이러한 통찰에 비추어서 우리는 타인에게 해악을 끼치지 않을 의무 원칙으로부터 사회에 적극적으로 기여해야 할 의무 원칙을 도출해낼 수 있다. 국가는 개인이 타인에게 해악을 끼치지 못하도록 그 개인에게 합법적인 제약을 가할 수 있듯이, 타인의 자율성을 증진할 수 있는 위치에 있는 사람에게 반드시 사회에 기여해야 한다는 의무를 정당하게 부과할 수 있다.

더 나아가, 라즈는 어떤 특정 개인에게 해악을 끼치지 않더라도 전체 사람들에게 해악을 끼치는 경우가 있다고 주장한다. 이런 관점을 도입하면 책임과 과오를 구분할 수 있다. 즉, 다른 어떤 곳에서 이루어진 합법적 '과오' 때문에 실제로 어떤 사람이 고통을 당한 경우, 그러한 과오를 결정한 원인 제공자를 비난할 수 없다는 점을 감안하더라도, 모든 사회 구성원들에게 타인의 고통을 덜어줄 '책임'을 부과하는 것은 여전히 정당하다. 또는 국가가 개인들에게 어떤 적극적 행동 — 사람들의 옵션과 기회를 증진하는 데 필요한 — 을 취하도록 강제할 수도 있다는 것을 의미한다.[85] 따라서 라즈는, 시민의 자율성을 증진할 책임이 있는 정부는, 국가의 법이 자율성에 기반한 결정을 반영하고 그것을 구체적으로 시행할 경우, 자원을 재분배하고 공공재를 필수적으로 제공할 수 있는 권리가 있다는 결론을 내린다. 시민들이 이러한 법을 준수하도록 할 목적에서 설령 강제력을 동원하더라도 이 책에서 말하는 해악 원칙에 따라 그러한 조치가 정당화될 수 있다는 것이다.[86]

이때 서로 다른 가치에 관한 판단과 개인의 자율성을 위한 공간을 유지시켜주면서, 그와 함께 시민들에게 강제적 의무를 부과하는 것을 정당화해주는 시민적 책임 의식을 발굴하는 일이 중요한 과제로 부각된다. 이런 과제는 더 온건한 시민적 책임 원칙과, 더 폭넓은 해악 원칙을 결합할 때 달성할 수 있을 것이다. 또한 이러한 종합은 적극적 자유와 소극적 자유의 화해를 가능하게 한다. 사람들이 사회의 적극적 구성원이 됨으로써 자아 충족감을 얻을 수 있다는 사실을 알게 되면, 사회에 기여해야 할 의무를, 기여하는 사람의 자유를 축소하는 것이 아니라 확장하는 것으로 볼 수 있게 된다. 둘째, 적극적 의무가 소극적 자유를 침해할 수도 있겠지만, 소극적 자유가 타인에게 해악을 끼칠 수도 있으므로 사회에 기여할 의무를 통해 그러한 소극적 자유에 대해 합당한 제약을 가할 수 있다고 보아야 한다. 해악에는 타인의 자율성을 증진하지 못하는 것까지 포함된다는 점을 인정함으로써, 해악 원칙에 의거하여 적극적 자유를 증진하기 위해 소극적 자유에 정당한 제한을 가할 수 있다는 것이다.

5_인권은 국가의 적극적 의무다

이 장에서는 인권의 개념을 단지 국가의 자기 억제 의무에만 두는 것이 아니라, 국가가 져야 할 적극적 의무로 보아야 옳다는 주장을 내놓았다. 이런 주장은 인권에 대한 의지 속에 내재한 가치로부터 도출된 것이다. 이것은 인간의 권리에 간섭하지 않는 무행위만이 아니라, 그러한 권리를 행사할 수 있는 진정한 능력을 포괄하는 자유 개념이다. 또한 그것은 사회와 국가가 자유를 신장하는 역할을 수행할 수 있다는 인식을 반영한 것이기도 하다. 그리고 그것은 모든 이가 자신의 권리를 행사할 수 있어야 한다고 주장하는 실질적 평등관이기도 하다. 센의 역량 이론에서 비롯된 통찰이 자유의 적극적 관념에서 중심적이긴 하지만 개인의 자아 충족이 인권에 내재된 유일한 가치가 아니라는 점도 지적하였다. 인권을 국가의 적극적 의무를 발생시키는 것으로 적극적으로 파악하는 견해는 개인의 자아 충족 외에 여타의 인권적 가치 — 특히 연대와 존엄의 가치 — 또한 중시한다. 또한 이 장에서는, 국가의 적극적 의무 때문에 국가가 개인의 도덕적 결정에까지 관여할 수 있다는 주장을 거부하였고, 그 대신 도덕적 중립성이라는 것은 허구이며, 인권 의지는 국가의 도덕적 의지의 전조가 된다고 주장하였다. 그러나 이 장에서 발전시킨 이론 틀은 인권으로부터 국가의 적극적 의무가 발생한다는 견해를 지지하는 것 이상의 함의를 지닌다. 또한 이러한 이론 틀은 적극적 의무가 상이한 영역 내에서 형성되는 방식을 평가하고 측정할 수 있는 일련의 판단 기준을 제시한다. 모든 적극적 의무가 인권이라는 틀 안에서 수용될 수 있는 것은 아니다. 인권의 가치를 명백히 증진할 수 있는 의무만이 수용될 수 있는 것이다.

국가의 역할

2장

시장의 힘은 사회적 힘과 효율성이 갈등을 빚는 경우, 사회적 권리를 언제나
효율성 아래에 종속시키려 할 것이다. 기본권이라는 확고한
기반 — 시장 스스로를 위해서라도 공평과 정의에서
연유된 기반 — 이 존재하지 않는 한.

1장에서는 국가 자체의 특성을 검토하지 않은 상태에서, 인권이 국가에 적극적 의무를 부과한다고 주장하였다. 현대 국가를 자세히 살펴보면 이런 식의 접근은 세 가지 다른 방식으로 도전받을 수 있음이 드러난다. 첫째 질문은 현대 국가의 민주적 성격 때문에 제기된다. 국가가 자유와 평등을 촉진하고 신장하는 데 적극적 역할을 해야 한다는 주장을 자연스럽게 받아들일 수 있는 사람이 많을 것이다. 그러나 이런 사람들도 국가의 그러한 역할이 인권의 기능이 아니라 민주적 정치 과정의 기능이라고 주장할 가능성이 높다. 민주 국가가 유권자들을 대표하며 그들에게 책임을 진다는 점을 감안하면, 국가에 의한 개입의 종류와 범위는 인권이라는 선행 조건이 아니라, 민주적 정치 과정에 의해 결정되는 것이 좋다는 견해이다. 더 나아가, 인권의 목표가 잠재적으로 군림하려는 경향이 있는 국가를 억제하는 것이라면 그러한 목표는 인권이 아니라 민주주의에 의해 더 잘 수행될 수 있다고도 한다. 벤담은 다음과 같이 말한다. "민주주의는 그 특성상 목적과 결과를 모두 갖추

2장 국가의 역할 121

고 있다. …… 국가가 자기 방어를 위해 배치하는 공직자들의 손아귀 안에서 사회 구성원들이 탄압받거나 약탈당하지 않도록 보호하는 제도가 바로 민주주의이다."[1]

국가의 적극적 의무를 주장하는 견해에 대한 두 번째 도전은, 지구화로 인해 국가의 힘이 약화되고 있다는 생각과 관련 있다. 이 견해에 따르면 국가에게 인권을 보장해야 할 적극적 의무를 부과하는 것은 현대 국가가 자율적인 정책 결정을 할 수 있는 능력을 과신하는 셈이 된다. 그러한 의무를 지우는 것 자체가 비현실적이고 공상적이거나 대단히 반건설적이라고 한다. 그런 의무를 지게 된 국가는 현 세계 질서 속에서 효과적으로 경쟁할 수 없기 때문이다. 이와 연관된 세 번째 도전은 민영화와 외주로 인해 국가의 경계선이 흐려지고 있는 사실에 기반한다. 이런 논의에 따르면 국가의 성격이 약화되었다는 증거가 뚜렷할 뿐만 아니라, 약화되고 있는 국가에 이런 식의 적극적 의무를 부과하면 여러 가지 비정상성과 경계상의 쟁점을 불러온다고도 한다.

이 장에서는, 인권이 민주주의와 분리된 것이 아니라, 민주주의를 구성하고 그것을 유지하기 위해 반드시 필요하며, 국가에게 적극적 의무를 부여해야만 인권이 이러한 역할을 수행하도록 보장해줄 수 있다고 주장할 것이다. 마찬가지로, 지구화와 관련된 설왕설래는 국가가 적극적인 인권 의무를 져야 한다는 명제를 약화시키는 것이 아니라 강화해준다. 실제로 무역 자유화 관련 국제 레짐은 개별 국가들에게 많은 의무 ─ 국제적으로 선례가 없을 정도의 높은 수준으로 시행되는 ─ 를 부과하고 있다. 무역과 관련된 국가의 의무는 정당하지만 인권을 보장해야 할 적극적 의무는 국가 영역 바깥에 존재한다고 생각해야 할 이유가 전혀 없다. 오히려 이럴 때일수록 국가의 적극적 인권 보장 의무는 더더욱 필요하다. 마지막으로, 민영화와 국가의 분절화 문제는, 공적 기능을 수행하는 사적 주체들을 인권 보호 레짐과 항구적으로 연결하는 '적극적 의무 체계'를 통해 해결할 수 있을 것이다. 게다가 사적 행위자들에게 국가의 적극적 의무와 대등한 수준의 적극적 의무를 부과했던 선례가 분명히 존재한다.

1_시민의 적극적 자유와 민주주의의 확대

국가의 적극적 기능이 민주적 정치 과정 내에 포함되어 있다는 진술은 민주주의가 목적론적 의미를 분명히 지닌 개념이라는 인상을 심어준다. 하지만 민주주의의 이론과 실제는 역사 속에서 엄청난 논란을 불러일으켰다. 민주주의가 인민의 참여를 필요로 한다는 말에는 모든 사람이 동의하지만 참여의 정도와 성격에 대해서는 이견이 많다. 이런 점은 규범적 이론과 실행 방식이 용이하게 연계되어 있어 더욱 복잡해졌다. 민주주의의 실천은 흔히 민주적 이상에 미치지 못하기 마련이다. 그렇다면 실천 방안을 개선해야 할까, 아니면 이상을 수정해야 할까? 이 장에서 본격적으로 민주주의 이론을 제시하려 하지는 않을 것이다. 그 대신 적극적 인권 보호 의무와 민주주의를 나누는 이분법은 잘못된 것임을 보여주려고 한다. 왜냐하면 인권 특히, 적극적 인권 보호 의무는 모든 민주주의 이론의 핵심인 '인민의 참여'를 달성하는 데 본질적이기 때문이다.

사법 심사 적합성
사법부는 민주적 책무성이 없고 정치에 관한 전문성도 결여되어 있어서 사법부에 의한 적극적 인권 보호 의무는 반민주적이라고 하는 주장을 제기하는 경우가 매우 흔하다. 예를 들어, 제러미 월드런(Jeremy Waldron)은 아홉 명의 판사들이 다수결로 내리는 결정이, 유권자 전체가 다수결로 내리는 결정보다 더 중시되어야 할 이유가 없다고 주장한다.[2] 민주주의에 근거한 주장과 사법 심사 적합성의 문제는 서로 긴밀하게 연결되어 있는 게 사실이지만, 여기서는 이 두 가지를 분리해놓기로 한다. 인권의 범위나 시행 방식에 관해 판사들에게 최종 결정 권한을 주지 않은 채, 인권을 그에 상응하는 소극적·적극적 대응 의무를 일일이 지정하는 방식으로 인권의 틀을 짜는 것도 분명히 가능함을 인정해야 한다. 인권은, 그 시행 방식이 어떠하든 상관없이, 한 사회가 지향해야 할 가치를 가리키는 표출적·교육적 역할을 수행한다. 인권은 또한 정치 활동과 풀뿌리 캠페인에서 하나의 초점을 형성하면서, 인권의 충족을 요구하는 주장에 대해 구체적이고 권위 있는 정당성을 부여할 수 있다.

이와 마찬가지로 법과 인권의 관계에서 중요한 점으로, 정치와 행정의 의사 결정을 지도해서 입법과 정책과 그 집행이 인권의 요구에 부응하도록 만드는, 인권의 사전적이고 적극적인 행동 기능(proactive function)을 꼽을 수 있다. '인권의 문화권' 안에서는 인권 침해에 대한 불만이 제기되기 전에, 입법과 행정을 인권의 요구에 맞춰 사전에 조정해야 한다는 분위기가 존재한다. 영국의 〈1998년 인권법(HRA 1998)〉에서는 모든 법안이 통과되기 전에 '인권 적합성(human rights compatibility)' 기준에 의해 평가받아야 한다고 규정한다. 그리고 새로운 법안을 제출하는 모든 부서의 장관은 입법 과정의 한 절차로서 인권 적합성에 관한 진술을 첨부하게끔 되어 있다.[3] 의회의 한 위원회에서는 모든 법안을 잠재적인 인권 영향력에 비추어 철저히 검토한다. 의사 결정에서 인권의 규범적이고 적극적인 역할을 강조하는 또 다른 방식도 존재한다. 아일랜드나 인도의 헌법에서처럼 '사회 정책상의 지도 원칙'이라는 메커니즘을 통하는 방식이 그것이다. 이 원칙에 따르면 국가는 일정한 의무를 수행할 책임이 있지만 이런 의무를 사법적으로 판단할 수는 없다고 본다.

또한 법원의 역할이 '전부 아니면 전무' 식이 될 필요도 없다. 법원은 인권 문제에서 최종 결정권 없이도 인권의 시행에 일조할 수 있다. 예를 들어, 영국의 〈1998년 인권법〉에 따르면, 법원은 어떤 입법이 〈유럽 인권협약〉과 불합치한다고 선언할 수 있다. 그러나 법원의 선언만으로 그 법이 무효화되는 것은 아니다. 이런 경우 의회는 그 법이 인권 의무에 부합되도록 어떤 추가 조치를 취할 책임이 생긴다. 마지막으로, 인권을 시행하는 데 여러 가지 비사법적 방식이 존재한다. 그러므로 이 장에서는 인권으로 인해 적극적 의무가 발생하는 것과 관련된 민주적 정당성만을 검토하려고 한다. 사법 심사 적합성의 문제는 다음 장에서 다루겠다.

참여와 민주주의

얼핏 보면, 적극적 인권 보호 의무를 민주주의의 논리로 반대하는 입장은 너무나 지당해 보인다. 즉 민주주의 체제에서는 인권에 대해 사전에 적극적인 조치가 없더라도 인민이 근본적인 문제들을 결정하게 되어 있으며, 이런 점은 국가가 분배적 조치를 취해야 하는 적극적 의무 분야에서 특히 그러하다고 한다. 그러나 이런 입장은 인민이 실제로 그러한 결정을 직접 내릴 수 있다고 가정한다. 그런데 도대체 어떤 의미에서 민주주의가 인민에 의한 진정한 의사 결정을 뜻한다고 말할 수 있는 것일까? 이런 의미에서 민주주의적 이상에 가장 근접한 방식은 아테네 민주주의의 패러다임으로부터 파생된 직접민주주의 모델이다. 직접민주주의 모델에서는 인민들이 다수결 투표로 직접 모든 결정을 내렸다고 한다. 그렇지만 오늘날 이런 식의 민주주의가 실행 가능하다고 여길 사람은 많지 않을 것이다. 고대 그리스 시대에도 직접민주주의 과정에 모든 사람이 포함되지 않았다는 사실은 잘 알려져 있다. 여성, 노예, 외국인 등은 모두 이 과정에서 배제되었다. 설령 모든 사람이 포함될 수 있었다 하더라도 권리와 책임에 근거한 자기 통제력이 없는 사람들이 의사 결정에 참여하는 것이 합당한가 하는 점을 놓고 의문이 제기되어 왔다. 플라톤이나 아리스토텔레스 같은 옛 비판자들도 자기 절제가 없을 경우 민중(demos)에 의한 의사 결정이 바람직하지 않다고 주장한 바 있다. 군중은 그 시점의 정념에 좌지우지되기 쉽고, 여론 주도자들에 의해 조종될 수 있으며, 지속적이고 유지 가능한 의사 결정을 내리는 데 필요한 전문성을 결여하고 있기 때문이다.[4] 고대 그리스로부터 나치 독일에 이르는 경험은 이런 견해를 뒷받침한다. 맥레넌(G. McLennan)이 말하듯이 "고전 민주주의 이론은, 결코 유토피아적인 비전 — 평등한 시민들이 적극적으로, 충분한 지식을 갖추고, 집단적으로, 자기 사회를 위해 이성적인 행동 계획을 결정하는 — 을 제시하지 못했다.[5]

현대 국가는 대의제 정부 형태로 운영되기 마련이고, 대의제 정부는 인민의 의지에 따라 의사 결정을 하기 위해 직접민주주의보다 더 정교한 이론을 필요로 한다. 그러한 이론 중의 하나가 공화주의 이론이다. 공화주의 이론에서는 인민의 대표들이 스스로 자유로운 판단을 내리는 것이 아니라, 유권자들이 일정한 정책을 수행하라고 위임해준 사안을 충실히 이행함으로써 인민의 주권을 유지할 수 있다고 본다.[6] 이런 방식을 통해 유권자는 의사 결정에 직접 참여하는 것과 같은 효과를 낼 수 있다. 이렇게 되면 고전 민주주의와 마찬가지로, 국가의 공적 영역과 시민사회 사이의 엄격한 구분도 존재하지 않는다. 그 대신 시민사회가 실제로 국정을 직접 계도하는 것이다.[7] 이러한 순수한 형태의 공화주의에서는 두 가지 문제가 발생한다. 첫째, 복잡한 현대 사회에서 유권자가 그 대표들에게 정책의 모든 세세한 사항까지 위임하는 것은 불가능하다. 둘째, 공화주의적 견해는 하버마스가 비현실적 가정 — 시민들이 하나의 공통 목표를 위해 집합적 결정을 내릴 능력이 있다고 보는 — 이라고 부른 전제에 기대고 있다. 그런 식의 공동선을 가정하는 것은 이해 관계의 충돌, 가치 체계의 다원성, 그리고 권력의 불평등한 분포 현실을 간과하는 셈이 된다.[8]

현대 민주주의의 현실을 감안할 때 유권자들이 주기적인 선거에서 투표권을 행사한다고 해서 그들이 실제로 참여적 권한을 행사한다고 보기는 어렵다. 그러나 그렇다고 하더라도 조지프 슘페터(Joseph A. Schumpeter)가 말하듯이 대의민주주의는 필연적으로 '엘리트의 지배'를 초래할 수밖에 없는가? 슘페터는 민중이 전문성도 없고 관심도 없으며 상황을 제대로 파악하지도 못하므로 치밀하게 정부의 업무를 결정할 수 없다고 생각한다. 그 대신 슘페터는 민주주의를 엘리트 집단들이 자신들이 쓸 수 있는 모든 수단을 동원하여 대중의 지지를 획득하려고 경합하는 과정이라고 규정한다. 이렇게 되면 엘리트들의 동맹이 선거와 선거 사이 기간 동안에는 비교적 자율성을 누리며 권력을 행사하게 된다. 이때 보통 사람들의 정치 참여는 미약할 수밖에 없으며, 그렇기 때문에 정치적 책무성도 약화된다. 왜냐하면 '정치적 견해'라는 것도 상황에 대한 반응으로 시민들에 의해 형성되는 것만큼이나, 정치적 대표들에 의해서도 만들어지기 때문이다. 미디어, 대기업, 기타 막강한 세력들의 목소리가 보통 사람들의 목소리를 압도하기 마련이라는 것이다.

슘페터가 묘사한 민주주의는 우리가 현재 경험하고 있는 현실 민주주의와 우울할 정도로 닮았다. 그렇더라도 대중의 정치 참여를 향한 포부 자체는 정당하다. 슘페터의 견해에 대한 잠재적인 대안으로 정치 다원주의를 들 수 있다. 다원주의자들은 현대 민주주의 체제에서 개인들이 자기 스스로는 진정한 권력을 행사할 수 없다는 데 동의한다. 그렇지만 개인들은 이익 집단과 결합함으로써 자신의 권한을 효과적으로 증대시키고, 진정한 정치 참여를 성취할 수 있다고 본다. 따라서 정치 다원주의자들은 민주주의를, 조직화된 이익 집단들이 권력을 쟁취하기 위해 서로 협상하고 경쟁하는 과정으로 재구성한다. 정치 다원주의가 민주적이라고 주장하는 이유는 누구든지 정치적 시장의 '주고받는' 거래 관계에 참여함으로써 자신의 이익을 보호할 수 있다고 보기 때문이다. 이때 정치적 동맹이 계속 재형성되고 권력이 특정 엘리트 집단의 손아귀에 지나치게 집중되지 않기 때문에, 과두정이나 엘리트에 의한 지배를 피할 수 있다는 것이다. 정치 다원주의는 두 가지 전제에 의존하고 있다. 첫째, 사람들은 자기 나름의 공통 이익을 중심으로 조직될 수 있다. 둘째, 서로 다른 이익 집단들이 권력에 동등하게 접근할 수 있다. 그러나 다원주의는 현실을 묘사하는 모델로서는 정확한 개념이 아니다. 실제로는 부와 권력이 특정 집단에 편중되어 있으므로 그러한 권력을 보유한 이익 집단에만 유리하게 의사 결정이 이루어지기 때문이다. 슘페터가 묘사한 엘리트의 지배와 정치 다원주의의 실상 사이에는 사실 별로 큰 차이가 없다. 다원주의 모델이 민주적이 되려면 공평한 거래를 위한 조건으로서 모든 당사자들이 서로 영향을 끼칠 수 있는 기회가 똑같이 존재한다는 전제가 필요하다.

요즘에는 권력의 집중이 강화되는 현실 그리고 서로 경쟁 상태에 있는 여러 집단이 결코 평등하지 않다는 사실을 인정하는 추세이며,[9] 이러한 상태에서 균형을 잡기 위한 조치가 필요하다는 데에 많은 이들이 공감하고 있다. 그러나 집단 간의 협상 권력이 평등하다 하더라도 정치 다원주의는 제한된 모델에 불과하다. 왜냐하면 다원주의는 모든 정치적 협력이 이익을 둘러싼 협상의 형태로 진행된다고 가정하기 때문이다. 하버마스는 '이익에 근거한 조정(interest-governed coordination)'과 '가치 지향적 조정(value-oriented coordination)'을 유용하게 구분한다. 이익을 둘러싼 협상은 결국 자신의 주장을 상대방이 받아들이도록 유도하거나 강제하기 위해 사용하는 의사 소통이라 할 수 있다. 이때 어느 쪽이 이기느냐는 이성이나 더 훌륭한 논증의 힘보다는, 실제적인 권력에 의존하게 된다. 이익에 근거한 협상 이론은 개인이나 집단의 이익이 고정되어 있고 불변하는 것이라고 가정한다. 그리고 협상의 해법은 승리 또는 굴복 또는 타협이라고 가정한다. 하지만 이런 해법은 가치 지향적 조정 이론과는 대비된다. 가치 지향적 조정 이론은, 실제적인 권력보다, 이성적 논증 — 모든 당사자들을 설득할 수 있는 — 을 제시할 수 있는 능력에 근거를 둔다. 가치에 근거한 조정에 참여하는 당사자들은 모든 당사자들이 받아들일 수 있는 이성에 호소함으로써 자신의 입장을 정당화하려고 한다. 그리고 상대방이 내놓는 주장이 이성적일 경우 그것을 기꺼이 수용할 자세가 되어 있다. 그러므로 조정 이론 모델에서는 승리 또는 굴복 대신에 이성적으로 도출된 합의에 의한 조정이 가능하다고 본다.[10]

이익을 둘러싼 협상보다 가치에 근거한 조정 역할을 중시하는 욕구는 최근 늘어난 심의민주주의에 대한 관심에서도 찾아볼 수 있다. 심의민주주의의 견해에 따르면, 민주적 의사 결정은, 시민들이 "공공의 이성을 통해 집단적 선택의 문제를 해결하려는 의지를 공유"하는 상황이다.[11] 심의민주주의는 정치적 과정이 진행되기 전에 사람들의 선호가 미리 완전히 결정되어 있다는 전제를 거부한다. 심의민주주의 학파 이론가들은 사람들의 선호가 사회적 정황에 크게 영향을 받으므로 의사결정 과정 자체가 사람들의 전제와 선호를 형성하는 데 핵심적 역할을 할 수 있다는 결론을 내린다. 이것은 역으로, 애초의 선호가 심의 과정을 통해 — 자기 자신의 관점을 유지하면서도 다른 집단에 속한 당사자들의 관점을 수용하는 방식으로 — 수정될 수 있음을 의미한다. 심의 과정을 통해 참여자들은 자기 자신의 선호가 고정 불변된 것이 아니고, 어느 정도는 자신의 제한된 상황에 대한 적응적 표현에 불과할지도 모른다는 사실을 깨닫게 된다.[12]

심의 과정의 목적은 단순히 타협을 하거나 당사자들의 선호도를 산술적으로 합산하려는 것이 아니라, 이성으로 정당화할 수 있는 결정 — 제삼자가 설득될 수 있을 것으로 진정으로 기대되는 — 에 도달하려는 것이다. 당사자들이 자기 이익에만 의존해서 자기 입장을 정당화하려고 하면 어떤 결정이 도출되기 어렵다. 더 나아가, 심의적 참여를 진지하게 받아들일 경우 자신의 선호와 확신을 바꿀 수도 있다는 열린 자세가 요구된다.[13] 이런 자세는, 심의 참여자들이 보기에 정당화될 수 없는 특정한 선호를 다루는 경우에 특히 필요하다. 이렇게 될 때 이성에 의한 설득으로 불일치를 해결할 수 있는 가능성이 열릴 수 있다. 그러므로 협상 모델로부터 심의 모델로 옮겨 가려면, 이익에 근거한 행위를 가치를 지향하는 행위로 대체하는 것이 필요하다. 여기서 특히 중요한 것은 정치 대표자들에게 규율을 갖추도록 하는 기능이다. 그렇게 하려면 대표자들에게 선호(자기 자신의 선호 또는 유권자의 선호)에 근거한 결정 — 왜곡될 수도 있고 사익을 추구하는 것일 수도 있는 — 이 아닌, 공익에 근거한 결정을 정당화할 수 있도록 요구해야 한다.[14] 이와 동시에, 심의민주주의가 다양한 선호와 확신과 이상을 지닌 사람들의 다원적 결사체 내에서 일어날 수 있다고 가정할 수 있다. 따라서 심의민주주의 그 자체에 대한 확신만 빼고, 참여자들이 어떤 공통된 선익 개념을 미리 공유해야 할 필요는 없다.[15] 이 점은, 다시, 한 공동체가 어떤 가치를 자기들의 기본 가치로 지향해야 하는가 라는 문제를 명확하게 논의해야 할 필요성을 제기한다.[16]

하버마스는 이러한 통찰로부터 민주주의 담론 이론을 발전시켰다. 그는 민주 정치 과정을 다양한 이익을 절충하는 과정으로만 파악하는 자유주의적 견해를 넘어서려고 한다. 동시에 그는 민주적 의지 형성을 공통의 윤리 공동체를 발견해 가는 과정으로 파악하는 공화주의적 견해에도 동의하지 않는다. 하버마스의 민주주의 사상은 어떤 특정한 윤리적·보편적 이념에 대한 선험적 의지보다, 의사 소통 절차 자체가 핵심을 이룬다. 민주주의는, 한편으로는 비공식적으로 형성된 여론, 그리고 다른 한편으로는 입법 기구와 행정 기구 사이의 의사 소통 흐름을 보장하기 위한 절차와 조건을 필요로 한다. 이러한 절차를 통해 의사 소통 권력의 영향력이 입법으로 전환되고, 그것이 다시 행정 권력의 형태로 형성되는 것이다. 따라서 민주주의는 정치 권력의 행사를 정당화하는 것을 넘어서서, 정치 권력을 주체적 프로그램으로 전환하는 행위까지 포함하게 된다. 하버마스는, 이와 동시에, 정치에서 행동과 전문성의 필요성을 감안할 때, 의사 소통적 권력 구조 그 자체만으로는 통치가 불가능하며, 의사 소통적 권력이 네트워크형 감지기와 같은 기능을 수행하면서 행정 권력을 올바른 방향으로 계도하는 역할을 해야 한다고 지적한다. 이런 방식을 통해 하버마스는 국가와 시민사회의 구분을 유지한다. 공화주의에서 이 둘을 융합하려는 것과는 다른 방식의 접근인 것이다.

심의민주주의적 접근은 원칙에 있어서나 실행에 있어서나 어려움이 적지 않다. 특히, 심의를 통해 항상 합의가 이루어질 수 있을지, 그리고 어느 선에서 합의가 이루어졌다고 볼 수 있을지 파악하기가 쉽지 않다. 이런 난점을 타개할 수 있는 한 방법으로 선스타인이 말한 '불완전하게 이론화된 합의(incompletely theorized agreements)'라는 개념이 있다. 이 개념은 합의에 여러 단계가 있다고 상정한다. 사람들은 어떤 추상적 단계에서는 서로 반대할 수 있지만, 특정한 적용 단계에서는 서로 찬성할 수도 있다. 이렇게 되면, 결과를 설명하는 가장 일반적인 이론에서는 서로 동의하지 않으면서도, 특정한 결과에서는 합의할 수 있게 된다. 결과에 동의할 수 있으면 근본 원칙은 굳이 합의해야 할 필요가 없을 수도 있다.[17] 예를 들어, 사람들은 여러 다른 이유로 어떤 특정한 재분배 정책에 동의할 수도 있다. 예를 들어, 빈곤층을 위한 자선 활동을 신봉하기 때문에, 혹은 재산은 절도라고 믿기 때문에, 혹은 평등을 믿기 때문에 특정한 재분배 정책에 동의할 수 있다는 말이다. 이런 식의 논리는 양쪽에서 모두 가능하다. 예를 들어, 원칙에는 일반적으로 합의가 가능한데 세부적인 적용에 들어가면 의견이 달라질 수 있다. 이런 경우, 원칙만 합의한 상태에서 구체적인 사항은 추후에 결정하기로 미룰 수 있을 것이다. 선스타인은 헌법의 원칙과 판례에서 '불완전하게 이론화된 합의'가 주는 일련의 장점을 제시한다. 여기서 제일 중요한 점은 상호 존중이라는 토대론적 가치이다. 사람들은 세세한 점에는 합의하지 못하더라도 상호성, 조화, 존중이라는 가치에 따라 포괄적으로 합의할 수는 있다. 이런 식의 '불완전하게 이론화된 합의'를 통하면 불화를 참고 견뎌야 하는 정치적 비용을 줄일 수 있고, 시간이 흐르면서 합의가 이루어질 수 있도록 기다릴 수도 있다.

'불완전하게 이론화된 합의'는 심의민주주의를 수정한 것이다. 이때 참여자들은 자신의 주장을 내놓으면서 자기 논리의 유효성을 들어 상

미국의 법학자 캐스 선스타인은 심의민주주의를 보완할 방법으로 '불완전하게 이론화된 합의'를 제안한다. 아주 세세한 부분까지 합의하지 못하더라도 상호성, 조화, 존중이라는 가치에 따라 포괄적으로 합의할 수 있다면, 심의 과정에서 불화를 견뎌야 하는 데서 비롯되는 정치적 비용과 시간을 줄일 수 있다는 것이다.

대방을 설득하려 하지 않고, 자기 논리의 가능성을 들어 상대방을 설득하려고 한다. 그렇게 되면 상호 존중이라는 토대론적 가치에 의거해서 합의에 도달할 수 있다는 것이다. 그러나 이런 경우에도 모든 의사 결정이 심의민주주의의 판단 기준을 충족시킬 것이라고 기대하는 것은 분명 비현실적이다. 그 대신 심의민주주의적 통찰을 통해 의사 결정자(정치 권력)를 통제한다는 부분적인 기능을 수행할 수는 있을 것이다. 심의민주주의에 따르면 의사 결정자들은 어떤 합의를 도출하지는 못하더라도, 모든 사람들이 옳다고 여길 수 있는 이성에 기대어 자기 결정을 정당화할 수 있어야 한다. 따라서 자기 사익을 추구하는 이성이나 편향적 이성은 이 과정에서 떨어져 나가게 되며, 받아들일 수 없는 것으로 간주된다.[18] 마찬가지로 합리적인 설득은 하나 이상의 합리적 해법이 가능한 논의의 맥락에서도 여전히 일정한 역할을 할 수 있을 것이다. 이런 경우 다수결 투표가 필요할 수도 있다. 그러나 이때에도 개인의 사익을 추구하기 위해 다수결 투표를 한다는 뜻은 아니다. 오히려 다수결 투표는, 여러 합당한 이성적 대안 사이에서 어떤 결정을 내려야 할 때, 어떤 특정한 해법을 더 선호하는 사람들의 의견을 받아들여 결정을 내릴 수 있는 한 가지 방법이 된다. 그러한 경우, 합의에 도달하지 못하더라도 적당한 일련의 정책 — 실제 권력을 통해서는 타협하도록 만들 수 없는 — 을 제시하는 것은 가능하다.

이와 동시에, 심의적 절차는 언제나 이익 집단 협상과 함께 존재할 것이라고 봐야 한다. 하버마스는 복잡한 현대 사회에서 이해 관계가 워낙 다양하여 그 어떤 합의도 이룰 수 없는 경우가 있다는 점을 인정한다.[19] 합의가 어려운 경우에는, 다수결 투표 또는 이익을 취하려는 당사자들 — 상호 협력할 용의가 있는 — 사이의 협상에 의존해야만 한다. 이와 마찬가지로, 선스타인은 입법 과정을 하나의 연속선으로 묘사한다. 이 연속선의 한쪽 끝에서는 이익 집단의 압력이 결정적인 역할을 하는 반면, 다른 쪽 끝에서는 이익 집단들이 별다른 역할을 하지 못하는 상태에서 입법가들이 민주적으로 심의 과정에 참여한다. 이러한 연속선에서 최종 결정은 이익 집단들의 압력, 민주적 심의, 여타 요소들이 결합되어 나타난다.[20] 이익 집단 간의 협상이 불가피한 경우라 하더라도 토대론적 절차 요건을 마련하려면 심의 절차가 필요하다. 이 점은 모든 이해 당사자들 앞에서, 서로가 서로에게 영향을 줄 수 있는 똑같은 기회를 보장해주기 위하여 특히 중요하다.[21]

지금까지 우리의 논의는 데이비드 헬드(David Held)가 '보호적(protective)'이라고 말한 의미에서 민주적 참여 문제 — 한 집단이나 한 명의 통치자가 전체 정치 과정을 지배하지 못하도록 민중을 보호하는

— 를 주로 다루었다. 최근 들어 '발전적(developmental)' 관점에서 민주주의를 이해하려는 새로운 움직임이 나타났다. 이 관점에서 보면 참여는 어떤 최종 목적을 위한 수단일 뿐만 아니라, 시민의 자기 충족을 위한 목적 그 자체가 된다. 이런 경향은 공화주의 전통의 발전적 관점에 대한 흥미를 다시 불러일으켰다. 공화주의 전통은, 우리가 1장에서 검토했듯이, 인민에 의한 지배를, 국정 활동 참여를 통해 시민적 덕목을 충족시키는 과정으로 파악한다. 공화주의자는 정치적 상호 작용과 정치적 심의를 통해서만 정치적 선익을 달성할 수 있다고 믿는다. 참여의 목적은 '공공 영역(public sphere)'[22]을 부활시키고, 한나 아렌트(Hanna Arendt)가 "관료제에 의한 정치의 대체, 통치의 공백과 개인적 통치"라고 부른 무기력한 상황을 반전시키려는 것이다.[23] 자유는 방종이 아니다. 자유는 타인에게 종속되지 않는 상태일 뿐만 아니라, 타인을 지배하지 않는 상태이기도 하다.

적극적 의무를 통한 민주주의의 확대

지금까지의 논의에서 현대의 민주주의를 개인의 자기 표출과 이익 집단들의 협상과 심의 절차 등으로 이루어진 복잡한 혼합체로 묘사하였다. 이러한 배경을 염두에 두면, 민주주의와 인권을 대립하는 것으로 상정하는 태도는 잘못된 이해임을 알 수 있다. 오히려, 적극적인 인권 보호 의무는, 민주주의를 형성하고 그것이 제대로 기능할 수 있도록 보장하는 데 필요한 조건으로 인정되어야 한다. 우선, 적극적 의무는 선거를 실시하고 모든 사람이 자유롭게 투표할 수 있도록 보장하는 데 반드시 필요하다고 말할 수 있다. 또한 국가가 타인의 권리 침해로부터 개인들을 보호하기 위해 적극적 조치를 취하는 것이 필요할 경우도 있다. 보통선거권이 법적으로 존재한다고 해서 모든 사람이 실제로 그 권리를 행사할 수 있다는 뜻은 아니다. 미국에서 〈공민권법(Civil Rights Act)〉이 제정되기 전에 유색 인종이 사실상 선거권을 갖지 못했던 사실이 그 점을 잘 입증해준다.

그 정도로 노골적인 배제 조치가 시행되지 않는다 하더라도, 롤스가 인정하듯이, 현대 민주 국가 내에 존재하는 광범위한 사회적 · 경제적 불평등으로 인해 부와 지위가 높은 사람들은 흔히 정치 과정을 통제할 수 있고, 자기들에게 유리한 입법과 사회 정책을 시행할 수 있다.[24] 그보다 더 적실한 이론으로서 T. H. 마셜(T. H. Marshall)의 접근 방법이 있다. 마셜은 온전한 민주적 시티즌십을 보장하려면 자유주의적 정치권리를 넘어서서 사회적 권리를 부여하는 것이 필요하다고 본다. 이런 관점은 다시, 국가의 적극적 기여를 요구한다.[25] 또한 다원주의자들이 말하듯이 집단적 조직 방식에만 의존하는 것도 충분치 않다. 이익 집단들의 협상은 기존의 권력 관계를 공고하게 할 뿐이기 때문이다. 그러므로 의사 결정이 사회 내 다양한 이익 집단들의 협상의 결과로 남아 있는 한, 국가의 적극적 의무 ― 모든 시민이 자신의 민주적 권리를 평등하게 행사할 수 있고, 사회 활동에 똑같이 참여할 수 있도록 보장해주기 위해 ― 가 있어야만 민주주의가 제대로 실현될 수 있다.

심의민주주의에 대해서도 같은 말을 할 수 있다. 심의민주주의가 효과적으로 발휘될 수 있도록 하는 조건을 보장하려면 그 과정에 참여하는 사람들이 형식적으로나 실질적으로 평등해야만 한다. 여기서 말하는 평등은 권력이나 자원의 보유와 상관없이 민주적 심의 과정에 기여할 수 있는 기회를 보장받아야 한다는 사실을 뜻한다.[26] 이 모든 점을 고려할 때, 적절한 심의의 장을 창조하려면 국가의 적극적인 개입이 필요하다. 코언은 심의민주주의 모델에서 그러한 심의의 장을 공공재로 간주하여 공적 자금으로 지원하는 것이 핵심 정책이 되어야 한다고 본다. 공적 지원이 제일 효율적인 방법이라서가 아니라, 그것이 "평등한 시민들 사이의 자유로운 심의를 통해 정치적 문제를 해결하려는 민주 질서의 기본 의지"를 표현하기 때문이다.[27] 심의민주주의가 바람직하다고 생각하는 한, 심의를 촉진하고, 이익 집단들의 협상이 아니라 심의를 통해 의사 결정을 유도하려면 인권 보호 의무가 민주주의에서 중요한 역할을 하게끔 보장해야 한다. 4장에서는 '사법적 논거(judicial reasoning)'라는 것이 민주적 심의와 권리에 근거한 의사 결정, 이 두 가지의 혼합물이라고 주장할 것이다. 이 두 가지가 결합하면 심의의 역할을 강화시키고, 법의 적용과 발전에서 이익 집단 협상의 역할을 약화시킬 수 있다.

따라서 이 자리에서 검토한 모든 민주주의 모델들, 즉 정치 다원주의, 심의민주주의, 발전민주주의 등은 현실의 객관적 진단(묘사)과 문제 해결을 위한 처방의 요소를 모두 지니고 있다. 각각의 모델은 현대 민주주의의 현실을 부분적으로 반영하고 있지만 그 어느 것도 현실에서 완전히 실현되지는 않고 있다. 적극적 인권 보호 의무가 민주주의에서 일정한 역할을 할 수 있으려면 각종 민주주의 모델들의 진단과 처방 사이의 격차를 좁혀야 한다. 이러한 역할의 상세한 성격에 대해서는 앞으로 계속 설명할 것이다.

2_전 지구적 시장 자유화와 국가의 적극적 의무

지금까지의 논의는 지구화된 오늘날의 세계 현실 ─ 국가가 자율적인 결정을 내릴 수 있는 능력이 감소한 점과 무역에 근거한 공리주의적 가치가 인권 가치를 압도하는 점 ─ 을 감안할 때 다소 이상주의적으로 들릴지도 모른다. 그러나 여기서는 지구화의 현실이 국가의 적극적 인권 보호 의무 주장을 약화하는 것이 아니라 오히려 강화한다고 주장하려고 한다. 왜냐하면 지구화라는 것은 그 자체를 목적으로 볼 수는 없고, 인간의 복리를 증대시키기 위한 하나의 수단이라고 보아야 하기 때문이다. 이때 '복리'라는 개념은 단순히 소비주의 혹은 공리주의적 의미가 아니라 이 책에서 이해하는 더 깊은 의미의 '인간 행복'으로 규정해야 할 것이다. 여기서 우선, 지구화 과정이 역전되기 어려운 추세라는 점을 인정해야만 하겠다. 따라서 지구화를 인간의 복리를 실제로 증진시킬 수 있는 방향으로 엄격하게 유도해야 할 필요성이 더욱 절실하게 존재한다. 그러나 그렇게 하려면 국가와 국제 기구들에 의한 강력한 거버넌스가 결합해야 한다. 그리고 국제 기구들은 단순히 자유 무역과 자유 시장만을 중시할 것이 아니라, 스스로를 인권 보호 과제를 이행할 의무가 있는 주체로 인식해야 한다.

이러한 주장을 발전시키려면 우선 지구화가 무엇을 의미하는지 규정해야 한다. 규제 장벽을 철폐해 무역과 자본 시장을 자유화하려는 경향이 지구화의 현저한 특징이라고 할 수 있다. 정보통신 기술의 폭발적 증대로 촉진되는 지구화는 새로운 무역 시장을 개척했을 뿐만 아니라, 전례 없는 수준으로 국경 간 자본 이동을 촉진했다. 이러한 과정 속에서 초국적 행위자들이 점차 늘어났다. 다수의 개별 국가보다 경제력이 더 큰 다국적 기업들은 이제 이러한 초국적 이동성을 이용하여 각국 정부 — 국내 투자를 유치하고 유지하는 데 혈안이 된 — 에 상당한 정치적 압력을 행사할 수 있게 되었다. 그러나 자본의 자유로운 이동은 가능해졌지만 노동의 자유로운 이동은 일어나지 않고 있다. 이주 관련 규정들이 여전히 엄격하게 시행되고 있을 뿐만 아니라, 더 나아가, 인간이 반드시 자기 가족과 문화를 떠나 새로운 곳에서 일할 기회를 찾으려고 안달하는 노동 단위만은 아니기 때문이다.

또한 새로운 초국적 거버넌스 양식에 의해 외부에서 국내 정책에 개입할 수 있는 권한이 늘어난 것도 대단히 중요한 요인이 되었다. 무역 자유화는, 예컨대 잘 알려진 GATT(관세 및 무역에 관한 일반협정)와 같은 다국적 조약을 매개로 하여 시행되고 있다. 처음에는 관세나 수입 부과세를 내리는 것이 주목적이었다. 그러나 GATT가 국경 간 관세를 내리는 데 성공한 후부터는 간접적으로 무역에 영향을 끼치는 국내 정책에 점점 더 개입하게 된 것이다. 따라서 보조금, 덤핑(외국 시장에 진출하기 위해 생산비 이하로 생산품을 판매하는 행위),[28] 무역에 대한 기술적 장벽[29] 등을 다루는 것이 GATT의 주 업무가 되었다. 1995년 GATT는 영구 조직인 세계무역기구(WTO)로 흡수되었다. WTO는 자유롭고, 예측 가능하며, 경쟁력이 있는 무역 체제를 지향한다고 내세운다. 타협을 통해 무역 장벽을 내리게 한다는 뜻에서 '자유롭고', 외국 회사들과 투자자들과 각국 정부가 무역 장벽(관세 및 비관세 장벽)이 자의적으로 올라가지 않을 것이라고 예상할 수 있다는 뜻에서 '예측 가능'하며, 수출 보조금이나 덤핑과 같은 '부당한' 관행을 억제함으로써 경쟁을 보장한다는 뜻에서 '경쟁력'을 갖추었다고 내세우는 것이다.[30] WTO는 GATT보다 훨씬 더 큰 권한을 보유하고 있어서, 서비스,[31] 지적 재산권,[32] 정부 조달 사업,[33] 투자 정책[34] 등에 대해서도 관여할 수 있다. 애초에 GATT가 포괄적인 접근을 취했다면, WTO 협정은 흔히 구체적인 법률의 형태를 띠고 있다. WTO는 자체적인 분쟁 처리 절차를 보유하고 있으며, 해당 조약들에 대해 유권 해석을 내릴 권한을 지니고 있다. 어떤 조항을 위배했다고 WTO가 판단하면 위반국에 대해 보복 조치를 취할 수 있다. 과거의 GATT 체제에서는 분쟁 처리 패널의 결정이 있더라도 전 회원국들이 그것을 채택해야만 효력을 발휘했던 것에 반해, WTO 체제에서 분쟁 처리 결정은 전체 회원국들이 일사불란하게 반대하지 않는 이상 자동적으로 구속력을 띤다.[35]

지구화가 본질적으로 인권에 대립되는 현상은 아니다. 지구화의 이념은 독재 상황에서는 자유 시장이 제대로 작동할 수 없다고 전제하면서 민주적 권리와 자유 ― 국가의 자의적인 행동을 억제하는 소극적 자유 ― 를 명목상으로 옹호하기 때문이다. 그러나 이와 같은 의미에서 지구화 논리를 따라가보면 국가에 적극적 인권 보호 의무를 부과하는 것 역시 금기시된다. 지구화가 국가의 적극적 의무에 반대한다는 생각은 세 가지 방식으로 이론화되었다. 첫째, 지구화를 추동하는 강력한 자유 시장 이념으로부터 비롯되었다. 둘째, 자유 시장은 인간의 행복을 증대시키는 최상의 수단이라는 생각에서 비롯되었다. 이런 생각에 따르면 적극적 인권 보호 의무는 지구화 과정을 방해하므로 인권이 보호하려고 하는 바로 그 사람들에게 나쁜 영향을 끼친다. 셋째, 가장 현실적인 관점에서, 지구화로 인해 국가가 자율적인 결정을 내릴 수 있는 권한이 줄었으므로 국가에 적극적 인권 보호 의무를 부과하는 것이 가능하지 않다는 주장이다. 지금부터 이런 주장들을 하나씩 차례대로 살펴보자.

'자유 시장' 이념과 적극적 의무

지구화는, 국가의 개입을 자유의 속박이자 시장 활동에 대한 방해로 간주하는 자유 시장 이념에 의해 추동되고 있다. 그러므로 지구화는 그 이념적 성격상 적극적 인권 보호 의무를 차단하는 것처럼 보인다. 그러나 자유 시장에서 국가 개입이 전혀 필요 없다는 주장은 피상적인 견해일 뿐이다. 순수하게 수사적 입장에서 주장하는 것이 아닌 한, 규제로부터 완전히 해방된 자발적인 시장이 가능하다고 믿는 사람은 적다. 자유 시장이 제대로 작동하려면 계약과 재산권을 실제로 보장해줄 수 있는 법률이 필요할 뿐만 아니라, 독점으로부터 경쟁적 시장을 보호하기 위해서라도 규제가 필요하다. 더 나아가, 시장은, 운송, 사회 기반 시설, 정보통신 기술 등과 같은 공공재를 투입해야 더 잘 작동할 수 있을 뿐만 아니라, 훈련, 보건 제도, 교육 등을 통해서도 더 잘 작동할 수 있다고 알려져 있다.[36) 그러나 순수한 경쟁 시장에서는 이러한 공공재를 결코 제공해주지 않는다. 실제로 지구화는 예산 편성을 줄이는 경향이 있으므로 시장이 잘 작동하기 위해 필요한 공공재를 정부가 제공하기가 점점 더 어려워진다.[37) 여기서, 높은 수준의 조정이 있어야만 '자유 시장'이 만들어지고 유지될 수 있다는 역설이 생긴다. 그러므로 규제냐 반규제냐 하는 문제가 아니라, 여러 종류의 규제 · 조정 중에서 어떤 규제 · 조정을 선택할 것이냐 하는 문제가 중요해진다. 전 지구적인 자유 시장을 옹호하는 사람이더라도, 국가의 적극적인 인권 보호 의무가 시장에 대한 국가의 개입을 의미한다는 이념적 이유만으로 국가의 인권 보호 의무를 무조건 반대할 수는 없다. 어떤 종류의 개입에 반대하는가 하는 점을 놓고 논쟁할 수 있을 뿐이다.

자유 시장 옹호론자들의 입장 안에 존재하는 모순적 요소들은 국제적 차원에서 더욱 두드러져 보인다. 예를 들어 자유 시장 이념은 WTO 체제 내에서 균등하게, 일관성 있게 적용되지 않고 있는 실정이다. 세계은행 경제수석자문관을 역임했던 조지프 스티글리츠(Joseph E. Stiglitz)는 이런 유형을 다음과 같이 묘사한다. "개도국들이 수출을 늘리고 자국 시장을 개방하는 조치를 취하려고 하더라도 이들은 즉시 덤핑 금지 규정에 맞닥뜨리거나, 자기들이 자연스레 비교 우위를 가진 영역 — 농업이나 방직같은 — 에서 선진국의 보호 시장이나 제한적 시장 정책에 직면하곤 한다."[38) 이보다 더 근본적인 차원에서 보자면, 브라

질의 엔히크 카르도주(Fernando Henrique Cardoso) 대통령이 말하듯,
지구화를 시장 활동의 결과로만 이해하는 것은 심각한 오류일지도 모
른다. "어떤 범위 내에서 시장이 작동할 것인가 하는 문제는 **정치적으
로** 규정된다. WTO와 같은 다자간 포럼 내에서 정부들 간의 직접 협상
을 통해 그러한 결정이 이루어진다. 그런 협상에서는 시장의 게임이 아
니라 언제나 권력의 게임이 작동한다."[39]

   자유 시장 이념은 아무리 일관성 있게 적용하더라도, 대단히 조심스
럽게 조정하지 않으면 자기 파멸적이 되기 쉽다는 점이 계속해서 알려
지고 있다. 전 지구적인 시장이 제대로 작동하려면 효과적인 거버넌스
가 필수적이다. 이것은 1997년 아시아의 타이거 경제권으로부터[40] 자
본이 급격히 대대적으로 유출되었을 때 금융 위기가 닥쳐서 심각한 장
기적 영향을 끼쳤던 사실로도 잘 알 수 있다. 이들 국가는 1990년대에
자국 경제를 개방한 이래 급속한 성장을 경험했고, 이 지역 내로 유입
된 자본 총액은 930억 달러에 달했다. 1997년 이런 추세는 하루아침에
역전되어 120억 달러 ― GDP의 11퍼센트에 해당하는 ― 가 이 지역에
서 단기간에 빠져나갔다. 2000년에 발간된 유엔의 《인간발전보고서
(Human Development Report)》에서는 이런 일이 예외적 현상이 아니
라, 전 지구화된 자본 시장의 체제적 특징이라고 지적하였다. 이때 시
장의 변덕이라는 설명 외의 어떠한 명백한 논리나 예측 가능성도 없는
상태에서 단기 자금이 급격히 유입되었다 갑자기 사라지곤 하는 현상
이 벌어질 수 있다. 이 보고서는 충분한 거버넌스 구조가 갖춰지지 않
은 것이 가장 큰 문제라는 결론을 내린다. 거버넌스의 속도가 시장의
확장 속도를 따라잡지 못했던 것이다.[41]

   지구화가 성공하려면 국가가 간섭해서는 안 된다는 주장은 WTO 자
체를 보더라도 어불성설이다. WTO는 불간섭과는 거리가 먼 조직이기

'종속 이론'을 대표하는 세계적 학자이자 브라질 대통령을 지낸 사회학자 엔히크 카르도주는 지구화를 시장 활동의 결과로만 볼 수 없다고 지적한다. "어떤 범위 내에서 시장이 작동할 것인가 하는 문제는 정치적으로 규정된다. (WTO 내에서 벌어지는 다자간 협상 같은) 협상에서는 시장의 게임이 아니라 언제나 권력의 게임이 작동한다."

때문이다. WTO는 포괄 범위와 조직의 효율성이라는 기준으로 보아 역사상 전례가 없을 정도로 촘촘하게 짜여진 국제적 규제 시스템을 만들어놓았다. 이 조직은, 무역과 관련된 이슈에 대해 주권 국가의 의사 결정 권한에 개입할 수 있는 막강한 강제력을 보유하고 있을 뿐만 아니라, 기타 여러 사회적 기능을 보유하고 있다. 예를 들어, 1995년에 도입된 〈무역 관련 지적 재산권 협정(TRIPS)〉은[42] 각국 정부에게 어떤 것을 발명했다고 주장하는 사람에게 독점적인 지적 재산권을 부여하는 특허 등록제를 도입하라고 요구한다. 지적 재산권 제도를 두고 있지 않은 많은 개도국에는 그러한 입법을 위해 2000년까지 5년간의 유예 기간이 주어졌다. 제약 관련 특허에 대해서는 2016년까지 유예 기간이 연장되었다. 이것은 대단히 개입적인 조정 메커니즘이라 할 수 있으며, 특히 에이즈 관련 약품과 관련해서 더욱 그러하다. 에이즈에 맞서기 위해, 상표 등록이 된 브랜드 약품 대신 상표 등록을 하지 않은 저가 제네릭(generic) 약품을 생산하는 브라질이나 인도 등의 국가들은 상표를 등록하라는 압박을 점점 더 강하게 받고 있다. 상표 등록을 할 경우 약품 가격은 기하급수적으로 상승할 것이다. 이러한 개입 조치는 세계은행이나 IMF 같은 여타 브레튼우즈 기구들도 대동소이하다. 이 양대 기관은 재정 지원과 대출을 위한 전제 조건으로 자기들이 요구하는 경제 정책을 이행할 것을 요구함으로써 개도국에 대해 엄청난 권력을 행사한다. 그러므로 지구화가 무조건 탈규제를 뜻한다고 주장할 수는 없다. 규제와 조정은 국내 시장이든 전 지구적 시장이든, 안정된 시장 경제를 위해서 반드시 필요한 조건이기 때문이다. 그러므로 여기서 이슈는 규제냐 탈규제냐가 아니라, 어떤 종류의 규제냐 하는 점이다. 따지고 보면 현행 규제 조치로도 국제 기구들은 당사국들에 여러 가지 적극적 의무를 부과한다. 다만 이런 의무가 기본 인권을 본질적으로 훼손하는 종류의 의무라는 데 문제가 있다. 인민들이 스스로 자신의 통치 방법을 결정할 수 있는 민주적 권리가 침해된다는 뜻에서, 그리고 자기들이 소중히 여기는 어떤 것이 될 수 있고 또 그런 것을 행할 수 있는 본질적 자유를 간섭받는다는 뜻에서도 그러하다. 특히 무역 관련 지적 재산권 협정은, 인간의 생명권과 건강권을 보호하고 충족시켜야 할 국가의 의무를 포기하면서까지 기업의 재산권을 보장해주라는 의무를 국가에 부여한다. 재산권과 무역권이 다른 기본권 위에 군림해야 할 이유는 있을 수 없다. 마찬가지로, 무역을 진흥하기 위한 조치는 허용하면서, 인권을 신장하기 위한 조치는 허용해선 안 될 이유 역시 없다. 실제로, 이미 국제 공동체는 인권을 무엇보다 중시한다는 의지 — 모든 인간의 권리를 보장해야 할 의무를 포함해서 — 를 천명한 바 있다. 이러한 의무에는 온갖 종류의 의무가 포함된다. 예를 들어 사람들의 삶에 국가가 간섭하지 않음으로써 인권을 존중할 의무, 다국적 기업이나 여타 사적 주체로부터 인간의 권리를 보호할 의무, 그리고 직접적으로 인권을 촉진하고 충족시킬 의무 등을 들 수 있겠다.

전 지구적 자유 시장이 인간 복리를 증진할 최선의 방책?

지구화 찬성론자들이 전 지구적으로 통용되는 시장에서 규제가 필요하다는 점을 이론상으로 인정하더라도, 적극적 인권 보호 의무를 반대할 수 있는 두 번째 방식이 있다. 즉, 자유 시장이 인간의 복리를 증진하는 최선의 방안이라고 하는 친숙한 주장이 그것이다. 이 견해에 따르면 인권은 지구화 프로젝트를 도와주는 한도 내에서만 바람직한 것이 된다. 따라서 국가의 자기 억제 의무에 근거한 소극적 인권만이 둘째 논리의 판단 기준을 잘 충족시킬 것이다. 그러나 국가가 개입하는 적극적 의무에 대해서는, 그것이 비용이 많이 들고, 노동 비용이 시장 가치보다 인위적으로 더 높게 오를 것이며, 기업이 지구화된 세계 속에서 다른 기업 ─ 규제를 받지 않는 기업 ─ 과 대등한 조건으로 경쟁하지 못하게 한다는 이유로 반대할 것이다. 그러므로 적극적 인권 보호 의무를 주장하면, 지구화 과정에 방해가 되고, 정부가 보호하려고 하는 바로 그 시민들의 상황이 나빠진다고 주장한다.

이러한 주장에는 두 가지 측면이 있다. 첫째, 지구화가 그 자체로 인간의 복리를 증진한다는 주장이다. 둘째, 적극적 인권이 인간 복리를 가로막는다는 주장이다. 둘 다 자세히 검토해보면 허점이 발견된다. 지구화가 그 자체로 인간의 복리를 증진한다는 주장은, 인간의 복리를 주로 개인 선호를 충족시켜주는 것으로 특별히 규정하는 틀 안에서만 옳은 주장이다. 그러한 선호를, 개인 선택권의 절대적 표출이라는 식의 외견상의 근거에서, 고정 불변의 것으로 취급하면서 그것에 대해 절대로 의문을 제기해서는 안 된다고도 한다. 그러나 그렇게 말하면서도 실제로는 그러한 선호를 시장의 기준으로 규정하곤 한다. 그 결과, 복지를 단순히 각종 소비재와 서비스를 시장에서 구할 수 있는 상태와 동일시해버리는 것이다. 한 논자는 다음과 같이 말한다.

> 왜 다국적 기업은 전 세계로 확장하려고 하는가? 그래야만 당신이나 내가 싼 차를 살 수 있기 때문이다. 우리가 하려고만 들면 자동차 외의 다른 사회적 선호에 대해 이야기할 수 있고, 우리가 왜 그렇게 해야 하는지를 라틴어 용어로 재미있게 표현하면서 즐길 수도 있다. 하지만 우리 모두는 이유를 따지지도 않고 그저 저렴한 자동차를 구입하는 데에만 관심이 있다. …… 우리는 한 사람 한 사람이 모두 지구화의 행위 주체들이다. 우리 모두가 맹목적인 소비자이기 때문이다.[43]

이것과 마찬가지로 문제가 되는 것은, 인간의 복리를 공리주의적 계산 — 최대 다수의 최대 행복이라는 원리에서 도출된 개인 간 평균치 — 으로 측정하는 것이 좋다 라고 하는 전제이다. 위의 논자는 이런 원리를 다음과 같이 요약한다. "무역에 의한 이득은 …… 생산 단가가 가장 낮은 지역에서 물건을 생산하고, 그 물건을 더 많이 원하는 사람들에게 배당해줌으로써, 전 지구적 복리를 증대하는 효과를 낳는다. 즉, 우리에게 더 많은 물건을 살 수 있는 더 많은 돈이 생긴다는 뜻이다. 만일 우리가 물건을 더 원하지 않으면 그 돈으로 여가를 살 수도 있을 텐데 말이다."[44] 하지만 이때 '우리'란 도대체 누구인가? 여기에 공리주의적 계산에서 발생하는 통상적인 오류가 나타난다. 즉, 최대 다수의 복지를 극대화할 수만 있다면 일부 사람들이 불공평하게 비용을 더 많이 부담해야 하는 일이 생기더라도 상관없다고 생각하는 오류인 것이다. 이렇게 되면 전체 혜택을 전체 인구의 평균치로 합산해버림으로써 분배상의 불평등 문제가 드러나지 않게 된다.

센이 역량 이론을 발전시킨 것도 이러한 문제를 해결하기 위해서였다. 여기서 복리는 단순히 소비자 취향이라는 식으로만 규정되지는 않는다. 그 대신 실행 가능한 선택 지점들을 다양하게 제공함으로써 실질적 자유의 범위를 넓게 반영하는 것이 복리가 되어야 한다. 즉, 평균 소득은 복리를 측정하는 데 만족스럽지 못한 방식이라는 뜻이다. 같은 소득이더라도 서로 다른 사람들에게는 서로 다른 효과를 낸다. 그것은 교육과 의료에 대한 접근성 같은 사회적 요인, 장애와 양육 혹은 연령과 같은 개인적 요인, 기후 조건 같은 환경적 요인 등에 달려 있다. 그러므로 복리를 제대로 측정하려면 1인당 GDP 외에도 여러 요인들을 종합적으로 고려할 필요가 있다.

이런 식으로 복리를 정교하게 이해하여 측정한다면 지구화만으로는 인간 복리를 달성할 수 없다는 것을 알 수 있다. 지구화의 진정한 효과에 관한 증거가 드러나면서 빈곤국의 상황이 선진국의 수준에 가깝게 수렴되리라는 기대는 무산되었다. 그 대신 지구화는 국가 간, 그리고 국가 내 불평등을 심화했다.[45] 제프리 삭스(Jeffrey Sachs)가 2000년에 결론 내렸듯이 "지구화만으로 개도국들이 신속한 경제 성장을 달성할 수 있다는 보장이 없다."[46] 일부 국가는 지구화 덕분에 자본 유입, 기술과 성장에 대한 접근이라는 혜택을 입을 수도 있겠지만, 그런 혜택을 입지 못하는 나라도 많다. 지리적으로 너무 떨어져 있거나, 질병이 창궐한 상태거나, 소수의 주력 수출 상품에 지나치게 의존하기 때문이다. 발전을 하기 위해 필요한 조건은 특정 국가의 경제 상황에 달려 있다. 그러나 삭스에 따르면, 모든 경우를 따져보더라도, 국가의 강력한 적극적 개입이 발전에 가장 중요한 필수 조치라고 한다. 인구 증가 추세가 빠른 나라에서는 공중 보건이나 교육을 위한 대규모 투자 — 특히 여자 아이를 위한 — 가 필수적이다. 몇몇 주요 수출 상품에만 의존하는 나라에서는 인적 자본에 많이 투자하여 수출 다변화를 통한 수익률 제고를 노릴 필요가 있다. 경제적으로 고립된 나라는 운송 및 정보통신 인프라에 실질적인 투자를 할 필요가 있다.[47] 따라서 실제로 국가의 적극적인 개입은 발전을 방해하는 것이 아니라 오히려 발전을 촉진하고 증진하는 데 필요한 것이 되기도 한다.

지구화에서 이보다 더 문제가 되는 것은 지구화의 어떤 측면은 인간 복리를 돕지 못할 뿐만 아니라 명백히 인간 복리를 저해하는 경우가 있다는 점이다. 무역 관련 지적 재산권 협정의 예를 들어보자. 이 협정은 자유 경쟁을 통해 가격을 낮추는 대신, 지적 재산권을 보호하여 오히려 가격을 올리는 역할을 한다. 겉으로 내세우는 이유는 주요 제약회사들이 연구 개발을 통해 신약을 생산할 수 있도록 인센티브를 보장해주자는 것이다. 그러나 연구에 따르면 연구 개발 투자비보다 수익률이 훨씬 크다는 사실이 드러났으며, 인센티브를 줄인다 해도 신약 개발은 전혀 지장이 없다고 한다.[48]

둘째, 적극적 인권 보호 의무가 지구화를 가로막는다는 주장에는 적극적 의무를 통해 권리를 보호해주면 경제 성장에 비효율적이라는 전제가 깔려 있다. 이러한 전제와 반대되는, 설득력 있는 주장들이 점점 더 많이 나오고 있다. 이런 주장은 국가의 조정이 경쟁을 약화하는 것이 아니라 비교 우위를 유지하는 데 도움이 된다는 점을 보여준다. 노동권과 같은 사회적 권리는 노동자의 인적 자본에 대한 투자를 장려함으로써 효율성에 기여할 수 있다. 노동자들이 헌신적이고 생산성 높게 그리고 필요하다면 혁신을 하도록 하는 데 필요한 틀거리를 마련해줄 수 있다는 것이다.[49] 밥 헤플(Bob Hepple)은 여러 상이한 국내 노동 관련 법규들이 노사 관계 효율성을 높일 경우에는 경쟁을 훼손하지 않는다는 결론을 내린다.[50] 일반적으로 말해, 교육 수준이 높고, 생활이 풍족하며, 자존감이 있는 사람들이 발전에 기여할 수 있음이 분명하다. 이 점은 젠더 평등에 특히 중요하다. 그러므로 적극적 인권 보호 의무가 발전에 방해가 된다는 핑계를 들어 그것을 배척해서는 안 될 것이다.

지구화 추세 속에서 적극적 인권 보호를 위한 이념적 전투에서 인권이 생산성에 도움이 되는 요인이라는 점을 입증한 것은 중요한 기여라 할 수 있다. 그러나 이러한 통찰이 자칫 인권이 단지 도구적인 것 — 인권이 '생산성'이 있다고 입증될 수 있어야만 정당하다고 보는 — 이라는 식으로 흘러가서는 안 된다. 이렇게 되면 본말이 전도될 위험이 있다. 즉, 지구화가 궁극적인 목적이고, 인권은 무역 자유화와 자본의 자유로운 이동을 보장하기 위한 수단에 불과하다는 식으로 규정될 가능성이 있다는 말이다. 이렇게 되면 필연적으로 소극적 의무를 옹호하게 되기 쉽다. 다시 말하거니와 지구화는 인간 복리 — 센이 제기하고 이 책 1장에서 발전시킨 의미에서 인간 복리 — 를 증진하는 수단 이상이 아님을 재천명해야만 하겠다. 지구화가 인간 복리라는 목표를 달성하지 못할 경우에는 그것을 수정하고 제한해야 한다. 인권은 인간 복리에서 지극히 중요한 부분이기 때문이다.

국가의 공동화(空洞化)

적극적 인권 보호 의무에 반대하는 마지막 주장은 국가의 적극적 의무가 중요하다는 사실 자체를 부정하지는 않는다. 단, 지구화 때문에 국가가 너무나 약해져서 적극적 의무를 떠맡을 여력이 없다는 현실론을 편다. 자본 유출의 위협이 상존하므로 국가는 설령 원한다 하더라도, 만일 인권 보호가 대기업의 이익에 반하는 것으로 비칠 경우, 인권 보호에 전념할 수 없다는 논리이다. WTO 체제를 통해 국제 무역 관련 규제가 유례 없는 수준으로 강화된 것을 보면 국가가 약화되었다는 말이 과장이 아닌 듯하다. 국제 무역 관련 법규들로 인해 국가는 여러 종류의 경제적·규제적 결정 — 국내 기업이 국제 경쟁에 노출되지 않도록 보호하는 효과를 낼 수 있는 — 을 내리지 못하게 되었다. 국제 법규들의 금지 조치는, 간접적으로 무역 보호 효과를 낸다고 간주되는 무역 외 결정까지도 포괄하는 경우에 특히 문제가 된다. 이러한 무역 외 결정에는 공공 보조금 지급과 공중 보건 향상 조치 등이 포함된다.

국제 법규의 금지 규정을 들어 일반적으로 사회권을 반대하는 주장들이 대단히 많다. 기업들이 공장을 이전하고 외주를 주며 자본 집약적 생산 부문으로 전환하기가 대단히 용이하다는 점을 감안할 때, 규제를 강화하라는 주장은 현실과 동떨어진 것이라고 한다. 따라서 국가가 지구화된 세계에서 경쟁하기 위해 고용 보호 조치, 사회 보장, 환경 규제 등을 해체하는 추세이므로 규제 철폐를 향한 경쟁이 있을 것이라고 예상하는 사람이 많았다. 그러나 국가의 적극적 의무가 사라져야 국제 경쟁력이 높아진다는 주장을 뒷받침하는 증거는 없다. 실제로 대다수 자본 이동은 사회적 보호 제도가 잘 갖춰진 고소득 국가들 사이에서 일어나고 있다.[51] 이것은 우연이 아니다. 세계은행의 설명을 들어보자.

부패 지수, 정치적 개방성, 법의 지배, 규제 레짐의 수준, 효과적인 정부, 정치적 안정성 등의 기준에 비추어 투자 환경이 좋은 나라들이 1990년대를 통틀어 전체 외국 직접 투자분 중 점점 더 많은 비중의 투자를 유치했다.[52]

특히 중요한 점은 마틴 울프(Martin Wolf)의 다음과 같은 해설이다.

전체 직접 투자 중의 큰 몫이 노동 비용이 높고, 강력한 규제 레짐을 갖춘 나라로 계속 유입되고 있다. 투자자들이 보기에 이런 나라들이 제공하는 정치적 안정성, 신변 안전, 잘 작동하는 제도, 고숙련 노동자, 대단위 시장 등은 높은 생산비를 상쇄하고도 남는다.[53]

이와 반대로 규제가 미비한 경제권에서는, 사회 인프라, 숙련 노동자, 잘 짜여진 금융 시장, 안전한 투자에 필수적인 사회 안정성 등 현대 산업에 필요한 공공재나 가치재*를 제공하지 못하는 경우가 많다. 저임금은 흔히 저생산성을 뜻하기 쉽다. 따라서 미숙련 노동을 이용하는 고도로 노동 집약적인 후진 산업만이 싸구려 노동 시장을 찾아 이동할 가능성이 높다. 이런 기업들은 생산성이 올라가고 노동 시장 규제가 강화되는 즉시 다른 곳으로 사업처를 이전하기 마련이다.[54]

규제 철폐를 향한 경쟁도 실제로는 일어나지 않았다. 그 대신 고소득 국가들은 규제를 유지하면서도 계속 비교 우위를 지키거나 심지어 강화할 수 있었다. 또한 서로 다른 국가 관할권에 따라 세부적인 면에서는 규제 정책과 복지 정책에서 상당한 편차가 존재하는 것을 알 수 있다.[55] 복지 국가의 기하급수적인 팽창 추세는 안정화되었지만, 현재의 추세를 보면 복지가 감소된 것이 아니라 '안정된 상태'에 접어들었다.[56] 또한 각국이 자국 내 사회적 권리를 축소한다고 해서 상대방에 대해 비교 우위를 획득할 수 있는 것이 아니라는 점을 보여주는 분명한 증거들이 존재한다. 따라서 국가들은 서로 비슷하게 하향 평준화됨으로써 번영하는 것이 아니라, 각국별 '제도적 비교 우위'를 구축함으로써 번영할 수 있는 것이다.[57] 기업은 값싼 노동력에만 끌려 공장을 이

....

가치재(merit goods) 소득 수준과 상관없이 모든 사람이 필요로 하는 재화.

전하지는 않는다. 생산성이 떨어지기 때문에 그 나라의 노동 비용이 저렴할 가능성도 있다. 그리고 어떤 나라에서 생산성이 높으면서도 노동 비용이 저렴하다면 시장이 노동 임금을 조만간 시장 가치 수준으로 끌어올릴 것으로 예상해야 한다. 또한 비교 우위에는 공공재 및 문화·공동체적 가치의 공급과 같은 요소도 포함된다.

그러므로 전 지구화된 자유 무역의 요구가 있다 하더라도 그것이 국가가 인권을 보호하고 증진하고 충족시킬 적극적 의무를 부과하는 것을 반대할 수 있는 합당한 이유가 되지는 못한다. 적극적 인권 보호 의무를 충족시키는 국가가 오히려 비교 우위를 유지할 수 있고, 직접 투자를 더 많이 유치할 수 있으며, 자국 시민의 복리를 향상시킬 수 있다고 보아야 옳다. 이 글에서는 국가가 인권 보호 의무를 수행하는 데 어떤 경제적·정치적 전략을 채택해야 하는지에 대해서는 구체적으로 언급하지 않겠다. 단지 이 책은 지구화된 세계에서 적극적 인권 보호 의무를 추구하는 것이 불가능하다고 볼 것이 아니라, 그러한 의무가 지구화된 세계일수록 반드시 필요한 요소임을 인정해야 한다고 주장한다.

WTO와 인권

적극적 인권 보호 의무를 추구하는 데에서 더 위협적인 것이 WTO의 규정들이다. WTO 체제는 당사국들이 적극적 인권 보호 의무 — 이것을 자유 무역에 방해가 된다고 생각하는 한 — 를 이행할 수 있는 능력을 심각하게 저해할 수 있는 잠재력을 보유하고 있다. 이 점은 WTO의 두 가지 핵심 원칙을 검토함으로써 알아볼 수 있다. 첫째 원칙은, 각국은 자기 나라의 무역 상대국들을 모두 똑같이 대해주어야 한다는 원칙이다. 이것을 '최혜국 대우(Most Favoured Nation Status)' 원칙이라고 한다.[58] 둘째, 일단 외국 상품이 당사국의 국내 시장에 진입했을 때 그 나라는 자국의 상품과 외국의 상품 및 서비스를 차별해서는 안 된다. 이것을 '내국민 대우(national treatment)' 원칙이라고 하는데, 외국 상품에 대해서도 자국 상품에 허용하는 것과 똑같은 대우를 해줘야 하는 원칙을 말한다.[59] 이와 같은 WTO의 차별 금지 원칙은 겉으로 드러나는 차별에만 국한되지 않으며 국내 정책의 간접적 효과에도 적용된다. 예를 들어, 기업에 대해 자국 원산지 제품만 써야 한다는 규정이 있다고 치자. 이때 '기업'은 외국 기업, 국내 기업을 모두 지칭하지만 외국 기업일 경우 이러한 규정을 준수하기가 실제로 더 어려울 것이다. 이와 마찬가지로, 외환 사용에 대한 접근성을 제한하는 정책이 있으면 외국산 제품을 수입하기가 어려울 것이다. 따라서 모리셔스 정부가 WTO의 무역 규정을 준수하여 국내 시장을 보호할 수 없게 되면 자국민에게 적절한 식량 접근성을 보장해줄 의무가 침해받는다고 주장한 적도 있었다.[60]

무역 관련 지적 재산권 협정은 WTO보다도 더 개입적이다. 이 협정은 국가가 자국의 특허권 등록 정책을 결정할 수 있는 권한을 직접적으로 약화했을 뿐만 아니라, 생명권 · 건강권 · 식량권 증진을 위한 주요 정책의 시행 권한을 약화했다. 우리는 이미 앞에서 의료 제공을 통한 생명권 충족 의무가 지적 재산권 협정의 요구 사항 때문에 어떻게 위협받을 수 있는지 살펴보았다. 이 문제가 워낙 심각했으므로 2001년의 도하 협정에서 어느 정도 양보가 이루어졌다. 즉, 자국 내에서 심각한 보건 위기 상황을 야기한 질병 치료를 위해 꼭 필요한 경우, 또는 특허권 소유자가 자기 권리를 남용할 경우, 예를 들어 구매자가 도저히 구입할 수 없을 정도의 높은 가격으로 약품을 판매한 경우, 각국이 '강제 면허(compulsory licence)' 제도를 시행하여 특허권 여부와 상관없이 복제약을 제조할 수 있게 해준 것이다. 그러나 이러한 규정 변경이 겉으로 보기에는 완화 정책인 것 같아도 그것을 시행하려면 복잡하기 짝이 없는 절차를 거쳐야 한다. 이런 문제점은 2006년 브라질에서, 2007년 타이에서, 강제 면허를 시행하려고 했을 때 잘 드러났다. 이 당시, 다국적 제약회사들은 강제 면허 부여 조치가 철회되지 않으면 이들 나라에 대해 투자를 중단하겠다는 위협 전략을 구사하였다.[61] 2001년에도 39개 주요 제약회사들이, 그들이 보기에, 지적 재산권 협정을 위반한 법을 통과시켰다는 이유로 남아프리카공화국 정부를 제소하려는 움직임을 보였던 적이 있었다. 그 법이 남아프리카공화국을 휩쓴 에이즈에 대처하기 위한 복제약의 용이한 생산과 수입을 허용했기 때문이었다. 다행히 제약회사들이 국제적 압력에 굴복하여 제소를 철회하긴 했지만, 이런 류의 위험은 아직도 여전히 남아 있다.

　WTO 관련 법규가 적극적 인권 보호 의무를 방해할 가능성이 있는 사례 중 특히 논란의 여지가 있는 사례는 평등을 신장할 의무와 관련이 있다. 남아프리카공화국의 〈흑인 경제 자력화 법(BEE, Black Economic Empowerment)〉이 좋은 예이다. 남아프리카공화국 정부는 전체 사회를 변혁할 핵심 전략으로서 아파르트헤이트 시기에 경제 활동에서 강제로 배제되었던 다수 흑인들을 위한 경제 자력화를 추진하고, 특히 그들에게 경제적 대표권을 부여하는 정책을 시행하려고 한다. 여러 종류의 정책이 동원되고 있지만 그중 제일 중요한 것으로 흑인이 소유하거나 경영하는 기업에 대한 수주 특혜와 투자를 꼽을 수 있다.[62] 또한 각 기업을 흑인 자력화 달성 기준에 의해 평가하는 상세한 채점표가 마련되었다.[63] 흑인들의 소유권, 경영 관리, 고용 평등 등의 기준에 따라 기업체들의 점수를 매기는 것이다. 영업 허가를 내주거나 기타 정부의 검인정 절차에서, 그리고 국가 소유 기업의 매각에서, 또한 민간 부문과 동반자 관계를 체결하기 위한 판단 기준을 마련하는 과정에서, 모든 국가 기관과 공공 조직은 이러한 채점 기준을 고려해야만 하며, 가능한 한 그것을 실제로 적용해야 한다고 되어 있다.

〈흑인 경제 자력화 법〉이 평등만을 고려하는 것은 아니다. 이 법은 또한 시장 효율성을 제고하겠다는 목표를 명백히 갖추고 있다. 2003년에 제정된 〈흑인 경제 자력화 법〉의 전문에서는 대다수 남아프리카공화국인들이 생산적 자산의 소유권과 고급 기술의 습득에서 배제된 결과 남아프리카공화국 경제가 낙후되었다고 선언한다. 시민들의 효과적인 의사 결정 참여를 위한 조치들이 향후 모든 남아프리카공화국 사람들의 경제적 발전을 위해 중요하다는 말이다. 국제 무역 법규를 통해 자기 사익만 챙기려는 사람들은 적극적 인권 틀 내에서 효율성과 평등을 이렇게 훌륭하게 접합하려는 방안에 대해 함부로 비판의 목소리를 높여서는 안 될 것이다.

그러나 이 법이 WTO 규정에 의거하여 도전을 받을 가능성은 있다. 〈흑인 경제 자력화 법〉은 국내·국외 생산자들에게 똑같이 적용되므로 외국 기업에 대해 직접적인 차별을 하지는 않는다. 그러나 〈흑인 경제 자력화 법〉이 간접적으로 차별적이라는 지적을 받을 소지는 있다. '흑인'을 아파르트헤이트 시대에 탄압받았던 사람이라고 규정하는 현실을 감안하면, 국내 기업이 외국 기업보다 다수 흑인에 의한 소유권이라든가 흑인 경영 관리 같은 요구 조건을 충족시키기가 좀 더 수월할 수 있다.[65] 이와 마찬가지로, 정부에 의한 직접 수주 사업의 경우에는 위험 요소가 없다. GATT의 내국민 대우 원칙이 정부 기구에 의한 공식 조달 사업에는 해당되지 않기 때문이다. 또한 남아프리카공화국 정부는 조달 업무를 GATT 활동 관할 안에 두려는 〈정부 조달 협정(Agreement on Government Procurement)〉에 아직 조인하지도 않았다. 그러나 〈흑인 경제 자력화 법〉은 직접 수주에만 적용되는 것이 아니다. 어떤 회사가 정부 발주 사업에 참여하려 할 때, 그 회사가 자기네 하청 기업에 대해서 흑인들의 자력화 지원을 요구하거나 또는 〈흑인 경제 자력화 법〉을 준수하는 타기업과 거래한 실적이 있을 경우, 좋은 점수를 받을 수 있다. 이런 정책은 흑인들의 경제 자력화를 위해 일련의 연쇄 효과를 낳을 수 있으며, 결과적으로 발주 사업에 이해 관계가 걸려 있는 외국 기업들이 자기네가 간접적으로 차별을 당했다고 주장할 여지가 생긴다.

실제로 이런 경우에 WTO를 통해서가 아니라 양자 간 투자 협정을 통해 불공정 경쟁의 제소가 이루어진 적이 있다.[66] 유럽의 투자자들이 남아프리카공화국에서 양자 간 협정을 맺은 광물 채굴권이 침해당했다는 주장에 근거하여 제소한 적이 있었다. 〈광업 부문 흑인 경제 자력화 헌장(Mining Sector Black Economic Empowerment Charter)〉에 따르면, 채굴권 침해분에 대한 보상은 투자자들이 흑인들의 자력화 목표를 어느 정도나 충족시켰는가에 달려 있다. 유럽의 투자자들은 흑인 관리자를 임명하고 회사 주식의 26퍼센트를 흑인들에게 매각하는 조건이 가족 경영 체제의 중소기업에게는 큰 부담이 된다는 논리를 내세웠다.[67] 이 제소 건은 세계은행 투자 분쟁 처리 절차에 의해 법적 결정이 이루어질 예정이지만,[68] 이와 유사한 사건이 WTO를 통해 제기될 가능성도 있다고 한다.

순수하게 무역에 관련된 근거로 제기되는 공세 앞에서 적극적 인권 보호 의무에 근거한 주요 사회 정책이 이처럼 취약해질 수 있다는 사실은 WTO에 의해 야기된 문제가 얼마나 심각한지를 입증한다. WTO 협정 전문에는 인권이 전혀 언급되어 있지 않으며, 단지 생활 수준의 향상과 지속 가능한 발전의 필요성만 목표로 나열되어 있을 뿐이다. GATT의 협정문에서는 국가가 직·간접적으로 자국 내 시장에서 외국 상품을 차별할 조치를 취할 수 있는 잠재적 이유로 인권을 거론할 수 있음을 구체적으로 명시하지 않는다. 인권과 가장 명백하게 연결되는 조항은 20조 정도이며 여기에는 '비교역성 공공 가치(non-trade public values)'가 자유 무역 원칙과 충돌할 경우, 전자를 우선한다고 되어 있다. 이 조항에 따르면, GATT의 어떤 조항도 계약 당사국에 의한 다음과 같은 조치의 채택 또는 실행을 막는 것으로 해석되어서는 안 된다. 그와 같은 조치에는 다음과 같은 것들이 있다. "공중도덕을 보호하는 데 필요한 조치", "인간, 동식물 또는 건강을 보호하는 데 필요한 조치", "전국 또는 특정 지역에 공급이 부족한 제품을 획득하거나 배포하는 데 필수적인 조치", "유한한 자연 자원의 보존과 관련된 조치로서, 그러한 자원의 국내 생산 및 소비를 제한하는 조치와 병행하여 실행할 수 있는 조치", 또는 "수인들의 노역으로 생산된 제품에 관련된 조치" 등을 들 수 있다. 그러나 20조는 GATT의 분쟁 처리 절차에서 대단히 제한적으로 해석되었다. 'Tuna Dolphin' 판례에서 GATT의 분쟁 처리 패널은 20조에서 비교역성 공공 가치를 위한 조치가 '필요'한 것으로 인정받고 정당화되려면, 공공의 목적을 달성하기 위한 어떤 다른 대안 ― 무역을 덜 제한하는 ― 을 상정할 수 없는 경우라야 한다고 결정했다.[69] 따라서 이런 식의 결정에 부합하는 비교역성 공공 가치를 제시하기란 실제로 불가능하다고 할 수밖에 없다.

WTO의 규정과 그 법리를 상세히 다루는 것은 이 책의 범위를 벗어난다. 그러나 국제 무역 관련 법규가 인권보다 우선시되는 방식으로 제멋대로 확대되게끔 허용할 수는 없다는 점을 상조힐 필요가 있다. 하우즈(Robert Howse)와 무투아(Makau Mutua)는 WTO의 창설로 인해 국제인권법 규범에 맞춰 20조를 해석할 기회가 생겼다고 주장한다.[70] 〈빈 협약〉 31조 3항에 따르면 WTO 협정과 같은 조약상의 의무를 해석할 때 "상황의 맥락과 함께…… (c) 당사국 간의 관계에 적용될 수 있는 모든 관련 국제법 규정을 감안해야 한다."고 나와 있다. 그러므로 GATT 역시 가맹국들의 국제인권법 준수 정신에 따라 해석해야 마땅하다는 것이다. 그리고 특히 모든 국제법적 의무에 우선하는 〈유엔헌장〉에 비춰 보아도 그러하다. 〈유엔헌장〉은 유엔 가입국들에게 인권과 기본적 자유의 준수를 위한 공통된 존중의 의무를 신장할 것, 그리고 더 높은 생활 수준, 완전 고용, 경제적·사회적 진보와 발전을 위한 조건 형성을 명시적으로 촉구하고 있다.[71] 따라서 〈유엔헌장〉의 하위 규범인 GATT가 가맹국들의 인권 증진 의무를 금지할 수 있다는 식으로 해석해서는 안 된다.

환경 보존이라는 점에서 한 가지 비유를 들어보자. 'US-Shrimp' 판례는 WTO의 상설 항소 기구가 GATT 협정 20조에 나오는 '유한한 자연 자원'의 의미를 적절히 규정하기 위해 국제 환경 법규를 활용해야 한다는 사실을 인정하였다.[72] 환경 보호를 국내·국제 정책의 중요한 목표로 인식한 WTO의 전문과 더불어, 항소 기구의 이러한 인식으로 인해 항소 기구는 20조를 발전적 관점에서 해석하여, 유한한 자연 자원 개념 안에 멸종 위기에 놓인 동식물을 포함시킬 수 있었다. 그 결과 멸종 위기 생물 보호를 위한 규정은 자유 무역 체제 범위 바깥에 있는 것으로 규정할 수 있었다. 하지만 이런 비유만으로는 충분치 않다. WTO 협정 전문에 환경은 언급되지만 인권은 나오지 않기 때문이다. 그렇지만 이 책에서 '복리' 개념을 해석하는 방식에 따르면, 협정의 전문에서 생활 수준 향상과 지속 가능한 발전의 필요성을 목표로 하겠다고 언급했으므로 그것이 적극적 인권 보호 의무 — 건강, 식량, 안보, 평등을 존중하고 보호하고 제공할 의무 — 를 보장하는 것이라고 보아야 마땅할 것이다.

2001년의 도하 협정에서는 이 점을 어느 정도 인정하였다. 협정은 많은 개도국과 최빈국을 덮치고 있는 공중 보건 문제의 심각성을 인정하면서 다음과 같이 천명한다.

우리는 〈지적 재산권 협정〉이 당사국의 공중 보건 보호 조치를 방해하지 않으며, 방해해서도 안 된다는 점에 합의하는 바이다. 따라서 우리는 〈지적 재산권 협정〉에 대한 우리의 의지를 재천명함과 동시에, 본 협정이 WTO 당사국들의 자국 공중 보건 보호 권리, 특히 모든 사람에게 의약품 접근권을 보장할 권리를 지원하는 방식으로 해석되고 실행될 수 있으며, 마땅히 그러해야 한다는 점을 확인하는 바이다.

그러나 이 규정은 지적 재산권 협정의 원 규정에 대한 예외적 사안이라는 식으로 기술되어 있어서 분명히 제한적으로 해석될 가능성이 높으며, 인권을 충분히 강조하지 못하고 있다. 특히 〈지적 재산권 협정〉은 당사국 정부에게, 만일 공중 보건을 보호하기 위한 조치를 취하고 싶다면 강제 면허를 발부하라고 요구한다. 이런 식의 접근은, 특허권 보호 권리를 주장하는 측에게 정당화 책임을 요구하는 것이 아니라, 정부를 방어적인 입장에 몰아넣어서 정부의 인권 보호 결정이 일종의 예외인 것처럼, 마치 그것을 정당화해야 할 조치인 것처럼 취급한다.

이것은 역으로, 무역 규정과 인권 사이의 갈등을 둘러싼 결정을 WTO의 분쟁 조정 기구를 통해 해결해서는 안 된다는 점을 보여준다. 국제 기준에서 인권 의무는 흔히 일반적인 언어로 표현되기 때문에 특정한 상황에서 인권 원칙이 적용될 수 있는가 하는 점에는 논란의 여지가 있을 수 있다. WTO의 분쟁 조정 패널은, 폭넓은 사법적 훈련이나 인권에 대한 전문 지식이 없는 무역 전문가와 법률가들로 이루어져 있다. 게다가 분쟁 조정 과정의 투명성도 확보되지 않았다. 분쟁 당사국이 공개에 동의하지 않는 한, 구두 진술과 서면 진술은 대외비로 취급된다. 그런데 1996년 전향적인 방향으로 새로운 작은 발걸음이 내딛어졌다. WTO 당사국들의 장관들이 국제적으로 인정된 핵심적 노동 기준에 대한 자신들의 의지를 재확인하면서, WTO가 아닌 ILO(국제노동기구)가 이러한 노동 기준을 설정하고 관리해야 한다고 선언한 것이다.[73] 하지만 WTO와 ILO의 결정을 양자 간에 조정할 수 있는 메커니즘은 없다. 이때 ILO보다 더 초점이 분명하고 권한이 막강한 WTO의 분쟁 처리 절차가 결국 ILO보다 더 큰 힘을 발휘하게 될 위험성을 배제할 수 없다. 그 대신 인권과 관련된 문제에서, 분쟁 당사국이나 NGO 또는 다른 가맹국의 요청에 따라, WTO가 그 사안을 더 상위의 결정 권한을 지닌 인권 기구로 올려 보낼 어떤 절차가 필요하다.

인권 보호 의무에 의해 기존의 무역 관련 규정이 무효화된 중요한 선례들이 있다. 이중 제일 중요한 것이 유럽연합(EU)이다. 유럽연합은 여러 면에서 지구화 현실의 축소판이다. 그러므로 간략하게나마 유럽연합의 경험을 알아보는 것이 좋겠다.

지구화와 유럽연합

유럽연합은 평화를 유지하고 번영을 구가하는 수단으로서 자유 무역 및 자본의 자유로운 이동을 강력하게 지지하자는 취지에서 비롯되었다. 유럽연합은 일반 국제 무대와는 여러모로 다르다. 유럽연합이 속한 법 질서는 WTO가 속한 국제 법 질서보다 훨씬 강력하고 훨씬 세련된 것이기 때문이다. 그럼에도 유럽연합이 무역·자본의 자유와 역동적인 긴장 관계를 유지하면서도 사회적 권리를 발전시켜 온 방식은 지구화 논쟁에 의미심장한 시사점을 던져준다.

유럽연합이 창설된 이후의 발전상을 보면 지구화와 관련해서 이미 지적한 두 가지 특징이 명백히 드러난다. 첫째, 자유 시장의 추진과 탈규제는 전혀 같은 개념이 아니다. 여기서 쟁점은 규제냐 탈규제냐가 아니라, 어떤 종류의 규제냐 하는 것이다. 둘째, 경제 자유를 추진하는 경제 체제도 그 안에 사회적 자유와 적극적 인권 의무를 반드시 포함시켜야 한다. 유럽연합의 전신인 '자유 무역 지대' 체제는 언제나 사회적 권리보다는 경제 자유를 더 중시했으므로 당사국들의 국내 사회 입법을 곤경에 빠뜨릴 위험을 내포하고 있었다. 따라서 현재 유럽연합이 그 전신과는 달리 사회적 권리의 보호와 증진을 위한 역할을 수행해 온 사실은 대단히 중요했다고 말할 수 있다. 유럽연합은 가맹국들에 대해 구속력이 있는 법규를 강행할 수 있는 독특한 권한을 보유하고 있었기에 시장 경쟁으로 인한 '밑바닥을 향한 질주'에 제동을 거는 사회적 권리를 강고하게 지탱할 수 있는 잠재력을 지닐 수 있었다.

유럽연합은 원래 일종의 공동 시장을 창조할 목적으로 설립되었다. 정치적 연합을 꿈꾸지 않았고, 인권 헌장 같은 것도 존재하지 않았다. 유럽연합 차원에서 인권은 시장을 창조할 수 있는 전제 조건으로서나 정당화되곤 했다. 이 사실은 유럽연합에서 기본권이라는 개념이 우리에게 친숙한 시민적·정치적 권리 같은 것이 아니라, 기초적인 시장의 자유 ─ 상품, 서비스, 노동의 자유로운 이동 ─ 에 더 가까웠다는 말이다. 초기의 유럽연합에서 공식적으로 사회적 권리가 존재하지 않았다는 사실은, 시장이 적절하게 작동하면 자연히 사회적 진보도 뒤따라올 것이라는 믿음에 의해 정당화되었다. 따라서 유럽 통합을 위한 초기의 〈로마 조약(Treaty of Rome)〉 2조는 다음과 같이 천명하였다. "공동 시장을 설립하여 당사국들의 경제 정책을 수렴하면 생활 수준의 급속한 향상을 추진할 수 있을 것이다."[74] 게다가 시장 경쟁의 왜곡을 방지하는 데 필요하다고 여겨졌던 각국의 사회 입법들을 균등화할 조치도 필요하지 않다고 보았다.[75] 단지 한 가지 종류의 사회적 권리만이, 그나마 시장의 필요성에 근거하여 인정되었다. 당시 프랑스는 젠더 차별 없이 동일 노동에 동일 임금을 제공하는 데 모든 가맹국들 중 제일 선진적이었으므로 동일 노동을 하는 남녀 노동자에게 동일 임금을 지불하는 것을 규정한 119조(현재 141조)를 채택할 수 있었다. 그렇게 하지 않으면 프랑스가 경쟁력을 상실할 것이라고 밀어붙인 덕분이었다.

유럽 전체 차원의 기본권이 없었다고 해서 그런 권리 자체가 전혀 존재하지 않았다는 말은 아니다. 왜냐하면 유럽연합이라는 시스템은 각 당사국 내에 존재하고 있던 기존의 선진적인 사회 조건과 산업 체계 위에 추가된 것이었기 때문이다. 콜린스(D. Collins)가 지적하듯이, 각 당사국들은 "자기들의 선진 복지 체계와 노동조합 전통, 그리고 사회 진보 의지에 대한 자부심이 높았으므로, 그들이 소중하게 여기는 이런 업적들을 유럽 차원에서 해체하라고 요구했다 하더라도 아무 소용이 없었을 것이다."[76] 따라서 유럽연합 차원에서는 '효율성'에 신경을 많이 썼지만 재분배 정책은 각국의 관할 하에 놓였다. 이렇게 볼 때 유럽 전체에서는 "시장 통합을 통한 전체 사회의 순이익을 증가시키는 것 — 그러한 부를 어떻게 분배할 것인가 하는 문제는 각국에 맡긴 채 — 이 목표"가 되었다.[77]

그러나 유럽연합 차원의 목표와 각 가맹국 차원의 정책을 분리해놓은 것은 경제적 자유와 사회적 자유가 긴밀하게 연결되어 있는 현실을 제대로 보지 못한 탓이었다. 유럽연합 차원에서 사회적 자유에 대한 고려 없이 시장 자유만을 보장하려다 보니 유럽연합이 당사국들의 사회 입법을 약화시킬 수 있는 권한을 지니게 되었다. 그리고 국제적 차원과 마찬가지로, 직접적 교역 특혜 금지 조처가 간접적 금지 조처에 의해 더 강화되었다. 그 결과, 각국 국내 정책에 대한 유럽연합 차원의 영향력이 더욱 강해졌다. 또한 유럽사법재판소(ECJ)는 시장의 자유가 곧 기본권이라는 근거에서[78] 유럽연합 법규가 유럽 공동체 내 교역을 방해하는 효과를 내는 어떠한 조치도 금지하고 있다고 판시한 바 있다. 그 효과가 직접적이든 간접적이든, 또는 실제로 그러하든 잠재적으로 그러하든, 다 마찬가지라고 보았다.[79] 따라서 각국의 노동 시간, 노동 관행의 조직 방식, 공적 노동 수주 서비스 시스템, 가격 규제 등에 대한 유럽 차원의 도전이 점차 늘어났다. 〈유럽연합에 관한 조약(Treaty on the EU)〉에는 GATT의 20조와 유사한 규정을 통해 공공 정책의 이유에서 필요할 경우 시장 자유에 제한을 가할 수 있다고 분명히 나와 있다.[80] 그러나 유럽사법재판소는 덜 제한적인 수단을 써서 동일한 결과를 얻을 수 있다면 시장 자유 제한 조치가 정당화될 수 없다는 의견을 내놓았다.[81] 그 결과, 사회적 고려는 그 자체가 권리라고 간주되지 않고, 좁게 해석해서 경제적 권리를 위배한 것이라고 간주되기에 이르렀다. 유럽 공동체 내의 경제 활동을 저해하는 '장애 요인'은 그것이 공익에 필요한 경우에만 인정된다고도 했다.[82]

여기까지만 보면 유럽과 WTO 간의 유사성이 많이 드러난다. 그러나 WTO는 현 상태에 머물고 있는 반면, 유럽연합은 이보다 더 진보하였다. 유럽연합에서 가장 중요한 변화는 경제 성장과 사회 진보가 짝을 이루어야 한다는 점을 명확하게 인정하기 시작한 것이라고 하겠다. 이러한 변화는 1976년 유럽사법재판소의 'Defrenne'(No 2) 판례를 통해 그 조짐을 보이기 시작했다. 이 당시 재판소는 유럽 공동체가 "단지 경제 통합체만은 아니며, 경제 통합과 동시에 사회 진보를 보장하고, 유럽 인민들의 생활 및 노동 조건의 지속적인 향상을 모색해야 한다."고 선언하였다.[83] 유럽연합의 사회 분야 입법 권한은 최근 들어 그 확장세가 중단되었다고 볼 수도 있고, 그동안 자주 논란을 불러일으키면서 산발적이고 임기응변적으로 행사되었다고 할 수 있다. 그러나 유럽연합은, 물론 아직도 일부 기본권이 제외되어 있긴 하지만 오늘날 광범위한 사회적 이슈에 대해 입법을 할 수 있는 권한을 지니게 되었다.[84]

이러한 태도 변화에서 제일 중요한 핵심은 인권이 기업 활동에 꼭 부담이 되는 것만은 아니고, 오히려 생산적인 요소로 봐야 한다는 견해가 점차 수용된 점이라 할 수 있다. '현대화된 유럽식 사회 모델'에 따르면, 사회 정책은 '생산적 요소'[85] — 경제에 대한 핵심적 기여 요소 — 에 속하며, 반대로 경제 정책은 사회적 목적을 신장해야 한다고 본다.[86] 이런 식으로 경제적 경쟁력과 사회적 권리를 결부한 내용이 〈유럽헌법조약〉 초안 3조에 요약되어 있다. 이 조항은 유럽연합이 "균형 잡힌 경제 성장, 사회적 시장 경제, 고도의 경쟁력, 완전 고용과 사회 진보의 지향 등에 근거한 유럽의 지속 가능한 발전"을 추구한다고 말한다.

전략적 차원에서 보면, 사회 논리와 경제 논리의 연합으로 진보를 달성할 수 있었는데, 이때 경제적 요소가 없었더라면 진보 자체가 불가능했을 것으로 볼 수도 있다. 그러나 효율성의 언어에 기본권이라는 옷을 입히면 기본권이 효율성에 종속되는 현상을 호도하는 것에 불과해질 가능성이 있다. 젠더 영역이 좋은 사례이다. 여성들을 전체 노동력에 편입시키는 것을 흔히 젠더 평등을 달성하려 한다는 식으로 포장하곤 한다. 그러나 노동력에 편입됐다고 해봤자 불확실한 일자리밖에 없을 수도 있다. 지위도 낮고 급여도 떨어지며 직업 안정성도 거의 없기 십상이다. 이런 현상은 노동 시장 유연화로 이어지기 쉽고 그 결과 발생하는 수익률 증대는 고용주에게만 유리한 것이어서 그것을 진정한 젠더 평등이라고 부르기는 어렵다. 이 점을 감안한다면 인권을 어떤 목적을 위한 도구적 개념으로 쓰지 않도록 조심할 필요가 있다. 시장의 힘은, 기본권이라는 확고한 기반 ─ 시장 스스로를 위해서라도 공평과 정의에서 비롯된 기반 ─ 이 존재하지 않는 한, 사회적 힘과 효율성이 갈등을 빚는 경우, 사회적 권리를 언제나 효율성 아래 종속시키려 할 것이다.

실제로 유럽연합은 인권에 대해 순전히 경제적 접근을 넘어 인간의 기본권 그 자체에 대한 의지를 서서히 높여 가고 있는 중이다. 이런 추세는 〈유럽연합 기본권헌장(EU Charter of Fundamental Rights)〉의 형태로도 잘 드러난다. 유럽연합이 〈기본권헌장〉의 채택을 위한 과정을 시작했던 것은 유럽연합의 원래 취지였던 경제적 목표를 넘어서 유럽연합의 존립 근거를 확대하겠다는 의지를 집단적으로 분명히 밝힌 것이라고 볼 수 있다. 헌장의 기초자들은, 진정으로 참여적이고 심의적인 과정을 실천하겠다는 노력의 측면과 인권에 관한 통일된 비전이라는 측면, 양자 모두에서 웅대한 목표를 품고 있었다. 최종적으로 나온 헌장은, 전통적인 시민적 · 정치적 권리 또는 경제적 · 사회적 권리라는 범주 대신에, 존엄성, 평등, 연대, 시티즌십 등의 항목들 내에 인권을 배치하였다. 헌장의 성안 과정은 결코 용이하지 않았다. 미겔 마두로(Miguel P. Maduro)가 지적하듯, 헌장은 정반대되는 두 관점을 모두 반영하였다. 첫째, 헌장이 유럽연합의 권력을 제한하고 가맹 국가들이 통제권을 되찾는 데 일조할 것으로 보는 견해가 있었다. 둘째, 헌장을 "진정으로 입헌적인 심의 과정이자 유럽의 정치적 정체성 형성"을 향한 출발점으로 보는 견해가 있었다.[87] 이러한 양면성은 세 가지 방식으로 반영되었다. 첫째, 헌장의 법적 지위를 둘러싸고 치열한 논쟁이 벌어졌다. 헌장은 2000년에 이미 선포되었지만 2007년에 가서야 유럽이사회가 헌장이 "조약과 동일한 법적 지위"를 가진다는 점에 동의할 수 있었고, 그것조차 영국이 선별 거부(opt-out)할 수 있도록 허용하는 조건을 달고서야 동의가 이루어졌다.[88] 둘째, 전통적인 시민적·정치적 권리만이 하나의 엄연한 권리로 표현되었다. 즉, 시민적·정치적 권리 영역에서는 '모든 사람'이 생명, 언론과 종교의 권리를 지니며, 개인과 가족의 삶을 존중받을 권리를 지닌다고 인정되었다. 그러나 경제적·사회적 권리는 노령자나 장애인과 같은 사람의 권리, 또는 사회 보장이나 사회 서비스를 받을 권리를 "인정하고 존중할 의무"가 국가에 있다는 식으로 표현되었다.[89] 셋째, 헌장은, 사법 심사의 대상으로 적합한 권리와, 가맹국이나 유럽연합 차원에서 실행할 수는 있지만 '사법적으로 다루어질 수는 없는' 원칙 — 입법적·행정적 행위에 대한 해석은 별도로 하고 — 을 구분한다. 물론 여기서 '원칙'과 경제적·사회적 권리 사이에 특정한 연관은 없다고 하나, 그 의도는 후자의 사법 심사 적합성을 제한하려는 것이었다.[90]

그런 제한에도 불구하고, 헌장은 단일 공동 시장의 창설로 인해 가맹국과 유럽연합의 적극적 인권 보호 의무가 축소되지 않도록 보장하는 데 중요한 역할을 하였다. 권리를 인정하고 존중하는 국가의 의무라는 것이 사법 심사에 적합한 시민적·정치적 권리에 비하면 미약하게 표현된 것이 사실이지만, 실제로 이런 의무는 광범위한 영향을 끼칠 수 있다. 우선, 이런 식으로 국가의 의무를 규정할 때, 당사국들이 자국 내에서 사회 보장 영역을 유지하는 정책에 유럽연합이 간섭할 수 없다는 점이 분명하다. 특히 34조는 중요한 의미를 지닌다. "사회적 배제와 빈곤에 맞서 싸우는 데, 유럽연합은 충분한 자원을 결여한 사람들이라도 최소한의 위엄 있는 삶을 영위할 수 있도록 사회적 지원 및 주거 지원을 받을 권리를 인정하고 존중한다……." 어떤 권리를 인정하고 존중하는 의무라는 것은, 국가가 단순히 자기 억제를 할 의무 이상의 어떤 것이다. 또한 헌장은 유럽연합이 모든 정책과 입법에서 권리를 인정하고 존중할 의무가 지켜지는지를 철저히 감독하도록 사전적 · 적극적 행동 의무를 부과한다. 실제로 2005년 유럽연합 집행위원회(European Commission)는 제출된 모든 입법 제안들이 〈기본권헌장〉에 부합하는지를 체계적으로 검토한 바 있다.[91] 여기서 권리를 인정하고 존중할 의무가, 그러한 권리를 인정하지 않는 가맹국에 대해서도 그러한 권리를 존중할 적극적 의무를 부과하는지를 놓고 논란이 있을 수 있다. 그러나 헌장이 새로운 법적 권한을 창조한 것이 아니기 때문에 헌장의 이러한 의무 규정이 적극적 정책 행동 변화를 위한 좋은 수단이 될 수 있을지는 의문이다. 헌장은 또한 명백하게 적극적 의무를 부과하고 있다. 예를 들어, 젠더 평등을 다루는 23조는 "남성과 여성의 평등은 고용, 노동, 임금을 포함한 모든 영역에서 **반드시 준수되어야** 한다."라고 명백하게 규정한다.[92] 마지막으로, 권리를 인정하고 존중할 의무가, 그 자체로 사법 심사가 가능한 권리를 창조하지 않는다 할지라도, 법정은 그러한 의무를 감안해야만 한다. 이것은 경제 자유의 이름으로 당사국이나 유럽연합에게 적극적 인권 보호 의무를 충족시키지 못하게 만드는, 일종의 자기 억제 의무를 부과해서는 안 된다는 뜻이다.

물론 국가와 국제 영역 사이에 위치한 유럽연합의 독특한 지위 덕분에 이러한 인권 보호 메커니즘이 만들어질 수 있었겠지만, 유럽연합 차원에서 얻을 수 있는 교훈이 지구화의 새 시대에 일반적으로 적용될 수 있으리라는 점은 의문의 여지가 없다.

3_민영화와 국가의 적극적 의무 : 누구의 책임인가?

지금까지 이 장에서는 국가의 성격을 두 측면 — 즉 국가와 인민의 민주적 관계, 그리고 국가가 타국가 및 국제적 행위자와 맺는 관계 — 으로 나누어서 다루었다. 두 가지 맥락 모두 인권이 적극적 의무를 발생시킨다는 테제에 특별한 도전을 제기한다. 이 절에서는, 국가의 분절화로 인해 대두되는 세 번째 도전을 다루려고 한다. 전성기 시절의 복지 국가에서는 사회적 시티즌십을 위한 기본 수단을 시민들에게 제공하기 위해 폭넓은 국가 기능의 책임을 떠맡았다. 그러나 최근 수십 년간 신자유주의적 정책의 영향으로 전통적인 국가의 기능을 민영화하려는 강력한 움직임이 등장하였다. 지구화와 관련해서는 '효율성'과 '비용-효과성'이 주요한 동인이 되었다. 여기에는, 방만한 공적 부문의 고비용 구조에서는 효율성을 달성할 수 없지만, 시장 경쟁에 노출되면 효율성이 높아질 수 있을 것이라는 전제가 깔려 있었다. 그래서 '국가의 퇴조' 과정이 여러 나라에서 일어났다. 영국에서 마거릿 대처 총리의 정치적 주도로 변화가 일어난 것처럼, 이런 과정을 국가가 주도하기도 했고, 세계은행이나 IMF가 대외 차관에 조건을 강요하는 식으로 이런 변화가 발생하기도 했다. 그 결과 국가의 전통적인 심장부에까지 민영화의 손길이 미치게 되었다. 영국의 경우, 법·치안 같은 전통적인 국가 기능마저 민영화되었다. 예를 들어, 민간보안업체들이 교도소나 망명 신청자들의 수용 시설 운영을 맡게 되었고, 가석방자의 보호 관찰 업무를 사설 기업체에서 관리하기도 한다.[93]

이런 추세는 이 책에서 주장하는 적극적 인권 보호 의무 이론에 큰 도전을 제기한다. 전통적으로 인권은 국내에서나 국제적으로나 국가를 상대로 실행할 수 있는 개념이었다. 적극적 인권 보호 의무는 사적 행위자에 대해서는 특히 부적합한 것처럼 보인다. 왜냐하면 사적 행위자에게 인권 보호 의무를 부과하면 그 사적 행위자의 그밖의 다른 자유와 잠재적으로 충돌할 여지가 있기 때문이다. 만일 사적 행위자에게 인권 보호 의무를 부과하기 어렵다는 입장을 민영화 상황에 대입해보면 인권 보호에 심각한 결과가 초래될 것이다. 국가의 범위가 축소되면 인권 보호 의무의 범위 역시 축소되기 마련이다. 국가의 적극적 인권 보호 의무를 제한하면 이러한 부정적 경향이 더욱 가속화될 수 있다. 민영화를 통해 국가의 의무로부터 벗어나고자 하는 시장의 동기 요소가 분명히 존재하기 때문이다.

그러나 기업 활동은 사적 개인의 활동이므로 그들에게 적극적 인권 보호 의무를 부과할 수 없다고 하는 주장은 민영화 경향 자체와 미미한 관련만 맺을 뿐이다. 우리가 말하는 인권 보호 의무의 주체는 사적 개인이 아니라 기업체 또는 일반 결사체이며, 이들이 사적 개인처럼 자유와 권리를 지닐 수 있는 주체인지는 불분명하다. 그 대신, 민간 계약자들에게 인권 보호 의무를 부과하지 말자고 하는 주장의 진짜 근거는 시장과 관계가 있다. 즉, 사업자들에게 인권 보호 의무를 부과하면 비용이 늘어나고, 경쟁력이 떨어지며, 민영화가 애초 목표로 삼았던 '효율성' 확보에 어긋나기 때문이다. 예를 들어, 영국 정부는 특히 공공 임대주택 공급 사업에 인권 보호 의무를 부과하면 "사회에서 가장 소외된 계층의 형편에 맞는 주택 공급 사업에 악영향을 끼칠 가능성이 높으므로", 민간업자들이 공공 임대주택 공급 사업에 참여할 유인 요소가 줄어든다고 주장하였다.[94]

민간업자들이 국가로부터 인권 보호 의무를 부과 받아서 시장을 떠나게 되었다는 실제 증거는 부족하다.[95] 더 근본적 차원에서, 이런 식의 주장은 효율성과 적극적 인권 보호 의무 사이에는 해소할 수 없는 모순이 존재한다고 가정한다. 이런 주장은, 소비자의 선호도를 공리적으로 측정하는 것만을 효율성으로 좁게 규정할 때에만 정당하다. 인권을 적극적으로 행사할 수 있는 능력까지 복리에 포함하면 이런 식의 모순 관계 설정은 성립할 수 없다.

　인권법의 범위 내에서 민간 영역의 기능을 활용할 수 있는 방안은 여러 가지가 가능하다. 첫째, 어떤 특정한 공적 기능을 민간 부문에 넘기더라도 국가가 최종 책임을 지는 방안이 있다. 유럽인권재판소는 국가가 핵심 공공 부문의 기능 — 특히 〈유럽인권협약〉의 권리 보호에 반드시 필요한 기능 — 을 민간업자에게 넘겼을지라도, 그 민간업자의 행동으로 〈유럽인권협약〉에 위반 사항이 초래되었다면 국가가 궁극적인 책임을 져야 한다고 분명하게 결정한 바 있다.[96] 따라서 ‘Costello-Roberts’ 판례[97]에서 유럽인권재판소는 만일 〈유럽인권협약〉에 따른 권리가, 국내법 관할권 내의 모든 당사자들에게 권리와 자유를 보장해주어야 할 국가의 의무를 태만히 한 결과로 인해 위배되었다면, 그 책임은 국가가 져야 한다고 재강조한 바 있다. 즉, 민간 기업이나 민간인에게 국가의 기능을 위임했다고 해서 국가가 자신의 핵심적 기능을 수행해야 할 의무로부터 면제된 것이 아니라는 말이다. 영국의 입법에서도 젠더나 장애 차원에서 평등을 신장할 적극적 의무를 국가에 부과하고 있다. 이때 인권 보호 의무를 살펴보면, 민간에게 위임된 서비스 및 활동과 관련한 궁극적 책임이 국가에 귀속된다. 즉, 어떤 공공 기관이 그 업무를 민간에 위탁했다 하더라도 그 계약과 관련된 최종 책임은 여전히 그 공공 기관이 져야 한다는 뜻이다.[98]

　둘째, 계약 조건의 지렛대를 활용하여, 공공 기관의 업무를 위탁받은 민간 계약자들에게, 인권 보호 의무를 실행시킬 수 있다. 평등 및 기타 영역에서 공공 계약 조건을 통해 적극적 인권 보호 의무를 강력하게 추진할 수 있음이 오래 전부터 인정되어 왔다.[99] 하지만 계약이라는 것은 사적이고 쌍무적이며 합의적인 법적 메커니즘이다. 따라서 계약을 통해 인권 — 의무적이고, 일반적으로 적용될 수 있는 — 을 어느 정도나 실행할 수 있을지에 관해서는 한계가 있을 수밖에 없다. 일단 계약의 합의적 성격 때문에 계약의 내용은 협상의 문제일 수밖에 없고, 인권 보호 의무의 전체 범위를 정확하게 반영하지 못할 수도 있다는 점을 지적해 두자. 게다가 계약에서는 계약 당사자들만이 구속을 받는다. 하지만 공공 업무의 민간 위탁일 경우 권리를 지닌 일반 시민들은 계약 당사자가 아니므로 시민 개개인이 스스로 권리를 추구하기가 어렵다. 또한 개인은 도대체 어떤 권리가 존재하는지, 그런 권리의 내용이 무엇인지 따위를 모를 수도 있다.[100] 계약의 한 주체인 공공 기관만이 권리가 실제로 준수되도록 할 수 있다. 따라서 계약상 인권 보호 의무란 것은 계약 당사자인 공공 기관이 위탁업체의 인권 보호 여부를 감시하고 그것을 실행할 능력과 의향이 있는 경우에만 효력을 발휘할 수 있다. 그러므로 민영화라는 단순한 행위는 어떤 시민에게서 그 사람의 권리 — 그전에는 공공 기관을 상대로 실행을 요구할 수 있었던 — 를 완전히 빼앗아가버릴 위험이 있다. 따라서 계약을 통해 인권 보호 의무를 실행할 수 있는 방안이 있을 수는 있지만, 영국합동인권위원회(U.K. Joint Committee on Human Rights)가 정확하게 지적한 것처럼, 계약을 통한 방법은 결코 공공 서비스 사용자들의 인권을 완전히 통합적이고 일관성 있게 그리고 평등하게 보호해줄 수 없다.[101]

셋째, 민간에 위탁된 업무를 수행하는 조직에 직접 인권 보호 의무를 부과하는 방안이 있다. 영국의 〈1998년 인권법〉에서는 '공적 성격의' 업무를 수행하는 민간 조직 또는 자발 조직에 인권 보호 의무가 적용되어야 한다고 규정한다.[102] 예를 들어, 민간 경비업체가 교도소나 슈퍼

마켓과 같은 영업점에 경비 서비스를 제공한다면, 슈퍼마켓에는 인권법의 규정이 적용되지 않지만 교도소 경비에는 그 법이 적용된다.[103] 그런데 동법의 취지는 이런 원칙을 광범위하게 적용하자는 것이었지만,[104] 국내 법원은 공공 기관의 의미를 협소하게 해석하여, 그러한 기관이 수행하는 역할을 통해 그 법의 적용을 따지지 않고, 그 기관이 국가와 정확히 어떤 관계를 맺고 있느냐 하는 점만을 보는 경향이 있었다. 그 결과, 공공 임대주택 사업자나 노인 요양시설과 같은 주요 공공 서비스 제공자들이 국가의 직접적인 하부 기관이 아니라는 이유로 공공 서비스 제공 기관의 범주에서 배제되었다.[105] 하지만 영국합동인권위원회가 제안했듯이, '공적 기능'을 수행하느냐 하는 질문에서는, 그 '기능'이 공공의 이익을 위해 정부가 책임을 져야 하는 영역에 속하는가 하는 점이 핵심으로 부각되어야 한다.[106]

이러한 규정을 따른다 하더라도 공적 영역과 사적 영역의 경계가 유동적이라서 '공적인 것(the public)'이 정확히 무엇을 의미하는가 하는 점을 일관성 있고 철두철미하게 규정하기는 어렵다. 이보다 더 폭넓은 해법은, 공적이든 사적이든 모든 주체들이 인권 보호 의무를 져야 한다고 규정하는 방식일 것이다. 〈남아프리카공화국 헌법〉에서 그러한 해법을 찾을 수 있다. "권리장전의 규정은, 그것이 적용될 수 있는 한도 내에서, 권리의 성격 및 그러한 권리가 부과하는 의무의 성격을 감안하여, 자연인과 법인에 대해 공히 구속력을 발휘한다."[107] 남아프리카공화국 법원은, 민간업체에게 용역 발주권을 부여하는 과정에서, 사인(私人)에게 인권 보호 의무를 부과하면 그 사람의 여타 자유를 제한할 것이므로 그런 의무를 부과해서는 안 된다는 주장을 수용하지 않았다.[108] 민영화가 시행되는 상황에서는 계약 당사자가 일개 사인이 아닌 법인일 것이므로, 그 당사자에게 인권 보호 의무가 없다고 할 근거가 더

욱 줄어든다. 또한 피해를 당한 사람의 권리 침해는 잠재적으로 심각하
다고 할 수 있다. 따라서 민영화된 국가 기능을 담당하는 민간업자는
당연히 인권 보호 의무를 준수해야만 할 것이다. 이 점은, 사인들 간의
명예 훼손 재판에서 표현 자유권의 적용을 법원이 강제할 수 있는가의
여부를 둘러싸고 법원이 사용한 판단 기준에 의해서도 드러난 바 있었
다. 이런 판단 기준에는 "문제가 되는 헌법적 권리의 수준, 그리고 그것
과 더불어, 국가가 아닌 사인들에 의한 그러한 권리의 잠재적 침해"가
포함되어 있다.[109]

　수평성 규정*을 굳이 거론하지 않더라도, 수직적·수평적 적용성을
나눌 수 있는 명확한 이분법 기준은 없다.[110] 왜냐하면, 공공 기관인 법
원은 인권 보호 의무가 있으므로, 사법(私法)을 해석할 때 인권 보호 의
무를 반드시 감안해야 하기 때문이다. 이런 식의 접근 방식 중 제일 분
명한 입장을 꼽자면, 인권 원칙에 위배되는 사인들 간의 합의는, 설령
그 계약이 그 자체로는 합법적이라 할지라도, 실제로는 시행될 수 없도
록 하는 방안을 들 수 있다. 미국의 'Shelley v. Kraemer' 판례를 보자.[111]
이 사건은 원래 백인들에게만 매도할 있도록 계약 조건이 한정되어 있
던 부동산을 어떤 흑인 부부가 매입했던 일을 대법원이 다룬 사건이었
다. 이때 대법원은 〈미 연방헌법 수정조항〉 14조의 평등 보장 규정이
사적인 계약에는 적용되지 않는다고 일단 재확인했다. 그러나 〈수정조
항〉이 법원과 사법부에는 구속력이 있는 조항이며, 애당초 백인에게만
매도할 수 있도록 해놓은 계약 조건 자체가 원천적으로 차별적이었으

수평성 규정(horizontality provision)　민간 사기업체에게 공공 업무를 위탁할 경우 그
들의 인권 보호 의무를 명확하게 정해놓은 규정. '수직성 규정'은 정부 기관이 공공
업무를 수행함에 있어 지켜야 할 인권 보호 의무.

므로 그런 계약 조건을 법으로 강제할 수 없다는 결정이 내려졌다. 이와 유사하게 영국의 〈1998년 인권법〉에서는 법원 역시 공공 기관이므로 영국의 전통적인 관습법(common law)을 〈유럽인권협약〉의 권리에 부합하도록 발전시킬 의무가 있다고 규정하였다.

4_적극적 인권 보호는 지구화의 핵심 의무다

이 장에서는 적극적 인권 보호 의무의 보유자인 국가의 특성을 더욱 구체적으로 알아보았다. 이것을 통해 세 가지 주요한 결론을 도출할 수 있다. 첫째, 적극적 인권 보호 의무는 결코 민주주의를 방해하지 않고, 오히려 민주주의 체제 — 의사 결정과 권력 제한 양면에서 모두 온전하고도 평등한 민의 참여를 지향하는 — 를 달성하는 데 필수적인 역할을 한다. 특히, 적절한 심의형 의사 결정을 위한 조건뿐만 아니라 공평한 이익 협상을 위한 조건이 성립되려면 민의 평등 및 진정한 정치 참여를 보장할 수 있도록 국가의 적극적인 관여가 필요하다. 둘째, 지구화 경향이, 적극적 인권 보호 의무에 반대하거나 그런 의무를 달성 불가능한 것으로 여겨야 할 적절한 이유가 되지는 못한다. 오히려, 인권을 보호하겠다는 의지를 명확하게 천명한 세계 인민의 결의를 감안하여, 적극적 인권 보호 의무가 지구화의 핵심 부분이 되어야 한다. 마지막으로, 국가는 민영화를 핑계로 적극적 인권 보호 의무를 방기하지 않아야 한다.

2부

법의 지배와
사법부의 역할

3장

적극적 의무의 구조

3장

.
.
.

권리와 상관없이 의무가 독자적으로 존재하는 것처럼 이해해서는 안 된다는
점을 강조해야만 하겠다. 충족되어야 할 권리가 개인에게 있기 때문에
그 권리를 충족시킬 의무가 존재할 수 있는 것이다.
권리가 없으면 의무도 있을 수 없다.

1부에서는 적극적 인권 보호 의무를 위한 이론을 전개하였다. 인권의 토대가 되는 기본 가치들 ─ 즉 자유, 평등, 연대, 민주주의 ─ 에 근거하여 살펴봤을 때, 인권은 형식적 자격일 뿐만 아니라, 권리를 지닌 모든 사람들이 실제로 누릴 수 있는 것이어야 한다는 점을 설명하였다. 2부에서는 적극적 인권 보호 의무의 성격을 더 자세히 고찰하겠다. 우선 3장에서는 적극적 의무의 구조를 상세히 검토한 후, 4장으로 넘어가 적극적 의무를 실행하는 데 법원이 어떤 역할을 할 수 있는지를 살펴볼 예정이다. 5장에서는 인권 의무를 준수하도록 하는 데 사법적 집행 방안 외의 대안적 또는 보완적 실행 방안을 간략하게 다룬다.

3장에서는 각 권리에 대응하는 의무의 성격에 근거하여 권리들을 구분하려는 노력은 인위적이라는 점을 예증하면서 논의를 진행한다. 오히려 모든 권리들은 여러 종류의 의무를 발생시키며, 그러한 의무에는 국가의 자기 억제(소극적) 의무와 적극적 의무가 모두 포함된다고 볼 수 있다. 오늘날에는 이러한 적극적 의무와 소극적 의무 사이의 불가분

성(不可分性, indivisibility)을 어느 정도 인정하고 있다. 그러나 불가분성을 원칙의 차원에서나마 겨우 인정해주는 작은 승리를 얻기 위해 너무나 큰 투쟁이 필요했기 때문에 불가분성 원칙을 천명하는 것 이상의 구체적인 분석과 적극적 의무의 성격을 상세히 고찰한 연구가 많이 나올 겨를이 없었다. 바로 이 점이 3장 후반부에서 다룰 내용이다. 이 부분에서 나는 적극적 의무가 과연 진정으로 규범적인 개념이 될 수 있을 만큼 충분히 확정적인(determinate) 개념인가 하는 의문을 검토할 것이다. 나는 여기서 적극적 의무 이론이 불확정성(indeterminacy)에 기반하고 있다는 비판을 역비판하면서, 독일의 헌법학자 알렉시가 발전시킨 원칙들에서 도출된 개념을 활용할 때 적극적 의무를 가장 잘 이해할 수 있다고 주장하려고 한다. 원칙이라는 것은, 법적 · 실제적 가능성을 감안하여, 가능한 최대한의 수준에서 실현해야 할 규범을 말한다. 원칙은, 설령 특정한 상황에서는 다른 원칙에 밀리는 경우가 있더라도, 원래의 '자명한 구속력(prima facie binding force)'을 상실하지는 않는다. 그러므로 여기서 문제의 핵심은 불확정성의 문제를 둘러싼 논란이 아니라, 우선 순위의 문제이다. 이런 접근은 적극적 인권 보호 의무 기준이 즉각 충족되지 않는다 하더라도 어째서 그 개념이 여전히 규범력을 유지할 수 있는가 하는 점을 설명해준다. 나는 여기서 내 이론을 불확정적이라고 비판하는 입장이 다음과 같은 잘못된 가정, 즉 어떤 의무가 '확정적'이 되려면 충족시켜야 할 정확한 기준들을 먼저 구체적으로 설정해야 한다고 하는 가정에 근거하고 있다고 주장한다. 그 대신 나는, 어떤 의무가 확정적이 되기 위해서는, 특정한 구성 요건들 ― 즉, 유효성, 참여성, 책무성, 평등성 등 ― 을 충족시키기만 하면 된다고 시사할 것이다. 그리고 나서 이러한 접근 방식을 최소한의 핵심적 의무를 둘러싼 논쟁에 대입해 분석하려 한다. 3장은 권리의 보유자와 의무의 보유자 사이의 관계를 검토하면서 최종 결론을 내린다.

1_의무는 나눌 수 없다

시민적 · 정치적 권리 대 경제적 · 사회적 권리

인권에 관한 전통적 접근 방식에서는 개념군(槪念群) 주변에 명확한 경계선을 긋곤 한다. 국가가 자기 억제를 하는 소극적 의무는 자유를 보호하는 시민적 · 정치적 권리이고, 국가의 적극적 의무는 평등을 신장하는 경제적 · 사회적 권리라는 식이다. 전자는 사법 심사에 적합한 권리인 반면, 후자는 사법적 판단의 대상이라기보다는 단지 어떤 '포부'를 나타내는 권리라는 주장도 있다. 이렇게 볼 때 권리의 성격과 의무의 성격을 잇는 연결고리는 권리의 개념 규정 자체에 이미 내재해 있다. 따라서 일반적으로 시민적 · 정치적 권리는 국가의 침해로부터 개인을 보호하는 권리를 지칭한다고 하며, 경제적 · 사회적 권리는 사람들의 결핍이나 욕구를 해결하기 위해 국가가 개인에게 제공하는 보호 권리를 말한다. 이런 식의 구분은 국제인권법이나 유럽인권법의 법 체계 내에도 확고하게 자리 잡고 있다. 예를 들어 〈시민적 · 정치적 권리에 관한 국제 규약(ICCPR)〉에서는 시민적 권리와 정치적 권리를 다루고, 이 권리는 국가의 자기 억제를 위한 소극적 의무를 발생시키며, 사법부를 통해 강행할 수 있는 권리로 분류된다. 이와 반대로, 〈경제적 · 사회적 · 문화적 권리에 관한 국제 규약(ICESCR)〉에서는 경제적 권리와 사회적 권리를 다루고, 이 권리는 국가의 적극적 의무를 발생시키며, 정기적으로 유엔에 보고서를 제출해 감시를 받는다고 분류된다.[1]

그런데 국제법의 구조에 근거해서 권리를 이처럼 분리해놓고도, 시민적 · 정치적 권리와 경제적 · 사회적 권리를 서로 나눌 수 없고, 두 종류의 권리가 서로 평등하다는 식의 말잔치는 넘쳐난다. 〈시민적 · 정치적 권리에 관한 국제 규약〉의 전문은 다음과 같이 기술하고 있다. "시민적 · 정치적 자유 및 공포와 결핍으로부터 자유를 향유하려는 자유 인간의 이상은 모든 사람이 자신의 경제적 · 사회적 · 문화적 권리뿐만 아니라 시민적 · 정치적 권리를 향유할 수 있는 여건이 조성되는 경우에만 성취할 수 있음을 인정한다." 〈경제적 · 사회적 · 문화적 권리에 관한 국제 규약〉에도 이와 병행되는 구절이 나온다. 이러한 불가분성은 1993년의 빈 세계인권회의에서도 재확인되었다. 그 회의는 모든 권리가 "서로 나눌 수 없고, 서로 의존하며, 서로 연관되어" 있다고 강조하였다.

하지만 이런 식의 강조는 대체로 수사적인 표현에 불과하다. 현실을 솔직히 말한다면, 국제 인권 보호 영역과 서구 민주 국가들의 국내법에는 분명한 위계 질서가 존재한다. 유엔의 경제적 · 사회적 · 문화적 권리위원회는 1993년 다음과 같이 천명한 적이 있다.

각국 정부와 전체 국제 공동체가 경제적 · 사회적 · 문화적 권리의 침해를 그토록 자주 용인한다는 사실은 충격적인 일이 아닐 수 없다. 만일 이러한 인권 침해가 시민적 · 정치적 권리와 연관되어 발생했다면 세계인들은 경악과 분노를 금치 못했을 것이고, 즉각적인 구제 조치를 취하라는 요구를 일제히 제기했을 것이다.[2]

경계를 넘어서

우리가 우선 인정해야 할 점은 두 종류의 권리 사이에 중요한 상호작용 관계가 성립한다는 사실이다. 기본직인 경제적 · 사회적 자격이 없으면 시민적 · 정치적 권리를 온전하게 행사할 수 없다. 굶주리고 있는 사람이나 노숙자에게 언론의 자유나 집회의 자유가 무슨 큰 소용이 있겠는가. 또한 이와 똑같이 문젯거리가 되는 예를 들자면, 호구지책이 막막한 사람들은 자기 권리를 침해받더라도 그것을 시정해 달라고 법에 호소하기가 쉽지 않을 것이다. 이는 곧, 재판 없이 함부로 구금되지 않을 권리 또는 고문 받지 않을 권리와 같은, 극히 기본적인 권리조차 경제적 · 사회적 생계 수단이 남들보다 부족한 사람들에게는 보장되기 어렵다는 사실을 뜻한다.

두 권리 사이의 상호 작용은 다른 식으로 작동하기도 한다. 언론의 자유를 포함해서 시민적 · 정치적 권리는 빈곤을 방지하거나 경감하는 데 아주 큰 역할을 할 수 있다. 센이 말하듯이, 만일 정치 지도자들이 국민에게 책임을 지지 않아도 된다면, 그리고 기근이나 가뭄과 같은 재난의 결과로부터 전혀 영향을 받지 않는다면, 이들은 국민을 위해 그 어떤 행동도 취하려 하지 않을 것이다. 그러나 언론 자유, 자유로운 반대 세력, 정보의 자유가 있다면 사회적 요인에 의해 악화되기 쉬운 "기근에 따른 책임을 지배 계층에게 물을 수" 있게 된다. 이러한 자유는 애초에 그런 재난이 발생하지 않도록 할 수 있는 정보의 확산에도 크게 기여할 수 있다. 더 나아가 센은 다음과 같이 주장한다. "표현의 자유와 논의의 자유를 포함한 정치적 권리는 경제적 욕구에 관한 정치적 대응을 끌어내는 데 결정적일 뿐만 아니라, 그러한 권리는 경제적 욕구를 욕구로 개념 규정하는 데에도 핵심이 된다."[3] 마찬가지로, 빈곤을 경감하기 위해 취한 조치라 하더라도 민주적 참여가 있을 때에만 진정으로 정당하고 효과적일 수 있다.

이처럼 두 종류의 권리 사이에 존재하는 상호 작용 관계를 인정하는 것이 중요한 첫걸음이 된다. 하지만 우리는 여기서 한 걸음 더 나아가,

각각의 권리가 발생시키는 의무의 종류에 따라 권리를 논리 정연하게 구분할 수 없다는 점을 인정해야 한다. 오히려, 어떤 권리를 보는 이념의 렌즈에 따라 어떤 의무가 중요한지가 결정된다. 예를 들어 시민적·정치적 권리는, 개입하지 않는 것이 바로 자유라고 하는 렌즈로 보기 때문에, 자기 억제의 의무에 한정되는 것으로 간주될 뿐이다. 이보다 더 풍부한 개념, 예를 들어, 자신의 권리를 행사할 수 있는 능력으로서 자유를 생각한다면 시민적·정치적 권리 역시 적극적 의무를 발생시킨다고 말할 수 있다. 생명권을 고려해보면 이 사실을 잘 알 수 있다. 만일 우리가 국가의 개입이 없는 상태만을 자유라고 생각한다면, 생명권은 단지 국가가 고의로 사람들의 목숨을 빼앗지만 않으면 충족될 수 있는 의무인 것처럼 보인다. 그러나 행동할 수 있는 능력과 자아의 실현을 자유라고 생각한다면 전혀 다른 식의 해석이 나올 수 있다. 이런 식으로 볼 때, 생명권은, 그 권리를 지닌 사람이 적극적으로 행사할 수 없는 성격이라면, 진정한 권리라고 볼 수 없다. 이렇게 되면 생명권에는 타인으로부터 죽임을 당하지 않을 권리뿐만 아니라, 굶주림 또는 예방가능한 질병에 걸려서 죽지 않을 권리도 반드시 포함되어야만 한다. 이런 권리를 보장하려면 국가에 여러 가지 적극적 의무를 부과해야 한다. 그렇게 되면 생명권에는 식량, 의료, 주거 등에 대한 경제적·사회적 권리와 상당히 많이 중복되는 부분이 생긴다. 인도의 법원도 바로 이와 같은 관점을 취한 바 있다. 즉, 생명권에는 응급 치료, 주거권, 생계권, 심지어 오지 마을에 도로를 놓아 달라고 요구할 권리도 포함된다고 판결했던 것이다.[4]

고문 또는 비인도적이거나 모욕적인 처벌을 받지 않을 시민적·정치적 권리, 그리고 최저 생계를 보장받기 위한 경제적·사회적 권리 사이에도 동일한 중복 지점이 나타난다. 사법 심사 대상으로 경제적·사회적 권리를 인정하지 않는 영국에서조차 비인도적 처우를 받지 않을 권리에 최저 생계 보장 권리가 포함되어 있다는 판결이 나와 있다.[5] 인신의 안전을 보장받을 권리 역시 국가가 타인의 신변 문제에 개입하지 않아야 한다는 식으로 소극적으로 해석되거나, 아니면 국가가 개인에게 안전을 보장해줄 의무가 있다는 식으로 적극적으로 해석될 수 있다. 최근 캐나다의 사법 결정에서는 두 관점 모두가 나타났다. 캐나다의 사법부는 다수결로 기존의 결정, 즉 〈캐나다 권리장전〉* 7조에 등장하는 생명권, 자유, 인신의 안전권 규정이 국가에게 자기 억제의 소극적 의무만을 부과하며, 사람들이 그러한 권리를 누릴 수 있도록 국가가 적극적의무를 다해야 하는 것이 아니라는 결정을 지지하였다.[6] 이와 대조적으로, 같은 판결에서 아버 판사는 소수 의견을 통해 자유를 훨씬 복합적인 개념으로 규정하면서 국가에 적극적 의무가 있다는 견해를 피력하였다. 아버 판사는 다음과 같이 선언하였다.

> 개인의 사적인 심신 상태에 대해 국가의 개입을 받지 않을 자유라는 것은, 가장 기초적인 심신의 욕구를 충족시키기 위해 하루하루 몸부림치는 사람들에게는 아무런 위안을 주지 못한다. …… 이런 사람들에게 안전에 대한 가장 큰 위협은 외부의 간섭으로부터 오는 것이 아니라, 자신이 처한 참담한 상황으로부터 비롯된다. 이런 경우, 이 사람들이 〈권리장전〉 7조에 보장된 권리를 그 취지에 맞게, 의미 있게 받아들일 수 있도록 해주는 국가의 적극적인 행동이 필요하다고, 합당하게 결론 내릴 수 있을 것이다.[7]

....

캐나다 권리장전(Canadian Charter) 1982년에 개정된 〈캐나다 헌법〉의 첫 부분을 〈캐나다 권리 및 자유 헌장(Canadian Charter of Rights and Freedom)〉이라고 하며, 이것을 줄여서 〈캐나다 헌장〉 또는 〈캐나다 권리장전〉이라고 부른다. 〈캐나다 권리장전〉은 모두 34개 조항으로 이루어져 있다.

시민적·정치적 권리만이 적극적 의무를 발생시키는 것도 아니다. 예를 들어, 경제적·사회적 권리인 주거권에도, 사생활과 가정과 가족생활을 존중해야 할 시민적·정치적 권리의 맥락에서, 국가가 불법적인 강제 퇴거를[8] 집행하지 않아야 할 소극적 의무가 포함된다. 또한 소극적·적극적 의무를 모두 포함하는 권리도 있을 수 있다. 대표적으로 평등권이 그러하다. 전통적으로 평등권은 고전적인 시민적·정치적 권리에 속했으며, 국가가 차별을 하지 않기만 하면 된다고 했다. 그러나 실질적 평등과 자유라는 렌즈로 보면 평등권에도 평등을 신장하기 위한 적극적 의무가 포함됨을 즉각적으로 알 수 있다. 또한 평등 개념이 소극적 의무를 적극적 의무로 변환할 수 있는 방식을 살펴보면 이보다 더 흥미로운 점이 발견된다. 즉, 국가가 모든 이에게 사회적 혜택을 반드시 제공할 필요는 없지만(소극적 의무), 만일 제공하기로 한다면 차별 없이 제공해야 한다(적극적 의무).[9]

적극적 의무를 경제적·사회적 권리와 겹치는 영역에만 국한할 필요는 없다. 적극적 의무에는 국가가 인권을 보장하기 위해 기본적인 입법과 제도를 제공할 의무도 포함되기 때문이다. 이 점은 〈유럽인권협약〉 1조에도 암시되어 있다. 협약 1조에 따르면 국가는 그 관할권 내에 거주하는 모든 사람들에게 협약에 나와 있는 권리와 자유를 제공할 의무가 있다. 이 조항은 국가가 권리를 보호하기 위한 법을 제정하는 의무를 완수해야 한다는 뜻이다. 혼인에 관한 법률이 존재하지 않으면 결혼할 수 있는 권리도 존재할 수 없다. 재산 관련 법이 없으면 자기 재산을 향유할 권리도 있을 수 없다.[10] (이런 법이 이미 나와 있다 하더라도 국가의 적극적 의무는 여전히 필요하다. 그리고 이런 법이 없다면 그런 법을 제정할 적극적 의무가 생긴다.[11]) 권리가 보호받으려면 입법뿐만 아니라 제도적 뒷받침도 필요하다. 법원과 형사 소송 시스템을 갖추기 위한 적극적 조

인권학자 헨리 슈는 각각의 권리에 각각 하나의 대응 의무가 존재하는 것이 아니라, 모든 권리에는 세 가지 종류의 의무가 존재한다고 주장한다. 즉 기본권을 온전히 보장하려면 '회피할 의무' '보호할 의무' '지원할 의무'라는 세 가지 의무를 모두 달성해야 한다.

치가 없으면 공정한 재판을 받을 권리도 보호받기 어렵다.

경계를 다시 설정한다 : 의무의 성격

지금까지의 논의에 비추어 보면 어떤 권리가 적극적 의무를 발생시키느냐 또는 소극적 의무를 발생시키느냐, 하는 점에 근거해서 그 권리를 구분하기란 불가능하다. 모든 권리는 각각 일련의 의무를 발생시킨다고 보는 것이 더 유용한 방식이다. 이중 어떤 의무는 국가에게 간섭을 못하도록 하게 하고, 어떤 의무는 적극적 행동과 자원 배분을 요구하기도 한다. 헨리 슈는 그의 기념비적인 저서에서 의무의 종류와 권리의 종류 사이에 일대일 대응 관계는 존재하지 않는다고 주장한다. 그 대신 "각 권리를 온전히 충족시키려면 여러 종류의 의무를 먼저 다해야 한다." 그러므로 슈는 "각각의 권리에 각각 단 하나의 대응 의무가 존재한다고 보는 통상적인 가정"을 넘어서 다음과 같이 주장한다. 즉,

모든 권리에는 "세 가지 종류의 의무가 존재한다. 기본권을 온전히 보장하려면 이 세 가지 의무가 모두 달성되어야 하지만 모든 의무를 단일 인물 또는 단일 기관이 추구할 필요는 없다." 슈는 이 세 가지 의무를 다음과 같이 표현한다. '회피할 의무(duties to avoid)', '보호할 의무 (duties to protect)', '지원할 의무(duties to aid)'가 그것이다. 이 점을 기본적인 안전권에 대입해보자. 개인의 안전 문제에 관해, 국가는 어떤 사람의 안전을 저해할 수 있는 행동을 '회피할 의무', 제삼자에 의한 안전 박탈에 맞서 피해자들을 '보호할 의무', 그리고 자기 자신을 지키지 못하는 사람들을 '지원할 의무'를 모두 짊어지게 된다.[12]

이런 식의 삼중 분류법이 〈경제적·사회적·문화적 권리에 관한 국제 규약〉에 의해 채택되고 발전되었다. 이 규약의 용어를 사용한다면 모든 권리는 적어도 세 종류의 대응 의무를 발생시키는 것으로 볼 수 있다. 즉, '존중할 의무(duties to respect)', '보호할 의무(duties to protect)', '충족시킬 의무(duties to fulfill)'가 그것이다. **'존중할 의무'** 는, 회피할 의무와 비슷한데, 국가가 개인이 누리고 있는 권리에 대해 직간접적으로 개입하지 말아야 한다고 주장한다. **'보호할 의무'** 는 당사국이 제삼자가 어떤 개인의 권리에 개입하지 못하도록 막아낼 것을 요구한다. **'충족시킬 의무'** 는, 지원할 의무와 비슷하며, 국가에게 권리를 직접 제공해줄 것을 요구하거나, 아니면 개인과 공동체가 스스로 그러한 권리를 누릴 수 있도록 도움으로써 그러한 과정을 촉진할 것을 요구한다. 이 의무는 또한 국가에 대해 사람들에게 그들의 권리를 교육하고 권리에 관한 정보를 배포함으로써 인권을 신장시킬 것을 요구한다.[13] 알렉시는 이러한 삼중 의무에 덧붙여 국가가 규범을 '입법화할 의무' — 문제가 되는 권리를 보호하기 위해 반드시 필요한 — 를 거론한다. 알렉시는 이 의무를 '조직 및 절차 권리(right to organization and procedure)'라고 부른다. 이런 권리는 국가에 재산법이나 혼인법과 같은 법률을 제정할 의무를 부과한다. 이런 법률이 없다면 어떤 권리를 유의미하게 누릴 수가 없기 때문이다. 마찬가지로 국가는 개인들이 투표권과 공정한 재판권을 행사할 수 있도록 적절한 절차를 마련해야 한다.[14]

서로 다른 종류의 권리에 초점을 맞추지 않고, 서로 다른 종류의 의무에 초점을 맞추면 인권의 분석과 이행을 위해 보다 정교한 도구를 갖추는 셈이다.[15] 지금까지 살펴본 삼중의 의무 구분은 특히 중요하다. 적극적 의무가 어떤 권리로부터 비롯되는가 또는 비롯되지 않는가 여부를 넘어, 그러한 적극적 의무가 무엇을 의미하는지를 이해할 수 있게 해주기 때문이다. 지금부터는 이 점을 살펴볼 예정이다.

2_적극적 의무란 무엇인가

적극적 의무를 자기 억제 의무와 비교할 수 있는 방안에는 흔히 세 가지가 있다. 자기 억제 의무는 확정적이고, 즉각 실현할 수 있으며, 자원이 많이 들지 않는다고 말해지곤 한다. 이에 반해 적극적 의무는 불확정적이고, 표제적이며, 자원이 많이 든다고 한다. 자기 억제 의무는 즉시 충족되는 게 좋은 반면, 적극적 의무는 활용 가능한 자원의 동원 여하에 따라 전향적이고 지속적으로 실현될 수 있다고도 한다.[16] 우리는 이러한 식의 비교가 지나치다고 본다. 하지만 적극적 의무가 어떤 특별한 지적 도전을 야기하는 것은 사실이며, 그 점은 정면으로 다뤄야 한다. 그러기 위해서는 적극적 의무의 성격에 대해 좀더 상세한 고찰을 해야 할 것이다.

불확정성과 불상응성

어떤 의무가 불확정적이라고 말하는 것은 어떤 주체가 자기 의무를 완수하기 위해 무슨 일을 해야 하는지 규정하기가 불가능하다고 주장하는 것이다. 불확정성(indeterminacy)은 모호함을 뜻할 수도 있고, 불상응성(incommensurability)이나 여타 근본적인 어떤 불일치를 뜻할 수도 있다. 여기서 모호하다는 것은 어떤 권리의 내용으로부터 그 의무의 구체적 내용이 도출될 수 없음을 의미한다. 예를 들어, 사회 보장권, 빈곤에 대한 보호권, 건강권, 또는 주거권과 같은 권리를 제공할 의무를 주장하더라도, 그 자체로는 도대체 어느 정도의 생활 수준이 인간 존엄성과 자유에 부응하는 최소한의 기준인지 말해주지 못한다. 불상응성은 모호함보다 더 문제가 많은 개념이다. 서로 다른 가치 혹은 다른 재화를 단일한 측정 기준(metric)으로 잴 수 없다는 말이기 때문이다.[17] 이런 점은 역으로, 이 문제를 이성적인 심의로는 해결할 수 없고, 이익 협상과 같은 다른 방식의 결정 양식에 의존해야 한다는 것을 의미한다.[18] 또는 이 질문에는 정답이 없다는 사실을 의미할 수도 있다. 이 가운데 어떤 대답을 내놓든 간에, 의무로부터 규범적인 내용을 소거할 위험이 따른다. 만일 어떤 의무를 지닌 주체가 자기 마음대로 그 의무의 내용을 정할 수 있다면, 그런 주체가 어떤 의무를 지고 있다고 말할 수는 없을 것이다.

적극적 의무가 불확정적이라고 말하는 사람들은 흔히, 그런 의무가 사법 심사 대상으로 적합하지 않다고 주장하는 쪽에 속한다. 데이비드 켈리(David Kelly)는 "사회적으로 충족시켜주어야 할 '욕구(needs)'와 개인의 주관적인 '호사(luxury)'를 구분할 수 있는, 자의적이지 않은 보편적 기준은 존재하지 않으므로" 정치적 의사 결정 과정을 통해 그런 문제를 해결해야 한다고 주장한다.[19] 이런 견해에 따르면 불확정적인 기준에 근거한 분쟁을 판정하는 데 판사가 다른 사람들보다 더 우월한 능력을 지녔다고 볼 수 없다는 것이다. 그러나 이런 주장을 면밀히 검토해보면 비교적 확정적이라고 말하는 소극적(자기 억제) 의무에 대해서도 똑같은 주장을 할 수 있다. 왜냐하면 대부분의 자기 억제 의무조차 공익에 따른 제한을 받기 때문이다. 주로 소극적 의무인 경우에도, 국가는 국가의 행동이 공익을 위해 필요하다고 인정받거나, 또는 타인의 권리 및 자유와 균형을 잡기 위해 필요할 경우 개인의 권리에 개입할 수 있다. 따라서 적극적 의무와 마찬가지로, 소극적 의무 영역에서도, 공익이 무엇인지 또는 권리에 상응하는 의무가 무엇인지를 결정해야 하는데, 그러한 결정을 내릴 수 있는 보편적 기준이란 게 명확하지 않다. 존 앨더(John E. Alder)는 여기서 더 나아가, 서로 상응하지 않는 것들을 조화시키기 위해 억지로 노력해야 한다면 인권을 둘러싼 갈등을 해소하는 것이 "법적 이성과 관계 없는 감정적 태도에 의존하는" 결과를 초래한다고까지 말한다.[20] 앨더가 옳다면 인권에 관한 결정을 내릴 수 있는 근거가 전혀 존재하지 않는 셈이 된다. 더 나아가, 그런 주장을 뒤집어보면 적극적 의무를 결정하는 데 정치인이 재판관보다 더 낫다는 근거 역시 사라진다. 만일 정말 불확정성이 지배한다면, 정치인들 역시 어떤 기준을 마련하거나 서로 상응하지 않는 것들에 가치를 매기는 데 어려움에 봉착할 것이고, 정치적 의사 결정 역시 정실주의나 자의적 판단으로 전락할 가능성이 높아지기 때문이다. 그러므로 이런 주장에 관련된 문제는, 그것이 적극적 의무를 반대하는 사람들이 원하는 수준 이상으로 극단적 주장이 되기 쉽다는 데에 있다.

그러나 알렉시가 제안한 '규정'과 '원칙' 사이의 구분법을 활용하면 이런 식의 근원적 불안정성과 불확정성을 안정화할 수 있다. '규정(rules)'은 움직일 수 없이 고정된 요소이다. 규정은 준수되거나 위배되거나, 둘 중 하나로 귀결된다. 그러나 '원칙(principles)'은 준수되거나 위배된다는 식의 양분론에 빠지지 않고, 여러 다양한 수준에서 충족될 수 있다.[21] 원칙의 규범적 힘은, 규정과는 달리 법적·현실적 가능성을 감안하되, 원칙의 내용을 최대한 실현하도록 요구할 수 있는 능력에 달려 있다. 알렉시의 표현에 따르면, 원칙은 '최적화를 향한 요구 (optimization requirements)'라 할 수 있다. 원칙은 언제나 자명한 구속력을 갖긴 하지만 특정한 상황에서는 다른 원칙의 지배를 받을 수도 있다. 이 점이 원칙과 규정의 다른 점이다. 따라서 어떤 규정이 위배됐을 경우에는 그 위배의 조건들을 요약해서 나열하는 것이 가능하지만 어떤 원칙이 구체적인('자명한' 것과 구분되는) 구속력이 있느냐, 없느냐의 문제는 경합하는 여러 원칙들의 맥락 안에서만 결정될 수 있는 성질의 것이다.

불확정성 개념에 근거하여 적극적 의무에 반대하는 논리는 모든 규범이[22] 반드시 규정이 되어야 한다고 가정한다. 그러나 일단 우리가 대다수 적극적 의무가 규정이 아니라 원칙이라는 점을 인정한다면, 확정성을 둘러싼 문제가 원칙 그 자체 때문에 야기되는 것이 아니라, 원칙들의 무게를 서로 비교하는 과정에서, 또는 특정한 상황에서 어떤 원칙에 우선 순위를 부여할 것인가를 결정하는 과정에서 야기된다는 사실을 알 수 있다. 알렉시는 특정 상황에서 추상적으로는 동일한 무게의 원칙들 가운데 누구에게 우선권을 줄 것인가에 관하여 확정적인 관계를 설정할 수 있다고 주장한다. 이때 어떤 원칙이 다른 원칙에 비해 우선 순위를 가질 수 있는 특정 상황을 미리 열거해놓으면 확정적인 규정을 설정하는 것이 가능하다고 한다. 달리 표현하자면, 어떤 특정 조건이 적용되는 상황에서는 A라는 원칙이 언제나 B라는 원칙보다 우선한다는 식으로 미리 정해놓을 수 있다는 뜻이다. 물론 이렇게 하더라도 불확정성의 문제를 완전히 해결하지는 못한다. 원칙들의 무게를 서로 달아보려면 어떤 확정적인 배경 원칙이 또 필요하기 때문이다. 만일 배경이 되는 원칙조차 '최적화를 향한 요구'에 불과하다고 한다면, 잠재적으로 논리가 끝도 없이 뒷걸음질 칠 수밖에 없다. 더 나아가, 원칙들이 서로 상응하지 않는다면, 원칙들의 무게를 달아볼 수 있는 공통의 측정 기준 자체가 존재하지 않는다는 점에서, 더 큰 문제가 발생할 수 있다.

하지만 끝까지 해소되지 않는 불확정적 요소가 흔히 나타나는 것이 인간 세상의 현실이다. 이것은 적극적 인권 보호 의무의 내용을 확정하는 데 의사 결정자의 재량적 판단이 실제로는 개입할 수밖에 없음을 의미한다. 더 나아가, 우선 순위를 결정했다 하더라도 향후 더 좋은 논증이 나올 경우 언제든 과거에 정했던 우선 순위를 조정할 수 있다. 하버마스가 말하듯, 의사 결정은, 그것이 재판관들의 다수 결정이든, 입법자들의 다수 결정이든 간에, 단지 "계속되는 논의 중 잠깐의 '휴지부(休止部, caesura)'일 뿐이고, 담화적 의사 형성 과정의 잠정적 결과"를 나타낼 뿐이다. 쟁점이 되는 어떤 문제를 심도 깊게 논의한 다음에 나온 결정은 "어떤 논의 과정에서 그 시점에 이성적인 동기로 내려진 결론이긴 하지만, 틀릴 수도 있는 결론이다. 주어진 조건에서 결정을 내려야 하는 제도적 압박 때문에 그 시점에서 논의를 끝내고 결정을 내리긴 했지만, 원칙상 언제든 다시 논의를 재개할 수 있는 과정인 것이다." [23] 따라서 소수파가 일단 다수결에 복종하는 것은, 향후 더 나은 제안이 나왔을 때 자기들의 견해가 채택될 기회가 올 수 있다는 점을 진제로 하고 있는 것이다. 마찬가지로 재판에서 판사들의 소수 의견을 기록해 두는 것은 미래 어떤 시점에 그 의견이 다수파의 지지를 획득할 수도 있기 때문이다. [24] 바로 이런 점 때문에 헌법적 권리는 '살아 있는 나무(living tree)'와 같은 것으로 간주된다. 또한 구성원들이 어떤 기본 가치에 동의한다는 이유만으로 의사 결정에 이르는 경우도 있을 수 있다.

그러나 이런 부가 조건이 붙는다 하더라도 모든 규범적 내용의 의무가 사라지지는 않는다. 규범적 의무가 없어진다면 그 어떤 문제도 결정을 내리지 못할 것이다. 또한 설령 규범적 의무가 없어졌다 하더라도 어떤 의무가 충족되었는지에 대해 판단을 내리지 못하게 되는 일은 없다. 위에서 본대로, 원칙이란 최적화를 향한 요구라 할 수 있다. 원칙은 법적·사실적 제한을 감안하면서도 가능한 한 최대한 달성해야만 하는 어떤 것이다. 그러나 최적화를 향한 요구에서는 주어진 답변이 무조건 '옳다' — 앞으로 다른 주장들을 고려할 필요가 전혀 없다고 말하는 것 — 라고 가정하지 않는다. 향후 나타날 수 있는 다른 주장들은, 그 이전에는 적합하지 않았던 어떤 새로운 원칙의 형태를 띠고 다시 나타날 수 있다. 또한 변화된 신념과 변화된 사회 환경에 비추어 기존의 원칙을 재검토하는 형태를 띨 수도 있다. 그런데 현 시점에서 내린 결정이 앞으로 수정될 수 있다 하더라도 현재의 결정에 논리적 안정성이 전혀 없다는 뜻은 아니다. 모든 결정에는 안정성(stability)과 확실성(certainty)을 요구하는 원칙이 개입하기 때문이다. 수정 가능성(revisability)이라는 개념은, 여타 원칙들을 극대화하는 과정에서 안정성 원칙이 일단 후순위로 밀린 경우를 말하며, 이런 정황에 비추어 공개적으로 정당화되어야 하는 개념이다. 수정 가능성이란, 앞선 상황에서 결정된 우선 순위의 규정이 시간이 지난 후 적실성을 상실했고, 새로운 우선 순위의 질서가 나타난 것을 뜻한다. 이에 덧붙여, 의사 결정 권한을 사법부나 입법부나 행정부와 같은 기관으로 배정하는 과정을 관장하는 원칙도 있다. 다음 절에서는 보호할 의무와 권리를 충족시킬 의무에 이러한 분석을 적용해볼 것이다.

보호할 의무

보호할 의무는 국가에 대해, 개인이 타인으로부터 인권 침해를 당하지 않도록 그 개인을 보호해주라고 요구한다. 다시 말해, 국가는 스스로 자기 억제 의무를 수행해야 할 때가 있는 것처럼, 다른 개인에게 해를 입히려는 사람을 억제시킬 의무가 있다. 얼핏 보면 타인에게 해를 입히지 말라는 의무에 대해 확정적인 내용을 부과하는 것이 별로 어렵지 않을 것 같다. 왜냐하면 그런 의무는 마치 국가가 스스로 자기 억제 의무를 부과하듯, 사적 개인에게도 타인을 괴롭히지 말라는 자기 억제 의무를 부과하는 것에 불과하기 때문이다. 그러나 말처럼 그리 간단하지 않다. 자기 억제 의무를 부과하려는 대상의 권리도 고려해야 하기 때문이다. B라는 사람의 침해로부터 A라는 개인의 권리를 보호해주려고 할 때, B에게도 역시 권리가 있다는 사실을 언제나 염두에 두어야 한다. 따라서 보호할 의무 개념은 다음과 같은 삼각 관계를 가정하게 된다. 즉, 국가와, 권리의 보유자 A와, 가해자 B 사이의 관계가 그것이다. 그런데 국가가 가해자 B에게 부당한 강압을 가하면서까지 A를 보호할 수는 없는 노릇이다. 그러므로 국가가 보호할 의무를 완수하려고 하더라도 아무런 문제 없이 권리의 보호가 이루어지지 않을 수도 있다. 왜냐하면 A를 보호하기 위해 B를 완전히 억압해버리면 B에게 불공평한 강압을 가하는 것이 되기 때문이다. 그외에도 여타 요인들을 감안해야 한다. 예를 들어 공공 예산 사정을 고려할 때 대중의 여타 욕구와 비교하여 A를 보호하는 데 따르는 비용 문제를 감당할 수 있는가 하는 점도 고려해야 할 것이다.

이런 복잡한 상호 관계는 알렉시의 접근 방식을 쓰면 훨씬 쉽게 분석

독일의 헌법학자 로베르트 알렉시는 '원칙'과 '규정'을 구분한다. 규정은 준수되거나 준수되지 않거나 둘 중 하나지만, 원칙은 다양한 수준에서 충족될 수 있다. 국가의 적극적 의무가 대부분 '규정'이 아니라 '원칙'이라는 점을 인정한다면, 적극적 의무를 불확정적이라는 이유로 반대할 수 없다. 원칙들 간에 우선 순위를 결정함으로써 확정적 관계를 설정할 수 있다.

할 수 있다. 여기서 국가가 권리 보유자 A의 권리를 보호해야 할 의무는, 여러 관련 원칙 가운데 첫째 원칙이다. 또한 국가가 어떤 가해자 B에게 부당한 강압 — 가해자의 권리를 침해하는 행위 — 을 가하지 말아야 한다는 원칙도 고려해야 한다. 그리고 이것과 관련된 세 번째 원칙도 존재한다. 우리가 인정할 수 있는 전문성과 정당성을 지닌 사람들이, 우리들이 적절한 조치를 취하기 위해 필요한 의사 결정에 참여해야 한다고 요구하는 제도적 원칙이다. 또 다른 원칙들도 있다. 예를 들어, 일정한 예산을 고려해야 하는 국가의 의무도 있다. 이러한 원칙들을 명백히 확인한 후 그 원칙 하나하나를 투명하고 정당한 방식으로 '최적화'해야 한다. 그 결과 도출된 우선 순위의 질서는, 미래의 유사한 상황에도 규정으로 이용될 수 있을 것이다. 이런 접근 방식의 장점은 어떤 원칙을 부분적으로 한정해서 시행할 수 있다는 데에 있다. 예를 들어,

권리 보유자 A에게 무제한의 완벽한 보호를 제공하지 못한다 하더라도 가해자 B에게 합당한 수준의 자기 억제 의무를 부과할 수는 있을 것이다.

적합한 원칙들을 찾아내는 데 이런 식의 접근이 유용하다는 사실은 유럽인권재판소가 이와 같은 접근 방식을 활용하여 적극적 보호 의무를 설정한 예를 보더라도 잘 알 수 있다. 예를 들어 집회 자유의 권리를 다룰 때에 제일 먼저 해야 할 일은 적합한 원칙들을 먼저 찾아내는 것이다. 집회 자유의 권리는, 합법적 시위자 A를 반대 시위자 B로부터, 국가가 **보호해야 할 의무**를 발생시킨다. 그러나 B가 반대 시위를 할 권리 역시, 국가가 B에게 부당하게 간섭하지 말아야 할 **자기 억제의 의무**를 동시에 발생시킨다. 이렇게 서로 경합하는 두 원칙 — 합법적 시위자 A를 보호할 의무와, 반대 시위자 B를 억제할 의무 — 외에 세 번째 원칙이 또 다른 의무 — 다른 의무와 비교해서 국가의 예산 자원을 고려해야 한다는 의무 — 를 발생시킨다. 마지막으로, 어떤 문제에 대해 관할권이 있는 합법적 주체가 최종 결정을 내려야 한다는 원칙은, 국가 또는 법 집행 공직자의 역할을 일정하게 존중해야 한다는 사실을 뜻한다. 이때 법원이 할 수 있는 역할은 이러한 여러 원칙들을 법적·사실적으로 가능한 한 최대치로 최적화하는(optimizing) 것이다.

이런 분석을 통해 유럽인권재판소가 '*Platform*' 판례[25]에서 내린 결정을 검토해보자. 이 사례는 오스트리아에서 낙태 찬성 시위대 B가 낙태 반대 시위대 A를 방해한 사건이었다. 낙태 반대 시위대 A는 오스트리아 정부가 낙태 찬성 시위대 B의 방해로부터 자신들을 보호하지 않았다고 주장하였다. 재판부는 우선 어떤 시위대를 다른 시위대로부터 국가가 보호할 의무가 있다는 첫째 원칙을 확인하였다. "민주 국가에서 반대 시위를 할 수 있는 권리가, 시위할 권리의 행사를 침해할 정도로까

지 확대될 수는 없다. 그러므로 진정으로 효과적인 평화 집회의 자유라
는 것을, 국가가 단지 그 집회에 간섭하지 않는다는 소극적 의무로만 환
원해 생각할 수는 없다."[26] 그 다음, 이러한 첫째 원칙은 둘째 원칙, 즉
국가가 B의 시위 권리에 간섭하지 말아야 할 자기 억제 의무에 비추어
최적화되어야 한다고 판단하였다. 따라서 재판소는 이 경우 "A의 시위
권리를 무제한, 절대적으로 보장할 수는 없다."고 판단하였다. 또한 어
떤 상황에서 어떤 정책 수단이 가장 효과적인지를 결정하는 데 일종의
행정적 자율성을 인정할 수 있다는 '제도적 균형의 원칙(principle of
institutional balance)'도 확인했다. 재판소는 정부 당국이 "어떤 수단을
채택할 것인지에 관해 폭넓은 재량권을 가진다."고 판단하였다.[27] 이러
한 여러 원칙을 종합하여 최적화한 결과, 이런 경우 국가는 서로 상충되
는 합법적 시위들이 평화롭게 진행될 수 있도록 보장하기 위해 합당하
고 적절한 조치를 취해야 할 의무가 있다는 결론이 도출되었다.

〈유럽인권협약〉 2조의 생명권에 대해서도 유사한 분석을 적용할 수
있다. 유럽인권재판소는 협약 2조가 국가에 대해 사형을 금지하는 자
기 억제 의무에만 국한된 것이 아니라고 판단하였다. 이에 따르면 생명
권은 국가 당국에 대해 그 관할권 내에 거주하는 사람들의 생명을 보호
할 적극적 의무를 발생시킬 수도 있다. 생명의 위협을 받고 있는 A가
가해자 B의 범죄적 행동 때문에 위해를 입지 않도록 예방 조치를 취할
의무가 국가에 있다고 판단한 것이다.[28] 그러나 이와 동시에, A의 자명
한 권리 — B의 범죄 행위로부터 보호받을 권리 — 는 범죄 수사와 소
추에서 B의 권리도 침해되어서는 안 된다고 하는 국가의 상반된 자기
억제 의무와 비교하여 최적화되어야만 한다. 이 두 원칙 사이의 갈등이
'Osman' 판례[29]에서 극명하게 드러났다. 이 사례는 소송 신청인 아들
의 학교 교사 B가 강박증에 걸려 신청인의 남편 A를 살해한 사건이었

다. 신청인은 그 교사가 아들과 가족들의 신체적 안전을 심각하게 위협한다는 일련의 명백한 징후가 있었는데도 당국이 자기들에게 적절한 보호 조치를 제공하지 않았다고 주장하였다. 이 사건에서도 법원은 위에서 설명한 주요 원칙들을 모두 확인하였다. 첫째, 법원은 국가가 예방 조처를 취함으로써 B의 위해로부터 A를 보호할 의무가 있었음을 확인하였다. 둘째, 국가에게는 B의 법적 권리를 보호해줄 자기 억제 의무도 있었음을 확인하였다. 즉, 국가가 "B에 대해서도 적법 절차 및 기타 보호 조치 ― 당국이 범죄를 수사하고 범법자를 처벌하기 위해 그 사람의 행동 반경을 합법적으로 제한하는 ― 를 온전히 존중해주어야 한다."라고 한 것이다.[30] 다음, 이 두 원칙은 현실에서 사실적 제약 요소, 예컨대 "현대 사회에서 개인의 행동을 일일이 감시하는 데에 따르는 애로 사항, 그리고 인간 행동의 불가 예측성"과 같은 제약 요소에 비추어 최적화되어야 한다. 법원은 또한 '제도적 권한 원칙(principle of institutional competence)'과 '경합하는 자원의 원칙(principle of competing resources)'을 거론하면서, "경찰 업무에서 우선 순위와 가용 자원이라는 점을 고려하여 최종 선택이 이루어져야 한다."라는 취지로 결정을 내려야 한다고 판단하였다.[31]

〈유럽인권협약〉 3조의 고문 및 기타 잔인하고 비인도적이거나 모욕적인 처우 및 형벌을 받지 않을 권리를 위해서는 약간 다른 분석이 필요하다. 이 권리가 협약에서 절대적 권리로 표현되어 있기 때문이다. 즉, 이 경우에는 주된 권리를 제외한 경합하는 여타 원칙들에 대해서 최소한의 가중치만을 부여해야 한다. 'Z v. UK'[32] 판례는 부모가 자녀에게 비인도적이고 모욕적인 처우를 가하지 못하도록 그 자녀를 보호할 의무가 있는 국가가 그 의무를 다하지 못했다는 주장을 다루었다. 법원은 이 판례에서 "협약 3조에는 민주 사회의 극히 본질적인 가치가 포함되어 있다."고 강조하였다. 그러므로 3조는 강력한 보호 의무를 부과하는데, 이것은 다시, 협약의 1조에 나와 있는, 국가 관할권 내의 모든 사람들에게 협약에서 규정한 권리와 자유를 보호해줄 의무로부터 도출된다. 이 의무를 실천하는 것은 "국가 관할권 내의 모든 사람들이 고문이나 비인도적 혹은 모욕적인 처우 — 사인(私人)들이 저지른 범행을 포함하여 — 의 대상이 되지 않도록 보장하기 위해 고안된" 조치를 취하는 것이 된다. 이러한 조치에 의하면, 특히 어린이와 기타 취약한 사람들에게 효과적인 보호책을 제공해야 할 것이고, 당국이 인지하고 있었거나 인지했어야 마땅한 부당한 처우를 방지할 수 있는 합당한 대책을 다루어야만 할 것이다.[33]

그러나 적합한 원칙들을 확인하는 것은 첫 단계에 불과하다. 이보다 더 어려운 일은, 규범이 충분히 확정성을 확보하도록 이런 원칙들을 구성할 수 있다는 사실을 입증하는 것이다. 이때 법원은 문제가 되는 원칙들에 서로 다른 가중치를 은연중에 부과하였다. 예를 들어 집회 자유의 권리는 생명권보다 무게가 덜 나가며, 고문이나 비인도적 혹은 기타 가혹한 처우 또는 형벌을 받지 않을 권리는 워낙 비중이 커서 그 권리를 배제하려면 엄청난 어려움이 발생한다는 등의 고려를 한 것이다. 이 점은 국가가 개인의 권리를 보호하기 위해 필요한 행동을 정당화하는 데 요구되는 기준을 잘 보여준다. 따라서 집회 자유의 권리를 보호하기 위해서 국가는 **합당하고 적절한 조치**를 취할 의무가 있는 반면, 생명권을 보호하기 위해서는 **합당하게 기대될 수 있는 모든 조치**를 취할 의무가 있다. 협약 3조와 관련한 'Z v. UK' 판례의 경우 법원은 협약의 3조가 고문 또는 비인도적이거나 모욕적인 처우 또는 형벌을 절대적으로 금지하고 있음을 재확인하였다. 그러므로 본 협약 3조에 근거한 의무는 국가에 대해, 국가 관할권 내의 모든 사람들이 고문이나 비인도적 혹은 모욕적인 처우 ─ 개인이 저지른 범죄를 포함하여 ─ 의 대상이 되지 않도록 보장하는 절대적 조치를 취하도록 요구한다.

그렇다고 해서 이런 의무가 온전히 확정적이라는 말은 아니다. 예를 들어 '국가 기관의 전문성 존중 원칙'에 의하면 일종의 핵심적인 불확정적 영역이 발생하게 된다. 어떤 조치가 합당하고 적절한지를 이들 기관이 결정할 수 있도록 해놓았기 때문이다. 하지만 국가 기관의 이러한 자율성은, 국가의 결정이 그러한 결정에 요구되는 정당화 기준을 충족시키게끔 구조적으로 제약을 받는다. 집회 자유의 권리의 경우를 다시 예로 들어보자. 이때 국가는 반대 시위대 B의 권리를 침해하지 않으면서 동시에 시위대 A에게 합당하고도 적절한 권리 보호 조치를 취할 필요가 있다. *Platform* 판례의 경우, 법원은 국가가 그러한 정당화 기준을 충족시키는 수준의 보호 조치를 제공했다는 사실을 확인한 후에야 국가가 자신의 의무를 완수했다고 판단할 수 있었다. 이와 반대로, *Osman* 판례의 경우, 법원은 국가가 제시한 정당화 기준을 받아들이지 않았다. 이 사건에서 피고였던 영국 정부는, 보호 조치를 취하지 않았다는 사실이, 생명 보호 의무의 중대한 태만 또는 고의적 경시에 해당되는 경우에만 국가가 보호 의무를 위배했다고 볼 수 있다고 주장하였다. 이에 대해 법원은 "그렇게까지 협소한 정당화 기준은 협약 1조의 요구 사항에 부합하지 않을 뿐더러, 협약 2조와 더불어 협약 1조에 포함된 모든 권리와 자유를 현실적·효과적으로 보호해야 할 당사국의 의무에도 부합하지 않는다."고 판단하였다. 따라서 정부 당국은 "생명에 대한 실질적이고 즉각적인 위협 ─ 당국이 인지했거나 인지했어야 마땅한 ─ 을 방지하기 위해, 정부 당국에게 합당하게 기대할 수 있는 모든 조치"를 취했어야 옳았다는 말이다.

이러한 판례들을 통해, 도저히 극복할 수 없는 불확정성의 문제를 야기하지 않으면서도, 적극적 의무를 공식화하고 그것을 적용하는 것이 가능하다는 사실을 알 수 있다. 일단, 경합하는 여러 자명한 원칙들 — 그 하나하나가 법적·사실적 가능성에 비추어 최적화될 필요가 있는 — 이라는 식으로 사안을 분석하고 나면, 어느 영역이 상대적으로 확정적인지, 또는 어느 영역이 불가피하게 재량권에 속하거나 불확정적인지 하는 점을 알아낼 수 있다. 재량에 속하는 영역도, 사법 당국과 행정 당국 사이의 권력 분립 같은 확정적 원칙으로 설명할 수 있다. 즉, 재량권이라는 것도 완전히 불확정적인 것은 아니고, 공적·이성적 정당화를 통한 정당성과 책무성이라는 구성 요건의 구속을 받는다는 말이다. 이런 점을 모두 고려한 후에도 끝까지 남는 불확정성은 여타 통상적인 불확정성 — 여러 원칙들 사이의 조정이 필요한 상황에 대해 대다수 법 규범을 적용할 때 흔히 나타나는 — 의 경우와 다를 바가 없다.

충족시킬 의무 : 의무를 낱낱이 지정함

'충족시킬 의무' 원칙에 대해 가장 흔하게 제기되는 비판은 적극적 의무가 불확정적이라는 점이다. 이런 비판을 반박하려면 우선 의무와 권리를 분리하는 것이 중요하다. 권리는 목표이지만, 의무는 그 목표를 실현하기 위한 수단이다. 권리 자체만으로는 즉각적인 충족을 얻을 수 없을지도 모른다. 다른 원칙들이 우선 순위를 차지하고 있거나, 아니면 가용 자원이 없기 때문이다. 그러나 그렇다고 해서 권리가 단지 포부에 지나지 않는다는 말은 아니다. 권리가 즉각 충족되지 못할 상황이라 하더라도 그 권리를 실현해야 할 의무는 존재한다. 의무가 복합적인 개념이고, 그것이 경합하는 여러 요소들의 영향을 받는다는 사실이 그 권리를 격하할 이유가 되지는 못한다. 알렉시의 이론에 따르면 권리를 구성하는 원칙은 언제나 자명한 구속력을 갖는다. 이때 우리의 과제는 그 권리를 법적·사실적으로 가능한 한 최대 수준에서 최적화하는 것이다.

그렇다면 이제 그러한 의무를 언제, 어떻게 수행할 수 있을 것인지를 결정하는 과제가 가장 중요하게 부각될 것이다. 적극적 의무를 불확정적이라고 비판하는 사람들은 흔히 어떤 의무가 확정적이 되려면 사전에 구체적인 의무 내용을 명확히 정해놓아야 한다고 가정한다. 켈리는 복지권이란 "어떤 재화를 구체적으로 가질 수 있는 자격"이므로, 내용을 구체적으로 규정하지 못하는 복지권은 정당한 권리가 아니라고 주장한다.[34] 그러나 복지권이 반드시 어떤 구체적인 재화의 제공에 달려 있을 필요는 없다. 복지권은 어떤 행동을 요구하는 권리일 수도 있다. 예를 들어 어떤 기관의 설립, 능력 부여 권한 또는 촉진적 권한, 추가 행동을 위한 프로그램 등이 모두 복지권일 수 있다. 또한 어떤 의무를 확정적인 의무로 간주하기 위해 정확한 실행 단계를 구체적으로 정해놓을 필요도 없다. 정확한 실행 단계를 미리 정해놓으면 현지의 의사결정자들이 자율적인 의견을 제시하지 못하게 되며, '제도적 권한 원칙'에서 요구되는 의사 결정의 분담 여지가 사라진다. 그 대신 어떤 의무가 충족되었는지 여부는, 애초 적극적 의무 개념이 생겨나게 되었던 바로 그 토대론적 원칙에서 도출된 판단 기준에 따라 답변할 수 있다. 적극적 의무는 모든 사람에게 그들의 권리를 행사할 수 있는 능력을 보장해주려는 목표를 가지고 있다. 그렇게 하려면 외부의 억제 요인이 없어야 할 뿐만 아니라, 모든 사람들이 시민으로서 사회에 온전히 참여할 수 있는 능력이 실질적으로 평등해질 수 있도록 보장해주는 자원의 제공 또는 어떤 활동이 촉진되어야 한다. 이러한 폭넓은 목표 아래서 적극적 의무를 위한 네 가지 구성 요건(parameters)을 도출할 수 있다. 첫째는 '유효성(effectiveness)'이다. 어떤 특정 시점에 실제로 어느 정도나 자원이 제공되었든, 또는 시민들의 자구책을 돕기 위해 어떤 조치를 취했든 간에, 적극적 의무는 그 성격이 적절해야 하고, 그러한 권리를 달성하겠다는 목표를 지녀야 한다. 둘째는 '참여성(participation)'이다. 이런 과정에 의해 영향을 받는 사람들이 그 과정에 직접 참여해야만 유의미한 결과가 나올 수 있다. 셋째는 '책무성(accountability)'이다. 정부 당국은 어떤 권리를 최적화하기 위해 필요한 조치를 감안해서 도출된 견해를 시민들에게 설명하고 정당화를 시도해야 한다. 책무성은 국가가 어떤 특별한 조치를 취하기 위해 필요한 자율적 공간에서 반드시 필요한 단계이다. 다만, 지금까지 말한 조치를 미리 모두 정해놓을 수는 없다 하더라도 국가는 여전히 실제로 취해진 조치에 대해 책무를 진다. 마지막 요소는 '평등성(equality)'이다. '충족시킬 의무'의 초점은 약자들과 타인들보다 자기 권리를 누릴 능력이 제한되어 있는 사람들이다. 평등성은 처우의 평등을 넘어 실질적 평등으로 나아간다는 뜻이다. 이렇게 되면 사회의 소외 계층에게 더 많은 자원을 제공해야 할 것이다. 이러한 네 가지 판단 기준은 전부 아니면 전무라는 식의 기준이 아니며, 따라서 여러 수준에서 의무 충족이 달성될 수 있음을 인정한다. 또한 이런 판단 기준에 따르면, 그때그때 맥락에 따라 구체적인 행동을 결정할 수 있는 여지가 생긴다.

비교적 단순한 상황, 예컨대 법원 접근권 같은 조건에다 '충족시킬 의무'를 대입해서 분석해보면 이러한 식의 접근 방식이 유용하다는 점이 드러날 것이다. 만일 법률 지원 제도가 없다면 법원 접근권 같은 권리는 소송 수임료를 지불할 능력이 없는 사람에게는 그림의 떡일지도 모른다. 따라서 시민들이 법원 접근권을 행사할 수 있으려면 국가가 법률 구조를 제공할 의무를 져야 한다. 하지만 이 경우 법률 구조의 정확한 양이 사전에 미리 정해져 있어야만 그러한 의무가 확정적인 의무가 될 수 있다는 뜻은 아니다. 그 대신 국가가 법률 구조를 제공할 의무를 완수했는가 여부는 국가가 법률 구조를 위해 효과적인 조치를 취했는지, 시민들의 참여를 장려했는지, 국가의 행동이 정당화될 수 있는지, 그 행동이 실질적 평등 ― 모든 이들이 법원 접근권을 평등하게 갖게 되었다는 의미에서 ― 을 신장했는지 등의 기준에 따라 판단될 수 있다.

유럽인권재판소의 'Airey' 판례[35]는 이런 방식의 접근을 잘 예시하는 보기이다. 재판소는 이혼을 다룬 이 사건에서 법원 접근권은 시민적·정치적 권리이지만, 어떤 상황에서는 국가의 소극적 자기 제한을 넘어서 법률 구조를 제공해야 할 적극적 의무를 발생시킨다고 인정하였다. 그러나 재판소는 이런 의무를 실행하는 데 어느 정도의 법률 구조를 제공해야 할지를 구체적으로 정할 필요성은 느끼지 않았다. 그 대신 재판소의 결정에서 위에서 설명했던 판단 기준들을 확인할 수 있었다. 그중 제일 중요한 기준은 유효성이었다. 피고였던 아일랜드 정부는 신청인이 법정에 직접 출두하면 법원 접근권을 행사할 수 있으므로 정부가 법률 구조를 제공해야 할 의무가 없다고 주장하였다. 그러나 재판소는 아일랜드 정부의 주장을 받아들이지 않았고, 그 대신 그러한 형식적 자유가 얼마나 유효한지에 초점을 맞추었다. "〈유럽인권협약〉은 이론적이거나 상징적인 권리를 보장하려는 것이 아니라, 실제적이고 유효한 권리를 보장하려는 의도를 지니고 있다."[36] 따라서 재판소가 보기에, 이 사건에서 가장 핵심적인 질문은 "신청인이 변호사의 도움 없이 혼자 고등법원에 출두하는 것이 효과적이겠는가, 다시 말해 신청인이 자기 혼자 힘으로 적절하고 만족스럽게 자기 입장을 진술할 수 있겠는가." 하는 점이었다. 그 사건의 복잡함에 비추어 볼 때 신청인이 자신을 효과적으로 변호할 수 있을지는 의문이었다. 그러므로 국가가 신청인의 권리를 충족시켜줄 적극적인 조치를 취해야 한다는 결론이 나왔다. 법원 접근권이 효과를 보기 위해서 법률 구조를 제공하는 것은 여러 방안 중의 하나에 지나지 않는다고 재판소가 언급한 점도 흥미롭다. 그 대신 재판소는 국가가 법원에 대한 접근권을 보장하기 위해 재판 절차를 간소화하는 것을 포함하여 여타 조치들을 취할 수 있을 것이라고 지적하였다.

이것 외에 재판소의 판결에는 나머지 세 가지 판단 기준도 담겨 있었다. 그중에서도 '참여성'은 그런 판단 기준에서 대단히 중요한 위치를 차지했다. 신청인이 자신에게 영향을 줄 수 있는 법원의 결정 과정에 참여할 수 있는 위치에 있으려면 법률 구조가 결정적으로 중요하다고 했다. 재판소는 또한 민주 사회에서 공정한 재판을 받을 권리가 인권의 핵심에 놓여 있다고 강조하였다. 재판소는 어떤 조치를 취해야 할지를 구체적으로 지정할 수는 없다고 지적하기도 했다. "협약에서 요구하는 것은 개인이 법원에 대해 효과적인 접근권을 가질 수 있어야 한다는 사실뿐이다." 이런 결정에는 국가가 어떤 조치를 취할 것인가를 설명하고 정당화할 수 있어야 한다는 사실이 함축되어 있었다. 마지막으로, 이 결정의 저변에는 평등성이 깔려 있었다. 약자도 여유 있는 사람과 동등한 수준의 법원 접근 권리를 누릴 수 있는 기회를 가질 수 있도록 평준화해주려면, 국가가 법원 접근권을 '제공할 의무'를 지는 것이 대단히 중요하다. 이 사건에서 재판소는, 신청인의 남편이 법정에서 변호사의 도움을 받을 수 있는 반면, 신청인은 그렇지 못하다면 신청인은 불리한 위치에서 재판받는 셈이 된다고 강조하였다.

재판소는, 국가에게 법률 구조를 제공할 의무가 생긴다고 해서 어느 정도나 법률 구조를 제공해야 할지를 명확하게 결정하는 문제에서 극복할 수 없는 어려움이 발생한다고 보지 않았다. 시민적·정치적 권리라는 비교적 친숙한 관점에서 보면 그런 권리를 충족시킬 의무라는 방향으로 결정을 내리는 것이 비교적 쉬워 보인다. 그러나 경제적·사회적 권리는 일반적으로 더욱 어려운 문제를 야기한다고 여겨진다. 따라서 경제적·사회적 권리는 단지 '포부'에 지나지 않는다고 평가 절하하는 일이 흔히 일어나게 된다. 그러나 여기서도 자세히 검토해보면 'Airey' 판례와 유사한 분석을 내릴 수 있다. 예를 들어, 경제적·사회적 권리 중에서도 건강권은 제일 까다로운 권리라 할 수 있다. "달성 가능한 최고 수준의 심신 건강"[37] 권리는 그 본질상 불확정적인 것같이 보인다. 왜냐하면 건강에 있어서 달성 가능한 상태라는 것은 여러 종류의 다중심적(polycentric) 요인들 ― 의학 발전, 사용 가능한 자원, 환경 조건, 정치적 의지 등 ― 에 달려 있기 때문이다. 또한 건강권은 개인에게만 제공할 수 있는 것도 아니다. 그러므로 건강권이라고 하면 사람들이 건강한 삶을 영위할 수 있는 조건을 증진할 수 있어야 한다. 그런 까닭에 건강권은 음식, 주거, 안전한 식수, 적절한 위생 시설, 안전하고 건강한 노동 조건, 건강한 환경 등과 같은, 건강을 위한 기본적 결정 요인으로 확장되는 개념인 것이다. 그러므로 건강권은 다른 권리들, 즉 식량, 주거, 노동, 교육, 생명, 인간 존엄, 평등, 정보 자유, 고문 방지 등과 같은 권리의 실현에 의존하고 있는 권리라 할 수 있다.[38]

그렇다면 어떻게 건강권을 충족시킬 의무를, 그러한 개념의 규범적 내용을 유지할 수 있을 만큼 충분히 확정적인 방식으로 규정할 수 있을 것인가? 건강권에 관한 구체적인 기준을 정하는 것은 법률 구조에 관해 구체적인 기준을 정하는 것만큼이나 불가능한 과제이다. 그럼에도 불구하고, 건강권을 제공할 의무는, 아주 복잡하긴 하지만 위에서 제시한 유효성, 참여성, 책무성, 평등성과 같은 '적극적 의무의 구성 요건'에 의거하여 규정할 수 있다. 이러한 것들은 유엔 경제사회권위원회 일반 논평 12조의 규범적 내용 분석에 나온다. 제일 먼저 나오는 중심적 요건은 유효성이다. 건강권이 효과적으로 존재하려면 국가는 건강의 기초적 결정인자들을 충분히 갖추어야 할 의무가 있다. 여기에는 안전한 식용수, 적당한 위생 시설, 병원, 진료소 및 건강 관련 시설들, 전문 의료진, 기초 의약품 등이 포함된다. 둘째, '참여성'을 들 수 있다. 집행위원회는 지역 사회, 국가, 국제 차원에서 건강과 관련된 모든 의사 결정을 내리는 데 주민들의 참여가 중요하다고 강조한다. 건강에 관한 조치가 지역 문화를 존중하고 특히 젠더에 대한 감수성을 보장하려면 참여가 대단히 중요한 기준이 된다. '책무성'은 다음과 같은 요구 사항에서 찾아볼 수 있다. 즉, 국가가 자신의 의무를 다하지 못했을 때에는, 부족한 자원에도 불구하고 건강권과 관련된 모든 의무를 충족시키기 위해 최선을 다했음을 입증할 수 있어야 한다는 것이다.[39] 마지막으로, '평등성'은, 신체적 접근성뿐만 아니라 어떤 서비스가 모든 사람이 이용할 수 있을 만큼 저렴해야 한다는 요구 조건을 제시한다. 이 점은 특히 가장 취약한 주민이나 주변적인 계층에게 해당되는 조건이며, 빈곤 가구가 건강에 관련된 비용으로 인해 지나친 부담을 져서는 안 된다는 점을 강조한다. 위원회는 자신의 건강을 돌볼 충분한 수단을 지니지 못한 사람들에게 국가가 필요한 건강보험이나 보건 의료 시설을 제공하고, 국가가 그들에게 차별을 가하지 말아야 할 특별한 의무가 있음을 상기시킨다.

충족시킬 의무 : 전향적이고 지속적인 실현

자기 억제(소극적) 의무와 비교해볼 때, '충족시킬 의무'와 관련된 두 번째 미해결 과제는 충족시킬 의무의 준수 기한을 어떻게 설정할 것인가 하는 문제가 된다. 흔히 소극적 의무는 국가가 어떤 행동을 하지 않기만 하면 되므로, 즉각 달성할 수 있다고 말해진다. 그러나 충족시킬 의무는 그것이 실현되려면 시간이 걸리기 마련이다. 경제적·사회적 권리에서, 그 권리를 완전히 실현할 수 있는 자원을 즉각 마련하기 어려울 수도 있다는 사실 때문에 그러한 의무를 '예정상의 의미'로만 명백하게 규정하곤 한다. 따라서 〈경제적·사회적·문화적 권리에 관한 국제 규약〉의 주된 의무는 2조 1항에 다음과 같이 표현되어 있다. "이 규약의 각 당사국은 특히 입법 조치의 채택을 포함한 모든 적절한 수단에 의하여 이 규약에서 인정한 권리의 완전한 실현을 전향적이고 지속적으로 달성하기 위하여, 개별적으로 또한 특히 경제적, 기술적인 국제 지원과 국제 협력을 통하여, 자국의 가용 자원이 허용하는 최대한도까지 조치를 취할 것을 약속한다." 유엔 경제사회권위원회는 스스로 다음과 같이 인정하고 있다. "본 규약의 의무는 〈시민적·정치적 권리에 관한 국제 규약〉의 2조에 나오는 의무 — 모든 관련 권리들을 존중하고 보장해야 할 즉각적 의무를 규정한 — 와는 상당히 차이가 난다."[40] 〈남아프리카공화국 헌법〉에도 이와 유사한 규정이 들어 있다. "국가는 경제적·사회적 권리를 지속적으로 실현하기 위하여 활용 가능한 자원의 범위 내에서 합당한 입법 및 기타 조치를 취해야 한다."[41]

여기서도 알렉시의 분석을 차용할 수 있다. 경제적·사회적 권리를 충족시킬 의무는 법적·사실적으로 가능한 한도 내에서 그 권리를 최적화하는 것이다. 경제적·사회적 권리의 즉각적인 실현은 실제적인 제한 요인들 때문에 지연될 수도 있다. 예를 들어 자원의 결여, 혹은 특정 시점에 비교상의 우선 순위를 부여할 수 있다고 정당성이 인정되는 기타 원칙 등과 같은 제한 요인을 꼽을 수 있다. 그러나 경제적·사회적 권리에 포함된 원칙은 '자명한 구속력'을 지닌다. 이 점은 또한 경제적·사회적 권리에 관한 최적화 조건이 역동적이고 지속적인 성격을 지녔다는 사실을 부각시킨다. 즉, 이 원칙은 자원이 마련되는 대로, 그리고 여타 원칙들이 충족되는 즉시, 계속해서 실현해야만 하는 원칙인 것이다. 그러므로 충족시킬 의무는 두 축을 따라 작동된다고 할 수 있다. 첫째 축은 어떤 것을 제공하는 수준이며, 둘째 축은 그러한 권리를 달성하는 데 드는 시간이다.

충족시킬 의무에 이런 방식으로 접근하면 '제공할 의무'가 모두 전향적이고 지속적으로 실현될 수 있는 것은 아니라고 볼 여지가 있다. 이때 어떤 맥락에서는 그런 권리가 즉각 충족되어야 할 때도 있다. 그런 권리를 배척할 수 있는 충분한 무게를 가진, 다른 경합하는 원칙이 존재하지 않는 경우에는 특히 그러하다. 시민적 · 정치적 권리를 충족시킬 의무는 흔히 이런 경우에 속한다. 그러나 경제적 · 사회적 권리를 충족시킬 의무도 마찬가지라 할 수 있다. 따라서 〈남아프리카공화국 헌법〉은 모든 어린이에게 기본적 영양, 주거, 기초 의료 서비스, 사회 서비스 등의 권리를 부여한다.[42] 이렇게 되면 그런 권리를 즉각 실현해야 할 의무가 발생하게 된다. 그러므로 이러한 경우, 여타 어떠한 원칙도, 심지어 자원 부족 문제가 있다 하더라도, 그 권리를 배제할 수 있을 만큼 충분한 무게를 가지지는 못한다. 마찬가지로 고작 이 정도의 기본적 의무를 실현하기 위해 실제로는 추가 자원이 크게 필요치 않을지도 모른다. 이렇게 보면 그러한 권리의 즉각적 충족을 가로막는 사실적인 장애가 실제로는 존재하지 않는다고 봐야 한다. 단지 지금 있는 자원을 제대로 분배만 잘 해도 그런 권리를 즉각 실현할 수 있을 것이라는 말이다.[43]

권리를 최적화하여 실현해야 할 의무가 전향적이고 지속적이라 하더라도 모든 의무를 무조건 천천히 실천해도 좋다는 말은 아니다.[44] 첫째, 국가는 현재의 상황이 허용하는 한 주어진 목표를 달성하기 위해 필요한 행동을 취해야 할 즉각적인 의무를 진다. 설령 활용 가능 자원이 명백히 부족하다 하더라도 그 권리를 현재의 상황이 허용하는 최대한도로 보장하기 위해 전력을 다해야 하는 것이다.[45] 특히, 자원이 부족하다는 핑계가, 어떤 권리를 보장하기 위한 전략 및 프로그램을 강구해야 할 의무에 어떤 영향도 끼쳐서는 안 된다. 정말 불가피한 경우가 아닌 한, 그리고 현재 쓸 수 있는 최대한의 자원을 모두 다 동원한 상태가 아닌 한, 어떠한 퇴행적인 조치도 취해서는 안 될 것이다. 둘째, 권리 실현의 상황을 점검해야 할 즉각적인 의무가 발생한다.[46] 셋째, 그 권리가 차별 없이 행사될 수 있도록 보장해야 할 즉각적인 의무가 발생한다. 예를 들어 현존하는 의무 제공 규정 — 그것이 주거[47]에 관한 것이든, 사회 보장[48]에 관한 것이든, 의료 보장에 관한 것이든 — 의 범위를 넓혀 소외된 집단도 동일한 혜택을 받을 수 있도록 보장해야 한다.

따라서 어떤 의무가 즉각적인 의무가 아니라 전향적이고 지속적이어서 그 권리를 실현하려면 시간이 걸린다는 점만 부각시킬 때에 진짜 문제가 발생한다. 오드리 채프먼(Audrey R. Chapman)은 1996년에 발표한 유명한 논문에서 국가가 〈경제적·사회적·문화적 권리에 관한 국제 규약〉의 의무를 충족시키지 않았음을 입증하기가 어렵다는 사실을 보여주었다.[49] 왜냐하면 전향적이고 지속적인 실현이라는 것이, 그 의무가 동일하거나 공통적일 수 없고, 발전 단계와 가용 자원에 따라 달라진다는 것을 뜻하기 때문이다. 이렇게 되면 의무 실행의 수준을 측정할 복수의 기준이 필요해진다.[50] 이보다 더 어려운 문제는 "가용 자원이 허용하는 최대한도까지"라는 표현의 의미를 어떻게 규정하느냐 하는가다. 로버트 로버트슨(Robert Robertson)이 냉소적으로 지적하듯 "최대한도"라는 말은 이상에 불과하고, "허용하는"이라는 말이 현실을 뜻할지도 모른다. "최대한도"는 인권 운동이 즐겨 쓰는 수사적 칼날이

며, "허용하는"은 국가에게 빠져나갈 수 있는 여지를 주는 말이라는 뜻이다.[51]

그러나 그로부터 10년 뒤 채프먼은 그동안 많은 진전이 이루어졌다고 인정하기에 이르렀다.[52] 가용 자원을 최대한 이용했는가 하는 점을 평가하는 데서 특히 중요한 변화가 이루어졌다. 또한 《존엄성의 보장(Dignity Counts)》이라는 획기적인 저서가 출판되면서 정부의 투자에서 세 가지 요소를 평가할 수 있음이 드러났다. 즉, 경제적·사회적 권리를 보장함에 있어 정부의 투자가 충분한가, 예산 지출의 효율성이 어떠한가, 그리고 예산 지출의 유형에 형평성이 있는가 하는 요소들을 평가할 수 있다는 뜻이다. 첫째, '투자의 충분성'은 어떤 기준 수치와 실제 복지 지출을 비교 — 예를 들어 GDP에서 복지 지출이 차지하는 비율, 또는 정부 지출 예산에서 복지 지출이 차지하는 비율 — 하면 알아낼 수 있다.[53] 세계보건기구(World Health Organization)는 건강·보건 영역에 적어도 GDP의 5퍼센트를 써야 한다고 시사한 바 있다. 따라서 보건 부문에 이보다 더 낮게 지출하는 정부는 가용 자원을 최대한 활용해야 할 의무를 위배한 것이다. 예산 편성이 변화해 온 양상도 중요한 고려 사항이 된다. GDP 혹은 기타 정부 지출과 비교하여 복지 관련 지출이 낮아졌다면, 활용 가능한 자원이 있는데도 의무를 우선적으로 이행하지 않은 것이 된다. 또한 전체 예산이 늘어났는데도 권리 실현을 위한 예산이 오히려 줄었다면 특히 국가의 의무를 소홀히 한 것이 된다.

둘째, '지출의 효율성'은 평가하기가 더 까다로운 문제이다. 그러나 어떤 항목의 예산을 배정해놓고도 그것을 지출하지 않았다면 정부에 대해 국가의 의무를 방기했다고 비판할 수 있는 강력한 근거가 생기는 셈이다. 예를 들어, 인도에서 식량이 창고에 쌓여 있었는데도 기근으로 인해 사망자가 발생했던 사건을 보면, 생명권을 보호할 의무를 국가가 수행하지 않았음이 분명했다.[55] 또한 산동네 마을로 올라가는 진입 도로 건설비를 계상해놓고도 그것을 지출하지 않았다면 국가의 의무를 게을리 한 것이다.《존엄성의 보장》중 멕시코의 건강권을 분석한 글을 보면, 보건부에서는 보건 예산 중 상당액을 과소 지출한 반면, 관광 및 국방 관련 분야에서는 오히려 과다 지출을 했음이 드러났다(이 과다 지출액이 전체 보건 예산보다 더 많았다). 이 경우 멕시코 정부는 인권 보호 의무를 침해했다고 규정할 수 있다. 남아프리카공화국에서도 인권 보호를 위해 가용 자원을 모두 사용하지 않았음이 드러난 적이 있다. 시와 도 수준에서 모두 인권 분야 예산이 축소 지출되었던 것이다.

셋째, '지출의 형평성' 기준을 고려해야만 한다. 형평성 역시 측정할 수 있다. 만일 젠더, 계급, 지역, 종족 집단 간에 지출이 형평을 이루지 못할 경우, 이 역시 정부의 의무 위반으로 볼 수 있다. 이 점 역시 멕시코의 예를 들어 알 수 있다. 멕시코에서 제일 부유한 지역이 제일 가난한 지역에 비해 훨씬 더 많은 보건 예산을 배정받았던 것이다. 이 분석을 통해 출산, 질병 예방, 병원 입원 등과 같은 건강권의 세부 항목에 대해서도 지출이 형평성에 맞춰 이루어졌는지를 검토할 수 있었다.

지난 10년간 전향적이고 지속적으로 권리를 실현할 의무에 더욱 확정적인 내용이 추가되기도 했다. 이 분야에서도 구체적으로 어떤 조치를 취해야 하는지를 정하지는 않고, 의사 결정자들이 그러한 조치를 확정할 수 있는 절차에 더욱 초점을 맞추고 있다. 그러한 조치가 인권 보호 의무를 충족시켰는지를 평가하기 위해서 위와 마찬가지로 유효성, 참여성, 책무성, 평등성의 기준을 동원할 수 있다. 이 가운데 유효성이 제일 복잡한 개념이다. 폴 헌트(Paul Hunt)가 지적했듯이 전향적이고 지속적인 실현이라는 것은, 국가에 대한 기대치가 시간에 따라 변할 것이라는 점을 뜻하기 때문이다. 그러나 이러한 가변성은 위에서 언급한 두 가지 축 — 즉, 어떤 특정 시점에 어느 정도의 복리를 제공할 것인가 하는 — 을 토대로 측정할 수 있다. 그것을 정확히 측정하려면 주어진 시간 내에 국가가 노력을 경주해야 할 어떤 구체적 목표 또는 기준을 정해야만 한다. 만일 주어진 시간 내에 특정 목표를 달성했다면 그 시점에 국가의 의무는 완수된 것이다. 그러나 적극적 의무는 전향적이고 지속적인 실현이 중요하므로 앞선 목표가 달성되는 대로 그 다음 단계의 목표를 향해 계속해서 노력을 기울여야 한다. 어떤 권리가 복합적 권리일 경우 그 권리를 구현하는 데 필요한 세 가지 종류의 지표와 관련된 기준을 세우는 것이 효과적일 것이다. 첫째, 핵심 구조와 메커니즘('구조적 지표'). 둘째, 프로그램, 활동, 개입 내용('과정 지표').[56] 셋째, 결과('결과 지표'). 이때 필요한 자료를 모으는 것이 어렵기 때문에, 헌트는 이러한 지표들을 작성하는 것이 복잡하지 않아야 하고, 주변에서 쉽게 구할 수 있는 자료 또는 추가 비용이 많이 들지 않는 자료를 통해 측정할 수 있어야 한다고 강조한다.[57] 책무성과 참여성의 판단 기준에 따라 이런 과정을 투명한 방식으로, 그리고 시민들의 참여를 완전히 보장하는 방식으로 진행할 필요가 있다. 이런 과정은, 분명하고도 상세한 계획 — 목표와 시간표가 명시된 — 을 즉각 수립할 의무, 그리고 그 실행을 계속 감시할 의무를 준수한다면 특히 잘 추진될 수 있을 것이다. 남아프리카공화국에서 흥미로운 본보기를 찾을 수 있는데, 그곳에서는 헌법에 보장된 어린이 권리의 우선 순위를 정하기 위해 어린이들에게 직접 자문을 구하였다.[58] 마지막으로, 평등성의 기준에 따르면, 전향적이고 지속적인 실현은 가장 불리한 계층과 주변 계층의 욕구에 우선 순위를 두어야만 한다. 그래서 남아프리카공화국 헌법재판소가 'Grootboom' 판례에서, 국가가 취약 계층의 권리에 충분한 주의를 기울이지 않았으므로 주거권을 전향적이고 지속적으로 실현해야 할 국가의 의무를 위반했다고 결정했던 것이다.[59]

이런 과정의 본보기로 산모 및 영유아 사망률을 낮출 국가의 의무 — 건강권에서 비롯되는 — 를 들 수 있다. 훈련받은 의료 전문가가 출산 과정에 도움을 준다면 영유아 사망률을 낮출 수 있을 것이다. 이때 국가는 권리가 침해되고 있는 영역과 어느 영역에 국가의 노력을 기울일 필요가 있는지를 확정하기 위해 현재 상황을 우선 조사해보아야 한다. 일단 현 상황에 근거한 기준선을 확인해야 상황 개선을 위한 목표 또는 수준을 정할 수 있기 때문이다. 현재 상황 파악을 위해 현재 의료 전문가의 보살핌을 받으며 태어나는 출산 건의 정확한 통계가 필요하다. 이때 평등성의 차원을 고려하기 위해서 이런 통계를 젠더, 인종, 종족, 농촌/도시, 경제적·사회적 지위 등으로 다시 세분화할 필요가 있다. 예를 들어, 기준 통계가 평균 60퍼센트라 하더라도 이것을 세분해보면 도시 지역은 70퍼센트, 농촌 지역은 50퍼센트라는 결과가 나올지도 모른다. 또한 이 통계를 더욱 세분해봤을 때 농촌 지역 내에서도 그 지역에서 우세한 종족 집단의 경우 70퍼센트, 소외 집단은 40퍼센트라는 결과가 나올 수도 있다. 이런 수치를 고려하여 국가는 향후 5년 동안 달성해야 할 어떤 목표치 — 모든 집단이 도달해야 할 수준 — 를 정할 수 있을 것이다. 그러고 나서 국가는 이런 목표를 달성할 수 있는 구체적 정책과 프로그램, 특히 농촌 집단의 소외 계층이 도달해야 하는 특정 목표치를 부각하는 정책을 결정해야 한다.[60] 5년 후 일차적인 목표가 달성되면, 향후 5년을 위해 그보다 더 높은 목표를 설정해야 하는데, 최종적으로 건강권이 실현될 때까지 이 과정을 되풀이해야 한다. 목표가 달성되지 않았을 경우에는 그 이유가 무엇인지 조사해야 한다. 국가가 고의적으로 그 의무를 방기했다면 그것은 국가가 인권 보호 의무를 위반한 것이 된다. 또는 자연 재해나 에이즈와 같이 국가의 통제를 벗어난 요소가 개입했을 수도 있다. 또는 프로그램의 실행이 효율적이지 못했다면 그것 역시 재검토해서 시정해야 한다. 국가의 의무는 모든 나라에 공통적으로 적용된다는 점도 지적해야만 하겠다. 그러므로 개도국뿐만 아니라 선진국도 권리를 실현하는 데 필요한 자원을 소유하지 못한 계층을 위해 적절한 지원을 제공할 의무가 있다.

최소한의 핵심 의무

경제적 · 사회적 권리가 불확정적이고 즉각성이 결여되어 있다는 비판에 대응하기 위해 확정적이며 즉각적인 충족이 요구되는 핵심 의무를 특별히 정해놓는 방법이 있을 수 있다. 유엔 경제사회권위원회는 각 권리에서 최소한의 핵심을 이루는 핵심 의무를 명확하게 규정하려고 노력해 왔다. 당사국들은 "그러한 최소한의 의무를 충족시키기 위해 국가의 재량으로 동원할 수 있는 모든 자원을 우선적으로 활용하도록 노력을 경주해야 한다."[61] 이런 개념은 대단히 논쟁적인 것으로 판명되었다. 남아프리카공화국 헌법재판소가 이 개념을 거부했던 것이 가장 극적인 사례였다.

이 쟁점을 제대로 이해하려면, 남아프리카공화국 사법 관할권 내에서 최소한의 핵심 의무라는 개념을 적용할 수 없다고 한 남아프리카공화국 헌법재판소의 반대 이유를 검토할 필요가 있다. 이 문제에는 여러 상이한 차원들이 개재되어 있다. 첫째, '최소한의 핵심'이라는 것을 규정하는 데 난점이 있다. 헌법재판소는, 최소한의 핵심 개념에 따라 영향을 받을 사람들의 욕구를 알아내려면 그들이 처한 상황 및 활용 가능한 기회에 관한 정보가 너무나 많이 필요하므로, 재판소의 제도적 한계를 감안할 때 최소한의 핵심을 재판소가 결정할 수 있으리라고 기대할 수 없다고 결정하였다.[62] 이런 판결은, '최소한의 핵심'이라는 것이 존재하려면 미리 결정해놓은 어떤 기준 — 구체적으로 정확히 측정할 수 있는 — 이 있어야 한다고 전제하고 있다. 그러나 앞에서 본 대로, 적극적 의무의 내용 — 그것이 최소한의 핵심이든, 최종적 의무이든 간에 — 은 상세하게 미리 정해놓는 방식으로 설정하기가 어렵다. 그래서 유효성[63], 참여성, 책무성, 평등성과 같은 구성 요건을 통해 국가의 의무를 정하는 것이다.

이렇게 볼 때 결국 '최소한의 핵심'이라는 개념에 따르는 문제는 구체적인 기준을 정하는 문제가 아니라, 우선 순위와 시간 설정의 문제임이 드러난다. 여기서 얼핏 보면 유엔 경제사회권위원회가 최소한의 핵심을 즉각 충족되어야 할 의무라고 주장하는 것처럼 생각된다. 또한 그러한 의무는 "국가의 재량으로 동원할 수 있는 모든 자원"이 최소한의 의무를 완수하기 위해 "우선적으로" 사용될 필요가 있는 것이라고도 한다.[64] 바로 이 점 때문에 남아프리카공화국 헌법재판소가 두 번째 반대 의견을 내놓았던 것이다. 최소한의 핵심이 즉각적인 의무라면, 그리고 국가가 활용 가능한 자원뿐만 아니라 국가의 재량으로 동원할 수 있는 모든 자원을 사용해야 한다면, "모든 사람이 최소한의 핵심을 제공해 달라고 요구할 것"이라는 이유에서였다.[65] 그래서 'Khosa' 판례에 따르면, "아무리 핵심 서비스라 하더라도 그것을 모든 사람에게 즉각 제공하기는 불가능하다. 현 시점에서 가능한 요구 수준과 국가에 기대할 수 있는 최대 한도는…… 지속적으로 경제적·사회적 권리에 대한 접근성을 보장하도록 합당하게 행동해 날라는 요구 정도일 것이다."[66]

그러나 이러한 견해는 유엔 경제사회권위원회의 논평을 거두절미한 채 인용한 것에 불과하다. 위원회의 일반 논평을 전체적으로 읽어보면, 의무라는 것이 최적화를 추구해야 할 의무를 뜻한다는 것을 잘 알 수 있다. 또한 국가가 최소한의 의무를 완수하지 못할 이유로 활용 가능한 자원이 없다는 핑계를 대려면 훨씬 강력하게 정당화를 제시해야 한다는 것을 알 수 있다. 따라서 논평은 이렇게 지적하고 있다. "당사국이 활용 가능한 자원이 없어서 최소한의 의무조차 충족시키지 못했다고 말할 수 있으려면, 그러한 최소한의 의무를 수행하기 위해 국가의 재량으로 동원할 수 있는 모든 자원을 우선적으로 활용하려는 노력을 경주했음을" 먼저 입증해야만 한다.[67] 이렇게 되면 국가는 자신의 자원을 고려하여 그 속에서 가능한 행동 이상의 행동을 할 필요가 없게 된다. 또한 국가는 보유하고 있는 자원을 감안할 때 지금까지 해 온 일 이상의 일을 할 수 없다고 말할지도 모른다.

이런 주장에 대해서는 다음과 같이 재반박할 수 있다. 즉, "이런 논의가 있다고 해서, 의무의 어떤 부분이 그토록 긴급한지를 결정할 필요성까지 사라지는 것은 아니다."라고. 여기서도 한 번 더, 알렉시가 '원칙'이라는 것이 최적화를 향한 요구라고 했던 바를 떠올려보면 좋겠다. 알렉시는 어떤 원칙이 절대적일 수 있느냐 하는 일반적인 질문을 다루면서 다음과 같이 응답한다. 즉, 어떤 거대한 일련의 조건들 속에서 P1 원칙이 우위를 점할 수 있으며, 따라서 경합하는 다른 원칙에 대해 계속 우위를 유지할 것이라는 강력한 확실성이 있을 때, 그 P1 원칙은 절대성을 보유한다는 인상을 줄 수 있다고 한다. 그렇더라도 특정한 상황에서는 다른 원칙이 P1 원칙을 누를 수도 있다. 예를 들어, 〈독일 헌법〉 1조 1항에서 인간의 존엄성은 침해할 수 없는 것이라고 선포하고 있지만, 어떤 특정한 상황에서 타인을 보호할 필요성이 인간 존엄성보다 우위를 차지하는 경우가 있을 수 있다. 예를 들어 유죄 판결을 받은 범죄자가 조기 석방될 경우 타인에게 해를 끼칠 가능성이 있다는 이유로 그에게 종신형을 선고하는 경우를 들 수 있을 것이다.[68] 그러므로 위에서 말한 최소한의 '핵심'이라는 것은 P1 원칙이 여타의 원칙들과 조화를 이루고 난 후에도 여전히 남는 어떤 것이 된다. 알렉시는 자신의 이론을, 〈독일 헌법〉의 '최소한의 핵심' 원칙 분석에 적용한다. 〈독일 헌법〉의 19조 2항은 다음과 같이 규정하고 있다. "어떠한 경우에도 헌법적 권리의 핵심 내용은 침해할 수 없다." 독일연방 헌법재판소는 P1 원칙에 우위를 부여하는 규정에 의해 보호되는 영역을 "사적 자율성에서 절대적으로 보호되는 핵심 영역"으로 지칭한다. 그런데 알렉시는 여기에서조차 '핵심'이라는 것이 P1 원칙이 여타의 원칙들과 조화를 이루고 난 후에도 여전히 남는 어떤 것이라고 주장한다. 따라서 어떤 원칙은 다른 원칙의 핵심을 언제든 누를 수 있을지도 모른다. 물론 그 핵심이 '절대적 핵심(absolute core)'인 경우라면 다른 원칙에 의해 그 핵심이 억눌릴 가능성이 워낙 낮아서, 그런 일은 절대 일어나지 않을 것이라고 거의 확실하게 말할 수 있을 것이다.[69]

이런 사실을, 권리를 충족시킬 의무 내에 최소한의 핵심 의무가 포함되는지를 묻는 질문에 대입해보면 다음과 같은 일련의 기본 조건이 전제되어 있음을 알 수 있다. 즉, 그러한 기본 조건들은 거의 모든 상황에서 무조건 우위를 차지해야 하는 조건이지만, 아주 특별한 경우에는 우위를 잃을 수도 있는 조건이다. '최소한의 핵심'이라는 것은 사회에서 가장 소외되고 배제된 계층의 기본권을 최적화하기 위해 가능한 모든 방안을 강구해야 할 권리를 지칭한다. 세상에 기본적 생존권보다 더 시급한 권리는 없기 때문이다. '최소한의 핵심'은 가장 취약한 계층의 기본적 존엄성은 측정할 수 없을 만큼 중요한 권리[70]라고 설명할 수도 있고, 혹은 그 자체로 하나의 완결된 이론으로 발전시킬 수도 있을 것이다. 남아프리카공화국의 헌법재판소도 'Grootboom' 건에서 이 점을 인정한 바 있다. 재판소는 국가가 "가장 시급히 결핍을 해결해야 할 사람들, 그러므로 자신의 모든 권리를 누릴 능력이 침해된 사람들이 국가의 권리 실현 조치로부터 배제되어서는 안 된다."는 점을 확인해야 한다고 판단했던 것이다. 국가가 이러한 욕구를 충족시키지 못할 때에, 국가는 스스로 그 의무를 완수할 입장이 아니라는 점을 입증해야 할 무거운 부담을 짊어지게 된다.

남아프리카공화국 헌법재판소가 판단의 근거로 가장 소외된 계층에 대해 분명하게 가중치를 제공해야 한다는 기준을 설정했던 점을 고려할 때, 재판소가 판시했던 것처럼 합당성(reasonableness)이라는 이유에 의거해서 이런 문제를 다루면 충분할까? 알렉시의 분석에 따르면 '최소한의 핵심'이라는 것은 가장 무시할 수 없는 의무라 할 수 있다. 그러므로 원칙을 최적화해야 할 국가의 의무에 따르면, 의무의 완전한 이행을 정당하게 지연시킬 수 있을 만큼 극히 무거운 다른 원칙들이 따로 존재하지 않는 한, 그러한 의무를 반드시 충족시킬 필요가 있다. 이런 점은 남아프리카공화국 헌법재판소가 'Grootboom' 판례에서 내린, 가장 곤란한 지경에 처해 있는 사람들을 배제해서는 안 된다고 하는 결정에도 부분적으로 들어가 있다. 그러나 합당성은 그 자체로는 너무 느슨한 기준이어서 다른 원칙들 — '최소한의 핵심' 원칙에 연결되는 — 보다 우위에 설 수 있는 권한을 보유하기 어렵다. 샌드라 리벤버그(Sandra Liebenberg)가 설득력 있게 보여주듯이, 합당성 기준은 청구자에게 국가의 무행동이 합당하지 않았음을 입증할 책임을 부과한다. 그러나 그러한 권리 주장을 입증하는 데 따르는 법적·사실적 복잡성 때문에 신청인은 부당한 입장에 빠지기 쉽고, 그 사람의 입증 노력은 성공하기 어렵다.[71] 리벤버그는 이 문제를 해결하기 위해, 그런 일이 일어난 경우, 일단 국가가 잘못했다는 '부당성(unreasonableness)' 추정을 한 후, 국가가 확고한 증거로 그 부당성 주장을 반박하도록 해야 한다고 주장한다. 이런 제안은 이 책에서 제시한 광의의 분석을, 소송이라는 상황에 구체적으로 적용한 것이라 할 수 있다. 이 책에서 선호한 분석 방식에 따르면 최소한의 핵심을 충족시키기 위해 어떤 기준을 따라야 하는지를 미리 명확히 규정할 필요는 없다. 그 대신 최소한의 핵심이라는 개념이 유효성, 참여성, 책무성, 평등성이라는 구성 요건에 의해 규정된다는 사실만 명심하면 된다. 최소한의 핵심 개념과 관련하여, 국가가 자기 의무를 다하지 못한 것을 시민들에게 설명해야 할 책임이 있다는 말은 '책무성'이라는 구성 요건을 강화하는 셈이 된다.

권리와 의무 : 개인의 권리 주장

특히 권리를 충족시킬 의무와 관련하여 적극적 의무라는 접근 방식이 맞닥뜨리는 가장 큰 난관 중 하나는 개별 권리 보유자와 국가 의무의 관계이다. 국가가 자기 억제 의무를 수행하는 상황에서는 권리의 보유자가 국가로부터 즉각 보호를 받을 권리를 주장할 수 있으므로, 그 권리 보유자는 국가 의무의 일차 수혜자가 된다. 보호할 의무에서도 마찬가지이다. 국가가 적절한 조처를 취하지 않아서 타인에 의해 자기 권리를 침해받은 개인은 자신에게 적합한 구제 방안을 놓고 국가를 상대로 확실히 규정된 권리 주장을 할 수 있다. 그런데 이 국가의 자기 억제 의무와 보호할 의무는 개인의 권리를 충족시킬 국가의 의무에 해당되는 것인가? 이 질문은 적극적 의무를 어떻게 규정하느냐에 달린 문제라 할 수 있다. 'Airey' 판례의 경우, 그 개인에게 법률 구조를 받을 권리가 있다고 한 결정이 그러한 권리 주장의 즉각적인 실현으로 이어지기도 했다. 사회 보장을 제공해야 할 적극적 의무는 즉각적으로 사회 보장 혜택을 받을 권리를 발생시킨다. 하지만 남아프리카공화국 헌법재판소는 주거권이나 건강권이라는 권리가 있다고 해서 정부가 개개인에게 재화와 서비스를 즉각적으로 받을 수 있는 직접적인 권리를 부여한다는 뜻은 아니라고 판단하였다. 이때 개인의 권리라는 것은 정부로부터 그 개인이 즉각 혜택을 받을 권리가 아니라, 정부에 대해 합당한 정책 프로그램을 채택하라고 요구할 권리를 뜻한다고 판시했던 것이다.[72) 국제적 차원에서 보호되는 권리는 이보다도 초점이 더 흐리다. 개인이 때에 따라 정부 정책의 혜택을 받는 경우가 있을 수 있지만, 즉각 모든 권리를 행사하지는 못한다. 어떤 맥락에서는 명백하게 의무가 권리와 분리된 것처럼 보이기도 한다. 따라서 아일랜드와 인도의 헌법에 나오는 '지도 원칙'은, 국가에 대해 의무를 설정해놓았지만 그 의무에 대응하는, 사법 심사가 가능한 개별적 권리는 설정하지 않고 있다.[73)

의무와 권리의 상관 관계를 검토해봤을 때, 권리와 상관없이 의무가 독자적으로 존재하는 것처럼 이해해서는 안 된다는 점을 강조해야만 하겠다(그 권리를 법적으로 시행할 수 있느냐 하는 문제는 차치하고라도). 개인에게 충족되어야 할 권리가 있기 때문에 그것을 충족시킬 의무가 존재할 수 있는 것이다. 권리가 없으면 의무도 있을 수 없다. 그러나 권리의 보유자와 의무의 관계를 결정할 때는 서로 다른 종류의 권리들을 구분하는 것이 좋다. 예를 들어, 권리의 종류에 따라서 어떤 권리의 보유자가 즉각 혜택을 받지 못하는 권리도 있을 수 있다고 주장한다면, 그 말은 모든 권리가 어떤 '특정한 대상(specific object)'에 관한 권리의 형태만을 취한다고 가정하는 거나 다름없다. 하지만 권리에는 특정한 대상에 대한 권리만 있는 것이 아니다. 예를 들어 어떤 '행위'에 대한 권리도 있을 수 있다. 국가의 자기 억제 의무의 경우, 개인은 국가의 소극적 '행위'에 대한 권리를 지닌다. 알렉시가 말한 대로 이것은 '방해 금지 권리(right to non-obstruction)'일 수도 있다. 즉, 이런 권리는 국가로 하여금 권리를 지닌 개인의 행위나 성격, 또는 법적 자유를 금지하거나 방해하지 않도록 할 수 있는 권리이다.[74] 그런데 우리가 여기서 관심을 갖는 권리는 국가의 적극적 행동에 대한 권리이다. 이런 권리를 국가의 적극적·사실적 행동에 대한 권리라고 부를 수도 있을 것이다. 그 예로 국가 보조금을 받을 권리 — 법으로 규정하지 못하거나 규정할 필요가 없을 수도 있는 — 를 들 수 있겠다. 아니면 이런 권리를 국가의 적극적·규범적 행동에 대한 권리라고 부를 수도 있을 것이다. 예를 들어 결혼이나 재산에 대한 합법화 권리를 들 수 있겠다. 국가의 이러한 적극적 행동에는 법적·사실적 상황을 변화시킬 수 있도록 개인에게 행동을 취할 권한을 부여하는 것과 같은 조치가 포함될 수도 있다. 예를 들어, 개인은 혼인을 하거나, 계약 당사자가 될 수 있는 권한을 부여받을 수 있다. 그후 개인이 그 권한을 이용할 것인가 하는 점은 전적으로 그 개인에게 달린 문제이다.

　더 나아가 이러한 분석은, 권리를 충족시킬 적극적 의무가 존재할 경우, 그리고 특히 그 의무가 전향적이고 지속적인 실현의 대상일 경우, 권리의 성격을 더욱 명확하게 밝히는 데 도움이 된다. 이러한 경우의 권리는 국가의 적극적 행동에 대한 권리로 이해할 수 있지만, 아직 이 단계에서는 국가의 적극적 행동이라는 것이 개별 권리 보유자에게 구체적인 재화와 서비스를 제공하지 못하는 수준일 수도 있다. 이런 단계에서 권리는 구체적인 재화와 서비스를 제공하는 권리가 아니라, 그러한 제공을 가능하게 하는 데 필요한 법적·행정적 규범을 국가가 창조하게끔 하는 권리 정도일 수 있다. 이때 국가의 대응 의무는 그런 권리를 위한 틀을 만들고 그것이 작동하도록 하는 것이 된다. 일단 그런 조치를 취하고 나면, 개인의 권리가 특정한 자원 제공의 혜택을 받을 수 있는 '자격(entitlement)'의 형태로 구체화될 수 있다. 그러므로 이런 경우, 의무가 권리로부터 분리되지 않는다. 오히려 권리를 적절히 공식화하면 그 권리에 대응되는 의무의 성격이 밝혀진다. 여기서 그러한 의무가 '표제적' 성격의 의무라는 점 역시 이해할 수 있다. 즉, 국가가 적극적 의무를 위한 조치를 취하는 데 시간이 걸릴 수는 있겠지만, 어쨌든 국가에 대해 최대한 신속하게 그러한 행동을 취할 의무를 부과해놓을 수 있다는 말이다. 'Airey' 판례에서도 법원은 개인이 법원 접근성 권리를 행사할 수 있도록 해줄 가장 효과적인 수단을 국가가 자율적으로 결정할 수 있도록 허용하였다. 이때 국가는 법률 구조를 제공하는 것뿐만 아니라 재판 절차를 간소화함으로써 법원 접근성을 보장해줄 수도 있을 것이다. 이런 경우 제소자가 법률 구조 권리를 즉각 행사할 수 없을지 몰라도, 사법 절차를 간소화하는 데 필요한 행정 규범을 국가가 조속히 마련하도록 할 권리는 가질 수 있게 된다.

어떤 면으로 보면, 이것은 'Grootboom' 판례의 신청인과 같은 사람에게 실망스런 결과일지도 모른다. 즉, 그 개인이 헌법상 보장된 주거권을 가지고 있지만, 어떤 특정 시점에서 개별적으로 당장 주택을 가질 권리는 없다는 뜻이 되기 때문이다. 그런 결과는 분명 그 신청자에게 당장은 불만족스러웠을 것이다. 하지만 이 사실은 다음과 같은 점을 부각시켜준다. 즉, 신청인이 가진 주거권은 특정한 대상 — 즉, 주택 — 에 대한 권리가 아니라, 국가의 행동에 대한 권리인 것이다. 이때 국가는, 여타 의무와 제약 조건을 감안하면서 가능한 한 거주처가 없는 사람들에게 주거를 마련해주는 행동을 취할 의무가 생긴다. 물론 권리를 특정 대상에 대한 즉각적인 요구라는 형태로 공식화할 수도 있다. 리벤버그는 제안하기를, 우리가 각 개인의 존엄성을 소중하게 여긴다는 사실을 반영하기 위해서, 남아프리카공화국 법원이 적어도 성공적인 소송 당사자에게는 개별적인 구제책 — 주택의 제공 — 을 제공하도록 특별히 유념해야 한다고 하였다.[75) 그러나 개별적 구제 방안은 권리와 그 대응 의무를 어떻게 규정하느냐에 달려 있다. 만일 어떤 권리가 '특정한 대상'에 대한 권리가 아니라 '특정한 행동'에 대한 권리라면, 그에 따르는 의무는 개인에게 어떤 것을 제공해주는 의무가 아니라 행동을 취할 의무가 된다. 다시 말해, 위에서 논한 유효성, 참여성, 책무성, 평등성의 구성 요건들을 준수하는 것이 된다. 그러나 이렇게 될 때에 특정한 대상을 제공하는 식으로 구제 방안이 마련될 수는 없을 것이다.

만일 권리가 특정한 대상을 겨냥한다면 구제 방안을 찾기가 더 어려워질 수도 있다. 우선, 권리의 내용이 어떤 행동이 아니라 어떤 대상을 목표로 삼는다면 권리의 내용을 아주 상세하게 미리 규정해놓아야 한다. 'Grootboom' 판례에서 남아프리카공화국 헌법재판소는 국가가 주거권을 보장하는 데 여러 방식이 있을 수 있다고 지적하였다. 예를 들어, 주택 구입 융자금 알선부터 건축 자재 공급 지원, 임시 거처, 영구 주택 제공까지 여러 방법이 있을 수 있다는 것이다. 이것 말고도 서비스의 내용, 주거지, 주택의 크기, 주거 환경 등 여러 고려 사항이 있을 수 있다. 더 나아가, 모든 개인이 동일한 권리를 지닌 청구권자의 위치에 있다고 가정할 때, 국가는 모든 사람들에게 주택이나 건강을 똑같이 제공해야 하는 입장이 된다는 결론이 나오므로, 상황은 더욱 복잡해진다. 그러므로 개인 권리 주장의 내용과 그 구제 방안을 확정하려면 대단히 상이하고 난해한 기준이 필요하다. 따라서 자신의 권리를 구체적으로 충족 받지 못한 개인들의 불만과, 개인에게 구체적인 대상을 제공하기보다 그들의 권리를 충족시켜주기 위헤 필요한 기초적 결정 요인들을 해결해줄 의무가 지닌 장점 사이의 무게를 달아 균형을 잡을 필요가 있을 것이다. 그러나 권리가 어떤 대상이 아니라 행동을 목표로 할 때에도, 그런 행동을 취해야 할 의무를 충족시킬 수 있도록 해주는 효과적인 구제 방안이 있을 수 있다. 뒤에서 다시 살펴보겠지만, 인도의 대법원은 국가가 그 의무를 실천하는 방향으로 구체적인 조치를 취하도록 하기 위해 임시 명령의 형태로 된 효과적 구제 방안을 발전시켰다. 이런 방안은 국가가 자기 행위를 정당한 것으로 설명할 필요만 생기는 행정법적 구제 방안에서 더 나아가, 국가에게 어떤 행동을 실제로 실천할 것을 요구한다.

물론 어떤 구체적인 구제 방안을 즉각 제공받을 수 있는 권리가 존재하지 않는다는 말은 아니다. 예를 들어, 차별하지 않을 의무는 즉각 실현되어야 한다. 차별의 경우, 앞에서 설명한 어려움이 똑같은 방식으로 적용되지 않는다. 차별의 피해자들에게 이미 시행되고 있는 정책을 동일하게 적용하기만 하면 되기 때문이다. 남아프리카공화국의 *'Khosa'* 판례에서 이런 경우가 발생한 적이 있다. 이때 정규 시민이 아니라는 이유로 아동 보육 급여와 노령 연금을 받지 못하던 영주권자들에게 동일한 혜택을 부여하기로 결정했다. 이런 경우 법원은 어느 정도의 혜택을 받아야 할지를 결정할 필요가 없이, 기존의 규정을 새로운 집단에게 적용하기만 하면 되었다.

어떤 권리를 특정한 대상에 대한 권리가 아니라 특정한 행동에 관한 권리라고 이해할 때에 얻을 수 있는 중요한 이점이 또 있다. 즉, 권리를 단순히 어떤 개인이 미리 정해진 복지 혜택 꾸러미를 수령하는 것이라는 식으로 이해하는 정태적 방식을 넘어서면, 그 사람을 자신의 욕구의 내용이 무엇인가에 관해 좀 더 적극적으로 자기 의견을 내놓을 수 있는 권리의 보유자로 이해할 수 있는 여지가 커진다. 하지만 우리가 이미 살펴봤듯이 욕구의 개념 정의 자체가 논쟁의 대상이다.[76] 어떤 사회적 선익이나 개인적 선익에 어떤 가치를 부여하는 일이 단순히 기술적인 문제에 한정될 수는 없다. 그 문제에 대해 개방적이고 민주적인 토론이 있어야 하는 것이다.[77] 더 나아가, 이런 논의를 통하면, 사회적 권리를 부자로부터 빈민에게 소득을 이전하는 것으로 개념 규정 — 한 시민의 권리를 보장해주려면 다른 시민을 희생해야 한다는 식의 인상을 주는 — 하는 데에 따르는 논란의 여지를 피할 수 있다. 마지막으로 이러한 접근을 통하면, 현존하는 분배 불평등의 저변에 깔려 있는 사회 구조와 제도적 맥락을 도외시한 채, 사회적 권리가 오로지 자원이나 소득 재분배에만 관심을 기울인다는 식의 정태적 개념을 넘어서는 것이 가능해진다.[78] 따라서 아이리스 영(Iris M. Young)은 다음과 같이 주장한다. "사람들은 일차적으로 재화의 수급자 또는 재산의 보유자가 아니다. 인간은 다른 인간들과 협력하거나 반대하거나 관계를 맺으면서 행위하는 존재이며, 의미와 목적을 지닌 행위자이다."[79] 영은 권리를 무엇을 소유하는 것으로 보지 않고, 인간 관계 속에서 우러나는 것으로 규정하면서 다음과 같은 결론을 내린다. "권리는 사람들이 다른 사람들과의 관계 속에서 무엇을 행할 수 있는가 하는 점을 제도적으로 정해놓은 규정이다."[80]

3_법이 해야 할 일

이 장에서는 적극적 의무의 구조를 상세히 분석하였다. 권리와 의무는 흔히 그것을 실행할 수 있는가 하는 점에서만 논의가 이루어져 왔다. 이렇게 됐을 때 필연적으로 어떤 권리가 사법 심사로 결정하기에 적합한 권리인가 하는 방향으로만 논의가 이루어지기 마련이다. 이 장에서는 적극적 의무가 위반되었을 때 어떻게 대처할 것인가 하는 전통적인 논의를 넘어서, 규범적 의미로서 적극적 의무를 이해하고 고찰하려고 했다. 그렇게 접근한 이유는 적극적 인권 보호 의무를 인권 침해 피해자에 대한 구제책이 아니라, 그런 의무를 전반적인 정치 문화 속에 포함된 어떤 것 — 적극적으로 의사 결정에 영향을 끼치고, 행동을 이끄는 지침으로서 — 으로 이해하려는 목적에서 비롯되었다. 하버마스는 제재에 대한 두려움 때문에 자기 이익을 보존하기 위해 법을 준수하는 것과 법 질서의 타당성을 수긍해서 법을 이성적으로 수용하는 것, 이 두 가지를 유용하게 구분한다.[81] 하버마스는 법이 행위자의 전략적 자유 행위를 허용하지만 규범의 타당성으로 인해 행위자의 자유 의지는 완전히 자유로운 것이 아니라 법의 구속을 받게 된다고 주장한다.[82] 따라서 법은 행위자가 인권에 포함된 가치를 내면화하고, 그 가치에 헌신할 수 있도록 도와주어야 한다. 지금까지 적극적 인권 보호 의무의 규범적 측면을 살펴보았으므로 이제부터 사법 심사 적합성의 문제를 다룰 수 있을 것이다. 이것이 다음 장의 주제이다.

사법 심사와 법원의 역할

소수자들이 정치 과정에서 배제될 때, 그들의 목소리가 조직적으로
침묵을 강요당할 때, 대의민주주의는 제대로 작동하지 못한다.
이러한 문제를 해결하는 것이 법원의 민주적 역할며,
사법의 기능이 정당성을 지닐 수 있는 것도 바로
이 같은 역할을 수행하기 때문이다.

1_국가의 의무와 사법 심사

국가의 적극적 의무가 인권으로부터 도출된다고 해서 그런 의무가
반드시 법정을 통해 보장되어야 한다는 뜻은 아니다. 실제로 인권 문제
를 판단하는 데 법원의 역할이 어떠해야 하는가는 아마 현대 인권법 이
론에서 가장 논란이 많은 문제일 것이다. 특히 국가의 적극적 의무를
강제하는 데 법원의 역할은 쟁점이 되는 부분이다. 일단 어떤 행동을
취할 의무에는 여러 가지 선택 지점이 있다. 법원은 우선 이런 선택 지
점들을 일일이 평가하여 등급을 매겨야 한다. 물론 그러한 과제가 법원
의 임무가 아니라 정치적 의사 결정의 영역에 속한다고 말할 수도 있을
것이다. 반면에 국가의 자기 억제 의무는 판사에게 어떤 가치 판단을
내리도록 요구하지 않는다. 그저 국가가 어떤 행동을 하지 않도록 하면
되기 때문이다. 그러나 국가의 적극적 의무 개념은 국가가 정당하게 행
동할 수 있는 권한 범위를 넘는 월권 행위라는 견해도 있으며, 그런 개

넘이 사법부로 들어오면 법원의 권한이 과도하게 확장될지 모른다는 우려도 있다. 국가의 자기 억제 의무는 즉시 시행할 수 있고 한번 이루어지면 그것으로 끝이지만, 적극적 의무는 계속 이루어져야 하는 것이고 지속적인 감시가 필요한 행위이다. 따라서 적극적 의무는 흔히 법원의 제도적 역량을 넘어선 것이라고 말해진다. 더 나아가, 자기 억제 의무는 비용이 많이 들지 않지만, 적극적인 의무는 일정한 자원의 투입이 필요하다고 한다. 자원을 직접 투입한다는 점을 놓고 보면 판사가 그런 행동을 할 정당성도 없고 권한도 없다고 할 수 있다. 따라서 국가의 자기 억제 의무에 관련된 '사법 심사 적합성(justiciability)'은 보통 인정되지만(물론 아직도 이론상 쟁점이 남아 있지만), 적극적 의무는 사법 심사가 통하지 않는 정치 행위로 여겨지곤 한다. 유엔 경제사회권위원회는 다음과 같이 우울한 어조의 해설문을 남겼다. "시민적·정치적 권리와 관련된 인권 침해의 경우 흔히 사법적 구제가 반드시 필요하다고 간주되지만 사회적·경제적 권리에 관한 한 정반대의 논리가 동원되는 경향이 있다."[1]

이 장에서는 우선 각국의 사법 체계에서 소극적(정치적) 의무와 적극적 의무를 구분하기 위해 어떤 노력을 기울여 왔는지를 살펴본다. 이렇게 살펴보면 양자를 가르는 경계선이 비민주적이며 비논리적이라는 점이 분명히 드러날 것이다. 그리고 나서 국가의 적극적 의무에 반대하는 견해를 정면으로 논박할 것이다. 법원이 인권을 보호해서 민주주의를 강화하는 데 도움을 줄 수 있는 한, 적극적 의무에 관한 사법 심사 적합성은 정당화될 수 있다. 그 다음 절에서는 이런 분석을 염두에 두고 적극적 인권 보호 의무와 관련된 법원의 민주적 역할을 그려보려고 한다. 마지막 절에서는 남아프리카공화국의 판례를 통해 이러한 논증을 시험해볼 것이다.

2_소극적 의무와 적극적 의무 구분의 어려움

사법 심사 적합성의 범위를 국가의 자기 억제 의무라는 영역으로만 한정하려는 전통은 오랫동안 존재해 왔다. 이런 전통은 헌법의 내용과 사법적 해석에서 모두 찾아볼 수 있다. 이런 식으로 경계를 명확히 확정하려는 시도 가운데 시민적 · 정치적 권리와 경제적 · 사회적 권리를 구분하는 방식을 우선 꼽을 수 있다. 이러한 구분은, 전자의 권리는 사법 심사가 가능한 자기 억제의 의무를 발생시키지만, 후자의 권리는 사법 심사가 불가능한 적극적 의무와 연관되어 있다는 전제에서 출발하는 방식이다. 따라서 많은 사법 체계에서 경제적 · 사회적 권리를 사법 심사가 가능한 권리장전의 목록에서 아예 제외하기도 한다. 미국, 캐나다, 영국, 〈유럽인권협약〉 등이 좋은 예라 할 수 있다.

이와 다른 접근 방식으로, 처음부터 사법 심사 적합성에 따라 자기 억제 의무와 적극적 의무를 구분하는 방식이 있을 수 있다. 〈아일랜드 헌법〉과 〈인도 헌법〉에서는 사법 심사가 가능한 권리와 사법 심사가 불가능한 '지도 원칙'을 구분한다. 〈인도 헌법〉 3장의 '기본적 권리'는 사법 심사가 가능한 소극적 권리를 다룬다. 반면에 사회 정책의 지도 원칙을 나열한 4장은 그러한 지도 원칙이 "국가의 통치에서 본질적"이라고 언급하지만 사법 심사가 가능하지 않은 권리만을 다루고 있음이 분명하다. 예를 들어, 4장 37조는 "국가는 입법 과정에 이러한 지도 원칙을 적용할 의무가 있다."라고 규정해놓고서도 그러한 원칙을 "법원을 통해 관철할 수는 없다."라고 다시 뒤집고 있다.[2] 마찬가지로 〈아일랜드 헌법〉 역시 사회 정책을 위한 지도 원칙을 두고 있는데, 이 지도 원칙이 입법부에 "일반적인 지침을 제공할 의도를 지니고 있다."[3]라고 하면서도, "헌법으로 정해진 그 어떠한 조항도 법원에 의해 이 원칙이

인정되어서는 안 된다."고 규정한다. 〈유럽연합 기본권헌장〉 초안 작성
말기에도 이러한 접근 방식을 채택했다. 원래 헌장의 기초자들은 헌장
에 시민적 · 정치적 권리와 경제적 · 사회적 권리 사이의 인위적인 장벽
을 허물고 두 권리를 통합하려 했다. 그러나 사법 심사가 가능한 적극
적 의무 조항을 신설하는 데 반대한 측에서 마지막 순간에 수정안을 통
과시켜 사법 심사가 가능한 '권리'와, 입법부와 행정부의 행동으로 실
천할 수 있는 '원칙'을 구분해버렸던 것이다. 따라서 〈유럽연합 기본권
헌장〉은 그러한 지도 원칙을 "입법부와 행정부의 행동을 해석하고 그
러한 행동의 합법성을 결정하는 경우에만 사법 심사의 대상으로 인정
할 수 있다."고 규정하게 되었다.[4]

하지만 법조문에 이러한 구분이 나온다고 해서 적극적 권리를 완전
히 배제할 필요는 없다. 시민적 · 정치적 권리도 적극적 의무를 충분히
발생시킬 수 있기 때문이다. 따라서 현실에서는 의무 간의 경계를 확정
짓는 역할을 법원이 맡게끔 되어 있다. 적극적 의무의 사법 심사 적합
성에 반대하는 사람들은, 판사들이 기회만 있으면 입법부의 권력을 찬
탈하려 한다고 생각할지도 모른다. 그러나 실제로 자신의 권한에서 적
극적 의무를 배제하고자 하는 이는 판사들 자신이다. 이때 재판관들이
제시하는 이유는 위에서 말한 것처럼 사법부의 정당성에 대한 일반적
인 우려와 비슷하다. 이런 견해를 가장 강력하게 개진한 것은 아마 미
국의 대법원일 것이다. 1998년 'DeShaney'[5] 판례에서 원고 측 어린이
는 자기 아버지가 자신을 학대하는 것에 대해 국가가 적절한 보호 조치
를 취하지 않았다고 주장하였다. 원고는 〈미 연방헌법 수정조항〉 14조
의 적법 절차 규정(Due Process Clause)을 인용한다. "어떠한 주도 적법
한 절차 없이 사람의 생명, 자유, 재산을 박탈해서는 안 된다." 그러나
위 사건을 맡은 법원은 이 수정조항이, 개인들 사이의 관계를 보호해야

할 적극적 의무를 국가에게 부과한다는 원고 측 주장을 배척하였다. 미 연방 대법원장인 렌퀴스트 판사는 법원의 견해를 밝히면서 다음과 같이 강조했다.

적법 절차 규정의 조문 어디에도 국가가 사인(私人)이 다른 사인의 생명과 자유와 재산을 침범하지 못하도록 보장하라는 내용은 없다. 이 규정은 국가의 행동 권한에 일정한 제약을 가하기 위해 만들어진 것이지, 국가가 사인에 대해 최소한의 보호와 보장을 담보하기 위해 만들어진 것이 아니다. 이 규정은 국가가 '적법 절차' 없이 개인의 생명과 자유와 재산을 박탈하지 못하도록 금지하고 있으나, 그 조문을 확대 해석하여 국가에게 다른 수단을 사용해서라도 그러한 이익의 박탈을 금지하도록 보장하라는 식의 적극적 의무를 부과하는 것으로 보아서는 안 된다. 헌법의 조문을 그런 식으로 확대 해석하는 것은 역사적으로도 근거가 없는 일이다.[6)]

이런 판결을 내리게 된 이유는 적극적 의무라는 개념을 법원을 통해 추구하기보다 정치적으로 해결하는 것이 적절하다고 보는 견해로부터 기인한다. 즉, 선출되지도 않았고, 시민들에게 정치적 책무성도 없는 판사가 선출된 입법가들에게 적극적인 의무를 부과하는 것은 비민주적이라는 말이다. 따라서 렌퀴스트 판사는 다음과 같이 덧붙인다.

위스콘신 주의 주민들은 주 정부와 주 관리들에게 이번 사건과 같은 상황에서 직무 유기 책임을 묻는 사법 체계를 선택할 수도 있을 것이나. 주민들은 자기 주에 그러한 법 체계가 존재하지 않는다면 통상적인 입법 절차를 통해 손해 배상 청구법을 개정함으로써 그러한 사법 체계를 스스로 마련할 수도 있다. 그러나 연방 대법원이 〈연방헌법 수정조항〉의 적법 절차 규정을 확대 해석하여 위스콘신 주 정부에 그러한 의무를 강요할 수는 없다.

영국의 법원 역시 국가의 적극적 의무를 사법 심사 대상으로 간주하는 것에 대해 민주주의 원칙을 들어 반대 의견을 밝혔다. 최근까지만 해도 법원은 인권 관련 소송에서 선출된 국민의 대표들이 내리는 의사 결정 영역과, 판사들이 내리는 의사 결정 영역이 분리되어 있다는 점을 들어 이런 입장을 고수해 왔다.[7] 호프 대법관도 상원에서 한 유명한 발언에서 사법부는 "선출된 입법부의 견해를 민주적 원칙에 따라 존중해야 할 판단의 영역이 있음"을 인정해야 한다고 지적하였다.[8] 서로 구분되는 영역을 판별하는 핵심은 사법부가 '정치적인 것(the political)'과 '법적인 것(the legal)'을 구분하려는 자세에 달려 있다. "어떤 문제가 순전히 정치적이면 정치적일수록(넓은 의미로든 좁은 의미로든) 정치적 해법이 더욱 적합할 것이요……, 반대로 법적인 내용이 크면 클수록 법원의 잠재적인 역할도 커질 것이다."[9]

여기서 '정치적 결정'은 개인의 이익과 사회의 욕구 사이에서 하나를 선택해야 하는 어려운 결정이라고 규정된다.

민주 정치를 직접 담당하는 정치인들은 자신들이 감당해야 할 과업에 대해 어떤 입법적 판단을 내려야 할 것이다. 이는 한 개인이나 집단의 이익, 그리고 다른 개인이나 집단 또는 공동체 전체의 이익 사이에서 균형을 맞춰야 할 때 특히 중요하다.[10]

이런 견해는 서로 다른 견해들이 충돌할 여지가 있는 문제를 결정하는 데 특히 들어맞는다.[11] 예를 들어 "사회 정책 또는 경제 정책 같은 문제를 놓고 보면 민주 사회에서는 사람들의 의견이 나름대로 일리 있는 방식으로 서로 다를 수 있으므로, 이런 경우 나라 전체를 대변하는 선택은 정부와 입법부에 위임하는 것이 적절하다."[12] 도시 계획이나 주택 정책 영역에서도 법원은 이런 문제가 "첨예한 사회적 · 경제적 · 환경적 의미를 지니고 있으므로" 그런 문제에 대해 "법원이 직접 결정을 내리는 것은 부적절하다."고 강조한 바 있다.[13] 따라서 'Poplar' 주택 문제 판례에서 울프 대법관은 다음과 같이 천명하였다. "주택 정책 영역에 존재하는 경제적 문제와 기타 함의는 대단히 복합적이고 그 영향력이 크다. 우리 판단에 따르면 법원은 이런 문제에서 무엇이 공익에 부합하는지를 판단할 때에 의회의 결정을 특별히 존중해야 한다고 본다."[14] 그러나 이 입장과 대조적으로 법원은 자기들이 징역형의 형량을 결정하는 문제에서는 독점적인 권한을 지니고 있다고 믿는다. 스타인 대법관은 'Anderson' 판례에서 다음과 같이 말한다. "우리의 사법 체계에서 범죄로 유죄 판결을 받은 사람의 형량을 정하는 문제는 엄연히 행정부 소관이 아닌 사법부 소관 업무에 속한다."[15]

영국의 판사들은 이러한 구분을 옹호하기 위해, 적극적 의무는 불확정적이기 때문에 이런 문제는 사법 절차보다는 정치적 절차로 결정하는 것이 더 적합하다는 논리를 제시하였다. 이런 견해에 따르면, 법으로 미리 정해진 기준이 없는 문제나 그 문제의 결과에 대해 사람들의 의견이 서로 다를 수 있을 경우에는 정치적 판단 기준에 따라 서로 다른 이익의 무게를 달아보는 식으로 결정을 내릴 수밖에 없다. 그런데 판사들은 그러한 결정을 내릴 수 있는 합당한 수단을 가지고 있지 않다는 것이다. 이런 문제일수록 실제로 이해 관계가 달려 있는 집단에게 의무를 지고 있는 국민의 대표들이 결정을 내려야 하고, 또 그런 결정을 내린 대표들은 유권자에 대해 정치적 책무성으로 자기들이 내린 결정의 결과에 책임을 져야 한다고 한다. 놀런 대법관은 'Alconbury' 판례에서 다음과 같이 지적한다. "행정과 정치의 주체를 선거에 따른 책임성이 결여된 독립적·중립적 기구(사법부)로 대체하는 것은 무질서를 조장할 뿐만 아니라 심각한 반민주적 행동이라 할 수 있을 것이다."[16]

판사들은 또한 '제도 간의 상대적인 권한'이라는 근거에서 양자의 영역을 나누는 것을 선호한다.[17] 이런 견해에 따르면 법원이 사실 관계에 접근하기 어려운 경우에 판사들은 적합한 결정을 내릴 권한이 없다고 한다. 사실 관계를 접하기 어려운 이유는 국가 안보처럼 비밀 유지 때문일 수도 있고, 아니면 경제·사회 정책에서처럼 다루는 범위가 넓고 여러 다중심적 측면들을 고려해야 하기 때문일 수도 있다. 그러나 사법 절차는 일도양단 식의 양극적(bipolar) 절차이고, 어떤 사건이 발생한 후에야 비로소 대응하는 방식의 절차이며, 서로 간의 다툼을 가리는 성격의 절차이므로 판사들은 다중심적 결정을 내리는 데 필요한 광각 렌즈를 갖추지 못하기 마련이라는 것이다. 따라서 원래 남성으로 태어났지만 성전환을 했던 어느 여성의 결혼이 유효한지를 다투었던 'Bellinger' 사건의 경우 "전적으로 의회에서 다뤄야 할" 사안이라는 결정이 났던 적이 있다. 이 사건에서 니콜스 대법관은 다음과 같이 판시하였다. "이 사건을 해결하려면 광범위한 조사, 대중의 폭넓은 논의와 토론이 필요하다. 이 사건에서는 사회 정책과 행정적 타당성에 관련된 쟁점들이 여러 차원에서 제기되며, 그 쟁점들 간의 관계를 평가하고 균형을 잡을 필요가 있다. 그러므로 이러한 쟁점들을 법원과 사법 절차가 다루는 것은 전혀 적절치 않다."[19] 이에 따르면 판사들은 제출된 자료에 나타난 사실만을 볼 수 있을 뿐이고, 따라서 올바른 결정을 내리는 데 필요한 여러 차원의 상이한 쟁점들을 평가할 수 없다는 것이다.[20]

민주주의의 왜곡 — 자기 억제 의무를 우선시함

지금까지 설명한 각종 주장들은 일견 그럴듯해 보인다. 그러나 국가의 자기 억제 의무는 존중할 수 있고 보호해야 하지만 적극적 의무는 그렇지 않다는 주장의 기본 전제는 논란의 여지가 크다. 그중 가장 심각한 폐해는 그런 주장이 보호하려고 하는 민주주의 자체에 비생산적인 영향력을 끼칠 수 있다는 점이다. 그 이유는 법원이 자기 억제 의무에 관한 사법적 권한을 이용해서 적극적 의무 영역에서 내린 민주적 결정 — 예를 들어 복지 정책이나 사회 보장을 포함한 — 을 뒤집을 수 있기 때문이다. 따라서 시민적 · 정치적 권리로 무장한 소송 당사자가 정부에 대해 사회 보장 예산을 삭감하라고 압력을 넣을 수도 있다. 뉴딜 정책 당시 미국의 연방 대법원이 각종 사회적 입법을 위헌으로 판결했던 것이 좋은 사례이다. 'Lochner v. New York' 판례에서[21] 제빵사들의 노동을 일 주일에 60시간 이하로 제한했던 뉴욕 주 법이 사인들 간의 계약 자유를 제한한다는 이유로 위헌 판정을 받았던 적도 있었다. 이 사건을 다룬 법정에서 페컴 판사는 다음과 같이 판시하였다.

> 자신의 사업과 관련된 계약을 맺을 수 있는 권리는 〈미 연방헌법 수정조항〉의 14조에서 보호하는 개인의 자유에 속한다. 이 조항에 따르면 그 어떤 주도 적법 절차 없이 사람들의 생명, 자유, 재산을 박탈할 수 없다. 이러한 권리를 배제할 수 있는 정황이 존재하지 않는 한, 노동을 자유롭게 사고 팔 수 있는 권리는 수정조항에서 보호하고자 했던 자유에 속하는 권리라 할 수 있다.[22]

그러나 홈즈 판사가 소수 의견으로 제시한 것처럼, 이런 판결은 적극적 의무 — 특히 주민들의 생명, 건강, 복리를 보호하려는 의무 — 를 추구하려고 하는 개별 주 법의 민주적 결정을 심대하게 침해하는 판결이다. 〈연방헌법 수정조항〉 14조에 나오는 '자유(liberty)'라는 말을 대다수 여론의 자연스런 합의를 차단하는 데 사용할 때 그 말의 의미는 전도될 수밖에 없다.[23]

최근 캐나다에서 있었던 소송 사례에서 자기 억제 의무만을 우선시하는 법원의 태도가 국가의 적극적 의무 이행을 얼마나 많이 방해하는지 잘 드러났다. 퀘벡 주는 종합적인 공공 의료 보장 체계를 유지하기 위해 민간 의료보험을 금지하는 법을 시행하고 있었다. 그러나 의사와 환자가 함께 소송을 제기했던 'Chaoulli' 판례에서 원고들은 이러한 금지 규정 때문에 자기들이 민간 의료 제도에 대한 접근성을 누리지 못하고, 공공 재정으로 운영되는 의료 제도에서 오랜 기간 대기해야만 했기 때문에 환자의 권리가 침해받았다고 주장했다. 이 사건은 주 당국이 공공 재정으로 운영하는 의료 제도를 제공해야 할 적극적 의무와 사적 계약의 자유를 침해하지 말아야 할 자기 억제 의무 사이의 잠재적인 갈등을 첨예하게 불러일으켰다. 법원은 원고 측의 손을 들어주었다. 다수 의견을 대표해서 바스타라슈 판사는 이 사건의 성격을 '주 당국이 개인의 자유를 침해하지 말아야 하는가'라는 문제라고 규정하였다. "이 사건의 본질은, 자신이 원하는 의료 서비스 — 실제로는 대기 시간 때문에 공공 의료 제도에서는 이용할 수 없는 — 를 누리기 위해서 스스로 비용을 지불할 용의가 있는 퀘벡 주민들이 주 당국에 의해 그렇게 하지 못하도록 금지를 당했는가 여부를 판정하는 것이다."[24]

법원의 이러한 판단은, 캐나다의 모든 시민들을 위해 정부 당국이 의료 보장을 제공해야 할 적극적 의무가 있다는 점을 절실하게 인정하지 않았다. 오히려 이 사건의 1심 법원 판사는 주 정부가 민간 의료 제도를 금지한 이유가 "주민들의 경제 사정에 따른 차별 없이 모든 퀘벡 주민들에게 종합적인 건강을 보장하려는 목적이었으므로, 그러한 조치는 퀘벡의 모든 주민들의 복리를 촉진하기 위한 주 정부의 정당한 행위"였다고 지적한 바 있다.[25] 그러나 대법원은 퀘벡 주의 정책은 일개 주의 하위 정책에 불과하고, 그러한 정책은 그보다 상위에 있는 〈캐나다 권리장전〉 1조의 기준에 비추어 평가해야 한다는 견해를 밝혔다. 대법원의 견해는 퀘벡 주의 조치가 캐나다 헌법의 정신과 부합하지 않는다는 것이었다. 매클래클린 판사는 다음과 같이 강조하였다. "〈권리장전〉은 의료 보장에 대해 별도의 헌법적 권리를 규정하고 있지 않다. 그러나 주 정부가 의료 제도를 시행할 경우 그러한 제도는 헌법 정신에 부합해야 한다."[26]

하지만 차별 없이 모든 사람들의 건강을 보장할 의무가 그 자체로 독립적인 인권 보호 의무 규정으로 여겨졌더라면, 대법원의 판결은 완전히 달라졌을 것이다. 이 판결에 대해 캐나다의 한 인권 변호사는 다음과 같이 논평하였다. "법적 소송으로 경제적·사회적 정의를 추구하자는 주장을 비판하는 사람들은 이 판결을, 법적 정의를 추구하는 사람들이 받아 '마땅한 결과'였다고 쾌재를 불렀을 것이다. 이런 비판자들은 법적 정의를 추구하는 사람들이 멍청하게도, 신자유주의적인 대법원 ― 빈곤층의 곤경에 동정심을 거의 갖지 않는 ― 에 대해 의료 제도와 같은 복잡한 쟁점 영역에서 인권 보장을 촉구하는 우를 범했다고 손가락질할 것이 뻔하다." 그러나 이 변호사는 다음과 같은 말도 하였다. "이 사건에서 법원이 사회권 영역에 개입한 결과로 그러한 다수 의견이 나왔다기보다, 오히려 법원이 사회권 영역의 문제를 회피한 결과로 그러한 판결이 나왔다고 보아야 한다."[27] 어쨌든 이 사례들에서 적극적 의무를 도외시한 채 소극적 의무만을 강조할 때, 두 의무가 충돌할 때마다 소극적 의무만을 선택하는 사법적 편향이 발생한다고 볼 수 있

을 것이다.[28]

구분의 어려움

적극적 의무보다 소극적 자기 억제 의무를 우선시하는 것뿐만 아니라, 사법 심사 대상이 되는 의무와 그렇지 않은 의무를 구분하려는 시도 역시 문제가 있기는 마찬가지다. 왜냐하면 여러 종류의 의무를 쉽게 나눌 수 있다고 가정하기 때문이다. 이 책의 앞부분에서, 모든 권리는 그것이 시민적·정치적 권리이든 경제적·사회적 권리이든 적극적 의무와 소극적 의무를 포함한 모든 종류의 의무를 발생시킨다는 점을 증명한 바 있다. 이들 의무 사이에 분명한 선을 그으면 판사들이 어느 한쪽의 의무만 받아들이고 다른 쪽 의무는 간과하는 일이 벌어진다. 주택정책이나 사회 정책 같은 적극적 의무 영역에 대해서는 은연중 반대하는 판사들이, 공정한 재판을 보장하기 위한 국가의 적극적 조치에는 망설임 없이 지지를 보내곤 한다. 그래서 영국의 대법원인 상원에서는 형사 피의자가 일정한 기한 내에 정식 기소되지 않을 경우 〈유럽인권협약〉 6조에 나오는 공정한 재판을 받을 권리가 침해된 것으로 볼 수 있다는 결정을 내린 적이 있다. 여기서 중요한 점은 이 의무가 적극적 의무이면서 동시에 소극적 의무이기도 하다는 점이다. 공권력의 행위에 의해서 공정한 재판을 받을 권리가 침해될 수 있고, 공권력의 행위가 결여되어도 공정한 재판을 받을 권리가 침해될 수 있기 때문이다.[29] 이런 경우에 법원은 그러한 의무를 수행하기 위해 필요한 자원이 빨리 마련되기를 기대하곤 한다. 이와 반대로 법원은 어떤 권리가 적극적 의무를 발생시키는 것처럼 보여서 — 사실은 자기 억제 의무를 발생시키는데도 — 그 권리를 사법 심사에 부적합한 권리라고 규정할지도 모른다. 이 점은 최근 영국의 항소심 법원에서 일어난 사례로 설명할 수 있다.

어떤 공공 임대주택의 임차인이 주택 관련 법규[30]— 법원이 이유를 따져볼 필요도 없이 임차인의 주택을 차압하라는 명령을 내릴 수 있게 한 — 때문에 〈유럽인권협약〉 8조에 나오는 주거 존중권이 침해받았다고 주장한 것이다.[31] 울프 대법관은 신청인의 8조 1항 권리가 침해를 받았다고 인정하면서도 다음과 같이 말했다.

> 의회가 피고와 같은 정규 임차인들보다 공공 임대주택에서 살아가는 영세민들의 욕구에 더 많은 관심을 보였던 사실에 법원은 각별히 주목해야 한다. 따라서 이런 종류의 결정에서 영국의 〈1998년 인권법〉이 법원에 대해 의회의 결정을 무시해도 좋다고 허용한다고 볼 수는 없다.[32]

그러나 실제로 이 사건의 신청인들은 국가가 주거를 제공할 적극적 의무를 위반했다고 한 것이 아니라, 국가가 이유를 알아보지도 않고 임차인을 공공주택에서 강제 퇴거시키는 것에 대해 국가의 자기 억제 의무 위반 여부를 물었던 것이다.

적극적 의무와 소극적 의무를 나누기가 어렵다는 사실은, 적극적 의무를 지지하거나 배제하는 법원의 결정이, 쟁점이 된 인권의 개념 자체에 달려 있다기보다, 법원이 자유의 의미를 어떻게 이해하고 있는가에 달려 있음을 보여준다. 이 사실은 캐나다의 'Chaoulli' 판례에서 인신 보호 권리가 어떤 식으로 문자화되어 있는지를 살펴보면 잘 나타난다. 〈캐나다 권리장전〉의 7조는 다음과 같이 언급하고 있다. "모든 사람은 생명권, 자유권, 인신 보호권, 그리고 근본적 징의 원리와 부합하는 경우를 제외하고 그러한 권리를 박탈당하지 않을 권리를 지닌다." 대법원은 이 조항이 소극적 의무만을 발생시킨다고 보았지만 아버 대법관은 'Gosselin' 판례에서 소극적 자기 억제 의무는 이 조항의 후반부에서만 나타난다고 주장한다. 이 조항의 전반부인 생명권, 자유권, 인신 보호권은 그 자체로 독립적인 권리이며 그것을 국가가 보장해주어야 한다는 것이다.[33] 그러므로 이러한 권리들이 적극적 의무와 소극적 의무를 발생시킨다고 해석하는 것은 전적으로 법원의 결정에 달려 있다. 그런데도 자유의 의미를 단지 불간섭으로만 해석하는 경향이 있어서 법원이 그 경향에 맞춰 소극적 의무만을 강조하기 쉽다는 것이다. 이 점은 유럽인권재판소의 접근 방식을 살펴보면 더욱 분명히 드러난다. 〈캐나다 권리장전〉과 아주 유사한 방식으로 〈유럽인권협약〉의 2조는 다음과 같이 규정한다. "모든 사람의 생명권은 법에 의하여 보호된다. 어느 누구도 법에 규정된 형벌이 부과되는 범죄의 유죄 확정에 따르는 법원의 판결을 집행하는 경우를 제외하고는 고의로 생명을 박탈당하지 아니한다." 'Osman' 판례에서 유럽인권재판소는 이 조항에 따라 국가가 고의로 그리고 불법적으로 생명을 박탈해서는 안 될 뿐만 아니라, 국가의 관할권 내에 있는 모든 사람의 생명을 보장하기 위해 적절한 조치를 취해야 한다고 판시하였다.[34] 여기서 특기할 사항은 영국의 상원이 〈유럽인권협약〉 3조로부터 국가의 적극적 의무가 도출된다고 결정했던 점이다. "어느 누구도 고문 또는 비인도적이고 모욕적인 처우 또는 형벌을 받지 아니 한다." 'Limbuela' 판례에서[35] 영국의 대법원은 국가가 곤경에 빠진 망명 신청자에게 사회 보장 권리 또는 유급의 고용직을 모색할 권리를 제공하지 못했으므로, 국가가 이들에게 3조에 명시된 권리를 침해했다고 판시하였다. 그 이유는 국가가 이러한 결과를 야기하는 사법 체계에 궁극적으로 책임이 있기 때문이다. 이런 식의 논리에 따르면 미국의 〈연방헌법 수정조항〉에 나오는 적법 절차 조항 역시 적극적 의무를 발생시키는 것으로 해석해야 마땅할 것이다. 미국의 경우, 국가가 사람의 생명을 자의적으로 박탈하지 않아야 할 책임만을 규정하고 있는 것이 사실이다. 하지만 국가의 사회적 역할이 국가의 실제 행동에만 국한되며, 그 역할이 국가가 법적·사회적 권력을 어떻게 행사할 것인지를 결정하는 방식에까지는 확장되지 않는다고 한다면, 그것은 국가 권력의 인과 관계를 매우 협소하게 이해하는 셈이 될 것이다. 국가가 생명권 보호를 위한 조치를 취하지 않는 방식으로 법적인 틀을 구성하기로 결정했다면 그것은, 'Limbuela' 판례에서 인정한 것처럼, 국가가 적극적인 어떤 행동, 즉 인권을 보호하지 않으려는 행동을 한 것이라고 볼 수밖에 없다.

3_사법 심사 재구성과 민주주의의 강화

그러므로 국가의 자기 억제 의무와 적극적 의무를 구분하려는 시도는 비민주적이고 사리에도 맞지 않는다. 그렇다고 이 말이 적극적 의무가 무조건 사법 심사의 대상이 되어야 한다는 뜻은 아니다. 또는 적극적 의무를 사법 심사의 대상으로 두기보다 모든 인권을 사법 심사의 대상에서 제외하는 편이 오히려 일관성이나 논리성을 얻을 수 있는 길이라고 주장할 수도 있을 것이다. 어쨌든 이 절에서는 인권의 사법 심사 적합성에 반대하는 여러 견해, 특히 민주주의적 논거로 그것에 반대하는 견해에 답변을 할 것이다. 그중에서도 그러한 견해에 내재된 흑백 논리를 반박하는 데 치중하려고 한다. 국가의 적극적 의무를 사법 심사 대상으로 삼는 데 반대하는 사람들은 흔히 사법 심사 적합성을 인정하면 법원이 정치 과정에 의한 입법 — 대중의 동의로 이루어진 — 을 무조건 반대하는 절대적인 거부권을 행사할 수 있을 것이라고 단순하게 가정하곤 한다. 하지만 이 책 2장에서 우리는 대중의 동의라는 것이 현대의 민주주의 체제에서 기껏해야 미미한 요소일 수도 있음을 이미 지적한 바 있다. 오히려 적극적 인권 의무의 주된 임무는 민주주의를 강화하는 것이다. 이렇게 본다면 사법 심사 적합성은 그것이 민주주의를 강화한다는 목적에 부합하기만 한다면 적절한 수단일 수도 있음이 드러난다. 그렇다면 여기서 우리의 목표는 사법 심사 적합성에서부터 사법 심사 부적합성에 이르는 기존의 여러 논변들을 재론하기보다, 민주주의 원칙으로 정당화할 수 있는 법원의 역할을 이론적으로 정립하는 것이어야 한다. 그것이야말로 가장 중요한 과제일 것이다. 법원이 어떤 문제를 해결하는 데 반드시 최종적인 권한을 지닐 필요는 없다. 또한 법원이 분쟁을 다루고, 고비용에다, 해결 속도도 더디고, 다중심적 문제를 해결할 능력도 없는 사법 절차에만 얽매일 필요도 없다. 또한 인도의 경험이 말해주듯 법원의 제도적 구조가 항상 고정 불변이라는 법도 없다. 이 절에서는 우선 정당성의 문제를 다룰 것이고, 다음 장에서는 법원의 의사 결정 구조를 바꾸었던 인도의 사례를 검토할 것이다.

민주주의에 근거한 논증 : 사법 심사 적합성의 재구성

적극적 의무와 관련한 법원의 역할을 재구성하는 데 가장 큰 난점은 법원의 그러한 역할이 정당한가 하는 점을 입증하는 데 있다. 또한 여기서 민주주의 원칙에 근거한 반론을 정면으로 다루어야 하는 과제도 생긴다. 아마 그러한 반론 중 가장 설득력 있는 주장은 제러미 월드런이 내놓은 주장일 것이다. 월드런이 보기에 인간에게 가장 근본적인 권리는 집합적 의사 결정에 평등하게 참여할 수 있는 권리이다. 이러한 권리는 사회적·경제적 정책의 틈새에 놓여 있는 문제에만 국한되어서는 안 될 것이다. 오히려 인권에서 말하는 것과 같은 수준 높은 원리를 둘러싼 이슈까지 다루어야 마땅하다.[36]

법철학자 제러미 월드런은 인권을 충족시키기 위한 국가의 적극적 의무를 법원이 판단하게 해선 안 된다고 주장한다. 인권과 같은 수준 높은 원칙의 문제를 판사가 결정하도록 하는 것은 정치적 주체로서 사람들이 지닌 민주적·대의적 역량에 심각한 도전을 가하는 것이나 다름없다는 것이다.

월드런에 따르면 인권의 내용 같은 수준 높은 원칙의 문제를 결정할 권한을 판사에게 맡기는 것은 사람들의 민주적·대의적 역량에 심각한 도전을 하는 것이나 다름없다고 한다. 그러한 권한을 부여받게 된다면 "내년 또는 10년 뒤에 선출될 입법가들이 고안해낼 그 어떤 제안도 오류 또는 저의가 있을 수 있으므로 판사들의 결정을 일반적인 입법 활동이 미치지 못하는 영역에 온전하게 보존해주어야 한다는 말과 다름없게" 된다.[37] 또한 월드런은 우리가 사람들을 자기 권리를 지닌 주체라고 생각하는 이유와 마찬가지로, 우리는 정치적 책임을 지닌 주체로서 일반인들을 신뢰해야 한다고 주장한다.[38]

월드런의 접근 방식은 두 가지 잘못된 전제로 이루어져 있다. 첫째, 사법 심사 적합성이라는 개념이 판사가 어떤 문제의 최종 결정자임을 뜻한다고 잘못 이해하고 있다. 꼭 그래야만 할 이유는 없다. 판사가 최종 권한을 갖지 않더라도 의미 있는 역할을 수행할 수 있다. 둘째, 참여의 권리가 우리 정치 체제에서 대단히 활성화되어 있다고 가정하고 있다. 이런 오해는 민주주의를 단순하게 이해하고, 참여의 행위를 지나치게 이상화해서 보기 때문에 나타난다. 우리는 위의 두 가정을 모두 재검토함으로써 판사의 역할을 재정립하는 것이 가능하고, 그렇게 할 때 판사의 역할은 민주적 참여를 저해하는 것이 아니라, 확대하고 강화하는 것이라고 주장할 것이다.

사법 심사 적합성으로 인해 판사들이 최종 권한을 갖게 되었다고 전제하는 첫 번째 가정은 미국 헌법의 모델로부터[39] 일반화를 끌어내려고 한다. 미국의 대법원은 몇 세기 전에 성문화된 광의의 개방형 문서를 재해석함으로써 입법부의 결정을 번복할 수 있는 힘이 있기 때문이다.

그러나 판사가 최종적인 의사 결정 권한을 갖지 않더라도 국가의 적극적 의무가 의미 있는 방식으로 사법 심사의 대상이 될 수 있다. 영국의 〈1998년 인권법〉이 좋은 예다. 이 법에 따르면 판사는 이미 제정된 법을 뒤집을 수 있는 권한이 없다. 그 대신 인권이 기존 입법에 도전할 경우 판사는 다음 두 가지 중 한 가지 조처를 취할 수 있다. 첫째, 판사는 기존 법률을 법원이 이해하는 인권 개념과 가능한 한 부합하도록 재해석할 수 있으며,[40] 기존 법률을 그런 식으로 재해석할 경우 의회는 그 법을 폐지하거나 개정할 수 있다. 둘째, 판사는 기존 법률이 인권 원칙과 불합치한다는 선언(declaration of incompatibility)을 할 수도 있다.[41] 불합치 선언이 법 자체를 바꾸지는 못하지만 그 법이 개정되어야 한다는 강력한 신호를 입법부에 전달할 수는 있다.

따라서 영국의 〈1998년 인권법〉에서 발생하는 민주주의의 딜레마는, 기존 법률을 완전히 무효로 돌릴 수 있는 권한 — 적극적 의무의 문제를 정치 과정으로부터 완전히 분리할 수 있는 권한 — 을 지닌 판사가 처하게 되는 딜레마와는 질적으로 다르다. 〈1998년 인권법〉에 따르는 딜레마를 해결할 수 있는 핵심 방안은 법원의 결정이 정치 과정 내에서 반영될 수 있도록 하는 것이다. 법원은 불합치 선언을 함으로써 그 문제에 관한 정치 토론을 재개하도록 할 수 있고, 사법 심의 과정을 거쳐 독특하게 얻은 통찰로써 그 토론을 더욱 풍부하게 만들 수 있다. 스콧 대법관이 인정한 대로[42] 이런 점에서 보면 불합치 선언의 취지는 법적이라기보다 정치적인 것이다. 하지만 입법부가 사법부의 판단을 거부하기가 대단히 어렵기 때문에 법원의 불합치 선언은 단순한 선언이 아니라 일종의 거부권에 해당한다고 주장한 사람도 있었다. 하지만 이런 주장은, 법적으로 구속력이 있는 결정과, 상당히 무게가 실리긴 하지만 입법부에서 고려할 수 있는 하나의 요소로서 정치 과정에 포함된 사법부의 견해를 구분하지 못한 데 따른 오해에 불과하다. 영국의 〈1998년 인권법〉은 사법적 고려 사항의 하나로서 정치 과정에 포함된 것이지, 최종 결정으로 제시된 것이 아니다. 이러한 경우는 정치적 참여를 위축시킨다기보다 오히려 확장한다고 보아야 할 것이다.

월드런도 암시하듯이, 설령 판사들이 원칙적으로 기존 입법을 철폐할 수 있는 권한을 지닌다 하더라도 판사의 그러한 권한이 영구적이고 최종적이라는 뜻은 아니다. 세계 각국의 헌법재판소에 따르면 헌법에 규정된 내용에는 개방적 성격의 원칙들도 포함되어 있으며, 그러한 원칙을 어떻게 해석하느냐는 추가 논의에 달려 있다고 한다. 그래서 각국의 권리장전들은 흔히 '살아 있는 나무'라고 불린다. 변화된 사회의 규범과 가치를 사법의 해석 속에 스며들게 하여 헌법의 내용을 시대에 맞게끔 다시 생생하게 살려내기 때문이다. 마찬가지로, 과거에는 소수 의견이었던 판단이라 하더라도 시대가 변하면 다수 의견의 지위를 획득할 수 있음은 잘 알려진 사실이다. 국가의 적극적 의무에서는 특히 이

점이 강조되곤 한다. 적극적 의무는 표제적이고 전향적이고 지속적이어서 가장 강력한 사법적 판단으로 뒷받침을 받더라도 사회의 규범과 가치와 동반자 관계를 이루면서 함께 시행되어야 효과를 발휘할 수 있기 때문이다. 어쨌든 우리가 지금까지 보았듯이 판사들은 정치적 책무성을 지닌 의사 결정자(정치인)들과의 차이점을 스스로 잘 인식하고 있으므로 정치적 의사 결정자들의 자율적 영역을 선선히 인정해주곤 한다. 특히 '합당성(reasonableness)'과 같은 개념 덕분에, 구속력이 높은 헌법적 사안에서조차 판사들과 선출직 정치인들이 의견 교환을 계속할 수 있다. 또한 모든 나라의 헌법 개정이 미국만큼 어렵지는 않다. 예컨대 초기 인도 헌법의 경우, 헌법의 재산권 조항에 따라 일부 사회 정책 입법에 위헌 판결이 나자 의회가 헌법을 용이하게 개정했던 전례가 있다.[43] 이 논란 과정에서 사법부가 관할권을 다시 확보하여 헌법의 '기본 골격'은 바뀌지 않았지만 어쨌든 입법부가 사법부를 통제할 수 있는 가능성을 확인한 탓에 사법부가 정치적 의사 결정에 관여할 수 있는 운신의 폭이 제한되었던 것 또한 사실이다.[44]

사법 심사 적합성에 반대하는 두 번째 주장은 그것이 모든 중요한 결정은 사람들이 스스로 내려야 한다는 민주주의의 기본 전제를 해친다는 논거를 내세운다. 월드런은 모든 인간은 문제를 스스로 숙고할 수 있는 잠재력을 지니고 있으므로 그들의 최종적 의사 결정 능력을 신뢰해야 한다고 주장한다. 그러나 2장에서 이미 다루었듯이 사람들이 실제로 모든 중요한 문제들을 스스로 결정한다고 주장할 만한 근거는 부족하다. 실제로는 더 많은 권력을 지닌 소수의 사람들이 실질적으로 의사 결정을 내리는 경우가 허다하다. 그리고 설령 다수가 실제로 의사 결정에 참여한다 하더라도 그 결정이 소수파의 권리를 침해할 위험성도 있다. 사법 심사 적합성을 반대하는 사람들은, 만일 어떤 정치 체제에 문제가 많아서 보통 사람들의 정치 참여가 제한을 받을 정도라면, 정치 권력을 민중으로부터 빼앗아 법원에 넘겨주는 것이 정답이 아니라, 잘못된 정치 체제 자체를 뜯어고치는 것이 모범 답안이라고 주장한다. 그러나 정치 체제와 사법부를 서로 대립하는 제도로 간주하는 것은 잘못된 비교라 할 수 있다. 앞에서 이미 논증했듯이 인권과 특히 국가의 적극적인 인권 의무는 민주주의의 기초를 보호하기 위해 반드시 필요하다. 예를 들어, 투표권의 실질적 평등성을 보장하기 위해서 경제적·사회적 조건을 충족시키는 것은 투표권의 행사를 위해 반드시 필요한 사전 조치이다.

사법 심사 적합성 : 민주주의적 역할?

그러므로 국가의 적극적 인권 보호 의무를 심사하기 위해 사법부의 민주적 역할을 어떻게 창안할 수 있을 것인가? 앞의 2장에서 민주적 이상을 구현하려면 세 가지 핵심 가치가 필요하다고 주장하였다. 책무성, 참여성, 평등성이 그것이다. 따라서 이 세 가지 측면에서 법원이 모두 일정한 보완적 역할을 수행할 수 있는 한, 법원의 역할은 정당성을 지닐 수 있다.

책무성

책무성이라는 것은 첫째, 원칙적으로 국민의 대표들은 다수 국민의 의사를 따라야 하며, 그러지 않을 경우 유권자들에 의해 권력을 박탈당할 수 있다는 말이다. 둘째, 책무성은 선출된 대표가 모든 사람이 수긍할 수 있는 논증에 의하여, 유권자들에게 자신의 행동을 설명하고 정당화할 의무가 있음을 뜻한다. 법원이 민주주의 원칙을 침해하지 않으면서 국가의 적극적 인권 보호 의무를 강력하게 추동하는 역할을 수행할 수 있다면 그것은 바로 이 둘째 의무를 국가에 강제함으로써 가능해진다. 법원은 선출된 국민의 대표에게 정확히 어떤 결정을 내려야 할지 구체적으로 지정하지는 않는다. 그 대신, 여러 경합하는 원칙 가운데 왜 그 결정을 내려야만 했는가를 국민들에게 설명하라고 요구할 것이다. 의사 결정자에게 자신의 결정 내역을 설명하라고 요구하는 것은, 부정 행위가 일어났을 경우 그들의 정치적 책임을 묻는 것이기도 하고, 여론에 의한 논의를 불러일으키는 것이기도 하다. 데이비드 다이젠하우스(David Dyzenhaus)는 이런 역할이 본질적으로 민주주의라고 설명한다. "모든 공적 권력이 정당성을 갖추려면 그 권력의 소유자가 일반 대중에게 영향을 끼치는 어떤 의사 결정을 내렸을 때 자신의 결정을 합당하게 설명할 수 있어야 한다. …… 권력자들이 그러한 설명을 제시하는지 여부를 철저하게 감독하는 것, 그것이 법원의 특별한 역할이라 할 수 있다."[45]

　이런 접근은 자기 억제 의무나, 적극적 의무에 모두 해당된다. 그러나 적극적 의무를 다루는 맥락일 경우에는 서로 경합하는 원칙의 종류도 더 많고 훨씬 더 복합적이기 쉽다. 적극적 의무일 경우에는, 활용 가능한 여러 선택 지점들이 존재하는 상황에서 어떤 행동을 취해야 하기 때문이다. 일정한 방향으로 행동을 하면 그밖의 정책적 선택이 배제될 수도 있고, 분배를 더 해야 하는 결정을 내려야 할 수도 있으며, 어떤 사람의 몫을 빼앗아 다른 사람에게 나눠주는 조치가 필요할 수도 있다. 또한 구체적인 조치가 내려지지 않은 상태에서 예상 또는 미래 전망에 의존하여 의사 결정을 내려야 할 경우도 생긴다. 이런 일은 적극적 의무의 내용이 표제적일 때 — 예를 들어, 국가에 장기간에 걸쳐 누진적으로 어떤 복지 프로그램을 시행하라는 의무를 부과할 때 — 특히 그리하다. 따라서 법원은 그러한 의사 결정이 판사들이 다루기에는 지나치게 다중심적인 업무라고 간주할지도 모른다. 그런데 실제로는 인권이라는 맥락에서 권리 담론이 지나치게 복잡하다 보니 권력자들의 설명 의무를 더욱 강조하는 것이 점점 더 중시되는 실정이다. 이때 법원의 역할은 의사 결정자를 제치고 자기 결정을 내리는 것이 아니라, 의사 결정자에게 왜 어떤 의무는 여태껏 지키지 않고 있는지, 또 왜 어떤 의무는 지키면서 여타 의무는 무시하는지 등을 묻고 판별하는 것이다.

그러나 이 모든 점은 다음과 같은 질문을 던진다. 즉, 정치인이나 관료에게 자신의 정책이나 행동을 설명하도록 요구하는 것만으로 충분히 책임을 물은 것인가? 설명을 요구하기만 하고 나머지는 모두 정치 과정에 위임하는 것만으로 충분할까, 아니면 판사들이 정치적 정당성의 기준 조건을 직접 설정해주어야 할까? 정치인에게 설명을 요구하는 전자의 접근 방식이 판사들이 정치적 결정에 관여하지 못하도록 하는 최선의 방책이라고 생각할 수도 있다. 이때 기대할 수 있는 최대 효과는 정치인에게 투명성을 요구하는 것이 된다. 겉으로만 보면, 이때 판사들은 가치 판단을 내려야 할 필요성이 없어질지도 모른다. 이런 원칙 자체가 공공의 영역 내에서는, 정치인이 내린 의사 결정의 근거를 사법적으로 따지지 않고 정치적으로 따지는 것이기 때문이다. 이렇게 되면 정치인이 내리는 의사 결정의 본질은 어떤 객관적 기준에 기댈 필요 없이 그 정치인이 대중의 여론에 얼마나 민감하게 반응할 줄 아느냐 여부에만 달려 있는 셈이 된다. 하지만 이런 접근 방식을 취하면 국가의 적극적 의무에서 법적 규범의 가치를 제거할 위험이 발생한다. 적어도 사법 심사 적합성에 관련해서는 그런 결과가 초래되기 쉽다.

이러한 딜레마를 해소하려면 인권의 맥락에서 모든 설명이 책무성에 관한 판단 기준을 충족시킬 수 있는 것은 아니라는 사실을 상기할 필요가 있다. 국가의 적극적 인권 보호 의무와 관련한 사법 심사 적합성의 참된 기능은 단순히 설명을 요구하는 데 그치지 않고, 정치적 의사 결정자에게 적극적 인권 보호 의무를 준수했는지, 준수하지 않았다면 왜 하지 않았는지를 설명하도록 요구하는 것이어야 한다. 그러므로 이런 경우에 그 설명이 적합한 설명이 되려면 판단의 근거가 뿌리를 내릴 수 있는 터전이 미리 마련되어 있어야 한다. 이를 위해 알렉시가 말한, 서로 경합하는 '자명한 원칙들(prima facie principles)'로 되돌아가면 문제를 아주 쉽게 이해할 수 있다. 알렉시는 구속력이 있는 원칙과 구속력이 없는 원칙의 차이는, 어떤 자명한 의무를 충족시키지 않는 것에 대해 합당한 이유를 제시할 수 있느냐의 여부에 달려 있다고 본다. 따라서 그러한 합당한 '이유'는 이 문제와 관련된, 경합하는 원칙이라는 외양을 띠고 있어야 한다. 한편으로 권리 그 자체와 실제적 자유(단지 형식적 자유가 아닌)를 충족시켜야 할 자명한 의무가 존재하며, 다른 한편으로 이것과 반대되는 원칙, 즉 권력 분립이라든가, 입법과 행정의 관할권 구분이라든가 타인의 사회적·법적 권리 존중 등의 원칙이 존재한다.[46] 만일 이런 식의 반대되는 원칙에 근거한 이유가 제시되지 않을 경우 자명한 의무는 확정적인 것이 된다. 이러한 상황에서 법원이 제기해야 할 질문은 그러한 자명한 의무가 충족되었느냐 하는 질문이 아니라, 서로 경합하는 원칙들을 모두 고려해봤을 때 자명한 의무가 얼마나 확정적인 의무로 격상될 수 있을지, 그리고 그러한 고려 과정이 잘 충족되었는지 여부이다.

그러나 여전히 다음과 같은 문제가 남는다. 즉, 경합하는 원칙(예컨대 권력 분립과 같은)을 단순히 언급하는 것만으로 족한지, 아니면 그러한 원칙이 자명한 의무보다 훨씬 더 중요하다는 사실을 입증해야 하는지 같은 문제 말이다. 책무성에 관한 한, 서로 경합하는 자명한 원칙들이라는 기준에 비추어 공개적인 설명을 요구하는 것이, '어느 쪽이 더 소중하냐'라는 질문에 대해 서로 다른 원칙들을 적용하는 것보다 더 중요한 사법적 과제가 된다. 다른 한편으로, 어떤 권리로부터 도출되는 자명한 의무는 그것이 인권에 속한다는 이유만으로도 상당한 무게를 지닐 수 있다. 그러므로 사법 심사 적합성은 하찮은 다른 원칙 때문에 무시될 수 없는 것이다. 그렇다면 책무성이라는 것이 사법부의 의미 있는 여러 역할 중 극히 일부분에 지나지 않음을 확실히 알 수 있다. 인권의 맥락과 관련이 없는 경우 판사는 경합하는 원칙들 사이에서 중립을 지킬 수 있겠지만, 인권 원칙에 여타 공공 정책 원칙과 똑같은 방식으로, 기계적으로 점수를 부여한다면 그러한 인권 원칙으로부터 인권의 내면적 힘을 앗아가버리는 결과가 빚어질 수도 있다. 그러므로 단순히 책무성을 넘어 판사가 사법 심사 적합성이 정당하다는 논리를 시험하기 위해 기준점으로 삼아야 할 다른 민주적 가치가 무엇인지를 고려할 필요가 있다. 이 부분에서 위에서 언급한 둘째 가치(참여성)와 셋째 가치(평등성)를 들 수 있겠다. 지금부터 참여성의 문제를 주로 심의민주주의의 형태를 통해 알아보자.

심의를 통한 참여

사법부의 정당한 역할을 알아보려면 민주적 참여를 증진할 수 있는 방안을 찾아야만 한다. 2장에서 '참여'라는 것이 이해 관계에 근거한 협상의 형태를 띨 수도 있고, 심의민주주의의 형태를 취할 수도 있다고 설명하였다. 이익 집단 간의 협상은 민주주의의 불가피한 요소이긴 하지만 심의를 통해 참여할 수 있는 가능성을 열어 두면 협상력의 불평등 때문에 빚어지는 문제를 극복할 수 있다는 장점이 있다. 또한 2장에서 심의민주주의에서 이해 당사자들이 상대방을 설득하려는 견해의 진정한 근거를 준비해서 협상 과정에 나와야 하며, 반대로 자기 자신도 상대방의 견해가 옳을 경우 설득당할 마음의 자세로 협상 과정에 임해야 한다고 했던 사실을 상기하자. 더 나아가 심의민주주의에서는 사람들이 이미 고정 불변하고 확고한 '선호'를 품고 있다고 가정하지 않고, 심의민주주의를 통해 사람들의 선호를 형성할 수 있다고 가정한다. 심의민주주의 과정에 참여하는 이해 당사자들은 주어진 상황에 맞춰 자신의 선호를 얼마나 조절할 수 있는지, 또는 이미 사회 속의 강력한 힘들에 의해 자신의 선호가 얼마나 영향을 받았는지를 알 수 있으며, 여러 갈래의 관점들이 이미 제시되어 있다는 사실도 깨닫게 된다. 그러므로 심의의 범위를 확대하는 것 자체가 민주주의의 한 목표가 된다. 법원이 적절하게 이런 심의 과정에 적응이 되어 있다고 가정했을 때, 그 법원이 사람들의 의사 결정 과정을, 이익 집단 협상이 아니라 가치를 지향하는 심의로 이끌어서 민주주의 과정을 완벽하게 만들 수 있다고 주장할 수 있을까? 또는 법원이 심의를 위한 포럼 역할을 함으로써 민주주의 과정을 보다 완벽하게 만들 수 있을까?

법원은 심의민주주의 과정의 핵심 특징들을 일부 보유하고 있다. 이 중 가장 중요한 특징은, 권리에 근거한 주장은 이익 집단 협상에서처럼 경제적·사회적·정치적·집합적 권력의 유무에 따라 좌우되지 않고, 이해 당사자들이 자신의 주장을 법원에 설득시킬 수 있는 능력에 좌우된다는 사실이다. 판사는 법원의 심의 과정에 원고 측 또는 피고 측의 견해에 설득당할 가능성을 열어 둔 채 참여해야 하며, 흔히 최종 결론은 양측의 주장을 종합한 것이 되곤 한다. 이렇게 될 때 두 차원에서 심의민주주의가 강화될 수 있다. 첫째, 법원은 그 자체로 심의를 위한 포럼 역할을 할 수 있다. 이것이 반드시 심리 절차에 국한된 자기 완결적 과정일 필요는 없다. 양측의 주장과 판사들의 다수 의견과 소수 의견 등이 모두 넓은 뜻에서 심의 과정에 포함될 수 있다. 둘째, 입법과 행정에서 내린 의사 결정을 이해 관계 협상이 아닌 심의민주주의적 결정으로 이끌어 낼 수 있다. 이렇게 되면 의사 결정자들은 자신의 결정을 단순히 설명하는 것 이상의 행동을 취해야 한다. 더 나아가, 의사 결정자들은 자신의 결정이 심의적 방식으로 이루어졌음을 입증할 책임도 생긴다. 법원은 정치적 의사 결정자에게 자신이 내린 결정의 근거와 그러한 결정에 도달한 심의 과정을 소상하게 밝힐 것을 요구함으로써, 의사 결정자에게 법원 바깥에서도 심의적인 방식으로 결정을 내리도록 유인할 수 있다.

물론 법원과 이상적인 심의 포럼 사이에는 중요한 차이가 있다. 세 가지 차이점이 특히 두드러진다. 첫째는 양자 간 다툼의 바탕에 깔려 있는 '권리'가 그 다툼에서 어떤 역할을 하는가의 차이이다. 심의민주주의에서 영향력 있는 어느 이론에 따르면 심의 과정은 불편부당해야 한다. 이렇게 볼 때, 어느 당사자가 제기한 가치는 그것이 심의 과정 참여자들이 동의할 수 있는 이성적 근거에 의해 뒷받침될 수만 있으면 그 가치의 내용과 상관없이 일단 수용될 수 있다. 그런데 어떤 헌법적 권리가 객관적으로 이미 존재한다면 그러한 심의 원칙에 어긋나는 것이 될지도 모른다. 심의의 기본 전제는 어떤 가치의 타당성이 아니라 그 가치의 의미만을 일단 따져보겠다는 것인데, 헌법적 권리라는 가치가 존재하게 되면 이미 결정되어 있는 기존의 가치를 심의 과정 내에 제시하는 셈이 되기 때문이다. 그러나 1장에서 주장했듯이 엄밀한 의미에서 불편부당성은 불가능한 이상에 지나지 않는다. 그러므로 심의적 맥락에서 미리 결정된 기존의 가치가 전혀 존재하지 않는다면 심의 과정 자체가 교착 상태에 빠질 수밖에 없다. 예를 들어, 심의에 제출되는 모든 주장들이 자신뿐만 아니라 타자와도 관련되어 있어야 한다면, 그리고 그러한 주장들 중에서 선택을 내리는 데 필요한 판단 기준으로서 모든 사람을 설득할 수 있는 이성만이 유일하게 존재한다면, 결국은 풀기 힘든 의견들의 차이만 남을 뿐 어떤 결정에 이를 수 있는 타개책을 발견할 수는 없다. 선스타인 역시, 같은 의견을 지닌 사람들로만 이루어진 심의는 특정한 견해, 어쩌면 일방적이고 극단적인 견해를 강화하기만 할 수도 있음을 보여주었다. 이때 인권의 가치는 이런 교착 상태에서 벗어날 수 있는 길을 제시해준다. 인권의 바탕에 깔린 가치들이 이전 시대를 거치면서 형성된, 넓은 의미에서 역사적 심의 과정의 산물이기 때문이다. 이렇게 되면, 법원에서 이루어지는 심의는 이미 존재하는 역사적 합의를 전제로 한, 추가적 논의가 되는 셈이다.

월드런은 헌법에 보장된 인권이 이러한 역할을 수행할 수 있음을 받아들이지 않는다. 그 대신, 기존의 법적 문헌을 참고한다는 것은 심의 과정을 왜곡할 뿐이라고 주장한다. 법적 문헌을 참고하게 되면 그 문헌에 포함된 법적 개념의 준거 틀 안에서 심의 과정을 진행해야 하기 때문이라는 것이다. 월드런은 미국의 경우를 예로 들면서 낙태 관련 논쟁을 거론한다. 미국 헌법에서는 낙태를 직접 언급하지 않으므로, 이 문제를 다룬 법원의 심의는 월드런이 보기에는 곁가지에 지나지 않는 문제에만 초점을 맞춘 것이다. 예를 들어, 몇 세기 전에 나온 케케묵은 문헌에 규정된 사생활의 권리 또는 외부 간섭으로부터 자유로울 권리 따위의 문제만 거론했다는 것이다. 그러나 앞에서 이미 보았듯이, 인권 가치를 결정하는 과정은 계속 이어지는 것이며, 어떤 특정한 인권 문헌 속에서만 찾을 수 있다는 식의 고정관념에 얽매일 수 없는 과정이다. 인권 문헌의 역할은 인권 논의를 인권적 가치에 묶어 두는(anchor) 것이지 인권 논의의 최종 결론을 내리는 것이 아니다. 인권 문헌은 자명한 원칙들 ― 그 의미와 무게를 지속적으로 탐구해야 하는 원칙들 ― 을 강조하는 역할을 한다. 그러므로 이러한 인권 논의가 다양한 형태의 심의 포럼에서 이루어져서 안 될 이유가 없다. 그러한 심의적 포럼에는 당연히 법원이라는 공론의 장도 포함된다.

두 번째 차이는 소송 당사자 자신과 관련이 있다. 어찌 보면 법원을 통한 소송 행위는 민주주의를 증진하기보다 후퇴시키는 것 같다. 이미 투표를 통해 결정된 사안을 놓고 소송 당사자에게 또 한 번의 투표 기회를 부여하는 것처럼 보이기 때문이다. 그러나 개인이 반드시 투표 행위만을 통해서 정치적 의사 결정에 참여해야 한다는 논리는 있을 수 없다. 어떤 사람이 어떤 결정에 의해 실제로 영향을 받는다면, 그 사람이 모든 의사 결정 과정에 참여할 수 있어야 민주주의 원리에 맞는 것이다. 즉, 자기 자신의 특정한 상황을 결정하는 법적 심의 과정과 국민의 대표인 정치적 의사 결정자들을 인도할 가치를 선택하는 정치적 투표 행위, 양자에 모두 참여할 수 있어야 한다.[47]

이보다 더 논쟁적인 반대 입장에 따르면, 법원은 민주적 참여를 증진하기는커녕 엘리트들이 그들의 막강한 지위를 더욱 강화할 수 있는 활동 무대에 불과하다고 한다. 소송은 비용이 많이 들고, 시간만 끌기 쉬우며, 일반인에게 생소한 언어로 진행되어 대다수 사람들이 가까이할 수 없는 과정이기 때문이라는 것이다. 따라서 소송 당사자들이 법적 소송을 통해 우회적으로 정치 과정에 참여할 수 있다면 그것은 완전히 대의민주주의적인 원칙과 어긋나는 방식으로 진행되기 쉽고, 소송을 끌고 나갈 수 있는 재력과 의지가 있는 사람들에게만 유리하게 진행되기 마련이라고 한다. 현행 법원 제도 가운데 많은 경우에 이러한 비판이 타당할 것이다. 그러나 이런 비판만이 사법 심사 적합성의 모든 특징은 아니다. 만일 법원이 심의를 위한 포럼으로서 진지하게 받아들여지려면 우선 법원 내의 평등성과 접근성이 해결되어야 한다. 그것을 위해 법률 구조, 평이한 언어 사용, 절차와 기조의 간편성과 접근성 등을 고려할 수 있을 것이다. 법적 소송이 민주주의를 보완하려면 통상적인 민주 절차에 온전히 참여하지 못했던 사람들에게 소송을 통한 참여의 기회를 부여하는 방식이 되어야 하며, 이미 기존의 민주 절차를 통해 자신의 의사를 잘 반영할 수 있었던 사람들에게 추가로 참여할 기회를 부여하는 식이 되어서는 안 된다. 뒤에서 보겠지만 인도의 사법부는 사회에서 가장 소외된 계층에게 법원의 문호를 개방함으로써 인권 증진을 위한 법적 담론에 크게 기여한 바 있다.

다른 한편으로, 반드시 정치 과정이 법적 소송보다 더 접근성이 높고 평등한 통로를 제공한다고 생각해서도 안 된다. 엘리트들은 법정에서만 의사 결정을 지배하고 조종하는 것이 아니다. 특히 이해 관계의 협상과 관련된 정치 과정은 엘리트들의 지배와 조종 앞에서 무력해지기 쉽다. 이런 점을 고려한다면 적극적 인권 보호 의무를 사법 심사의 대상으로 삼는 행위는 불평등을 조장한다기보다 오히려 불평등을 시정할 수도 있다. 적극적 의무의 핵심 목표는 모든 사람들이 정치 과정 내에서 자신의 권리를 행사하고 불평등을 완화할 수 있게끔 보장하는 것이다. 이런 점은 정치 과정 자체로는 오히려 실현되기 어려운 기능이라 할 수 있다.

세 번째 차이점으로 '당사자주의적 재판 과정'을 들 수 있다. 어떤 면으로 보면, 당사자주의적 재판 과정은 심의민주주의의 준거 틀과 정반대인 것처럼 생각된다. 원고 측과 피고 측은 완전히 공세적이거나 완전히 방어적인 자세로 법원에 나오기 쉽고 당사자 중심의 완고한 입장에서 법원을 설득할 목적만 지니고 있기 십상이다. 이는 통상적인 민사 재판이나 형사 재판에서 흔히 볼 수 있는 광경이다. 그러나 인권과 관련된 분쟁은 보통법(Common Law) 절차의 특징인 양극화된 다툼을 초월하는 방식으로 구성될 수도 있다. 특히 재판 진행과 소송 참가 규정을 조절하여 여러 광범위한 관점들이 논의에 포함될 수 있도록 조치할 수도 있다. 이런 점은 심의민주주의에서 흔히 약점으로 인정되는, 모든 참여자들이 다 똑같은 식으로 자기 의견을 진술하고, 다 같은 식으로 현실을 인식한다는 가정을 시정할 수 있다는 장점이 있다. 재판의 심의 과정을 최대한 개방하여 이해 관계가 있는 여러 다양한 집단들에게 참여 기회를 부여하면 각종 다양한 관점이 심의 내용에 포함될 수 있도록 보장하는 길이 열릴 수 있다. 또 이렇게 하면 적극적 의무와 관련된 재판 ― 권리를 지닌 주체에게 즉각적인 혜택이 돌아가지 않을 수 있는 ― 절차에서 소송 당사자들의 역할을 명확히 규정할 수도 있다. 예를 들어 어떤 권리가 단순히 표제적이고 미래 지향적인 경우에는 재판에서 이긴다 하더라도 국가에 대해 그러한 방향으로 정책을 시행할 의무를 부과할 뿐, 소송에서 이긴 측에게 개별적으로 구체적인 혜택을 즉각 제공하지 않을 가능성도 있다. 이런 경우, 권리를 지닌 측이 자신에게 유리한 요구를 즉각 주장할 수 있다기보다, 여러 참여자들이 심의 절차에 대해 특정한 심의적 해결책을 제시하는 역할을 맡는다고 생각할 수도 있다. 공화주의적 관점에서 보자면 이런 종류의 공익 소송은 시민 참여의 한 방법이고 시민적 덕성의 한 측면이라고 규정할 수도 있다.

물론 소송 과정에서 벌어지는 다툼이 너무 치열해서 소송 당사자들이 심의 과정에 참여하면서 자신의 입장을 바꿀 수 있는 여지가 아예 없을 가능성도 있다. 이런 경우라 하더라도 법적 심의 과정을 전체로 본다면 법원의 심의적 기능을 여전히 옹호할 수 있다. 법적 심의 과정의 결과를 전체적으로 보자면 판사들이 현명하고 합리적인 논증에 기반을 두고 심의를 진행했다고 볼 수도 있다.[48] 그렇다면 공적 활동 무대에 심의 과정의 기록이 포함될 수 있을 것이고, 그렇게 되면 그후 다른 사람들이 그 기록에 의지해서 더 많은 논의를 전개할 수도 있을 것이다.

이 점은 인권 관련 소송과 심의민주주의적 모델을 화해시켜야 하는 가장 큰 난제를 우리에게 부여한다. 결국 판사가 이 역할을 맡아야 한다. 만일 법원의 심의 과정을 민주적으로 만들려면 심의 참여자들이 스스로 논의에 참여해서 타인을 설득하거나 스스로 설득당할 수 있음을 목표로 삼아야 한다. 이렇게 하려면 자신의 의사 결정 권한을 판사에게 무조건 위임할 것이 아니라 심의 과정 자체에 참여해야 한다. 이와 동시에 법원의 역할이 넓은 의미의 정치 과정에서 적절한 심의를 강조하는 것이라는 점을 부각함으로써 이런 문제에 대한 해결의 실마리를 찾을 수 있다. 따라서 국가의 적극적 의무를 사법 심사의 대상으로 삼는 행위의 핵심적 기능은, 국가가 법원에 대해 그리고 더 일반적으로는 소송 당사자와 대중에 대해, 국가가 내린 결정의 근거와 어떤 특정한 수단을 채택해야만 했던 이유를 설명하고 정당화하도록 요구하는 데에 있다. 국가가 제시하는 적절한 설명이 특정한 사적 이익에 근거해서는 안 된다. 따라서 국가의 설명은 공적으로 정당화될 수 있는 내용이어야만 한다. 다시 말해, 국가의 적극적 의무를 판별하기 위해 사법 심사가 그 과정에 개입하는 이유 중에는 심의 과정을 다시 활성화하려는 시도도 포함되어 있는 것이다.[49] 하버마스는 사법부의 개입이, 법원이 민주주의 과정을 대체함으로써 정치 정당성의 토대에까지 과도하게 개입하는 것으로 해석되어서는 안 된다고 지적한다. 그 대신 "한편으로 여러 형태의 심의에서 최선의 논증이 중요한 역할을 할 수 있도록 법원이 보장한다는 의사 소통적 추정과 다른 한편으로 공평한 협상 조건을 보장해주는 절차, 이 두 가지 점이 법원의 정당성의 원천을 이룬다."[50]

그러나 심의 과정을 거친다고 해서 법원에 주도성이 전혀 없다고 할 수는 없다. 하버마스가 주장하듯이 어떤 심의 과정에서건, 소송 당사자

심의민주주의를 주장하는 독일의 사회학자 위르겐 하버마스. 법원은 인권 관련 소송에서 국가의 적극적 의무를 사법 심사의 대상으로 다룰 수 있다. 민주주의에서 의사 소통 절차를 중시하는 하버마스는 사법부의 개입이, 법원이 민주주의 과정을 대체함으로써 정치 정당성의 토대에까지 지나치게 개입하는 것으로 해석되어서는 안 된다고 지적한다.

들을 위해서 그리고 법원이 어떤 기대치를 내놓음으로써 국가를 포함한 여러 주체들이 자신의 결정과 행동에 착수하도록 하려면 법원과 같은 주체가 시간의 제약 속에서 그 사건을 종료해야 할 필요성이 있기 때문이다. 그렇다면 사법적 결정 역시 언젠가는 바뀔 수 있음을 전제로 하는 계속 심의의 원칙, 그리고 어떤 시점에 일정한 결론을 내리고 사건을 종료해야 하는 법적 소송 사이의 역설을 해소해야 할 과제를 짊어지고 있다. 판사가 인권적 가치의 의미를 해석하는 궁극적인 판정자가 될 수는 없으며, 최종적인 의사 결정자로서 고정된 역할만을 수행해서는 안된다는 점도 명백하다. 그러나 법원은 법정에서 내려진 판결을 강행할 수 있는 위치에 서야 하고, 합의된 기대치와 일관성 있는 기준을 창출할 수 있는 위치에 서야 하는 것 또한 사실이다. 여기서 전향적인 해결 방법을 찾자면, 법원에서 내린 판결을 그 시점에 구속력이 있는 결정으로 간주하되, 장기적으로는 심의민주주의의 역동적인 논의의 장을 통해 그 판결 역시 개정 가능하다는 점을 인정하는 정도일 것이다. 의사 결정이 이루어지는 시점에 그것에 대응되는 의무도 확정되며, 그 판결의 결과에 따라 국가는 어떤 의무를 수행하도록 요청받거나 어떤 행동을 수행하지 않아도 된다는 결정을 받는다. 그러나 특정한 판결이 내려졌다고 해도, 넓은 의미로 보자면, 그것은 계속되는 개정 과정 ― 의회를 통하든, 판례법이나 대중 여론에 의하든 간에 ― 의 일부라고 해야 마땅하다. 이 점은 보통법 체계의 일반적인 분쟁에서 법원이 간여하는 역할과 별로 다를 바 없다. 일반적 분쟁에서도 의회가 법을 개정해 법원의 판단을 변경할 수 있지만, 나중에 법이 바뀌었다고 해서 이전에 이미 내려진 법원의 구체적 사건 결과가 번복되지 않는 것과 같은 이치이다. 마찬가지로 법원도 계속되는 심의 과정의 일부로서 자신의 견해를 바꿀 수 있다. 그러나 이런 경우 '안정성의 원칙(Principle of stability)'에 따라 변화의 속도가 점진적이어야 하며, 정부 관리나 일반 시민들이 상식적으로 일정한 규칙에 따라 안정된 삶을 꾸려 나갈 수 있을 정도의 속도를 지켜야 한다. 이것을 '선례의 지배(rule of precedent)'라고 하며, 법원은 이러한 제약 안에서 자신의 결정을 번복할 수 있다.

평등성과 대의제 강화 이론

국가의 적극적 의무를 사법 심사의 대상으로 삼을 때 현대의 대의민주주의 체제에서 사람들의 영향력과 목소리가 평등하지 않은 현실을 해결할 수 있는 잠재력이 생긴다. 소수자들이 정치 과정에서 배제될 때, 또는 그들의 목소리가 조직적으로 침묵을 강요당할 때, 대의민주주의는 제대로 작동하지 못한다. 그렇다면 법원의 민주적 역할은 이러한 문제를 해결하는 것이며, 사법의 기능이 정당성을 지닐 수 있는 것도 바로 이 같은 역할을 수행하기 때문이다. 이런 식의 접근은 유명한 'Carolene Products' 판례에서 비롯되었는데, 이때 미국 대법원이 지적하기를, 판사들은 "바람직하지 못한 입법을 폐지할 수 있다고 일반 대중이 흔히 기대하는 정치 과정", 그리고 "특정한 종교, 소수 민족 또는 인종 소수자들을 겨냥한" 법, 또는 "배제되고 소외된 소수자에 대한 편견"을 반영하는 법을 특별히 철저하게 검토해야 한다고 했다.[51] 이 사건에서 영감을 얻은 존 하트 일리(John Hart Ely)는 사법 심사가 '대의제를 강화'하는 기능을 해야 한다고 주장한다. 이렇게 할 때 법원은 스스로의 정당한 한계를 벗어나지 않으면서 민주주의를 떠받치는 역할을 수행할 수 있게 된다.

일리의 이론은 민주주의의 이익 협상적 측면을 감안할 때 특히 적합한 이론이다. 일리는 이익 집단 협상을 아무런 보호 장치 없이 내버려 두면 강자들에게 유리한 결과가 나오기 쉬우므로 사회 내 일부 약자 집단은 권력을 공유할 수 있는 가능성으로부터 영구히 배제되어버린다고 지적한 바 있다. 이런 관행은 민주주의 과정에서 심각한 역기능을 수행한다. 엘리는 다음과 같은 때에 그러한 현상이 발생한다고 말한다.

(1) '내부자'는 정치 변화의 통로를 차단함으로써 자신은 계속해서 내부에 남고, 외부자는 계속해서 외부에만 머무르도록 만든다. 또는 (2) 어느 누구도 실제로 발언권이나 투표권을 박탈당하지는 않지만, 다수 유권자에게 신세를 진 국민의 대표는, 아주 단순한 적개심에서 혹은 공통된 상호 이익의 영역이 있다는 점을 선입견에 따라 배제해버림으로써, 다른 집단에게는 허용하는 보호 조치를 유독 어떤 소수 집단에게는 허용하지 않는 일이 발생한다.[52]

바로 이 지점에서 사법 심사가 제 역할을 할 수 있다. 사법 심사는 대의제 과정을 진정으로 자유롭게 운용할 수 있는 절차적 장치를 제공함으로써 대의민주주의가 제대로 작동할 수 있도록 도울 수 있으며, 대의제에 참여하는 모든 주체들이 평등한 대우와 존중을 받을 수 있도록 보장할 수 있다.

대의제 강화 이론(representation reinforcing theory)은 적극적 인권을 사법 심사의 대상으로 삼을 때 그것이 민주주의를 저해하는 것이 아니라 민주주의를 강화한다고 주장하는 점에서 가치가 있다. 그러나 일리가 제시하는 대의제 강화 이론은 몇 가지 심각한 결함이 있다. 우선 일리의 이론은 사법 심사가 가치 중립이거나 불편부당할 때에만 정당하다고 전제하는 우를 범하고 있다. 일리는 대의민주주의에서 "어떤 가치를 결정하는 일은 전적으로 우리가 선출한 대표들이 수행해야 할 몫이다. 만일 다수 대중이 그들의 대표가 결정한 가치에 동의하지 않는다면 그 대표를 공직에서 제거해야 한다."라는 가정을 근본적인 진실로 받아들인다. 이런 입장 때문에 일리는 대의제 강화 이론이 실질적 내용과는 관계 없는, 단지 절차에 한정될 뿐이라고 주장한다. 즉, 사법 심사가 대의제 과정을 자유롭게 운용할 수 있도록 하는 목표를 지향해야 하지만 어떤 특정한 결과를 산출하겠다는 목표를 지향해서는 안 된다는 입장인 것이다. 그런 입장을 취하면 민주적 의사 결정의 기능을 부당하게 찬탈하는 결과가 나오기 때문이라고도 한다. 일리는 분배 정의의 문제에서 특히 이 점을 강조한다. 그는 분배 정의의 맥락에서 사법 심사는, 혜택과 부담을 분배하는 '절차'가 진정으로 대표성을 띠도록 보장만 하면 된다고 분명히 선을 긋는다. 이때 실제 분배의 내용은 사법 심사가 아닌 정치 과정이 담당해야 한다고 말한다. "재화와 권리와 특별 면제 등의 혜택 — 그것이 정치적 참여에서 본질적인 내용이 아니며, 헌법에서도 명시적으로 규정되어 있지 않을 경우 — 은 물론 대단히 중요하긴 하나, 헌법적인 관점에서 보면 정당성이 없다고 말할 수 있다. 그리고 그러한 혜택의 분배에 따르는 문제는, 그 혜택의 내용과는 상관없으며, 혜택을 시행하는 과정에 내재되어 있다고 보아야 한다."[53]

　　그러나 절차와 결과를 엄밀하게 구분하는 이러한 접근법은 유지되기 어려운 관점이다. 1장에서 보았듯이 일반적으로 말해 정치와 사회에 대한 효과적인 참여 여부는 자원에 대한 접근성에 달려 있기 마련이다. 만일 사법 심사가 대의제를 강화하는 데 진정한 역할을 하려 한다면 혜택을 분배하는 행위를 헌법적으로 정당하지 않은 것이 아니라, 정치 참여의 본질적인 내용으로 보아야 할 것이다. 사법 심사가 민주주의적 의미에서 정당한 것이 되려 한다면, 법원의 적극적인 평가 행위 역할을 거세하는 것은 가능한 일도, 필요한 일도 아니다. 인권은 전 사회가 준수하게끔 되어 있는, 일정한 선행(先行) 의지적 가치를 나타낸다. 그렇다면 민주주의 제도 자체도 인권이 헌신하는 여러 가치에 속하는 하나의 가치라고 볼 수 있다. 물론 그렇다고 해서 모든 가치가 사법 심사의 정당한 대상이라는 말은 아니다. 민주주의를 증진하는 특정한 가치들만이 정당한 사법 심사의 범위 내에 존재할 뿐이다.

　　또한 일리의 이론은 그것이 기반하고 있는 다원주의 모델에 의해 제한된다는 결함을 지니고 있다. 일리는 조직적으로 배제의 대상이 되는 소수자와 다수결 투표제에서 언제든 나타날 수 있는 일시적인 패자들(소수파)을 구분하기 위해, 사법 심사의 대의제 강화 기능은 오직 '명백히 구분되는 특정한 소수자 집단'만을 목표로 삼는다고 주장한다. 일리는 'Carolene Products'[54] 판례를 인용하면서 "명백히 구분되는 특정한 소수자 집단"이란 "도저히 합리화될 수 없는 이유 때문에 다원주의의 장으로부터 배제되는 사람들"[55] 그리고 "그들의 욕구와 희망을 선출직 관리들이 해소해주려고 하지 않는 소외된 사람들"[56]이라고 주장한다. 이런 관점은 사회의 모든 집단이 공통의 이익을 중심으로 조직될 수 있고, 따라서 그들 모두가 효과적인 협상 지위를 획득할 수 있다고 가정한다. 또한 일리는 대의제의 결함을 집단에 근거한 문제라고 설명한다. 그러나 브루스 애커먼(Bruce Ackerman)이 보여주듯 '다원주의의 장'에서 실제로 성공할 가능성이 가장 낮은 집단은 다른 사람들과 명백히 구분되지도 않고, 특별히 확정 짓기도 쉽지 않은 사람들이다. 이런 집단은 명백히 구분되지 않고 모래알처럼 흩어져 있기 때문에 타 집단과 경쟁하기 위해 조직화하기가 아주 어려운 집단이다. 자원에 대한 접근성이 가장 낮은 집단일수록 조직화되지 않고 흩어져 있기 쉬운데, 바로 이들이야말로 사법 심사 — 정치 과정의 공평성을 보장해주는 — 에 가장 큰 기대를 걸어 마땅한 집단이라 할 수 있다. 애커먼이 결론짓듯이 이익 집단 정치에 관한 문제 의식이 흐려지면 "민주주의의 다원적 과정을 개선하기가" 사실상 불가능해진다.[58]

또한 일리의 이론은 민주주의를 다원주의로 설명하는 것 — 민주주의가 이익 집단 협상으로만 이루어져 있다는 식의 — 이상의 통찰을 제공하지 못한다. 물론 민주주의의 의사 결정에서 이해 관계에 따른 협상은 중요한 일부이긴 하지만 그것만이 유일한 민주적 조율 형태라면 실제적인 권력을 지니지 못한 사람들의 이익은 결코 적절한 조명을 받을 수가 없다. 게다가, 의사 결정을 오로지 이해 관계에 근거한 것으로만 묘사해버리면 이해 관계 조정과 상관없이 존재하는 집단적 가치나 포부는 무시되는 결과가 빚어진다. 또한 이렇게 되면 판사가 이해 관계 협상에 내재된 불균형을 시정하기 위해 사용할 수 있는 원칙 있는 기준이라는 것도 사라진다. 왜냐하면 이해 관계 협상이라는 개념 정의 자체가 당사자들의 역학 관계에 달려 있기 때문이다. 그 대신 의사 결정에서 진정한 평등성에 대한 의지를 살리려면, 사법 심사의 대상이 될 수 있는 국가의 적극적 의무가 반드시 어떤 실질적 가치에 근거해야 하며, 이런 가치는 "다원주의적 정치인들이 협상할 수 없는 어떤 절대적" 원칙이 되어야 한다.[59]

대의제 강화 이론은 민주적 의사 결정으로부터 배제되는 소수자의 문제를 어떻게 해결할 것인지가 불분명하다. 소수자들에게 목소리만 부여하면 될 것인가, 아니면 소수자들의 주장에 적극적으로 편을 들어주어야 하는가? 첫째 제안을 위해서는, 다수파가 소외된 집단의 이익을 절차적으로 고려해주기만 하면 된다(일리 식으로 말한다면 '가상적 대의'). 하지만 이때 다수파가 소수파의 이익을 고려한 후 결국 원래대로 결론을 내려버리면 실제로는 아무 소용이 없게 된다. 둘째 제안대로 하면, 사법부에게 그 문제를 민주적 의사 결정으로부터 제외할 수 있도록 허용해주는 결과가 나올 수도 있다.[60] 물론 이런 식으로 하면 민주주의를 전복시킬 위험이 따른다.

그럼에도 대의제 강화 이론은 법원이 민주주의에 기여할 수 있는 잠재력을 높이는 데 필수적인 요소임은 분명하다. 일리의 접근에서 발견되는 맹점은 두 가지 방법으로 극복할 수 있다. 첫째, 절차에만 초점을 두는 그의 입장에 내재되어 있는 중립성에 대한 과신을 넘어서는 방법이 있다. 그 대신 소수자를 보호하는 데 평등성의 실질적 가치를 공개적으로 옹호해야 한다. 영국의 헤일 상원의원의 발언을 들어보자. "인권과 관련된 모든 법 제도의 목적은, 소수 집단이 다수파에게 인기가 없는 집단이더라도 소수 집단 구성원들의 핵심 권리를 보호해주는 데 있다. 민주주의는 다수파가 평등을 지지하지 않더라도 모든 사람들의 평등을 소중히 여기는 제도이다."[61] 평등은 또한 통상적으로 민주주의에 도움이 된다. 미국 대법원 잭슨 판사의 유명한 언급을 들어보자.

> 자의적이고 불합리한 정부를 방지하기 위해서, 법의 원칙 — 관리들이 소수파에게 강요하곤 하는 — 이 모든 사람에게 공평하게 적용되도록 하는 것보다 더 효과적이고 실용적인 방법도 없다. 반대로, 관리들이 마음대로 소수 집단을 찍어서 편파적으로 법을 시행하고서도 정치적 심판을 피할 수 있는 것 — 다수파에게 그렇게 했다가는 분명히 심판을 받았을 것이 분명한 사안에서 — 만큼이나 관리들이 자의적인 행동을 마음대로 할 수 있도록 보장해주는 방법도 드물다. 법원이 법의 정의를 보장하기 위해서 법 절차를 공평하게 시행하는 것을 넘어, 법의 내용 속에서 평등을 실현하는 것보다 더 좋은 조치를 찾아보기는 어렵다.[62]

둘째, 다원주의적 접근을 개선하는 데에서 한 걸음 더 나아가, 이해관계 협상이 언제나 권력의 불평등성을 반영할 수밖에 없음을 인정하는 선까지 치고 나가는 방법이 있다. 다원주의적 민주주의에서는 정치과정을, 각종 집단들이 자신의 이익을 증진하기 위해 경쟁하는 과정으로, 그리고 최종적으로 누구의 이익을 선택할지를 결정하기 위해서 다수결의 원칙이 반드시 필요한 과정으로 묘사하곤 한다.[63] 그 대신 앞에서 본 대로 법원의 역할은 심의민주주의를 증진하는 데 있다. 이익 집단들은 언제나 불평등하겠지만 심의민주주의에서는 참여의 평등성을 배양해야 한다. 하지만 그렇게 하기 위해서라도 법원의 개입이 필요하다. 심의민주주의 과정에 참여하는 모든 주체들이 모두 논리 정연하지는 않을 것이고, 자신의 관점을 피력하고 타인을 설득하는 기술이 모두 똑같지는 않을 것이다. 심지어 모든 사람들이 심의적 포럼에 참여하려 들지도 않을 것이다. 인권 관련 소송에서 법원이 가장 약한 집단의 목소리도 잘 들릴 수 있도록 보장해주고, 모든 사람들에게 똑같은 수준의 설득력을 보장해줄 때에만 법원은 정당한 민주적 역할을 수행한다고 할 수 있다. 따라서 프랭크 미켈만(Frank I. Michelman)은 헌법재판소가 "그전까지 배제되었던, 새로운 자의식을 지닌 사회 집단들의 목소리를 심의 과정에 포함시키기 위해 노력해야 한다."라고 주장한다.[64]

법적 소송을 심의민주주의적 맥락에 위치시키면 소수파를 얼마나 비중 있게 다루어야 하는지에 관한 문제를 해결할 수 있다. 사법적 판단에서 소수파에게 거부권을 부여할 필요까지는 없다. 하지만 약자 집단의 이익을 단순히 고려하기만 했다고 해서 심의가 충분히 달성되었다고 보아서는 안 된다. 오히려 사법 심사의 목표는 소외 집단이 심의 과정에서 평등한 역할을 맡을 수 있도록 보장해주는 것이 되어야 한다. 그렇게 하려면 소수파의 주장을 다수파의 관점만큼이나 진지하게 취급하고, 타인을 압도하는 힘이 아닌 타인을 설득하는 힘으로 심의적 결론에 이르게 해야 한다. 이때 소송 당사자들의 정치적 힘 — 법적 힘까지는 아니더라도 — 이 근본적으로 변화하게 된다. 다음 장에서 보겠지만 인도의 사법부는 법원의 기능이 가장 힘 없는 집단에게 목소리를 보장해주는 것이 되어야 한다는 견해를 취했다. 대의제 강화 이론이 제대로 빛을 발하는 것은 바로 이러한 맥락에서이다.

4_적극적 의무의 사법 판단 사례

앞에서 설명한 민주주의 원칙에 비춰 봤을 때 어느 정도나 법원이 관할권을 행사할 수 있을 것인가? 이 절에서는 남아프리카공화국 법원의 경제·사회권 관련 법률 이론에 초점을 맞추려 한다. 남아프리카공화국 사법부가 규정한 명확한 관할권, 민주주의의 쟁점과 관련된 민감한 문제의 성격, 그리고 남아프리카공화국 사법부가 그 법률 이론을 발전시킨 선구적인 방식 등이 중요하기 때문이다.

〈남아프리카공화국 헌법〉은 모든 권리가 모든 다양한 의무들을 발생시킨다고 명시적으로 인정한다는 점에서 독보적인 헌법이라 할 수 있다. 〈남아프리카공화국 헌법〉 7조는 이렇게 규정하고 있다. "국가는 헌법의 권리장전에 포함되어 있는 권리들을 존중하고, 보호하고, 증진하고, 충족시켜야 한다." 이런 조항으로 인해 생명권과 같은 전통적인 시민적·정치적 권리까지도 국가의 적극적 의무를 발생시키는 놀라운 결과가 초래되었다. 더 나아가, 이러한 의무들은 사회권의 전향적이고 지속적인 실현이니, 가용 자원의 한도니 하는 제약 조건의 구속을 받지 않는다. 또한 국가의 즉각적인 의무를 발생시킬 수 있고, 자원의 제약에 얽매이지 않는 경제적·사회적 권리들도 존재한다. 이러한 절대적 권리 중에서 중요한 것을 꼽아보자면 어린이가 가족과 양친의 보살핌 또는 기타 적절한 보살핌을 받을 권리, 그리고 어린이가 기본적 영양상태, 주거, 기초 의료 서비스, 사회 서비스 등을 향유할 권리 등을 들 수 있다.[65] 이와 마찬가지로 즉각적인 권리이자 자원의 제한에 얽매이지 않는 권리를 꼽자면 응급 환자의 치료 권리,[66] 그리고 기초 교육의 권리[67]를 들 수 있다. 마지막으로 수감자들의 적절한 수용, 영양, 읽을거리 접근권, 의료 제공 등에 대한 권리가 여기에 포함된다.[68]

그러나 여기서 우리의 논의를 위해 깊이 살펴보아야 할 권리는 제한적인 의무를 발생시키는 권리들이다. 이런 권리들은 〈남아프리카공화국 헌법〉 26조와 27조의 경제적·사회적 권리 조항에 나와 있다. 헌법 26조 1항을 보자. "모든 사람은 적절한 주거에 대한 접근권을 가진다." 그리고 27조 1항은 다음과 같이 정하고 있다.

모든 사람은 다음과 같은 것들에 접근할 권리가 있다.

(1) 임산부의 의료 제공을 포함한 의료 서비스 일체.

(2) 충분한 음식과 음료.

(3) 사람들이 자기 자신과 직계 가족을 부양하지 못할 경우, 적절한 사회 부조가 포함된 사회 보장.

이러한 권리들과 관련하여 27조 2항은 국가의 의무를 명시적으로 규정한다. "국가는, 그 자원이 허용하는 한, 이러한 권리들을 전향적이고 지속적으로 실현하기 위하여, 그에 합당한 입법 및 여타 조치를 취해야 한다." 또한 25조 5항에도 다음과 같은 규정이 있다. "국가는, 그 자원이 허용하는 한, 시민들이 공평하게 토지에 접근할 수 있는 여건을 조성하기 위하여, 그에 합당한 입법 및 기타 조치를 취해야 한다."

이러한 의무를 사법적으로 판단함에 있어서, 남아프리카공화국의 사법부는 새롭게 수립된 민주 정부와 비교하여 자신의 위치가 어디에 속하는지를 잘 알고 있었다. 헌법적으로는 국가의 적극적 의무를 사법적으로 판정할 수 있는 권한이 다른 나라의 사법부보다 더 명시적으로 보장되어 있었지만, 그것과는 별개로 남아프리카공화국 사법부의 정치적 입장도 사법부가 스스로의 정체성을 인식하는 바에 큰 영향을 끼쳤다. 남아프리카공화국의 사법부는 과거의 인권 침해 정권과 완전히 단절하고 새롭게 출발하기 위해 특별히 구성되었기 때문에 사법부를 출범시기는 단계에서부터 판사들은 사법부의 사회 변혁적 역할에 대한 신념이 있었다. 그렇다고 해서 이런 요소들로 인해 법원이 무조건 사법 적극주의를 추구했을 것이라고 가정하면 오산이다. 헌법재판소는 헌법에 내포된 이상과 가치를 철저히 신봉했지만 아파르트헤이트 시대에 행해진 모든 악을 민주 정부가 시정하는 데 얼마나 현실적인 어려움을 겪고 있는지 잘 인식하고 있었다. 더 나아가, 사회 전체가 새로운 민주주의에 대해 큰 염원을 품고 있었으므로, 헌법재판소 역시 선출된 정부가 남아프리카공화국의 사회 변혁적 기획 — 헌법에 나와 있는 — 을 실천할 일차적 주체라는 견해를 가지고 있었다.

따라서 헌법재판소가 자신의 적절한 역할을 만들어 가기 위해 사용한 도구는, 헌법 26조 2항과 27조 2항에 규정된 "국가는 합당한 입법 및 기타 조치를 취해야 한다."라고 국가에 대해 명시적으로 의무를 부과한 '합당성' 개념이었다. 심지어 즉각 충족시켜야 할 의무 조항에 근거해서 어떤 소송 사건이 제기되더라도, 그런 사건들을 직접적인 권리 조항보다는 표제적인 권리 조항으로 돌려서 처리함으로써, 대법원은 합당성 개념을 충분히 활용할 수 있었다. 예를 들어, 국가의 적극적 의무와 관련된 최초의 주요 사건이었던 'Soobramoney' 판례는 애초 원고가 생명권과 응급 진료권 — 두 권리 모두 국가에 대해 즉각 그 권리를 충족시켜야 할 의무를 부과하는 권리였다. — 에 의거하여 소송을 제기하였다. 그러나 대법원은 그 사건을 헌법 27조 1항의 의료 접근권에 의거하여 다룸으로써 27조 2항에 규정된 '합당성'의 판단 기준을 활용할 수 있었다. 이와 유사하게, 'Grootboom' 판례에서도 소송 당사자들은, 부분적으로, 어린이에게 주거권을 보장해주어야 할 즉각적인 의무를 위반했다는 이유를 들어 소송을 제기하였다. 하급심에서는 이런 논리가 통용되었다. 그러나 헌법재판소는 이때에도 이런 식의 근거로 사건에 접근하지 않았고, 충족시켜야 할 적극적 의무의 분배적 성격을 강조하였다. 이것은 어떤 특정인에게 즉각적인 권리가 있다 하더라도 그것이 분배적 성격의 의무와 관련될 때에는 타인의 권리와 형평성을 고려해야 한다는 것을 의미했다. 이 사건에서도 대법원은 헌법 26조 1항의 주거 접근권을 원용하여 26조 2항의 합당성 판단 기준에 따라 판결을 내렸던 것이다. 이 두 사건 모두에서 '합당성'이라는 판단 기준이 사법적 권한과 행정적 권한 사이의 균형을 맞추는 데 더욱 유용하다고 생각되었다. 그러나 합당성 판단 기준은, 행정법 심사에서처럼, 사법부가 행정부의 입장을 너무 고려해주는 접근 방식을 채택했다는 이유로 비판을 받았다. 그러나 대법원은 '합당성 기준(reasonableness standard)'이 '합리성 기준(rationality standard)'보다 더 우위에 있음을 분명히 밝혔다.[69] 여기서 관심을 끄는 점은 과연 이런 식의 판결이, 책무성과 평등성의 민주적 가치와 심의민주주의의 가치라는 측면에서, '합당성 기준' 개념을 발전시키는 데 성공했는가 하는 점이다. 또한 이런 사건에서 법원의 민주적 역할을 형성하는 데 핵심적인 고려 사항은, 판결에 따라 제시된 해결책이 어떤 성격의 해결책인가 하는 점이다. 과연 대법원이 자신의 구제 권한을 행사하여 심의적 의사 결정 절차를 개시해서 소송 참가자들이 평등한 발언권을 행사하도록 해줄 수 있는가? 그리하여 법원의 명령에 의한 해결책만을 고집함으로써 민주주의를 억압할지도 모르는 위험성과 정부의 입장만을 존중해줌으로써 민주주의를 정체시킬지도 모르는 위험성, 이 두 가지 위험을 모두 회피할 수 있는가? 게다가 권리의 보유자와 의무의 관계도 복합적인 고려 사항이다. 한편으로, 권리 보유자가 소송을 제기한 것이 개인의 이익을 구체적으로 지키겠다는 의도보다, 민주주의를 활성화하겠다는 의지로 해석될 수도 있다. 그러나 다른 한편, 이렇게 될 때에는 권리 주장이라는 것이 구체적인 구제책이 아니라, 단순히 일반 정책을 요구하는 것밖에 안 될 위험도 있다. 위에서 주장한 바대로 이러한 딜레마는, 권리의 보유자를 어떤 특정한 대상에 대한 권리를 지닌 주체가 아니라, 어떤 행동을 할 수 있는 권리를 지닌 주체로 이해하면 해결될 수 있을 것이다. 남아프리카공화국 사법부가 발전시킨 합당성 개념이 이러한 복합적인 상황을 해결할 수 있을까?

남아프리카공화국 헌법재판소가 헌법의 경제적 · 사회적 권리 조항에 대해 어떤 견해를 지니고 있는지 표현할 수 있는 최초의 기회가 헌법 정신의 '공인(certification)' 과정에서 나타났다. 당시에 남아프리카공화국 헌법재판소는 헌법 제정 초기에 합의했던 '헌법적 원칙'에 따라 새로 만들어지고 있던 헌법 초안의 구체적 조항들이 헌법적 원칙에 부합하는지 여부를 '공인'할 수 있는 흔치 않은 역할을 수행하고 있었다. 여기서 재판소가 경제적 · 사회적 권리의 사법 심사 적합성에 반대하는 비판 여론에 맞서기 위해 국가의 자기 억제 의무에 초점을 맞췄던 사실은 특기할 만하다. 이 과정에서 사법부는 정부 예산과 관련된 쟁점을 사법적으로 판단할 수 있다는 견해를 피력한 것을 제외하고, 국가의 적극적 의무를 거의 언급하지 않았다. "우리는 경제적 · 사회적 권리가 반드시 정부 예산 문제를 제기하게 될 것이라는 사실을 알았지만, 그렇다고 해서 그 문제를 사법 심사의 대상에서 원천적으로 제외해야 한다는 생각은 하지 않았다. 백보를 양보하더라도, 경제적 · 사회적 권리 침해가 국가의 부적절한 개입으로 발생할 수도 있으므로, 그 권리는 소극적인 의미로 보호될 수 있는 권리, 즉 사법 심사의 대상이 될 수도 있는 권리이기 때문이다."[70] 따라서 국가의 적극적 의무와 관련된 사법부의 역할은 헌법 제정 과정에서부터 미완의 과제로 취급되었다.

이것과 관련해서 첫 번째 주요 사건이었던 'Soobramoney'[71] 판례에서 심장병과 신부전을 앓고 있던 소송 신청인은 자신이 국가로부터 무상의 신장 투석 치료를 거부당했으므로 자신의 생명권과 응급 진료권이 침해당했다고 주장하였다. 그런데 병원 당국은 신장 투석 기계가 부족해서 그 기계의 사용을 '배급'해야 했고, 투석 치료 효과가 높은 환자들 — 심장병이 없는 — 에게 우선 치료를 제공해야 했다고 주장했다.

법원은, 병원 측이 제시한 이유가 옳은지 따지지 않고, 병원이 그 환자에게 치료를 거부한 이유를 얼마나 제대로 설명했는지에 주로 초점을 맞추었다. 그러한 조사 결과, 기계 사용의 배급 결정이 명백하고도 투명한 판단 기준에 따라 이루어졌고, 그 기준이 일관성 있게 적용되었으며, 부족한 의료 자원과 높은 수요 사이의 갈등을 해결해야 할 필요성 때문에 그런 기준을 마련할 필요가 있었다는 결론이 나왔다. 차스칼손 판사는 다음과 같이 판시하였다.

> 공공 의료를 제공하는 지방자치단체는 …… 의료 제공을 위해 필요한 재원과 그러한 재원을 어떻게 사용할 것인지를 놓고 판단을 내려야만 한다. 이런 선택을 하려면, 의료비 예산을 결정하는 데 정치적 차원에서 결정을 내려야 하는 어려움과 기능적 차원에서 누구에게 먼저 의료를 제공할 것인가를 결정해야 하는 어려움 등을 고려할 수밖에 없다. 그러한 문제를 다룰 책임이 있는 정치 제도와 의료 전문가들이 신의 성실로써 내린 합리적인 결정에 법원이 개입하려면 대단히 신중을 기해야 한다.[72]

그런데 이 경우에 사법 심사를 더 엄격하게 적용했더라도 똑같은 결정이 나왔을 것이라고 말한다면 논란의 여지가 있다. 그러나 헌법재판소는 사법 심사의 기준을 넓은 의미의 합당성 개념에 두지 않고 합리성 기준에만 맞췄기 때문에, 재판소가 적용한 기준이 행정 조치의 사법 심사로는 적절했을지 몰라도, 인권 및 그에 따르는 의무에 대해서는 충분히 고려를 하지 않았다고 할 수 있다. 그래서 'Soobramoney' 판례의 결과는, 법원이 지자체에 대해 투명성만 요구함으로써 인권 의무의 정신이 완전히 실종되었다는 비판을 받아야만 했다. 이 판례는 기껏해야 책무성을 하나의 구성 요건으로 인정한 것 정도로 읽힐 수 있으나, 평등성이나 심의민주주의적 차원은 찾아볼 수가 없다. 특히 법원은, 신장투석이 민간 의료 부문에서는 쉽게 받을 수 있는 치료인데도 원고의 경제적 형편 때문에 공공 의료 접근권이 차단되었다는 사실은 직시하지 않았다.

그러나 두 번째 사건, 'Grootboom'[73] 판례에서는 좀 더 실질적인 합당성 개념을 발전시켜서 단지 책무성에만 초점을 맞추지 않고 평등성의 가치에도 초점을 맞추었다.[74] 이 사건은 케이프타운 달동네의 대단히 열악한 환경에서 살아가던 사람들을 다루었다. 이들은 비용이 저렴한 공공 임대주택 단지에 입주하기 위해 대기자 명단에 이름을 올려놓고 7년씩이나 기다렸지만 끝내 입주하지 못하고 결국 사유지로 들어가 달동네를 이루고 살 수밖에 없었다. 야쿱 판사는 이들의 곤경을 다음과 같이 설명한다.

춥고 바람 차고 비가 많이 내리는 겨울철이 시작될 무렵 달동네 주민들은 시 당국이 동원한 인력에 의해 강제로 철거를 당해야 했다. 그 과정이 얼마나 즉흥적이고 비인간적이었는지 아파르트헤이트 시절의 강제 철거를 연상케 했다. 주민들의 집을 불도저로 밀고, 불태우고, 가재도구를 모두 부쉈다. 철거 당시 현장에 없었던 사람들은 자신의 개인 소지품조차 챙길 틈이 없었다. 쫓겨난 주민들은 월러스든 경기장 주변으로 몰려가 천막 같은 것을 쳐서 임시 거처를 마련했다. 그러나 일 주일도 되지 않아 겨울비가 내리기 시작했고 비닐 조각으로 얼기설기 만든 천막으로는 추운 날씨를 도저히 감당할 수가 없었다.[75]

달동네 주민들은 법원에 구제 조치를 신청하면서 시 당국이 헌법적 의무를 준수하여 자기들에게 임시 거주 시설을 제공해줄 것을 요구했다.

이에 대해 법원은 적극적 인권 보호 의무를 민주주의와 대립하는 것으로 보지 않고 인권 보호 의무와 민주주의가 상호 의존적이라고 강조한다. 야쿱 판사는 헌법에 보장된 모든 권리를 실현하기 위해 적극적 의무의 중요성을 강조한다.[76] "한 사회가 인간 존엄성과 자유와 평등에 기초한 사회가 되려면, 그 사회의 모든 구성원에게 삶의 기본적 필수 품목들을 제공해줄 수 있도록 노력해야 한다."[77] 이와 함께 판사는 정책 결정자들의 자율성을 위해 합당성의 개념 내에 운신의 여지가 상당히 폭넓게 존재한다는 점을 강조함으로써 법원의 견해와 선출된 대표들의 견해가 상호 충돌한다는 인상을 주지 않으려 한다. 정부의 정책이 국민의 권리 실현을 촉진할 수 있어야 하지만,

> ······ 정부가 채택할 구체적인 조치의 정확한 형태와 내용은 일차적으로 입법부와 행정부 소관이라 할 수 있다. ······ 합당성 원칙을 심사하는 법원은 합당성이라는 개념 외에 정부가 그보다 더 바람직하거나 더 좋은 조치를 채택할 수도 있었는가, 또는 공공 재원을 더 좋은 목적에 쓸 수도 있었는가 따위의 고려 사항은 조사하지 않을 것이다. 국가가 그 의무를 준수하기 위해 취할 수 있는 조치가 한 가지가 아니라 여러 가지로 있을 수 있음을 인정해야 한다. 이러한 각종 조치들을 동원하면 합당성의 구성 요건을 충족시킬 수 있을 것이다. ······[78]

이런 식으로 이해한 합당성 개념은 'Soobramoney' 판례에서 규정한 책무성의 구성 요건보다 더 넓은 개념이다. 또한 본 판례는 평등성의 구성 요건을 강조한다. 가장 소외되기 쉬운 계층, 이익 집단 협상 정치에서 가장 패배자가 되기 쉬운 사람들이 법원이 제공하는 심의의 공론

장에서 제 목소리를 낼 수 있어야 한다는 것이다. 따라서,

> …… 한 사회 내에 존재하는 상당한 수의 인구를 배제하는 정책이 타당하
> 다고는 할 수 없다. …… 가장 시급하게 결핍을 느끼는 사람들과 자신의 권
> 리를 향유할 능력이 위기에 처한 사람들이, 권리 실현을 달성하기 위해 만들
> 어진 조치에 의해 무시되어서는 안 된다. …… 헌법은 모든 사람들이 보살
> 핌과 관심의 대상이 되어야 한다고 요구한다.[79]

그런데 국가는 주택 단지 개발에만 정책의 우선 순위를 두었고, 가장
절실하게 결핍감을 느끼는 주민들을 위한 임시 거처는 마련해주지 않
았다. 영구 임대주택을 제공하는 정책이 워낙 지연되어서 대다수 사람
들이 아무런 지원도 받지 못한 채 무기한 방치되는 결과가 초래되었다.
그러므로 법원은 남아프리카공화국의 주택 정책이 정부가 준수해야 할
의무를 위반 — 가장 절실하게 결핍감을 느끼는 사람들에게조차 구호
조치를 제공하지 못할 정도로 심각한 — 한 정책이라는 결론을 내렸다.
이런 결론은 예산 배정 문제도 건드리고 있다. 그런데 이 결론조차 주
로 합당성이라는 관점에서만 규정되고 있다. 즉, 절실하게 결핍감을 느
끼는 사람들에게 국가의 주택 관련 예산을 어느 정도 제공해줄 수만 있
다면, 애초에 그러한 예산 배당을 어떻게 할 것인가 하는 점은 전적으
로 정부가 결정할 문제라는 것이다.[80]

그러나 'TAC'[81] 판례에서는 법원의 심의적 차원이 한층 더 뚜렷하
게 드러났다. 그 이유는 이 사건에서 '트리트먼트 액션 캠페인'(이하
TAC, Treatment Action Campaign)이라는 단체가 수행했던 핵심적인 역
할 때문이었다. 이 단체는 로비, 교육, 풀뿌리 동원, 시민 행동 등 폭넓
은 운동 전략의 하나로 법률 소송을 선택했다. 음베키 정부는 오랫동안

남아프리카공화국의 큰 문젯거리였던 에이즈를 퇴치하기 위해 필요한 효과적인 조치를 취하지 않았다. 그 결과, 정부는 네비라핀(nevirapine)이 어머니와 영유아 간의 에이즈 바이러스 감염 위험을 줄이는 데 효과가 있다고 입증되었는데도 극소수 '시험 프로젝트'를 제외하고 대다수 공공 병원에서 이 약을 투여하지 못하게 했던 것이다. 정부의 이러한 조치는 국민의 의료 서비스 접근권을 충족시킬 의무를 위배한 것이라는 이유로 큰 비판을 받았다. 여기서 특기할 점은 이 약의 제조회사가 상당한 분량의 약품을 3년에서 5년까지 무료로 제공하겠다고 했으므로 재원 조달에는 별로 큰 어려움이 없었다는 것이다. 법원은 TAC의 비판을 지지하였다.

앞에서 말한 세 가지 구성 요건이 이 사건에 모두 나타나 있다. 첫째, 책무성. 판사는 다음과 같이 언급했다. "우리나라에서 HIV/에이즈 문제는 오랜 기간 동안 심각할 정도의 정치적·이념적·감정적 논란의 대상이 되어 왔다."[82] 헌법재판소는 정부에 네비라핀의 안전성을 우려하는 입장을 구체적 증거로 입증해보라고 요구함으로써, 정부에게 강력한 책무성과 투명성의 기준을 요구한 것이었다. 정부가 단순히 합리성 운운하는 것만으로는 부족하고, 합당한 근거를 제시해야 한다고 요구했던 것이다. 이렇게 보았을 때 정부가 제시한 합리성이라는 기준은 정부의 정책 때문에 초래될 엄청난 인명 피해에 비추어 보면 사소한 고려 사항에 불과했다. 둘째, 심의민주주의. 하지만 이 판결은 단순히 책무성을 언급하는 데에 그치지 않고 의사 결정에 심의적 차원을 도입하였다. 왜냐하면 이 판결은, 정부에 대해 국민에게 정부의 조치가 합당하다는 점을 설득할 수 있는 방식으로, 그리고 이념적·자기 이익적 관점이 아닌 공평한 관점에서 적절한 설명을 제공할 것을 요구했기 때문이다. 그전까지 민주적 의사 결정 과정에서 아무런 목소리를 내지 못하던 사람들이 자신이 생각하는 관점을 제기할 수 있게 되었으므로 재판소는 책무성과 심의민주주의 양자를 통합할 수 있는 방안을 창출할 수 있었다. 셋째, 평등성. 정부 정책으로 인해 제일 큰 피해를 본 집단이 자기 돈으로 약품을 살 능력이 없는 빈곤층이었다는 점에서 이 사건은 평등성이라는 구성 요건도 명백히 드러났던 사례였다.

그런데 구체적인 구제 조치를 다룰 때에는 심의적 모델이 더 큰 도전에 직면한다. 한편으로, 민주주의 원칙에 따르면 법원은 어떤 특정한 정책 해법을 제시해서는 안 되지만 그 대신 민주주의를 발의하는 촉매제 역할을 할 수는 있다. 다른 한편으로, 적극적 의무라는 것은 의무를 충족하게끔 하는 행동을 강제할 수 없다면 아무 가치가 없는 종이호랑이에 불과해진다. 물론 법원이 강제 명령을 통해 정치적 문제의 논의를 종결한다면 선출된 대표들의 고유 업무에 법원이 비민주적으로 간섭하는 것처럼 보일 수도 있다. 그러나 이 같은 견해는 심의민주주의의 본질을 오해한 것이다. 심의민주주의는 심의가 실제로 이루어져야 한다는 요구만을 하는 게 아니다. 심의민주주의는 심의의 결과에 따른 행동까지도 명한다. 만일 소송 당사자 중 한쪽(정부)이 심의의 결론이 나온 후에도 심의 이전에 품고 있던 태도를 계속 유지한다면 심의 과정이 무슨 필요가 있겠는가. 그와 동시에, 심의는 또 다른 차원에서도 계속되어야 한다. 즉, 어떤 방법을 통하면 국가가 그 의무를 준수하도록 할 수 있을까 하는 점 역시 심의를 통해 결정해야 한다. 이런 과정에서 적절한 결론이 도출되려면, 또 의사 결정자와 의사 결정의 영향을 받는 사람들의 관점을 모두 감안하려면, 참여가 핵심적으로 중요해진다. 참여 여부는 심의 결과를 준수하도록 하기 위해서도 반드시 필요하다.

남아프리카공화국 사법부는 그러한 심의적 구제책을 발전시키는 데 대단히 신중한 행보를 보였다. 한 가지 잠재적 해법으로 선언적 구제책이 있을 수 있다. 선언을 통하면 법원의 의지를 직접 시행하는 것이 아니라, 정치 과정에 법원의 의사를 전달하는 것이 된다. 'Grootboom' 판례에서도 법원은 선언적 구제책을 사용하였다. 이 당시 헌법재판소는 국가가 가용 자원의 한도 내에서 케이프타운의 달동네 주민들 — 집을 지을 땅도 없고, 비를 피할 지붕도 없으며, 너무나 비참하고 열악한 상황에서 살아가고 있던 — 에게 적절한 거처를 제공해주라는 선언을 내놓았다. 선언은 국가가 그 의무를 수행하기 위해 합당하고도 잘 조율된 정책을 창안하고 수행하라고 요구했던 것이다.

그러나 이러한 선언적 해법은 정부의 선의에만 지나치게 의존한다는 한계가 있다. 왜냐하면 선언만으로는 국가가 심의 이전 상태로 되돌아가는 것을 막을 방법이 없기 때문이다. 또한 법원이 구제책을 마련하는 데 심의적 · 참여적 요소를 적극 고려해야 하는 것을 소홀히 한 측면도 있다. 정부에 대해 문제 해결과 정책 수행의 감시에 이해 당사자들을 적극적으로 참여시키라고 요구하지 않을 경우, 그리고 심의적 · 참여적 과정이 제대로 이행되는지 여부를 법원이 지속적으로 감독하지 않을 경우, 선언적 구제책만으로는 규범적 지향성이 너무 부족하다. 그 결과, 헌법재판소의 선언이 나왔지만 실제로 개선된 점은 거의 없었다. 놀랄 일도 아니었다. 2002년경에는 케이프타운 지역의 공공주택 신청 대기 연한이 10년에 달하였고, 시 당국은 그때까지도 진정으로 절박한 상황에 처한 사람들 혹은 노숙자들을 위해 특별한 조치를 취하지 않고 있었다.

구제책을 마련하는 과정에서 심의적 내용이 없었던 것과 함께 권리를 보유한 개인들에 대한 배려도 거의 없었다. 'Grootboom' 판례는 원칙적으로 주거권을 인정했지만 신청자들에게 즉각 주거 시설을 제공받을 수 있는 권리가 있다고는 보지 않았다. 또한 법원의 판결에서 신청인들과 다른 주민들에게 공공주택 제공 과정에 계속 관여할 수 있는 권리가 있다고 인정하지 않았기 때문에, 이들 주민들은 그들의 권리를 채울 내용을 확보할 수 없었다.

그러나 'TAC' 판례에서는 심의적 구제책과 강제적 구제책을 통합하는 방향으로 진전이 이루어졌다. 이 사건의 경우 국가의 무행동이 재원과 관련된 이유보다는 주로 정치적 이유에서 촉발되었기 때문이었을 것이다. 이 사건의 한쪽 당사자였던 국가는 문제를 푸는 적절한 해결책은 법원이 단순히 선언을 발표하는 것이라고 주장하였다. 그렇게 하면 "국가가 자유롭게 선언의 내용에 관심을 기울이는 것이 가능해지고, 국가의 정책을 법원의 결정에 부합하도록 조정할 수 있기" 때문이라는 이유에서였다.[83] 그러나 헌법재판소는 국가의 견해를 단호하게 거부하였다. 이 사건은 헌법을 명백하게 위반한 사례이므로 효과적인 구제책이 있어야 한다고 보았던 것이다. 이런 결정으로 인해 재판소가 '구조적 명령(structural interdict)' — 국가가 법원의 명령 이행 여부를 법원에 정기적으로 보고하게끔 하는 조치 — 을 발함으로써 사법부가 직접적인 감독 역할을 수행할 수 있는 가능성이 열렸다. 'TAC' 판례에서 상급심이 이러한 구제책을 처음 사용한 이래 남아프리카공화국의 하급심들도 이러한 구제책을 따르기 시작했다. 그러나 헌법재판소는 필요한 경우 구조적 명령을 발하는 것 자체를 반대하지는 않았지만 'TAC' 판례에서는 그러한 명령이 불필요하다고 보았다. 왜냐하면 정부가 언제나 사법부의 판단과 명령을 존중하고 그것을 집행했으며, 'TAC' 사건에서도 정부가 그렇게 하지 않을 것이라고 볼 근거가 없다는 이유에서였다. 그 대신 재판소는 '강제 명령(mandatory order)'을 발하였는데 이 명령은 법원의 감독 역할이 빠진 조치였다. 강제 명령은 국가에 대해 네비라핀 사용 제한 조치를 철회하고 그 약품 사용을 촉진하라고 요구하였고, 에이즈 상담원들에 대한 지원과 공공 의료 부문에서 에이즈 검사와 상담을 늘리라고 요구하였다. 특히 재판소는 국가에게 지체 없이 즉각 이 명령을 이행하라고 촉구하였다.

이 판결은 강제 명령의 형식을 띠고 있었지만, 구제책이 추가 심의의 대상이 될 수 있는 가능성을 남겨놓았다. 이를 위해 두 가지가 이루어졌다. 첫째, 이 사건과 관련된 모든 기관이 자신의 의무를 수행하기 위한 공적 계획을 수립하라는 명령을 받았다.[84] 둘째, '융통성(flexibility)'이라는 개념을 도입하여 일단 결론이 내려진 사안에 대해서도 지속적으로 논의를 할 수 있게 한 것이다.

> 여기서 우리가 반드시 유념해야 할 사항이 있는데, 그것은 정책이란 융통성이 있는 과정이며 반드시 그래야만 하는 과정이라는 점이다. 정책은 언제든 바뀔 수 있으며 행정부가 적절하다고 판단할 경우 언제든 그것을 변경할 수 있다. 여기서 유일한 제한 요소는 정책이 헌법과 법률에 부합해야 한다는 점이다. 그러므로 행정부가 내린 정책 선택과 관련된 법원의 명령은, 행정부가 정당하게 선택을 내릴 수 있는 가능성까지 미리 막아버리는 식으로 내려져서는 안 된다.[85]

그러나 법원은 이러한 융통성 조항이 정부에게 법원이 일방적으로 양보를 하는 것이 되지 않도록 보장하는 정도까지 확실한 조치를 취하지는 않았다. 그렇게 하려면 투명성, 책무성, 진정한 참여성 등의 역할에 더욱 세심한 주의를 기울여야 한다. 켄트 로치(Kent Roach)와 제프 버들렌더(Geoff Budlender)는 정부에 대해 자체적인 행동 계획을 작성한 후 그 계획 수행을 위한 시간표까지 첨부하여 대중들에게 공표하거나, 그 내용을 법원에 제출하도록 요구하는 것도 한 방법일 것이라고 제안한다.[86] 이렇게 하면 책무성을 증진할 뿐만 아니라, 신청인과 여타 이해 관계자들에게 법원에서 발언할 기회, 또는 정치 과정이나 시민사회에서 자신들의 관심사를 적극적으로 제기할 수 있는 기회를 줌으로써 심의민주주의 과정이 계속될 수 있도록 보장할 수 있다. 이러한 접근 방식의 잠재적인 사례로 2002년 케이프타운의 고등법원이 취한 조치를 들 수 있을 것이다. 이때 강제 철거 명령을 받은 달동네 주민들은 시 당국이 'Grootboom' 판례에서 결정된 적극적 의무 이행 조항을 지키지 않았다고 반박했던 것이다. 법원은 시 당국에 대해 그 의무 사항을 준수하라고 명령하면서, 시 당국이 법원의 명령에 대해 어떤 조치를 취했고, 앞으로 어떤 조치를 취할 것이며, 언제 그러한 조치를 취할 것인지를 밝힌 보고서를 4개월 내에 제출하라고 요구하였다.[87]

또 하나의 가능성으로서, 필요한 정책을 성안하는 데 처음부터 심의가 이루어지도록 요구하는 방식이 있을 수 있다. 이때 가능한 해법을 논의하기 위해 당사자들에게 지침을 내리는 방식으로 법원의 명령을 구성할 수도 있을 것이다. 모든 당사자가 평등한 목소리를 낼 수 있도록 하고, 쟁점이 된 권리 문제의 구조 내에서 심의가 이루어지도록 보장하면, 정부가 압도적인 영향력을 유지하면서 이익 집단 협상만으로 문제를 해결하려는 전통적인 유혹을 피할 수 있다. 이런 식의 접근이 나타난 사례로 'Port Elizabeth Municipality'[88] 판례를 들 수 있다. 이때 법원은 적절한 논의가 이루어져야 할 필요성과 가능하다면 분쟁을 해소하기 위해 중재가 이루어질 필요성을 강하게 지지했다.[89] 그러나 최근 들어 진정한 심의를 통해 의무적인 구제책을 내놓았던 사례 중 가장 흥미로운 것은 'Rand Properties' 판례였다. 이 사건에서 요하네스버그 중심부의 낙후된 지구를 점거하고 있던 무주택자들이 건강과 안전의 이유를 들어 시 당국의 강제 철거 움직임에 대응했다. 점거자들은 시 당국이 자기들에게 적절한 주거 대책을 제공해줄 적극적 의무가 있다고 주장하였다. 법원은 2007년 8월 30일자로 임시 명령[90]을 발표하여 양측 모두에게 "헌법과 시 당국의 법적 의무와 관련자들의 시민으로서의 의무 정신에 비추어 …… 서로 간 유의미한 대화에 나서"라고 촉구하였다. 임시 명령은 또한 시 당국이 공공 임대주택을 제공하지 못하는 상황을 고려하여 "그 빌딩을 가능한 한 안전하고 건강에 유해하지 않는 방향으로 개수함으로써" 건물을 점거하고 있는 사람들의 곤란한 상황을 조금이라도 덜어주기 위해 양측이 대화에 나설 것을 요구하였다.[91] 법원은 양측에게 그러한 대화의 결과를 4주 내에 보고하도록 요구하였고 그 내용을 판결의 결론에 반영하겠다고 천명하였다. 그 결과 법원이 법의 정신에 기대어 심의민주주의적 의사 결정 과정을 촉발할 수 있는 방법이 있을 수 있다는 중요한 판례가 나온 것이다. 법원은 임시 명령이라는 방법으로 정치적·사회적 영향력이 미미한 점거자 집단이 의사 결정 과정에서 자신들의 목소리를 낼 수 있는 심의민주주의적 공간을 만들어주었던 것이다. 그 결과 양측의 합의가 이루어져 점거자들은 당장의 강제 철거를 면하게 되었고, 시 당국은 그 건물의 안전성을 개선할 임시 조치를 취해야 했다. 그와 동시에, 시 당국은 적절한 영구 임대주택을 제공할 때까지 대안적인 임시 주거 시설을 주민들에게 마련해줄 의무를 지게 되었다. 이런 조치를 취하는 과정에서 시 당국은 점거자들과 긴밀하게 상의하면서 일을 처리하였다. 결과적으로 법원은 민주적 의사 결정자들의 권한을 침해하지 않으면서 강제 구제책을 내릴 수 있었고, 이 사건의 관련 당사자들이 구제책의 이행을 감시할 수 있는 길을 열어줄 수 있었다.[92] 여기서 남은 문제는, 법원이 이 사건의 결과가 심의 과정의 판단 기준을 반영할 수 있도록 보장했을 뿐만 아니라, 권리의 본질 그 자체도 보장하는 역할을 수행했는가 하는 질문이다. 위에서 주장한 대로, 심의는 일반적인 의미에서 진행시킬 수 없고, 권리를 충족시킬 수 있는 적절한 방식을 발견하기 위해 진행시켜야 하기 때문이다. 심의 과정에 참여하는 당사자들, 특히 국가는, 심의 결과가 권리를 충족시킬 수 있는 설득력 있는 수단으로 정당화되지 않을 때에는 법원이 그 심의 결과를 받아들이지 않을 것이라는 사실을 충분히 숙지한 상태에서 심의 과정에 참여해야 한다. 그러므로 법원은 이런 점에서도 심의 과정이 정당화될 수 있도록 보장하는 데 결정적인 역할을 수행할 수 있다.

그럼에도 불구하고, 남아프리카공화국 사법부는 심의민주주의적 기능을 크게 진전시키지 못했다. 전통적인 사법부의 기능에서 많이 벗어나려 하지 않았기 때문이다. 법원이 심의 과정을 중시하기보다는, 전통적인 당사자주의적 소송 방식을 계속 고집한 데서도 알 수 있다. 원칙적으로 말해 법원이 창의적인 과정을 발전시킬 여지는 존재한다. 법원이 행사할 수 있는 규제 조치는 광범위하며, 그러한 범위 내에서 사회의 공익을 위해 활동하는 법조인이라면 누구나 어떤 행동을 취할 수 있다.[93] 이런 연유로 해서 남아프리카공화국 사법부는 아파르트헤이트 철폐 운동 시절부터 조금씩 모습을 드러냈던 공익 관련 소송의 역동적인 전통을 계승할 수 있었다. 그러나 그밖의 모든 영역에서는 당사자주의적 절차가 여전히 강고하게 자리 잡고 있다. 일단 소송 당사자가 어떤 법적 조치를 시작해야 하며, 법원은 그에 대해 수동적인 판단을 내릴 수밖에 없다. 법적으로는 소송 당사자가 직접 접근권을 행사할 수 있도록 되어 있지만, 남아프리카공화국 사법부는 그러한 접근권의 신청 절차를 대단히 협소하게 규정해놓아서 직접 접근권을 실제로 행사하기란 불가능에 가깝다.[94] 따라서 법 절차는 협조적이 아니라 본질적으로 쟁의적이다. 그래서 국가의 법적 대변자들은 어떤 대가를 치르더라도 국가의 기존 입장을 고수하려 들고, 심지어 소송 절차를 방해하는 전략을 쓰기도 한다. 따라서 소송은 시간이 많이 걸리고 비용도 많이 들며 신청인에게 대단히 큰 부담을 지우게 된다. 법원이 감독 명령을 내리기 싫어하는 직접적 이유는, 법원 스스로가 어떤 절차를 개시하기보다, 소송 당사자가 소송을 제기할 때까지 기다려야 한다는 견해를 가지고 있기 때문이다. 법원은 'Grootboom' 판례에서 법원이 내렸던 선언적 구제책이 정부에 의해 이행되지 않고 있다는 사실을 분명히 알고 있었으면서도, 자체적으로 어떤 감독 절차를 개시하기보다 불만을 품은 소송 당사자가 법원에 어떤 조치를 호소했을 때에야 비로소 행동에 착수하였다. 이런 태도로 인해 소외 계층에 속한 신청인들은 법원이 내린 명령을 국가가 집행하도록 만드는 데 큰 어려움을 겪게 된다. 그 사건의 원고였던 아이린 그루트붐(Irene Grootboom)이 종적을 감추었다는 보도가 나왔고 현 시점에서 이런 식의 사건이 다시 재론될 가능성은 거의 없어 보인다.

이러저러한 각종 제약 조건 때문에 법원은 적극적 인권 보호 의무를 수행하는 데 대단히 주변적인 위치에 있는 것처럼 생각된다. 지금까지 극소수의 경제적·사회적 권리 소송만이 법원에 접수되었고 그 모든 사건을 법원은 극히 신중하게 다루어 왔다. 헌법재판소 판사들은 사석에서 적극적 의무 관련 소송이 더 많이 제기되어 헌법재판소에서 다뤄야 한다고 말한다. 그러나 앞에서 말한 각종 장애 요소들 때문에 일반인들이 소송을 내기가 더욱 어려운 실정이다. 공익 소송 당사자들은 몇 달, 심지어 몇 년씩 소송을 준비하여 하급심부터 출발해서 힘들게 헌법재판소까지 사건을 올려 보내야 한다. 변호사들의 증언에 따르면 그러한 사건의 경우 문서 작업만 해도 50만 페이지에 달하는 경우가 생기고 그에 따른 비용 역시 만만치 않다. 소송의 실질적 내용을 살펴보면,

일류 변호사들조차 공익 소송을 신중하게 개시하라는 조언을 하곤 한다. 힘겨운 과정을 거쳐 마침내 헌법재판소의 결정을 끌어내더라도 기껏 국가에 대해 점잖은 표현으로 문제 해결을 촉구하는 형식적인 말 한마디 정도로 끝나는 경우가 많기 때문이다.

이 과정을 보면 법원의 적절한 반응을 끌어내려면 사법 심사의 당사자주의적 구조와는 다른 대안책을 마련해야 할 필요가 있다. 바로 이런 점에서 인도의 사법부는 완전히 색다른 방향을 개척하였다. 인도의 사례는 5장에서 살펴볼 것이다. 5장에 이어 6장에서는 법률 준수를 위한 비사법적 방안을 강구할 예정이다. 그것을 위해 여러 다양한 종류의 전략을 구사하는, 일종의 상승 작용적 접근(synergistic approach)이 필요하다고 주장할 것이다.

5_법원의 민주적 역할

이 장에서는, 적극적 인권 보호 의무의 사법 심사에서, 민주주의 원칙을 위배하는 것이 아니라 그것을 강화하는 방식으로 사법 심사를 시행할 수 있음을 주장하였다. 법원은 국가의 행동 또는 무행동을 책무성, 평등성, 심의민주주의라는 잣대로 평가함으로써 어떤 결론에 도달할 수 있다. 그렇게 했을 때 문제가 된 쟁점에 있어 정치적 논의와 무관한 결론이 나오는 것이 아니라, 정치적 논의의 중요한 일부가 되는 결론이 나올 수 있다. 그러나 이 말은 판사들이 정치적 의사 결정을 흉내내야 한다는 뜻이 아니다. 인권의 가치와 원칙에 기반을 두고, 정치적 논의의 형태와 내용을 확정 짓는 데 크게 도움이 되는 소송 당사자들의 행동에 기반을 둔 심의민주주의적 의사 결정은 민주주의를 위해 독특한 사법적 기여를 할 수 있다. 그러나 법원의 민주적 역할을 진정으로 달성하려면 사법부의 제도적 구조를 변경할 필요가 있다. 인도의 사법부는 주목할 만한 방식으로 그런 역할을 해냈다. 따라서 다음 장에서는 인도 사법부의 발전상을 상세히 검토함으로써 법원의 민주적 역할에 따르는 장단점을 알아보겠다.

5장

사법부의 재구성

5장

공익 소송은 보통 사람이 정부에 책무성을 물을 수 있도록 해준다. 즉,
정부를 법원에 출석시켜 자기들의 행동 또는 무행동을 설명하고
정당화하도록 만드는 것이다. 또한 모든 이해 당사자들에게
열려 있는 공간이므로 진정한 의미에서의
사회적 대화를 촉진할 수 있다.

1_사법부에 무엇을 기대할 수 있는가?

사법부가 적극적 인권 보호 의무를 사법 심사의 대상으로 다룸으로
써 민주주의를 강화하는 데 정당한 역할을 수행할 수 있다 하더라도,
법률은 그 제도적 구조, 그리고 특히 소송 과정의 '당사자주의'*적이고
수동적이며 사후적인 성격으로 인해 여러 한계를 안고 있다. 그러나 사
법 소송 과정 자체가 적극적 인권 보호 의무와 관련된 소송에서 요구받
는 각종 욕구에 대응하는 방식으로 변하지 못할 이유가 없다. 인도의
대법원에서 그러한 적용이 가장 정교하게 이루어졌다.[2] 인도의 대법원
은 사법 당사자주의 시스템에 내재된 불평등성을 인정하는 토대에서,

....

당사자주의 재판 제도는 흔히 영미식 보통법 체계의 '당사자주의(adversarial)' 재판
과, 대륙법 체계의 '직권주의(inquisitorial)' 재판으로 나뉜다. 당사자주의는 양쪽 이
해 당사자들이 자기 입장을 방어하기 위해 다투는 과정에서 진실이 드러난다는 가정
에 입각해 있으며, 사법 제도의 '승부 모델'로 표현되기도 한다.

빈곤 계층과 소외 계층이 자기 목소리를 낼 수 있게끔 시스템 운용 과정을 개편하는 데 성공하였다. 그 결과 일련의 근본적인 변화를 이루었다. 예를 들어, 공익 관련 소송을 제기하는 사람들에게 '원고 적격성(standing)'의 범위를 넓혀주고, 법원이 사실 확인 과정을 주도하며, 법원이 감독 권한을 행사할 수 있는 강제 명령을 내리고, 법원의 명령을 행정부가 실제로 이행하는지 여부를 감시하게 된 것이다. 그 결과 인권, 특히 생명권을 실제로 향유할 수 있도록 보호하고 장려하는 데서 법원의 역할이 대단히 크게 변하였다.

그러나 이런 식의 역할 변화에는 크나큰 논란도 뒤따랐다. 공익 소송(PIL, public interest litigation)이 포괄적인 심의민주주의의 가능성을 열어젖혔다고 긍정적으로 평가하는 사람도 있다. 그러나 법원이 민중의 이익을 저버리고 타협의 장으로 전락했으며 평등을 장려하기는커녕 사회의 기존 권력 구조를 단순 재생산하기만 했다고 비난하는 사람도 있다. 마찬가지로, 사법부가 무기력한 구태를 벗고 행동에 나섬으로써 정치 과정을 활성화하는 데 기여했다고 보는 사람도 많다. 반대로 법원이 행정부 권한에 개입하여 행정권을 마비시키고 행정부의 주도력을 약화했다고 비판하는 사람도 있다.

이러한 논란은 좀 더 근본적인 문제, 즉 '사법부가 어떤 기능을 수행해야 옳은가'라는 질문을 감추고 있다. 사법부가 잘 하고 있는지를 평가하려면 사법부에 도대체 무엇을 기대할 수 있고, 또 기대해야 하는가라는 기본적인 패러다임에 비추어 평가해야만 한다. 어쨌든 법원이 정치 활동이나 입법 과정을 대체할 수 없음은 분명하다. 또한 법원은 행정부의 실패 — 그 이유가 무능이든, 자원 부족이든, 정치적 의지의 결여든 간에 — 를 시정할 수 있는 능력도 없다. 그러나 법원은 민주적 압력을 위한 촉매 역할을 할 수는 있다. 그것은 반민주적이거나 무능한 정부를 제대로 작동하게끔 견인하는 역할을 말한다. 법원의 민주적 역할에는 정치적 책무성의 강화, 심의민주주의의 촉진, 평등의 장려 등이 포함될 수 있다. 보통 사람이 정부를 법원에 출석시켜 정부의 행동 또는 무행동의 이유를 설명하도록 강제할 수 있을 때, 정부에 정치적 책무성을 더 엄격하게 물을 수 있을 것이다. 법원이 정부에 시민사회의 목소리를 경청하고 시민사회와 소통하도록 촉구할 수 있다면, 심의민주주의가 촉진될 것이다. 그리고 정치적 혼란 속에서 자기 목소리를 잃은 사람들에게 완전하고 평등한 참여권을 보장해줄 때 평등을 장려할 수 있다. 사법적 구제책에도 이런 점이 적용된다. 정치 과정을 대체하는 것이 아니라 활성화하려면 법원이 일종의 촉진자 역할을 하면서 정치 과정이 구체적인 정책 결과를 낼 수 있도록 하는 장치를 창출할 수 있어야 한다. 그렇게 하려면 참여 윤리가 필요하다. 즉, 어떤 외부 명령에 가장 영향을 많이 받는 사람이 그 명령을 만드는 데 참여하고, 그 명령을 감시할 수 있도록 보장해주어야 한다.

공익 소송의 저변에 깔려 있는 이상은, 사법부를 평등한 시민들 간의 사회적 대화를 촉진할 수 있는 도구로서 구성하자는 정신이다. 이해 관계 협상에서 성공 여부는 경제적·정치적 권력에 달려 있지만, 성공 대신 공익 소송의 이상을 추구하게 되면 사회적 대화에 참여한 서로 다른 관점들 간의 역동적인 상호 작용에 근거해서 의사 결정을 내려야 한다. 공익 소송을 통해 이런 목표를 달성할 수 있을 것인가? 뒤에서 설명하겠지만 지금까지의 실적은 복합적인 모습으로 나타난다. 사법부가 지금까지 보여준 모습을 평가하면, 사회적 '대화'의 공간은 오래전에 사라졌고, 사법부가 막강한 권한을 행사하면서도 책무성은 없는, 일종의 권력 기관으로 변해버렸다고 믿는 사람들이 많다. 물론 법원이 언제나 그 이상에 맞게끔 행동한 것도 아니고 때로는 그 이상으로부터 극히 멀어진 경우도 없지 않았지만, 그럼에도 불구하고 법원에는 계속 진행되는 어떤 잠재적 역동성이 존재하며 그것을 더 발전시켜야 한다고 주장하는 사람들도 있다.

이 점과 관련해서 이 장에서는 인도 대법원의 제도적 개선책을 상세히 알아보려고 한다. 이 글은 국외자로서 조심스럽게 집필했으며 비교 연구의 경험에 의존한 접근 방식을 취할 수밖에 없었다. 다른 나라와의 비교 연구 경험에 비추어 보건대, 인도 대법원의 사례는 실로 근본적이며 유례가 없을 정도로 깊은 변화였다. 그와 동시에, 비교 연구 경험에 따르면 인도 대법원의 사례는, 그 변화를 만들어낸 맥락 — 사법부와 행정부의 관계라는 점에서, 그리고 사법부가 특정한 역사적 · 정치적 · 경제적 상황에서 운용된다는 점에서 — 에서 평가하는 것이 중요하다. 이것은 인도의 대법원이 이루어낸 제도 변화가 다른 나라의 사법부에 쉽게 이식되지 못할 수도 있음을 의미한다. 그러나 인도의 사례가 보여준 것은 제도 변화가 실제로 가능하다는 점이며, 인도 사법부의 장단점을 분석하여 다른 나라의 사법 제도 발전에 참고할 수 있을 것이다.

2_인도의 공익 소송 : 세기적 사법 실험

제도 변화

1980년대 초반부터 인도의 대법원은 당사자주의적인 법원 절차가 빈곤 계층과 소외 계층에 끼치는 부정적 영향력을 면밀히 검토하기 시작했다. 대법원은 영미법의 사법 전통으로 인해 당사자주의적 시스템이 신성불가침한 재판 제도처럼 떠받들려진다는 점을 지적하면서 "기본적 인권을 거부당한 채 자유의 의미를 잃어버린 대다수 민중들에게 사법 심사의 접근성을 보장해주기 위한 새로운 방식과 새로운 전략을 마련하기로" 결정하였다.[3] 따라서 대법원은 국가의 적극적 의무를 촉진하는 사법부의 역할을 마련하는 데 필요한 제도 변화에 착수하면서 다음과 같이 선언하였다.

당사자주의적 사법 체계에서 소송의 한쪽 당사자가 가난하고 소외된 계층에 속할 때, 그래서 사회적·물질적 자원을 충분히 보유하고 있지 않을 때, 그는 부유한 강자들에 비해 열세에 놓일 수밖에 없다. 유능한 법률 대리인을 내세우기도 어렵고, 또한 무엇보다 적절한 증거를 법원에 제출할 수 있는 능력이 부족하기 때문이다. 그러므로 빈곤 계층이 사법 절차에 착수할 때, 특히 기본권을 행사하기 위한 절차를 개시할 때, 관행적인 당사자주의적 절차를 뛰어넘어 빈곤 계층과 약자 계층이 필요한 자료를 법원에 쉽게 제출할 수 있게 해주는 새로운 절차를 마련해야 한다.[4]

대법원은 대안적 사법 모델의 발전을 위한 첫 번째 조치로서 원고 적격성을 좁게 해석하는 행위 — 피해 당사자만이 소송을 제기할 수 있는 자격이 있다고 한정한 — 가 빈곤 계층과 소외 계층에게 극복하기 힘든 장애 요인이 된다는 점을 인정하였다. 대법원은 "영국-인도 사법 전통에서 유래한 '원고 적격성'이라는 협소한 개념"을 비판하면서, "헌법의 전문(前文)에서 명하는 대로, 사법의 무게 중심을 전통적인 개인주의에 입각한 '공인된 지위(locus standi)' 개념으로부터 지역 사회의 공익 소송 쪽으로 옮기는 방안"을 고려하기 시작했다.[5] 따라서 1980년대 중반부터 대법원은 원고 적격성 개념을 넓혀서 누구나 다른 사람이나 다른 계층 — "빈곤, 고립무원, 장애, 또는 사회적·경제적 지위 등의 이유로 법원에 스스로 구제 신청을 할 수 없는 사람들" — 을 위해 법원에 구제 신청을 할 수 있도록 허용하였다.[6] 원고 적격성을 판별하는 유일한 전제 조건은 "법원에 구제 신청을 내는 사람은 정의의 대의명분을 옹호할 목적에 의하여, 선의로써(bona fide) 행동해야" 하며, "개인적인 이해 관계나 사익, 또는 정치적 동기에서" 행동해서는 안 된다는 것뿐이었다.[7] 그러나 원고 적격성을 따지는 이유 중 하나가 법원에 신청을 내는 주체를 확정하는 것이므로, 그런 점에서 법원이 적절한 법률 지원책을 확보해주어야 했다. 특히 신청인이 직접 공익 소송을 제기할 때에 법률 지원책이 절실했다. 그런 경우 대법원은 사건 처리에 관해 법원에 조언해줄 수 있는 변호사를 '법정 조언자(amicus curiae)'로 임명하기로 했다. 최근 인도 대법원장은 인도 변호사협회 회원들을 공개적으로 칭찬한 적이 있다. 법정 조언자 역할이 무보수 봉사인데도 변호사 회원들이 기꺼이 그 업무를 전문적으로 수행했기 때문이다.[8]

이런 과정과 함께 명령장 발부 절차의 형식 요건을 대폭 완화했다. 대법원은 다음과 같이 천명한다. "가능한 한 넓은 뜻에서 기본권을 시행할 수 있는 권한을 대법원 자신에게 부여하는 이러한 조치는, 기본권 집행에 방해가 되는 어떤 절차도 허용하지 않으려 했던 헌법 기초자들의 염원과 일맥상통한다." 그 결과 "사건 당사자가 진정으로 절박한 상황에 놓여 있는 경우, 대법원은 통상적인 진정 처리 신청서 작성을 요구하지 않을 것이다. …… 그런 경우에 진정을 내는 데 필요한 공식 규정이 있긴 하지만 그 규정에 구애받지 않고, 공익 무료 봉사(pro bono publico) 역할을 수행하는 사람이 간단한 서류만 작성해서 제출하더라도 대법원은 그것을 기꺼이 검토할 것이다."[9] 그 결과 수많은 혁신적인 공익 소송이 진정인의 진정 편지 한 통으로 개시될 수 있었다. 심지어 신문에 난 기사만으로도 대법원의 관심이 촉발된 적이 있었다. 대법원은 1988년에 발표한 공고문에서 공익 소송으로 착수될 수 있는 사안

들을 설명한 바 있다.[10]

원고 적격성의 범위가 넓어지고, 비공식적으로 법원이 행동에 착수함으로써 여러 가지 문제점도 함께 발생하였다. 그중에서도 사실 관계를 확인할 수 있는 대안적 수단을 찾는 것이 가장 심각한 문제였다. 대안적 사실 관계 확인 방법은 소송 당사자들만이 사용하는 것이 아니고, 기존의 교차 신문* 방식 ─ 법적 전문성이 있는 사람들에게 더 유리한 ─ 으로 검증하는 것도 아니다. 대법원은 공익 소송의 경우 법원 스스로 사실 관계를 수집하고 검증할 책임을 맡음으로써 이 문제를 해결했다. 이것은 주로 사건을 조사할 조사위원을 임명하는 방식으로 이루어졌다. 대법원은 치안 판사, 하급 판사, 법학 교수, 인권 운동가, 언론인 중에서 조사위원을 임명하였다.

이런 변화들이 모여 당사자주의적 법 절차가 본질적으로 협력적인 법 절차로 변모하였다. 대법원은 공익 소송이 "국가에게 배상·보상을 요구할 목적으로 제기하는 당사자주의적 성격의 소송이 아니며, 사회의 약자 계층에게 인권을 유의미하게 보장해줄 목적으로 제기하는 협력적이며 협조적인 노력"이라는 점을 강조한다.[11] 이것은 다시 말해, "정부와 관료들이 사회의 약자들과 소외 계층의 기본 인권을 유의미하게 보장하도록 정부와 관료들에게 개선과 성찰의 기회를 제공하는" 것이다.[12] 공익 소송 건에서 정부 측 법률가들 역시 이런 관점에서 자신의 역할을 이해하며, 정부에 대해서도 어떤 상황에서건 자신의 입장을 확고부동하게 고수함으로써 사건을 양극화하려 하지 말고, 전체 과정에서 건설적인 역할을 수행하라고 조언한다. 예를 들어 'Right to Food'

───────────

교차 신문 '교호 신문'이라고도 한다. 당사자주의적 신문 방식으로서, 법원이 직접 증인을 신문하지 않고 소송 당사자가 번갈아 신문한다.

판례[13])에서 정부 측 변호인단의 책임자는 이 사례를 당사자주의적인 소송으로 볼 것이 아니라, 모든 사람들이 걱정해야 마땅한 공통의 우려 사항으로 보아야 한다고 발언한 기록이 남아 있다.

국가가 적극적 의무를 시행하도록 하는 데 특히 중요하게 고려해야 할 사항은 법원의 구제 권한을 발전시키는 일이었다. 공익 소송은 '직무 집행 영장(writ of mandamus)'으로 시작되는 경우가 많은데, 이때 법원은 공공 기관에 대해 법적·헌법적 의무를 수행하도록 명령할 수 있는 권한이 생긴다. 통상적인 대다수 법적 구제책은 가처분 권한이나 사후 보상을 통해서, 국가가 자기 억제 의무를 수행하는 방식으로 행해진다. 이와 대조적으로, 직무 집행 영장은 공공 기관이 적극적 의무를 시행하게끔 만들 수 있는 강력한 수단이며, 따라서 적극적 의무의 강행을 위해 매우 효과적인 수단이기도 하다. 인도의 대법원은 주 정부 혹은 중앙 정부가 법원의 명령을 이행하도록 매우 상세한 지침을 담은 직무 집행 영장 제도를 발전시켰을 뿐만 아니라, 대법원이 지속적인 감독 권한을 행사할 수 있도록 하는 구제책도 발전시켰다. 이를 위해 임시 명령과 '지속적인 직무 집행 영장' 제도를 도입하여 해당 공익 소송 건을 계속 계류해 둔 채로 명령 내용이 준수되고 있는지를 지속적으로 대법원에 보고하도록 하였다.

소송 당사자 및 이해 당사자들은 주기적으로, 통상 2~3개월에 한 번씩 법원에 모여 법원에 명령 사항 이행의 진척을 보고하고 새로운 명령 사항을 시달받는다. 상황에 따라 이런 과정은 융통성 있게 조정될 수 있다. 대법원이 임명한 조사위원회에도 명령 이행 상황을 감독할 책임이 주어지며, 위원회는 정기적으로 법원에 진척 상황을 보고한다. 이런 과정을 거치면서 대법원은 근본적이고 전향적인 구제책 — 구조적 변화를 포함한 — 을 마련할 수 있으며, 명령 이행의 진행 여부를 감독

할 수 있다. 법원은 이 모든 과정에서 '법정 모독죄' 시행 권한으로 명령을 관철할 수 있다. 고위직 공무원이나 선출직 정치인에 대해서도 필요한 경우 법원은 법정 모독죄 권한을 행사하는 데 주저하지 않았다. 예를 들어, 마하라슈트라 주에서 삼림 벌채를 두고 장기간 분쟁이 지속되었는데 주지사와 주 산림청장이 대법원의 명령을 어기고 목재회사에 벌채권을 부여한 혐의로 법정 모독죄를 적용받아 두 사람 모두 각각 1개월씩의 금고형에 처해진 사례가 있었다.[14]

법원을 통한 사회 변화

공익 소송 절차는 인도의 헌법 관련 소송에 활기를 불어넣었다. 이는 대법원이 주도한 제도적 개혁이 없었더라면 불가능했을 것이다. 델리의 대법원에는 일 주일에 수백 건의 공익 소송 신청이 접수되며, 전국에 산재한 고등법원에도 수백 건의 신청이 들어온다. 이 가운데 많은 신청 건이 기각되지만,[15] 공익 소송 신청에 대해 대법원이 직접 대응하는 이 제도가 도입되면서 정치권과 행정부 활동의 여러 측면에 큰 변화가 나타났다. 전통적인 당사자주의적 절차로는 사법적 결정이 미치지 못했을 곳에까지 법원의 영향력이 발휘되고 있는 것이다. 이때 시민적·정치적 권리 및 경제적·사회적 권리 모두가 포함되며, 대법원은 이 양대 권리 영역에 국가의 소극적 의무와 적극적 의무를 모두 부과해왔다. 대법원이 성공적으로 개입했던 대표적인 사례를 찾아보면, 피구금자와 피구속자의 시민적·정치적 권리, 정신병원 수용자의 권리, 그리고 범죄 피해자의 권리 등을 꼽을 수 있다.[16] 또한 공익 소송은 정부와 사법부 자체의 부정부패 퇴치 캠페인에서 중심 역할을 수행해 왔다. 이런 경우 법원은 공권력이 기본권을 침해하지 못하도록 자기 억제 무만을 부과하는 데 그치지 않았다. 법원은 한 걸음 더 나아가 새로운 제도를 창안하고, 기존 제도를 개선하며, 시민들의 자조와 자활을 촉진하고, 대안을 제시하는 등 여러 종류의 적극적 의무를 빈번하게 부과하였다.

여기서 특기할 만한 사항이 있는데 바로 정신병 환자들을 대신한 공익 소송이 지속적으로 이루어지고 있다는 점이다. 이 일은 1990년 실라 바스(Sheela Barse)라는 사회 운동가에 의해 촉발되었다. 그 당시 바스는 콜카타에서 수천 명의 성인과 어린이들이 '비범죄성 정신이상자'라는 범주로 분류된 채 극히 열악한 상태에서 무기한으로 감옥에 갇혀 있는 실상을 폭로한 기사를 작성하여 대법원에 보냈다. 이들은 치료도 받지 못하고, 사법 절차에 의지하지도 못하고 있었다. 대법원은 주 정부에 이 문제에 관한 질의서를 보냈지만 명확한 답변을 받지 못했고, 결국 조사위원회를 임명하여 자체적으로 사실 관계를 확인하였다. 정신의학 전공 교수 1인과 법률가 1인으로 이루어진 조사위는 대법원으로부터 다음과 같은 임무를 부여받았다. 즉, 대표성이 있는 표본 집단의 교도소와 수용 시설을 방문하여, 정신질환 구금자의 총 인원수와 입소 절차, 간호와 치료 시설 제공 여부, 해당 지역 내의 정신 보건 시설 현황, 유자격 직원들의 근무 상태, 출소 후의 간호 및 재활 치료 절차 등에 관해 필요한 정보를 수집하는 임무였다.[17] 조사위원회는 또한 지속적인 감시 메커니즘으로 어떤 방법이 가장 적합한지 의견을 제시해 달라는 임무를 부여받았다.

1993년 대법원이 조사위원회의 보고서를 받고 나서 내린 결정에는 적극적 의무와 소극적 의무의 분리할 수 없는 관계가 잘 나타나 있다. 대법원은 향후 정신질환자를 감옥에 수용하지 말라는 절대적 자기 억제(소극적) 의무를 국가에 부과하였다. 그뿐만 아니라 국가에 대해, 정신 병원 시설 개선을 위해 즉시 필요한 조치를 취하고, 모든 대학 병원과 지역 병원에서 정신과 의사를 충원하여 정신과 진료를 제공하며, 일차 의료에 정신질환 치료를 통합하도록 하는 등의 적극적 의무를 부과하였다. 대법원은 이 명령의 이행 여부를 감시하는 역할도 담당하여, 명령의 이행 과정에서 나타나는 애로 사항을 대법원에 보고하도록 조치하였다.

또한 대법원은 정신질환자 구금 문제를 콜카타 지역(웨스트 벵골)에만 국한해 다루지 않았다. 대법원은 인도의 모든 주에도 유사한 조치를 취하도록 명령을 내렸으며 그 명령의 이행 여부를 감독하는 기능을 각 주의 고등법원이 담당하도록 했다.[18] 대법원의 이러한 조치가 전국적으로 제대로 시행되지는 못했지만 카르나타카 주에서는 고등법원이 제도 개선 — 자기 억제 의무와 적극적 의무 모두 — 에서 핵심적인 역할을 수행하였다. 이 업무를 담당한 고등법원의 판사는 법정 조언자, 열성적인 NGO들, 인권 변호사들의 도움을 받아 주 정부에 대해 정신질환자들에게 적절한 조치를 취하도록 하는 일련의 지침을 하달했다. 이러한 지침에는 정신질환자의 구금을 금지하는 자기 억제 의무가 포함되어 있었지만, 그외에도 정신질환자에게 적절한 의료를 제공할 수 있는 설비를 갖춘 병원 시설 신축, 정신질환자에 대한 연금 지급 등과 같은 적극적 의무도 포함되어 있었다. 이중에서 특히 중요한 점은 법원이, 제도 변화를 가로막는 구조적 장애 요인 — 정신질환 영역에서 전문 인력이 놀라울 정도로 부족하다는 점을 포함해서 — 이 있음을 인정했다는 사실이다. 따라서 법원은 모든 일차 의료 요원들과 수련의들이 기본 교육 과정에서 정신병학과 심리학을 이수해야 한다는 명령과 정신과 전문의를 양성하는 수련 기관을 증설하도록 하는 명령을 내렸다. 법원은 재원이 부족하다는 정부 측 주장을 일축하고, 법원의 명령을 이행할 목적의 예산을 배정하라고 정부 측에 강력하게 주문하였다. 이런 주장은 주 정부가 재원 부족을 이유로 그 의무를 소홀히 해서는 안 된다고 결정한 대법원 판결 후에 나온 것이었다.[19] 대법원은 특히 정부가 재정을 이유로 의료 서비스를 제공할 헌법적 의무를 태만히 해서는 안 된다고 지적하였다.[20]

국민들에게 식량을 제공하는 적극적 의무를 시행토록 하는 데에도 법원은 큰 역할을 했다. 인도에는 굶주리는 주민을 위한 식량 제공 프로그램이 많이 있었지만, '시민적 자유를 위한 민중 연합(People's Union of Civil Liberties)'이 대법원에 호소해서 식량권을 기본권으로 격상시키기 전까지만 해도 이들 프로그램을 시행할 동기가 거의 없었다고 해도 과언이 아니다.[21] 'Right to Food' 판례로 알려진 이 사례는 기아로 인한 사망률이 증가하는 한편으로 미소비된 양곡의 재고가 늘어나고 있던 역설적인 상황을 배경으로 하여 2001년 4월 첫 공판이 열렸다. 대법원은 다음과 같이 지적했다. "기근이 발생했을 때 식량 부족 현상이 나타날 수는 있다. 그러나 현재는 양곡이 넘쳐나는데 주민들의 식량은 부족한 역설적인 상황이 벌어지고 있다. 식량의 절대량이 풍족한데도 극빈 계층과 박탈 계층에 대한 식량 배분은 미미하거나 전무해서 영양 실조, 아사 및 기타 연관된 문제가 발생하고 있는 것이다."[22] 식량권이 생명을 위한 시민적·정치적 기본권으로부터 비롯된다는 점은 특기할 만하다. 이 말은 식량권은 전향적이고 지속적인 의무 ― 가용 자원에 맞춰 실현하는 ― 라는 식으로 표현되어서는 안 되고, 즉각 충족되어야 한다는 뜻이다. 그러나 권리의 '표제적' 성격으로 인해 지속적인 직무 집행 영장의 시행을 통해서 식량권의 충족이 실현될 수 있었다. 대법원은 이어지는 임시 명령으로 각종 식량 제공 프로그램이 적절히 시행되도록 지도하였다. 그러한 프로그램으로는 다음과 같은 것들이 있었다. '공정 가격 상점'을 통해 국가의 보조금 정책에 따라 낮게 책정된 가격에 맞춰 곡물과 기타 필수품을 배급하는 공공 배급 시스템 (PDS, Public Distribution System), 극빈 가구에 대한 특별 식량 보조 프로그램(Antyodaya), 어린아이들에게 영양 보충제, 의료 서비스, 취학 전 교육 등과 같은 통합 서비스를 제공하는 어린이 통합 발전 계획 (ICDS, Integrated Child Development Scheme), 사춘기 여자아이와 임신부, 수유모 등에 대한 서비스 제공 프로그램 등이 그것이다. 이중에서 정책 효과가 가장 광범위했던 프로그램은 학교 점심식사 제공이었다. 대법원은 단지 식량을 제공하는 것만이 아니라 제대로 조리된 음식을 직접 제공하라고 명령함으로써 결식 아동의 점심식사 프로그램을 강화했다.

카르나타카 주의 정신질환자 관련 소송에서처럼 'Right to Food' 판례의 승리에서 가장 핵심적인 측면은 법원이 주도하는 인권 발전과 인권 정책 시행만으로는 한계가 있음을 인정한 점이었다. 식량권을 둘러싼 넓은 의미의 공공 캠페인에서 법원이 한 역할은 식량을 제공해야 할 적극적 의무가 국가에게 있다고 판시함으로써 캠페인의 초점을 명확하게 만들어준 것이었다. 그리고 현장 인권 운동가들은 사법부가 인정한 '자격권(entitlement)'의 개념을 활용하여 정부에 대해 식량권의 준수를 요구할 수 있었다. 이 과정에서 대법원이 넓은 의미의 인권 운동에 지속적으로 참여한 것은 잘 조직된 풀뿌리 인권 운동 — 사실 관계 확인, 준수 여부 감시, 전략적 소송 등의 활동 — 에 법원이 반응한 것도 되지만, 법원의 노력이 풀뿌리 인권 운동의 촉매제가 된 점도 있었다.[23] 여기에 덧붙여 열정적이고 양심적인 조사위원들의 노력, 그리고 해당 주의 자문위원 네트워크의 지원도 중요한 역할을 했다.

권리의 성격 자체도 중요하다. 앞에서 주장했듯이 적극적 의무 개념을 단순히 재화와 편익을 제공하거나 이전할 의무라는 식으로 개념화할 수도 있지만, 사람들의 자력화를 촉진하고 지원할 의무라는 식으로 개념화할 수도 있다. 당장의 기아 해소를 위해 식량을 직접 제공하는 것은 반드시 필요한 일이다. 하지만 그것만으로는 스스로 유지되는 프로그램이 되지 못하며, 촉진과 자력화 조치가 병행되지 않는 한 의존형 지원이 될 수밖에 없다. 식량권 캠페인에서는 이런 점을 인정하여 두 가지 측면의 촉진적 의무를 적극적 의무 개념에 추가하였다. 첫째 측면의 촉진적 의무는 점심식사 제공 프로그램으로부터 비롯되었다. 이 캠페인을 주도했던 NGO 단체는 조리된 점심식사 제공이 부여한 촉진적 혜택을 다음과 같이 기록했다.

점심식사를 제공하면 어린아이들이 허기에서 벗어날 수 있고(허기에는 '수업 중의 허기'로 인한 주의 산만도 포함되는데 이는 학교 교육에서 가장 큰 장애이기도 하다), 영양가 높은 식사를 제공하면 그 아이의 건강한 성장을 촉진할 수도 있다. 점심식사 제공은 다른 목적에 도움이 되기도 한다. 예를 들어, 점심식사를 제공하면 학생의 정기적 등교에 보탬이 되므로, 그런 면에서 보면 점심식사 제공은 식량권에 도움이 될 뿐만 아니라 교육권에도 크게 기여하는 것이다. 또한 점심식사 제공은 카스트 제도의 편견을 깨는 데에도 도움이 된다. 신분 고하를 막론하고 아이들이 한곳에 모여 같은 식단의 음식을 함께 먹는 행위의 교육적 효과가 크기 때문이다. 그리고 점심식사 제공은 학교 교육 참여에서 성별의 격차를 줄이고, 여성의 중요한 취업원이 될 수 있으며, 취업한 여성들이 아이들의 점심을 마련해주어야 하는 부담을 덜어줄 수도 있다. 이런 점 외에도 점심식사 제공은 사회 빈곤 계층에게 경제적 지원을 하는 하나의 원천으로 간주될 수 있으며, 어린이에게 영양 섭취의 중요성을 가르칠 수 있는 기회가 된다.[24]

어린아이들에 대한 점심식사 제공 계획으로 소규모의 고용 창출 효과도 나타났다. 대법원은 점심식사 준비를 위해 조리사와 보조원을 채용할 때 되도록 사회적으로 낮은 계층에 속한 사람들을 우선 채용하라는 명령을 내렸던 것이다.

두 번째로 핵심적인 촉진적 권리는 '노동할 권리'이다. 이 사건의 진정인들은 처음부터 생계 임금에 준하는 고용이 이루어지는 것이 기아 문제를 푸는 최선의 예방책이라고 주장했다. 이것과 연관해서, 농촌 지역에서 농사일 외에 가외로 수입을 올릴 수 있는 일자리를 창출하기 위한 고용 프로그램이 여럿 존재한다. 예를 들어 SGRY(Sampoorna Grameen Rozgar Yojana) 같은 프로그램은 농촌의 유휴 인력을 활용하여 지역 사회 발전, 지역 사회 자산 보존, 인프라 구축 사업 등을 벌이고 있다.[25] 식량권과 관련한 대법원의 개입은, 단지 서류로만 존재했던 정책을 기본권의 위치로 격상시키는 효과를 불러일으켰다. 그후 대법원의 개입에 힘입어 2005년 '농촌 고용 국가 보장법'이 만들어졌다. 이 법에 따르면 1가구당 연간 최대 100일간, 법적으로 보장된 최저 임금을 받으면서 공공 근로 사업에서 미숙련 육체 노동을 할 수 있으며, 그런 일자리를 구하지 못할 경우 실업 수당을 청구할 수 있다.

그러나 대법원의 개입으로 식량권 문제가 하루아침에 해결된 것은 아니었다. 법원의 명령을 이행하는 현실이 들쑥날쑥했으며 현지의 인권 운동이 얼마나 활발한지에 따라 지역별로 편차가 컸다. 식량권 중에서 학교 점심식사 제공 프로그램의 준수 비율이 제일 높았다. 전국적으로 대법원의 어린이 점심식사 제공 명령을 이행하자는 움직임이 활발하게 일어났다.[26] 대법원의 조사위원회가 2005년에 펴낸 보고서에 따르면 여러 주 정부에서 대법원의 명령을 충실히 이행하기 위해 필요한 조치를 취했으며, 식량권 캠페인 단체에서 펴낸 자료에서는 전국적으로 약 천만 명의 어린이들이 매일 학교에서 조리된 점심식사를 제공받고 있다고 추산하였다. 그러나 조사위원회는 점심식사의 내용이 부실하거나 식품 안전 조치가 미흡하고 사회적 차별이 여전히 남아 있는 주가 아직도 많다고 지적하였다. 또한 초등학교 수준을 넘어 점심식사 제공 조치를 확대하려는 움직임은 없다고 보고했다.[27] 그러나 식량권과 관련된 여타 프로그램의 실적은 이보다 훨씬 나빴다. 특히 어린이 통합 발전 계획 분야가 열악한 것으로 나타났는데, 사춘기 연령대의 소녀 중 단지 0.3퍼센트만 이 계획의 혜택을 받고 있었다. 이는 여성과 여아에 대한 폭력과 차별이 심한 인도 사회의 열악한 환경을 고려할 때 대단히 개탄할 만한 현실이었다. 이 분야에서 정책 시행이 이렇게 더디게 진행되었다는 사실은, 인권 보호 의무를 강행할 수 있는 실무 담당 조직이 없는 사법부의 제도적 한계를 잘 보여준다. 그러나 동시에 만일 대법원이 풀뿌리 차원에서 발생한 사회 운동에서 하나의 구심점이 되지 않았더라면 주 정부와 중앙 정부가 식량권 보호에 훨씬 더 소극적인 태도를 보였을 것이라고 말할 수 있다. 이 사건의 경우 완전한 승리를 쟁취하지 못했다고 해서 그 운동이 거둔 진정한 성과를 평가 절하해서는 안 된다고 본다.

사법부와 사회 변혁 : 사회적 대화

공익 소송 운동이 초기 발전 단계에서 헌법의 전향적인 해석 움직임과 맞물리면서 인도 대법원은 탄압받고 주변화된 계층을 위한 사회 변혁에서 중심적인 역할을 하게 되었다. 우펜드라 박시(Upendra Baxi)가 설명하듯이 사법부의 권한과 사법적 절차에 관한 새로운 개념이 발전했다.

인도 출신의 인권법학자 우펜드라 박시는 인도 대법원이 공익 소송을 통해 빈곤 계층과 소외 계층을 위한 사회 변혁의 기틀을 마련함으로써 사법부의 권한과 사법 절차에 관한 새로운 개념이 발전할 수 있었다고 설명한다. "사법부의 판결이, 사법 적극주의와 사회 운동과 인권 운동 사이를 잇는 일종의 사회적 대화의 형태로 등장하였다."

사법부의 판결이, 사법 적극주의와 사회 운동과 인권 운동 사이를 잇는 일종의 사회적 대화의 형태로 등장하였다. …… 법, 권리, 정의와 같은 이슈에 관한 사회적 대화가 더는 전문 관리 계층(정책 입안가, 사회 계획 담당자, 판사, 법조인, 기타 관련 전문직 종사자들)의 고상한 담론의 영역에 머무르지 않게 되었다. 오늘날 그러한 사회적 대화는 다양한 서사적 목소리들이 서로 만나는 대화의 한 형태가 되었다.[28]

'사법적 대화(judicial conversation)'라는 개념은 사법부의 역할을 원심적으로 분산시키는 효과를 낳았다. 소송이라는 절차가, 소송 당사자가 법원에 결정 권한을 위임하는 권력 관계로서가 아니라, 판사와 정부 관료와 여러 사회 집단, 정치 집단 간의 민주적 소통을 촉발하는 관계로 묘사되기에 이르렀다. 이렇게 되니 정치 과정에서 목소리를 내지 못하던 집단도 사회적 대화에 참여할 수 있고 결론에 영향을 끼칠 수 있게 되었다. 그 결과 이러한 대화에 참여하는 사회 집단의 역할 ─ 소송 의제를 설정하고, 법원에 신청을 하는 소송 건에 대해서뿐만 아니라 법원의 사회적 대화를 형성하는 관점의 채택이라는 점에서 ─ 도 강조하게 되었다. 이 과정에서 가장 중요했던 점은, 대중을 선의에서 계도하려는 지도자가 아니라 대중과 동반자 관계를 형성하려는 의지를 지닌 인권 운동 단체와 공익 인권 변호사들이 시민사회 안에 존재하고 있었다는 사실이다. 또한 사법적 대화는 정부 측의 협력 필요성을 부각한다. 법정 모독죄와 같은 강압적 조치가 정부의 행동을 촉구하는 배경을 이룰 수는 있겠지만, 정부가 자발적으로 무행동을 행동으로 전환할 때 법원의 권고가 제대로 빛을 발할 수 있다.

이런 식의 사법적 대화 개념은 앞에서 언급한 카르나타카 주 사건에서 잘 드러난다. 이 사건에서 인권 운동가들의 논리와 구제 대상 당사자들과 그 가족들의 욕구 및 인식이 건설적으로 소통되면서, 쟁점을 하나의 구체적인 소송으로 승화할 수 있었다. 이 과정에서 유능한 변호사들이 그러한 주장을 법률 용어로 표현해주었다. 이와 더불어, 법원이 사회 변화를 위해 정부와 시민사회의 견해를 잘 통합할 수 있었던 점도 성공의 핵심 요인이었다. 카르나타카 주 고등법원의 본건 담당 판사였던 바누르마스 판사는 자신의 역할을 조정과 대화 촉진자로 설정하고, 소송 당사자들 모두에게 같은 팀원으로서 효과적인 문제 해결을 모색하자고 촉구하였다. 그 결과 이 소송 건은, 통상적인 정치 과정에서 전혀 목소리를 내지 못하던 집단에게 목소리를 부여함으로써, 그리고 법원이 소송 당사자들 ─ 통상적인 사회 생활에서는 서로 엄청난 권력의 격차가 있었지만 ─ 의 의견이 모두 평등하게 고려될 수 있도록 그 권한을 행사함으로써, 심의민주주의를 추진하는 성공적인 수단이 되었다. 협력적인 심의 및 의사 결정이라는 기반 위에서 대법원이 적절한 지침을 거의 무제한으로 내려보냄으로써 법원의 민주적 정당성이 확보되었다. 그리고 정부가 이에 전반적으로 협력함으로써 법원은 강압적 권한을 굳이 행사하지 않아도 되었다. 카르나타카 주 소송에서 나타난 것처럼, 주 정부 관리와 법원이 특정 사업을 위해 필요한 합리적인 예산안을 함께 논의한다는 점이 예산 배정에서 가장 핵심적인 사안이 되었다. 법원이 판단한 예산 배정액이 사회 보장 부서 및 예산 부서와 철저한 협의를 거쳐 도출된 액수였으므로 주 정부는 예산액에 이의를 제기하지 않았다. 이 과정에서 법원이 입법 절차를 개시하도록 자극함으로써 사법적 대화가 넓은 의미의 정치적 맥락에 영향을 끼칠 수 있음을 보여준 것은 특히 흥미로운 점이라 할 수 있다. 소송 당사자들이 꿈꾼 다음 단계의 움직임은, 법원이 지방의 로스쿨이 개최하는 전국적 토론회를 주도적으로 이끌어 가도록 만들어보자는 움직임이다. 이런 토론회에 나올 다양한 참여자들은 인도의 낙후된 정신 보건 관련 법률을 국제 인권 기준에 합치하도록 하는 법률 개정안을 성안할 책임을 부여받게 될 것이다.[29]

활동 또는 활동 마비 : 판사와 행정 관료

그러나 공익 소송 관할권과 지속적인 직무 집행 영장 제도를 활용한 구제 조치로 사법부가 사회 변혁에서 어느 정도나 역할을 수행할 수 있는가 하는 문제, 특히 국가의 적극적 의무(제공할 의무와 증진할 의무를 포함한)에 관한 해석을 둘러싸고 격렬한 논쟁이 촉발되었다. 이중에서 가장 근본적인 질문은 행정부와 사법부의 적절한 권력 분립에 관한 것이었고, 이런 의문은 다시 민주주의의 본질에 대한 관심을 불러일으켰다. 이 분야에서 활발하게 활동하는 주체들이, 법원이 지나치게 개입주의적 태도를 취하는 경우와, 법원이 지나치게 소극적인 태도를 취하는 경우, 양자 모두를 비판하는 경향이 있음을 지적할 필요가 있다. 이런 논쟁은 판사가 어떤 경우에 국가의 적극적 의무를 규정하고 그것을 시행하도록 명령하는 것이 좋은가 하는 질문을 자세히 검토할 필요성을 불러일으킨다. 가장 흔히 인용되는 공식은 "정부가 국가의 의무를 제대로 이행하지 않을 때 법원이 개입해야 한다."라는 원칙이다. 국가가 대단히 무능한 경우라면, 법원의 개입이 실제로 국가에 대한 적극적 간섭이라기보다, 국가가 원래 해야만 하는 기본적 의무를 제대로 수행하지 못한 것에 대해 국가의 행동을 촉구하는 원론적 수준의 개입이라고 보아야 한다. 여러 경우에 이런 상황이 존재할 수 있다. 예를 들어, 법원이 고지대 주민들의 생존권을 위해 정부에 그 동네에 진입할 수 있는 도로를 건설하라고 명령한다면,[30] 그런 요구는 공권력이 이미 계획했던 것, 그러나 아직까지 이행하지 못한 것을 빨리 이행하라고 촉구하는 정도의 개입에 불과할 수도 있다. 이것과 유사하지만 더 광범위한 쟁점 사례로서, 법원이 국가에 대해 생명권 존중을 위한 적극적 의무의 실천을 위해 주민들에게 식량을 제공하라는 명령을 내린 사안은, 국가가 비축되어 있던 식량을 주민들에게 적절히 배급해주지 못한 행위, 즉 국가 ― 주 정부와 중앙 정부 모두의 차원에서 ― 의 실책에 대한 반응이었다고 볼 수 있다.

그러나 국가가 의무를 이행하지 못할 때 법원이 개입한다는 원칙은 겉보기보다 훨씬 더 복잡한 사안이다. 경우에 따라서는 조사위원회를 임명했을 때 기존의 행정 조직 권한에 깊숙이 관여하는 병렬적인 의사결정 구조가 만들어질 가능성도 있다. 법원이 임명한 조사위원회는 사실 관계를 밝히는 임무뿐만 아니라, 법원이 적극적 의무를 시행하라는 명령을 내리는 데 기초가 될 해결책을 내놓아야 하는 광범위한 권한을 위임받는 셈이다. 그렇게 될 때 사법부의 조사위원회가 행정부 및 그와 유사한 조직들과 병렬적으로 존재하는 옥상옥이 될 가능성이 높다. 예를 들어, 델리 시 당국의 쓰레기와 공해 처리 대책을 비판하는 소송이 제기되었을 때 법원이 임명한 조사위원회에 부여된 권한으로 인해, 그 조사위원들이 행정 정책 결정 과정 깊숙이 끌려 들어간 적이 있었다. 조사위원회가 부여받은 권한은 다음과 같은 것들을 포함했다. 즉, 경제적으로 타당하고 안전하고 자연 친화적인 오물 처리 과정을 위한 제안을 내놓고, 시 당국의 조례를 개정할 방안을 제시하며, 도시의 생활 쓰레기를 관리할 기준과 규제 정책을 제안하라는 내용이었다.[31] 그 결과, 많은 사람들이 법원의 지나친 개입으로 오히려 정부가 계속해서 무능한 상태로 남게 되었다고 생각한다. 왜냐하면 어차피 법원이 임명한 조사위원회가 업무를 담당할 것이므로 행정부는 구태여 일을 벌일 필요가 없다는 태도, 또는 나중에 판사들이 결과를 판정할 것이므로 행정부가 주도적으로 미리 나설 필요가 없다는 태도 따위가 생겨났기 때문이었다. 이런 주장이 사실임을 확인하려면 실증적인 연구가 필요하겠지만, 법원이 사건 당사자들에게, 법원의 행동이 무능한 정부로 하여금 행동에 나서게 촉구하는 것만큼이나, 정부의 주도력을 오히려 마비시킬 수도 있다는 인상을 주게 된다. 예를 들어, 사립대학이 학생들에게 부과할 수 있는 등록금에 상한선이 있을 수 있는가 하는 문제를 둘러싼 쟁점을 살펴보자. 대법원은 현재까지 초등교육 권리를 충족시켜주어야 한다는 결정을 내린 적이 없지만, 사립대학들에 등록금 상한제를 준수해야만 사립대학 제도 자체를 존속시켜줄 수 있다는 판정을 내린 적은 있다.[32] 이 경우 법원은 관할권을 행사하여 사립대학 등록금의 상한선을 조사할 위원회를 임명하였다. 전국 각지에서 학생, 대학, 주 정부를 둘러싸고 연례 행사처럼 등록금 분쟁이 일어났다. 대학은 높은 등록금을 요구하고 학생들은 등록금 납부를 거부하여 학생들이 정학을 당하는 일이 비일비재했다. 이런 분쟁은 필연적으로 주 고등법원에 대한 소송으로 제기되곤 한다. 또한 조사위원회를 선정하는 것이 순전히 법원의 선심성 임명이 아니냐는 의문도 제기되었다. 법원은 어떤 절차를 따르거나 신청자 선정 과정을 거칠 필요도 없이, 법원의 판단에 따라 적격성이나 전문성을 고려하여 조사위원을 임명한다. 일반적으로 말해 조사위원들은 임무를 매우 잘 수행하고 있지만 임명 과정의 투명성과 책무성을 보장할 수 있는 조치가 마련되어야 할 것이다. 더 나아가, 법원이 조사위원으로 주로 임명하는 인재풀을 넘어서 사회 각계각층의 인사들을 망라할 필요가 있을지도 모른다.

법원의 과도한 개입? 판단 기준의 완화

공익 소송과 관련해서 법원이 사실 관계를 밝히는 데 엄밀성이 부족하다는 비판이 제기되었다.[33] 조사위원들은 자신이 원하는 방식으로 조사 기능을 수행할 수 있으며 분쟁이 발생한 지역을 직접 방문하여 현장에서 당사자들의 광범위한 목소리를 청취할 수 있다. 그들의 보고서와 기타 증거 자료는 선서 진술서(affidavit)의 형태로 제출되므로 교차 신문을 할 기회가 없어진다. 이런 절차가, 협조보다 방어적 자세를 낳기 쉬운 당사자주의적 시스템과 교차 신문 방식보다 복합적이고 다중 심적 정책 쟁점을 좀 더 총체적으로 파악할 수 있게 해준다고 믿는 사람도 많다. 그러나 당사자주의적인 사실 관계 확인을 선호하지 않더라도, 단순히 선서 진술서에만 의존해서 대단히 복잡한 법원 명령을 선고할 수 있겠는가 하는 의문을 제기하는 사람들도 있다. 조사위원직은 비상근이며 임시직으로 임명되는 자리이다. 이들은 보수가 높고 몹시 바쁜 직장 생활 속에서 활동 시간을 쪼개 실비만 받고 법원을 위해 봉사하는 것이므로 공익 소송의 결론을 내리는 데 필요한 정확한 사실 관계 확인 작업을 수행하기 어려울 수도 있다.[34] 따라서 공익 소송은 비교적 사실 관계 확인이 쉽고 단순한 경우에 잘 어울린다고 말할 수도 있을 것 같다. 이러한 절차상의 격차를 메우기 위해 재정(裁定)위원회 같은 제도를 이용해 사법 접근성을 높이는 대안도 있을 수 있다. 재정위원회 같은 전문가 모임은 단순히 선서 진술서에만 의존하지 않고 복잡한 상황을 다룰 수 있다. 이런 방식으로 환경 분쟁을 다루는 기구를 만들자는 제안이 많았지만 아직까지 인도에서 그러한 조직이 설립되지는 못했다.

또한 공익 소송 절차로 인해, 복합적인 정책 영역에 끼어든 복잡한 쟁점들을 다루기에 적합하지 않은 법원에게 다중심적 사건을 해결하라고 요구하는 문제가 생길 수도 있다. 법원이 국가에 대해 자기 억제 의무를 부과하는 것과 같이 비교적 단순하고 즉각적인 구제책을 내놓는 역할로부터, 복잡한 정책을 디자인하고 제도화하고 이행해야 하는 구조적 변화를 추동하는 역할로 변신하게 됐을 때, 법원의 능력으로 감당하기 어려운 부담 ─ 적극적 의무를 강행하게 하는 데 따르는 부담 ─ 이 초래될 수도 있다. 앞에서 예로 든 삼림 벌채 사건은 특히 문제가 많은 사건이었다. 뒤에서 살펴보겠지만 삼림 보호 정책이 숲 근처에 살고 있던 빈곤 계층과 원주민들의 생계에 막대한 지장을 초래했고, 원주민들을 '불법 거주자'라는 이유로 되거시기고 그들의 생계를 박탈했다. 그러나 현실은 이런 설명보다 훨씬 복잡하다. 목재의 상업용 판매를 금지하면 벌목으로 살아가는 사람들의 주 수입원이 차단될 뿐만 아니라, 그러한 벌목 농가의 소비에 의존하는 인근 가게들과 각종 서비스업 종사자들의 생계도 막막해지리라는 것은 쉽게 예상할 수 있다. 그러나 목재 판매를 무조건 금지할 경우 삼림에도 부정적인 영향을 끼친다는 사실은, 예상하기는 어렵지만 마찬가지로 심각한 문제다. 한 연구에 따르면, 소나무의 경우 목재로 분류되어 고가로 팔리지 못하면 그저 장작용 땔감 — 땔감 판매는 허용된다. — 으로 분류되어 목재의 10퍼센트에 해당하는 헐값으로 처분된다. 그런데 목재는 어차피 판매하지 못하므로 숲이 아무런 가치가 없어져 인근 농부들이 숲을 개간해서 농토로 전환하는 경우가 비일비재하게 일어난다.[35] 다른 한편으로, 숲에 사는 주민들의 삶을 숲과 일체가 된 목가적인 생활로 묘사하는 것은 낭만적인 생각에 불과하고, 이들 부락민들의 생활 습관은 장기적으로 지속 가능하지 않으며, 생물 다양성을 위해서도 아무 도움이 되지 않는다고 주장하는 사람도 있다. 전통 부락민들의 문중에서 직접 숲을 관리하는 인도 북동부 지역의 삼림 훼손 비율이 산림청에서 직접 관리하는 곳보다 훨씬 더 심각하다는 연구 결과도 나와 있다.[36]

누가 '공중'에 속하는가? 공익 소송 당사자의 역할

인도에서는 최근 법원의 역할을 놓고 매우 격렬한 논란이 벌어지고 있다. 공익 소송 절차를 통한 법원 접근성이 원래 의도했던 범위를 넘어 크게 확장되었기 때문이다. 공익 소송은 원래 법원 접근성이 떨어지는 빈곤 계층과 소외 계층을 돕기 위해 시작되었지만 이제는 공익을 빙자해서 누구나 공익 소송을 제기할 수 있게 되었다. 그 결과 절차적으로 접근하기 쉬운 공익 소송 제도를 악용하여, 일반적인 절차를 거치더라도 법원 접근성이 잘 보장되는 경우에조차 공익 소송을 제기하는 사례가 생겨났다. 공익 소송으로 제기된 사건 중에는 델리의 야생 원숭이 지원 활동에서부터 아주 어린 아이에게도 학교가 입학 면접을 시행할 권리가 있다고 주장하는 사립학교의 소송에 이르기까지, 온갖 다양한 사례가 있다. 공익 소송 남용으로 인해 고등법원과 대법원의 업무량이 폭주했고 이 때문에 소외 계층의 법원 접근성이 오히려 더 떨어져 법원의 사법 정의 시행 능력이 저하되었다는 지적도 있다. 물론 공익 소송이 늘어나서 법원의 업무량이 급증했는가 하는 질문은 논란의 여지가 많다. 그러나 이러한 통계치가 조작된 것은 절대 아니다.

이보다 더 근본적으로는, 공익 소송이 원래 의도했던 빈곤 계층과 취약 계층의 범위를 초과하여 법원 접근성이 대폭 늘어남으로써, 사건을 법원에 제기하는 틀 자체가 결정적으로 변하였다. 소송을 먼저 제기하는 쪽이 법원에 대해 사건의 전체 해석 틀을 좌우할 힘을 지니게 된 것이다. 결국 법원 접근성의 확대는 오히려 정치적·경제적 기득권층이 빈곤 계층과 취약 계층의 목소리를 억누르거나 심지어 완전히 침묵에 빠뜨려버릴 위험으로 이어질 수 있다. 박시가 말하듯, 이런 맥락에서는 사회적 대화란 것을 아무리 해봐야 '담론적 불평등의 축' 사이를 그저 오락가락하는 결과밖에 나오지 않을 가능성도 있다.[37] 따라서 최근 들어 법원이 빈곤 계층과 취약 계층을 대하는 태도가 조금 변한 것은, 공익 소송의 당사자들이 상당히 변해버린 현실을 반영하는 측면이 있다. 물론 공익 소송 당사자가 그 사건의 해석 틀을 좌우할 수 있는 절대적인 힘을 지닌 것은 아니다. 그러나 소송을 제기할지 말지, 그리고 제기한다면 어떻게 표현해야 할지 등을 결정하는 것 자체가 당사자의 입장에서는 심의적 참여의 산물일 수 있다. 또한 소송 당사자가 그 사건을 바라보는 관점에 최종적인 영향력을 행사할 수 있는 것도 아니다. 쟁점의 틀을 잡는 것은 사회적 대화의 시작일 뿐이다. 소송을 누가 제기하든 상관없이 그 사건에 개입하는 사람들이 빈곤 계층이나 취약 계층의 이익을 도모해줄 수도 있다. 그러나 이런 원론적 설명은 제대로 조직화되어 있지 않은 계층, 또는 법원의 심리 절차에 계속 참여할 만한 여유가 없는 집단에게는 그림의 떡일 뿐이다. 이런 사람들은 대개 법원의 일차 명령이 나오고 나서 자신들이 갑자기 그 명령의 영향을 받게 되었다는 사실을 깨달은 후에야 그러한 사법적 개입의 의미를 따라잡기 위해 소송에 관심을 갖기 시작한다.[38] 아니면, 법원이 스스로 나서서 필요한 쟁점을 직접 제기할 수도 있지만, 그것이 당사자들의 참여를 대체할 수는 없다. 따라서 궁극적으로 보면, 동등한 참여자들 사이의 대화라는 것도 따지고 보면 빈곤 계층과 취약 계층이 자신의 목소리를 표출할 수 있는 능력에 달려 있다고 할 수 있다. 하지만 현실이 언제나 이렇게 돌아가지는 않는다.

인도의 삼림을 보호하고 벌목을 방지하기 위해 제기되어 논란을 불러일으켰던 소송 건을 통해, 소송 당사자가 사건의 이해 틀을 얼마나 좌우할 수 있는지를 알아볼 수 있다.[39] 이 경우, 소송을 제기한 진정인은 케랄라 임야 지역의 구(舊) 소유자였다. 1990년대 초 이 지역의 관리권이 산림청으로 넘어가면서 구 소유자의 집안에서 오랫동안 보호해 온 사유림이 위협을 받게 되었다. 이 진정에 대응해서 대법원은 일련의 임시 지침을 통해 전국의 모든 삼림에서 진행 중인 벌채를 모두 즉시 중단하라 — 열대 우림 벌채를 포함해서 — 는 지시를 내렸다(그전에 중앙 정부의 승인을 이미 획득한 경우는 제외). 국내의 모든 숲에서 가동 중이던 제재소 등을 즉시 완전히 폐쇄하라는 명령이 떨어졌고, 인도 북동부의 7개 주로부터 국내 다른 지역으로 벌목한 목재를 옮기는 일이 금지되었다. 그러나 이러한 금지 조치는 거대 목재 기업의 활동을 중단시켰을 뿐만 아니라, 숲 근처나 숲 속에 살고 있던 부락민과 주민들 — 땔감, 가축 사료, 소규모 제조업, 건축 자재 등을 위해 숲에 의존해서 생계를 꾸리던 — 의 삶에 심각한 영향을 끼쳤다.[40] 그런데 2002년 들어

1980년 이래 삼림 지역에 불법으로 거주하던 모든 사람들을 강제 퇴거시키라는 추가 명령이 주 정부에 내려지면서 주민들의 형편이 더 악화되었다. 전통적 부락민들이 숲에 거주할 수 있는 원주민으로서 권리를 인정받지 못했으므로 전국적으로 전통 부락민들이 생계 터전에서 쫓겨나게 되었다. 게다가 공식적으로 '삼림'이라고 규정된 것만을 삼림으로 해석하지 않고 사전적 의미의 '삼림'을 고수함으로써, 쫓겨나는 사람들의 규모가 더욱 커졌다. 이중 가장 큰 문제는 원래 소송이 제기되었을 때 또는 정부가 정책을 결정할 당시에, 부락민들이 스스로 그 과정에 잘 참여하지 않았다는 점이다. 물론 부락민들과 인근 주민들을 대행하는 사람들이 그후에 열린 청문회에 여러 번 참여하긴 했지만, 그때는 이미 전체 골격이 짜인 상태였고 법원의 지침에 대해 부락민들이 직접적으로 피해를 입을 부분에 대해서만 반응하는 것에 불과했다.

처음 소송을 제기하는 사람이 문제 영역을 둘러싼 관점을 결정할 수 있는 힘이 얼마나 큰지를 잘 보여주는 또 다른 사례로 다음과 같은 경우를 들 수 있다. 즉, 똑같은 사안을 놓고 도시의 달동네 거주자가 생계권을 위해서 소송을 제기하는 경우와, 깨끗한 도시 주거 환경을 옹호하는 환경론자들 또는 중산층 부동산 소유자들이 소송을 제기하는 경우는 서로 큰 차이를 보인다. 노숙자들 스스로 진정을 제기했을 때 법원은 노숙자의 권리를 중심으로 판결을 내릴 가능성이 높아진다. 예를 들어, 이런 문제에서 분수령이 된 'Olga Tellis' 판례에서 법원은 당사자의 소송에 근거하여 달동네 거주자의 생계권과 도시에 계속 거주할 수 있는 권리를 인정했다.[41] 이 소송 건을 보면 소송 당사자의 역할이 얼마나 큰지 분명히 드러난다. 판결문의 첫 문장에서부터 소송 당사자들의 관점이 잘 반영되어 있다. 법원은 노숙자들의 어려움에 공감을 나타낼 뿐만 아니라 이들(그리고 뭄바이의 약 절반에 달하는 사람들)이 처한 끔찍

한 거주 조건을 노숙자의 관점에서 열거하고 있다. 판결문은 또한 노숙자들이 나름대로 책임감 있는 시민임을 인정한다. 노숙자들도 노동을 하는 사람들이고, 거처를 제공해주는 슬럼가 두목들에게 '집세'까지 바치고 있었다. 따라서 "주민들 스스로 법원을 찾아와, 적절한 거처가 별도로 마련되지 않는 한 달동네 거주지에서 절대로 퇴거할 수 없다고 호소했던 것이다." 그런데 1996년경에 이르러 이런 문제에 관한 소송이 점차 환경 미화 단체 또는 부동산 소유자들에 의해 제기되기 시작하였고, 그 과정에서 달동네 주민들은 이제 더는 권리 주체로 간주되지 않게 되었다. 쓰레기 처리를 둘러싼 공익 소송 'Almitra'[42] 판례는 도시 환경 미화에 관심이 있는 단체에서 제기한 것이었는데, 법원은 판결에서 불법 거주자들에게 새로운 거처를 마련해주는 것은 잘못한 사람에게 상을 주는 것과 다를 바 없다는 보수적 법리를 전개하였다. 법원은 다음과 같이 판결하였다. "이들에게 현재 차지하고 있는 슬럼가가 아닌 별도의 장소를 납세자의 부담을 통해 새롭게 제공해주면 불법 거주자들을 더 양산할 우려가 있다. 공유지를 무단 점거한 사람들에게 새로운 거처를 공짜로 마련해주는 것은 마치 소매치기에게 상을 주는 것과 마찬가지이다."[43]

이러한 사례를 통해 우리는 공익 소송의 의제가 인권 운동가들과 법원 사이에 발생하는 변증법적 과정에 의해 형성된다는 점을 알 수 있다. 공익 소송의 원래 취지는 자기 목소리를 내지 못하는 사람들에게 법원 접근성을 보장해주자는 것이었는데, 오히려 똑똑하고 잘 조직된 이익 집단들에 의해 쉽게 오용되어버릴 수도 있다. 이러한 딜레마를 어떻게 해결할 것인가? 이 문제의 저변에는 첫째 도대체 공익이란 무엇인가, 둘째 누가 정당하게 공익을 대변할 수 있을 것인가 하는 문제에 관한 논쟁이 깔려 있다. 공익의 개념 정의와 관련해서 보자면, 소송 당사자가 사익이나 기업의 이해 관계를 대변하는 경우가 분명히 있다. 공익 소송 초기에는 사익을 대변하는 사람들에게 법원이 소송 당사자 적격성을 인정하지 않았다. 공익 소송의 피고격인 정부가 소송을 제기하는 측의 공익적 선의를 문제시할 수 있는 법적 여지가 존재했고, 실제로 정부 당국은 흔히 그런 이의를 제기해서 간혹 이의 제기가 성공할 때도 있었다. 그러나 피고 측의 개별적인 이의 제기를 제외하면, 공익 소송이 다루는 쟁점들이 다양한 것처럼, 공익의 개념 역시 광범위하고 포괄적이었다. 물론 인도처럼 대단히 다양하고 복잡한 사회에서 단일한 공익 개념을 도출하기가 불가능하다는 점을 감안한다면, 공익 개념 자체가 폭넓게 규정되는 것은 불가피하다고 볼 수 있다. 따라서 공익 개념 자체를 정확히 규정하는 것이 어려우므로, 누가 공익을 '대변'할 수 있는가 하는 문제를 강조하는 쪽으로 논쟁이 진행되기 쉽다. 박시는 민의를 '대변(representation)'한다는 말 자체가 논란의 여지가 많다고 주장한다. '대변'한다는 것은 흔히 '타인을 위해 발언한다'는 뜻인데 심의민주주의에서는 '타인과 함께 발언한다'는 것에 목표를 두기 때문이다. 이런 관점에서 보면, 법원이 공익을 대변할 수 있는 객관적 판단 기준을 강요했을 때, 민의의 대변성을 다음과 같이 새롭게 규정하려는 공익 소송의 본래 정신 — 즉, 동등한 시민들 간의 대화를 통해 민의를 함께 형성하자는 — 이 흐려질 위험이 생긴다.[44] 이와 동시에, 참여자들이 실제로 동등한 조건에서 참여할 때에만 동등한 시민들 간의 대화가 진정으로 가능하다는 점도 인정해야 할 것이다. 공익 소송의 원래 취지는, 기존 사회에 내재된 불평등한 경제적 지위와 권력을 법원이 무한정 되풀이하지 않는 것이었다. 그러한 이상을 계속해서 살리려면 지속적인 감시가 필요하다. 감시의 일차적 원천은 법원의 하향식 통제가 아니라, 사회적 행동 그 자체가 되어야 할 것이다. 그러므로 여기서 중요한 것은, 사회적 권리를 옹호하는 운동가들이 적절한 맥락에서 공익 소송을 제기하겠다는 열의와 능력, 그리고 통상적인 '법적 절차'가 우회하거나 무시하는 사회적 대화의 영역을 새롭게 개척해 가는 방식으로 자신의 주장을 제기하겠다는 열의와 능력을 얼마나 지니고 있느냐 하는 점이다. 그러나 여기서 법원 역시 기존의 틀 속에서 어떤 문제에 대응하는 식이 아니라, 그 문제의 틀을 새롭게 짜는 과정에서 모든 사람들의 목소리가 제대로 들릴 수 있도록 보장하는 역할을 수행해야 한다.

이러한 딜레마는 법원이 공익 소송을 제기하는 원고가 진정한 '대변성'을 지니고 있는지 여부를 결정했던 나르마다 댐 건설 관련 소송에서 잘 드러난다. 이 사례는, 환경 단체가 나르마다 강에 댐을 건설하려는 정부의 조치 — 수만 명의 수몰민이 발생하게 될 — 를 금지해 달라고 법원에 공익 소송을 제기한 사건이다. 이 사건에서 법원은 그 단체가 수몰민을 대변할 자격이 없다고 판단하였다. 공익 소송을 제기한 원고 측은 주로 환경 파괴를 이유로 들어 댐 건설을 반대했던 환경 보존 단체였다. 물론 이 단체의 활동 중에는 수몰민의 이익을 보호하는 활동도 포함되어 있었지만, 법원은 환경 단체가 수몰민을 진정으로 대변할 수 있다고 보지 않았다. 그 대신 법원은, 정부가 제시한 논리, 즉 날품팔이와 영세농으로 살아가는 댐 유역의 부락민들과 취약 계층이 다른 동네로 이주해 가면 주택과 경작지를 무상으로 불하받을 수 있으므로 현재보다 그들의 생활 여건이 호전될 거라는 주장을 받아들였다. 실제로, 댐 건설 반대론자들이 댐 근처의 지주들을 대변하면서 "부락민들과 취약 계층을 일종의 협상 카드로 이용한다."는 비판도 없지 않았다. 댐이 건설되면 값싼 노동력을 활용할 수 없게 되는 지주들의 반대 논리에 환경 단체들이 놀아났다는 것이다. 법원은 댐 건설로 인해 수몰민의 삶이 나아질 것이라는 주장을 액면 그대로 받아들이면서, 환경 단체와 반대자들이 자기 입장을 개진할 수 있도록 하는 절차를 모색하지 않았다. 이 사건에서도 소송 후반부의 심리 순서에 이르러서야 반대 단체가 수몰민의 대변자로서 발언하는 것이 허용되었다. 하지만 그때는 이미 법원이 보상 절차와 '동등한 순위로(pari passu)' 댐 건설 공사가 진행될 수 있다고 결정한 뒤였다.

공익 소송을 빈곤 계층과 취약 계층 등 원래 취지에 맞는 집단 — 공익 소송이 아니면 자기 목소리를 내기 어려운 — 으로만 제한하는 것도 하나의 해결책이 될 수 있다. 만일 소송 당사자가 사법 정의에 접근하기 힘든 빈곤 계층이나 취약 계층을 위해 발언하는 것이 아니라, 일반적인 소송의 원고라면, 정상적인 민법 절차에 따라 원고 적격성을 좁게 규정하고, 엄격하게 사실 관계 확인을 하며, 법원의 구제 권한을 제한하는 것도 한 가지 방법일 것이다. 예를 들어, 도시 환경 미화를 명분으로 슬럼가를 정리하자고 선동하는 중산층 환경 미화 운동 단체는 공익 소송을 낼 것이 아니라, 자기들의 부동산 권리 침해에 근거한 '불법 방해 소송(claim of nuisance)'을 제기한 후 일반적인 소송 절차를 따라야 한다. 그러나 이렇게 하면 공익 소송에 적합한 사건을 걸러내야 하는 실제적인 문제가 대두한다. 그리고 적절한 소송 당사자를 미리 확인하겠다는 발상은 공익 소송의 시작 단계에서부터 원고 적격성 문제를 다루겠다는 말에 불과할 수도 있다. 그렇게 되면 누가 법원에 소송을 제기할 수 있는가 하는 기준 자체를 법원이 제한할 수 있게 되므로, 법원의 권한이 불필요하게 커질 우려가 있다. 또 다른 대안으로, 소송이 시작될 때부터 모든 이해 당사자들에게 소송 절차를 개방하는 방법이 있다. 앞에서 예로 든 도시 환경 미화 캠페인 단체가 제기한 '공익' 소송의 경우, 그 문제 제기를 소송 초기부터 면밀하게 검토함과 동시에, 반대측(슬럼가 불법 거주자들)의 목소리를 포함한 대중의 다양한 목소리를 소송 초기부터 반영하기 위한 통로를 개설하면 될 듯하다. 따라서 미첼만이 지적한 대로 대법원이나 헌법재판소는 "그전까지 배제되었던, 새로운 자의식을 지닌 사회 집단들의 목소리를 심의 과정에 포함하기 위해 노력해야" 할 것이다.[45)

합의와 논쟁 : 사법부의 적절한 역할

공익 소송은, 대중의 폭넓은 합의가 존재하지만 무관심이나 조직화의 실패, 또는 우선 순위 설정이 미흡해서 실현되지 못했던 정책을 이행하기 위해 법원이 개입할 때 제일 성공을 거두기 쉽다. 앞에서 본 대로 '식량권'에 관한 공익 소송은 이미 존재하는 정책 과제를 기본권의 위치로 격상시키고 한층 더 정교하게 다듬은 성공 사례이다. 또한 법원의 개입은, 가장 본질적인 기본권에 영향을 주는 영역 ─ 예컨대 정신 질환자의 존엄성과 평등을 위한 권리 ─ 의 정책 결정에 현저한 공백이 존재할 경우, 그것을 교정하는 데 대단히 효과적일 수 있다. 입법상의 공백 지점을 메운다는 점에서 법원이 특히 결정적인 역할을 한 경우로 성희롱 문제를 들 수 있겠다. 성희롱 관련 공익 소송이 제기되었을 때 대법원은 성희롱을 헌법에 보장된 여성의 존엄성 보장권에 대한 침해로 규정하고, 국제적으로 공인된 규범에 의거해서 일종의 입법 지침을 제시한 적이 있다.[46) 그러나 여기서 법원이 입법부의 역할을 대신할 때 나타날 수 있는 제도적 한계가 바로 드러났다. 의회가 법원이 제시한 처방에 따라 법안 작성에 들어갔을 때, 그 법을 적용해야 할 상황이 너무나 다양해서 법원의 지침을 그대로 따르기가 매우 어렵다는 점을 발견했던 것이다. 또한 법원이 성희롱 관련 입법 지침을 제시할 때 공공 부문 피고용인의 사례만을 염두에 두었기 때문에 법안 작성이 그만큼

더 어려워질 수밖에 없었다.[47]

그러나 공익 소송이 강력한 정치 권력의 지지를 받는 기존 정책이나 경제 발전이라는 명분으로 수립된 정책에 대항할 경우, 법원의 기본권 보장 임무는 더욱 큰 어려움에 처하곤 한다. 이런 점은 특히 지구화의 힘과 경제 발전이라는 정치적 수사가 국가 전체의 정책 수립에 깊은 영향을 끼치는 시대에 들어선 후 너무나 명확히 드러나고 있다. 이러한 상황에서 공익이라는 개념은 가장 취약한 계층의 기본권을 배제하는 식으로 — 공리주의적 계산을 통하거나, 또는 일부 집단의 이해 관계를 사회 전체의 공익과 동일시해버림으로써 — 너무나 쉽게 변질된다. 사법부는 권력 분립이니, 적법성이니, 국가 기관 존중이니 하는 구태의연한 법리를 들이대면서, 몇몇 유명한 판결에서 빈곤 계층과 소외 계층을 희생시키고 권력층과 특권층의 손을 들어준 경우가 적지 않다. 실제로 사법부가 지구화 및 초국적 자본을 중시하는 입장과, 법원이 공해, 부정부패, 노동권 관련 사건에서 보수적 판결을 내린 것을 같은 맥락에서 보아야 한다는 견해도 있다.[48] 법원의 이러한 태도는 세 가지 영역 — 도시 개발, 부정부패, 환경 보호 — 에서 조사해볼 수 있다.

도시 개발

인도는 오랫동안 심각한 주택 부족과 무질서한 도시 계획이라는 문제를 안고 있었지만, 외국 투자 유치와 전 지구적 자본에 우호적인 도시 환경을 창조하겠다는 새로운 목표를 설정하면서 도시 개발의 문제가 전혀 다른 관점에서 중요한 의제로 떠올랐다. 도시 개발의 목표를 이런 식으로 설정하면 질서 정연한 도시 계획과 효과적인 행정 서비스, 공해 억제 정책, 공적인 공간 설정 등이 시급해진다. 이 모든 것은 도시에 거주할 권리를 얻고자 하는 달동네 주민, 노숙자, 행상인 — 인도의

26대 도시의 거주자 중 거의 25퍼센트를 차지하는 — 의 요구와 당장 충돌한다.[49] 따라서 이들에게 주택, 행정 지원, 학교 등을 제공해 이들을 도시 거주자로 통합하려는 시도 대신, 이들을 도시 바깥으로 내쫓는 데에만 초점을 맞추게 되었다. 이런 사람들을 퇴거시키겠다는 정치 권력의 강력한 요구에 직면한 대법원은 좁은 의미의 적법성 개념 — 재산권이 없으면 어떤 소송도 무조건 기각하는 — 에 의존해 문제를 처리하였다. 그 결과 재산권이 없는 사람은 누구나 무단 침입자, 불법 점유자, 심지어 범죄자로 취급받기에 이르렀다. 그러나 법이 사람의 권리를 박탈할 경우, 그 법의 적법성 자체에 도전하는 것이 인권의 근본 원리이다. 사법부는 달동네 주민들을 똑같은 권리를 지닌 도시 주민으로 인정하지 않음으로써 법원의 인권 보호 의무에서 크게 벗어나게 되었다.

법원의 이런 태도는 달동네 거주자들의 퇴거와 관련한 잇달은 소송에서 찾아볼 수 있다. 약 4천만 명으로 추산되는 인도의 도시 달동네 거주자들은[50] 최소한의 인권을 지키기 위해, 보행자들, 도시 계획 당국, 중산층 주택 보유자들, 도시 환경 미화 운동 단체, 지방자치단체들과 마찰을 빚을 수밖에 없다. 달동네 거주 빈민들에게 자활의 기회를 주어야 할 의무가 국가에게 있다는 식의 말잔치와 달리 이주를 위해 제공되는 장소는 흔히 교육 시설도 없고 일자리를 얻기도 힘든 곳에 위치해 있기 십상이다. 게다가 이렇게 쓸모도 없는 땅을 이주자들이 구입해야 하는 문제까지 있다. 그런 경우에도 대법원은 국가에 강제 철거를 하지 말라는 자기 억제 의무를 부과하지 않았고, 국가가 철거민들에게 주택과 기본 인프라를 제공해야 할 적극적 의무를 이행하라고 강제할 수 있는 법원의 포괄적인 구제 권한을 행사하지도 않았다. 그 결과, 강제 철거를 당한 달동네 거주자들은 생계를 이어갈 수 있는 유일한 수단을 찾아 과거의 거주지로 다시 돌아올 수밖에 없었다. 이런 현실은

'Olga Tellis' 판례에서도 나타났는데 당시 법원은 '생계권'이라는 용어를 사용하긴 했지만, 실제로는 주 정부에 강제 퇴거 명령을 받은 주민들과 대화를 하라는 의무를 부과했을 뿐이었다. 그리고 법원이 철거의 전제 조건으로서, 적절한 인프라를 갖춘 대체 거주지를 미리 마련해 둔 상태에서 철거를 명해야 한다는 판결을 내리지 않았던 점은 특히 심각한 문제였다.[51] 어찌 보면 대법원이 국가에 적극적 의무를 부과하지 않으려 한 태도는 자가당착이라 할 수 있다. 법원은 이전의 'Right to Food' 소송 판결을 그대로 따를 수도 있었고, 이미 마련되어 있는 정책 지침을 시행하라는 명령을 내려 정책적 의지를 생계와 주거를 위한 기본권으로 격상시킬 수도 있었기 때문이다. 특히 델리 시의 발전 청사진은 달동네 주민들에게 필요한 인프라와 일자리를 얻을 수 있는 거주지를 제공함으로써 그들을 도시민으로 통합해 델리의 주택 문제를 체계적으로 해결하겠다는 목표를 갖고 있었다. 그러나 상당한 면적의 땅을 달동네 거주자들에게 제공한다는 목표를 담은 이 청사진은 계속해서 무시되어 왔다.

도시 미화와 환경 관련 소송

이 문제는 주택 정책과 중첩되기도 하고, 기본권적 접근과 전 지구적 자본주의의 공리적 접근이 부딪치는 영역이기도 한데, 이 경우에도 법원이 중요한 역할을 담당하였다.[52] 법원이 옹호했던 환경 관련 소송 중에서 중산층과 빈곤층 모두에게 유리한 판결도 많았다. 공익을 염려하는 사람들이 델리 지역의 공장에서 유출된 올레움 가스의 유해성이나[53] 우다이푸르 지역의 토양 오염 문제를[54] 놓고 법원에 진정을 제기했을 때 법원이 적극적으로 반응했던 것이 좋은 사례다. 유명한 'Vehiclular Pollution' 판례[55]에서 대법원은 델리를 비롯한 주요 대도시 대기 오염의 70퍼센트가 자동차 공해 때문에 발생한다는 정부의 통계치를 검토해야 했다. 이에 대해 대법원은 대기 오염을 줄일 엄격한 조치를 취하라는 명령을 내렸는데, 그중에는 모든 대중교통 수단의 연료를 휘발유에서 가스로 전환하라는 명령도 포함되어 있었다. 그 결과 대기 오염이 개선된 것은 모든 사람들에게 도움이 된 경우다. 하지만 그러한 판결의 저변에는 전 지구적 자본을 유치하기 위해 깨끗한 도시 환경이 필수적이라는 점에 동의하는 법원의 사고방식이 전제되어 있었다.

그런데 환경의 여타 측면들은 이보다 더 복잡한 이해 관계의 충돌을 빚는다. 예를 들어, 델리 부근의 무수리(Musoorie) 구릉 지대를 불법으로 파괴하고 상수원을 오염시키고 있던 채석장 사건을 다룬 초기의 환경 관련 판결에서 대법원은 그 채석장을 폐쇄했을 때 피고용자들의 일자리가 어떤 영향을 받을 것인가 하는 점을 고려하였다. 따라서 대법원은 채석장을 폐쇄하라는 명령을 내리면서, 동시에 폐쇄된 채석장의 식목 사업과 토질 개선 사업에 채석장 인부들을 재고용할 수 있는 방안을 연구할 태스크포스를 구성하라는 지침을 별도로 내렸다.[56] 그러나 쾌적한 도시 미관 조성이라는 명분과 도시 빈민의 생계권이 충돌할 때면 언제나 전자가 승리하는 경향이 있다. 앞에서 본 대로 간혹 철거민의 재활과 재정착을 지원하라는 명령이 나오긴 하지만 도시 미화 사업은 계속 진행되는 반면 재정착 사업은 지연되는 경우가 비일비재하므로 그런 명령의 실효성은 약화되기 십상이다.

봄베이 고등법원은 1997년 5월 주민들의 인권보다 도시 미화 사업을 더 중시한 최악의 판결을 내렸다. 산자이 국립공원 근처의 불법 거주자들을 강제 퇴거시키라는 명령을 내렸던 것이다. 당시 법원은 봄베이환경행동그룹(BEAG)이라는 환경 미화 단체가 '국립공원의 환경 및 기타 측면들'을 보호하기 위해 불법 점유자들을 '퇴거'시켜줄 것을 요구하면서 1995년에 제기한 진정에 대해 원고에게 유리한 결정을 내렸다. 봄베이 고등법원은 당국에 불법 거주자들을 강제 퇴거시킬 뿐만 아니라, 특히 현재 들어선 건축물을 철거하고 모든 가재도구와 건축 자재를 제거하라는 명령을 동시에 내렸다.[57] 약 50만 명 가까운 달동네 거주자들이 이 명령의 영향을 받았다. 이와 유사한 유형의 판례가 델리에서도 나왔다. 델리의 야무나 강변을 따라 조성된 가장 오래되고 가장 규모가 큰 슬럼 — 15만 명의 주민과 4만 채의 가옥이 있던 — 을 철거하라는 결정을 법원이 내렸던 것이다. 델리의 고등법원은 강변 경관을 해치면서 공해를 유발하는 불법 거주 시설을 철거해 달라는 일부 중산층 시민들의 진정을 받아들여 시설 철거 명령을 내렸고 그 명령은 2004년에 시행되었다. 이때 철거당한 거주자들 중 약 5분의 1이 델리 외곽으로 이주를 당했는데 그곳에는 인프라는 물론이고 델리 도심에 접근할 수 있는 대중교통 수단도 전혀 없었다. 나머지 5분의 4에 해당하는 철거민들에게는 그나마 아무런 조치도 취해주지 않았다. 고등법원이 이들 재활촌에 수도, 전기, 하수도, 학교, 대중교통 등을 포함한 기초 편의 시설을 제공하라고 판시하긴 했지만 이러한 조치가 완료될 때까지 철거 명령을 보류하라고 하지는 않았다. 따라서 2006년이 되어서도 재정착 주민들을 위한 기초 편의 시설이 마련되지 않았다. 야무나 강의 오염이 심각하다는 점은 누구도 부인하지 않지만 슬럼가가 그 공해에 어느 정도나 책임이 있는지는 불확실하다. 한 연구에 따르면 야무나 강의 오염에 슬럼가는 1퍼센트 미만의 책임이 있을 뿐이라고 한다.[58]

개발과 댐 건설

개발이라는 이름으로 막강한 정치적·경제적 이해 관계가 형성된 현실을 해결해 달라고 법원에 공익 소송 진정이 제기된 사례로 나르마다 강 댐 건설 사업을 들 수 있다. 이 사업은 격렬한 논쟁을 일으켰다. 나르마다 강 유역에 대형 댐을 건설하면 수많은 이주민이 발생하고 인근 자연림이 수몰될 우려가 있었다. 댐 건설에 찬성하는 측에서는 가뭄이 빈발하는 지역에 관개 시설을 만들어줄 수 있고, 수천 개의 촌락과 도시에 상수도를 공급할 수 있으며, 지역 사회 발전을 도모할 수도 있다는 등의 혜택을 내세웠다. 1947년에 처음 나온 건설 제안을 두고 수많은 연구와 자문이 이루어졌고, 법적으로 설립된 재정위원회에서 구체적인 건설안을 위해 공모를 실시하기도 했다. 세계은행의 차관을 받아서 1987년에 댐 건설이 시작되었고 1994년 2월에 열 개의 수문이 처음으로 닫혔다. 댐 건설이 시작되자마자 정부의 시공 조치를 중단시켜 달라는 공익 소송이 제기되었다.

진정 당사자들이 제시한 사실 관계 자체가 논쟁의 대상이 되었다. 진정인들은 1987년에 정부가 발급한 환경 영향 평가 인증이 불충분한 증거에 근거해 내려졌고, 적절한 연구가 제대로 수행된 적이 한 번도 없었다고 주장했다. 소송 당사자들은 댐 건설로 이주하게 된 주민들의 생명권이 침해당했다는 주장도 제기하였다. 재정착 조치를 해주더라도 이전 생활 양식을 복원할 수 없다는 이유에서였다. 또한 이들은 이주민을 양산해도 좋을 만큼 공익에 도움이 되는 혜택이 발생할 수 없다고 주장했다. 진정인들은 가뭄이 빈발하는 지역의 일부만 관개의 혜택을 볼 것이고, 그나마 별 효과가 없을 것이므로, 댐 건설로 발생하는 혜택 자체가 극히 미미하다는 추산을 제기하였다. 이런 주장을 펼치면서 진정인들은 1992년 세계은행이 펴낸 보고서에 의존하였다. 이 보고서에 따르면, 댐 건설 제안은 그 결과를 충분히 감안하지 않은 채 불확실하고 근거 없는 추정에 의거해서 이루어졌고, 혜택은 과장된 반면 환경 영향은 적절하게 평가되지 않았다. 진정인들의 비판 중 가장 심각한 주장은 모든 수몰민들의 재정착 계획이 애초부터 불가능하다는 것이었다.[59] 이를 두고 정부 측은 다른 방식의 평가 결과를 내놓으면서 댐 건설의 긍정적 효과를 강조하였고, 특히 댐이 없으면 그저 바다로 흘러갈 물을 효과적으로 활용할 수 있다고 반박하였다. 이주민들의 규모 역시 논란의 대상이 되었다. 정부 측은 댐 건설로 영향을 받을 부락이 '고작' 245개 마을 '밖에' 되지 않으며, 그중에서도 241개 마을은 부분적인 영향만 받을 것이라고 주장하였다.[60]

양측의 논쟁이 격화되자 법원은 결정을 정치권에 넘기기로 했다. 법원은 이주민들을 위한 인프라를 건설할 것인지 여부와 그것을 어떻게 시행할 것인지 하는 방법론은 정책 결정 과정의 일부이며 그런 영역에까지 법원이 개입해서는 안 된다고 판단했다. 그 당시 법원이 공익 소송의 발전 양상에 대해 논평한 것은 여러 모로 시사하는 바가 크다.

> 공익 소송은 본질적으로 자신의 권리를 잘 지키지 못하는 사람의 인권을 보장해주기 위해 만들어진 발명품이다. 시간이 지나면서 공익 소송은 너무 범위가 커져서 공인들의 성실성을 판단하거나, 특정 집단에게 면허를 주어 어떤 분야를 독점하게 하거나, 환경 미화를 장려하는 등 다양한 주제를 포함하게 되었다. 그러나 풍선이 너무 커지면 터질 수도 있다. '공익 소송 (public interest litigation)'이 '선전을 목적으로 한 소송(publicity interest litigation)'이나 '사적 흥미에 근거한 소송(private inquisitiveness litigation)'으로 전락해서는 안 될 것이다.[61]

법원은 민중의 기본권을 보호해야 하는 자신의 역할을 재차 강조하면서도 다음과 같이 지적한다.

사법부는 엄청난 힘을 행사하면서 정부의 의무나 기능을 자임하거나 그렇게 하도록 요구를 받아서도 안 된다. 사법부가 정부를 이끌 수는 없는 노릇이다. …… 민주주의 국가에서 책임 있는 정부라면 소수의 국민이 아니라 다수 국민의 복리를 염려해야 한다. …… 합당한 심의 과정을 거쳐 승인된 사업 계획에 대하여, 공익 소송의 원고가 그 사업 계획을 반대 ─ 정부가 보기에는 찬성할 만한 계획이었는데 ─ 하므로 그 계획을 애초에 승인하지 말았어야 했다고 생각하는 이유만으로, 공익 소송을 통해 법원에 그 결정을 재심하라고 요구해서는 안 된다. 다수의 견해가 존재하고 그 견해들을 정부가 심의한 후 어느 하나를 공식 정책으로 채택했을 경우에는 법원이 그 문제를 다시 원점에서부터, 마치 그 정책 결정을 재심하듯이 왈가왈부해서는 안 된다.[62]

특히 이해 관계가 충돌하는 사안, 예컨대 구자라트 주 주민들이 식수원을 사용할 권리와, 자기 집과 땅이 물에 잠기게 된 사람들의 권리가 상충할 때는 정부가 결정을 내려야 하며 법원이 재심의 형식으로 정책을 결정해서는 안 된다는 뜻이다.

법원은 두 가지 논리로 다수결에 의한 결론에 도달했다. 첫째, 법원은 진정인들이 댐 건설을 반대하기에는 시기적으로 너무 늦었다고 지적했다. 물론 정부가 댐 건설을 승인한 1987년은 아직 환경 영향 평가가 완료되지 않은 시점이었지만,[63] 법원은 진정인들이 수백억 달러의 공식 예산이 사업에 투입되기 전에 즉시 그 사업을 반대하기 위한 행동에 나섰어야 했다고 지적했다. "이 건설 사업을 위해 수많은 공금이 오랜 기간 동안 투입되고 나서 그 사업을 중단할 결정을 내린다는 것은 국익에도 어긋나고 법의 원칙에도 반대된다."[64] 따라서 법원은 이주민들의 기본 생명권을 보호하기 위한 구호와 재활 조치에만 전념하는 것이 옳다는 견해를 피력하였다.

둘째, 법원은 대단히 형식적인 검토만을 수행하였다. 즉, 댐 건설 여부를 선의에서 '성심성의껏' 결정했는지 여부만을 따진 것이다. 수많은 논의와 정부 측에서 제출한 자료를 검토한 후 법원은 수몰민들을 이주시킨 과정이 성의 없이 이루어졌다고 볼 수 없다는 결론을 내렸다. 그러나 소관 당국의 결정 권한을 법원이 대체하는 것과, 당국의 의사 결정을 존중하는 것 사이에 중간 지대가 있을 수 있다는 의견도 나왔다. 바루차 판사의 소수 의견에서 이런 견해가 나왔다. 바루차 판사는 법원이 행정부의 결정을 대체해야 한다고 주장하지는 않았지만, 환경에 끼치는 영향이 여러 세대에 걸쳐 재앙에 가까운 결과를 초래할 가능성이 있을 경우에는, 헌법 21조에 규정된 생명권 조항을 수호해야 할 법원의 책임에 비추어, 이런 정책을 결정할 수 있는 가장 적합한 위치에 있는 당사자가 모든 중요한 자료와 정보를 수집하여 그것을 최종적으로 분석하기 전까지는 댐 건설의 시공을 허용해서는 안 된다고 지적하였다. 바루차 판사는 이 경우에 그러한 자료들이 모두 수집되었다고 보지 않았다. 댐 건설의 환경 영향 평가도 제대로 하지 않은 채 건설 허가를 내준 것은 적절한 인가 절차라고 볼 수 없다는 것이 그의 판단이었다.

이주민들의 생명권과 관련해서는 법원의 다수 판사들이, 재정착과 재활촌 건립으로 수몰민들의 삶이 전보다 더 나아질 것이라는 정부 측 주장을 곧이곧대로 받아들였다. 따라서 법원은 부락민들과 기타 주민들을 타지로 이주시키는 것이 그들의 기본권을 침해하지 않을 뿐만 아니라, 새로운 정착촌에서 그전보다 나은 생활을 향유하게 해줄 것이라고 보았다. 또한 오지에서 고립된 채 살아가는 것보다 주류 사회에 서서히 편입하는 것이 그들의 발전과 생활 개선에도 도움이 될 것으로 보았다. 어쨌든 판사들 다수는 공리주의적 계산에 의거한 결정을 받아들일 마음의 채비가 되어 있었다. 댐 건설로 인해 쫓겨나게 된 주민들의 피해와, 물 부족으로 고생하던 인근 주민들이 댐 건설로 관개 시설을 갖추게 됐을 때 얻을 수 있는 권리를 따져봤을 때, 후자로 인해 얻을 수 있는 이득이 훨씬 크다는 판단이었다.[65] 따라서 법원은 댐 건설을 중단하라고 명령하지 않았고, 환경 영향 평가를 추가로 실시하거나 정착촌 건립을 먼저 완수하라는 명령도 내리지 않았다. 다만 법원은 댐에 물을 채워 수위를 높이는 것과 '동등한 순위로' 이주민들의 정착촌 건설과 재활을 이행하라고 판결했을 뿐이다. 이 점 역시 소수 의견과 달랐다. 소수 의견은, 다수 판사들이 결정했듯이 댐 건설과 '동등한 순위로' 정착촌 건립을 추진하기보다, 댐에 물이 차기 전에 정착촌 건설과 재활 사업을 결정짓고 그것을 먼저 이행해야 한다고 주장했다. 현실적으로 보건대 이주민들의 재활을 돕는다는 약속은 공수표가 된 셈이었고, 국가는 이주민들의 권리 주장을 여러 이유 — 이주민들이 영구적으로 악영향을 입은 것은 아니다, 또는 공익 소송의 당사자가 원래 이주민들이 아니라 그들의 후세들이라는 이유 — 에서 정당하지 않은 주장이라고 반박하기에 이르렀다. 사정이 이런데도 법원의 추후 심리에서도 정착촌 건설 약속이 이행되어야 한다고 원론적으로는 강조하면서도 그러한 건립 약속이 실현될 때까지 댐 건설을 중단해야 한다고는 결정하지 않았다.

3_법원은 인권과 민주주의의 보루

그렇다면 인권으로부터 비롯되는 국가의 적극적 의무와 관련해서 공익 소송 절차가 얼마나 효과가 있는지를 어떻게 평가할 것인가? 박시는 다음과 같이 주장한다. "헌법에 대한 기대가 높아지면서 법원의 판결 권한에 대한 기대감도 한껏 부풀었지만 법원은 그러한 기대를 효율적으로 관리하지 못하며, 그 기대를 언제나 충족시키지 못할 가능성이 있다."[66] 그 결과 "사법 적극주의는 실망이자 희망이다. 소외 계층과 연대를 약속하는 것이면서 동시에 …… 배신감을 느끼게 하는 지점이기도 하다."[67] 박시는 실제로 다음과 같은 결론을 내린다. "결국 사법부는 완벽한 사회 혁명의 통로가 될 수 없다. 잘해야 …… 점진적인 사회공학의 도구가 될 수 있을 뿐이지 …… 직접적인 정치 활동의 대체물이 되기는 어렵다."[68]

이런 지적은 공익 소송을 평가할 때 그것이 충족시키지 못한 기대치로 평가할 것이 아니라, 소송이 원래 의도했던 바를 실현했는가 하는 점에 초점을 맞춰 평가해야 함을 시사한다. 소송 목표의 핵심 사항은, 정부가 적극적 자유를 달성하고 인권을 충족시키지 못할 때 사법부가 개입한다는 점에 있다. 그와 동시에 정부가 실패한 지점에 법원이 개입하면 반드시 성공할 것이라는 보장도 없다. 공익 소송 절차를 통하더라도 법원은 사실 관계 확인에 제한된 능력만 보일 뿐이며, 법원이 지명한 조사위원회도 법원의 명령을 시행하도록 보장할 능력이 제한되어 있다. 이런 점에서 보면 법원은 인권 보호에 소극적인 정부의 대체물이 되지 못한다. 사법부가 정치를 대체할 수도 없다. 사법부가 할 수 있는 일은 민주적 압력을 위한 촉매 역할 ─ 소극적인 정부에게 행동을 촉구하는 ─ 을 하는 것이다.

가장 근본적으로 봤을 때, 공익 소송 절차는 보통 사람이 정부에 책임을 물을 수 있도록 해준다. 즉, 정부를 법원에 출석시켜 자기들의 행동 또는 무행동을 설명하고 정당화하도록 만드는 것이다. 여기에 덧붙여, 공익 소송은 모든 이해 당사자들에게 열린 공간이므로 진정한 의미의 사회적 대화를 촉진할 수 있다. 즉, 정부로 하여금 시민사회의 목소리를 듣고 그들과 소통하도록 요구하며, 시민사회 내의 다른 집단들이 서로 대화하고 소통하도록 촉진한다. 법원이 이러한 사회적 대화가 서로 동등한 조건에서 진행되도록 보장한다는 점이 가장 중요하다. 이런 식으로 사법부가 공론의 포럼 역할을 수행한다면 박시가 말한 대로 공화주의적 시민성 — 모든 사람들이 동등한 시민으로서 대우받는 — 을 복원할 수 있는 가능성이 생긴다.[69] 이런 역할을 유지하려면 법원은 사회 기득권층이 사법 절차를 지배하지 못하도록 주의를 기울이고, 빈곤 계층과 취약 계층이 사법 절차 내에서 동등한 목소리를 낼 수 있도록 보장한다는, 사법부의 원래 사명에 충실해야 할 것이다. 또한 사법부는 국가의 자기 억제 의무와 적극적 의무라는 두 가지 측면 모두에서 인권 보호 역할을 제대로 수행하겠다는 의지가 있어야 한다. 이렇게 하려면 기본적 인권으로부터 너무 동떨어진 영역까지 인권 문제로 다루겠다는 유혹(예를 들어, 사립학교에서 어린아이들에게 면접을 시행해야 할지 여부)과, 적법성과 행정부 권력을 존중해야 한다는 식의 좁은 의미의 역할을 고수하려는 유혹을 모두 피해야 한다.

그러나 법원의 개입이 단지 사회적 대화를 촉진하는 것에 머물러야 하는가? 아니면, 인도 대법원이 시도했던 것처럼 사회 변혁의 방향을 구체적으로 예시하고 그것의 시행 여부를 감독하는 역할까지 맡을 것인가? 물론 사회적 대화를 어느 선에서 종결하고 확실한 사법적 결정을 내려야 할 시점이 존재한다. 그러나 하버마스가 말하듯이 그러한 종결 지점은 끝없이 이어지는 담론의 일시적 휴지부일 따름이다. 더 나아가 박시가 주장하듯, 어떤 사건을 종결하는 것에도 '시민적' 방식과 '비시민적' 방식이 있을 수 있다. 종결 과정을 어떻게 처리하느냐에 따라 새로운 논의가 시작될 수도 있고, 되돌아오지 못할 길로 가버릴 수도 있는 것이다. 사법부로서는 정치 과정의 기능을 법원이 대체하려고 하기보다는 정치 과정을 활성화하도록 돕는 것이 이상적이다. 국가의 적극적 의무라는 것은 일차적으로 민주적 과정이 스스로 주도하여 충족시켜야 하는 것이다. 이때 법원은 정치 과정의 대체물이 아니라 촉진자로서 작동해야 마땅하다. 나아가, 법원은 어떤 사안에서 정의로운 종결을 내리기 위해 법원 스스로를 정치적 행위자로 보아서는 안 되고, 인권의 가치에 의해 구성된 어떤 실체로 보아야 한다. 그래야만 사법부의 정당성이 생긴다. 또한 공익 소송 절차에 내재된 위험도 있다. 즉, 공익 소송이 여러 다양한 목소리들 앞에 개방되어 있으므로 법원이 동등한 당사자들이 구체적으로 등장해서 인권의 가치를 추구하는 심의 과정을 통해 결론을 내리는 것이 아니라, 이익 집단 협상이라는 방식으로 사건을 종결지을 위험이 있다는 뜻이다. 다원주의자들이 모이는 시장판 — 이익 집단들이 자기들의 경제적·정치적 영향력에 기대어 협상에 나서는 — 처럼 공익 개념을 규정하는 것은 사법적 심의의 장에서는 적절치 않은 태도이다. 그와 동시에, 여러 관점을 지닌 당사자들에게 그 과정이 개방되어 있다는 것이 공익 소송의 강점이기도 하다. 단, 이때 공익 소송은 양극화되기 쉬운 당사자주의적 소송 과정을 극복하기 위해서, 이익 협상 대신에, 민주적 심의를 촉진시키기 위해 사용되어야 할 것이다.

정부가 적극적 의무를 이행하는지 여부를 감독하는 법원의 역할에도 장점과 단점이 모두 있다. 이행 여부를 확인하기 위해 소송 당사자들을 법원에 계속 출두시킴으로써 공익 소송이 역동적이고 융통성 있게 문제 해결에 개입 — 법원의 인권 보호 사명을 달성하는 데 가장 효과적인 방안을 찾으려고 사회적 대화를 지속시킨다는 점에서 — 할 수 있다. 다른 한편, 법원이 행정적 업무를 지나치게 많이 자임할 경우, 조사위원회를 통하든 그렇지 않든 간에, 특히 대법원에서 몇 달에 한 번씩 정기적으로 이행 여부 확인을 위해 심리를 속개해야 한다면, 법원의 지속적인 감독 기능 자체가 경직되고 융통성이 없어질 수 있다. 법원이 주도해서 정치 과정을 활성화하려면 명령 이행 여부를 감독할 수 있는 구조 — 다양한 이해 관계에 대해 반응하고, 다중심적 정책 현실을 다룰 능력이 있는 — 가 만들어질 필요가 있다. 이때 사법부의 감독은 정치 과정의 대체물이 아니라 촉진제로 기능해야 할 것이다. 이것은 물론 대단히 민감한 과제이긴 하나, 추구해야 할 하나의 목표임에는 분명하다.

법을 넘어선 적극적 의무

6장

상승 작용적 접근을 통하면 개별 요소들이 잠재적으로 협력하여, 각 요소들을
합친 것보다 더 큰 '전체'를 창조할 수 있다. 상승 작용적 접근의 주요
요소들을 꼽아보면 국가, 사법부, 국가인권위원회 혹은
그와 유사한 조직, 시민사회, 이해 당사자 또는
권리를 지닌 사람들을 들 수 있다.

1_비사법적 의무 준수 메커니즘

지금까지 적극적 인권 보호 의무와 관련해서 사법 심사 적합성과 사법 심사 부적합성을 극복하기 위한 논의를 전개했다. 그 과정에서 국가의 적극적 의무에 사법 심사의 대상이 될 수 있는 영역과 그렇지 않은 영역이 있다는 것을 알게 되었다. 법원이 적극적 의무를 위해 할 수 있는 역할이 분명히 있다. 특히 민주적 심의 과정을 제공하는 역할이 두드러진다. 그러나 적극적 의무는 개인 또는 단체가 어떤 구체적인 목표를 지향하는 행동을 요구하기 때문에, 사법부에 기반한 구제책을 넘어선 의무 이행 메커니즘을 어떻게 마련할 것인가 하는 점이 큰 도전으로 제기된다. 자기 억제 의무는 국가가 어떤 행동을 할 것인가 또는 하지 않을 것인가 하는 점만 판별하면 되는 이분법적 양식인데 반해, 적극적 의무는 여러 다른 방식으로 시행될 수 있는 복합적인 양식이기 때문이다. 적극적 의무는 어떤 일을 추진하겠다는 주도성, 계획, 집행, 시행

등이 필요하며, 이 모든 것을 제대로 해내려면 내부적인 동기와 조직상의 변화가 필요하다. 또한 적극적 의무가 이행되려면 동일한 권리를 다루는 여러 관련 부서들 간의 협력이 필수적이다.

이 장에서는 그러한 비사법적 의무 준수 메커니즘을 이해하고 그것을 구성할 수 있는 방법을 검토해보려고 한다. 비사법적 의무 준수 메커니즘은 법원의 구제책을 그대로 차용하면서 적용만 다르게 하는 것으로는 부족하다. 자기 억제 의무와 비교해서 적극적 의무의 성격 자체가 다른 것처럼, 비사법적 의무 준수 메커니즘 역시 그 차이를 의도적으로 반영해야만 한다. 적극적 의무의 비사법적 의무 준수 메커니즘에서 특히 중요한 점은, 어떤 권리를 침해한 인권 침해 책임자를 찾는 데에 초점을 맞추는 접근, 즉 '과실에 근거한 개념(fault-based notion)'에서 탈피해야 한다는 것이다. 그 대신 현 상황을 변화시킬 수 있는 최선의 입장에 서 있는 주체에 초점을 맞춰야 한다. 이것은 어떤 행동을 취할 때에 사후적(事後的)이고 개인의 책임을 묻는 방식에서 벗어나, 인권 침해가 일어나기 전에 사전적(事前的)이고 집합적으로 행동을 취해야 한다는 뜻이다. 또한 개인의 임시방편적인 조치를 통해 적극적 인권 보호 의무를 이행하려 하기보다, 인권의 요구를 내면화할 수 있도록 자극을 주어야 한다는 뜻이다. 이때 주체들이 적극적 인권 보호 의무의 타당성을 스스로 — 보상의 도움을 받아서 — 받아들이도록 만드는 것이 일차적 동기 부여의 목표가 되어야 한다. 제재나 처벌은 보조 조치일 뿐이다. 다양한 이해 당사자들과 개인, 집단들이 참여하고 개입하는 것이 대단히 중요하다.

이런 메커니즘이 마련되어야만 제도 변화와 인권 문화를 달성할 희망이 생길 수 있다. 그러나 이러한 메커니즘은 법과 정책의 접촉면에 자리 잡고 있다. 그런데 이것은 적극적 인권 보호 의무가 기본권이라는 인권의 원뿌리에서 분리된 채 일반 정책 결정 — 정치적 의지 및 이해관계의 균형에 의존하는 — 과 융합할 위험이 언제나 존재한다는 뜻이다. 또한 비사법적 의무 준수 메커니즘은, 규범 형성(및 그 해석)과 그 규범의 강행 사이에 존재하는 구분에 관해 근본적인 문제를 야기할 수도 있다. 미리 적극적인 조치를 취하는 방식은 어떤 정책의 효과를 끊임없이 점검하고 수정할 수 있다는 큰 장점이 있다. 강행, 해석, 규범 형성 등은 서로 영향을 주면서 정책 과정을 계속 앞으로 나아가게끔 만든다. 그러나 이때에도 인권의 핵심 요소인 기본권이라는 원칙이 흔들릴 위험이 따른다. 그러므로 비사법적 의무 준수 메커니즘을 취하더라도 어떻게 해야 정치적 재량이 아닌 기본적 권리에 확고하게 초점을 맞출 수 있을 것인가 하는 점이 관건이 된다. 그렇게 하기 위해서 사법적 의무 준수 메커니즘과 비사법적 의무 준수 메커니즘이 결합해야 할 것이다.

적극적 인권 보호 의무로 인해 야기된 문제점은, 복지 국가에서 조정(규제) 정책을 둘러싸고 일반론으로 제기된 문제와 유사하다. 그러므로 다음 2절에서는, 적극적 인권 보호 의무의 문제점과 그것의 잠재적 해결책을 파악하는 데 도움이 되기 위하여 현대 조정 이론의 발전 양상을 살펴보려고 한다. 3절에서는 이러한 이론적 통찰을 어떻게 적용할 수 있을지에 대해 알아본다. 그것을 위해 유럽연합에서 발전된 '개방형 조정 방식'을 핵심 사례로 삼으려고 한다. 왜냐하면 그 방식이 권리를 제공하고 촉진하기 위한 적극적 의무 — 특히 노동할 권리와 일반 복지 권리 — 를 국가에 부과할 목표를 지니고 있기 때문이다. 유럽연합은 여러 측면에서, 당사국들에 구속력을 발휘할 수 있는 특유의 권한이 있으므로, 어떤 다른 조직의 부수 조직이 아닌, 독자적인 생명력을 지닌 독립된 존재(sui generis)로 볼 수 있는 여지가 많지만, 그럼에도 불구하고 여기서 논의하고자 하는 정교한 메커니즘을 감안할 때 유럽연합은 국제적 차원과 일국적 차원 모두에 귀중한 시사점을 줄 수 있다. 개방형 조정 모델은 비사법적 인권 준수 보고 메커니즘을 평가하는 데 도 쓸모가 많다. 6장은 국제적 차원의 인권 준수 보고 메커니즘의 핵심 측면들을 간략히 소개한 후, 남아프리카공화국을 국내 인권 준수 보고 메커니즘의 사례로서 살펴보고, 미국의 지방 자치 차원에서 실험적으로 시도된 사례를 검토할 것이다. 마지막으로, 4, 5, 6장에서 검토한 여러 요인들을 함께 모아 '상승 작용적 접근'이라는 방식을 제안하면서 결론을 내릴 것이다. 상승 작용적 접근에서는 정치적 · 사법적 · 비사법적 접근이 함께 협력하여 인권 의무 준수에서 효과적인 결과를 낼 수 있게 된다.

2_비사법적 조정 이론의 도전

목표 지향적인 의무는 법률의 관점에서 보아 어려운 문제를 제기한다. 법률이 아닌 관점으로 보자면, 적극적 인권 보호 의무를 준수하도록 하기 위해서 행위자 스스로 끊임없이 문제 해결과 재검토를 할 필요가 있다. 따라서 형식적 법률에 의거한 전통적인 법규 강행 모델은 이런 경우에 적합하지 않다. 귄터 토이브너(Günther Teubner)가 '형식적 법규(formal legal rules)'[1] 원칙이라고 부른 모델은, 실제 상황에서 법이 필요한 경우, 법적으로 명확한 응답을 내놓기 위해 고안된 원칙이다. 형식적 법규 원칙 저변에 깔린 근본 원리는, 개인들이 자신의 사적 이익과 자신이 선택한 가치를 마음대로 추구할 수 있도록 인간의 '자율적 영역(sphere of autonomy)'을 보호해주자는 것이다. 국가의 자기

독일의 법학자 귄터 토이브너는 법률이 '명령과 통제' 방식으로 사회의 다른 하위 시스템들의 행동을 바꾸려 할 때 발생하는 문제를 '조정의 삼중고'라고 표현한다. 사회가 시장, 행정, 종교, 문화 등 여러 하위 시스템으로 이루어져 있다고 볼 때, 법률 역시 하나의 하위 시스템에 불과하기 때문에 일방적인 조정은 어려움에 봉착하게 된다.

억제 의무는 이러한 전통적인 법규 모델에 잘 들어맞는다. 그 이유는, 그 모델이 개인 자율성 영역을 보호하려는 목적을 지니고 있기 때문이기도 하고, 이것 아니면 저것 식으로(자기 억제냐, 간섭이냐) 양분화되어 있는 모델의 특성상 특정한 법규를 설정하기가 용이하기 때문이기도 하다. 그러나 국가가 적극적 행동을 취할 의무는 이것이냐, 저것이냐 하는 식의 논리로 구성될 수 없으므로 전통적 법규 모델에서 취급하기 힘들다. 적극적 행동을 취할 의무는 원칙적으로 토이브너가 '실질적 법 이성 모델(substantive model of legal rationality)'이라고 부른 것과 더 잘 부합한다. 실질적 법 이성 모델은 국가가 불간섭을 통해 소극적으로 개인의 자유를 보호하는 것만이 아니라, 국가가 사회 활동에 대해 실질적 요건을 적극적으로 부여함으로써 인간의 행동을 직접 조정하려는 목표를 지니고 있다. 이러한 모델은 복지 국가에서 발전했으며, 시장의 부족한 점을 보완할 목적으로 창안되었다. 그러나 복지 국가형 조정 모델은 모든 쪽에서 비판을 받았다. 시장 친화형 이론가들은 복지 국가 모델이 시장 경쟁을 통해서만 창출될 수 있는 인간의 선도성을 억누른다고 비판한다. 사회 복지 지향 이론가들 중에도 복지 국가 모델이 지나치게 관료적이고 비효율적이라고 비판하는 경우가 있다. 실제로, 국가가 사회의 여러 조직들에 대해 실질적 결과를 억지로 강요하려 들 때 예기치 않은 결과를 낳을 수 있다. 바깥에서 압력을 가해도 조직이 전혀 반응하지 않을 수도 있고, 오히려 관료적 절차를 더 번거롭게 만들어 그 절차가 목표 지향 활동을 대체해버리는 결과가 나올 수도 있다. 또는 안 그래도 방어적인 조직 구조를 더욱 자극해 그 조직이 오히려 복지부동 식의 태도를 보일지도 모른다.

실질적 조정의 어려움 때문에 문제의 원인을 진단하고 해법을 찾으려는 연구가 많이 이루어졌다. 이 문제의 진단에 관한 연구 중 가장 흥미로운 결과가 '시스템 분석(system analysis)' 이론에서 나왔다. 시스템 분석 이론에 따르면, 법규가 '명령과 통제(command and control)'라는 방식을 써서 사회 전체의 인간 행동을 통제할 수는 없다. 사회가 법규를 정점으로 해서 피라미드처럼 서열화되어 있지 않기 때문이다. 오히려 사회는 비서열적이고 수평적인 여러 하위 시스템 ― 시장, 행정, 종교, 문화 등 ― 으로 이루어져 있다. 이러한 하위 시스템들은 기능적으로만 분화되어 있는 것이 아니다. 각각의 하위 시스템은, 다른 하위 시스템이 이해할 수도 없고, 번역할 수도 없는 자체 '언어' 또는 자체 기능 모드를 보유하고 있다. 극단적인 시스템 분석 이론에서는 하위 시스템들 사이에서 통용될 수 있는 더 위쪽의 공통 언어가 존재하지 않는다고까지 주장한다. 이런 경우, 각각의 하위 시스템은 외부의 자극을 자체적인 언어로 다시 번역하며, 그 외부 자극에 대해 자기 시스템의 내적 논리에 따른 조건 반사적인 반응만을 보인다고 한다. 이 말은, 여러 하위 시스템으로 이루어진 전체 사회를 직접적으로 조정할 수 있는 하나의 보편적인 방안은 존재하지 않으며, 다양한 하위 시스템을 의도적인 행동으로 하나로 통합할 수 있는 방안도 존재하지 않는다는 사실을 뜻한다. 하지만 시스템 분석 이론은 생물학의 '자생성(自生性, autopoiesis)' 개념을 은유로 사용해서, 하위 시스템들이 자신들의 내적 시스템을 다른 시스템과의 상호적인 인접 환경 — 그 안에서 각각의 하위 시스템들이 작동하는 거시적 환경 — 속에 조건 반사적으로 적응시킴으로써 서로 영향을 준다고 가정한다. 다시 말해, 어떤 특정 하위 시스템은 스스로 변할 수 있고, 그와 함께 자기 주변의 환경을 일부 수정하거나 자극할 수 있으며, 그렇게 변화된 인접 환경에 대해 다른 하위 시스템도 자체적인 내적 논리에 따라 반응하게 된다는 것이다.[3] 예를 들어, 정치라는 하위 시스템에서는 자신들이 행하는 '입법' 행위를 법률이라는 하위 시스템과 소통할 수 있는 도구 — 사법부를 통해 작동하는 — 로 간주한다. 그러나 법률이라는 하위 시스템은 정치라는 하위 시스템이 의도하는 바대로 '입법'을 해석하지 않는다. 오히려 그와 반대다. 법률이라는 하위 시스템은 정치라는 하위 시스템이 생각하는 것처럼 입법을 일종의 도구로 보지 않는다. 오히려 법률이라는 하위 시스템은 내적인 규범 — 예를 들어 형사법에서 통용되는 엄격한 입증 기준과 같은 — 의 렌즈로 입법의 취지를 일종의 도구가 아닌 목표 자체로 이해한다. 이렇게 시스템들 간의 관점이 다를 경우, 법률이라는 하위 시스템이 정치라는 하위 시스템이 창조한 조정용 입법의 목표를 이해하지 못하고 그것을 훼손할 가능성도 생긴다. 예를 들어, 정치 하위 시스템에서 규제 기준 위반 사항을 처벌하려는 목적으로 입법을 했는데, 법률 하위 시스템은 이러한 입법을 시행할 때 형사법에서 통용되는 것과 같은 엄격한 입증 기준을 요구하여 원래 정치 하위 시스템이 의도했던 규제 조정 자체를 지나치게 어렵게 만들 수도 있다는 것이다.[4]

이런 분석에 따르면 법률이라는 하위 시스템이 다른 하위 시스템들을 조정하기도 어렵다는 결론이 나온다. 법률 역시 여러 하위 시스템 중 하나일 뿐이기 때문이다. '명령과 통제' 방식으로 법률이 다른 하위 시스템의 행동을 바꾸려 한다면, 토이브너가 '조정의 삼중고(regulatory trilemma)'라고 표현한 어려움에 봉착하게 될 뿐이다. 첫째, 조정 대상이 된 하위 시스템이 그러한 조정 자체를 무시해버릴 가능성이 있다. 둘째, 조정으로 인해 조정 대상이 된 하위 시스템의 재생산 능력이 손상을 입을 가능성이 있다. 예를 들어, 집합적 협상을 법률로 규제해버리면 자발적인 이해 관계 협상의 활력이 떨어지고 그렇게 됐을 때 안정적인 해결책을 자연스레 도출할 수 있는 능력 또한 떨어지게 된다. 셋째, 법률의 규제로 인해 법률이라는 하위 시스템 자체에 피해가 발생할 수도 있다. 법이 조정을 효과적으로 수행하지 못한다는 인식이 유포되면 법률의 정당성 위기가 초래될 수 있기 때문이다.[5]

'조정의 삼중고' 문제를 피할 수 있는 유일한 방안은 법률이 새로운 모델을 채택하고 그 모델에 의지하여 법률 스스로 환경에 적응해 가는 것이다. 그렇게 해서 인접 환경이 변한다면 다른 하위 시스템의 적응(변화)도 기대할 수 있게 된다. 이것을 '재귀적 법률'*이라고 한다. 토이브너에 따르면 재귀적 법률은 자율성의 보존이나 행동의 집합적 조정으로부터 정당성을 획득하는 것이 아니다. 오히려 반(半)자율적인 하위

재귀적 법률(reflexive law) 법률이 다른 하위 시스템으로부터 영향을 받아 새로운 모델을 채택하여 스스로 환경에 적응해 가고, 그럼으로써 다른 하위 시스템들도 변하며, 그러한 변화가 다시 법률에 영향을 주는 순환적 모델.

시스템들을 조절해야 할 필요성으로부터 정당성이 나온다고 한다.[6] 재귀적 법률은 사회 전체의 분권화된 의사 결정 방식과 그것의 타당성을 인정하면서 권위적인 처방을 내리는 것에 반대한다. 그 대신 "사회의 자율적인 여러 하위 시스템 내에 존재하는 통합적 메커니즘을 옹호"하려고 한다.[7] 이런 식의 '구조적 결합(structural coupling)' 방식은 사회 하위 시스템들의 자체 내적 논리를 인정하면서 그들을 인도할 수 있는 방안을 모색한다.

요즘 들어 다른 하위 시스템들과 적절한 관계 맺기를 할 수 있는 재귀적 법률 모델을 구축하려는 노력이 부쩍 늘었다. 이때 특정한 규정 또는 목표 지향적인 실질적 법률을 부과하는 방식이 아니라, 다른 하위 시스템의 내적인 역학을 이해하고 그것과 함께 작동하는 방식이 되어야 할 것이다.[8] 집단 협상 관련 법률을 예로 들어보자. 이런 법률은 노사가 맺은 협상 내용에 직접 관여하지 않는다. 그 대신 협상 관계를 잘 조정해서 양측의 협상력이 대등해질 수 있도록 한다. 이런 법률을 통하면 협상의 정확한 내용에는 영향을 끼치지 않지만, 협상 결과의 질에는 영향을 끼칠 수 있게 된다.[9]

시스템 분석 이론은 그 자체만으로는 적극적 인권 보호 의무를 진정으로 준수하게끔 보장할 수 있는 가능성이 적다. 어떤 영역의 형식적인 지식이 특정한 하위 시스템에 긴밀하게 연관되어 있으며, 개별적인 주체 행위를 할 수 있는 여지가 거의 없는 데다, 다른 영역과 조정을 이루어낼 수 있는 여지가 전혀 없다고 해도 과언이 아니기 때문이다.[10] 시스템 분석 이론은 그 자체로는 우리가 원형대로 현실에 적용할 수 있을 만큼 충분히 일관성 있는 이론이 아니다. 몇 가지 결함이 있기 때문이다. 첫째, 이 이론은 수평적 사회를 향한 비전을 강조하다 보니, 하위 시스템 내부와 하위 시스템들 사이에 존재하는 수직적 권력 구조를 간과하기 쉽다. 어떻게 의사 결정이 이루어지는가 하는 문제에 관심을 기울이지 않으며, 특히 그러한 의사 결정에서 민주주의나 평등의 질에는 전혀 주의를 기울이지 않는다. 둘째, 이 이론은 하위 시스템들의 내부 작동 기제가 불투명하며, 서로 의사 소통이 불가능하다고 처음부터 전제한다. 그러나 법률을 통해 하위 시스템들 간에 의사 소통과 상호 조정을 할 수 있다고 믿는 이론가도 있다. 예를 들어, 하버마스는 시장의 하위 시스템과 행정의 하위 시스템에 제각기 독특한 언어 코드가 있음을 인정하면서도 어떤 단일한 다기능적 언어 체계 안에 기능의 분화와 특성화가 존재할 수 있다고 주장한다.[11] 셋째, 하위 시스템들이 완전히 밀폐된 경계선 안에서만 작동한다거나, 하위 시스템들 사이의 경계가 명확하다는 보장도 없다. 민영화와 외주의 시대에 시장과 정부 사이의 이동성 — 기능의 이동성과 인력의 이동성 모두 — 이 늘어난 현실을 보라. 이 점은 법률에서도 마찬가지다. 입법이 정치라는 하위 시스템에 속하고 법률이라는 하위 시스템과는 관련이 없다고 전제하는 것은, 법률을 사법부에만 초점을 맞추는 협소한 이해 방식에서 비롯되기 쉽다. 또한 최근에는 법률이 국가를 넘어 다양한 원천으로부터 생성될 수 있다고 볼 가능성도 많이 존재한다.

최근 인기 있는 재귀적 법률 개념은 이러한 비판들을 염두에 둔 것이다. 재귀적 법률 이론을 주창하는 최근의 이론가들은 시스템 분석 이론으로부터 법률이라는 하위 시스템이 여타 하위 시스템들과 연결될 수 있는 방식으로 조정 메커니즘을 형성할 필요가 있다는 점을 도출해냈다. 그런데 현재의 재귀적 법률 이론은 발생 초기와는 많이 달라졌다. 수평적 의사 결정 단위들을 더욱 더 인정하게 되면서 법률 또는 행정과 같이 명백히 구분된 '시스템'들의 분석으로부터 한 걸음 더 나아가 각종 사회 조직, 공공 기구, 집합체 등을 추가적인 분석 단위로 인정하는 경향이 생겼다. 재귀성은 또한 분권화된 정치체들이 자율적으로 의사 결정을 할 수 있는 가능성을 뜻하게 되었다.[12] 이것은 다시, 현장에서 이루어지는 의사 결정을 일종의 분권화된 입법 행위로 간주할 수 있도록 해주었다. 수전 스텀(Susan Sturm)은 이러한 '2세대 조정 방식'을 "특정한 맥락에서 일반적인 규범을 제정할 수 있는 제도와 과정을 발전시킬 수 있도록" 해주는 접근 방식이라고 표현한다. 스텀은 또한 다음과 같이 주장한다. "(각종 사회 조직과 결사체의) 정보 수집과 문제 확인, 시정, 평가를 연결하는 상호 작용적 과정으로부터 '적법성(legality)'이 도출될 수 있다." 이러한 과정에 참여하는 주체들은 국가 기관이든 비정부 기구든 간에 "단순히 국가 조정 또는 시장 조정의 대상이 아니라, 실제로 법률을 제정하는 주체들"로 여겨진다.[13]

시스템 분석 이론의 원래 형태에 이러저러한 수정이 가해졌으므로, 우리는 이제 법률이 사회의 하위 시스템들의 행동에 영향을 끼칠 수 있다고 낙관할 수 있다. 따라서 인권 보호를 위한 조정에 따르는 문제점은, 각각의 하위 시스템이 너무나 견고해서 법률이 그 안에 침투하지 못해서가 아니라, 여러 다양한 사회적 행위 주체들이 인권이라는 목표를 달성하기 위해 필요한 조치를 취할 수 있도록 해주는 적절하고 역동적인 해법을 고안하기가 어렵기 때문이다. 바로 이 때문에 분권화된 의사 결정이 중요하고, 비사법적 인권 의무 준수 메커니즘이 중요한 것이다. 상부에서 특정한 해결책을 미리 정해버리면 현장의 창의성이 힘을 잃고, 현장 주체들의 협력을 기대하기 어려워진다. 그 대신, 문제 해결을 위한 창조적이고 역동적인 방안을 찾아내기 위해서, 인권 보호 의무를 지는 사회 조직들이 모두 이질적이라는 사실을 인정하고, 그 이질성을 적극적으로 계발하는 편이 차라리 더 중요하다. 이 문제를 이런 각도로 보게 되면 심의민주주의의 원칙을 현장의 의사 결정 과정에 포함시킬 가능성이 열린다. 이때 '직접 심의 다두제(DDP, Directly Deliberative Polyarchy)'라는 방식에서 제안하는 해결책을 고려할 수 있을 것이다.[14]

직접 심의 다두제는 법적 조정의 한계를 인정하지만 시장의 자유 기업만이 능사라는 주장 역시 배격한다. 직접 심의 다두제의 목적은 하위 시스템 단위들 내부에서, 그리고 단위들 사이에서 창조적인 문제 해결을 위한 민주적 해결책을 찾는 것이다. 이 방식은 특히 중앙 집중화된 인권 보호 의무 준수 메커니즘을 통해 감시해야 하는 하부 단위들이 지나치게 많을 경우나 각각의 단위들에 적합한 해결 방식이 각각 따로 존재할 경우, 문제 해결을 위해 고안되었다. 또한 이 방식은 해결해야 할 문제가 너무나 복잡해서 끊임없는 재검토와 성찰이 필요한 경우, 그리고 기대하는 결과를 얻기 위해 하위 시스템 단위들 간의 협력이 필요한 경우에 문제 해결을 위해 고안되었다. 직접 심의 다두제는, 재화와 용역이 기본권으로부터 도출된다는 전제를 받아들이고, 권력이나 이해 관계 협상의 결과로서 재화와 용역이 제공되는 것이 아니라, 권리에 대한 의무로서 재화와 용역이 제공되어야 한다는 점을 인정하므로 시장에 의한 분배 메커니즘보다 우월한 메커니즘이라 할 수 있다.[15]

직접 심의 다두제의 목적은 넓은 의미의 공공 정책 영역 내에서 현장 행위 주체들에게 스스로 고안한 해결책을 실험해볼 수 있는 자율성을 부여함으로써, 행위 주체들의 활력과 지식을 활용하려는 것이다.[16] 여기서 초점은 문제 해결을 자극할 수 있는 방안을 찾고, 사회 조직들이 자신들의 인권 보호 의무를 이행할 수 있는 방안 — 자기 조직의 맥락에서 가장 적합한 — 을 확인하도록 고무하는 것이다. 이때 인권 보호 의무 준수 메커니즘의 핵심은 특정한 행동을 요구하기보다 심의민주주의적인 절차 — 그 조직 내의 의사 결정자들이 적절한 해결 방안을 마련할 수 있는 — 를 촉진하는 것이다. 심의는 단순히 토의 혹은 협의를 넘어선 어떤 것이다. 심의의 목적은 참여자들이 자기 자신과 타인의 관점과 경험을 서로 공유하는 태도로 지속적으로 자신의 생각을 재검토하고 수정해서 문제 해결책을 강구하는 데 있다. 심의는 다시, 현장 규범을 현실적이고 효과적으로 발전시킬 수 있는 가능성을 높인다. 이런 과정은 일정한 조정의 틀 — 일반 목표를 설정하고 심의를 촉진하는 것이 입법의 역할인 — 안에서 작동한다. 이때 행정부의 역할은 정보의 원활한 교환을 위한 인프라를 제공하는 것이고, 사법부의 역할은 의사 결정이 심의민주주의적인 방식으로 진행되도록 감시하는 것이다.[17]

이런 식의 접근은 우리가 앞서 보았던 심의민주주의 모델과 흡사해 보인다. 앞에서 말했던 심의민주주의의 논의 과정에서 불거졌던 것과 같은 긴장이 여기서도 나타난다. 특히 세 가지 종류의 긴장이 발생한다. 첫째, 이미 존재하는 가치와 목표, 그리고 심의의 관계 속에서 긴장이 발생한다. 적극적 인권 보호 의무라는 맥락에서는 심의 자체가 목표가 될 수 없고 그 심의를 통해 인권 보호라는 최종 결론이 나오는 것이 목표가 되어야 한다. 즉, 심의가 인권 보호에 근거하여 이루어질 경우, 그 심의 과정은 권리의 행사를 보장하는 데 목적을 두어야 하는 것이다. 둘째, 심의를 하면 반드시 실행에 옮겨야 한다. 행동 없이 심의만 한다면 적극적 인권 보호 의무란 것에서 규범적 가치가 탈색해버린다. 이 때문에 심의 과정에는 반드시 의사 결정에 도달할 수 있는 권한이 부여되어야 한다. 줄리아 블랙(Julia Black)이 지적하듯이 심의를 한다고 해서 반드시 결론이 나온다는 보장이 없기 때문이다. 셋째, 심의에 참여하는 하위 주체들에게 각별히 주의를 기울일 필요가 있다. 우리는 마치 하위 시스템들이 서로 비서열적이고 수평적 관계를 이루고 있다고 여겨지는 것처럼, 어떤 특정 하위 시스템이나 사회 조직이 내부적으로 수평적 실체일 것이라고 여기기 쉽다. 그러나 각각의 조직 내에도 대단히 명백한 권력 관계가 존재한다. 따라서 심의에 참여하는 주체들이 내부적으로 어떤 성격의 권력 관계로 이루어져 있는가를 확인하는 것이 극히 중요하다. 이런 점은 의사 소통 과정의 성격 자체에서도 드러난다. 하버마스는 언어를 의사 소통을 위한 확고한 매개물로 간주하지만, 아이리스 영은 하버마스의 견해가 합리성에 관한 특정한 관점 — 형식적 · 일반적 담화를 더 중시하고, 잠정적 · 탐색적 담화보다 확고부동한 최종적 담화 방식을 더 높게 치는 — 에 기대고 있는 사실을 은폐할 가능성이 있다고 본다. 이런 담화 방식은 다시, 일종의 권력으로 작동하면서, 이런 식으로 담화를 이끌어 가지 않는 사람들을 침묵하게 만들거나, 그런 사람의 담화를 변변치 않은 것으로 치부해버리게 된다.[18] 블랙은 다음과 같은 결론을 내린다.

> 우리는 하버마스가 말하는 이상적인 의사 소통과 부합하지 않는 형태의 의사 소통이 존재할 수 있음을 인정해야 한다. 비(非) 하버마스적 의사 소통일 경우, 상호 이해와 공적 이성을 위한 지향이 아예 없을 수도 있고, 상호 소통으로부터 비롯되는 의무를 이행하려는 의지가 전혀 없을 수도 있다. …… 의사 소통자들의 조작, 불성실, 타인의 동기에 대한 의혹과 불신, 또는 의사 소통에 아예 관심이 없는 사람들이 존재한다는 점을 우리는 인정해야만 할 것이다.[19]

그러므로 성취해야 할 목표를 외부에서 부과하는 것과, 그 목표를 어떻게 달성할 것인가 하는 방법론을 놓고 현장에서 자율성을 발휘할 때에도 적절히 균형을 잡을 필요가 있다. 이런 점은, 적극적 인권 보호 의무를 '전향적이고 지속적으로 실현'하는 것이 목표일 경우 특히 복잡한 문제가 된다. 현장의 의사 결정이 순전히 자유 재량으로 전락하지 않도록 하기 위해 현장의 의사 결정자들이 설정한 우선 순위를 효과적으로 점검하는 것도 필요하다. 이와 동시에, 현장에서 심의를 진행하는 참여자들에게 특정한 결과를 강요함으로써 자유로운 심의를 억압해서도 안 될 것이다. 이 점은 또한 수단과 목표가 서로 영향을 준다는 점에서 한층 더 복잡한 문제를 야기하기 쉽다. 어떤 권리를 달성하기 위한 수단을 정하는 것은 권리 자체의 의미와도 연관이 있다. 그러므로 권리가 심의의 방향을 결정하기도 하지만 심의가 어떤 과정으로 이루어지는가 하는 점이 권리와 권리에 따르는 의무의 형태를 결정하기도 한다. 마찬가지로, 의무는 실행을 필요로 하지만 실행 역시 권리를 좀 더 잘 성취하기 위해 심의민주주의적인 방식으로 재검토해야 한다. 마지막으로, 심의는 참여자들 간의 평등 — 참여자들이 심의 과정에 참여할 때의 평등과 자신의 견해를 표현하는 능력의 평등 — 을 필요로 하는데, 이것이 심의민주주의의 핵심적 측면이라 할 수 있다.

앞의 논의를 살펴보면, 인권 보호 의무 준수 메커니즘을 고안하는 데 심의민주주의 과정이 진행될 수 있는 조건을 이해하는 것뿐만 아니라, 그러한 조건을 창출하는 것도 중요하다는 것을 알 수 있다.[20] '자생성 이론'에 따르면, 전적으로 혹은 부분적으로 독립해 있는 어떤 하위 시스템이 법률의 규범을 자체 행동으로 전환시키려면 특별한 문제가 발생한다고 한다. 따라서 실제로 행동 변화를 얻어내려면 그 하위 시스템 내의 행위 주체들을 심의 과정에 근본적인 차원에서 참여시킬 필요가 있다. 동시에, 그 하위 시스템 내에서도 외부의 자극에 대해 일반적으로 반응하는 방식을 바꿔야만 한다. 조직 내부의 의사 결정이 반드시 심의적이거나 민주적이지 않을 수 있기 때문이다. 실제로 조직 내 의사 결정이 일방적인 명령에 의존하거나 관료적으로 이루어지는 경우도 많다. 그러므로 조정을 시행할 때 해당 조직의 내부 구조가 재귀적으로 변할 수 있도록, 그리하여 내부의 행위 주체들이 심의에 참여할 수 있는 조건을 만들어주는 방식으로 시행해야 한다. 이렇게 할 때, 조절을 가하는 측과 조절의 대상이 되는 측 모두가 달성해야 할 목표와 그 목표에 도달할 수 있는 가장 효과적인 수단에 대해 이해를 할 수 있다. 특히 심의 참여자들은 논의 결과에 따라 자신의 기존 인식을 기꺼이 바꾸겠다는 자세를 갖추어야 한다. 또한 정기적인 재검토 과정이 포함되어야 한다. 심의에서 나온 결과를 실행해본 후 그 경험에 근거하여 새로운 심의를 해야 하기 때문이다. 이 과정에서 참여자들이 각각 다르게 받아들이는 현실 인식을 적극적으로 감안하는 것이 대단히 중요하다. 지금까지의 경험에 따르면 이러한 지속적인 심의 과정이 안착하려면 보상 혹은 제재 등 일종의 외적 촉발 수단이 있는 것이 좋다. 자발적 규범에만 의존했을 때 그것에 반응하는 하위 시스템도 간혹 있지만, 제재 혹은 보상 없는 규범은 아예 무시하는 조직도 많기 때문이다.[21] 여기서 우리는 내부 심의와 외부 보상(혹은 제재)의 관계를 설정할 방안을 찾고, 그와 동시에 상이한 조직 내 역학에 대해 섬세하게 반응할 줄 아는 것이 관건임을 알 수 있다.

실증적인 연구에 따르면, 인권 보호 의무 준수를 실천할 수 있는 한 가지 방안으로서 '피라미드형 시행법(pyramid of enforcement)'이라는 방식이 있다. 이 방안은, 대다수 조정 메커니즘의 낮은 단계에서는 해당 조직 내의 심의 과정을 촉발할 목적으로 설득, 교육, 제안 등 비강압적인 방식을 구사할 것이라고 가정한다. 이 과정에 의사 결정 권한을 지녔지만 변화에 저항하기 쉬운 당사자들뿐만 아니라, 심의 결과에 영향을 받을 모든 개인과 집단을 참여시키는 것이 극히 중요하다. 만일 낮은 단계의 방법으로 인권 보호 의무가 제대로 준수되지 않을 경우에는 이행을 위한 압력의 단계를 점점 더 높인다. 그 수준이 피라미드의 꼭짓점에 이르면 압력이 최고로 높아진다. 예를 들어 면허나 계약을 파기할 수도 있고, 심지어 형사 처벌이 내려질 수도 있다.[22] 그러나 피라미드형 시행법 모델의 난점은, 의무를 준수하지 않는 주체에 대해 제재의 수위를 높일 수 있는 권한을 지닌 조정 당국 — 특히 이 조정 당국의 영향력이 다수의 개인과 민간 조직에까지 뻗쳐 있는 경우 — 에 지나치게 의존한다는 점이다. 일부 연구에 따르면, 조정 당국은 의무 준수 여부에 따라 피라미드의 꼭짓점을 향해 압력을 계속 높이기보다, 조직에 너무 큰 부담을 주지 않으려고 그저 무난한 전략을 선택하는 경향이 있다고 한다.

블랙은 인권 보호 의무 준수를 달성하기 위해 심의적 구조를 동원할 수 있는 추가 방안을 강구한다. 적극적 의무와 관련된 행동을 촉발할 심의를 진행하려면 조정자 — 앞에서 확인한 장애물을 극복할 수 있는 능력을 갖춘 — 가 적극적으로 중재에 나설 필요가 있다는 것이다. 같은 하위 시스템에 속한 행위 주체들 간에도 의사 소통에 어려움이 발생할 수 있으므로, 여러 하위 시스템 간에는 서로 다른 언어들을 모든 참여자들이 이해할 수 있는 공통의 언어로 번역해줄 수 있는 조정자의 역할이 대단히 중요하다. 이 역할은 생각보다 어려운 과제이다. 왜냐하면 언어가 서로 달라서 의사 소통에 지장이 초래되는 이유는, 참여자들이 동일한 개념을 뜻하는 *기표*(signifier)를 나타내기 위해 서로 다른 어휘를 사용하기 때문만이 아니고, 담론의 근저에 있는 논리와 동기 자체가 다르기 때문이다. 예를 들어, '합리적'인 의사 소통 형태뿐만 아니라, 이야기(storytelling)나 수사(rhetoric) 같은 비합리적 의사 소통 형태도 존재하는데, 그런 것들을 모두 인정해야 참다운 의사 소통이 가능해진다. 그런데 블랙이 말하듯, 이보다 더 중요한 것은, 원하는 모든 당사자들을 심의에 참여시키는 것이 '번역'의 목적인 이상, 여러 언어들을 하나의 지배적인 공통 언어로 번역해서는 안 된다는 점이다. 그 대신 번역 자체가 다중적 과정이 되어야 한다. 즉, 한 참여자의 언어가 다른 모든 참여자들의 언어로 각각 번역되어야 하는 것이다.[23] 이때 조정자 자신의 준거 틀 및 '언어'가 이러한 번역 과정에 큰 영향을 끼친다는 점을 간과해서는 안 된다.

　이 절에서는 적극적 인권 보호 의무를 수행하는 데 적합한 비사법적 조정 시스템의 주요 윤곽을 그려보았다. 이 절의 목적은, 재귀적 법률 모델을 고안해서 해당 조직 내에서 심의와 역동적인 문제 해결을 자극하면서도, 인권 보호 의무의 절대적·강제적 성격을 유지하고자 하는 것이었다. 그렇게 하려면 외부 자극과 내부 자극의 역동적인 변증법이 필요하다. 외부 기준은 넓은 틀에서 목표 — 권리라는 개념의 성격 자체로부터 도출되는 — 를 설정한다. 또한 외부 기준은 심의민주주의를 촉진하는 절차를 반드시 취하게끔 강제한다. 이러한 외부의 틀이 갖춰진 후, 나머지 부분에 대해서는 중간 수준의 목표와 우선 순위를 고안할 의무가 있는 기구들, 그러한 목표를 달성할 적절한 수단을 강구할 수 있는 기구들에게 일임하면 된다. 내부적 과정은 정치적 책무성이 필요하므로 규범적인 과정이 된다. 즉, 의사 결정자는 자기가 그렇게 결정을 내린 이유를 투명하게 설명해야 한다. 그렇게 했을 때 서비스 이용자나 일반 대중을 또 다른 심의 과정에 끌어들일 수 있다. 그러나 정치적 책무성이 단순히 설명을 제공할 의무만을 뜻하지는 않는다. 변화를 향한 진보의 수준이 점검의 대상이 될 필요가 있을 뿐만 아니라, 어떤 기준점에 비춰 비교해야 한다는 사실을 인정하는 것, 그것 역시 정치적 책무성이기 때문이다. 이러한 기준점은 내부 및 외부의 행위 주체들이 참여하는 과정을 거치며 또다시 새롭게 정해질 수 있다. 상호 평가(peer review) 혹은 하위 단위들 간의 토의 과정 — 다른 조직들의 경험에 비추어 자기 조직의 활동 방식을 지속적으로 향상시키고 수정할 목적으로 — 을 통해 지속적인 변화를 위한 자극이 발생할 수 있을 것이다.

이렇게 하더라도 여전히 풀리지 않는 문제가 남는다. 심의적 문제 해결을 외부에서 자극할 수 있을지, 만일 그렇다 하더라도 그것이 역동적인 재검토 과정과 창조적인 변화를 유도할 수 있을지는 분명치 않다. 외부와 내부의 적절한 배합을 찾는 과정은 끝이 없는 여정과도 같다. 하지만 쉬운 정답이 없다고 해서 이러한 재귀적 방식을 거부해야 한다는 말은 아니다. 그 대신 적절한 모델을 창조하는 과정 자체에서도 실험 정신을 발휘해야 할 것이다. 다음 절에서는 인권 보호 의무 준수 메커니즘을 발전시킬 수 있는 여러 방안을 고려함으로써 지금까지 논의한 내용을 실제로 확인해보려고 한다.

3_ '적극적 의무 준수 메커니즘' 모델의 적용

노동할 권리 : 유럽 고용 전략과 개방형 조정 방식

유럽연합은 인권 보호 의무의 이행을 시험해볼 수 있는 흥미로운 장이다. 토이브너가 말한 형식적 법률 대신 '새로운 거버넌스 방식'이 점점 더 널리 사용되고 있기 때문이다. 이러한 전략은 유럽연합의 법률과 거버넌스에서 일반적 동향 — "강제적 법규로부터 조정 네트워크 속에 위치한 모든 당사자들의 적극적 협력을 확보하는 쪽으로 이동하는" — 이 되고 있다.[24] 새로운 거버넌스 방식은 형식적 법률에 기초를 두지 않으므로, 일반적으로 기본권이나 적극적 의무에 근거를 두고 있다고 말하기 어렵다. 그렇더라도 이러한 거버넌스 방식은 이 책에서 지금까지 논의한 적극적 의무의 요소들을 잘 보여준다. 특히 이 방식은 권리에 근거한 목표를 달성하기 위해 적극적 행동을 요구한다. 왜냐하면 새로운 거버넌스 방식은 자유 재량이 아닌 전향적이고 지속적인 행동을 기대하며, 개별적인 의무 이행보다 앞으로의 제도 변화를 강조하므로 단순한 정책과는 차이가 나기 때문이다. 유럽연합 내에서 새로운 거버넌스 방식은 논란의 대상이다. 왜냐하면 유럽연합의 사회 정책을 집행하는 주체들에게 그러한 정책 실천을 이끌 규범을 개발하고 확대할 임무까지 허용하고 있기 때문이다. 이러한 거버넌스 방식에서 법적인 틀은 느슨하고 신축적일 수밖에 없다. 이 방식은 법을 둘러싼 전통적인 구분 — 즉 입법, 시행, 강행 — 을 뛰어넘는 것이므로, 이런 동향이 '경성 법규'로부터 순수한 자유 재량으로 후퇴한 것이라고 비판하는 사람도 있다. 그러나 현장의 지식과 주도권과 시행 주체들의 창의성을 이끌어내는 변혁적인 실험으로 보는 사람도 있다.[25] 이 방식에서 특히 중요한 점은 과정의 역동적인 성격에 있다. 이 방식에 참여하는 행위 주체들이, 의도한 목표를 더 잘 달성하기 위해 규범 자체를 지속적으로 재검토하고 수정하고 발전시킬 수 있기 때문이다. 동시에 이런 방식의 법적 틀은 '연성' 모델의 성격이 강해서, 규범적 차원이 소거된 채 순수하게 정치적인 방식으로 전락할 위험도 없지 않다. 이런 이유 때문에 정치적 책무성을 보장할 메커니즘을 갖추는 데 특히 주의를 기울여야 하며, 규범이 실제로 실행될 수 있도록 하기 위한 적절한 보상과 제재 조치를 마련해야 한다. 찰스 세이블(Charles Sabel)과 윌리엄 사이먼(William Simon)은 상호 평가를 통해 정치적 책무성을 확보할 수 있다고 주장한다.

정책 결정자와 집행자를 나누는, 전통적인 정치적 책무성 확보 방식의 한

미국의 법학자 찰스 세이블은 유럽연합의 거버넌스 방식에서 상호 평가 방식을 통해 정치적 책무성을 확보할 수 있다고 주장한다. "상호 평가를 시행하면 모든 차원의 행위 주체들이 서로 배우고, 서로 상대의 잘못을 시정해줄 수 있다."

계를 극복하기 위해 새로운 거버넌스 방식이 내놓은 대안이 바로 '상호 평가' 방식이다. 상호 평가 방식은, 서로 경험을 통합해서 비교하자는 취지에서 정책 집행자에게 그가 행사한 자유 재량 — 전체 틀을 형성하는 정책 결정자가 부여한 — 의 내용을 설명할 것을 요구한다. 상호 평가를 시행하면 모든 차원의 행위 주체들이 서로 배우고, 서로 상대의 잘못을 시정해줄 수 있다.[26]

이러한 평가의 정신에 의거해서 유럽 고용 전략(EES, European Employment Strategy)을 살펴볼 수 있다. 유럽 고용 전략이 특히 중요한 이유는 '노동할 권리(right to work)'로부터 비롯되는 국가의 적극적 의무를 실천하게 하는 메커니즘으로 활용할 수 있기 있기 때문이다. 이 제도는 유럽연합에 "당사국들 사이의 협력을 장려하여 높은 수준의 고용을 달성할 수 있도록" 조치를 취하라는 의무가 부과된 후, 이를 시행하기 위해 1997년에 조약의 형태로 도입되었다.[27] 특히 이 조약은 유럽연합과 그 당사국들이 서로 협력해서 "숙련되고 적응력이 높은 기능 인력과 경제 변화에 대응 속도가 빠른 노동 시장을 장려"할 목적의 전략을 내놓도록 요구하였다.[28] 이것은 분명 사전 행동형, 주류화 전략이었다. 조약은 "유럽연합의 정책과 활동을 공식화하고 시행하는 데 높은 수준의 고용이라는 목표를 반드시 고려해야 한다."라고 명확히 밝혔다.[29] 특히 조약은 당사국들이 고용 정책을 입안할 때 반드시 고려해야 할 연례 지침을 성안하라고 요구한다.[30]

이 책의 취지에 비추어, 유럽 고용 전략에서 특히 참신하고 가장 흥미로운 점은 '개방형 조정 방식(OMC, Open Method of Coordination)'이라는 인권 보호 의무 준수 메커니즘이다. 개방형 조정 방식은 행정부에 의한 자의적인 정책 시행이냐, 아니면 사법부에 의한 강제 시행이냐 하는 식의 이분법을 넘어서, 유럽연합의 조정과 당사국들의 활발한 참여를 동시에 장려한다. 이 조정 방식은 중앙에서 내려보내는 일률적인 메커니즘과, 당사국 국내에서 설정한 목표 사이에 발생하는 창조적 긴장에 토대를 두고 있다. 따라서 유럽연합 집행위원회(유럽연합 행정부)는 실업이 발생하는 원인과 "실업 추세를 항구적으로 저지"할 수 있는 정책 유형을 공통적으로 분석한 결과에 따라 유럽연합 전체 차원의 고용 지침을 제시하라는 임무를 부여받았다.[31] 지침에 따라 목표치를 설정하되, 이 목표치는 결과 평가를 위한 공통 절차에 따라 정기적인 점검의 대상이 되도록 하였다. 다른 한편, 당사국 정부는 이 목표치를 국가 목표로 설정하여 연례 국가 고용 액션 플랜의 토대가 되는 국내 조절 메커니즘을 만들 수 있게 되었다. 이 과정에서 가장 중요한 핵심은 가맹국들이 각각 처한 상황에 따라 각기 다른 해결책과 강조점이 나올 수 있다는 것을 인정하는 데 있다. 이렇게 신축성 있게 지침을 해석할 때, 당사국들은 활용 가능한 행정력과 재정 상태에 맞추어 목표치 달성 기한을 독자적으로 정할 수 있다. 규범을 설정하고 준수하는 데 당사국들이 자율적으로 중요한 역할을 수행할 수 있도록 허용한 규정 덕분에 각국 상황에 적합한 규범이 설정될 수 있고, 그 규범을 자체적으로 만들었다는 일종의 주인 의식과 규범에 대한 의지가 생길 수 있다. 동시에, 지침을 만드는 과정에 유럽연합이 전체 차원에서 개입함으로써 그 지침이 단순히 느슨한 조정 수단 이상의 실질적인 '공통 지침'이 되도록 보장할 수 있다. 또한 지침을 마련하는 과정에서 각국 정부 수준 이하에서의 참여도 강조한다. 국가 차원의 액션 플랜을 성안하는 과정에 국내의 여러 사회적 동반자 집단들이 참여하도록 장려하는 전략인 것이다.

당사국들이 유럽연합 집행위원회에 연례 보고서를 제출하면 위원회는 보고서를 검토한 후 해당 국가에 권고 사항을 내려보낸다. 그 결과 각국에서 고용을 창출하는 정책이 당사국의 자유 재량에 달려 있지 않고, 그 나라의 참여와 유럽연합의 규범적 영향력이 함께 어우러지는 것이 된다. 그리고 규범적 차원의 영향력이 반드시 수직적인 것만도 아니다. 여기서 특히 중요한 부분은 수평적 상호 점검 메커니즘이다. 각국의 정책을 유럽연합 내의 모든 당사국들이 상호 검토함으로써 최선의 정책 실현 방안을 서로 배울 수 있도록 하자는 취지의 메커니즘이다. 이러한 연례 검토 과정의 최종 결과로서 당해 연도의 목표치 달성율과 다음 해의 목표치를 요약한 합동 고용 보고서(Joint Employment Report)가 발간된다.

유럽 고용 전략은 적극적 인권 보호 의무를 준수하기 위해 앞에서 제시한 논의들을 많이 반영하고 있다. 이 전략은, 가해자가 명확하고 가해자의 잘못을 입증하는 증거에 입각해서 피해자 개인이 피해 보상을 청구하는 식의 전통적 권리 개념을 초월하는 전략이다. 전통적 개인 권리 모델에 따르면 개인이 '노동할 권리'를 침해받았을 때 그 개인이 법원에 구제를 호소하면 법원이 그 호소를 이행하라는 명령을 내린다. 하지만 새로운 전략에 따르면 '노동할 권리'는 국가에 적극적인 노동권 보호 의무를 부과하므로, 국가는 실업의 원인을 진단할 의무와 원인 분석에 따라 실업 상황을 시정할 의무를 진다. 즉, 과거 모델에 의하면 권리 침해가 발생했을 때 사후 조치로 시정 메커니즘이 작동하지만, 새로운 모델에서는 사전에 적극적이고 집합적으로 제도 변화를 목표로 한 행동에 나서야 한다. 이때 행동 변화의 책임 주체는 가해 당사자가 아니라, 이러한 상황을 시정할 수 있는 능력이 제일 큰 주체(국가)이다. 그 책임은 즉각적이고 확정적인 의무라기보다 전향적이고 지속적으로 실천해야 할 의무가 된다. 또한 유럽 고용 전략은 이해 당사자들이 끊임없이 이어지는 정책 사슬(policy chain)에 계속 참여한다는 전제에 바탕을 두고 있다.[32] 과거처럼 명확하게 고정된 규범에 의거해서 의무 준수를 요구하는 것이 아니고, 다중적인 이해 당사자들이 지속적으로 참여해 규범이 만들어지고, 그 과정에서 이해 당사자들이 상호 평가를 실시해 공동 검토 과정 자체가 책무성을 보장하는 핵심 수단으로 작동하게 된다. 이런 과정은 세이블과 사이먼이 제안한 '상호 평가를 통한 책무성 보장' 모델과 아주 흡사하다.

그런데 현실적으로 이러한 개방형 조정 방식은 여러 측면에서 미흡한 점이 많다. 유럽 고용 전략에 관한 2003년 태스크포스 보고서는 고용 전략을 이행하는 문제가 여전히 중요한 정치적 과제라는 결론을 내렸다.[33] 이런 결론은 조정에 관한 변증법적 논리의 양 측면에 모두 해당된다. 세 가지 주요 쟁점이 특히 두드러진다. 첫째, 상호 평가 자체의 문제를 들 수 있다. 태스크포스는 현행 상호 평가 제도가 유용한 수단이긴 하지만 최선의 정책 방안을 서로 공유하고 토의하는 데 충분히 효과적이지 못했다고 지적했다. 각국 정부가 다른 나라의 좋은 선례를 기꺼이 배우겠다는 자세를 지니게 만드는 환경을 조성하려면 아직도 갈 길이 멀다는 것이다. 둘째, 참여의 규모와 성격도 문제가 된다. 태스크포스는 국가 액션 플랜이 실효을 거두려면 작성 과정에 각국 의회가 참여하고, 사회적 동반자 집단 및 시민사회와 협의하여 정치적 정당성을 확보해야 한다고 주장한다. "이 계획이 성공하려면 각국 정부가 다양한 이해 당사자들의 지원과 참여를 동원하고, 개혁의 필요성에 관해 대중의 지지를 확보함으로써 개혁의 동반자 세력을 키우는 것이 핵심 과제이다."[34] 하지만 이런 지적마저도 미흡하다고 할 수 있다. 참된 의미의 개혁을 이루려면 참여가 단순히 협의에 그치거나 이익 집단 협상에 불과한 것이 되어서는 안 되고, 진정한 심의 과정의 일부가 되어야 한다. 그런데 태스크포스는 동반자 관계라는 표현을 쓰긴 했지만 여전히 정부가 국민들의 지지를 끌어내고 이해 당사자들을 설득하며 대중을 교육한다는 식으로 말하고 있다. 이것은 하향식 모델에 속하며, 다양한 생각들을 한데 모으는 방향으로 가겠다는 진정한 심의민주주의적인 열의가 부족해 보인다.

세 번째 중요한 문제로, 고용 창출을 강제적인 의무로 보지 않고 자유 재량에 입각한 정책 정도로 여기는 태도를 들 수 있다. 태스크포스는 유럽연합 당사국들에서 개혁의 속도가 너무 느리고 개혁의 내용도 대단히 미흡하다고 지적했다. 이런 현실을 시정하려면 유럽연합의 예산을 정책 지렛대로 삼아 연구 및 인적 자본 창출에 투자하고, 각국 간의 협력을 지원하며, 당사국들의 개혁 정책을 면밀히 점검해야 할 것이다.

이러한 문제점들은 유럽 고용 전략이 단순히 조정의 한 수단인지, 아니면 적극적 인권 보호 의무를 강행할 수 있는 방식으로 각국 정부의 재귀적인 자기 혁신과 심의민주주의를 촉진했는지 하는 의문을 제기한다. 인권 영역에서는 정책 '실험'을 한다는 말이 절대로 용납될 수 없다. 그렇게 하면 기본권 자체를 다른 식으로 개념화하는 것이 되고, 결국 기본권을 저해하게 될 가능성이 크기 때문이다. 직업 안정성을 고려해 보면 이런 사실이 잘 나타난다. 유럽연합 집행위원회는 다음과 같이 말한다. "오늘날 노동 시장의 안정성이라는 것은 평생 직장을 보장해주는 식의 문제가 아니다. 더 적극적인 관점에서 봤을 때 직업 안정성은, 사람들이 노동 시장 안에 남아 있으면서 스스로를 향상시킬 수 있는 능력을 키우고 그것을 보존할 수 있도록 해주는 것을 뜻한다."[35] 고용 안정성이라는 개념은 어떤 특정한 직장을 보장해준다는 뜻이 아니라, 직장들 간의 이동을 촉진하고, 사회 보장 체제를 개편하여 노동 시장 내 이동을 지원하며, 서로 다른 직업적 지위들 — 노동, 훈련, 휴직, 자영업 등 — 사이의 이동을 용이하게 해준다는 뜻이다.[36] 고용권은 이제 고용 관계와 관련된 것이 아니라 노동자와 연결된 개념이 되었다. 국가의 고용 보장은 노동자에게 특정 직장을 보호해준다는 말이 아니고 다양한 고용 상황에서 사회 보장 혜택을 그때그때 제공해준다는 뜻이 된다.[37] 이렇게 본다면, 사전 고지 기간과 해고 보상 등 고용 해지와 관련된 권리조차 없애야 한다는 주장도 나올 수 있다.

하지만 다른 식으로 볼 여지도 있다. 예를 들어 이런 상황에서도 권리가 훼손되는 것은 아니고, 단지 국가의 자기 억제 의무로부터 적극적 보호 의무로 초점이 바뀐다고 주장할 수 있다는 것이다. 이 주장에 따르면 '노동할 권리'는 해고에 맞서 노동자를 보호한다는 식의 소극적 의무를 강조하는 것이 아니라, 국가가 고용을 촉진하기 위해 적극적으로 노력해야 한다는 의무를 강조한다. 이 관점은 그 자체로 사회 변혁을 지향하는 관점이다. 특히 국가를 자원의 제공자로 간주하기 때문이다. 노동의 질을 향상시킨다는 것은 인적 자본을 개발하기 위해 국가가 노동자의 교육과 훈련에 투자해야 하는 의무를 진다는 식으로 표현된다. 구체적으로 말하면 모든 사람에게 중등교육 접근권을 제공하고 평생 교육을 보장해주는 것을 뜻한다.[38] 이것은 유연화된 노동 시장 상황에서 고용 안정성을 유지하는 데 특히 필요한 조치이다. 특히 저숙련 노동자 및 고령 노동자를 위해 지속적인 직업 훈련에 투자할 필요가 있다.[39] 그리고 국가는 교육과 훈련을 실시해 이주 노동자와 소수 민족 출신자들의 사회 통합을 촉진할 의무가 있으며, 이주 여성 노동자의 특별한 욕구를 고려해줄 의무도 있다.[40] 또한 국가는 여성을 노동 시장에 통합할 의무도 지고 있으므로, 여성의 노동 시장 진출에 지장을 초래하는 보육과 노인 요양 서비스를 늘리고 비용을 저렴하게 유지하며 그 질을 관리할 필요가 있다.[41] 마지막으로, 필요한 경우 노동 실질임금을 보장해주기 위해 저임금 일자리라도 노동자가 계속 근무할 수 있는 유인 요소로 재직 장려금(in-work benefit)을 지원함으로써 노동자의 생산성에 걸맞은 임금을 유지해주는 조치가 필요하다.[42]

하지만 아직도 몇 가지 문제가 남아 있다. 첫째, 부당하게 해고되지 않을 권리처럼 국가가 노동자의 권리를 최소한으로 보호하는 데 필요한 국가의 자기 억제 의무와 노동자의 노동권을 증진하기 위해 필요한 적극적 의무 사이의 충돌을 어떻게 해소할 것인가를 둘러싼 문제가 아직도 풀리지 않고 있다. 부당하게 해고되지 않을 권리 자체는 노동권 문제를 푸는 만병통치약이 되지 못한다. 노동자가 그 일자리를 항구적으로 지킬 수 있도록 하지 못하는 데다, 기껏해야 해고 보상금을 일시불로 지급하게 해주는 것밖에 안 되기 때문이다. 이에 반해 적극적 의무는 진정한 의미에서 노동권을 증진할 잠재력을 지니고 있다. 그러나 국가의 적극적 의무가 국가의 자기 억제 의무를 대체할 수 있다고 보기엔 아직 근거가 충분하지 못하다. 부당하게 해고당하지 않을 권리(국가의 자기 억제 의무)는 노동권에서 앞으로도 중요한 부분을 차지해야 마땅하다. 둘째, 국가가 져야 할 의무가 노동자가 져야 할 의무로 변질되지 않도록 감시해야 한다. 샐리 볼(Sally Ball)이 주장하듯, 노동자의 전통적인 고용권을 국가의 노동 조건 보호 의무로 대체할 경우, 노동자에게도 국가의 보호 의무에 상응하는 부담이 발생하게 된다.[43] 예를 들어 고용 안정성이 그 일자리를 유지할 수 있는 권리가 아니라, 자기 기술을 향상시키고 직장을 옮겨 다니면서 근무할 수 있으며 새로운 변화에 유연하게 대처할 수 있는 능력을 의미한다면, 노동자 자신이 인적 자본에 투자할 책임과 변화의 압력을 받아들이고 대응할 책임 따위를 짊어져야 하는 것이다. 또한 노동 시장이 갈수록 변화된 기술을 요구하게 될 것이므로 직업 재교육을 받더라도 고용이 된다는 보장이 없다는 것도 문제다.

셋째, 자원의 제공을 둘러싼 문제가 있다. 역설적으로 유럽연합이 부과한 예산 책정 상한선이 노동자들에게 충분한 자원을 제공하지 못하도록 할 수도 있다. 태스크포스의 보고서는 이 점을 중요하게 거론하면서 예산 편성에 어려움을 겪는 당사국들에게 노동권 보호를 위한 충분한 재원을 따로 책정해놓으라고 제안한다. "개혁을 추진하기 위해 필요한 예산을 확보할 필요성 때문에 예산 편성에 문제가 발생한다면, 지출 항목의 변경과 공공 재원의 효율적인 사용을 제일 먼저 염두에 두어야 한다."[44] 그러나 이런 조치가 믿을 만한지는 전혀 확실치 않다.

이러한 전략이 진정으로 참여적일 수 있도록 보장하는 문제가 아마도 가장 중요한 사항일 것이다. 그런데 유럽연합 차원과 일국 차원 모두에서 의사 결정에 참여한 경험이 그다지 신통치 않다고 나와 있다.[45] 의사 결정 과정에서 사회적 동반자 집단이 중요한 역할을 하지 못했던 이유는 그들 사이에서 합의를 이룰 수 없었기 때문이다. 심의민주주의는 시민사회가 심의 과정에 대단히 열성적으로 참여할 의지가 있다고 가정한다. 그러나 일반적으로 시민사회는 그러한 의지가 많지 않다는 결과가 나와 있다. 게다가 각국의 NGO들은 협의를 한다고 해도 그것이 반드시 의사 결정에 참여한다는 뜻이 아닐 수 있다는 우려를 표한다. 유럽 빈곤 퇴치 네트워크(European Anti-Poverty Network)가 실시한 평가에 따르면, 사회적 포용 전략의 틀 안에서 국가 액션 플랜을 고안하는 과정에 사회적 NGO들이 진정한 영향력을 발휘하지 못했다고 한다.[46] 앞의 우려를 확인해주는 대목이다. 이런 사실은 개방형 조정 방식 내에서 심의민주주의를 실천할 수 있는 잠재력에 의구심을 제기한다. 보라스(Susana Borrás)와 그리브(Bent Greve)는 다음과 같은 결론을 내린다. "개방형 조정 방식은 유럽연합 정치에서 민주주의의 분수령이 되지 못하고 '민주적 정당성의 미아'가 될 위험에 놓여 있다. 이방식은 심의적·참여적 민주주의의 이상을 달성하지 못한 점(유럽의회와 각국 의회에 의한 민주적 대의의 통로가 전혀 존재하지 않음), 그리고 불확실한 결과로 인해 '산출물의 정당성(output legitimacy)'이 결여된 점, 이 둘 사이의 기로에 놓여 있다."[47]

전체적으로 보아 유럽 고용 전략과 개방형 조정 방식은 복합적인 평가를 받을 수밖에 없다. 한편으로 이들은 노동자의 지위를 향상시킬 획기적인 계기를 의미한다. 국가에 노동 조건을 향상시킬 책임자 역할을 부여하고, 참여적이고 적극적인 형태의 규범 설정과 규범 이행 메커니즘을 제시하기 때문이다. 그러나 다른 한편, 여기에는 위험도 따른다. 적절한 대안도 없이 노동자 개인의 기본권이 침해당할 수도 있다. 합당한 결사의 권리가 배제된 참여, 그리고 진정한 대표성에 대한 감시가 결여된 참여는 언제나 기득권층에게 포섭당할 위험을 안고 있기 때문이다.[48]

보고 메커니즘 및 경제적 · 사회적 권리

국제인권법 체계에서 비사법적 의무 준수 메커니즘은 경제적 · 사회적 권리를 실행할 수 있는 가장 적절한 방법으로 여겨져 왔다. 그러나 이 메커니즘은 유엔의 해당 위원회에 주기적으로 보고서를 제출할 의무만 있는, 제한된 형태의 준수 메커니즘이었다. 시스템 분석 이론의 통찰을 빌리면, 단순히 보고서를 제출할 의무만으로는 실제로 그 의무를 준수하도록 보장하는 것이 얼마나 어려운지 잘 알 수 있다. 국제법 상의 경제 · 사회권 보호 의무를 국가가 완전히 무시하는 것은 아니지만, 그것이 보고서를 제출할 의무로 규정되어 있을 때 국가는 적극적 의무를 실행할 정책을 고안하는 대신, 단순히 현행 정책을 묘사하는 식으로 그 의무를 '번역'해버리기 쉽다. 이 점은 보고 의무 절차의 목표와 실제 현실 사이에 존재하는 격차를 살펴보면 잘 나타난다.

〈경제적 · 사회적 · 문화적 권리에 관한 국제 규약〉은 보고 절차의 세 가지 목표를 다음과 같이 규정한다. 첫째, 가맹국이 규약의 내용을 이행하기 위한 자체 규정과 절차와 실행 여부를 스스로 지속적으로 점검할 수 있도록 촉진한다. 둘째, 대중이 정부의 정책을 상세히 검토할 수 있도록 촉진한다. 셋째, 해당 국가가 유엔 사회권위원회와 함께 규약의 의무 실천에서 진척 상황을 평가할 수 있는 근거를 마련한다. 그러나 통상적으로 당사국들은 보고 절차를 단순한 요식 행위로 여기기 쉽고, 규약의 의무를 충족시키기 위해 구체적인 정책을 고안해야 한다는 의무감도 별로 느끼지 않는다. 대중은 국제 규약을 잘 알지 못하며 심지어 각국 정부와 정부의 해당 부처에서도 규약의 준수 의무를 모르고 있는 경우가 많다. 필립 올스턴(Philip Alston)은 〈유럽사회헌장〉의 경우에도 비슷한 일이 벌어지고 있다고 지적한다. 모든 당사국들이 보고서를 전체적으로 한번 제출하는 데 10년이라는 시간이 걸리는데, 이때쯤이면 "보고서의 내용이 대중의 관심을 끌기에는 이미 너무 늦다." 게다가 정부의 보고서는 사회적 목표를 달성하기 위한 로드맵이 아니라, 자기들의 활동을 빼곡하게 기술적으로 묘사해놓은 무미건조한 행정 문서일 가능성이 높다.[49]

경제 · 사회권의 이행에서 이러한 결함을 타개할 방안으로 이 영역에서 '개별적으로 사법 심사 가능한 권리(individual justiciable rights)'를 창안해야 한다고 믿는 사람들이 많다. 그래서 개인과 집단이 유엔 기구와 직접 접촉하여 진정 결과를 통보받을 수 있도록 하는 〈경제적 · 사회적 권리에 관한 국제 규약 선택 의정서〉를 채택하자는 움직임이 국제적 차원에서 활발하게 일어났다.[50] 이렇게 되면 유엔 사회권위원회가 각국의 개인으로부터 국제 규약의 침해 사항에 대해 직접 진정을 받고, 그 사안에 관한 결정을 내려서 진정 당사자에게 통보할 수 있게 된다. 〈유럽사회헌장〉에도 개인과 집단에 대한 통보 제도가 허용되어 있어서 이 헌장 — 흔히 〈유럽인권협약〉에 비해 잊힌 듯 보이는 — 에 새로운 활력을 주는 요소가 되었다. 이 제도 덕분에 특히 〈유럽사회헌장〉의 해당 위원회는 특정한 진정 사건을 사법적으로 심사하면서 사회권의 의미를 아주 구체적으로 규정할 수 있었다.

그러나 개인 및 집단 통보 제도가 긍정적이라 하더라도 적극적 인권 보호 의무를 사전에 충족시킬 수 있는 메커니즘을 마련할 필요성이 없어지는 것은 아니다. 지난 10년 사이 유엔 사회권위원회는 개인 구제(통보) 제도 외에 다른 인권 준수 메커니즘의 아이디어를 발전시켜 왔다. 겉으로 보면 이러한 과정이 앞에서 소개한 재귀적 법률, 심의민주주의 절차 등의 전형적인 특징들 — 책무성, 참여, 상호 평가와 중앙 조정을 통한 지속적인 문제 해결 — 을 모두 갖춘 것처럼 보인다. 실제로 이러한 과정의 결과는 개방형 조정 방식과 대단히 흡사한 것 같다. 사회권위원회는 전체 틀의 목표를 설정하는 책임을 맡고, 당사국들은 그러한 목표 달성을 위해 필요한 정책적 조치를 확인하는 한편, 사용 가능한 자원과 정책 목표를 달성할 수 있는 방법을 마련한다는 식이다. 그렇게 하려면 목표나 기준, 정책의 달성도를 측정하는 데 필요한 적절한 지표 등이 명시된 국가적 계획을 입안해야 한다. 사회권위원회와 해당 국가의 변증법적 관계는, 목표 달성의 진척도와 그 과정에서 나타날 수 있는 문제의 원인을 공동으로 평가하는 '의료 진단용 검진(scoping)'과 같은 형태를 띤다.[51] 모든 과정이 끝난 후 다음 5년 동안 당사국은 일차 평가에서 얻은 경험을 활용하여 정책의 이행을 지속적으로 재검토하고 목표를 상향 조정할 수 있다. 또 하나, 개방형 조정 방식과 유사한 점은 책무성과 참여 — 사회권위원회의 일반 논평에서 둘 다 강조하는 — 가 필요하다는 점이다. 그러나 개방형 조정 방식과 마찬가지로 이 모델에서도 심의의 중요성이 충분히 강조되고 있지 않다. 당사국들이 국민의 참여를 자극해야 한다고는 하지만 그러한 참여의 성격이 단순한 정보 교환인지, 협의인지, 또는 진정으로 심의적인지는 명확치 않다.

〈경제적 · 사회적 · 문화적 권리에 관한 국제 규약〉의 보고서 제출 과정이 지나치게 느린 점도 실제로 변화가 얼마나 이루어졌는지 말하기 어렵게 만든다. 확실히 이 규약은 유럽연합 집행위원회처럼 외부의 제재 혹은 변화의 동기를 창출할 수 있는 능력을 결여하고 있는 것이 사실이다. 따라서 외부 자극과 내부 자극 사이의 창조적 긴장감이 존재하지 않는다. 그 대신 이 모델의 조정 능력, 특히 '진단용 검진'의 역할은 사회권위원회 위원들이 가맹국의 반응에 얼마나 정력적으로 또 창의적으로 대응하느냐에 아주 많이 달려 있다. 더 나아가 이 모델의 성공 여부는 현지의 인권 운동가, 인권 공동체, 인권 NGO들이 유엔의 보고 절차를 얼마나 정치적으로 잘 활용하느냐에도 달려 있다. 그러나 전체적으로 판단한다면, 이러한 방향으로 변화를 달성할 수 있는 〈경제적 · 사회적 · 문화적 권리에 관한 국제 규약〉의 능력은 필연적으로 제한되어 있다고 보아야 할 것이다.

인권 보호 의무 준수를 위한 국내 메커니즘

이 장에서 설명한 심의적 모델은 국내의 비사법적 의무 준수 방식을 강화시킬 잠재력을 어느 정도나 지니고 있는가? 그리고 그러한 모델에서 비롯되는 문제점은 무엇인가? 국내 차원에서 볼 때 인권 보호의 비사법적 의무 준수 메커니즘은 흔히 국가인권위원회의 책임 소관이 된다. 이 절에서는 남아프리카공화국 국가인권위원회의 역할 및 미국의 몇몇 대안 사례를 간략하게 논의해 이 문제를 재검토하려고 한다.

남아프리카공화국 국가인권위원회는 인권 개념에서 파생되는 국가의 적극적 의무를 포함한, 인권 현황을 감시할 권한을 특별히 보유하고 있다.[52] 국가인권위는 인권 준수 여부를 조사하고 보고할 수 있는 명시적 권한과 인권이 침해되었을 때 적절한 구제책을 조치할 수 있는 명시적 권한을 지니고 있다. 여기에는 국가 기관이 자신의 의무를 충족하기 위해 취한 조치에 관해 그 기관에 정보를 요청할 수 있는 권한을 비롯해 광범위한 권한이 포함된다. 원칙적으로 국가인권위는 이 같은 광범위한 권한에 힘입어 역동적이고 심의적인 방식을 주도적으로 시행할 수 있는 잠재력을 지니고 있다. 그러나 초기에 남아프리카공화국 국가

인권위는 해당 국가 기관과 상호 소통하는 방식으로 접근하지 않고, 단
순히 그 기관에 인권 의무 준수의 진척 사항만 보고하도록 요구하였다.
이러한 접근 방식으로 말미암아 시스템 분석 이론이 특정한 상황 — 조
정 대상 조직이 보기에 조정자가 생소한 목표와 방식을 강요하려 할 때
— 에서 일어나리라고 우려했던 문제가 실제로 발생했다. 조정 대상 조
직의 보고 내용은 불충분하고 일관성이 없었으며, 제출된 정보 역시 질
이 낮고 신뢰성이 떨어져 의심스런 수준이었다. 조정 대상이 되는 국가
조직의 입장에서 봤을 때, 인권 관련 사안에 대해 보고할 의무란 것은
자기 조직의 부차적인 활동이자, 보고하라고 요구하니 보고한다는 식
의 관료적 요식 행위에 불과했던 것이다.

최근에 와서는 제출되는 정보의 질과 유형을 일관성 있게 유지하기
위한 행정 절차가 많이 발전하였다. 하지만 이것 역시 조정 대상이 되
는 국가 조직의 진정한 실제 대응을 키웠다기보다 행정상의 잡무만 늘
린 것처럼 보인다. 2003~2004년의 보고서 제출 기한 동안 인권 사안
의 연례 보고서 양식이 여러 국가 기관에 발송되었지만 인권 관련 핵심
부서들 — 주택, 보건, 교정 서비스 등 — 은 아예 보고서를 제출하지
않았다. 주 정부 차원과 지방 도시 차원의 보고율도 극히 저조했다. 이
때문에 보고서를 제출하지 않은 부서의 책임자들에게 국가인권위가 소
환 명령을 내린 경우도 있었다. 소환령 덕분에 해당 기관의 대응 시간
이 빨라지고 관료들이 개인적인 책임감을 지니게 되었다고 국가인권위
는 자평하였다. 하지만 이런 식으로 해서는 인권 보호를 위한 지속적인
계기를 마련하기 어려웠다. 원칙적으로 국가 기관에 압력을 행사할 수
있는 입법부조차 국가인권위를 거의 돕지 않았다. 게다가 지난 10년
사이 의회에 국가인권위 보고서가 6번이나 접수되었지만 의회에서 그
보고서 내용을 본격적으로 검토한 적이 없었고, 국가인권위 보고서를

일 년에 한 번 정기적으로 검토하는 소관 위원회의 논의 역시 시간이 너무 촉박하고 만족스럽지 못했다. 만에 하나 의회에서 대중의 의식을 제고하기 위한 논의를 벌인다 하더라도 그것이 어떤 지속적인 효과를 낳을 수 있을지는 분명치 않다.[53]

국가인권위는 이러한 문제를 개선하기 위해 건설적인 변화를 시도하였다. 첫째, 해당 국가 조직이 정보를 수집하고 저장하고 분석할 수 있는 역량이 없는 것이 문제의 원인이라고 지적하면서, 따라서 그 조직들에 더 많은 지원을 해주어야 한다고 제안했다. 또한 국가인권위는 국가 기관들이 인권 보고 의무를 일방적이거나 일회적인 과정으로 여기지 않아야 하고, 국가인권위의 권고 사항에 긍정적인 반응을 보여야 하며, 그들의 보고서에 긍정적인 내용을 포함시켜야 한다고 지적했다. 또한 국가인권위는 보고 절차에 입각하여 서면으로만 보고 내용을 검토하던 방식을 바꿔, 서면 검토와 현장 실사를 함께 시행하기로 결정하였다.[54]

그러나 인권 사안의 보고 의무가 해당 국가 기관의 입장에서 주변적인 의무와 기능으로 간주되는 한 의미 있는 진전을 기대하기는 어려울 것이다. 그러므로 해당 국가 기관 및 이해 당사자들과 협력 관계를 설정하고 지속적인 교류를 모색하는 것이 가장 중요하다. 앞의 분석에서 이와 같은 어려움을 타개하기 위하여 개방형 조정 방식과 유사한 과정을 진행하는 것이 건설적인 해결책이라고 제안한 바 있다. 이런 과정에서 거버넌스의 모든 차원에 포진해 있는 관련 이해 당사자들이 자신의 활동을 평가하고 대안적 활동 가능성을 찾아내며 특히 조정에 따르는 공통된 문제를 제기 — 지속적인 개선책을 찾기 위해 — 할 수 있도록 하기 위해, 국가인권위의 논의 구조 및 상호 협의에 참여하도록 장려해야 한다. 이것을 가능하게 해줄 하나의 메커니즘으로 공청회를 들 수 있다. 우선, 공청회의 목적이 사법부의 활동을 모방하려는 것이 아니라 대화의 바탕을 마련하려는 것이라는 점을 명확히 해야 한다. 인권위는 개인이나 기관을 공청회에 참여하도록 소환할 수 있는 권한이 있지만, 보통 그 권한을 실제로 행사하지는 않았다. 그 대신 국가인권위는 모든 이해 당사자들이 특정 문제에서 적극적 의무를 충족시킬 수 있는 방안을 찾으려는 진정한 의지를 공통적으로 지니고 있다는 정신에 따라, 솔직하고 개방적인 대화를 위한 환경을 조성하겠다는 목표를 세웠다.[55] 그러나 공청회가 시민사회 내 다양한 집단들의 적극적 참여를 촉진하긴 했어도, 해당 국가 기관의 고위직이나 책임자들은 청문회를 논의의 장 ─ 그 안에서 심의적 의사 결정과 문제 해결 방안이 상호 교류 방식으로 일어날 수 있는 ─ 으로 여기지 않으려는 경향이 있었다. 또한 국가인권위는 권고 사항을 이행하기 위해 해당 기관 책임자들의 협력을 구하는 데도 실패했다.

미국 대학에 재학 중인 여성들을 위한 '평등한 기회'라는 프로그램을 연구했던 수전 스텀에 따르면, 이 프로그램에서 변화를 위한 내·외부의 핵심적 추진력을 결합한 사례의 경우에는 여러 장애를 극복할 수 있었다고 말한다.[56] 이 프로그램에서 어떤 주요 외부 재정 지원 단체가, 특정한 목표 달성을 겨냥한 변화를 위한 절차를 마련한다는 조건으로 연구 기금을 지원했던 사례가 있었다. 다른 한편, 이러한 외부의 자극에 대응하여, 학내에서 권위를 인정받고 변화의 의지가 강한 최고참급 교수 한 사람이 내부의 변화를 추진한 적도 있었다. 이 과정은 심의적·참여적이었지만, 참여 과정에서 설정한 목표치 역시 외부의 검토 대상이 되었다.

이러한 프로그램의 이행과 설계에서 논란이 되는 쟁점이 발생하기 마련이지만, 그 저변에 깔린 원칙을 지키면 하위 시스템이 변화에 저항하는 문제 ─ 시스템 분석 이론에서 부각되고 남아프리카공화국의 경

수전 스텀은 고용과 고등교육에 내재한 구조적 불평등, 인종과 젠더 차별 등을 연구해 왔다. 스텀은 미국 대학에 재학 중인 여성들을 위한 '평등한 기회'라는 프로그램을 연구하면서 내부와 외부의 핵심적 추진력이 결합할 경우 변화를 가로막는 여러 장애를 극복할 수 있음을 확인할 수 있었다.

우에서 실제로 나타난 ― 를 정면으로 해결할 수 있는 의무 준수 메커니즘을 창안할 수 있다. 이러한 저변의 원칙에는 외부의 보상과 억제책, 이 일을 위해 특별히 지명된 고위 공직자가 보증하는 내부적 책임 등이 결합되어 나타나는 조정 당국의 협력 등이 포함된다. 조정을 행할 때에는 넓은 목표 ― 쟁점이 되는 권리 항목으로부터 도출되고, 심의적 문제 해결과 현장의 상호 평가로 구체화된 ― 를 확인하는 방식으로 이루어져야 할 것이다. 또한 책무성과 전향적이고 지속적인 실현이라는 요소 역시 국가인권위 또는 어떤 정치적 기구와 역동적인 교류를 통해, 그리고 상호 평가를 통해 이루어져야 한다.

4_국가·사법부·시민사회·국가인권위: 상승 작용적 접근

이 책의 4장, 5장, 6장에서는 적극적 인권 보호 의무를 충족시키기 위한 사법적·비사법적 접근 방식을 다루었다. 이 절에서는 지금까지 나온 여러 견해들을 종합하여 일종의 상승 작용적 접근(synergistic approach)을 제안하려 한다. 이 접근 방식을 통하면 개별 요소들이 잠재적으로 협력하여, 각 요소들을 합친 것보다 더 큰 '전체'를 창조할 수 있다. 상승 작용적 접근의 주요 요소들을 꼽아보면 국가, 사법부, 국가인권위원회 혹은 그와 유사한 조직, 시민사회, 이해 당사자 또는 권리를 지닌 사람들을 들 수 있다. 이러한 여러 추동력을 각각 따로 고려한다면 실망스런 결과가 나올 수밖에 없다. 그러나 이 요소들이 취하는 모든 과정을 한꺼번에 모아보면 앞서 제안했던 모델을 많이 닮은 결과가 도출될 수 있다. 모든 행위 주체들에게 그 결과가 명백하게 드러나지 않을 수도 있다. 따라서 상승 작용적 접근에서 긍정적인 결과가 나오려면 적어도 하나 이상의 주요 행위 주체들이 전일적(holistic)이고 전략적인 관점 ― 주도적 역할 ― 을 취할 수 있어야 한다.

상승 작용적 접근에는 서로 연관된 다수의 측면들이 존재한다. 첫째, 국가인권위원회 혹은 그와 유사한 조직의 사전적·적극적 행동의 역할을 들 수 있다. 국가인권위와 같은 조직은 국가 공공 조직의 주류 활동 내에 적극적 인권 보호 의무를 부과할 수 있는 수단을 찾아낼 책임이 있다. 단순히 보고 의무를 부과하는 것만으로는 충분치 않다는 점은 이미 지적한 바 있다. 그 대신, 상호 평가와 이해 당사자들의 참여, 그리고 보상 및 억제책이 결합된 메커니즘을 통해 모든 이해 당사자들과 만나는 역동적 과정이 필요하다. 둘째, 소송 또는 소송 위협을 활용하여 심의와 논의의 과정을 작동해야 한다. 그러한 심의와 논의의 과정은 창의적이고 적절한 해법을 제공할 수 있다는 점에서 통상적인 사법 심사 과정의 한계를 넘어선다. 동시에 법원은 감독 기능을 통해, 심의의 결과가 해당 권리를 실현하기 위해 요구되는 의무를 진정으로 충족시켰음을 보장할 수 있다.

상승 작용적 접근의 아주 좋은 사례로서 '식량권' 확보 캠페인을 들 수 있다. 5장에서 보았듯이 식량권 캠페인의 성공은 한 인권 NGO의 창의적이고 정력적인 활동에 크게 힘입은 것이었다. 이 단체는 식량권을 충족시킬 의무를 국가 기관이 준수하도록 만들기 위해, 풀뿌리 조직들과 정치 활동, 전략적 소송 등을 결합한 활동을 열심히 전개했다. 상승 작용적 접근의 사례를 하나 더 들어본다면 남아프리카공화국의 에이즈/HIV 운동을 꼽을 수 있다. 이 캠페인에서도 지역 사회 시민 운동, 소송, NGO의 관여 등이 합해져 지속적인 심의와 문제 해결, 정책 수행 등이 이루어졌던 것이다. 에이즈 캠페인 영역에서 전략적인 방향 설정을 했던 주요 행위 주체는 '트리트먼트 액션 캠페인(TAC)'이라는 NGO였다. 이 NGO는 에이즈 치료제를 구입할 형편이 못 되어 죽어가는 수많은 남아프리카공화국 주민들을 돕기 위해 1998년에 설립되었다. 2005년 현재 1만 1백 명의 정규 회원을 거느린 TAC는 주로 에이즈/HIV에 감염된 남아프리카공화국 환자들이 필요한 진료를 받을 수 있도록 하는 활동을 펼치고 있다. 이 단체는 대단히 완고하고 소극적인 국가로 하여금 헌법에 보장된 생명권, 건강권, 존엄권에서 우러나오는 국가의 적극적 의무를 준수하도록 하기 위해 풀뿌리 조직, 교육, 정치 활동, 소송 등의 수단을 결부한 운동을 펼쳤다. 이 단체의 활동은 헌법에 보장된 의료 접근권을 보장해줄 공식적 정치 과정이 작동하지 않는 상태에서 민간의 주도로 일어났기 때문에 인권 보호에서 특히 좋은 선례로 꼽을 수 있다. 당시 TAC는 HIV가 에이즈를 일으킨다는 사실을 이념적인 근거에서 반대하는 태도, 즉 '에이즈 부인(AIDS denialism)' 정책을 고수하던 남아프리카공화국 정부에 맞서 비판적인 캠페인을 전개했다. 이 절에서는 에이즈 캠페인의 목표를 달성하기 위해 소송과 정치적 전략의 상호 교류가 어떻게 이루어졌는지에 초점을 맞추려고 한다.

4장에서 이미 논했듯이 TAC가 거둔 주요 승리 중 하나가 바로 'TAC' 판례였다. 이 사건에서 법원은 헌법이 정부에 부과한 의무를 다음과 같이 판시하였다. "정부는 활용 가능한 자원 내에서 어머니-영유아 간 HIV 전염을 방지하기 위해 어머니와 영유아가 의료 서비스에 접근할 수 있는 권리를 전향적이고 지속적으로 실현해줄, 종합적으로 조율된 프로그램을 고안하고 실행해야 한다." 그러나 법원의 이러한 판결은 그 자체만으로는 정책의 이행을 보장하기에 역부족이었다. 주 정부와 중앙 정부 모두가 법원 판결에 거세게 저항했다. 이 때문에 현장에서 정책 이행 여부를 감시할 메커니즘이 필요했다. 법원이나 NGO가 현장 감시 활동을 벌일 여력이 없었던 'Grootboom' 판례의 경우와는 달리, 'TAC' 판례에서는 TAC를 비롯한 여러 NGO들이 감시 활동을 동원하고 조정할 수 있었다. 적어도 한 주(州)에서는 NGO들이 헌법재판소가 결정한 내용을 실행하는 데 주 정부가 재정 지원을 하지 않는다는 이유로 주의 고등법원에 주 정부를 법정 모독죄로 고발하여 주 정부의 승복을 받아낸 사례가 있었다.[57]

더 나아가, NGO들은 심의 과정을 촉발하기 위해 계속해서 소송 절차를 활용하였다. 'TAC' 판례가 성공한 다음 에이즈 환자 모두에게 치료를 제공할 목적으로 다시 소송을 제기한다는 결정이 내려졌다. 소송을 제기하겠다는 위협, 그리고 활발한 캠페인의 결과로 마침내 에이즈 간병, 관리, 치료를 위한 종합 전략 ─ 2003년 11월부터 시작된 5개년 활동 계획 ─ 이 채택되었다. TAC와 공조 활동을 벌인 '에이즈 법률 프로젝트(AIDS Law Project)'에 따르면, 5개년 활동 계획은 남아프리카 공화국 정부가 드디어 에이즈 관련 공익 소송으로부터 교훈 ─ 헌법재판소가 결정한 법적 의무를 온전하게 존중하는 형식으로 공공 정책이 이루어져야 한다는 ─ 을 얻었음을 보여준다고 한다.[58] 그러나 활동 계획이 나오고 나서도 계획의 이행에 대한 저항이 만만치 않아서, 전체 정책 과정을 작동하고 환자들에게 임시 치료제를 제공하도록 하기 위해 정치 캠페인과 소송을 결부한 추가 운동이 필요하였다.

법원의 판결이 준수되는지 감시할 필요가 있는 것처럼, 정책의 틀도 면밀한 감시의 대상이 될 필요가 있었다. 이 과정에서 11개 시민사회 단체로 이루어진 '시민사회 합동 감시 포럼(JCSMF, Joint Civil Society Monitoring Forum)'이 결성된 것은 주요한 진전이었다. 이 포럼은 5개년 계획의 이행 여부를 지속적이고 정확하게 평가할 목적으로 결성되었으며, 문제에 대한 조기 경보 체제 역할과 성공 사례를 공유하는 매개 역할을 하였다. 이와 마찬가지로 중요했던 것은, 현장의 의료 제공 현황을 감시하고 지원하기 위해 지역 공동체 스스로가 가동할 수 있었다는 사실이다. 따라서 시민사회단체들은, 당국의 책임을 묻고 현장 차원의 문제 해결을 강구하며 감시 포럼의 틀에서 좋은 사례를 서로 공유할 목적을 가지고, 여러 측면에서 현장 심의민주주의 모델을 창출할 수 있었다. 이런 관점에서 TAC는 자신들을 "빈곤 계층과 취약 계층이 자신의 권리에 접근할 수 있도록 도와주는 비판적 매개 단체"라고 소개한다.[59] 그러나 포럼 결성 과정에서 전국 차원과 지방 차원에서 보건 의료 당국 및 보건 의료인들의 적극적인 참여가 없었다는 문제가 뚜렷이 드러났다. 또한 포럼은 고위 공직자들의 참여를 이끌어내기 위해 — 정보를 제공하고 논의에 대해 자문을 구할 목적으로 — 그들과 접촉을 시도했지만 이들 중 다수는 포럼 측에 가타부타 답변조차 하지 않았다.[60]

감시와 협의만으로 아무런 구체적 결과가 나오지 않자, 의료 접근권에 관한 의무를 준수하게 하고 즉각적이고 폭넓은 협의를 촉발하기 위한 추가 소송이 성공적으로 이루어졌다. 이것은 더반의 웨스트빌 감옥에서 치료제를 투약받지 못한 채 수감되어 있던 에이즈/HIV 감염 수감자들이 제기한 소송 건이었다. 이 사례는 수감자의 의료 접근권을 규정한 헌법 조항을 위배한 것이었고,[61] 5개년 활동 계획과도 어긋나는 처사였다. 이 사건의 판례에서 고등법원은 신속하고 단호하게 행동해서, 국가에 대해 수감자의 치료를 방해하는 모든 장애를 즉시 제거하라는 명령을 발하였고, 치료가 필요한 모든 수감자들에게 진료를 제공하는 데 필요한 조치를 상술한 선서 진술서를 2주 내로 법원에 제출하도록 명하였다. 예견한 대로 국가는 대단히 방어적인 법적 태도를 보였고 고등법원의 명령에 대해 당사자주의적 절차로 취할 수 있는 모든 방안을 동원하여 저항하려고 했다. 그러는 사이에 수감자들이 죽어 갈 가능성이 매우 높았는데도 국가가 그런 행동을 취했던 것이다. 실제로 소송신청자 중 한 사람이 에이즈 진단 후 32개월이나 치료를 받으려고 기다리다 소송 진행 도중에 사망하는 비극적인 일이 발생하였다. 그러나 법정에서 심리가 본격적으로 개시되면 상황이 급박하게 돌아갈 것이라는 예상을 바탕에 깔고, 현장에서 사전 심의 과정이 시작되었다. 그 심의 과정에서 하나의 합의 계획이 성공적으로 도출되었다. 즉, 소송이 제기된 감옥뿐만 아니라 전국의 모든 감옥에서 에이즈 진료 접근권을 보장하며, 그밖의 주요한 모든 쟁점에서도 합의를 보기로 했던 것이다. 그러나 여기서 강력한 정치적 반대 상황을 배경으로 둔 채, 단순히 심의로써 문제를 해결하는 것이 얼마나 어려운 일인지가 다시 드러났다. 마지막 순간에 국가는 합의 의사를 철회하였고, 그 결과 다시 법정을 통한 정식 소송에 의존해야 하는 상황이 펼쳐졌던 것이다.[62]

다행히 소송과 현장 활동, NGO들의 운동, 그리고 시민사회 전체의 조정된 노력이 결합하여 마침내 진정으로 심의적 접근이라 할 수 있는 결과가 도출될 수 있었다. 2007년 3월, 500명으로 이루어진 자문단 앞에서 2007~2011년 기간을 포괄할 새로운 국가 전략 계획 초안이 발표되었다. 그 모임에서 초안 내용에 대한 질문과 토론이 오갔으며 여기서 나온 수정 제안을 반영해서 마지막 수정안이 나왔고, 그후 국무회의는 이 수정안을 최종적으로 승인하였다. 에이즈 법률 프로젝트는 이 사례가 "국민 전체가 실제로 참여한 협의적 모임"이었고, "진정한 민주주의의 실천" 사례였다고 평가하였다.[63]

2005년에 이루어진 TAC 주창 활동 전략에 대한 평가에서 이러한 상승 작용적 접근 방식의 중요성이 다시 부각되었다. 이 평가는, 법원을 통한 소송 건은 치밀하게 잘 조직된 대중 캠페인 중 한 가지 수단으로서 제기될 때 성공할 확률이 가장 높고, 그러한 대중 캠페인은 또 다른 소송 요구를 창출할 수 있다는 결론을 내렸다. 하지만 이것과 똑같이 중요한 점은, TAC가 정부에 소송 외의 다른 방식으로 논의 — 상세한 정보에 의거한, 투명하고 참여적인 논의 — 에 참여할 수 있는 기회를 여러 차례 제시했다는 사실이었다. 또한 대중의 광범위한 공감을 이끌어내지 못한 상태에서, 혹은 사실 관계를 대중이 잘 인지하지 못하는 상황에서 소송이 제기되면 그 소송은 실패할 가능성이 높다는 점도 밝혀졌다. 더불어, 법원에서 승리를 쟁취하는 것만으로는 부족하고, 법원의 명령이 이행되는지를 감시하고 서비스 제공 보장 여부를 감시할 공조 전략이 필요하다는 사실도 확인되었다.[64]

그런데 에이즈 캠페인에서 상승 작용적 접근 과정에 국가인권위가 빠져 있었던 점이 특히 눈에 띈다. 실제로 남아프리카공화국에서 국가인권위가 TAC 사건에서 아무런 역할을 하지 못했고, 정책 이행을 감시하는 데서도 효과적이지 못했던 탓에 사람들은 국가인권위에 크게 실망했다. 국가인권위가 미온적인 태도를 보이는 동안 오직 TAC의 열성 덕분에 소송과 비사법적 전략을 통해 심의적인 결과를 도출할 수 있었던 것이다. 그러나 온전한 상승 효과를 얻으려면 좀 더 적극적인 국가 인권위의 활동을 상상할 수 있어야 할 것이다. 특히 국가가 적극적 의무를 준수하도록 하는 데 국가 공무원들을 그 과정에 진정으로 끌어들일 목표를 달성하기 위해 국가인권위의 분발이 더욱 필요하다.

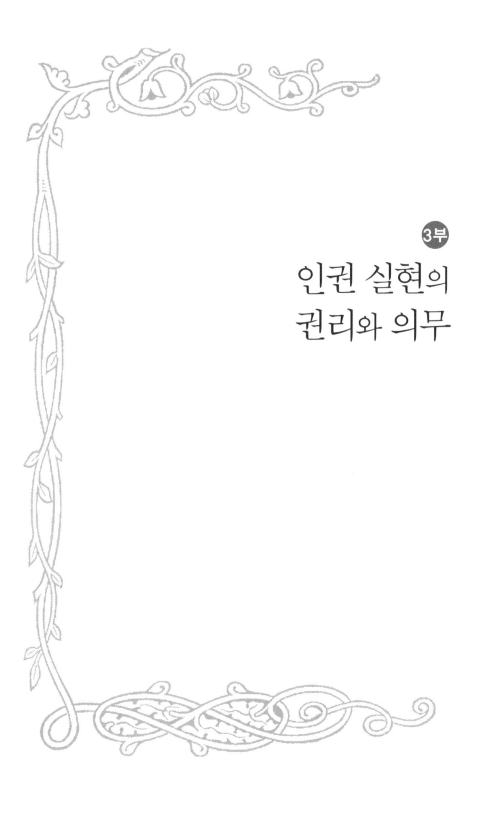

3부

인권 실현의
권리와 의무

7장

평등의 실현

7장

.
.
.

평등의 원칙 내에서 소극적 의무와 적극적 의무를 구분하는 것이 인위적인
구분에 불과하다는 사실이 밝혀지고 있다. 평등을 장려하기 위한
적극적 의무 없이는 차별과 사회적 배제가 변치 않고 남아
있을 것이라는 점이 이제 더욱 분명해졌다.

평등은 소극적 인권 보호 의무와 적극적 인권 보호 의무를 잇는 핵심 개념이다. 평등 개념은 의심할 바 없이 시민적·정치적 권리 범주에 속하지만 그와 함께 경제적·사회적 권리 영역에서도 중심 위치를 차지한다. 평등을 분배적 형태로 이해할 때 그 개념은 복지 국가의 절대적 원칙이 되기도 한다. 그러나 때로 평등의 이러한 핵심 연결고리 역할이 인정되지 않는 데다, 그것이 서로 경쟁하는 별개의 개념으로 분절되는 경우도 있다. 평등을 제각기 다르게 이해하면서 거기에 여러 다른 종류의 의무를 부과하는 바람에 평등 개념의 분절화가 더 심해지곤 한다. 가장 형식적인 시민적·정치적 의미로 봤을 때 평등권 개념은 통상 국가의 자기 억제 의무와 연결되는 반면, 적극적 의무는 경제적·사회적 권리와 연결되는 경향이 있다. 이 두 가지 의무가 반드시 상호 보완적인 관계를 유지하는 것도 아니다. 예를 들어 국가의 자기 억제 의무는 평등에서 발현되는 국가의 적극적 의무를 억누르거나 심지어 그것을 차단하기 위해 사용된 적도 있다.

그러나 최근 들어, 평등의 원칙 내에서 소극적 의무와 적극적 의무를 구분하는 것이 인위적인 구분에 불과하다는 사실이 밝혀지고 있다. 이 것은 부분적으로 국가의 자기 억제 의무만으로 차별과 불평등의 문제를 효과적으로 다룰 수 없다는 사실에서 기인한다. 평등을 장려하기 위한 적극적 의무 없이는 차별과 사회적 배제가 변치 않고 남아 있을 것이라는 점이 이제 더욱 분명해졌다.

이 장에서는 평등에 대해 통일된 접근 — 적극적 의무와 소극적 의무를 모두 포함하는 — 을 취해야만 진정한 사회 진보가 일어날 수 있다고 주장할 것이다. 사법 심사 적합성을 놓고 보면 이런 입장은 특별한 문제를 야기한다. 앞의 장에서 말한 것과 마찬가지로 사법부는 적극적 의무를 멀리할 것이 아니라, 법원의 지위를 이용해 정치적 책무성과 심의민주주의를 증진하는 방식으로 국가의 적극적 의무를 추동해야 할 것이다. 그러나 사법부의 적절한 역할을 강구하는 것만으로 문제가 마무리되지 않는다. 법원 외부에서 적극적 의무를 발전시키는 것이 더욱 중요하다. 이런 방향으로 변화의 계기가 생겨나고 있다. 법원 중심적 접근이나 자기 억제 의무에 기반한 접근 방식이 비효율적이라는 점이 점점 더 드러나고 있기 때문이다. 요즘은 이런 문제를 시정하는 방향으로 상당한 진전이 이루어졌다. 그러나 이런 식으로 적극적 조치를 취하다 보면 어느새 그런 조치가 인권이라는 원천으로부터 분리되어 순수한 일반 정책과 같은 형태로 발전할 위험도 있다. 1절에서는 현재 발전 중인 평등 개념 내에서 적극적 의무와 소극적 의무의 상호 작용을 살펴본다. 2절에서는 평등의 구현에서 판사의 역할을 검토한다. 3절에서는 6장에서 발전시킨 모델을 이용하여 사법부 외부에서 사전에 적극적으로 취할 수 있는 행동 조치를 알아본다.

여기서 우선 평등을 장려하기 위한 적극적 의무가 반드시 역차별을 의미하지는 않는다는 점을 지적해야 하겠다. 물론 역차별도 평등을 향한 하나의 방법이긴 하지만 그러한 전략 없이도 평등을 촉진할 수 있는 방법은 많다. 복지 제공, 훈련 제공, 탄력적 노동, 보육, 또는 특정 집단에게 불이익을 주는 제도를 개선하는 것 등이 그런 방법에 포함된다. 역차별의 정당성에 관한 논쟁은 저자의 다른 연구에서 충분히 개진한 바 있으므로[1] 여기서는 재론하지 않는다. 대신 이 장에서는 평등권이 적극적 의무를 발생시키는지 여부를 둘러싼 좀 더 본질적이고 폭넓은 질문, 그리고 만일 그렇다면 그러한 의무를 어떻게 구성하고 어떻게 실천할 것인가 하는 점에 초점을 맞출 것이다.

1_인정 평등과 재분배적 평등

시민적 · 정치적 권리로서 평등은 주로 국가의 자기 억제 의무와 관련해 이해되어 왔다. 이것은 "국가는 같은 처지에 있는 사람들을 다르게 대우하지 않도록 자기 억제를 해야 한다."라는 명령으로 표현된다. 대표적인 본보기가 〈미 연방헌법 수정조항〉 14조의 평등 보장 조항이다. "어떤 주도 그 관할권 안에 있는 사람들에게 법의 평등한 보호를 거부해서는 …… 아니 된다." 국가의 자기 억제 의무를 강조하는 태도는, 행위 주체가 자신의 행동을 통해 스스로 초래한 불평등에 대해서는 자기 스스로 책임질 수밖에 없고, 국가는 고의로 불평등을 초래하지만 않으면 된다는 전제로부터 비롯된 것이다. 이 말을 액면 그대로 해석하면, 이런 식의 평등권에서는 국가가 불평등이 일어나지 않도록 적극적인 조치를 취하거나 본인 자신의 책임이 아닌 불평등을 시정하기 위한 적극적인 조치를 취하지 않고, 불평등을 야기할 수 있는 특정 행동만 취하지 않으면 된다는 뜻이 된다.

하지만 이제는 개인이 겪는 불평등과 차별을 반드시 그 개인의 책임으로 돌릴 수만은 없다는 사실이 잘 알려져 있다. 또한 이러한 전통적 태도는 불평등을 시정하려는 행동을 소송을 통한 갈등형 문제 해결 모델에만 국한시킨다. 평등권을 이런 식으로 해석할 때 국가는 시민들에게 고의적인 행동을 취하지 않고 자기 억제를 할 의무만을 지게 되므로, 자신의 불평등 문제를 해결하려면 권리를 지닌 개인이 국가의 도움과 관계없이, 불평등을 야기한 장본인을 직접 찾아내서 그 사람이 실제로 자신의 평등권을 침해했다는 사실을 입증해야 한다. 이런 식의 '과실에 근거한 접근' 방식은 권리를 지닌 개인에게 지나친 부담을 부과할 뿐만 아니라, 개인의 책임으로 돌릴 수 없는 여러 형태의 구조적 차별을 시정할 방법을 제시하지 못한다.

마지막으로, 이런 식의 접근 방식은 사람들의 빈곤이나 경제적·사회적 위치에 초점을 맞추지 않고 인종이나 젠더 같은 각종 정체성에 근거한 지위에 초점을 맞춘다. 경제적·사회적 지위에 따른 차별을 금지하려면 필연적으로 분배적 의미를 내포한 평등 개념 — 요즘 분위기로 보아 사회 정책에서 직접 거론하기가 결코 쉽지 않은 주제인 — 으로 나아갈 수밖에 없으며, 그에 따라 국가의 적극적 의무가 따라오게 된다. 이런 식의 결론을 피하기 위해, 최근 들어 개인이 스스로 바꿀 수 없는 특성들, 그 사람의 노력이나 실적과 관련 없는 특성들에 초점을 맞추는 경향이 발생했다. 이러한 특성들의 범주에는 인종, 젠더, 그리고 최근 들어 장애와 성적 지향, 연령 등이 포함된다.

인권 영역에서 국가의 자기 억제 의무를 강조하는 경향은 분배적 불평등을 강조하는 입장과 뚜렷하게 대비된다. 경제적·사회적 불평등을 다루는 정책에서는 국가의 적극적 조치가 중심에 있을 수밖에 없다. 그

'인정'의 정치와 '재분배'의 정치를 연구해 온 낸시 프레이저는, '지위상의 서열'은 경제 활동을 둘러싼 생산 관계에 의해 규정되는 것이 아니라, 자아 존중이나 존경, 위신 등의 관계에 의해 규정되는 것이라고 말한다.

러나 시민적 · 정치적 권리 영역에서 평등과 달리, 경제적 · 사회적 영역에서 적극적 조치는 인권 보호 의무로 잘 간주되지 않는다. 그래서 경제적 · 사회적 불평등은 인권의 문제라기보다 통상 사회 정책의 문제 ― 다수결 제도에 근거한 정치 시스템으로 다뤄야 하는 ― 로 간주되어 왔다. 따라서 평등의 문제는 서로 확연하게 다른 두 가지 경로를 통해 따로 발전해 왔다. 하나는 소극적 의무를 발생시키는 '인권'의 형태로, 다른 하나는 인권과 무관한 적극적 조치를 발생시키는 재분배적 사회 정책의 형태로 각각 발전해 온 것이다.

이 두 가지 상이한 접근 방식은 낸시 프레이저와 악셀 호네트(Axel Honneth) 등이 발전시킨 '인정(recognition)'과 '재분배(redistribution)' 라는 개념 장치를 통해 유용하게 설명할 수 있다.[2] '인정'이란 헤겔이 개인의 정체성을 설명하는 데 사용한 개념이다. 이에 따르면 어떤 사람은 타인을 인정하고 타인으로부터 인정받을 때 비로소 한 개인이라는 존재가 된다.[3] 개인의 정체성은 '문화적 가치 유형(cultural value patterns)'으로부터 생성되는 사회적 위계를 포함한 사회적 관계로부터 비롯된다.[4] 바로 이 지점에서 부당한 '인정상 불평등'이 발생한다. 프레이저가 말하듯, '지위상의 서열(status hierarchies)'은 경제 활동을 둘러싼 생산 관계에 의해 규정되는 것이 아니라, 자아 존중, 존경, 위신 등의 관계에 의해 규정되기 때문이다.[5] 문화적 가치 유형이 어떤 정체성을 열등하거나 배제된 것으로, 또는 눈에 띄지 않는 것으로 규정할 때, 종속(subordination) 또는 불인정(misrecognition)과 같은 현상이 발생한다.[6] 종속 또는 불인정과 달리 '인정상의 평등'이란 모든 사람이 사회생활에 동등하게 참여할 수 있는 능력에 의해 형성되는 개념이다.[7] 이와 대비하여 '분배'는 사회 내 부의 분배와 관련된 '힘의 격차(power differentials)', 경제적 서열과 연관된 권력과 종속의 결과적 관계와 관련 있다.

평등권과 관련해 적극적 의무를 회피하려는 경향은 시간이 갈수록 유지되기 어려워지고 있다. 인정과 재분배의 상관 관계가 너무나 확연히 드러나고 있기 때문이다. 지위에 근거한 차별(인정의 문제)을 경험하는 집단에게 경제적 불이익(재분배의 문제)이 유난히 더 집중되어 있다는 사실은 이제 상식이다. 사회의 빈곤 계층 내에 여성, 소수 민족 집단, 장애인, 미성년자, 노령자가 유난히 많이 분포되어 있는 게 사실이다. 그러나 불평등을 야기하기 위해 고의적이고 명백한 편견에 따른 행위를 저지른 국가에 대해서만 국가가 행동을 취할 수 있다고 가정하는 평등 이론 때문에, 이러한 불평등 구조가 바뀌기는 참으로 어렵다. 이런 점은 평등을 구현하기 위해서는 국가의 자기 억제 의무 이상이 필요하다는 점을 분명히 보여준다. 더 나아가, 이런 점은 국가로 하여금 평등을 신장하기 위해 적극적 조치 — 필요하다면 자원의 배분을 포함한 — 를 취해야 할 의무가 있다고 요구한다.

형식적 평등에서 실질적 평등으로의 발전이 상당한 진전을 보이면서, 사람들은 적극적 의무가 실질적 평등의 핵심이라는 사실을 인정하게 되었다. 실질적 평등은 단순히 평등한 처우를 넘어서는 개념이다. 기존의 불이익이나 차별 구조를 감안하지 않고 사람들을 그저 똑같이 대우해주는 것은 불평등을 영속화하는 것밖에 되지 않는다는 사실을 모두가 인정하기 때문이다. 아마르티아 센은 다음과 같이 주장한다. "모든 사람을 평등하게 대우하려면 취약 계층에게 유리한 방향으로 불평등한 처우를 해주어야 할 경우도 있다. 실질적 평등을 추구하라는 요구는 이미 불평등이 많이 존재하는 경우, 특히 지난하고 복잡한 과제가 된다."[8] 실질적 평등은 인정과 재분배 간의 상호 소통을 분명하게 요구하면서, 사회적 지위 자체에 초점을 맞추지 않고, 지위상의 격차와 경제적 불이익을 동시에 겪는 집단에 초점을 맞춘다. 이런 점은 사회적 차별이 개인 차원의 차별적 행위를 훨씬 넘어서서 별개의 현실로 존재한다는 중요한 통찰과 결부되어 있다.

논리적인 면에서도 평등권을 자기 억제 의무에만 국한하기는 어렵다. 평등 개념을 가장 형식적인 의미로만 보더라도, 평등을 위해서 국가가 특정한 방향으로 행동할 필요가 있기 때문이다. 즉, 같은 입장에 놓인 사람들을 똑같이 대우해줘야 하는 것이다. 국가가 특정 집단을 적극적으로 탄압하는 상황에서는 모든 사람을 똑같이 대우할 의무가 일종의 예방적 조치가 될 수 있다. 그러나 국가가 어떤 집단에게는 혜택을 주고 다른 집단에게는 주지 않을 때 불평등한 처우 문제가 발생하는데, 이때 배제된 집단에게도 혜택을 주려면 평등권을 적극적 의무로 전환할 필요성이 제기된다. 뒤에서 보겠지만, 바로 이러한 이유 때문에

〈유럽인권협약〉의 반차별 조항에서, 시민적·정치적 권리와 관련된 소극적 의무를 적극적 의무 — 국가가 소외 집단에게 어떤 혜택을 제공하는 — 로 전환할 수 있었다.

적극적 의무의 중요성을 인정하는 것이 분석의 첫걸음이다. 다음 단계에서는 적극적 의무의 성격과 그 의무의 내용을 정교하게 검토하려고 한다. 앞에서 보았듯이 적극적 의무는 단순한 자기 억제 의무보다 해결해야 할 문제가 더 많다. 자기 억제 의무는 어떤 행동을 하지 않기만 하면 되지만, 적극적 의무는 달성 목표와 성취 수단 등을 놓고 복잡한 결정을 내려야 하기 때문이다. 마찬가지로, 실질적 평등에서도 목표나 수단이 확정되어 있지는 않다. 통상적으로 기회의 평등 또는 결과의 평등이라는 식으로 목표를 정하는 경우가 많다. 그러나 두 가지 모두 탄탄한 지침이 되기에는 모호한 측면이 있다. 예를 들어 기회 균등은 출발점을 동등하게 만들어 참여자들이 똑같은 조건에서 경쟁할 수 있도록 하자는 데 목표를 둔다. 그러나 기회의 균등을 적극적 조치라는 점에서 보면 여러 가지 해석이 나올 수 있다. 기회 균등이 단순히 절차를 바꾸기만 하는 것 — 예를 들어, 구직 공고에서 배타적인 기준을 삭제하는 것 — 일 수도 있다. 그러나 다른 한편, 진정한 기회 균등을 이루려면 어떤 근본적인 실질적 조치 — 구조적 변화와 경제적·사회적 평등이 필요한 — 를 취해야 한다고 보는 견해도 있다.

결과의 평등 역시 단순하지 않기는 마찬가지다. 결과의 평등 개념은 노동력의 구성 같은 맥락에서 가장 쉽게 이해할 수 있다. 예를 들어 동일 임금 또는 남녀 동수 모집처럼 조건을 특정하게 정하고 양적으로 지정할 수 있을 것이다. 결과의 평등 개념을 서비스 영역에 적용 — 예를 들어 고객 만족도 또는 직원들의 신뢰도와 같이 모호한 개념을 측정하는 것 — 할 때에는 더 큰 어려움이 발생한다. 그러나 결과를 쉽게 정할 수 있다 하더라도 그러한 결과를 해석할 때에는 맥락을 따져봐야 하고, 양적 요소와 함께 질적 요소도 섬세하게 분석할 필요가 있다. 예를 들어, 남녀 임금 격차가 준 것이 그 부문에서 전체적으로 임금이 하락한 결과일 수도 있다. 어쩌면 경제 상황 때문에 남성의 임금이 낮아졌기 때문일 수도 있고, 남성 노동자가 그 부문에서 이탈했기 때문일 수도 있다. 이렇게 되면 남녀 임금 격차가 줄었다 하더라도 결과적으로 그 부문의 노동 자체가 '부정적 여성화(negative feminization)' 과정을 거쳐 여성 노동자의 지위 하락으로 이어질 가능성도 있다. 또는 어떤 직급에서 여성 노동자의 비율이 늘었다 하더라도 그것이 진정한 평등이 아니라, 여성들이 남성적 규범에 순응한 결과 — 예를 들어 여성 노동자가 육아 문제를 자신보다 저임금인 다른 여성에게 맡기는 — 일 수도 있다. 마찬가지로, 공평한 노동 시장 참여라는 점에서 관찰할 때 기존 노동력에만 초점을 맞추고 애초 노동 시장에 접근할 수도 없었던 사람들은 고려 대상에서 제외하는 우를 범할 수도 있다.

사전적·적극적 행동 모델을 목표로 삼는, 좀 더 정교한 접근 방식에서는 '기회-결과'라는 전통적 개념 틀을 넘어서려고 한다. 나는 평등의 네 가지 잠재적 목표를 주장한 적이 있다.[9] 첫째, 평등은 모든 사람의 동등한 존엄성과 가치를 증진해야 한다. 그렇게 함으로써 어떤 소외 집단에 속해 있다는 이유로 겪게 되는 낙인, 고정관념, 모멸, 폭력 등의 문제를 해결해야 한다. 성희롱, 인종 차별, 노인에 대한 모욕, 학교에서 동성애자 학생 괴롭히기 등은 모두 존엄성에 근거한 평등을 적용해야 할 사례들이다. 둘째, 평등은 사회 내 특정 집단의 고유한 정체성을 수용하고 적극적으로 인정하며 북돋워주어야 한다. 셋째, 평등은 소외 집단과 관련된 불이익의 사슬을 끊어야 한다. 마지막으로, 모든 집단이 사회에 온전하게 참여할 수 있도록 장려해야 한다.

적극적 의무를 이러한 네 가지 차원의 평등 목표와 연관시킬 때 적극적 의무의 내용을 쉽게 정할 수 있다. 예를 들어, 첫째, 개인의 존엄성과 가치를 존중한다고 할 때 국가가 스스로 낙인이나 폭력 또는 고정관념을 부추기지 않는 것만으로는 불충분하다. 이런 경우, 국가가 자기 억제 의무를 준수한다 하더라도, 개인들끼리 인권을 침해하는 상황이 벌어진다면 국가의 자기 억제는 큰 도움이 되지 못한다. 이런 경우 국가는 어떤 개인이 다른 개인으로부터 해를 입지 않도록 보호해줄 적극적 의무를 실천해야 한다.

둘째, 수용의 차원에서도 적극적 의무가 필요하다. 어떤 사람을 전체 공동체에 넣어주는 조건으로 그 사람에게 공동체의 지배적인 규범에 동조하도록 요구한다면 '인정의 원칙'에 어긋난다. '인정'이라는 영역의 평등은 서로 다른 정체성을 수용할 적극적 의무를 발생시킨다고 보아야 한다.

셋째, 재분배 차원과 관련된 적극적 의무를 설정할 필요가 있다. 실질적 평등에서는 사회 지위와 경제적 불이익의 상관 관계를 인정하는 틀 위에서, 특정 지위 집단에 속해 있다는 사실이 경제적 불이익으로 연결되는 악순환을 끊는다는 목표를 세워야 한다. 이와 함께 재분배적 개입의 성격도 대단히 중요하다. 재분배의 중심 목표는 사람들을 자력화하고, 진정한 선택을 촉진하는 것이다. 이것은 재분배의 목표가 수동적이고 종속적인 수혜자들에게 복지 혜택을 제공하는 것 이상이 되어야 하며, 보편적 시티즌십과 연대 의식을 창출할 수 있도록 자원을 사용한다는 의미가 되어야 한다. 그러므로 적극적 의무는 인정과 재분배라는 양대 목표를 통합해야 한다. 이때 재분배 조치가 기존의 서열적 사회 지위를 강화하지 않도록 해야 한다. 예를 들어, 여성은 무조건 피부양자라거나, 가구는 언제나 하나의 단일한 단위라는 식으로 가정한

채 재분배 정책을 펴서는 안 된다는 뜻이다.[10]

넷째, 실질적 평등의 마지막 목표는 사회 내의 온전한 참여를 촉진하는 것이다. 참여는 심의민주주의에서 근본적인 측면이다. 그러므로 참여를 증진할 적극적 의무는 전체적으로 보아 적극적 인권 보호 의무의 핵심 중 핵심이라 할 수 있다. 참여는 다층적 개념이다. 그중 가장 기본적 형태는 정치적 참여이다.[11] 각국 사법부에서 인정했던 것처럼, 평등 관련 법률은 특히 정치적 영향력이 없는 소수 집단 ─ "선출된 국민의 대표들이 그들의 욕구와 희망을 충족시켜주려는 관심을 보이지 않는"[12] 집단 ─ 의 현실을 시정하는 방향으로 운용되어야 한다.[13] 그러나 참여는 정치 영역에 국한된 것이 아니다. 개인과 집단에 영향을 주는 여러 상황에서 의사 결정에 참여하는 것도 중요하다. 예를 들어 직장, 교육, 의료 제도, 지역 사회 조직 등에서 의사 결정 참여를 들 수 있다. 센은 다음과 같이 주장한다. "의사 표현의 자유와 토론의 자유를 포함한 정치적 권리는 경제적 욕구에 대한 정치적 반응을 유도하는 데 반드시 필요할 뿐만 아니라, 도대체 경제적 욕구가 무엇인지를 확인하기 위해서도 대단히 중요하다."[14] 이 점은 특히 지위상 평등 문제에 들어맞을 것이다. 예를 들어 젠더, 인종, 소수자 지위, 장애, 성적 지향 등의 이유로 배제된 집단을 위해 어떤 의사 결정을 내릴 때 이들 집단을 심의 과정에 참여시키지 않고 결정을 내린다면, 그런 결정은 적절치 않고 이들 집단을 깔보는 것이 될 가능성이 있다.

공화주의와 심의민주주의 비판자들은 보통 사람들에게 사회의 여러 문제에 폭넓게 참여할 시간과 의욕이 있을 것이라고 기대하는 것이 비현실적인 희망이라고 지적한다. 실제로 이런 문제는 '협의 피로증(consultation fatigue)'이라는 형태로 표출된 바 있다. 예를 들어, 열성적으로 여러 문제의 결정에 참여했던 몇몇 조직들이 너무 많은 이슈에 참여해야 하는 애로를 겪는 경우를 들 수 있다. 또한 심의민주주의는 잘 조직되고 논리 정연한 참여자들에게 더 유리할 수도 있다. 그러므로 적극적 의무는 역량을 구축하거나 다른 방법을 통해서 효과적인 참여를 촉진하는 역할을 해야 한다. 더 나아가, 기초 생계와 기초 교육을 제공해야 할 적극적 의무도 분명히 존재한다. 이런 것이 없다면 사람들은 사회에 온전히 참여할 수 없다. 또한 참여는 전체 노동 인구에서 특정한 지위 집단이 겪는 미흡한 대표성을 시정해주고, 사회적 주변화와 배제를 극복하는 조치까지 포함해야 한다.

2_평등과 사법부

사법 심사 적합성 원칙

지금까지 살펴본 논의에서 평등권이 여러 종류의 적극적 의무를 발생시키며, 그중 많은 의무들이 분명한 분배적 결과가 따르는 복합적인 정책 결정을 요구한다는 점이 드러났다. 이런 주장은 사법 심사가 가능한 적극적 의무라는 개념을 놓고 흔히 제기되는 반대를 불러일으키기 쉽다. 그러나 평등의 맥락에서 현대 복지 국가라는 배경을 놓고 봤을 때, 이 질문은 특히 까다로운 질문이 된다. 그 이유는 복지 국가의 원칙이 실질적 평등을 증진할 적극적 의무 원칙과 큰 틀에서 비슷하기 때문이다. 적극적 의무 원칙과 복지 국가 원칙은 둘 다 취약 계층의 불이익을 시정하는 것을 목표로 삼는다. 따라서 복지 국가 내의 적극적 조치는 사법부의 관여 없이도 실질적 평등을 증진할 수 있다고 말할 수 있다. 실제로 역사적으로 사법부의 개입은 국가의 자기 억제 의무를 부과하는 것과 밀접하게 연관되었다. 이러한 자기 억제 의무는 적극적 의무에 근거한 실질적 조치와 갈등을 빚기 쉽고 바로 이 점 때문에 일각에서는 법률이 적극적으로 사회 변화에 개입하는 것이 바람직하지 않다고 주장한다.

그러므로 적극적 평등 의무를 인정한다는 것은 사법부가 행정부를 존중한다는 뜻이 되는 걸까? 복지의 특성상 차등적인 대우를 해줄 수밖에 없다는 — 예를 들어 역량이나 욕구에 따라 규정된 특정 범주 집단에 혜택을 더 주는 등 — 점에서, 이런 설명의 맥락은 특히 조심스럽게 다뤄야 한다. 그러한 범주 집단을 놓고, 평등을 충족시킬 의무를 위반했다는 이유에서, 어느 정도나 법정에서 다툼의 대상이 될 수 있을까? 예를 들어, 이러한 범주 집단에서 배제된 개인이나 집단이 이 문제를 법원으로 가져와 승소했을 경우, 범주 집단이 누리던 혜택을 그 개인이나 집단에게 더 나눠줘야만 한다. 따라서 애초부터 어떤 혜택에 대한 권리가 없었다 하더라도 법원에서 혜택을 제공하라고 결정하면 국가는 그 혜택을 광범위하게 제공할 의무를 지게 되며, 이것은 다시 혜택으로부터 배제된 더 많은 사람들에게도 잠재적인 권리 요구를 발생시킨다. 다른 한편, 분배 정책에서 국가의 정책 결정이 반드시 평등권으로부터 발생한 적극적 의무를 충족시킨다는 보장도 없다. 특히, 분배 정책이 오히려 '인정' 영역의 불평등을 야기하거나 고착시킬 가능성도 있다. 복지 국가는 여러 중요한 측면에서 양성 평등을 신장했지만 양성 불평등을 강화한 부분도 있었다. 여성이 남성의 피부양자라고 전제했던 태도가 대표적인 사례이다.

이런 논의를 통해, 4장에서도 주장했듯이, 민주주의의 범위 내에서 법원이 할 수 있는 중요한 역할이 있음을 알 수 있다. 선스타인은 다음과 같이 지적한다. "판사들은 제한된 지혜와 제한된 수단만을 가지고 있을 뿐이다. 그러므로 판사는 예방 역할이 아니라 촉매 역할을 해야 한다."15) 그러므로 정치적 책무성과 심의민주주의와 참여적 평등을 증진하는 것이 법원의 주 역할이 되어야 한다. 법원은 정치적 의사 결정자들에게 자신들이 내린 결정을 설명하라고 요구하여 그러한 설명이 대중의 검토와 논의의 대상이 되게 만들고, 그럼으로써 민주주의 과정을 발전시킬 수 있다. 또한 법원은 의사 결정의 심의적 차원을 향상시킬 수 있는 위치에 있다. 예를 들어 법원은 심의 과정에서 여러 다양한 의견이 나오도록 장려함으로써, 의견이 같은 집단이 뭉쳐서 극단적인 의사 결정으로 몰고 가지 못하도록 방지할 수 있다. 법원의 이런 역할은, 의사 결정의 영향을 받을 소외 집단 사람들이 정치 과정에 평등하게 참여할 가능성이 없거나 적은 경우에 특히 중요하다.

그렇다면 사법부는 경제 · 사회 영역에서 평등에 관한 정치적 개념 규정에 무엇을 더 정당하게 추가할 수 있을까? 바로 이 지점에서 앞에서 설명한 다차원적 평등 개념이 필요하다. 정치적 의사 결정자는 자신들이 선택한 복지 '수급 자격 판단 기준(eligibility criteria)'을 사용하면 경제적 불이익을 시정할 수 있을 뿐만 아니라, 존중과 존엄을 신장하고, 다양한 정체성을 수용하며, 참여를 촉진하고, 사회적 배제를 물리칠 수 있음을 보여주어야 한다. 지위의 평등을 저해하는 판단 기준, 예를 들어 고정관념에서 생겨난 전제나 근거 없는 일반화에 의지해서 재분배에 관한 결정을 내려서는 안 된다. 실제로 법원의 개입이 가장 필요한 영역이 바로 이런 부분일 것이다. 예를 들어, 여성이 남성 가장에게 생계를 의존한다는 식의 고정관념이 복지 수급 시스템에 팽배해 있다. 그리고 동성애자나 장애인의 경우에도 유사한 고정관념 때문에 수급 자격 판단 기준을 설정하는 과정에서 왜곡이 일어나는 것이다. 바로 이러한 상황에 법원이 개입할 수 있어야 한다.

사법 심사 적합성의 현실

이 절에서는 앞의 원칙들이 각국의 사법부에서 어느 정도나 실천되었는지를 살펴볼 것이다. 평등권이 발생시키는 적극적 의무를 법원이 인정하지 않으려는 경향이 아직도 상당히 남아 있긴 하지만 일부 중요한 진전이 이루어진 경우도 있다.

이 문제에서 미국의 대법원이 가장 전통적인 접근 방식을 취한다. 미국 대법원은 평등권이 국가의 적극적 의무를 발생시킨다는 주장을 거부하기 위해 두 가지 익숙한 논증에 의지해 왔다. 첫째, 각 주는 그 주 정부가 의도적으로 야기한 불평등에 대해서만 책임이 있을 뿐이다. 빈곤은 주 정부의 책임으로 볼 수 없으며, 따라서 주 당국은 개인의 행동으로 야기된 불평등을 시정하기 위한 조치를 취할 의무가 없다. 둘째, 법원은 분배의 영역에서 제한적인 정당성과 권한을 보유할 뿐이다. 'San Antonio v. Rodriguez' 판례[16]에서 대법원은 위의 두 논증을 모두 동원하여, 빈곤 집단에 대한 부당한 처우가 〈미 연방헌법 수정조항〉 14조에 위배된다는 주장을 단호히 거부하였다. 이 소송은 지역 사회의 세금으로 유지되는 학교 재정 시스템에 이의를 제기한 사건이었다. 소송 당사자들은 이 시스템이 빈곤 지역 주민들을 차별한다고 주장했다. 대법원은 '인정' 주장과 '재분배' 주장 사이에는 분명한 구분이 존재한다고 지적했다. 파월 판사는 다음과 같이 말했다.

소송인들이 주장하는 이른바 차별적 교육 시스템과 그것이 지칭하는 학급은 전통적인 법적 의혹의 표징을 갖추지 못하고 있다. 이 지역의 학급은 다수결 정치 체제에서 특별히 보호를 받아야 할 정도로 부조리한 상태에 놓여 있지 않고, 고의적으로 불평등한 대우를 받고 있지도 않으며, 정치적으로 무기력한 상태로 전락한 것도 아니다.[17]

대법원은 또한 이 소송의 주장을 사법적 정당성과 법적 권한이 없다는 이유로 배격하였다. 이런 종류의 문제는 법적으로 엄밀한 검토가 불가능하다고도 했다. 왜냐하면 "지방세, 회계 책정, 교육 정책, 연방제, 그리고 대단히 까다로운 고려를 요하는 무척 미묘하고 어려운 문제들"을 포함하기 때문이라는 것이다.[18]

이 두 가지 논증 모두 문제가 많다. 법원은 각 주의 심의적 행위에 대한 책임을 제한하면서, 애초 교육 불평등을 야기했던 예산 틀을 주 당국이 주도적으로 성안했던 사실은 아예 고려하지도 않았다. 이런 점을 고려할 때, 주 정부의 고의적 행위 때문에 불평등이 초래되었는지 여부를 따져서 적극적 의무(주 정부의 고의적 행위로 불평등이 야기된 경우)와 소극적 의무(개인의 책임으로 불평등이 야기된 경우)를 구분하려는 시도가 인위적이고 비논리적임이 분명히 드러난다. 더 나아가, 이 책에서 계속 주장했듯이, 사법부는 법적 권한이 없다는 이유로 관할권을 기피할 것이 아니라, 그 지위를 활용하여 정부 당국에 왜 행동하지 않았는지에 대해 민주주의 원칙으로 용납할 수 있는 해명을 내놓도록 요구해야 하고, 모든 이해 당사자 집단이 의사 결정에 참여할 수 있도록 보장해야 한다. 빈곤은, 다른 어떤 시민적·정치적 이유 못지않게 사람들을 정치적으로 소외시키는 원인이 된다.

이 논쟁을 또 다른 측면에서 보면 앞에서 논한 사법 심사 적합성 원칙을 명백히 보여주는 사례들이 있다. 남아프리카공화국의 'Khosa' 판례[19]는, 남아프리카공화국에서 합법적으로 거주해 왔지만 시민권을 취득하지 못한 영주권자들에게 아동 복지와 노령 연금을 제한하면서, 남아공 시민들에게만 그러한 복지 혜택을 제공했던 사건을 다룬 소송이었다. 영주권자들은 이런 처사가 헌법에 보장된 사회 보장권과, 영주권자도 똑같은 시민 대우를 받아야 하는 평등권을 침해했다고 주장하였다. 법원은 국가가 복지 혜택을 적절하고 효율적으로 제공하기 위해서 일정한 분류 체계가 필요하다고 인정하였다. 그에 따라 법원은 자신의 결정이 정부의 결정을 대체하지 않도록 유의하면서, 그러한 분류 체계가 합당한지를 결정하는 역할이 법원의 몫이라고 보았다. 법원이 판단한 '합당성'은 앞에서 논한 실질적 평등의 여러 차원 중 적어도 세 가지를 갖추고 있었다. 첫째, 정부의 분류 방식은 경제적 불이익을 시정할 분배적 판단 기준에 부응하지 못했다. 영주권자들은 일반 시민에 비해 취약한 집단이며, 설령 복지 혜택을 받는다 하더라도 엄격한 '자격 조건 심사(means testing)'를 받게 되어 있다. 둘째, 영주권자들을 복지 수급에서 제외하는 것은 강력한 '낙인 효과(stigmatizing effect)'를 발휘하며, 그들이 일반 시민보다 열등한 존재이고 사회적 지원을 받을 자격이 떨어진다는 인상을 준다. 셋째, 당국의 결정은 참여의 판단 기준을 위배했다. 이 일로 말미암아 영주권자들은 실질적으로 "사회에서 주변화되었으며, 헌법상 보장된 권리를 누리는 데 반드시 필요한 물질적 복지를 박탈당한" 셈이 되었다는 것이다.[20]

앞에서 설명한 사법 심사 적합성 원칙이 적용된 두 번째 사례로서 캐나다 대법원이 'Eldridge' 판례[21]에서 내린 결정을 들 수 있다. 이 판례 역시 평등 보장 원칙에서 비롯된 국가의 적극적 의무를 다룬 사건이었다. 청각 장애인이 의료 기관에서 진료를 받을 때 의사 소통이 가능하도록 국가가 수화 통역자를 제공해줄 의무가 있는가가 쟁점이었다. 이 판례에 분배적 정책의 의미가 포함되어 있었지만 라포레스트 판사는 국가의 적극적 의무를 지지하면서 앞서 밀한 평등의 네 가지 차원을 모두 원용하였다. 첫째, 판사는 〈캐나다 권리장전〉 15조 1항의 평등 조항이 "모든 사람의 동등한 가치와 인간 존엄성을 향한 의지 — 우리의 사회적 · 정치적 · 법적 문화에 깊이 각인된 — 를 표명하고 있다."라고 선언하였다.[22] 둘째, 판결은 "진정한 평등의 핵심인 …… 차이의 인정"을 지지하였다.[23] 셋째, 판결은 "우리 사회에서 사회적·정치적·법적 불이익을 겪는" 특정 집단, 특히 주류 사회로부터 배제된 채 불이익을 겪는 사람들에 대한 차별을 시정하고 방지할 목표를 천명했다. 마지막으로, 판결은 청각 장애인이 사회에서 소외되지 않으려면 의사 소통할 수 있는 능력이 결정적으로 필요하다는 점을 인정함으로써 사회 생활에서 참여의 중요성을 인정하였다.

피고 측인 정부는 〈권리장전〉 15조 1항에 나와 있는 평등 보장 규정이 국가의 고의적 행동에만 적용된다는 이유에서 국가의 적극적 의무 개념에 반대했다. 이 견해에 따르면 정부가 고의적으로 야기하지 않은 불이익을 경감해주기 위해 정부가 특별히 어떤 조치를 취할 의무가 없다는 것이었다. 그러나 이 지점에서 캐나다 대법원은 국가가 자신의 고의적인 행동에 대해서만 책임을 져야 한다고 했던 미국 연방 대법원의 견해로부터 분명히 거리를 두었다. 라포레스트 판사는 국가의 책임을 그렇게 좁게 규정하는 것은 "〈권리장전〉 15조 1항을 협소하고 천박하게 해석하는 것"이라는 입장을 밝혔다.[24] 국가의 고의적 행동이 없었더라도 결과적으로 당사자에게 불이익이 발생하면 그것 자체가 평등권을 침해한 것으로 보아야 한다는 말이었다. 이 판결은 여러 상황에서 국가가 적극적 행동 — 예를 들어 그전까지 배제되었던 계층의 사람들에게 부여하는 혜택의 범위를 확대함으로써 — 을 취할 필요가 있다는 논리로 귀결된다.[25]

이 사건에서 특히 중요한 사실은, 만일 국가의 적극적 의무를 제한하려면 적극적 행동을 취하지 않는 이유를 설명하는 단계를 밟아야 한다고[26] 캐나다 대법원이 강조했다는 점이다. 따라서 국가는 적어도 정치적 책무성(설명)의 원칙을 지켜야 하고, 더 나아가 잠재적으로 심의민주주의를 촉진할 의무가 있다고 본 것이다. 이런 원칙에 부합하는지 시험해보기 위해서, 논란이 된 법규가 과연 긴요하고 실질적인 법규인지, 그리고 이러한 목표를 달성하기 위한 수단이 자유롭고 민주적인 사회에서 합당하고 정당성이 있는 수단인지 여부를 가려야 한다. 또한 논란이 된 규정이 〈캐나다 권리장전〉에서 보장한 권리를 최소한으로 위배하는 것 이상이 되어서는 안 되며, 그러한 규정의 목표를 달성하는 것이 권리의 침해보다 더 중대하게 여겨져서는 안 될 것이다. 대법원은 이러한 판단 기준을 적용하여, 정부가 "의료 현장에서 청각 장애인에게 수화 통역 서비스를 전혀 제공해주지 않는 것이 장애인들의 권리를 최소한으로 침해한 것에 불과하다는 결론을 내릴 수 있는 합당한 근거가 있다는 점을 입증하는 데 명백하게 실패했다."라는 결론을 내렸다. 이 판결에서 특히 놀라운 점은, 수화 통역을 제공하려면 엄청난 예산이 추가로 든다는 주 정부의 주장을 대법원이 상세히 검토해본 후 기각했다는 사실이다. 대법원은 브리티시컬럼비아 주 전체에서 수화 통역 서비스를 제공하는 데 드는 비용이 고작 15만 달러, 당시 주 정부 의료 예산의 약 0.0025퍼센트에 불과하다는 추산을 근거로 제시하였다.

　이 사례는 이후 'Law v. Canada' 판례[27] 및 'Gosselin' 판례와 놀라울 정도로 대비된다. 이전에 'Eldridge' 판례를 내놓았던 바로 그 대법원이 이번에는 국가가 평등권에서 비롯되는 적극적 의무를 충족시키지 못했을 때 정치적 책임을 져야 한다고 주장하지 않았던 것이다. 그와 동시에 대법원은 애초에 국가에게 적극적 의무가 있었다는 사실 자체를 부인하기에 이르렀다. 두 소송 건 모두 'Eldridge' 판례와 마찬가지로 국가가 특정 집단에게 어떤 혜택을 주지 않은 것이 평등권 원칙을 불법적으로 침해한 것에 해당한다는 주장을 제기했다. 법원이 두 사건 모두 소송 당사자의 손을 들어주었더라면 국가가 기존의 혜택을 확대했을 것이지만 두 건 모두 대법원은 원고 패소 판결을 내렸다.

'Law' 판례는 연금 급여 대상자가 사망한 경우, 45세 이상 된 배우자로서 자녀가 있는 경우에만 유가족 연금을 받을 수 있게 되어 있는 규정을 다루었다. 소송 신청자는 이러한 규정 때문에 연령에 따른 차별을 받았으므로 자신이 연금 수급 자격을 인정받아야 한다고 주장했다. 대법원은 신청자가 불이익을 당했다는 사실을 부인하지 않았지만, 그러한 불이익이 신청인의 존엄성을 침해했다고는 보지 않았다. 야코부치 판사는 관련 법규로 인해, "이런 유형에 속한 사람이, 인간으로서 또는 캐나다 사회의 구성원으로서 인정 혹은 가치를 보호받지 못할 만큼 열등하다는 견해가 영구적으로 지속"된 것이 아니므로, 이 규정이 차별이 아니라는 의견을 내놓았다.

이보다 더 논란이 컸던 사건은 'Gosselin' 판례였는데, 이 사건의 신청자는 30세 이상 된 사람들만 전액을 수령할 수 있게 규정한 복지 급여 제도에 이의를 제기했다. 30세 미만의 사람들은 국가가 지정한 근로 활동 또는 교육 프로그램에 참여 하지 않는 이상 훨씬 적은 액수만을 수령할 수 있었다. 실제로 신청할 수 있는 일자리가 아주 적었고 그나마 남아 있는 자리들은 비교적 단기직에 불과했다. 따라서 소송 신청자를 포함한 다수의 젊은이들은 실제로 빈곤 상태에 놓일 수밖에 없었다. 그런데도 대법원의 다수 판사들은 "30세 이상 집단과 30세 미만 집단에게 차이가 나는 액수를 지급한다고 해서 한 집단의 존엄성을 다른 집단의 존엄성보다 우위에 둔다는 뜻은 아니다."라는 결론을 내렸던 것이다.[28] 사실상 대법원은 국가에 대해 모든 집단에 동등한 혜택을 주라고 명령하지 않고, 국가가 개인의 존엄성이나 자아 존중감을 고의적으로 침해하지만 않으면 된다고 판시한 셈이었다.

이 사건들을 자세히 검토하면 두 사건 모두 대법원이 실질적 평등이 침해되었다는 주장을 거부했기 때문에, 국가가 정책 판단 기준을 시민들에게 설명해야 할 의무로부터 자유로워지는 결과가 초래되었다. 그 대신에 대법원은 어떤 법규에 평등주의적 의도가 있는 경우, 국가는 상황을 잘 파악한 상태에서 일반화에 근거한 행동을 하는 것 이상의 조치를 취할 필요가 없다고 주장하는 데까지 나아갔던 것이다.[29] 두 사건 모두에서 젊은 사람들이 나이 든 사람보다 노동 시장에서 더 유리할 가능성이 있다는 가정에 근거해 결정이 내려졌다. 두 사건 모두 심리 과정에서 연령과 구직 기회의 상관 관계에 의문이 제기되었지만 대법원은 국가가 제공한 일반적 설명만을 받아들였다. 결국 야코부치 판사는 "사람이 나이가 들수록 새로운 일자리를 찾거나 자기 자리를 유지하는 것이 더 어려워진다는 사실은, 내가 보기에 입증이 필요치 않은 '법원의 당연한 인지(judicial notice)'에 속한다."고 판결하였다.[30] 이와 유사하게 'Gosselin' 판례에서도 맥라클란 판사는 정부의 시책이 고정관념에 따른 것이 아니라 국가가 상황을 잘 파악한 상태에서 내린 일반화 — 국가가 그렇게 할 자격이 있는 — 였다고 판시하였다. 또한 대법원은 이런 사실이 전체 집단에 적용되지 않고, 일부 사람들에게 불공평하게 적용된다 하더라도 별로 문제될 것이 없다고 보았다. 맥라클란 판사는 다음과 같이 말한다. "급여 신청 집단의 실제 욕구와 정황이 급여 프로그램과 정확히 일치해야 할 필요는 없다."[31] 판사는 다음과 같이 주장했다. "우리는 단순히 정부가 자신이 결정을 내릴 때 의존했던 가정이 옳았다는 점을 입증하지 못했다는 사실만 가지고, 복지 급여 프로그램의 의도와 효과, 그리고 그것의 영향을 받은 사람들의 상황 사이에 불균형이 있다고 추정할 수 없다."[32] 하지만 민주주의에서 국가가 자신의 행동을 설명할 책무성이 더욱 필요한 상황이 바로 이와 같은 상황이라고 말하지 않을 수 없다. 국가가 내세운 이유가 궁극적으로 타당한 것인지 여부와 상관없이, 이 점은 명백히 그러하다. 백 보 양보해서 'Law' 판례에서 국가가 내세운 설명이 앞에서 말한 다차원적 평등 개념 원칙을 충족시켰다고 볼 여지가 있다고 치자. 그러나 'Gosselin' 판례에서는 젊은 사람들을 배제한 규정 때문에 많은 빈곤층 급여 신청자들이 불이익을 당했다는 증거가 충분히 많았고, 국가가 내세운 설명을 정당화하기가 결코 쉽지 않았던 것이다.

적극적 평등 의무를 놀라울 정도로 긍정적으로 인정한 법원은 유럽인권재판소였고, 영국의 법원도 유럽인권재판소의 전례를 어느 정도 본받았다. 〈유럽인권협약〉 14조는 다음과 같이 규정한다. "성, 인종, 피부색, 언어, 종교, 정치적 또는 기타 의견, 민족 또는 사회적 출신, 소수민족 소속, 재산, 출생 또는 기타의 신분 등에 의한 어떠한 차별도 없이 이 협약에 규정된 권리와 자유의 향유가 보장된다." 이 조항은 의존적 성격의 규정이라는 점 때문에 흔히 비판을 받곤 한다. 평등을 독립적으로 보장하지 않고, 협약 자체에 규정된 권리를 향유하는 데 걸림돌이 되는 차별만 금지하기 때문이다. 이러한 결함은 평등 보장과 실질적 권리를 분리한 새로운 〈제12의정서〉를 추가 도입하면 시정될 것으로 기대한다. 이러한 결함에도 불구하고 협약의 14조 규정은 국가의 적극적 의무에 관하여 상당한 영향력을 가지고 있다. 여기에는 두 가지 주된 이유가 있다. 첫째, 조항의 어구 자체가 적극적인 문장으로 되어 있기 때문이다. 즉, 협약의 권리가 특정한 이유 때문에 차별받아선 안 되며, **당연히 보장되어야** 한다고 나와 있다. 둘째, 유럽인권재판소는 소위 '관문 권리(gateway rights)'의 역할을 광범위하게 해석해 왔다. 따라서 14조 규정을 활용하기 위해 협약에 규정된 어떤 권리가 침해되었다는 점을 먼저 입증할 필요가 없다. 유럽인권재판소는 수 차례에 걸쳐 다음과 같은 경우, 즉 "협약이 보장한 권리를 행사하는 양식에 있어 불이익의 내용이 개재된 경우" 또는 제기된 불만 사항이 "협약이 보장한 권리를 행사하는 과정에 연관된 경우"에는 무조건 14조가 적용된다고 천명했다. 이러한 원칙으로 인해 재판소는 평등 보장 규정으로부터 국가의 적극적 의무가 발생한다는 점을 명확하게 인정한 바 있다. 유럽인권재판소는 앞의 *Eldridge* 판례와 유사한 논지에서, 국가가 어떤 복지 조치를 제공하기로 했으면 그것을 차별 없이 시행해야 한다는 판결을 내렸다. 이렇게 되면 필연적으로 국가는 어떤 집단에 대해 어떤 조치를 시행하지 않는 이유를 정당화하지 못하는 한, 잘못 배제된 집단에게 동등하게 복지를 제공할 적극적 의무를 지게 된다.

그러므로 법원 판결의 요체는 국가가 특정 집단을 정책으로부터 배제했을 때 그 결정을 적절하게 설명할 수 있는가를 따지는 것이 된다. 유럽인권재판소는 현대 국가에서 인구 집단을 어떻게 '범주 구분'하는가가 핵심적 사안임을 인정한다. "오늘날, 권한을 지닌 국가 기관들은 서로 다른 법적 해결책이 필요한 상황과 문제 ― 그 안에 내재된 차이 때문에 발생하는 ― 에 자주 봉착하고 있다. 더욱이, 일부 법적 불평등으로 인해 실질적 불평등이 아닌 '사실에 근거한 불평등(factual inequalities)'만 시정되는 경향도 있다."[33] 법원은 바로 이러한 범주 구분에 '합당한 이유를 제시할 의무'라는 개념을 통해서 감독 기능을 행사할 수 있다. 국가가 정한 범주가 합당한 것이 되려면 그것이 객관적이고 합당한 정당성을 지녀야 한다. 이 점은 목표와 수단 모두에 해당한다. 그것을 위해서 정당한 목표, 그리고 사용한 수단과 구현하고자하는 목표 사이에 합당한 비례성(proportionality)의 관계가 존재해야한다.[34]

최근 사례로 *Petrovic v. Austria* 판례[35]를 들 수 있다. 이 판례는 어느 아버지가 어머니에게만 육아 휴직 권리를 허용한 규정에 이의를 제기한 사건이었다. 신청인은 이러한 차별이 〈유럽인권협약〉 14조와 가족 생활을 존중받을 권리를 보호하는 8조를 위배했다고 주장했다. 이 판례에서 유럽인권재판소는 협약 8조가 그 자체로 국가에 대해 휴직에 따른 재정 지원을 해주라는 적극적 의무를 부과하고 있지 않다고 해석했다. 그렇더라도 재판소는 육아 휴직 수당이 가족 생활을 장려할 의도를 지니고 있으므로 이는 국가가 가족 생활을 존중한다는 증거로 볼 수 있다고 지적했다. 그러므로 육아 휴직 수당은 8조의 범위에 속한다고 볼 수 있고, 따라서 14조가 보장하는 평등 보장 규정을 촉발한다고 판시하였다.[36] 이것은 국가가 급여 제한 조치를 정당화하지 못하는 한, 어머니 또는 아버지에게 육아 휴직 수당을 지급할 국가의 적극적 의무가 존재한다는 뜻이었다.

그러나 유럽인권재판소는 여러 나라의 판사들로 이루어진 초국적 법원이라는 한계 때문에 이 사건에서 국가가 제시한 설명을 재빨리 수용해버렸다. 그 결과, 실제로는 국가의 적극적 의무가 부과되는 경우가 드물었다. 위 사건의 경우, 아버지에게 육아 휴직 수당 권리를 부여할 기준 — 유럽연합 당사국들 사이에 공통적으로 인정되는 — 이 없다는 이유로 국가가 제시한 해명을 쉽게 수용했던 것이다. 이 과정에서 국가가 내놓은 설명의 설득력이나 제시된 근거를 따져보려는 노력조차 없었다. 재판소의 이러한 태도는, 어머니의 건강을 보호한다는 이유로 어머니와 아버지를 구분하는 국가의 입장이 논리적이지 않다는 의견을 재판소에 제출했던 유럽연합 집행위원회의 태도와 대조적이었다. 육아 휴직 수당은 출산 휴가 — 산모에게 임신과 출산에 따른 휴식을 부여할 목적으로 시행된 — 개시 8주 후부터 적용되던 제도였다. 육아 휴직 수당은 새로 태어난 아이를 수급자가 직접 양육할 수 있도록 배려하자는 취지에서 생겨났다. "유럽연합 집행위원회는 아버지도 스스로 원할 경우에 자녀 양육의 과업을 담당하지 못할 이유가 없다고 본다. …… 유럽 전체에 공통적으로 적용되는 기준이 없다고 해서, 육아 휴직 수당을 어머니에게만 제공하는 당사국이 그 혜택을 아버지에게도 차별 없이 제공해야 하는 의무로부터 면제될 수 없다."[37]

영국의 사법부는 이런 점에서 좀 더 전향적이었지만, 이 경우에도 법원의 결정은 배제되는 집단을 결정하는 범주 구분의 정당성을 법원이 어떻게 받아들이느냐에 크게 좌우되었다. 인종, 젠더, 그리고 최근에는 '성적 지향'을 둘러싼 쟁점에서 영국 법원은 국가가 제시한 차별을 정당화하는 설명을 철저히 검토해 왔으며, 국가가 제출한 증거를 적극적으로 평가하고 심지어 그것을 배척하기까지 하였다. 법원은 그러한 결정이 분배적 정책의 의미를 지닌 경우에도 그렇게 행동했다.[38] 다른 한편, 차별의 근거가 심각하다고 생각되지 않는 경우, 법원은 법원의 결정이 자칫 분배적 정책의 의미를 띨 수 있다고 지적하는 국가의 견해를 경청하는 경향이 있다.[39] 따라서 'Ghaidan' 판례의 경우, 영국의 대법원(상원)은, 동성 커플일 경우 공공 임대주택의 전세금과 관련된 법적 권리를 상속하지 못하게 되어 있던 법규 — 똑같은 상황에서 이성 간에는 정식으로 결혼했든 단순 동거이든 간에 상속을 허용했다. — 를 철폐한 바 있다. 그 결과 국가는 동성 파트너에게도 공공 임대주택을 제공해야 할 적극적 의무를 지게 되었다. 원래 존재하지 않던 의무가 새롭게 창조된 것이다. 'Petrovic' 판례 이후 영국 대법원은, 〈유럽인권협약〉 8조로 보호받는 영역에 국가가 개입했을 때, 그러한 개입의 방식에서 차별적 요소가 발견될 경우 14조 규정을 발동해야 한다는 점을 인정했다. 'Ghaidan' 판례에서는 신청자의 주거 문제가 명백하게 영향을 받았으므로 14조 규정을 발동했던 것이다. 'Law' 판례나 'Gosselin' 판례와 달리, 영국의 대법원은 국가의 설명 의무를 면제해주지 않았다.

대법원은 사실상 국가가 타당한 근거를 제시하지 못했다는 결론을 내렸다. 니콜 대법관의 견해는 다음과 같았다. "동성 커플과 이성 커플에 대한 대우에 차이가 나는 점을 국가는 전혀 설명하지 못했다. …… 여기서 차별적 대우가 판단 기준의 첫째 문턱도 넘지 못한 셈이었다. 즉, 국가 정책의 정당한 목표 자체가 없었던 것이다."[40]

'Ghaidan' 판례에서 드러난 영국 대법원의 이러한 접근은, 같은 가족 구성원들이 임대주택 주거권을 승계할 권리를 주장한 'Michalak' 판례[41]와 대조를 이룬다. 이 사건의 경우, 승계권을 주장한 사람은 동성 파트너가 아니라 그 집에서 함께 살던 먼 친척이었다. 영국 고등법원은 이 경우 먼 친척이라도 가까운 친척과 다를 바 없으며, 그러므로 국가가 내린 범주 구분의 정당성을 국가가 설명할 수 있어야 한다고 판시했다. 그러나 이 사건의 경우, '헌법적으로 심대한' 권리 문제가 개입하지 않았다. 따라서 법원은 지방자치단체가 운영하는 임대주택은 지역 사회의 소중한 자산이므로 이런 문제에 관한 한 법원은 민주적으로 선출된 의회의 결정을 존중해야 한다고 강조하였다.[42]

3_사법부를 넘어서 : 평등을 신장할 적극적 의무

사법적 개입으로 평등을 구현하는 데에는 한계가 있으므로 사법부 외곽에서 평등을 신장할 수 있는 적극적 의무를 구성하려는 새로운 움직임이 활발하게 일어났다. 예를 들어, 사전적·적극적 행동 모델(proactive model)은 소송 절차를 통해 개인의 잘못을 입증해야 하는 자기 억제 의무 모델 대신에, 변화를 일으킬 수 있는 최적임자가 불평등을 해결할 책임을 져야 한다는 입장을 견지한다. 이 절에서는 평등을 신장할 적극적 의무를 다룬 최근의 사조를 검토할 것이다. 이미 잘 알려진 자기 억제 의무 모델보다 사전적·적극적 행동 모델이 중요한 장점을 지니고 있음을 살펴보려 한다. 그러나 사전적·적극적 행동 모델은 흔히 권리가 아니라 정책에 근거한다고 여겨지곤 한다. 따라서 이런 식의 사전적·적극적 행동 모델은 정치적 의지에 많이 의존하게 된다. 그러므로 이 모델에서 제일 중요한 점은, 결함이 많은 전통적인 개인 소송 모델로 되돌아가지 않으면서, 어떻게 하면 기본권 개념을 중심으로 국가의 의무를 구성할 수 있을 것인가 하는 점이다. 평등권이 적극적 의무와 자기 억제 의무를 모두 발생시킨다는 사실을 전적으로 인정해야만 이 과제를 풀 수 있다. 여기서 우선 사전적·적극적 행동 모델과 전통적인 개인 과실(소송) 모델을 비교한다. 그리고 나서 최근에 발전하고 있는 사전적·적극적 행동 모델과 이 모델이 제기하는 특별한 문제점들을 평가하기 위해 각국의 경험을 살펴볼 것이다.

사전적·적극적 행동 모델 : 원칙과 실제

지위상 불평등 문제를 해결하기 위해 소송 중심적 접근을 취하더라도 별 효과가 없는 가장 직접적인 이유는 평등권을 자기 억제 의무에만 국한하기 때문이다. 소송 중심적 접근에 따르면 고의로 권리 보유자의 권리를 침해했을 때에만 권리가 침해되었다고 말할 수 있으므로, 소송의 초점은 필연적으로 그러한 고의적 행위의 존재를 따지는 것이 되고만다. 그러므로 고의로 과오를 저지른 개인에게 책임을 묻기 힘든 구조적·제도적 불평등 문제는 소송의 범위를 벗어나기 마련이다. 또한 소송 중심으로 평등 문제에 접근하면 개인이 그러한 소송을 제기할 정력과 자원이 없을 경우 불평등 문제를 시정할 수 있는 메커니즘이 존재하지 않는 것이나 마찬가지다. 그러므로 이런 문제에서 법원의 개입은 불가피하게 무작위적 행위가 되거나 임시방편적 사건이 되고 만다. 그리고 이 모든 것이 소송을 제기할 능력이 있는 소송 당사자 개인에게 달린 문제가 되곤 한다.[43] 소송은 시간과 비용이 많이 드는 일이고, 소송이 해결되기 전에 소송 당사자가 은퇴하거나 심지어 사망하는 경우도 많다. 그리고 소송이 성공적으로 진행되었다 하더라도 소송을 제기한 개인이나 집단에게만 보상이 주어질 뿐, 애초 차별을 불러온 제도 자체를 뜯어고칠 의무를 지속시키기는 어렵다. 그러므로 이런 모델로는 평등의 목표를 향한 유의미하고 체계적인 진보를 낳을 수 없다.[44] 또한 개인 소송은 당사자가 중심이 되는 과정이다. 소송 모델은 불평등을 야기한 측의 고의적 과실을 입증해야 하는데, 고용주나 국가가 순순히 자기 과실을 인정할 리 없다. 소송 모델로 접근하면 평등은 서로 협력해서 달성할 수 있는 공통 목표가 되지 못하고, 갈등과 저항이 일어나는 문제 영역으로 전락해버린다.[45] 마지막으로, 자기 억제 의무에만 초점을 맞추면 국가가 평등을 확대할 수 있는 잠재적 우군이 되지 않고, 자유를 위협하는 잠재적 적군이 되어버린다. 실제로 국가는 엄청난 영향력을 지니고 있으므로, 불평등 — 국가가 그 불평등을 애초에 만들어냈는가 하는 의문과 상관없이 — 을 시정할 책임을 지기에 특히 적당한 위치에 있다.

사전적·적극적 행동 모델은 소송 중심 모델에서 나타나는 결함들을 모두 시정하려 한다. 첫째, 가장 중요한 점으로서, 사전적·적극적 행동 모델에서는 불평등을 초래한 당사자라고 입증될 수 있는 사람에게만 평등을 구현할 책임이 있는 게 아니라고 본다. 평등의 문제는 단순히 자기 억제 의무만으로 해결되는 것이 아니며, 평등을 위한 변화를 일으킬 수 있는 권한과 능력이 있는 모든 당사자들에게 적극적 의무를 부과한다. 이때 과실을 가리고 잘못을 처벌하는 것이 목표가 아니며,

적극적 조치를 취할 의무를 통해 불평등의 제도적 토대를 해결하는 것이 당면 과제가 된다.[46] 이렇게 되면 불평등의 피해자 개인이 소송을 감당해야 하는 책임과 비용 부담에서 벗어날 수 있고, 그 대신 정책 결정자와 정책 수행자, 서비스 제공자와 고용주에게 평등을 위한 선도적 행동을 요구하게 된다. 둘째, 소송을 제기할 형편이 되는 소수 사람들의 문제 제기에 대응하는 식으로 변화가 일어나는 것이 아니라, 체계적이고 조직적으로 변화가 일어날 수 있다. 불평등의 구조적 원인을 집합적·제도적으로 진단하고 시정하면 소송을 제기하는 소수가 아니라 모든 사람이 평등권을 누릴 수 있게 된다.

마지막으로, 사전적·적극적 행동 모델은 '명령과 통제' 모델을 벗어나 현장 행위 주체들 — 문제와 잠재적 해결책을 잘 알고 있는 — 의 정력과 발안을 존중하려 한다. 또 의사 결정의 영향을 직접 받는 사람들의 참여와 관여를 적극적으로 장려한다. 그러므로 사전적·적극적 행동 모델은 미리 정해진 고정된 법적 권리 혹은 의무가 아니라, 역동적이고 재협상 가능한 규범 — 짜인 프로그램에 따라 이행될 수 있고 지속적으로 재검토할 수 있는 — 을 창출할 수 있다. 또한 사전적·적극적 행동 모델은, '재분배'적 정의로부터 도출된 평등과 '인정'으로부터 도출된 평등을 모두 포함해서, 다른 종류의 평등 개념들을 서로 연계할 수 있음을 보여주었다. 사회적 포용과 고용 창출을 위한 '재분배' 정책과, 젠더 및 기타 집단의 평등한 '인정' 문제는 서로 명백하고 긴밀하게 연계되어 있다고 봐야 한다. 그리고 사전적·적극적 행동 모델은 전통적인 반차별 관련 법률에서 고용에만 초점을 맞추던 범위를 넘어 연금, 세금, 교육, 교통, 보건, 기업 정책, 복지 급여, 갈등, 폭력, 형사 정책 등을 포괄할 수 있다.[47]

사전적·적극적 행동 전략은 법률과 정치의 접촉면에 위치하므로,

그러한 전략이 법규범을 동원하거나 교류하는 정도에 따라 법과 정치 (정책)를 구분하는 것이 유용하다. 가장 정책 주도적인 접근 방식은 이른바 주류화(mainstreaming) 전략이다. 주류화란 "정책을 형성하는 데 사회 정의 주도형 접근 방식인데, 평등한 기회를 위한 원칙, 전략, 관행 등이 정부와 공공 기관의 일상적 업무에 통합되는 방식"을 말한다.[48] 주류화 정책은 평등 규범에서 비롯되긴 했으나 평등 규범에 예속되지 않고 자율성을 유지하고 있다. 주류화 전략은 영국, 캐나다, 그밖에 유럽연합 가맹국들의 지방 정부에서 시도된 바 있다.[49]

주류화 전략을 넘어 공공 기관에 평등을 증진할 법적 의무를 부과하는 모델도 있다.[50] 영국의 경우, 1976년의 〈인종 관계법〉— 2000년에 개정 — 은 공공 기관에 대해 서로 다른 인종 집단에 속한 사람들 사이의 기회 평등과 우호 관계를 증진할 필요성을 유념하도록 하는 적극적 의무를 부과하였다.[51] 더 최근에는, 젠더와 관련된 사전적·적극적 행동 의무 법률도 제정되었고,[52] 장애와 관련된 의무도 별도로 만들어졌다.[53] 이런 법적 의무들과 유사하지만 더욱 광범위한 의무가 북아일랜드에서 제정된 바 있다. 1998년에 제정된 〈북아일랜드법〉 75조에 따라, 모든 공공 기관은 공무를 집행할 때에 특정 집단들 — 남성과 여성, 피부양 가족이 있는 사람과 없는 사람, 장애가 있는 사람과 없는 사람, 서로 다른 종교, 정치적 견해, 인종 집단, 연령, 결혼 여부, 성적 지향 등을 가진 사람 — 사이에 기회 균등을 증진할 필요성을 유념할 의무를 지게 되었던 것이다(이른바 '75조 의무'라고 불린다).[54] 그러나 이런 법정 의무가 개인 차원에서 법원을 통해 의무를 강제할 수 있는 권리를 발생시키지는 않는다.

이러한 법률 중에서 공공 부문과 민간 부문을 통틀어 고용이나 급여 부문에 적용되는 법률이 가장 명확하게 규정되어 있는 편이다. 북아일랜드의 경우에 고용 평등 관련 법규[55](75조 의무와 구분되는)가 고용주들에게, 직장의 노동자 구성비와 고용 관행을 주기적으로 재검토하도록 요구한다. 이는 북아일랜드의 주요한 두 공동체(가톨릭과 프로테스탄트)가 "고용 면에서 공평한 참여의 기회를 누리고 있는지" 여부를 판별하기 위해서이다.[56] 만일 현실이 그렇지 못하다면 공평한 참여를 촉진하기 위해 고용주가 적극적 행동을 개시해야만 한다. 이와 유사한 경우로서, 캐나다에서도 지방 자치 관련 법에 따라 고용주들이 남성과 여성의 동일 임금 원칙을 보장할 사전적·적극적 행동 의무를 진다. 최근한 태스크포스가 작성한 강한 어조의 보고서는, 현재 시행 중인 평등 지향 모델들의 강점과 약점을 열거한 후, 향후 연방 차원에서 임금 형평성에 관한 법률을 제정하라고 권고하였다.[57]

의무의 준수

앞에서 소개한 모델들은 진정한 변화를 몰고 올 잠재력을 지니고 있다. 물론 해결해야 할 문제점도 많다. 6장에서 거론한 시스템 조정 이론의 통찰에 따르면, 어떤 조직에 외부의 규범을 단순히 부과하기만 해서는 진정한 변화를 초래하기 어렵다. 내부에서 변화를 향한 자극이 스스로 일어나지 않으면 조직 문화를 궁극적으로 바꾸려는 목표를 달성할 수 없다는 것이다. 그러므로 조직 문화의 진정한 변화는 한편으로 공공 부문 또는 민간 부문 관리자들의 자기 이익에 대한 분별, 그리고 다른 한편으로 그러한 변화에 영향을 받을 참여자들의 추진력과 에너지의 상호 작용에 달려 있다.[58] 이와 함께, 자체적 내부 조정이 외부 자극에 반응하게끔 미리 만들어져 있지 않으면, 그런 조정이 순수한 자구책 정도로 끝날 가능성도 있다. 그리고 이러한 과정으로부터 영향을 받을 당사자들의 진정한 참여를 끌어내는 것도 똑같이 중요한 과제가 된다.

아마 가장 큰 문제는 내부 자율성과 외부 자극 사이에서 적절한 균형을 맞추는 문제일 것이다. 일부 의무 준수 모델은 규범력이 너무 낮아서, 권리로부터 단순한 정책으로 후퇴하는 경우도 생긴다. 이런 점을 감안하여, 여기서는 단순한 정책이 아니라 기본 권리에 바탕을 둔 모델을 거론하고 있다는 점을 한 번 더 명확히 해 둘 필요가 있다. 주류화 전략에서 이런 점이 특히 중요하다. 최근 연구에 따르면 대다수 주류화 전략에서 가장 중요한 성공 비결은 정치적 의지라고 한다.[59] 강력한 정치적·관리적 지원이 없으면 적극적 주류화 행동을 유지하기 어렵고,[60] 정치적 의지가 없거나 부족한 경우 주류화 전략이 단지 겉치레 또는 심지어 무행동의 구실밖에 되지 않을 수도 있다.[61] 예를 들어 유럽연합 차원의 젠더 주류화 전략 역시 집행위원회의 사무총장이 개인적으로 주류화의 전체 목표에 얼마나 우호적인가에 달려 있다. 젠더 주류화 전략이 소관 부처 내에서 '반향'을 일으키면 그 전략은 상승세를 타지만, 그렇지 않은 경우 그 전략은 유야무야되기 쉽다.[62] 역설적으로, 젠더 주류화 전략은 정책 결정이나 정책 수행 과정에 여성들이 이미 많이 진출해 있는 경우에 제일 잘 작동한다. 하지만 이 부문의 여성 진출은 젠더 주류화 전략이 애초에 목표로 삼았던 것이기도 하다.

영국과 북아일랜드의 적극적 의무 정책 역시 비슷한 유형을 보인다. 이곳에서 법적으로 규정해놓은 적극적 의무 정책은 의도적으로 정책 결정 당국에 광범위한 자율성을 허용하고 있다. 공공 기관은 행동을 취할 의무가 아니라, 불법적인 차별을 제거하고 기회 균등을 증진할 필요성을 '유념할' 의무를 지게 된다. 이런 조치 덕분에, 정책 당국은 자기 업무 내의 여러 다른 의무와 더불어 평등 의무를 고려한 후 평등을 위해 어떤 행동을 취할 것인지 여부를 정할 수 있다. 최근의 *Elias*

판례[63]에서 "조금이라도 잠재적인 차별이 존재했는지 여부를 적절히 고려"하지 않았을 경우에만 평등 의무를 침해한 것이라는 중간 결정이 나왔다.[64] 이 사건의 판사는 그러한 평등 의무를 실천하기 위해서 어떤 정책이 차별 문제를 야기할 소지가 있는지, 그리고 그것의 역효과 정도가 얼마나 될 것인지를 신중하게 평가하고, 그러한 역효과를 제거하거나 최소화할 수 있는 가능한 방안을 검토할 필요가 있다는 판결을 내렸다. 그러나 만일 정책 당국이 이러한 사전 유의 사항을 모두 충족시킨 후에도 똑같은 정책을 채택한다면 법에서 규정한 평등 의무를 '유념한' 것이 되므로 적법한 정책이 되는 셈이다.[65]

북아일랜드의 경우, 의무 사항을 유념해야 한다는 기준이 문제를 일으킨 적은 없다. 그 기준 자체가 행동을 위한 적절한 동기를 창출할 수 있도록 주의 깊게 입안된 정책 틀의 일부이기 때문이다. 이러한 정책 틀은 '다리 세 개짜리 의자' ― 공공 기관, 북아일랜드 평등위원회, 시민사회로 이루어진 ― 라는 개념에 입각해 있는데, 이것이 적극적이고 건설적인 역할을 수행해 왔던 것이다. 평등 의무를 '유념할' 기준이 실제로는 구체적 행동을 취할 필요가 있다는 식으로 적극적으로 해석되어 왔다는 뜻이다.[66] 그런데 영국에서는 그러지 못했다. 물론 젠더와 장애에 관한 평등 의무의 효과를 판단하기에는 아직 이르다. 그러나 2001년에 완전히 발효된 인종 평등 의무의 효과는 기대 이하였다. 물론 이 의무 규정으로 말미암아 수많은 공공 기관의 담론 초점이 차별을 시정하는 쪽에서 평등을 구현하는 쪽으로 이동하는 성과가 있었다. 또한 이 규정은 국가적 차원에서도 상당한 변화의 촉매제가 되었다. 인종 평등 달성 조치를 정부 부서들의 정책 목표에 포함시키고, 그러한 조치를 지방 정부와 병원 등 공공 기관의 감사 과정 ― 감사·감독 업무 기관에서 실시하는 ― 에도 포함시켰던 것이다. 그러나 새로운 조치로 인해 대다수 공공 기관들이, 법을 만들었던 의회의 의도대로, 자신의 관행을 재검토하고 개혁 조치를 수행하지는 않았다.[67] 오히려 평등 의무 규정이 종종 제도 변화가 아닌 절차와 요식 행위로 전락한 듯한 느낌마저 들었다. 정부가 펴낸 협의 문건에 따르면 일반적으로 평등 의무를 "지나치게 관료적이고, 과정 중심적이며, 자원 집약적인" 것으로 인식하는 경향이 있다고 한다.[68]

이것은 정책 조정 시도가 대상 시스템에 잘 적용되지 않을 경우 오히려 역풍을 맞을 수 있음을 보여주는 사례이다. 평등 의무 기준이 너무 모호해서 명확한 지침으로 이어지지 않으면, 당사자들이 자기 조직에 되도록 변화가 적게 일어나는 방식으로 그 의무를 실행하는 경향이 생긴다. 그렇다면 좀 더 신중하게 달성 목표를 설정하는 것도 하나의 해결 방안이 될 것이다. 물론 해당 기관의 정책 결정자가 전략을 선택하는 데 중심 역할을 해야 하겠지만, 전략의 목표를 상세하게 규정해놓을 필요가 있다는 말이다. 실제로 이런 문제를 별로 고려하지 않는 경우가 많다. 예를 들어, 젠더 주류화 전략의 기준은 특히 모호하게 표현되어 있어서, 정부의 조직 문화를 바꿔야 한다고 일반적으로만 규정하거나 공공 정책과 거버넌스의 질을 높일 필요성을 언급할 뿐이다.[69] 영국과 북아일랜드의 법규에서는 좀 더 구체적이고 상세한 방식으로 목표를 설정해놓은 것처럼 보인다. 공공 기관에게 기회 균등을 증진할 필요성을 '유념할' 의무를 부과하고 있기 때문이다.[70] 그러나 우리가 보았듯이 기회 균등은 적용하기가 아주 까다로운 개념이다. 게다가 기회라는 개념을 양적으로 정하기는 대단히 어렵고, 설령 정할 수 있다 하더라도 흔히 감시와 영향력 평가를 위한 결과를 측정하는 식으로 되기 쉽다.

따라서 더욱 결과 지향적인 목표를 설정하자는 요구가 제기되었다. 그러나 결과의 평등은 더 구체적인 목표이긴 하나, 아주 상세하게 규정된 상황에만 적용할 수 있다. 예를 들어 남성과 여성의 동일 노동에 대한 동일 임금에 초점을 맞추는 임금 규정을 들 수 있다. 이와 유사하게, 어떤 부문에 특히 적게 고용된 노동자 집단을 더 고용할 목표가 있을 경우, 결과의 평등이 효과를 볼 수 있다. 따라서 북아일랜드의 공정 고용 관련 법규는 고용의 공정한 참여라는 결과를 지향하는 규정이라 할 수 있다. 그러나 고용 부문 이외의 영역, 예컨대 서비스 제공과 같은 영역에서는 지향할 결과를 구체적으로 정하기가 대단히 어렵다. 또한 위에서 말한 것처럼 결과에 초점을 맞추는 것이 지나치게 피상적인 목표가 될 가능성도 있다. 결과 면에서 분명히 변화가 생긴 것처럼 보이더라도 그것이 오히려 변치 않는 저변의 구조 문제를 호도할 수 있기 때문이다.

바로 이러한 이유 때문에 영국의 평등 의무 정책과 관련된 개혁안에서는 의무가 지향하는 구체적 목표를 정하려 한다. 실제로 개혁을 위한 권고안을 작성할 책임을 맡은 정부 기관이 내놓았던, 영향력 강한 협의 문건에서도 앞에서 설명한 평등의 네 가지 차원을 분명히 채택한 바 있다.[71] 그러므로 현존하는 의무 규정들이 이 네 가지 차원의 평등 목표를 얼마나 추구하는지 정도에 따라 그 규정들을 평가하면 유용할 것이다. 평등의 네 가지 차원들을 한 번 더 상기해보자. (1) 평등은 모든 사람의 동등한 존엄성과 가치를 증진해야 한다. 그렇게 함으로써 어떤 소외 집단에 속해 있다는 이유로 겪게 되는 오명, 고정관념, 모멸, 폭력 등의 문제를 해결해야 한다. (2) 평등은 차이를 수용해야 한다. (3) 평등은 불이익을 시정해야 한다. (4) 평등은 참여를 촉진해야 한다.

어느 정도는 이들 목표가 이미 잘 알려져 있다. 예를 들어 첫째, 존엄성과 존중을 증진하는 것은 이제 영국의 새로운 젠더 평등 의무 규정에 명백히 규정되어 있다. 기회 균등뿐만 아니라 성희롱 같은 문제도 이 규정의 목표에 잘 나와 있다. 장애에 관한 평등 의무 규정은 이보다 더 상세해서, 공공 기관이 장애인이 겪는 애로를 발본색원할 필요성을 유념해야 할 뿐만 아니라, 대중이 장애인들에 대해 긍정적인 태도를 갖도록 장려해야 한다고 나와 있다.[72] 캐나다의 임금 형평성 규정은 이보다는 덜 명확하지만 이것만큼이나 중요한 규정이다. 이 규정은 여성 노동의 가치를 더욱 인정받도록 하는 데 크게 기여해서, 여성의 자아 존중감을 향상시키고 직장에서 여성이 더욱 존중받을 수 있게 만들었다.[73] 둘째, 차이를 수용하는 태도도 장애인 평등 의무에 나와 있다. 이것에 따르면, 설령 장애인들에게 특혜를 주는 한이 있더라도, 장애인들의 장애 상태를 감안해야 할 필요성을 유념해야 한다.[74] 셋째, 마찬가지로, 불이익을 시정할 목표를 명백히 또는 간접적으로 지향할 수 있는 사전적 · 적극적 행동 의무가 여러 가지 있을 수 있다. 이러한 사전적 · 적극적 행동 의무는 취약 계층이나 소외 계층의 불이익을 시정하기 위한 비대칭적인 접근 방식에서 찾아볼 수 있다. 따라서 젠더 주류화는 사전에 적극적으로 조처한 평등 임금과 마찬가지로 특히 여성들을 목표로 삼는다.

그럼에도 불구하고 적극적 행동이 지향해야 할 목표는 여전히 너무나 불확실하고 명확히 규정되지 않은 채 남아 있다. 또한 평등의 네 가지 목표들 사이의 상호 교류에 더욱 주의를 기울일 필요가 있다. 이 점은 '인정'과 '재분배'의 적절한 관계 설정에도 들어맞는다. 북아일랜드에서는 가톨릭 신도들이 특히 더 겪는 불이익을 줄이기 위해 역차별적 정책을 취했다. 이 조치는 그런 정책의 목표가 불이익 자체를 줄이려는 것인지(불이익을 당하고 있는 프로테스탄트 신도들을 포함해서), 아니면 가톨릭 신도들의 불이익을 줄이려는 것인지를 놓고 엄청난 논란을 불러일으켰다. 정책 목표의 불확실성 때문에 정책의 수행이 마비될 지경이었다.[75] 사회적 포용에 관한 개방형 조정 방식에서는 정체성 집단보다 불이익 자체를 겨냥함으로써 정책적 불확실성을 해결해야 한다고 본다.[76] 하지만 이렇게 되면 재분배 정책을 추구하더라도, 충분히 두 집단을 통합하려는 노력을 기울이지 않으면, '지위상 불평등(status inequality)'(가톨릭이라는 정체성에서 오는 불이익)이 존재하는 현실을 계속 그대로 방치하게 된다. 젠더 영역에서도 이런 점이 분명히 나타난다. 평등에 관해 여성에게만 초점을 맞추게 되면 불평등의 문제를 남성과 여성의 역할이 모두 변해야 하는 문제가 아니라, 여성들만의 불이익 문제로 오인할 위험이 생긴다. 따라서 유럽 고용 전략에서는, 수요 측 요인 특히 고용주들의 변화와 같은 요인을 젠더 평등 정책과 함께 추구하기보다, 여성들을 위한 훈련 및 자유 근무 시간제와 같은 공급 측 요인에 초점을 맞추는 경향이 있다.[77]

일단 목표를 설정한 후에는 다음 단계로 '평등 계획(equality plan)'이라고 알려진 행동 프로그램을 구축해야 한다. 이렇게 했을 때 여러 가지 장점이 있다. 첫째, 평등 계획에 따르는 의무는 즉각적 실행 의무가 아니라 표제적(행동 원칙을 열거한) 의무이기 때문에, 해당 조직이 적절하게 계획을 짜고 책임을 안배할 수 있다. 담당 직원이 바뀌어도 이런 계획은 지속될 수 있는 법이다. 이런 방식은 투명성을 촉진하며, 필요한 행동을 실제로 취했는가 여부를 놓고 정치적 책무성을 물을 수 있는 청사진으로 작용할 수도 있다. 영국의 인종 평등 의무에서도 공공 기관들은 각 단계의 실행 조치를 상세히 규정한 평등 계획안을 마련해야 한다.

둘째, 모든 공공 정책은 특정 집단에게 불이익을 초래하지 않을지 여부를 놓고 점검을 받을 필요가 있다. 그럴 위험이 있는 정책은 특정 인종 집단에 끼치는 영향을 놓고 철저히 검토받아야 하며, 검토 결과에 따라 정책에 조정이나 변화를 가해야 할 것이다. 북아일랜드의 평등 의무 규정은 공공 기관들에게 의무의 준수 여부를 검토할 수 있는 절차를 상세히 기술한 계획서를 제출하도록 요구한다. 검토의 대상이 되는 항목은 다음과 같다. 정책이 기회의 평등에 끼칠 수 있는 영향력을 평가하고 그것에 관해 협의함, 정책의 부작용을 감시함, 평가의 결과를 발표함, 훈련을 제공함, 대중의 정보에 대한 접근성과 당국이 제공하는 서비스에 대한 접근성을 보장하고 평가함.[78] 북아일랜드의 공정 고용 정책 의무는 고용주에게 삼 년마다 고용 인력의 구성비를 검토해서 두 집단(가톨릭과 프로테스탄트)에 속한 노동자들을 공평하게 고용하고 있는지 평가하도록 요구한다. 만일 공정 고용이 이루어지고 있지 않다는 평가가 나오면 적극적 차별 시정(affirmative action) 조치를 내놓아야 한다. 이와 유사하게, 캐나다의 임금 형평성 정책은 여성이 많은 직업군의 임금 수준과, 남성이 많은 유사 직업군의 임금을 비교하는 검토 과정을 거치도록 요구한다. 유럽연합에서 주류화 전략을 성공시키기 위해 관료제 내에서 개인적으로 양성 평등을 지지하는 사람들에게 의존하게 되는 이유가 어쩌면 유럽연합에는 위와 같은 구조적 정책 접근이 없기 때문인지도 모른다.

셋째, 전략의 효과를 감시하고, 당사자들의 경험에 입각하여 주기적으로 검토하는 메커니즘을 마련하는 일이 핵심 과제가 된다. 하지만 이것 역시 문제가 없지 않다. 앞의 논의에서 '성공'이라는 개념을 측정할 수 있고 논란이 없는 개념이라고 가정한 바 있다. 성공의 가시적 지표는 발전을 측정할 수 있는 지표와 함께, 일정 기간 내에 성취할 수 있는 과제 또는 목표의 형태를 띤다. 하지만 그러한 지표 자체가 논란의 소지가 있으며 협상과 동의의 대상이 되기 마련이다. 예를 들어, 젠더 주류화 전략이 성공하려면 젠더에 민감하게 반응하는 지표를 개발하는 것이 특히 중요하다. 매케이(F. Mackay)와 빌턴(K. Bilton)이 지적하듯, 지표(indicator)라는 것은, 정책 결정자들이 쉽게 사용할 수 있는, '이 세상에' 객관적으로 존재하는 '사실'이 아니다. 지표는 사람이 창조하는 것이며, "특정한 세계관을 승인하고, 선별된 특정 지식 영역을 우위에 두는" 인공물이다. 많은 전통적 지표들이 '가족'을 규정할 때 생계를 책임지는 남성 가장이 대표하는 단일한 단위로 상정해 왔다. 따라서 이러한 지표에서 가족 내 관계는 뚜렷하게 부각되지 않았으며, 여성은 주로 어머니 또는 돌봄을 제공하는 사람으로 규정되었다. 국제적 · 국내적 차원에서 사용되는 주요 지표들 — 예를 들어 국내 총생산(GDP, Gross Domestic Product), 사회 보건 지수(ISH, Index of Social Health), 인간 발전 지수(HDI, Human Development Index) 등 — 은 모두 '젠더 불감증'이라고 할 수 있다. 어떤 지표를 선택하느냐가 얼마나 중요한지는 캐나다 경우를 보면 알 수 있다. 유엔은 인간 발전 지수에서 흔히 캐나다를 세계 1위로 꼽지만, 여성의 지위를 고려하면 순위가 2위로 떨어진다. 특히 젠더 임금 격차를 다루는 지표를 포함하면 그 순위가 충격적인 수준이 된다. 유엔이 조사한 55개국 중에서 캐나다는 남성의 평균 임금 대비 여성의 평균 임금이라는 차원에서 47위를 기록하고 있다. 이는 조사된 모든 선진국들 중 최하위이며 여러 개도국들보다도 못한 수준이다.[79]

넷째 요소는 조정 당국 그 자체이다. 자발적 준수만으로는 의무를 제대로 실천하기가 어렵다는 점이 잘 알려져 있다.[80] 바로 이 지점에서 6장에서 말했던 '피라미드형 시행법'이 빛을 발한다.[81] 제일 하단에서는, 당사자주의적인 접근 방식이 아니라 협력적 접근 방식을 장려하기 위해, 그리고 장기적인 관계를 맺고 보존하기 위해, 또 적대적 분위기를 피하기 위해, 주로 격려와 지원을 해준다. 전문가의 도움과 훈련 제공도 대단히 중요하다. 차별 상황을 진단하려면 적절한 비교 준거를 찾기 위해 복잡한 판단을 내려야 한다. 예를 들어, 사회의 여러 집단에 속한 노동자들을 골고루 고용할 의무가 있을 때 어떤 인구 집단을 비교 기준으로 삼을 것인가를 결정하는 일이 중요해진다. 인구 전체를 볼 것인가, 노동 인구만을 따질 것인가, 어느 정도 숙련된 노동력만을 인정할 것인가, 아니면 어떤 특정 지역의 인구를 비교 대상으로 삼을 것인가?[82] 임금의 형평성을 비교하는 일은 특히 복잡한 문제이다. 캐나다의 임금 형평성 태스크포스는 적합한 통계 정보와 방법론적 지침을 제공해줄 수 있는 전문 감독기구의 설립을 제안한다.[83]

피라미드에서 의무 준수의 다음 단계는 평등에 관한 보고서와 계획을 자세히 조사하는 것이 된다. 이런 업무를 담당할 기관이 모든 평등 보고서를 승인해야 할 것인지는 결국 숫자에 달린 문제가 된다. 북아일랜드의 경우 이런 기관이 담당해야 할 보고서의 양이 다른 곳보다 훨씬 적다. 그러므로 어떤 조직을 정상적으로 가동하려면 평등 실천 계획안을 담당 기관에 미리 제출해 승인을 받아야 한다.[84] 평등 의무 실천안을 제출해야 할 공공 기관은 모두 160개이며, 이 기관들이 모두 평등 계획안을 제출하고 매년 계획안의 진척 상황을 보고해야 한다. 의무 준수 비율은 지금까지 대단히 높다. 평등 의무를 점검하는 해당 위원회의 2003년 연례 보고서에 따르면 160개 공공 기관 중 156개 기관이 계획안을 제출했고 4개 기관이 제출하지 않았다고 한다. 평등위원회가 전략적 입장을 취해야 할 경우도 있다. 북아일랜드의 평등위원회는 노동력의 적절한 구성비를 점검할 때에 공공 부문과 민간 부문을 가리지 않고 일단 대기업부터 먼저 조사를 시작한 다음, 중소기업까지 조사 범위를 확대하였다.[85] 헤플 보고서는 영국의 경우 평등 계획안을 사전에 검토하는 것이 타당하지 않다는 결론을 내렸다. 공공 기관의 숫자가 너무 많고, 자원은 한정되어 있기 때문이다. 또한 헤플 보고서는 이런 점을 차치하고라도, 북아일랜드의 경험을 보면, 평등을 향한 정력과 자원이 내부에서 우러나오지 못하고, 평등 계획안을 이행할 책임이 외부화 (externalizing)될 우려가 있다고 한다.[86]

다음, 피라미드의 제일 꼭대기 부분이 있다. 앞에서 말한 의무 준수 지향적 접근 방식은 제재의 가능성이 없을 때에는 무용지물이 될 수 있다. 제재의 가능성이 열려 있을 때 자발적 행동의 가능성도 높아진다. 따라서 북아일랜드의 평등위원회는 상당한 조사 권한을 보유하고 있지만 그 권한을 실제로 행사하는 일이 드물다. 고용주들이 자발적으로 적극적 차별 시정 협약을 체결했기 때문이다. 하지만 이런 식의 자발적 준수는 제재가 존재하기 때문에 가능했다는 점을 잊어서는 안 된다. 그 이전에 시도했던 순수하게 자발적인 접근 방식은 별 효과가 없었던 것이다.[87]

많은 사전적 · 적극적 모델들에서는 사전적 · 적극적 정신을 공유하면서, 애초의 소송 지향적 모델로 퇴행하지 않으면서도 혁신적인 구제책이 필요하다고 강조한다. 평등위원회에 상당한 조사 및 검토 권한이 주어질 수 있고, 이 권한에 의거해 위원회가 의무 준수 공고문을 발표할 수 있으며, 보완 수단으로서 유지 명령 권한을 보유한 법원이 해당 기관에 의무 준수를 명령할 수도 있다. 개인이 해당 기관을 상대로 의무 준수 청구 소송을 낼 수 있게끔 하는 모델도 있다. 개인이 위원회 또는 법원에 소송을 제기하는 것이다. 캐나다의 임금 형평성 태스크포스는 임금 형평성 재판소 — 당사자주의적으로 재판을 진행하지 않고, 화해와 조정 절차를 선호하는 — 에 호소할 수 있는 제도를 마련하지고 제안했다. 하지만 이 경우에도 법원이 최종적인 의무 강행 권한을 지닌 기관으로 남는다. 협력적 해결책이 실패할 경우 사법적 구제책으로 보완이 되어야 하는 것이다.[88] 북아일랜드의 공정 고용 법규는 법으로 강제할 수 있는 적극적 차별 시정 협약을 만들어냈다.[89] 그러나 헤플 보고서는 이러한 기능을 별도의 특별 조정 기관에 맡길 것이 아니라 기존의 업무 수행 관리 메커니즘에 통합하라는 권고를 내렸다. 감독과 감사 업무는 감사위원회, 그리고 감옥, 학교, 경찰 내의 감찰 부서와 같이 감독과 감사 기능을 수행할 수 있는 기존 조직들이 맡아야 한다는 것이다.[90]

심의적 차원 : 참여와 참여자

사전적 · 적극적 평등 계획 중에서 가장 중요한 요소는 아마 참여일 것이다. 의사 결정자와 이해 당사자들이 정책 결정과 정책 수행에 함께 참여할 때 제도 변화가 성공할 가능성이 가장 높아진다는 것을 6장에서 이미 살펴보았다. 사전적 · 적극적 모델의 가장 큰 포부는 갈등과 이해 관계에 근거한 협상을 넘어 일종의 심의민주주의를 실천하자는 것이다. 이렇게 되면 이익이라는 것도 미리 정해지거나 고정된 개념이 아니고, 의사 결정 과정에 의해 형성되는 개념 — 공적인 것의 총합 — 이 된다.[91] 사전적 · 적극적 모델은 입법부나 사법부에서 규범을 결정하도록 내버려 두지 않고 이해 당사자들을 규범 설정 과정과 이행 과정에 모두 포함시킨다. 이때 규범은 역동적이고 대응적으로 설정되고, 규범 설정과 규범의 이행이 서로 영향을 끼치게 된다. 그러나 참여라는 이상이 아무리 밝게 빛나더라도 쟁점과 갈등의 중요한 영역은 여전히 남아 있다. 쟁점은 두 가지 이슈 즉, 참여의 기능과 참여자를 어떻게 선택할 것인가 하는 점에 집중된다. 하나씩 살펴보자.

참여의 기능

참여가 어떤 역할을 하는지 언제나 명확히 규정되지는 않는다. 이런 불확실성은 참여가 목적임과 동시에 수단이라는 사실에 의해 더욱 가중된다. 목적으로서 참여는 소외된 집단들이 사회에 더 많이 참여하도록 할 목적을 가진다. 예를 들어, 젠더 주류화 전략은 여성들이 의사 결정 과정에 더 많이 참여할 수 있도록 하려고 노력한다. 이와 동시에 참여는 정책 형성에서 정당성과 효과를 늘리기 위한 수단이 되기도 한다. 이러한 도구적 의미의 참여는 여러 가지 중첩되는 역할 — 정보를 나누어주고, 정보를 전달하고, 의사 결정에 영향을 끼치고, 인권 의무를 준수하게 하는 등 — 을 해낸다.

이중 첫째 기능, 즉 의사 결정의 영향을 받을 사람들에게 정보를 전달하는 역할은 투명성과 정치적 책무성 달성을 목표로 한다. 투명성은 심의민주주의의 핵심이다. 적절한 정보가 없으면 공공의 토론이 일어날 수 없기 때문이다.[92] 공공의 의사 결정을 공식적으로 공개(출판)하도록 한 규정은 투명성을 확보하기 위한 하나의 방법이다. 영국의 인종 관련 의무 규정은 모든 감시 과정의 결과를 출판하도록 요구하고, 캐나다의 임금 형평성 태스크포스도 모든 단계에서 정보를 공개하도록 권장하고 있다.[93] 대조적으로 유럽연합의 주류화 과정에는 투명성에 관한 별다른 규정이 없다. '유럽 고용 전략(EES)' 역시 투명성 절차가 결여되었다는 이유로 비판을 받았다. 유럽연합 차원에서 해당 위원회가 내리는 의사 결정은 막후에서 이루어지며,[94] 국내 차원의 의사 결정은 이보다 투명성이 더 떨어지는 형편이다.[95]

참여의 두 번째 기능은 의사 결정의 영향을 받을 사람들로부터 정보를 수집하는 것이다. 의사 결정의 질을 높이기 위해서다. 차별을 당하는 처지에 있는 사람들이야말로 차별을 인지하고 해법을 제안하기에 가장 좋은 위치에 있다.[96] 참여의 세 번째 기능은 의사 결정 자체에 영향을 끼치는 것이다. 심의민주주의의 관점에서 보면, 의사 결정 과정은 이익 집단 협상으로부터 심의적인 윤리로 나아가야 하는데, 그 과정에서 의사 결정자들이 자신의 목표를 논의와 토론을 통해 재정의할 수 있어야 한다. 이런 점에서 참여는 전통적인 대의제적 의사 결정 과정에서 소외되어 있던 집단의 목소리를 촉진해야 할 것이다.[98] 그래야 새로운 관점을 소개할 수 있고, 결정의 결과를 수정할 수도 있다. 이때 비정부 행위자들도 자력화될 수 있고 새로운 정치 참여 채널 역시 자극을 받는다.[99]

그러나 심의적 의사 결정 모델의 경지에 이를 만큼 적극적 의무가 진전된 경우는 드물다. 영국의 인종 관련 평등 의무와 북아일랜드의 공공 기관 의무에서는 참여를 단지 협의로만 규정하고 있을 뿐, 협의 대상이 된 사람이 의사 결정 자체에 참여할 권리는 없다. 이와 대조적으로 캐나다의 임금 형평성 태스크포스는 모든 협의 참여자들이 실질적인 의사 결정 권한을 가지는 것이 중요하다고 강조한다. 태스크포스는 여성 노동자들이 적어도 절반 이상 참여하는 직장 임금 형평성 위원회에서 최종 결정 권한을 행사할 수 있어야 한다고 제안한다.[100] 이 제안에 따르면 분쟁이 발생할 경우 임금 형평성 위원회(Pay Equity Commission)와 같은 외부 심의 조직에 회부하게 된다. 그런데 직장 외부에 그러한 조직을 구성하는 것은 더욱 어려운 과제가 된다. 노사 관계를 다룬 유럽연합 고위급 보고서에서는 노동조합뿐만 아니라 지역 사회 단체들도 참여하는 '사회적 공조(social concertation)' 체계라는 유용한 개념을 언급하고 있다.

마지막으로, 참여는 정책의 효과적 수행 또는 달성의 한 부분이다. 의사 결정에 영향을 받을 개인들이 의무 준수 메커니즘을 이끌어 가는 것은 아니지만, 그들은 평등 의무를 준수해 달라고 요구할 수 있는 좋은 위치에 있다. 참여적 기능은, 지역 사회가 내부적으로 조직되지 않은 상태에서 사회 서비스 혹은 여타 공공 기능을 제공하는 것보다, 협의 구조가 이미 마련되어 있는 상태에서 NGO들이 관여하거나 또는 직장 내에서 노동자들이 협의에 참여할 경우에 더 잘 수행될 수 있다. 영국의 경우 의무 준수 확인 지표를 작성할 때 서비스 이용자들의 만족도를 측정하도록 법으로 규정하고 있으나, 이것은 잘해야 수동적인 참여 형태밖에 되지 않는다.

참여자 선택

참여자 기능의 중요성을 감안할 때, 누가 이러한 참여자 역할을 할 것인가를 결정하는 일이 대단히 중요해진다. 쉽게 생각할 수 있는 첫 번째 조치는 전통적인 대의민주주의 구조 — 국가, 광역, 지역 차원에서 — 를 이용하는 것이다. 그러나 그러한 전통적 구조는 인권 의무 준수에서 미미한 역할을 해 왔거나, 고의적으로 주변화되었다. 특히 개방형 조정 방식(OMC) 과정에서 이런 점이 두드러진다. 유럽의회조차 단순한 협의 역할밖에 부여받지 못했으며 심지어 그 역할조차 제대로 수행하지 못했다. 실제로 조너선 자이틀린(Jonathan Zeitlin)은 민주주의 정치체에서 "의회의 전통적 개념에 근본적인 변화"가 일어나지 않는 이상, 전통적인 입법부가 개방형 조정 방식에서 효과적인 역할을 수행할 수 없을 것으로 본다. 국민의 뜻을 권위 있게 대표하는 의회 의원들이 입법의 구체적 시행을 행정부 관리들에게 위임하는 방식이기 때문이다. 의원들은 행정부 관료를 사전의 보상과 사후의 제재를 혼합한 방식으로 통제한다.[101] 의회가 보통 때보다 더 큰 역할을 수행한다면 통상적인 입법 행위가 아니라 평등 전략의 옹호자로서 그런 역할을 자임하는 것이 분명하다. 그런 사례로서 캐나다에서 젠더 주류화 전략을 시행할 때, 의회의 젠더 특별 그룹이 의식 제고, 로비, 양성 평등 참여 증진, 의회의 제도·절차·논의 사안의 검토 등을 통해 옹호자 역할을 톡톡히 해낸 적이 있다.[102] 당시 지방자치단체들도 보통 때보다 큰 역할을 한 것으로 평가되지만, 주로 시행 과정에서 그렇게 했던 것이고(영국의 인종 평등 의무 절차처럼), 의사 결정의 참여자로 개입하지는 않았다.

국가의 공식 구조 외부에 있는 시민사회 및 여타 이해 당사자들을 의사 결정 과정에 참여시키는 것도 한 가지 목표가 되어야 한다. 하지만 내부적으로 경계가 분명치 않은 시민사회에서 어떤 집단을 참여시킬지에 대해서는 명확한 기준이 정해져 있지 않다. 의사 결정 참여자를 선정할 때 잘 조직된 시민사회단체를 선호하는 경향이 있으므로, 잘 조직되지 못한 시민사회 집단은 여기에서도 또 배제될 가능성이 있다.[103] 그리고 이 과정의 참여자들은 자신이 속한 부문의 모든 이해 관계를 대표한다고 가정하는 경향이 있다. 그러나 노동조합, 고용주 모임, NGO들이 반드시 소외된 집단을 모두 대변한다고 볼 수는 없다. 질 루버리 (Jill Rubery)는 유럽연합의 전략이나 국가 행동 계획(NAP)에서, 노동조합이나 단체 협상에 여성들이 적게 포함되어 있는 현실로 인해, 의사 결정에 젠더 편견이 개입할 우려가 있다는 점을 사람들이 전혀 인식하지 못하고 있다고 지적한다.[104] 마찬가지로 캐나다의 태스크포스 역시, 노동조합 스스로 노동력 내에 존재하는 기존의 젠더 분리 구조 — 여성이 많은 직업군의 노동 운동이 남성이 많은 직업군의 노동 운동보다 노사 관계에서 영향력이 약한 — 를 재생산하고 있는 것 같다고 지적한다.[105] 어쨌든 최악의 상태에 처한 부문은, 젠더 차별을 떠나, 아예 노동조합이 결성되어 있지 않은 영역이다. 따라서 태스크포스는 참여

영국의 경제학자 질 루버리는 구조 조정과 노동 시장 유연화, 최저 임금의 역할, 여성 고용 문제 등을 연구해 왔다. 루버리는 유럽연합의 전략이나 국가 행동 계획에서 노동조합이나 단체 협상에 여성들이 적게 포함되어 있는 현실 때문에, 의사 결정에 젠더 편견이 개입할 여지가 있다는 사실을 사람들이 전혀 인식하지 못하고 있다고 지적한다.

자를 선정할 때 노동조합의 추천에만 의존하지 말고 의사 결정의 영향을 받을 여성 전체를 대표할 수 있는 사람을 포함할 것을 제안한다.

노동 현장의 외부에서 선정된 참여자들이 진정한 대표가 될 수 있을지는 더욱 복잡한 문제이다. 영국의 인종 평등 의무 준수 메커니즘의 지침서에서는 협의 과정에 모든 사람, 특히 고령자나 시골에 거주하는 소수 민족 출신자처럼 평소에 자기 목소리를 낼 수 없는 사람들을 포함해야 한다고 강조한다. 국내 여러 지역에서 '간담회' 또는 공개된 모임을 개최하는 것도 한 방법이다. 그러나 이 지침서에도 잘 조직된 이익 집단이 자기 목소리를 크게 내면서 모임을 독점할 가능성에 대처할 수 있는 방법은 나와 있지 않다. 또한 그러한 모임에 참여한 사람들이 어떤 역할을 할 수 있을 것인가 하는 문제 역시 다루지 않는다. 그들에게 정보를 세공할 것인가, 그들로부터 정보를 수집할 것인가, 아니면 그들을 의사 결정에 참여시키겠다는 것인가? 어찌 됐건 그런 모임에 참석하는 사람들이 의사 결정의 영향을 받을 모든 사람들을 어느 정도나 대표할 수 있는지 하는 문제도 제대로 다뤄지지 않고 있다. 마지막으로, 그리고 제일 복잡한 문제로서, 한 가지 이상의 집단 정체성을 지닌 사람들, 따라서 누적적 차별을 겪은 사람들을 어떻게 하면 적절히 대변할 수 있을까 하는 문제도 있다. 캐나다의 태스크포스는 명백히 확인할 수 있는 소수 민족 출신이자 원주민에 속하며 장애가 있는 여성들을 하나의 독자적인 집단으로 의사 결정에 참여시켜야 한다고 강조한다.[106] 이러한 상이한 관점들을 어떻게 한자리에 모을 수 있을까 하는 문제는 아직 명확히 풀리지 않았다.

적극적 모델의 참여적 차원에서는 잠재적인 참여자들의 조직화, 의지, 지식 등이 높은 수준일 것이라고 가정한다. 참여자들의 역량 구축(capacity building)을 적극적 의무의 한 부분으로 포함하는 것도 하나의 발전 방안이다. 그것을 위해 필요한 자원을 마련해야 할 것이다. 참여자들은 적절한 정보에 접근할 수 있어야 하고, 적극적 참여자와 영향을 받을 수 있는 모든 이해 당사자들에게 훈련 기회가 열려 있어야 한다. 예를 들어, 캐나다 연방 기관인 '캐나다 여성의 지위(SWC, Status of Women Canada)'가 운영하는 여성 프로그램(Women's Program)에서는 풀뿌리 공동체, 지역, 광역, 주, 국가 차원의 다양한 조직에게 재정·행정 지원을 해주고 있다.[107] '유럽사회기금(European Social Fund)' 역시 비슷한 역할을 맡고 있다. 이 프로그램은 다양한 상황에 놓인 모든 사람들의 기회 균등을 증진할 목적 — 예를 들어, 여성을 노동 시장에 접근시키고 적극적으로 참여하도록 만드는 특별 조치와 같은 — 의 기금을 운영한다.[108] 그러나 각종 지원을 받는 집단을 선정할 때는 선정 기준에 특별히 신경을 써야 한다. 유럽연합 집행위원회는 '유럽 빈곤 퇴치 네트워크(European Anti Poverty Network)'에는 핵심 기금을 제공했지만, 여러 영역에서 동시에 활동하는 NGO들이나 단체들은 유럽연합의 지원을 받기가 어렵다. 예를 들어, 여러 분야에서 종합적 활동을 펼치는 '사회적 NGO 연합(Platform of Social NGOs)'은 집행위원회의 재정 지원을 받는 데 어려움을 겪었다.[109]

4_평등 ─ 민주주의의 진정한 변화를 위하여

사전적 · 적극적 모델은 전망이 밝은 만큼 새로운 문제점도 지니고 있다. 변화를 일으킬 수 있는 권한이 있는 사람에게 선도성을 부여하는 것이 진정한 변화를 위한 핵심 조건이라 할 수 있다. 그러나 진정한 변화는 정치 과정의 변덕스런 지형이나 고용주와 같은 핵심 행위 주체들의 자기 이익에 대한 분별에도 달려 있다. 그렇다면 궁극적으로 새로운 패러다임이 단순히 일반 정책이나 관행의 구성 요소만은 아님을 인정하는 것이 중요하다. 새로운 패러다임은 위배될 수 없는 명백한 기본권을 바탕으로 삼는다. 그렇다고 개인주의적 소송에 근거한 권리 모델로 되돌아가자는 말은 아니다. 권리가 국가의 자기 억제 의무뿐만 아니라 적극적 의무까지도 발생시킨다는 사실을 인정하는 순간, 사전적 · 적극적 모델에서 제시하는 적극적 조치가 인권에 ─ 단순한 정치적 선택이 아닌 ─ 단단히 뿌리내리고 있다는 점이 분명히 드러날 것이다.

사회적 권리와 적극적 의무 : 몇 가지 핵심 사례들

"노숙자들이 자기 자신과 자기 식구들의 몸을 누일 자리를 찾으려고
여기저기 정처 없이 헤맬 때 노숙자의 존엄성만 훼손되는 것이
아니다. 국가의 행동으로 인해 이런 사람들의 처지가
나아지지 않고 더 악화된다면, 우리 사회 전체가
다 함께 비참해진다."

지금까지 시민적 · 정치적 권리와 경제적 · 사회적 권리를 구분하기
보다, 모든 인권으로부터 적극적 의무들이 발생한다는 점에 초점을 맞
추는 편이 더 낫다는 주장을 살펴보았다. 따라서 지금까지는 주로 적극
적 인권 보호 의무에 따르는 문제점을 이해하고 해결하기 위한 분석을
다루었다. 이 장에서는 잘 알려진 몇몇 경제 · 사회적 권리 주제 ― 특
히 주거, 교육, 복지에 초점을 맞추어 ― 에다 지금까지 논의해 온 접근
방식을 적용할 것이다. 여기서 나는 위의 각 영역에서 비교 연구적이고
국제적인 법리를 적용하여 지금까지 이 책에서 주장해 온 여러 주제와
연관된 인권 의무들을 검토하려 한다.

1_주거와 피난처

구분을 넘어 : 인권의 가치와 주거권

보금자리와 피난처에 관한 권리는 시민적 · 정치적 권리와 경제적 · 사회적 권리를 나누는 명목상 구분에서 양쪽 모두에 해당하는 권리이다. 경제적 · 사회적 권리에 관한 법 문헌에서는 피난처와 주거의 권리를 거론하는 반면, 시민적 · 정치적 권리에 관한 법 문헌은 흔히 가정과 가족, 사생활을 존중받을 권리를 거론한다. 이러한 구분은 또한 적극적 의무와 소극적 의무를 분리하는 경향으로 이어진다. 예를 들어 가정과 사생활을 존중받을 권리는 대단히 소극적인 의무를 불러일으켜서 국가가 개인의 자유를 침해하지 못하도록 방지하지만 국가가 개인의 주거 상태를 보호할 의무를 불러일으키지는 않는다. 집이 없는 사람에게는 가정과 사생활 권리라는 것이 빛 좋은 개살구에 불과하다는 사실이 아예 무시되거나, 아니면 인권의 범위를 넘어선 사회 정책상의 '분배적 쟁점'이라는 식으로 치부되곤 한다. 이러한 접근 방식은, 〈유럽인권협약〉 8조에 나오는 가정, 가족, 사생활을 존중받을 권리를 해석하는 데서 명명백백하게 드러난다. '*Chapman*' 판례를 다룬 법원은 다음과 같이 말한다. "모든 사람이 존엄성을 누리며 살 수 있는 장소, 자신의 보금자리라고 부를 수 있는 거처를 가질 수 있다는 것이 좋은 일이긴 하나, 본 협약 당사국들에는 불운하게도 자기 집이 없는 사람들이 많다. 국가가 모든 사람이 보금자리를 가질 수 있도록 재원을 제공해주어야 하는지에 관한 질문은 정치적으로 판단할 문제이지 사법적으로 판단할 문제는 아니다."[1]

이와 반대되는 관점에 따르면, 주거를 제공할 의무는 본질적으로 경제적 · 사회적 권리에 따르는 것으로 볼 수 있고, 이는 표제적 의무를 불러일으키며 국제 조약법상의 보고 의무를 통해 강행할 수 있다고 한다. 이 같은 입장은 국제적 차원에서 주거권을 주로 '경제적·사회적 권리' ― 지금까지 보았듯이 흔히 열등한 권리 취급을 받곤 하는 ― 에 관한 국제 조약 체계에 포함시키는 관행에서 잘 드러난다. 따라서 〈경제적·사회적 권리에 관한 국제 규약〉에는 주거권이 들어 있지만, 〈시민적·정치적 권리에 관한 국제 규약〉에는 주거권이 포함되어 있지 않다.[2] 유럽인권법 체계에서도 주거권은 비슷한 취급을 받는다. 잘 알려져 있지 않은 〈유럽사회헌장〉[3]에는 주거권이 규정되어 있지만, 그보다 훨씬 더 영향력 있는 〈유럽인권협약〉에는 주거권이 규정되어 있지 않다.

권리 자체에 초점을 맞추지 않고 권리로부터 발생하는 의무에 초점을 맞추면 인권이 전혀 다른 모습으로 전개된다. 1장에서 지적한 대로 자유, 연대(우애), 평등에 근거한 인권 가치에 따르면, '자기 집을 가질 권리'에 관한 적극적 의무를 인정해야 할 필요가 명백하게 드러난다. 일정한 거처가 없을 경우에는 자신이 소중하게 여기는 일을 행할 수 있는 적극적 자유, 그리고 자신이 소중하게 여기는 존재가 될 수 있는 적극적 자유를 달성하기 어렵다. 거처 없이 노숙하는 사람은 신체적 폭력, 강간, 질병, 변덕스런 날씨, 극심한 불편 등 여러 가지 위험에 노출되기 쉽다. 이러한 위험 요소도 문제지만 노숙 상태는 인간이라면 누구에게나 허용되어야 할 기본적 존엄성과 존중을 갉아먹는다. 남아프리카공화국의 'Grootboom' 판례에서도 헌법재판소가 이 문제를 지적한 적이 있다. "거처가 …… 없는 사람에게는 우리 사회의 토대적 가치인 인간의 존엄, 자유, 평등 같은 가치가 거부되는 것이나 다름없다."[4] 유엔의 주거권 프로그램 역시 다음과 같이 지적한다.

일정한 장소에서 거주하는 것, 그리고 평화롭고 안전하고 인간적 품위를 지킬 수 있는 자신만의 거처를 가진다는 것을 사치나 특권 또는 좋은 집을 가질 형편이 되는 사람만이 누릴 수 있는 행운으로 여겨서는 안 된다. 개인의 안전, 사생활, 건강, 날씨로부터의 보호, 그리고 인간에게 부여된 여타 특성들을 누리려면 일정한 주거 형태가 반드시 필요하다는 사실 때문에 국제 공동체는 적절한 주거를 기초적이고 근본적인 인권으로 인정하였다.[5]

주거가 없다는 것은 당사자만 위협하는 게 아니다. 노숙자의 존재는 그 공동체를 결합해주는 연대의 가치를 허물어뜨린다. 삭스 판사는 최근의 한 남아프리카공화국 판례에서 이 같은 점을 생생히 묘사하였다. "노숙자들이 자기 자신과 자기 식구들의 몸을 누일 자리를 찾으려고 여기저기 정처 없이 헤맬 때 노숙자의 존엄성만 훼손되는 것이 아니다. 국가의 행위로 인해 이런 사람들의 처지가 나아지지 않고 더 악화된다면, 우리 사회 전체가 다 함께 비참해진다."[6] 여기서 평등의 가치 — '분배'적 의미로나 '인정'의 의미로나 — 역시 직접적인 연관성을 띠게 된다. 노숙자가 되기 쉬운 사람은 거의 대부분 빈곤층이며, 빈곤층 중에서도 소수 민족, 망명 신청자, 여성이 노숙자 대열에 들기 쉬운 집단이다. 가정 폭력을 당하는 여성들을 위한 적절한 주거 대안이 없으면 이들 역시 노숙에 아주 취약한 집단이 된다.

경제적·사회적 권리를 명확하게 인정하는 사법 체계에서만 주거권을 권리로 다루는 것은 아니다. 인권을 주로 시민적·정치적 권리로만 다루는 영국에서도 대법원(상원)이 노숙을 잔인하고 비인도적이거나 모욕적인 대우 — 사람들을 바깥에서 살 수밖에 없도록 만드는 — 를 받지 않을 시민적·정치적 권리를 침해한 것이라고 판시한 바 있다. "길거리에서 잠잘 때 날씨에 노출되는 것, 노숙 때문에 건강과 안전이 위험한 상황에 처하는 것, 화장실과 세면 시설을 사용할 수 없어서 벌어지는 결과, 그리고 이런 종류의 박탈을 당한 사람들이 겪어야 하는 모멸과 절망감"은, '잔인하고 비인도적이거나 모욕적인 대우를 받지 않을 권리'를 잠재적으로 침해할 수 있는 지표가 된다.[7] 일정한 거주지가 있으면 일련의 다른 권리와 복지 수혜에 접근할 수 있는 수단을 지닌 셈이 된다. 구속되었을 때 보석금을 내고 석방될 수 있는 권리, 사회보장 혜택, 취학 등 여러 권리를 예로 들 수 있다. 더 나아가, 노숙 상태는 악순환의 고리를 만든다. 자기 주소도 없는 노숙자가 유급 일자리를 구하기는 매우 어려우므로 자신의 상태를 개선하는 데 장애 요인이 대단히 많아진다.

주거권과 관련된 적극적 의무의 원천

기본권을 해석하는 데 적극적 자유와 연대와 평등의 가치를 포함하면 시민적·정치적 권리와 관련해서도 국가의 적극적 의무를 인정할 수 있는 가능성이 열린다. 인도 대법원의 생명권 해석이 그러한 접근의 선두에 서 있다. 대법원이 생명권이 의지하고 있는 핵심 가치 — 특히 적극적 자유의 가치 — 를 확인했으므로 그것으로부터 국가의 적극적 의무가 직접 발생하게 된 것이다. 이런 점은 'Ahmedabad' 판례[8]에 다음과 같이 요약되어 있다. "어떤 사회에서든 한 인간으로서 살아갈 권리는 …… 자신을 계발할 수 있는 시설이 갖춰져 있을 때, 그리고 자신의 성장을 가로막는 제한 요소로부터 자유로울 때 보장될 수 있다." 일정한 거처는 외부의 위협으로부터 보호받는 것 이상을 의미한다. 그것은 "인간이 신체적으로, 정신적으로, 지적으로, 영적으로 성장할 기회를 누릴 수 있는 보금자리"이다. 주거권을 이렇게 규정하면 즉시 여러 다양한 적극적 의무가 발생한다. "생명권은 식량, 물, 살 만한 환경, 교육, 의료, 주거 등에 관한 권리를 의미한다. 그 이유는, 이러한 권리 없이는 〈세계인권선언〉 또는 〈인도 헌법〉에 규정된 시민적 · 정치적 · 사회적 · 문화적 권리를 행사할 수 없기 때문이다." 유엔의 자유권위원회에서도 이와 유사한 접근 방식을 취한 적이 있다. 위원회는 1999년 캐나다의 인권 상황에 관한 보고서 결론 부분에서 노숙자들의 상태가 심각한 건강 문제와 심지어 사망과 같은 문제까지 야기하고 있다는 데 우려를 표명했다. 따라서 〈시민적 · 정치적 권리에 관한 국제 규약〉 6조에 나오는 생명권에 근거해 국가는 이러한 문제를 해결하기 위해 적극적 조치를 취할 의무가 있다는 것이다.[9]

자유를 주체 행위로 확실히 승인하는 입장은 주거권과 생계권을 연계하는 입장에도 잘 나와 있다. '*Olga Tellis*' 판례에서 법원은 다음과 같이 힘주어 지적한다.[10] "노숙인들은 자기들이 길거리에서 살 권리가 있다고 주장하지 않는다. 다만 자기들도 살 권리가 있다고 주장하는 것이고, 그러한 권리는 생계 수단이 없으면 행사할 수 없는 권리이다. …… 요컨대, 노숙인들의 호소는 생명권이라는 것이 생계 수단에 대한 권리가 없으면 환상에 불과하다는 점을 보여준다. 생계 수단이 있어야만 생명을 끌어갈 수 있다."[11] 따라서 이때 국가의 의무는 촉진적 의무가 된다. 촉진적 의무에서는 권리의 주체를 적극적인 행위 주체로 간주하는데, 이렇게 할 때 행위 주체가 자신의 복리를 추구할 수 있는 가능성이 열린다.

주거와 관련된 국가의 적극적 의무는 생명권뿐만 아니라 가정, 가족, 사생활을 존중받을 권리로부터도 나올 수 있다. 주거권은 〈유럽인권협약〉 8조에 고전적인 시민적 · 정치적 형태로 규정되어 있다. "모든 사람은 그의 사생활, 가정 생활, 주거 및 통신을 존중받을 권리가 있다." 이 조항으로만 본다면 국가는 개인의 가정이나 가족 생활에 간섭하지 못하도록 하는 국가의 자기 억제 의무만 규정되어 있다. 앞에서 〈유럽인권협약〉이 이 조항을 국가가 노숙자에게 주거를 제공해야 할 적극적 의무로 해석하지 않았다는 것은 이미 보았다. 그러나 이 협약이 개인 자율성의 가치 — 가정과 가족과 사생활의 권리를 특별히 합쳐서 규정하는 관행에 담긴 — 를 폭넓게 해석한 것으로부터 국가의 적극적 의무를 끌어낼 수 있는 일말의 희망을 품을 수 있다. 〈유럽인권협약〉은 개인의 자율성을 단지 외부 간섭의 배제로만 해석하지 않고, 인간의 발전과 타인 및 바깥 세계와 관계를 형성하고 발전시킬 권리로 이해했던 것이다.[12] 가족의 가치와 어린이들의 존엄성은, 8조에 규정된 적절한 주거를 제공해야 할 적극적 의무를 촉발하기 위해 사용되어 왔다. 영국의 한 판례에서는, 장애 어머니에게 적절한 주거를 제공하지 않아서 극심한 불편과 모욕을 느끼게 만든 것은 그 사람이 정상적인 사생활과 가족 생활을 누릴 수 없도록 한 인권 침해라는 결정을 내린 바 있다. 고등법원은 이 사례가 〈유럽인권협약〉 8조를 명백히 위반한 것이라고 판시했다. 국가가 개인에게 주택을 제공해야 할 의무는 없지만, 원고가 한 인간으로서 존엄을 회복할 수 있도록 그의 주택을 개조해줄 적극적 의무는 있다고 본 것이다.[13]

위 협약의 8조는 14조의 평등 보장 조항과 결합할 때 가장 확실하게 적극적 의무를 형성한다. 앞 장에서 보았듯이 유럽인권재판소는 본 협약의 8조가 '침해'되어야만 14조가 효력을 발하는 게 아니고, 단지 8조의 '주목을 끌기만' 해도 14조가 효력을 발한다고 판시했다. 이 판결은, 국가가 주거 제공 의무를 감당할 경우, 만일 국가가 차별적인 방식으로 주거를 제공한다면 14조와 연관해서 8조를 위배한 것이 된다는 뜻이다. 헤일 판사는 'Ghaidan' 판례에서 다음과 같이 말하였다.

모든 사람은 자신의 가정을 존중받을 권리가 있다. 그렇다고 해서 국가
— 또는 누구이든 — 가 모든 사람에게 주택을 제공할 의무를 지닌다는 뜻은
아니다. 국가가 모든 사람에게 어떤 상황에서도 자기 집에서 살 수 있는 절
대적 권리를 보장한다는 뜻도 아니다. 그러나 국가가 어떤 사람에게 주거권
을 부여한다면, 그 사람과 같거나 유사한 상황에 놓인 다른 사람들에게도 주
거권을 거부해서는 안 된다. 사람들을 다르게 처우하는 것이 객관적으로 정
당화되지 않는 한, 국가는 그 권리를 모든 사람에게 평등하게 부여해야 한
다.[14]

법원이 분배적 결정에 대단히 신중하다는 점을 고려할 때 이러한 타
협안은 이해할 만한 결정이다. 법원은 이런 경우 주택을 얼마나, 어떤
기준으로 제공해야 할지에 관한 까다로운 질문에 일일이 사법적 판단
을 내릴 필요가 없다. 급여 제공 기준을 마련하는 측은 국가이고, 사법
부는 그 기준으로부터 배제된 집단에게도 기준을 공평하게 적용하라고
요구할 뿐이다. 그러나 이런 식의 접근 방식에 내재된 결함은, 만일 국
가가 어느 누구에게도 주거를 제공하지 않더라도 협약의 의무를 다한
것으로 볼 수 있다는 사실이다. 이런 경우에도 모든 사람들이 똑같이
대우받았다고 볼 수 있기 때문이다.

시민적 · 정치적 권리에 근거한 주거권과는 대조적으로, 주거에 관한
경제적 · 사회적 권리는 명백하게 국가에 대해 자기 억제의 소극적 의
무뿐만 아니라 적극적 의무를 발생시킨다. 〈경제적 · 사회적 · 문화적
권리에 관한 국제 규약〉 11조 1항은 다음과 같이 규정한다.

이 규약의 당사국은 모든 사람이 적당한 식량, 의복 및 주택을 포함하여
자기 자신과 가정을 위한 적당한 생활 수준을 누릴 권리와 생활 조건을 지속

적으로 개선할 권리를 지니는 것을 인정한다. 당사국은 그러한 취지에서 자유로운 동의에 입각한 국제적 협력의 본질적인 중요성을 인정하고, 그 권리의 실현을 확보하기 위한 적당한 조치를 취한다.[15]

그러나 〈유럽사회헌장〉은 권리와 의무를 조금 다르게 규정한다. 헌장의 31조는 다음과 같다. "**주거권을 효과적으로 행사할 수 있도록 보장**할 목적으로, 당사국은 적절한 수준의 주택에 대한 접근성을 신장하기 위하여, 노숙 상태를 점진적으로 근절할 목적으로 노숙을 방지하고 감소시키기 위하여, 적절한 자원을 보유하지 못한 사람들이 접근 가능한 수준으로 주택 가격을 안정시키기 위하여 필요한 **조치를 취한다.**"[16] 또한 가족용 주택을 제공하고,[17] 노령자에게 적합한 주거를 제공하며,[18] 빈곤 계층이나 사회적으로 배제된 사람들에게 주택 접근성을 보장해줄[19] 국가의 의무도 존재한다. 국내법의 차원에서 본다면 남아프리카공화국만이 주택에 대해 사법 심사가 가능한 권리를 보장하고 있다. 〈남아프리카공화국 헌법〉 26조는 다음과 같이 규정한다.

(1) 모든 사람은 적절한 주거 시설에 접근할 권리가 있다.

(2) 국가는, 가용 자원의 한도 내에서, 이러한 권리의 전향적이고 지속적인 실현을 달성하기 위해서 합당한 입법 조치 및 기타 조치를 취해야만 한다.

(3) 누구도, 법원이 모든 정황을 고려한 후 내린 명령에 의하지 않고, 자신의 주택에서 쫓겨나거나 그 주택이 철거되는 일을 당하지 않는다. 어떤 법률도 자의적인 철거를 허용할 수 없다.[20]

또한 28조는 어린이들에게 무조건적인 주거권을 부여하고, 토지에 대한 공평한 접근성을 조성할 조건을 형성하기 위해 국가가 합당한 조치를 취할 의무가 있음을 규정하고 있다.[21]

적극적 의무와 소극적 의무

권리보다 의무에 초점을 맞추면 서로 다른 종류의 의무를 명백히 구분할 수 있는 장점도 생긴다. 국가의 자기 억제 의무와 적극적 의무를 구분하지 못할 때 법원은 소송 당사자가 제기한 주장을 잘못된 이유를 들어 기각할 수도 있다. 주거권은 무조건 국가의 적극적 의무를 발생시킨다는 잘못된 가정 때문에 영국에서 제기된 주거권 소송이 패소한 경우가 있었다. 하지만 이 사건에서 문제가 된 의무는 실제로는 국가의 자기 억제 의무였다. 즉 'Poplar' 판례[22]에서 공공 임대주택의 임차인이 자신의 주거와 가족이 존중받을 권리가 법률 — 법원이 이유를 따져 볼 필요도 없이 임차인의 주택을 차압하라는 명령을 내릴 수 있게 한 — 에 의해 침해되었다고 주장했다.[23] 그런데 이 경우에 소송 당사자는 국가가 시민에게 주택을 제공해야 할 적극적 의무를 위반했다고 주장한 것이 아니라, 국가가 적절한 이유 없이 임차인을 강제 퇴거시키지 말아야 할 의무(소극적 의무)를 위배했다고 주장했다. 그럼에도 항소심 법원은 공공 임대주택 문제는 재원과 관련된 문제이므로 재정 우선 순위를 결정할 책임이 법원이 아니라 의회에 있다는 이유를 들어 원고 측 주장을 기각하였다.

이와 함께 강제 퇴거시키지 말아야 할 국가의 자기 억제 의무와 적절한 주택을 제공해야 할 적극적 의무 사이에는 긴밀한 관계가 존재한다. 예를 들어, 강제 퇴거 사례 중 퇴거 절차에 대응하는 임차인의 반대 논리 가운데 국가가 강제로 퇴거시키지 않을 자기 억제 의무에서 풀려날 (강제 퇴거를 진행할 수 있는) 유일한 근거는 국가가 적합한 주거 대안을 마련해줄 의무를 지키는 것뿐이라는 논리가 있다. '*Olga Tellis*' 판례[24]에서도 이 같은 시나리오가 되풀이되었는데, 이때 길거리 노숙자들은 강제 퇴거에 대한 보호 조치와 가옥 철거 반대를 법원에 호소했다. 이 사건 이후의 판례들에서 법원이 국가의 적극적 의무와 자기 억제(소극적) 의무의 연결성을 확정하지 못한 까닭에, 법원은 노숙자들의 기본권 보호에 등을 돌린 셈이 되고 말았다. 강제 퇴거 명령과 주거 대안 마련 의무가 함께 이루어지지 못했던 것이다.[25]

절망적인 수준의 주택 공급 부족으로 토지 침범과 무단 거주 문제가 셀 수 없이 많이 발생했던 남아프리카공화국에서 사법부는 적합한 주거 대안을 보장할 수 없는 상황에서 무조건 강제 퇴거 명령을 내려야 하는지를 놓고 고통스런 딜레마와 싸워야 했다. 항소심 대법원은 '*Modderklip*' 판례[26]를 통해 국가의 자기 억제 의무와 적극적 의무를 연결해야 함을 입증했다. 이때 대법원은, 개인 지주와 그의 5헥타르 땅을 무단 점거했던 4만 명의 노숙인들의 상충되는 권리(재산권 대 주거권) 사이에서 사법적 판단을 내려야 했다. 법원은 국가가 시민들에게 적절한 주거를 제공할 의무를 위배했다고 판시하였다. 법원은 또한 국가가 무단 거주자들을 강제로 퇴거시킨다면 국가의 자기 억제 의무를 위배하는 결과가 될 것이라고 지적했다. 이 사건은 헌법재판소에까지 회부되었는데, 헌법재판소는 대법원과는 다른 이유에 근거하여 일종의 구제책을 제시하였다. 즉, 무단 거주자들에게 대안이 마련될 때까지 그 땅에서 살 수 있는 권리가 있다고 결정한 것이다.[27] 사법부가 국가의 자기 억제 의무와 적극적 의무를 연계할 필요성을 인정한 결과가 나온 셈이다. 그럼에도 헌법재판소는 대안적인 주거 시설이나 토지를 마련하지 않는 한 국가가 어떤 가옥도 강제로 철거해서는 안 될 무조건적 의무를 지고 있다고는 판시하지 않았다. 그 대신 헌법재판소는 합당한 대안이 마련되었다고 재판소가 인정할 수 없다면, 비교적 오랜 기간 동안 정착해 살아온 거주민들을 퇴거시키라는 명령을 재판소가 내리지 않아야 한다고 결정했을 뿐이다.[28]

국가의 자기 억제 의무는 강제 퇴거를 행하지 않는 것에만 국한되는 문제가 아니다. 주민들이 적절한 주거에 접근할 수 없도록 국가가 방해해서는 안 될 의무도 포함된다.[29] 그러나 적절한 주거란 도대체 어떤 것인가 하는 문제는 논란의 여지가 많다. 최근의 *Rand Properties* 판례는 지방 정부 당국이 버려진 건물에서 무단 거주하는 사람들에게 그 건물이 보건·안전 규정상 미비하다는 이유를 들어 철거 조치를 내린 사건을 다루었다. 그러나 소송 제기자들은 버려진 건물의 상태가 매우 나쁘지만 그래도 길거리에서 사는 것보다는 낫다는 근거를 제시하였다. 앞에서 이미 보았듯이, 이 사건의 경우 심의적 과정을 거쳐 소송 제기자들의 주장을 인정하였고, 대안을 찾을 때까지 건물의 상태를 최소한 사람이 거주할 수 있는 수준으로 보수해주라는 적극적 의무를 국가에 부과하였다.[30]

참여와 심의민주주의

적극적 의무의 핵심 요소는 심의민주주의를 얼마나 장려할 수 있느냐이다. 주거권에 관한 여러 규정에 '협의할 의무'가 분명히 들어 있고, 다른 맥락에서도 기초적인 자연법적 정의 원칙에 따라 '협의할 의무'가 인정된다고 말할 수 있다. 그러나 '협의할 의무'가 반드시 심의민주주의적 조건을 충족시킨다고 말할 수는 없다. 사람들을 의사 결정 과정에 진정으로 참여시키지 않으면서 겉으로만 협의하는 척하기는 참으로 쉽다. 협의적 틀에 좀 더 가까이 다가가려면 몇 가지 핵심 요소를 갖춘 협의 과정을 마련해야 한다. 첫째, 당사자들에게 정보를 제공하여 모든 사람들이 적합한 의견을 내놓을 수 있도록 해야 한다. 둘째, 처음부터 의사 결정 과정을 작동해야 하며, 이행 여부를 감시하는 것까지 그 과정에 포함해야 한다. 셋째, 결정을 내릴 권한이 있는 사람들과 결정의 영향을 받을 사람들 — 특히 평상시에는 목소리를 내기 어려운 소외 계층을 포함하여 — 을 모두 참여시켜야 한다. 결정의 영향을 받을 사람들을 포함하는 일은 점차 흔한 일이 되고 있지만, 실제로 결정을 내릴 수 있는 사람들 또는 의사 결정자에게 영향을 끼칠 수 있는 사람들이 이 과정에 참여하지 않는 경우가 너무 흔하다. 다중적인 거버넌스 구조를 가진 나라에서는 정부의 모든 관련 부서가 심의 과정에 포함되어야 한다. 예를 들어, 남아프리카공화국에서는 기초 단체, 광역 단체, 중앙 정부를 의미 있는 협의 틀 속에 포함하는 것이 점점 더 어려워지고 있다. 정책을 실제로 수행할 사람들이 참여하는 것도 대단히 중요하다. 마지막으로, 심의 과정이 모든 참여자들의 견해를 진정으로 반영할 수 있도록 개방되어야 한다. 이 같은 점은 유엔의 〈국제 강제 철거 지침〉에 잘 나와 있다.

> 국가는 강제 철거 이외의 가능한 모든 대안을 충분히 검토해야 한다. 의사 결정에 따라 잠재적으로 영향을 받을 모든 사람들 — 특히 여성, 원주민, 장애인 등을 포함해서 — 이 전 과정을 통해 적절한 정보와 온전한 협의 및 참여의 권리를 누려야 한다. 이들은 대안을 제시할 권리가 있으며 공권력은 그러한 제안을 진지하게 고려해야 한다.[31]

참여가 특히 중요하다는 점은 앞의 'Rand Properties' 판례에서도 잘 드러난다. 이 사건에서 시 당국은 강제 철거를 집행하기 전에 점거자를 만나 건물의 보건·안전 상태를 개선하기 위해 필요한 조치를 취하지 않았으며, 대안 주거 형태를 마련해주려는 노력을 기울이지도 않았다. 항소심 대법원에서도 이러한 협의 과정이 건물의 상태와 긴박한 상황을 감안할 때 반드시 필요하다고 인정하였다. 하지만 이것만으로는 협의의 의미와 중요성을 충분히 감안했다고 말할 수 없다. 협의는 당사자들에게 단순히 제스처만 취하는 것이 아니라, 심의적 해결책을 찾는 핵심 수단이 되어야 하기 때문이다. 'Rand Properties' 판례의 소송 제기자들이 입증했던 것처럼, 진정으로 거주자들의 건강과 안전을 지키겠다는 목적이 있었다면 강제 철거와 같은 극단적인 수단을 굳이 동원할 필요가 없었다. 거주자들의 온전한 참여와 협력을 이끌어냈더라면 그들의 주거 욕구를 충족시키고 그들을 위험에 빠뜨리지 않을 다른 해결책을 마련할 수 있었을 것이다. 4장에서 보았듯이 헌법재판소는 이러한 점을 인정하면서, 당사자들에게 토의를 시작하고, 가능하다면 해법 — 법원이 지지할 수 있는 — 을 마련해보라는 명령을 내림으로써, 심의 과정을 작동하려고 노력하였다.[32]

완전히 심의적인 맥락 속에 참여 과정이 자리 잡도록 하는 것이 얼마나 중요한지는 'Olga Tellis' 판례에서 잘 알 수 있다.[33] 어떤 차원에서 보면 법원의 접근은 참여민주주의를 인정하는 것으로 해석할 수 있다. 법원은 무단 거주자들과 적절한 협의를 하기 전에는 그들을 강제 퇴거시키지 말아야 한다고 선언하였다. 이런 선언은 결정의 영향을 받을 사람들의 적극적 참여 없이 나온 해결책은 정당하지도 효과적이지도 않다는 사실을 인정한 것이나 다름없다. 법원은 이러한 결정과 함께 생계에 대한 기본권 — 협의를 통해 증진해야 할 — 을 강력하게 지지하는 입장을 밝혔다. 그러나 법원은 적절한 심의민주주의를 위한 기본 조건을 갖추도록 보장하지는 못했다. 무단 거주자들과 정부의 권력 격차 문제도 고려되지 않았고, 이해 관계 협상이 아닌 심의적 정신에서 논의가 이루어지도록 하는 데 필요한 조치도 취하지 않았다. 따라서 결국 변변 찮은 절차적 논의에 그치는 결과가 되어버렸다.

내용의 결정

주거권에 관한 의무가 존재한다 하더라도 내용상 너무 불확정적인 의무여서 적극적 인권 보호 의무가 되기에는 부족하다고 생각할 사람 이 많을 것이다. 그러나 주거권을 규정하는 기본 가치에 비추어 주거권 의 내용을 도출해내는 것이 가능하다. 개인이 자신의 자유를 진정으로 행사할 수 있도록 보장해줄 의무와 인간의 내재적 존엄성 등에 비추어 봤을 때, 주거 시설은 일반인이 감당할 만한 가격이어야 하고 (affordable), 접근이 용이해야 하며(accessible), 사람이 살 만한 조건이 어야 하고(habitable), 거주자의 생계 활동 지역과 가까워야 하며, 사회 통념에 적합해야 한다. 더 나아가, 주거 시설은 안전한 식용수를 지속 적으로 쓸 수 있어야 하고, 취사와 난방과 조명을 위한 에너지가 갖춰 져 있어야 하며, 위생 시설과 세면 시설이 필요하고, 음식물을 저장하 고 쓰레기를 처리하며 오수를 배출할 수 있어야 하며, 비상 상황시 공 공 서비스를 받을 수 있어야 한다.[34] 인도와 남아프리카공화국 사법부 에서도 적절한 주거권에 대해 위와 유사하게 접근한 사례가 있다. 이들 은 위에서 열거한 조건 외에도 적절한 주거 공간, 안전하고 볼썽사납지 않은 가옥 구조, 도로와 같은 공공 편의 시설,[35] 그리고 토지에 대한 접 근성[36] 등을 포함했다. 두 나라 사법부는 국가가 적절한 가격 범위 내 에서 주택을 건설하고, 빈곤층이 용이하게 취득할 수 있도록 고려해야 할 국가의 의무를 부각했다.[37]

이외에도 연대와 평등의 가치에 비추어 봤을 때 주거가 사회적 배제 를 강화해서는 안 된다는 점도 고려해야 한다. 사회적 배제의 문제는 유럽의 로마족 집시들과 아일랜드 유랑민들이 흔히 열악한 상황에서 주류 사회로부터 배제된 채 살아야 했던 경험으로부터 강력하게 도출된다. 이런 사실은 최근 10만 명 이상의 로마족 집시들을 대신해서 그리스 정부에 제기한 공익 소송 건에서 극명하게 드러났다. 소송 당사자들은 주류 사회와 분리된 정착지의 기준 미달 주거 조건에서 살아가고 있었다. 이들 정착지에는 사회 인프라가 턱없이 부족했고, 기본적 주거 시설(식수나 전기 등) 혹은 공공 서비스가 부족하거나 아예 없었다. 정착지의 위치도 흔히 안전하지 않거나 위생적이지 않은 장소에 자리 잡고 있었다.[38] 이 경우 국가의 의무 내용은 주거권의 저변에 깔려 있는 가치로부터 직접 도출할 수 있었다. 유럽사회헌장위원회는 헌장의 기본 목적 중 하나가 연대를 표현하고 사회적 포용을 촉진하는 것이라고 강조하였다. "당사국들은 사회적 집단의 차이를 존중하고, 실질적으로 사회적 배제를 강화하는 쪽으로 사회 정책을 펴지 않도록 보장해야 한다는 결론이 나온다."[39] 또한 국가의 적극적 의무가 〈유럽인권협약〉의 시민적·정치적 권리의 맥락에서도 규정되기에 이르렀다. 유럽인권재판소는 다음과 같이 인정하였다. "집시들은 소수 집단으로서 취약한 위치에 놓여 있으므로 이들의 욕구와 이들의 특별한 생활 양식을 감안해주어야 한다. …… 따라서 당사국은 〈유럽인권협약〉 8조에 따라 집시들의 생활 양식을 촉진해야 할 적극적 의무를 진다."[40] 전통적으로 유랑 생활을 하는 집시들에 대해서는 적절한 주거를 제공해야 할 의무에 적합한 중간 기착지를 제공할 의무가 포함된다.

남아프리카공화국 헌법재판소는 이러한 의무를 규정하는 데 위와는 다른, 넓은 의미에서 '합당성 개념(reasonableness concept)'에 의존하는 접근 방식을 따랐다. 재판소는 특정한 요건을 규정하지 않고, 당면한 구체적 맥락에 따라 유연하게 대응할 필요성을 강조하였다.

'*Grootboom*' 판례[41]로 확립된 합당성 기준은 주거권을 충족시킬 의무의 준수를 평가할 방안의 하나로서, 남아프리카공화국 국가인권위원회 보고서에도 재수록되었다.[42] 첫째, 정부 각 부처들 사이에서 적절한 조정이 이루어져야 한다. 중앙 정부와 지방 정부의 대리인들이 온전히 참여하여 종합적이고 실행 가능한 계획을 세우되, 그 계획이 맥락을 잘 고려하고 효과적일 수 있도록 만들어야 한다. 그 계획에서는 책임과 과업을 잘 배정하고, 적절한 인적·재정적 자원이 활용될 수 있도록 보장해야 한다.[43] '*TAC*' 판례에 요약되어 있는 것처럼, 남아프리카공화국이 직면한 엄중한 상황으로 인해 "잘 조율되고 조정되고 협력적인 국가적 노력이 요청된다. 이때 국가의 행정부-입법부-사법부, 그리고 시민사회의 다양한 자원과 기술 등을 모두 동원하고, 고무하며, 잘 이끌어 가야 한다. 이것은 서로 적절한 의사 소통이 이루어질 때에만 가능하다."[44]

둘째, 의무를 실행에 옮기는 것을 대단히 강조한다. 입법만으로는 불충분하다. 국가는 입법이 의도한 결과를 달성하기 위해 행동해야 할 의무가 있다. 셋째, 고안된 프로그램은 융통성이 있고 사회적 맥락에 맞아야 하며 지속적으로 재검토 대상이 되어 변하는 사회 상황에 적응할 수 있어야 한다. 넷째, 의무의 내용은 포괄적이어야 하고, 단기·중기·장기적 욕구에 적절한 주의를 기울여야 한다. 그러나 특히 가장 절박한 상황에 있는 사람들의 긴급한 욕구에 대응할 수 있는 조치를 포함해야 한다. 재판소는 중기적 욕구와 단기적 욕구 사이의 고통스런 갈등에 직면하여 순전히 공리적인 접근 방식을 거부하면서 권리를 구현하는 데 전체 상황의 통계적 향상만으로는 '합당성 기준'을 충족시킬 수 없다고 선언한다. "어떤 사회가 인간의 존엄성과 자유와 평등에 기반한 사회가 되려면 삶의 기초적 필수 조건을 모든 사람들에게 제공하도록 노력해야 한다."[46] 따라서 전향적이고 지속적인 구현이라는 말은 당사국이 "가능한 한 신속하고 효과적으로" 목표를 향해 나아가야 한다는 것을 의미한다.[47] 마지막으로, 의무의 달성률과 적용된 조치의 합당성 여부는 활용 가능한 자원의 범위 내에서 논의되어야 한다.[48]

의무 준수의 감시

앞에서 설명한, 의무의 내용을 확정하기 위한 방법을 따르면, 그러한 과정을 감시할 적절한 수단을 고안할 수도 있다. 다른 경제적·사회적 권리와 마찬가지로 주거권 영역에서도 지표를 확정하는 것이 최근 추세이다. 지표는 해당 의무 사항이 얼마나 준수되었는지를 측정할 수 있도록 일관되고 국제적으로 비교 가능한 데이터를 제공해준다. 유엔 주거권위원회는 주거권의 6대 차원을 다음과 같이 정해놓았다. 즉, 주거 적합성, 임대차 기간 보호, 노숙의 정도와 범위, 차별 금지, 국내 법규, 국제 기준의 준수 등이다. 각각의 항목을 미리 정해놓은 지표로 측정할 수 있다. 예를 들어, 첫째, '주거 적합성'은 여섯 가지 특정 지표에 관한 데이터를 수집하여 측정할 수 있다. (1) 1천 가구당 수돗물 사용 가구 숫자. (2) 1천 가구당 화장실 시설을 갖춘 가구 숫자. (3) 월평균 중위 가계소득 대비 월평균 중위 주택 임차료. (4) 1천 가구당 각 방마다 두 사람 이상이 기거하는 가구 숫자. (5) 1천 가구당 불량 주택 또는 임시 가옥에 거주하는 가구 숫자. (6) 집합 주택(아파트 등) 건물에 대한 장애인의 접근성을 규정한 법률의 존재 유무.

둘째, 임대차 기간 보호는 전세 기한이 보장되어 있는 거주자의 규모(1천 가구당 법적으로 보장된 전세 계약을 맺은 가구 숫자), 강제로 퇴거당한 사람들, 비공식적인 주거 형태에서 살아가는 사람들, 고향에서 강제로 쫓겨난 실향민들을 모두 조사해 측정할 수 있다.

셋째, 노숙의 규모는 인구 1천 명당 지난 12개월 동안 노숙 생활을 한 적이 있는 사람들의 숫자로 측정할 수 있다.

넷째, 차별 금지와 평등은 차별을 금지하는 법률의 유무, 그리고 특히 남녀에게 평등한 주택 접근성이 존재하느냐 여부로 가릴 수 있다. 그러나 이 항목은 의외의 접근 방식이라 할 수 있다. 법률이 존재한다는 사실만으로는 차별 현실을 개선할 수 없음을 많은 사람들이 인정하기 때문이다. 앞선 장에서 살펴보았듯이 차별에는 여러 차원의 의미가 있다. 동등한 대우라는 제한된 의미로부터, 간접적 차별, 그리고 평등을 증진하기 위한 적극적 의무에 이르기까지 여러 의미들이 공존하고 있는 것이다.

다섯째, 국내 법적 보호에는 두 가지 지표가 있다. 하나는, 주거권에 관한 국내 법률이 존재하는가 여부이다. 다른 하나는, 주거권을 전문적으로 다루는 공무원들이 존재하는가 여부이다.

마지막으로, 국제법의 준수는 〈경제적·사회적·문화적 권리에 관한 국제 규약〉의 비준 여부, 그리고 정기적 보고 의무의 준수 여부로 측정할 수 있다. 하지만 이것만으로는 〈경제적·사회적·문화적 권리에 관한 국제 규약〉에서 제시하는 규범이나 권고를 실제로 준수하는지 여부를 확인할 수 없다.

적절한 주거를 제공할 의무가 제대로 이행되는지 감시하려면 서로 다른 사회 집단 사이에 존재하는 주거 불평등 상황에도 주의를 기울여야 한다. 그렇게 하려면 데이터를 분석해서 젠더, 연령, 소득 수준, 인종, 출신 민족과 관련된 불평등을 포착할 필요가 있다. 이중에서도 젠더에 따라 분석한 자료가 가장 중요하다. 아직도 여성에게는 토지와 재산에 대한 접근성이 많이 부족하고, 이것이 여성의 빈곤에 큰 원인이 되고 있다. 여성과 관련된 사회 변화를 감시할 때, 그리고 여성을 심의 과정에 포함할 때, 근본적인 제도 변화가 더욱 쉽게 일어날 수 있을 것이다. 이 점에서, 각 가구의 세대주(주로 남성) 중심으로 자료를 수집하는 전통적 접근 방식으로는 주거에 관한 남녀 간 불평등 현황을 제대로 드러내지 못할 것이다.

이것은 적절한 주거를 제공해야 할 일차적 의무뿐만 아니라, 의무의 이행 여부를 감시하고, 계속해서 그것을 재검토하며, 효과가 없을 경우에 상황에 맞춰 전략을 수정하는 부차적 의무도 중요하다는 뜻이 된다. 유엔 사회권위원회는 의무 중에서도 즉각 효력을 발휘할 수 있는 의무가 바로 인권 준수 여부를 '감시할 의무'라는 점을 지적한 바 있다. 마찬가지로 〈유럽사회헌장〉의 로마족 집시들 판례의 경우에도 당사국이 집시들에 관해 효과적인 데이터를 수집(감시할 의무)하지 않았다는 이유로 경고를 받았다.[49] 이와 동시에 데이터 수집에도 어려움이 따른다. 일부 유럽 국가에서는 이러한 데이터 수집을 개인 사생활과 관련해서 국가가 자기 억제 의무를 위반하는 것으로 여기기 때문이다.[50] 또한 데이터 수집에 드는 노력과 경비로 인해 다른 목적에 필요한 재원을 허비한다고 생각하는 나라도 있다.

2_교육받을 권리

구분을 넘어 : 인권적 가치와 교육권

주거권과 마찬가지로, 교육에 관한 국가의 의무는 시민적·정치적 권리와 경제적·사회적 권리 양측 모두에 해당한다. 이와 함께, 교육권은 소극적 의무와 적극적 의무 양측 모두에 해당한다. 교육권을 시민적·정치적 권리의 형태로 공식화할 때 그것은 국가가 개인의 교육에 간섭하지 않을 자기 억제 의무 — 특히 부모가 자녀의 종교 교육을 선택할 권리에 대해 국가가 간섭하지 않을 — 로 표현된다. 따라서 〈유럽 인권협약〉은 다음과 같이 천명한다. "어느 누구도 교육받을 권리를 부인당하지 아니한다. 국가는 교육 및 교수(敎修, teaching)와 관련된 기능을 수행하는 데 있어서도 자신의 종교적·철학적 신념에 일치하는 교육과 교수를 확보할 부모의 권리를 존중하여야 한다."[51] 이러한 규정으로부터는 적극적 의무가 도출되지 않는다. 따라서 'Belgian Linguistics' 판례에서 법원은 다음과 같이 결정하였다. "이 조항의 부정문적 구성에 의하면 …… 당사국들이, 국가가 경비를 부담하거나 재정을 보조하여 어떤 특정한 유형의 교육 혹은 어떤 특정한 수준의 교육을 제공해야 하는 교육권을 인정하지 않는다는 사실이 드러난다."[52]

그러나 적극적 자유, 민주주의, 연대 등의 인권적 가치는 교육에서도 적극적 의무를 인정해야 한다는 사실을 여실히 보여준다. 적극적 자유에는 개인의 주체 행위, 그리고 그 사람이 소중히 여기는 바를 행할 자유와 자신이 소중히 여기는 존재가 될 수 있는 자유가 포함된다. 교육은 그러한 개인의 주체 행위에서 핵심이 된다. 교육권은 일종의 '승수적 권리'*라고 일컬어져 왔다. 즉, 여타 권리, 예를 들어 말할 자유, 어린이가 노동을 강요당하지 않을 자유, 건강권, 직업 선택의 자유를 촉진하는 권리라는 뜻이다. "교육은 그 자체로서 하나의 인권이자, 다른 인권을 실현하는 데 없어서는 안 될 수단이기도 하다. 교육은 일종의 자력화 권리로서 경제적·사회적으로 주변부에 속한 사람들이 가난에서 벗어나도록 해주고, 자신의 공동체에 온전하게 참여할 수 있는 수단을 획득하도록 해주는 일차적인 매개 통로이다."[53] 더 나아가, 교육은

....
승수적 권리(乘數的 權利, multiplier rights) 더욱 늘어나게 하는 권리.

민주적 권리를 행사할 수 있는 권리를 직접적으로 증진한다. 또한 이런 점은 연대의 가치에 의해 강화되기도 한다. 교육을 제공해야 할 적극적 의무는 교육을 받는 피교육자에게만 도움이 되는 것이 아니다. 어떤 공동체의 구성원들이 교육을 받은 사람들로 이루어져 있을 때 그 공동체 전체가 혜택을 받을 수 있기 때문이다.

적극적 의무와 소극적 의무 : 구분과 관계

국가가 개인의 자유로운 교육 선택을 보호한다는 식으로, 교육권을 시민적·정치적 의미로만 국한해서 파악하더라도 교육권이 국가의 자기 억제 의무와 적극적 의무를 둘 다 발생시킨다는 사실이 분명하다. 만일 교육에 접근할 능력조차 없는 경우라면 교육의 자유로운 선택을 보호한다는 말 자체가 무의미해지기 때문이다. 이것은 다시, 국가의 자기 억제 의무와 적극적 의무의 중요한 상관 관계를 부각한다. 교육 접근성을 저해하는 국가는 사람들의 교육권에 대해 국가가 간섭하지 말아야 할 기본적 자기 억제 의무를 위반한 것이다. 'Belgian Linguistics' 판례에서도 현재 존재하는 교육 기회에 접근하지 못하도록 가로막는 일이 국가의 자기 억제 의무 위반이라는 결정을 내린 바 있다. 서로 다른 유형의 의무들 사이에서 일어나는 상호 작용을 자세히 검토해보면, 국가의 책임과 다른 주체들(예 : 부모)의 책임의 관계가 잘 드러난다. 부모에게만 책임을 부과하면 국가가 교육을 제공할 의무를 저버릴 수 있는 손쉬운 핑계가 생긴다. 능동적 시티즌십 개념 속에 시민이 국가에 대해 지켜야 할 의무 즉, '상호 책임'이 들어 있는 것은 사실이지만, 그렇다고 해서 국가의 의무를 부모에게 전가해서는 안 된다. 교육에 관해 부모가 질 의무가 있다면 그것은 국가가 직접 행하지 못하는 부분, 즉 학생을 학교에 출석시킬 책임, 또는 아이들이 숙제를 하도록 감독할 책임 등을 뜻할 뿐이다.

지금까지 분석에 따라, 우리는 교육이 모든 사람에게 무상으로 제공되어야 하는가에 관한 대단히 논란이 되는 쟁점을 살펴볼 수 있다. 적극적 의무까지 살펴볼 필요도 없이 국가의 자기 억제 의무로만 한정해보더라도, 국가는 교육 접근성을 가로막지 않아야 할 의무가 있다. 학비와 각종 잡부금은 교육에 큰 부담을 주며, 차별 역시 교육 접근성에 장애가 된다. 스스로 학비를 부담할 수 없는 사람들에게 교육 접근성을 허용하지 않는 국가는 국가의 의무를 위반한 것이다. 무상 교육은 특히 여자 아이들에게 중요하다. 개도국에서는 집안에서 여자 아이들의 일손이 필요한 데다 그들을 학교에 보내면 경제적으로 너무 부담스럽다고 생각하는 가족이 많은 형편이다.[54] 그런데 교육 접근성의 차별을 반대한다고 해서 그 자체로서 보편 무상 교육의 논리가 성립하지는 않는다. 그렇다면 국가가 형편이 어려운 학생들에게만 학비를 감면해주면 국가가 자신의 적극적 의무를 완수한 것이 되는가? 대다수 국제법 문헌에 '보편 무상 교육'이 규정되어 있지만,[55] 〈남아프리카공화국 헌법〉은 모든 사람이 기초 교육을 받을 권리가 있다고 하면서도 무상 교육을 특별히 규정해놓지 않았다.[56] 학비를 부과할 수 있도록 법에 정해져 있지만 형편이 어려운 학생에게는 학비를 감면할 수 있게 해놓았다.[57] 정부는 다음과 같은 근거에서 법률에 의해 학비를 부과할 수 있다고 주장한다. 첫째, 부모가 학비를 부담하면 자녀 교육에 더 많은 책임감을 느낄 것이다. 그러나 이런 주장을 뒷받침할 확고한 증거는 없다. 둘째, 잘사는 부모로부터 학비를 거둠으로써 그 수입을 형편이 어려운 학생들의 교육비에 보탤 수 있다. 그러나 이보다 더 공평하고 더 효율적인 방식은 일반 과세를 통한 접근 방식일 것이다. 이때 세금을 낼 수 없을 만큼 가난한 계층에게는 일률적으로 납세 의무를 감면해주면 된다. 어쨌

든 빈곤 가구를 일일이 조사해서 학비 감면 대상을 가려내려면 행정 비용이 많이 들 수밖에 없다.[58]

그러므로 개별적으로 교육비를 면제해주는 정책은 효과 측면에서도, 원칙적인 차원에서도 지지하기 어렵다. 왜냐하면 빈곤 계층에게 학비 감면을 해줄 때 겉으로 보면 그들에게 혜택을 베푸는 것 같아도 실제로는 그들을 차별하는 결과가 나오기 때문이다. 남아프리카공화국의 경우 부모가 교육비를 부담할 형편이 되지 못한다는 이유 때문에 학교가 그 자녀에게 교육을 제공해주지 않을 경우 불법으로 규정되어 있고,[59] 복지 급여 자격 조건 심사에 해당하는 가구의 자녀들에게 학교가 학비 전부 혹은 일부를 감면해주도록 되어 있지만,[60] 그렇게 해서 발생하는 학교의 결손분을 국가가 충당해주지 않고 있다. 따라서 개별 학교들은 교육비 감면 대상 학생들을 되도록 적게 받아 학교 예산의 결손을 줄이려고 노력하기 쉽다. 실제로 전국의 각급 학교들이 이런 태도를 취하였다. 학교 측은 여러 가지 방법을 동원했다. 학생들에게 학비 감면을 받을 자격이 있다는 사실을 감추거나, 임시 거주촌에 사는 학생들은 합법적 등록 서류가 없다는 것을 잘 알면서도 학생들에게 출생 증명서를 제출하라고 요구하거나, 심지어 학비를 제때 납부하지 못한 부모를 상대로 소송을 제기하기도 했다. 학생이 간신히 학비 감면을 받거나, 부모가 억지로 학비를 마련했다 하더라도 교통비, 교복비, 책값 등이 추가로 든다. 게다가 학비를 자비로 부담할 능력이 있는 학생들이 얼마나 되느냐에 따라 학교의 수준이 좌지우지되는 경향이 있어서 가난한 동네에 있는 학교들은 감면 대상이 많아져서 흔히 질 낮은 교육을 제공할 수밖에 없다.

최근 들어 법규가 개정되면서 영세민 동네의 학교는 '무상 교육' 학교로 지정될 수 있게 되었다.[61] 하지만 이런 경우에도 학교 등급을 판정하는 데 문제가 적지 않다. 중산층 지역의 학교라 하더라도 인근 영세민 동네 — 비공식 정착촌과 같은 — 의 학생들을 받아야 하는 경우가 많기 때문이다. 더 나아가, 어떤 학교가 '무상 교육' 학교로 지정될 수 있느냐 여부는 해당 지방 정부가 교육 예산을 제공할 수 있는 능력에 달린 문제가 되었다. 중앙 정부의 교육 재정 지원이 크긴 하지만 개별 학교에 적합한 수준의 보조금을 배정하는 것은 지방 정부의 책임으로 남아 있다. 따라서 교육비를 선택적으로 감면해주는 조치는 교육 접근성을 방해하지 않아야 할 자기 억제 의무와, 차별하지 않고 교육을 제공해주어야 하는 적극적 의무를 둘 다 위반한 셈이 된다.

적극적 의무와 분배적 결과

보편 무상 교육을 제공해야 할 절대적 당위로부터 까다로운 분배적 과제가 초래된다는 점을 부정할 수는 없다. 가용 자원이 부족한 국가는 모든 사람에게 어느 정도의 교육을 제공해주기 위해 전체 교육의 질을 하향 조정할 필요가 있을지도 모른다. 마찬가지로 초등교육용 재원이 중등교육용 재원 또는 고등교육용 재원과 경쟁 관계에 놓일 수도 있다. 바로 이런 이유 때문에 많은 사람들이 교육용 재원 염출은 정부가 담당해야 할 정책상의 분배적 결정 사항이지, 국가의 적극적인 의무로 볼 수 없다고 주장하는 것이다. 지구화 시대를 맞아 정부가 교육을 제공하는 데 드는 예산을 책정하기가 더욱 어려워졌다. 1980년대에는 교육이 무상으로 제공되기 어려운 사치품으로 간주되었고, 1990년대 들어 이런 점을 개선하기 위해 어느 정도 노력을 기울이긴 했으나 아직도 세계은행 내에는 재정 적자를 줄이려고 학비를 자비 부담시켜야 한다고 주장하는 사람들이 있다.[62]

앞의 장들로부터 이러한 입장에 대한 반박을 내놓을 수 있다. 다른 어떤 적극적 의무보다, 교육에 대한 투자는 사회에 대한 투자가 된다. 교육받은 사람은 자기 자신뿐만 아니라 사회 공동체의 발전에 기여할 수 있다. 즉, 교육용 예산은 단순히 분배 정의의 문제가 아니라 일종의 사회적 투자 또는 생산적 요소로 보아야 한다는 뜻이다. 이러한 논증은 교육의 기능적 성격을 강조하는 협소한 공리주의적 관점에서 나온 것이 아니라, 연대와 능동적 시티즌십을 강조하는 공화주의적 관점에서 우러나온 것이다. 이런 관점은 교육이 경제 성장에 얼마나 기여할 수 있는가 하는 점을 계산하는 데에서 나오지 않는다. 그렇게 하다 보면 시장의 힘이 교육을 능가할 수도 있다. 오히려 이런 관점은 전체 사회의 복리가 교육에 대한 투자로써 증진한다는 ─ 사회 구성원들의 자족감을 촉진하든, 아니면 교육에 달려 있는 여타 종속 권리에 대한 접근성을 갖게 해주든, 또는 민주주의를 강화하든 ─ 점을 인정하는 관점이다. 즉, 교육권은 근시안적인 경제적 관심만으로 박탈할 수 없는 것이고, 예산 배정에서 최우선으로 요구해야 하는 분야이다.

이와 함께, 전 지구화된 자유 무역이 교육 예산을 삭감하라고 압박하는 데 반대하는 논거로서 일종의 기능적 분석의 도움을 받을 수도 있다. 예를 들어 교육 수준이 높은 인구 집단은 직접 투자를 유치하고 경쟁력 있는 경제를 자극하는 데 필요한 자산이 된다는 주장이 그것이다. 이 점은 유럽연합에서도 인정한 바 있다. 유럽연합은 교육을, "더 많고 더 좋은 일자리와 더 높은 사회적 응집력이 있으면서 지속 가능한 경제 성장이 가능한, 세계에서 가장 경쟁력 있고 역동적인 지식 기반 경제권"이 되기 위한 목표 달성에서 핵심 요소의 하나라고 본다.[63] 일자리 창출을 위한 전략을 다룬 2003년의 한 보고서에는 다음과 같은 결론이 나와 있다. "기업의 생산성과 우리 경제의 전반적 경쟁력은, 잘 교육받고 숙련도가 높으며 변화에 적응할 줄 아는 노동력을 구축하고 유지하는 데 직접적으로 달려 있다."[64]

인권이 예산에 달려 있는 것이 아니라, 그 반대로 인권 원칙에 따라 예산 배정을 하도록 의무적으로 정해놓는 식의 분석은 최근 뉴욕 주 법원의 획기적인 판례를 통해 강력한 지지를 받았다. 이 소송은 뉴욕 주 헌법의 다음과 같은 조항에 근거하여 제기되었다. "입법부는 뉴욕 주의 모든 어린이들이 교육받을 수 있는, 무상 보편 교육 제도를 유지하고 지원해야 한다."[65] 1990년대 초 '재정 형평성 캠페인'이라는 단체가 제기한 소송에서 원고는 뉴욕 주가 주 헌법에 규정된, 모든 학생들에게 건실한 기초 교육을 제공해야 할 의무를 위반했다고 주장했다. 뉴욕 주 사법부는 일련의 결정 사항을 통해 소송 당사자의 주장을 지지하였다. 법원은 "정치권이 뉴욕 시 학교들에 대해, 학생들의 욕구와 직접적인 관련성을 지니지 못한 주 예산을 배정"했음을 유념하면서, 주 정부에 대해, "학교 예산 편성과 운영에 관한 현행 제도를 개혁해서, 뉴욕 시의 모든 학교들이 건실한 기초 교육 기회를 제공하는 데 필요한 재원을 확보할 수 있도록" 보장하라는 지침을 내렸다.[66] 이런 해석은 2006년 3월의 역사적인 판결로 이어졌는데, 이때 뉴욕 주 상소 법원은 "주 정부는 2006년 4월 1일자로 시작되는 회계 연도 예산을 집행하면서 뉴욕 시 학교들에 대해 주 헌법이 요구하는 예산을 할당하라."는 판결을 내렸던 것이다.[67]

교육을 적극적 의무로 보기 어렵다고 주장하는 이유 중에는 교육권의 내용을 확정하기가 어렵다는 이유도 들어 있다. 교육권은 아마도 다른 어떤 경제적·사회적 권리보다 더 많은 모델에 근거하고 있을 것이다. 교수 계획, 교사-학생 비율, 집과 학교의 거리, 교사 훈련, 도시-농촌 균형, 모국어 교습 등에 대해 서로 다르게 강조하는 모델들이 있기 때문이다. 그렇더라도 3장의 분석을 통해 보았듯이 이런 질문에 대해 반드시 하나의 고정된 답변을 할 필요는 없다. 그 대신 적절한 '자명한 원칙(prima facie principles)'을 확정할 필요는 있다. 유엔 교육 특별 보고관을 역임한 카타리나 토마세프스키(Katarina Tomaševski)는 초등학교를 위해 적절한 '네 가지 A' 계획을 제안하였다. 즉, 인프라와 교사들의 '가용성(availability)', 차별이 없는 방식으로 모든 사람에게 적용되는 교육 '접근성(accessibility)', 서로 상이한 문화, 언어, 종교 등의 '수용성(acceptability)', 변화하는 환경에 대한 '적응성(adaptability)'이 그것이다. 또한 뉴욕 주 사법부는 교육 의무의 내용을, 교육과 관련된 저변의 가치 — 시민적 책임을 유의미하게 감당할 수 있는 — 로부터 직접 도출하였다. 이렇게 해서 상소 법원은 주 헌법이 요구하는 '건실한 기초 교육'의 기준을 다음과 같이 설정할 수 있었다. 건실한 기초 교육이란 "어린이들이 궁극적으로 시민적 참여자 — 투표와 배심원 역할을 할 줄 아는 — 로서 생산적으로 기능하는 데 필요한 기초 문자 해독, 계산, 언어적 기술"을 말한다. 이러한 요건을 충족하기 위해 주 정부에 '최소한으로 지켜야 할 적절한' 물리적 시설, 그리고 적절하게 훈련된 교사들에 의한 교육을 제공해야 할 의무가 부과되었다.[69] 뉴욕 시의 공립학교들은 이러한 의무를 위배한 것이었다.[70]

평등과 교육

의무에 초점을 맞추면 평등 원칙과 교육권의 상호 소통을 이해하는 데에도 도움이 된다. 평등에 관해 이미 기존 규정이 잘 갖춰져 있는 유럽과 미국에서 평등은 특히 중요한 역할을 한다. 그러나 인종, 소수 민족 특성, 경제적·사회적 지위에 따른 분리의 유형을 반영하는 불균형이 광범위하게 존재한다. 유럽에서 이러한 불균형을 가장 심각하게 경험하는 집단은 로마족 집시들이다.[71] 동유럽 각국에서 집시 어린이들은 흔히 그 나라의 주요 언어나 주류 문화를 얼마나 잘 아는지 심리 검사를 받은 후 정신장애아를 위한 '특수' 학교에 배정되는 경우가 많다. 집시들은 거주 지역도 차별을 받기 쉬우므로 많은 아이들이 영세민 지역의 학교에 다닌다. 서유럽에는 떠돌이 공동체를 위한 교육적 배려가 없다. 따라서 이들은 높은 결석률, 조기 자퇴, 성적 부진 등을 겪기 쉽다. 이 때문에 유럽 인종 차별 및 외국인 혐오 감시 센터는 다음과 같은 결론을 내린다. "유럽연합의 당사국들 중 로마/신티/집시/유랑족이 교육에서 제일 취약한 집단인 나라가 많다."[72]

  적극적 교육권과 관련해서 평등이 어떤 역할을 하는지를 놓고 체코 공화국에서 주요한 소송이 벌어졌다. 이 소송은 심리 검사를 받고 특수 학교에 배정받은 집시 어린이들을 위해 제기된 것이었다. 소송 당사자들이 제시한 수치를 보면 집시 어린이들이 특수학교에 엄청나게 높은 비율로 배정되었다는 사실이 나타난다. 특수학교에서는 정상적인 학교에 비해 대단히 낮은 수준의 교육을 제공하며, 직업학교 말고는 정규 중등학교에 진학할 기회가 막히는 등 장기적인 악영향이 초래된다. 소송 당사자들은 집시 어린이들에게 심리 검사를 실시할 때 체코 언어와 문화적 환경에 맞춘 검사를 하기 때문에 결과가 왜곡되기 쉽다고 주장했다. 그러나 정부는 검사 결과가 집시 어린이들의 원래 낮은 지적 수준을 반영할 뿐이고, 집시 부모들도 자녀를 특수학교에 보내는 것에 동의했다고 반박하였다. 유럽인권재판소 일심 법원은 집시들이 처한 사회적 상황 전체를 감안하지 않고, 실제로 소송을 제기한 소송 당사자들 18명의 입장만 집중적으로 검토하였다. 재판소는 부모들이 심리 검사와 특수학교 전학에 동의했다는 점을 주된 이유로 삼아 소송 당사자들의 주장을 기각하였다.[73]

  그러나 이 경우에 인권의 역할이 선택의 자유를 보호하는 것이라고 단순하게 가정한 재판소의 판단으로 인해, 진정으로 자유로운 선택이 이루어지지 못했다고 말할 수 있다. 이 사건의 경우, 선택이 이루어진 맥락을 살펴보면 집시 부모들이 그러한 선택을 한 것은 기껏해야 상황에 맞춘 선호(adaptive preferences)에 불과하다는 점이 분명히 드러난다. 다른 길을 택할 수 있는 가능성이 제한되어 있고, 정보도 부족하고, 특히 중요한 요인 즉, 자포자기하는 심정으로 집시족 부모들은 자신과 자녀들을 위해 최적의 선택을 내리지 못했던 것이다. 유럽인권재판소의 재심 법원은 이런 점을 인정하고 원심 판결을 뒤집었다. 재판소는 2007년 11월에 내린 획기적인 판결을 통해 간접적 차별의 원칙이 〈유럽인권협약〉 14조에 해당된다고 결정하였다. 재판소는 유럽연합에서 발전된 개념을 원용해서 간접적 차별이 발생했는지 여부를 판단할 수 있는 몇 가지 핵심 원칙을 내놓았다. 첫째, 차별할 의도가 있었음을 입증할 필요가 없다. 어떤 정책 또는 조치가 특정 집단에 불리하게 표현되어 있지 않다 하더라도 그 정책이 실제로 소송 당사자 집단에 대해 과도하게 편향적 영향을 끼쳤다는 사실을 입증하기만 하면 된다. 둘째, 자명한 간접적 차별 사례가 확증된 경우 그러한 차별이 정당하다는 점을 입증할 책임은 국가로 넘어간다. 셋째, 자명한 사례를 확증하기 위해 개별 사례가 아닌 통계에 의존할 수도 있다. 물론 이것은 의무 사항은 아니다. 마지막으로, 국가가 차별 정책의 목적을 객관적이고 합리적으로 정당화할 수 있고, 사용된 수단과 의도한 목적 사이에 적절한 균형이 존재했다는 점을 입증할 수 있을 때에만, 그러한 불균형이 정당화될 수 있다. 이 사건에서는 이 모든 요인들이 확실하게 결정되었다. 특히 재판소는 부모의 동의가 있었다 하더라도 그것이 차별받지 않을 권리를 포기한 것으로 간주할 수는 없다고 판시하였다. 그 부모들이 가능한 모든 대안들을 충분히 설명 받지 못했기 때문이다. 이것과 똑같이 중요한 점은, 소송 당사자들이 집시족의 구성원으로서 집시들이 겪는 차별을 똑같이 겪었을 것이므로 소송 당사자들의 개별 사례들을 일일이 검토할 필요가 없다고 재판소가 결정한 점이었다.[74]

앞의 사건은 차등적인 교육 제공이 기본적 평등권의 침해라는 점을 인정하지 않았던 미국 대법원의 사례와 대비할 수 있다. 7장에서 보았듯이 미국의 대법원은 'San Antonio' 판례에서, 빈곤층 거주 지역의 어린이들이 잘사는 지역의 어린이들보다 질 낮은 교육을 받는 것이 〈미연방헌법 수정조항〉 14조를 위반한 것이라는 점을 인정하지 않았다.[75] 대법원은 이 사건을 적극적 의무 제공에 관한 것으로 간주하고, 이 문제를 인권 문제가 아니라 정치권이 해결해야 할 문제로 판단하여, 교육 불균형이 국가가 취한 행동의 직접적인 결과 — 학교의 예산 책정을 지방세 수준과 연동시킨 정책 — 였음을 고려하지 못했던 것이다.

사법 심사 적합성과 교육 의무의 준수

위의 논의는 사법 심사 적합성 문제와 여타 의무 준수 방식을 해결해야 할 과제를 남긴다. 교육 제공의 적극적 의무를 준수하기 위하여, 그리고 상황의 개선 여부를 알아보기 위하여, 2절에서 제시한 분석이 어느 정도나 사법적 수단을 비판적으로 평가하는 데 사용될 수 있을까? 이 점에서 뉴욕의 소송 건이 상당히 좋은 참고가 된다. 뉴욕 주 법원이, 주 정부가 교육 부문에 대해 만족스런 예산 배정을 하지 못함으로써 건실한 기초 교육을 제공할 의무를 위반했다고 판시하면서, 분배의 문제를 정면으로 다룬 것은 대단히 반가운 일이었다.[76] 법원이 의도적으로 구제책을 찾으려고 노력했기 때문에 분배의 문제를 정면으로 다룰 수 있었다. 첫 상소 과정에서 상소 법원은 사법부가 "교육 예산을 상세하게 다룰 수 있는 권위도, 능력도, 의지도 없다."고 강조하면서도,[77] 한편으로 주 정부에 건실한 기초 교육을 제공하는 데 필요한 실제 비용을 계산하고, 현재의 학교 예산 배정 및 운영 시스템을 개선하며, 뉴욕 시의 모든 학교에 건실한 기초 교육을 제공하는 데 필요한 재원을 공급하라는 지침을 내렸다. 이중에는 정책을 재검토하라는 중요한 지침도 포함되어 있었다. 즉, 국가는 "교육 개혁이 실제로 건실한 기초 교육 기회를 제공하는지를 측정하기 위한 책무성 체계를 마련"할 필요가 있다는 것이었다.[78] 주 정부에는 2004년 7월 30일까지 필요한 조치를 취하라는 마감 시한이 주어졌다. 그리고 하급심에는 그 과정을 감독할 관할권이 주어졌던 것이다.[79]

그러나 법원의 명령이 마감 시한이 지나도록 이행되지 않자 법원은 전보다 더 큰 어려움에 봉착하였다. 법원의 판사는 인도 대법원에서 채택했던 모델과 가까운 모델을 채택한 후 평가 심사단을 임명하여 적절한 교육을 위해 교육생 1인당 소요되는 예산을 추정하도록 하였다. 그러나 주 대법원은 이런 조치를 사법부의 권한을 넘어선 것으로 간주하였다. 건실한 기초 교육에 필요한 비용을 확정하는 것은 주 정부의 임무라는 논리였다. 오히려 법원의 임무는 주 정부의 추산이 합당한지를 판별하고, 주 정부가 건실한 기초 교육용 예산을 공급할 수 있고 정치적 책무성을 보장할 수 있는 계획을 내놓았는지를 판별하는 것이라고 주장했다.[80] 상소 법원은 이 견해를 받아들여 다시 행동에 나섰다. 법원은 주 정부가 이러한 기준을 충족시켰음을 확인한 후, 그것이 뉴욕 시 교육청에서 헌법적으로 필요한 예산 수준에 해당한다고 선포하였다. 또한 소송이 진행되는 동안 교육 현장에서 학생 1인당 책정될 교육 예산이 법원의 그 이전 판결 수준에 맞춰 증액되었다는 사실도 중요한 진전이라고 볼 수 있다. 따라서 소송 건이 사법 심사의 마지막 단계에 이르렀을 즈음에는 이미 모든 소송 당사자들이 법원의 명령이 더는 필요치 않다는 데 동의했다. 마지막으로 흥미로운 점은 뉴욕 주 대법원이, 하급 법원의 결정 — 정치적 책무성을 보장하기 위해 대법원이 4년마다 한 번씩 주 정부에 교육 예산을 책정하기 위한 심의민주주의적 과정을 진행하라고 촉구할 필요가 있다고 제안하고, 뉴욕 시 교육청이 종합적인 '건실한 기초 교육' 계획을 준비할 필요가 있다고 결정한 것 — 을 거부했다는 사실이었다. 대법원은 이러한 하급 법원의 결정이 예산이 많이 소요되는 번잡한 관료적 절차이며, 헌법상 요구되지 않는 조치라고 보았다. 그 대신 대법원은 뉴욕 시의 교육을 위해 '최소한으로 적절한 책무성 메커니즘'이 설정되면 그것으로 족하다고 판단하였다.

뉴욕에서는 교육 예산 문제를 정식으로 다루었지만 남아프리카공화국의 소송에서는 개별 학교들이 학비 면제 자격이 있는 학생들에게 면제 혜택을 주지 않았던 위반에만 초점을 맞추었다. 남아프리카공화국에서는, 학생과 학부모에게 학비 면제 권리를 고지하지 않고 면제 신청 방법을 안내해주지 않았던 더반의 한 학교를 상대로 집단 대표 소송이 시험적으로 제기되었다. 이 학교는 극빈층 거주 지역에 위치하지는 않았지만, 인근 비공식 정착촌 출신의 학생들 — 원칙적으로 학비 면제 대상인 — 이 상당히 많이 다니고 있었다. 이 소송은 법원이 학교 당국에 대해 모든 학부모에게 학비 면제 권리 사항과, 만일 면제 신청이 거부되었을 때 재심을 청구할 수 있는 권리를 고지해주라는 명령을 내림으로써 2007년 6월에 일단락되었다. 학교 당국은 또한 모든 학비 면제 신청 건을 적절하게 처리해주라는 명령을 받았다.

그러나 특정 학교에 초점을 맞추면 여러 차원을 가진 다중심적 문제를 두 당사자들 간에 법적 소송으로 해결해야 할 사안인 것처럼 다루게 되는 문제가 발생한다. 특히 이 경우에 법원은 국가에 대해 학비 감면을 해준 학교 측에 결손분을 충당해주라는 명령을 내릴 수 없었다. 따라서 학비 면제에 따르는 손실을 메울 수 있는 대안이 없었으므로 학비 감면 대상자 전원에게 감면을 해준 학교는 심각한 타격을 입을 수밖에 없었다. 소송의 내용 면에서 중앙 정부와 지방 정부가 모두 관련되었지만 그들은 법원의 결정이나 중재를 받아들이겠다고만 했을 뿐, 애초부터 왜 이런 정책을 시행했는가 하는 점을 제대로 설명하지 못했다. 판사는 이 소송에서 중앙 정부와 지방 정부에 적절히 책임을 묻지 못한 것에 대해 유감을 표하고, 학교가 예산을 충분히 지원받지 못했다는 사실을 지적하는 것 이상의 행동을 취할 수 없었다.

이 소송 덕분에 제한적인 승리를 거두었지만 이것만으로 사안이 종결되었다고 볼 수는 없다. 이 소송 결과 덕분에 대중 의식 제고 캠페인이 일어났고 많은 학생들이 학비 면제를 요구하기에 이르렀다. 이것은 다시, 정부가 학비 감면 대상자가 많은 학교들에 대해 보조금 정책을 재고해야 한다는 정치적 압박으로 작용했다. 법적 소송 이후 교육부는 학비 감면을 해준 학교들에게 보상을 해주는 방안을 강구하겠다고 선언하였다.[82] 더 나아가 이런 공익 소송 제기자들이 광범위한 교육비 정책 개혁 운동을 펼쳤다. 그 결과로 위에서 언급한 추가 입법 조치가 이루어졌고, 재정 자립도 하위 25퍼센트에 속한 학교들이 '무상' 학교로 지정되었다. 교육부 장관이 보편 무상 교육의 목표를 위해 헌신하겠다고 다짐하면서, 새로운 법률의 목표가 "많은 아이들의 교육을 가로막는 장벽을 허물고, 우리나라가 무상 의무교육의 길로 접어들 수 있도록" 하는 것이라고 언급한 사실은 대단한 일이 아닐 수 없었다.[83] 새로운 정책으로 비교적 잘사는 지역의 학교들이 비공식 정착촌 거주 학생들을 받을 경우에 새로운 문제도 발생했으므로, 현재 시험적인 소송이 또 진행되고 있는 중이다.

상승 작용적 접근 방식에서 법원의 적절한 역할은 무엇일까? 뉴욕 주 소송에서 볼 수 있듯이 법원이 복잡한 사회 문제에 확실한 해법을 제시할 수 있을 것으로 기대해서는 안 된다. 의사 결정 과정에서 법원이 다른 행위 주체들보다 문제를 더 잘 해결할 수 있다고 믿을 만한 근거는 없다. 그러나 법원은 심의적으로 문제를 해결해야 한다고 주장할 수 있는 독특한 위치에 있다. 첫째, 법원의 심의적 접근 방식은, 국가가 스스로 선택한 정책을 믿을 수 있는 방식, 증거에 입각한 방식으로 설명하기 위해 직접 심의민주주의적 과정에 참여하도록 만드는 것을 말한다. 이 방식은, 법원 내에서 그리고 넓은 의미의 정치 과정 내에서, 온전한 심의적 토의를 촉진할 뿐만 아니라 국가의 정치적 책무성을 신장한다. 남아프리카공화국의 경우, 학부모가 학비를 부담할 경우 자녀들의 학업에 더 큰 책임감을 느낄 것이라는 허구적인 주장을 국가가 정당화할 수 있어야 한다. 특히 국가의 공교육 체제 내에서 보편 무상 교육을 실시하면서도 학부모의 책임감이 약해지지 않은 다른 나라들의 모델을 감안할 때 남아프리카공화국의 주장이 받아들여지려면 엄격한 설명이 필요하다. 마찬가지로, 가난한 지역의 학교를 돕기 위해 잘사는 지역의 학교에서 학비를 내게 하는 남아프리카공화국의 모델 역시, 잘사는 개인들에게 누진세를 적용하면서 모든 학생들에게 무상 교육을 실시하는 다른 나라 모델과 비교해서 엄격한 설명을 할 수 있어야 한다.

법원은 정치적 책무성뿐만 아니라, 모든 관련 당사자들이 타인의 관점과 정보와 논증에 대해 진정으로 열려 있다는 전제 하에, 국가가 다른 이해 당사자들과 심의적 토론을 해야 한다고 요구함으로써 심의민주주의를 촉발할 수 있다. 그렇게 되면 국가가 내놓은 해법을 시민들에게 무조건 강요하는 것이 아니라, 그 해법 자체를 전체 시스템에 녹여낼 수 있을 것이다. 학비 감면 조치가 불러오는 문제점이 좋은 예이다.

국가가 학교에 학비 감면을 일방적으로 명령하면 대안적인 예산 보조가 없는 상태에서 학교 당국은 회피하는 행동을 할 수밖에 없다. 어떤 학교라도 이것이 자연스런 반응일 것이다. 정책을 무작정 밀어붙이면 대규모 탈법 사례가 발생할 것은 불을 보듯 뻔하다. 'Hunt Road' 판례에서 판사가 암시했듯이, 부작용이 많은 학비 감면 정책을 강행하기보다 그 상황에서 국가가 더 할 수 있는 일을 생각해내지 못했던 것이다. 셋째, 법원은 지방자치단체의 잠재적인 조정 역할과 함께, 학교 내에서 심의적이고 문제 해결적인 구조를 만들도록 요구해야 한다. 그후 법원의 역할은 이행 계획표를 설정하고 정책의 합당성을 판단하는 것이다.

지금까지는 법원의 잠재적인 역할을 강조하였다. 이제 법원 바깥의 메커니즘에도 주의를 기울여야 하겠다. 세이블은 현지의 문제 해결에 기반한 새로운 의무 준수 메커니즘을 제안한다. 이 메커니즘은 오랫동안 법원을 통해 학교 내 인종 통합과 평등을 달성하기 위해 싸워 온, 효과 없는 투쟁에 대한 건설적 대안으로 고안된 것이다.[84] 미국의 〈신교육법(No Child Left Behind Law)〉*에는 국가의 의무를 설정하기 위한 폭넓은 목표가 규정되어 있다. 이 연방법은 그 자체로 교육의 기준을 정하고 있지는 않다. 그 대신 각 주에서 지역의 취학 아동들을 위해 '수준 높은' 교육 내용과 달성 기준을 자체적으로 설정하도록 한다. 이 법의 목표는 모든 어린이들이 입학 후 12년 안에 그 주에서 정한 교육 성취 기준을 달성토록 하는 것이다. 보고 의무를 통해, 그리고 학교 발전을 평가할 수 있는 시험과 지표를 이용해서, 교육 정책의 이행 여부와 정치적 책무성을 감시한다. 지속적으로 연례 목표를 달성하지 못하는 학교는 기술 지원을 해주고, 교육 격차를 좁히는 데 성공한 학교에

---

* 미국의 〈신교육법〉은 '어떤 아이도 뒤처지면 안 된다'라는 명칭으로 불린다.

는 적절한 포상을 실시한다. 의무를 다하지 못한 학교는 교육 성과를 높일 계획을 제출해야 하고, 학부모와 교사들은 그 계획 검토 과정에 능동적으로 참여해야 한다. 이러한 계획을 이행하고 고안하는 데 문제가 없진 않겠지만, 그 과정이 현지의 심의적 문제 해결 모델에 입각해 있는 한, 모든 학습자에게 적절한 수준의 교육을 제공하는 데서 발생하는 어려움을 해결할 잠재력이 있을 것이다.

국가인권위원회의 역할도 중요하다. 교육은, 국가인권위가 개방형 조정 방식과 비슷한 과정으로 개설하여 수행할 수 있는, 인권위의 가장 중요한 역할에 속한다. 이러한 과정에서 거버넌스를 담당하는 모든 차원의 참여자들은 자기 부서의 기능을 평가하기 위해 국가인권위원회 및 다른 참여자들과 토의를 하고, 대안적 정책을 찾아내며, 계속해서 해법을 찾기 위해 조정에 따르는 공통적인 문제들을 논의에 부치도록 권장받는다. 남아프리카공화국 국가인권위원회는 2005년 기본 교육권에 관한 공청회를 개최하여 위에서 설명한 방식과 궤를 함께 하는 잠재적인 심의의 장을 열었다.[85] 인권위는 공청회가 법정이 아니며 대화를 위한 기반이라는 점을 보고서에서 강조했다. 공청회는 남아프리카공화국의 대다수 어린이들이 매일 경험하는 현실이 국가가 추구하는 법률과 정책에 부합하지 않는다는 결론을 내렸다. 타운십(흑인 거주 빈민 지역) 학교 또는 영세한 시골 학교는 낙후되어 있고, 가장 취약한 계층의 아이들일수록 자기 권리를 주장할 만한 사회적 힘이 없다. 국가인권위는 초등교육이 무상이어야 하고, 빈곤층 아이들은 국가로부터 교통비 지원을 받아야 하며, 신뢰할 만한 교육 감시 시스템이 만들어져야 한다고 권고하였다.

이러한 권고들이 비교적 강력한 어조로 표현되어 있긴 하지만 공청회는 심의민주주의적으로 조정된 접근 방식을 직접 촉진할 역량을 지니지 못했다. 이 과정에 참여한 정부 부서 혹은 지방 정부의 수가 적었고, 그중에서도 일부만이 구두 발언을 하였다. 상호 학습과 상호 평가를 위해 참여자들이 역동적으로 서로 교류한다는 느낌도 많이 들지 않았다. 기껏해야 이런 모임의 결과를 정치 과정에 약간 포함할 수는 있겠지만 정치 영역에서 인권 운동 없이는 그것조차 아무런 영향력이 없을 가능성이 크다.

3_복지를 누릴 권리

인권의 가치와 복지권

인권 담론에서 복지의 지위는 대단히 논란이 많다. 복지를 인간의 기본 권리로 보는 사람은 많지 않지만, 국가가 인간의 실존에 필요한 최소한의 조건을 제공할 기본적 책임이 있다는 점에는 동의하는 사람들이 많다. 복지의 외형과 형태를 두고 사람마다 서로 크게 다른 의견을 내놓곤 한다. 그러나 적극적 의무라는 프리즘을 통해 볼 경우, 복지권이 존재하는가라는 질문 자체가 바뀐다. 복지권은 인권 담론의 주변부에서 위태롭게 균형을 잡고 있어서는 안 되고, 인권이라는 기본 틀의 중요한 일부가 되어야 마땅하다. 복지권은 적극적 자유 개념과 실질적 평등 개념, 이 양자의 직접적인 결과이다. 인간의 실존에 필요한 최소한의 조건이 충족되지 않을 때, 자유니 평등이니 하는 것은 자유주의자들의 내용 없는 헛구호에 불과하다. 또한 자유, 평등, 연대의 가치들은 국가의 의무를 구성하기 위한 원칙들을 만들어낸다.

인권에서 복지의 위상은 자유와 선택과 책임의 저변에 깔려 있는 의미와 직접 관련이 있다. 19세기에 성행했던 개인 책임론은 가난과 곤궁을 개인의 잘못으로 해석했으며, 자유주의의 반개입주의적 국가론은 국가의 역할을 법과 질서 유지에 국한된 것으로 보았다. 실직과 빈곤이 개인의 게으름 때문에 일어난다고 생각했던 19세기 영국의 〈구빈법 (Poor Law)〉이 좋은 예이다.[86] 이때 모든 책임은 오로지 개인의 어깨에 떨어진다. 국가가 제공하는 복지는 징벌과 규율의 성격을 지녔고, 사지가 멀쩡하면서 곤궁한 사람들은 구빈원에 입소해서 국가의 도움을 받는 대가로 노동을 해야만 했다. 19세기 말에 이르러서야 실업을 개인의 책임이 아니라 사회적·경제적 문제로 인식하기 시작하였다. 이로써 비로소 국가가 개인의 복지에 적극적 의무를 져야 한다는 생각이 받아들여질 수 있었다. T. H. 마셜은 그의 독창적인 저술에서[87] 형식적·법적 평등만으로는 개인들이 자신의 시민적 권리를 온전히 행사할 수 있는 능력을 시장에 의해 훼손당한다고 지적하였다. 따라서 권리는 단순히 시민적·정치적 권리를 넘어서 사회적 권리를 부여하는 단계로 나아가야 하는 것이다. 그렇게 하려면, 시민들이 "쥐꼬리만 한 경제적 이득과 안전으로부터 한 걸음 더 나아가 사회적 유산을 최대한 공유하고, 그 사회의 일반적인 수준에 맞춰 계몽된 존재로서 삶을 살아갈 권리"를 누릴 수 있도록 보장해주기 위해 국가의 적극적 공헌을 동원할 수밖에 없다.[88] 따라서 사회민주주의는 국가가 개인의 복지를 증진하기 위해 적극적으로 개입해야 할 책임이 있다는 식으로 국가의 역할을 재정립하였다.

그러나 사회민주주의 전통은 개인의 불운을 전적으로 그 자신의 책임으로 돌리는 자유주의의 견해를 반박하는 과정에서, 반대로 국가에만 전적인 책임을 지우는 경향이 있었다. 그런데 이런 태도 역시 여러 측면에서 문제가 있다. 첫째, 사민주의는 개인의 역할을 능동적인 시민이라기보다 수동적인 수혜자로 묘사한다. 이런 식의 접근에서는 '욕구'의 의미를 민주적 논의를 거쳐야 하는 개념이 아니라, 기술적인 (technical) 개념인 것처럼 가정한다.[89] 둘째, 이런 접근은 부의 이전을 강조하므로 빈곤층의 상태를 개선하려면 부유층이 그 비용을 부담해야 한다는 식의 인상을 주기 쉽다. 이렇게 되면 복지가 권리라기보다 마치 일종의 공짜 비슷한 개념으로 받아들여진다. 셋째, 사민주의적 접근의 일차적 관심은 사회 구조나 제도적 맥락 — 분배적 결과의 저변에 깔려 있는 — 의 문제를 해결하는 것이 아니라, 물질적 자원이나 소득을 재분배하는 것이 된다.[90] 마지막으로, 국가에만 모든 책임을 지우면 공동체의 역할과 개인들 간의 책임과 같은 폭넓은 문제를 해결하기가 어려워진다.

국가가 빈곤층이나 약자 계층의 복지 제공에 전적으로 책임이 있다고 보는 복지 사상에 대해 두 가지 다른 방향으로부터 대안이 제기되었다. 첫째, 개인과 국가의 역할에 관해 19세기형 개념으로 되돌아가는 신자유주의적 경향이 존재한다. 오늘날에는 실업 문제가 구조적 원인 때문에 일어난다는 사실을 전보다 많이 인정하는 추세지만, 아직도 복지의 수급자들을 게으른 걸인이나 마찬가지라는 식으로 쉽게 손가락질하는 풍토가 남아 있다. 개인은 자유 시장에서 자기 이익을 추구함으로써 스스로 자립해야 하며, 성공하지 못한 사람은 성공한 사람들에게 부담이 되는 존재라는 눈총을 받는다. 따라서 로렌스 미드(Lawrence M. Mead)는 다음과 같이 지적한다. "사람들은 일하지 않는 빈곤층을 단순히 무임 승차자가 아니라 일종의 기생충으로 취급하며, 자기 사회를 배신한 존재라고까지 생각한다."[91] 에이미 왝스(Amy Wax)는 미국에서 '근로 능력이 있는 빈민(deserving poor, 자격 있는 빈민)'과 '근로 능력이 없는 빈민(undeserving poor, 자격 없는 빈민)'을 최근 들어 다시 거론하기 시작했다고 보고한다. 이런 생각은 "사지가 멀쩡한 사람들은 일을 해서 먹고 살아야 하며, 스스로 생계를 꾸릴 능력이 없는 사람에게만 공적인 지원을 해줘야 한다고 하는 대중의 통념에서 잘 나타난다."[92] 빈민들에게 조건 없이 지원하는 것을 평등의 증진에 도움이 된다고 보기는커녕, 그들에게 특별 대우를 해주는 것으로 본다.[93] 이런 견해에 따르면 복지 국가는 단번에 '유모 국가'의 지위로 떨어지며, 자유를 촉진하는 것이 아니라 창의력과 개인의 자율성을 말살하는 제도가 되어버린다.

둘째, 신자유주의적 퇴행에 대한 대안으로 복지 국가 내에서 새로운 유형의 권리와 책임을 모색하는 '제3의 길(The Third Way)'이라는 새로운 방향을 만들어내려는 시도가 나타났다.[94] 제3의 길은 사회민주주의 전통에 따라 진정한 선택의 자유가 있으려면 적극적인 국가의 개입이 필요하다고 생각한다. 그러나 제3의 길은 국가에만 전적으로 책임을 부과하는 전통적인 사민주의 경향도 거부한다. 그 대신 제3의 길을 창안한 이론가들은 '촉진적(facilitative)' 국가 또는 '능력 부여(enabling)' 국가를 옹호한다.[95] 고든 브라운(Gordon Brown)은 "복지 국가는 안전망이 아니라 뜀틀이다."라는 말도 했다.[96] 이 말은 국가의 역할이 수동적인 수급자들에게 물질적 재화를 재분배하는 데 있지 않고, '자력화의 정치(politics of empowerment)'에 있다는 뜻이다.[97] 따라서 알랭 쉬피오(Alain Supiot)는 복지의 기능이 개인들에게 "위험에 대처할 수 있는 적극적 보안책"으로 스스로를 무장할 수 있도록 하는 자원을 제공하는 것이 되어야 한다고 주장한다.[98] 이렇게 될 때 사람들은 진정한 자유를 누릴 수 있고, 자유를 효과적으로 사용할 수 있는 수단, 그리고 사회 생활과 경제 생활에 완전히 참여할 수 있는 수단을 지니게 된다.

제3의 길은 국가의 적극적 의무가 생산적인 사회 구성원들에게 과중한 세금 등 불공평한 부담을 안겨준다고 가정하는 신자유주의적 전제를 정면으로 반박한다. "경제를 변화된 환경에 적응시키기 위해서, 그리고 효율적이고 숙련된 노동력을 공급하기 위해서는 목표가 뚜렷한 사회적 보호가 대단히 중요하다."[99] 하지만 이런 주장만큼이나 다음과 같은 점도 중요하다고 본다. "고용률을 올리는 것이 사회적 보호 시스템을 위한 지속 가능한 재정 확보의 토대가 된다."[100] 젠더 평등은 이러한 이중적 목표를 추구하는 데 특히 중요한 정책으로 추진된다. "여성의 참여 잠재력을 계발하는 것은 젠더 평등의 문제이자 경제 효과의 의제이기도 하다."[101]

'제3의 길'은 적극적 인권의 토대가 되는 적극적 자유, 연대, 평등의 이상을 실현하는 방향으로 일부 진전을 이루었다. 그러나 '제3의 길' 이념에는 우려스러운 모호함이 존재하며, 이 노선의 이론가들은 신자유주의에서 주장하는 권리와 책임론에 위태롭게 근접하는 경향이 있다. 이런 우려는 현재 진행되고 있는 열띤 논쟁 ― 이른바 '근로 연계 복지(welfare-to-work)', 또는 제공된 일자리를 수용하거나 일종의 직업 훈련을 받는 조건으로 복지 수급 청구 자격을 부여하는 정책을 놓고 벌어지는 ― 에서도 잘 나타난다. 일반적으로 말해 근로 연계 복지(생산적 복지)는 신자유주의적 정책에 속한다고 볼 수 있다. "책임 없이 권리 없다"라는 대중적 구호에 집약된 대로, 근로 연계 복지 정책은 개인의 책임을 강조한 빅토리아 시대로 되돌아가자고 호소한다. 이런 접근 방식의 대표적인 이론가 중 한 사람인 미드가 말하듯이, 이런 식의 조건부 정책은 "이전 시대로 되돌아가려는 노력, 즉 복지 수급자가 적어도 어떤 행동 ― 특히 고용과 관련한 ― 에 대해서는 스스로 책임을 지도록 하자는 말"이다.[102] 따라서 '소득과 같은 비인격적 경제적 요인'에 근거해서 복지 혜택을 부여하지 말고, '당사자의 행동거지에 따라

미국의 빈곤과 복지 정책을 연구해 온 로렌스 미드는 근로 연계 복지 정책을 주장한다. 개인의 책임을 강조하는 근로 연계 복지는 일종의 보험식 복지 수혜로서 "복지 수급자가 적어도 어떤 행동 – 특히 고용과 관련된 – 에 대해서는 책임을 지도록 하자는 것"이다.

조건부로' 복지를 제공해야 한다고 주장한다.[103] 훌륭한 행동거지란 일차적으로 유급 일자리를 받아들이는 것으로 정의되지만, 미국의 법률에서는 각 주에 결혼 정책을 장려 — 복지와 빈곤 문제에 대한 해결책의 하나로서 — 하도록 명시적으로 권하고 있다.[104]

아마도 이런 식의 조건부 정책이 가장 잘 나타난 사례는 1996년에 이루어진 미국의 입법일 것이다. 이 법은 적절하게도 〈개인 책임과 근로 기회 조정법(Personal Responsibility and Work Opportunity Reconciliation Act of 1996)〉이라는 명칭으로 만들어졌다. 전통적으로 미국은 피부양자(어린이)가 딸린 가족에게 복지를 제공해 왔다. 미국에서 이러한 복지 수급자는 거의 대부분 독신모와 그 자녀들이다. 미국의 복지 개혁은 이른바 이 같은 '복지모(welfare mother)'들을 복지 수급 대상으로부터 끌어내어 일자리를 찾도록 하는 데 집중되었다. 즉 복지 수혜를 받아들이는 조건으로 엄격한 노동 요건을 충족시키게끔 한 것이다. 가족들은 5년 이상 복지 수급 대상이 되지 못하게끔 제한되었다. 이 기한은 연속적 기간이 아니라, 중간에 일을 했더라도 복지 수급 대상이 된 통산 누적 기간으로 쳐서 5년으로 산정하였다. 또한 2년간의 소득 지원 기한이 끝나면 복지 수혜 대신 정부가 알선하는 유급직을 받아야 할 의무가 생긴다. 따라서 복지 정책은 임금 보조 형태인 노동자 세금 환급 조치, 약간 상향 조정된 최저 임금, 어린이 양육비와 건강보험의 미세한 확대로 초점이 옮겨졌다. 개별 주 정부는 느슨한 연방 규정의 한도 내에서 자체적인 복지 정책을 입안할 수 있게 되었다. 예를 들어, 위스콘신 주는 거의 모든 가족 복지 현금 급여를 직장이 있는 부모에게만 제한하는 정책을 채택하였다.[105]

신자유주의 진영에서만 '책임 없이 권리 없다'는 주장이 나온 것은 아니었다. 미국과 영국의 제3의 길 정책 입안자들도 새로운 돌파구를 열기 위해 이 구호를 핵심 모토로 내세웠다. 앤서니 기든스(Anthony Giddens)는 '책임 없이 권리 없다'라는 구호가 "새로운 정치를 위해 가장 중요한 모토"라고 주장한다.[106] "사람들은 공동체로부터 받기만 해서는 안 되고, 공동체에 되돌려주기도 해야 한다." 고든 브라운은 시민적 공화주의에서 나온 '시민적 덕성' 개념을 상기시키면서, 정부의 진정한 역할은 "개인의 책임을 배양토록 하는 것이지 그것을 대체하는 것이 아니다."라고 선언한다.[107] 복지 국가가 의존성을 양산하는 유모 국가에 불과하다고 비난하는 우파의 공세에 대항하기 위해, 제3의 길은 사람들이 자신과 자녀를 위해 스스로 일차적인 책임을 져야 한다고 강조한다. 국가가 모든 사람에게 기본적인 기회를 제공해야 하지만 이러한 기회를 선용하는 것은 각 개인의 책임이라는 말이다. 그러므로 사회 정책은 공익을 위해 개인의 자기 이익을 장려해야 한다고 본다.[108]

영국에서 신노동당이 집권한 직후 발간된 복지 문제를 다룬 중요한 청사진은 다음과 같이 주장한다. "노동 기회를 증진하고 사람들이 그 기회를 잘 활용할 수 있도록 돕는 것까지가 정부의 책임이다. 그런 기회를 실제로 받아들여 활용하는 것은 개인의 책임이다."[109] 이것과 함께 일종의 벌칙이 따라온다. 만일 사람들이 국가가 알선한 노동 기회를 받아들이지 않는다면 복지 급여가 중단될 수도 있다는 말이다.[110]

바로 이 지점에서 제3의 길 이념에 내재된 모호한 성격을 규명할 필요가 있다. 이 노선이 제대로 작동한다면 촉진적 국가, 기회의 평등, 공동체의 유대에 초점을 맞추는 것이 능동적 시티즌십을 향한 적극적 계기가 될 수도 있다. 하지만 이런 입장은 자신의 빈곤 상태를 스스로 책임져야 한다는 신자유주의적 개념으로 쉽게 빠져들 우려가 있다. 이런 점을 간파한 기든스는 빈곤의 책임론에 초점을 맞추지 않고, 공동체로부터 혜택을 받은 개인 수급자가 공동체에 스스로 공헌할 의무가 있다는 자발적 상호성 측면에만 주로 초점을 맞춘다. 그러나 기든스의 접근 방식보다 훨씬 더 바람직한 방식은 프랑크 반덴브루케(Frank Vandenbroucke)의 접근 방식일 것이다. 그는 개인의 책임론이 단지 "빈민과 약자의 도덕적 책임에 관한 손쉬운 수사"로만 끝나서는 안 된다고 주장한다.[111] 그 대신 '상호 연결된 책임망(the web of interlocking responsibilities)'[112] 이론을 통해, 시장이 개인의 책임과 노력을 진정으로 반영하지 못할 때에 부유층과 권력 계층, 국가가 적극적으로 문제 해결에 개입해야 한다고 본다.

이 책에서 주장한 적극적 복지 제공 의무 이론은 이러한 '상호 연결된 책임망'의 접근 방식을 채택할 것이다. 이 접근 방식에서 제시된 적극적 자유 개념은 국가가 개인의 자유와 권리 행사를 보장해야 할 적극적 의무가 있음을 분명히 하고 있다. 이와 함께, 이러한 책임 이론을 일방적인 복지 급여 제공 또는 부유층이 빈곤층에게 부를 이전한다는 식으로만 해석할 필요는 없다. 지금까지 논의한 분석에 따르면 적극적 의무 개념은 대단히 풍부하고 복합적인 차원을 가진 개념임이 드러난다. 그 대신, 국가의 역할은 개인을 촉진하고 자력화하는 것이다. 따라서 권리를 지닌 사람은 수동적인 수급자가 아니라 적극적인 행위 주체로 그려진다. 이 말은 적극적 의무가 직접적인 복지 제공과 사람들이 처한 환경 조건의 원활한 촉진, 두 차원을 모두 포함한다는 뜻이다. 그렇게 될 때 사람들이 불이익 없이, 그리고 인간적인 조건에서, 국가가 제시한 유급 일자리를 통해 스스로 자립할 수 있을 것이다.

그러나 국가가 일자리를 제공해 시민들의 주체 행위를 촉진해야 할 의무를, 개인이 국가가 알선한 일자리를 받아들일 의무 — 근로 연계 복지의 주창자들이 주장하듯 — 와 혼동해서는 안 된다. 서로 다른 종류의 의무를 구분하는 것이 중요해지는 것이 바로 이 지점이다. 개인의 주체 행위를 촉진해야 할 국가의 의무는 국가의 자기 억제 의무와 함께 공존하므로, 아무리 주체 행위를 촉진해야 할 의무가 중요하다 하더라도, 개인의 선택에 국가가 개입해서는 안 될 의무 역시 중요하다. 유급 일자리의 가능성을 제시한다면 그것은 적극적 의무를 충족시키는 것이 된다. 그러나 사람들에게 그러한 일자리를 받지 않으면 복지 수혜를 잃게 될 것이라고 협박한다면 그것은 국가의 자기 억제 의무를 위반하는 일이다. 이 사례를 생각해보면, 새로운 유럽식 사회 모델의 근간을 이루는 능동적 노동 시장 정책과, 조건부 복지 정책에서 노동해야 할 의무 사이의 명백한 개념적 차이가 드러난다. 유럽식 능동적 노동 시장 정책은, 시민들에 대한 의무가 아니라, 국가가 시민들에게 자력화의 수단을 제공해야 할 의무로 작동하기 때문이다. 조건부 정책을 반대한다고 해서 개인이 자기 자신에게 또는 공동체에 대해 책임이 없다는 뜻은 아니다. 단지 기초 생계 수단을 박탈하겠다는 식으로 국가가 시민에게 책임을 강요하는 정책은 받아들일 수 없다는 뜻이다.

또한 실질적 평등의 가치라는 관점에서 근로 연계 복지를 강력하게 반대하는 주장도 존재한다. 일자리를 구하지 않고도 충분히 살아갈 형편이 되는 사람들도 자기 몫을 다하지 않고 사회적 협력의 과실을 누릴 수 있으니 말이다.[113] 더욱이 근로 연계 복지는 유급 일자리만 중요하게 여김으로써 사람들이 가치 있게 여길 수 있는 다른 모든 활동 — 특히, 돌봄 노동과 같은 — 을 경시하는 경향이 있다. 미국의 복지 규정은 독신모에게 복지 급여를 받을 수 있는 조건으로 일자리를 받아들이라고 요구함으로써, 결혼하지 않은 독신모가 아이들을 돌봄으로써 사회에 기여하는 바에 대해서는 전혀 인정해주지 않는 우를 범하고 있다. 또한 이런 식의 복지 규정은 일자리의 질에는 관심을 기울이지 않음으로써 불평등을 고착화할 가능성이 있다. 일자리가 사람을 해방할 수도 있고 착취할 수도 있다. 왜냐하면 유급 일자리가 있다 하더라도 적절한 소득이나 빈곤으로부터 자유를 보장한다는 법이 없기 때문이다. 이런 난점은, 국가에 일자리의 노동 조건을 보장하라는 의무를 부과하더라도 해결하기 어렵다.[114] 노동자가 협상력을 지니려면 자신이 일자리를 선택할 수 있어야 하는데, 조건부 규정은 그러한 선택의 요소를 줄이는 결과를 낳는다. 만일 감원이나 해고, 실직으로 당장 끼니를 거를 수밖에 없는 형편이라면 노동자의 권리가 문서상 보장되어 있다 하더라도 노동자들이 그런 권리를 행사하기는 대단히 어렵다. 실제로 복지 급여는, 노동 시장에서 노동자들의 계약 조건과 근무 조건을 뒷받침하는 데 반드시 필요한 예비 임금이라는 식으로 치부되곤 한다.

복지를 제공할 적극적 의무 이론은 연대의 가치에 의해 구성될 수도 있다. 복지 제공의 적극적 의무를 비판하는 사람들은 이런 의무가 사회의 생산적인 구성원들을 희생시켜 비생산적인 구성원들을 먹여 살린다고 비판한다. 그러나 1장에서 보았듯이 국가가 모든 사람들이 최소한의 역량을 갖출 수 있도록 보장하는 책임을 지는 것은 특정 개인들에게만 혜택을 주는 것이 아니라, 사회 전체에 혜택을 주는 것으로 보아야한다.[115] 따라서 데이비드 리치(David G. Ritchie)는 19세기 말에 다음과 같이 주장한 바 있다. 즉, 기본권 또는 자연권은 "모든 사회 구성원들의 공통된 요구이므로, 그 권리를 경시할 경우 공동체 전체의 복리또는 공동체의 존립 그 자체에 해를 끼치게 된다."[116] 최근 남아프리카공화국에서 사회 보장 문제를 놓고 제기된 'Khosa' 판례에서 모코고로판사는 리치보다 더 강하게 다음과 같이 주장하였다. "하나의 공동체로서 우리 모두가 과연 빈곤의 문제와 그 결과에 대한 책임을 평등하게짊어지는지 여부는, 부유층에 속한 구성원들이 빈곤층 구성원들이 누리는 최소한의 복리가 바로 자신들의 개인적 행복 그리고 사회 전체의행복과 직결된다는 사실을 얼마나 인정하느냐의 문제로 이어질 것이다."[117]

적극적 의무의 내용

복지 국가는 여러 형태와 형식이 있을 수 있다. 모든 유형의 복지 국가가 이러저러한 복지를 제공하지만 모두가 주체 행위로서의 자유 가치, 실질적 평등 가치, 그리고 연대의 가치를 촉진하는 것은 아니다. 앞장에서 보았듯이 이중에서 실질적 평등의 가치가 특히 중요한데, 그 이유는 재분배 정책이 사회 지위에 따르는 불평등을 강화할 수 있기 때문이다. 이 점은 젠더와 관련해서 특히 맞는 말이다. 복지 국가 모델에 따라서는 복지 수급자에게 낙인을 찍거나 급여 수준을 낮게 유지함으로써 경제적·사회적 불평등을 고착하는 모델도 있을 수 있다.

이러한 주장은 에스핑-안데르손(G. Esping-Anderson)이 말한 복지 국가의 3대 유형 — '자유주의·개인주의형', '사회민주주의형', '보수주의형' — 을 통해 더 자세히 알아볼 수 있다.[118] 각 모델은 복지의 원천이 무엇인가를 놓고 시장, 가족, 국가 등 3개 조직 사이의 특정한 흥정(trade-off)을 시도한다. 즉, 자유주의 모델은 시장을, 사민주의 모델은 국가를, 보수주의 모델은 가족을 제일 중요하게 강조한다. 에스핑-안데르손은 각각의 모델을 특정 국가와 연관시키지만, 통상적으로 복지 국가에는 이 세 가지 모델의 특성이 혼합되어 있다.

첫째, '자유주의형' 체제는 쉽게 알아볼 수 있다. 이 모델은 국가의 간섭이 없어야 자유가 성립된다는 원칙을 고수한다. 따라서 개인이 자유 시장에서 자기 이익을 추구할 수 있도록 내버려 둬야 한다고 믿는다. 시장이 실패할 경우에만 국가의 역할이 생기고, 그럴 경우에도 안전망을 제공하는 데 그쳐야 한다는 것이다. 이 모델의 특징은 세 가지가 있다. 첫째, 빈민들만 겨냥하여 자격 조건 심사에 따라 복지를 제공한다. 이렇게 되면 복지가 권리의 형태로 이해되지 않는다. 둘째, 대단히 협소한 범위의 위험만 사회적 책임의 대상으로 간주되므로, 예를 들어 미국 같은 나라에서는 '건강'과 같은 인간의 기본적인 위험 요인조차 사회적 책임의 대상에 포함되지 못한다. 셋째, 이 모델은 복지권에만 국한되어 있고 고용 권리나 노동 시장 규제에까지 확대되지 않는다.[119] 요즘 들어 보편적 복지 수혜보다 자격 조건 심사에 따른 복지 수혜를 더 많이 활용하는 추세이다.

욕구에 기반한 복지 원칙(needs-based principle)은 복지 욕구가 있는 사람이면 누구에게나 무조건적으로, 그리고 그 사람이 사회에 공헌할 능력이 있는지 여부에 상관없이, 복지를 제공할 수 있는 이점이 있다. 그러나 이 경우, 생산적인 노동으로 스스로 자립해 살아가는 사람들에게 과도하게 세금을 부과한다는 비판을 피하기 위해 복지 수혜의 수준이 일반적으로 낮다. 따라서 욕구에 기반한 복지 원칙은 빈곤에 대해 안전망을 제공하기는 하지만 사회의 평등을 신장하는 데 적극적으로 기여하지는 못한다. 이러한 불이익은 특히 미국에서 뚜렷이 나타난다. 이 경우 빈곤층은 자격 조건 심사를 거쳐 지원을 받고, 중산층은 자기네들이 알아서 문제를 사적으로 해결한다. 진정한 의미에서 사회 서비스나 공공 서비스 — 건강보험과 같은 — 는 거의 존재하지 않는 것이다. 그러므로 미국 중산층 다수가 복지 권리의 원칙에 별로 관심이 없다.[120]

이 말은 자격 조건 심사에 따른 복지 수혜가 연대의 가치를 신장하지 못한다는 뜻이다. 자격 조건 심사는 실질적 평등과 관련해서도 문제가 많다. 이 경우, 분배적 혜택이 약간 발생하기는 하지만 그 대신 '인정상 불평등(recognition inequalities)'이 더 심해지는 대가를 치러야 한다. 따라서 생존의 수단은 보장될지언정, 개인의 성취를 높이 평가하는 사회에서 인간이 누리는 존엄과 존중은 손상되기 쉽다. 여기서 조금만 더 나아가면 복지 수급자를 게으름뱅이로 보기 쉽고, 근로 연계 복지 정책으로 이어지기도 쉽다. 또한 자격 조건 심사에 따른 복지 수혜는 젠더 불평등을 심화할 수도 있다. 예를 들어, 영국에서는 자격 조건 심사 때 결혼한 부부 또는 동거 커플의 모든 수입을 합산해서 고려한다. 소득 총액이 가족 구성원들 사이에 골고루 분배될 것이라고 가정하는 것이다. 하지만 가족 내에서 소득 능력이 서로 다를 때 사회적 권력 구조와 비슷한 권력 관계가 가족 내에서도 형성되기 쉽고, 남성 배우자가 자신의 소득을 다른 가족 구성원들과 평등하게 나눠 갖는다는 보장이 없다는 사실은 오늘날 널리 알려져 있다.[121]

둘째, 에스핑-안데르손의 '보수주의형 또는 가족 중심형' 복지 국가

덴마크의 사회학자 에스핑-안데르손은 복지국가를 '자유주의형' '사민주의형' '보수주의형'의 3대 유형으로 구분한다. 자유주의 모델은 '시장'을, 사민주의 모델은 '국가'를, 보수주의 모델은 '가족'을 가장 중요하게 여긴다.

모델에 따라 본인의 기여분 또는 고용에 따른 복지 수혜를 실시하는 복지 국가들도 많다. 복지를 시장 체제에서 탈락한 사람들을 위한 안전망으로 간주하는 '자유주의형 모델'과는 달리, 이 모델에서는 복지를 근면한 사람에게 수여하는 보상으로 간주한다. 복지 수혜는 개인이 기여한 정도에 달려 있다. 따라서 누구에게나 일어날 수 있는 위기 상황 — 퇴직, 감원, 질병, 산업 재해 등 — 에 대비하는 개인 보험과 같은 기능을 한다. 복지 수혜로 받는 액수는 개인의 기여분이 얼마나 누적되었는가에 달려 있으므로, 안정된 고용 조건에서 계속해서 오랫동안 직장 생활을 해 온 사람에게 더 유리하다. 노동 시장에 적극적으로 참여할 수 없는 사람들은 가족들이 부양해야 한다고 본다. 이것은 생계를 책임지는 가장이 노동이나 복지 기여분에 따른 수혜로 가족을 먹여 살릴 수 있을 것이라고 가정하는 것이다. 영국의 복지 국가는 탄생 시기에 이 모델의 영향을 많이 받았으며, 이 모델은 지금도 영국과 기타 유럽 국가들 — 예를 들어 이탈리아 — 에서 핵심 원칙으로 남아 있다.[122]

이런 식의 보험 원칙에 기반한 모델은, 국가에 대해 적극적 의무를 부과할 경우 일부 계층을 위해 다른 계층이 부담을 져야 한다는 비판을 피할 수 있다. 왜냐하면 개인이 자기 복지를 자신이 알아서 처리하는 것처럼 보이기 때문이다. 따라서 미드와 같은 복지 비판자들은 이러한 보험식 복지 수혜와 전통적인 '복지' 수혜를 엄격하게 구분한다. 그리고 후자를 국가가 자기 스스로 자립할 능력이 없는 사람들에게 지원을 제공하는 모델이라고 규정한다.[123] 그러나 실제로는 보험에 기반한 복지 수혜 역시 국가의 복지 제공 의무에 의존한다. 사회보험이 시장을 통해 사적으로 제공되는 것처럼 보이는 미국에서조차 개인 건강보험 또는 직장 건강보험과 같은 사적 복지 수혜는 세금으로부터 많은 재원을 지원받고 있다.[124] 따라서 미국에서도 실제로는 복지를 제공하는데, 이때 빈곤층보다 중산층이 주로 혜택을 받는 실정이다.[125]

이런 모델은 노동 계층과 중산층 남성들 사이의 실질적 평등을 증진하는 데에는 도움이 되지만, 젠더 평등 면에서는 심각한 갈등을 초래한다. 이 모델이 산업사회의 노동 계층에게 어떤 의미인지를 살펴보면, 유급 고용직에서 탈락한 사람들이 직면하는 위험을 사회가 책임진다는 의미에서 일종의 평등주의적 모델로 볼 수 있는 여지가 있다. 그러나 유급 고용직에 초점을 맞추는 것 자체가 여성의 평등과 정면으로 충돌한다. 남성이 가장인 전통적인 가족 관계에서 가족이 기본적 복지의 단위가 될 경우, 남성의 복지를 향상시켜주는 정책이 여성 배우자와 자녀에게도 도움이 될 것이라고 가정하기 때문에, 가족 내 불평등이 영속화될 수밖에 없다. 이러한 가정은 모든 가족들이 아버지와 어머니로 이루어져 있다는 식의 그릇된 전제에서 출발할 뿐 아니라, 그러한 가족 내에서 여성 배우자가 남성 배우자의 수입을 똑같이 나눌 수 있다고 전제한다.[126] 실제로는 가족 내에 존재하는 불평등한 소득 분배로 인해 여

성의 빈곤이 숨겨져 있다는 증거가 분명히 존재한다.[127)]

오늘날 남성 가장이 이끄는 가족 형태가 변했는데도 개인의 기여분으로 운용되는 복지 모델은 다른 방식으로 젠더 불평등을 심화하고 있다. 여성은 생계를 책임질 뿐만 아니라 가사도 담당하는 게 정상이라는 통념 때문에 많은 여성들이 비통상적인 노동(non-standard work)을 하게 되기 쉽고, 그 결과 충분한 개인 복지 기여분을 축적할 수 있는 능력을 발휘하기가 어렵다. 낮은 소득과 비정기적인 근로 유형, 노동 시장 외에 가사에 쏟아야 하는 시간 등이 합해져 많은 수의 여성들이 개인 기여분에 기반을 둔 복지 수혜로부터 제외되고 있는 실정이다. 남성에게 적합한 유형의 노동에만 유리하게끔 되어 있는 편향성이 연금 제도에 끼치는 영향은 특히 문제가 심각하다. 여성의 비통상적인 노동은 여러 면에서 낮은 연금 소득으로 이어지기 쉽다. 예를 들어 저임금, 전업직에 종사한 연한이 짧은 경우, 개인 연금 기여분이 낮거나 불규정한 현실, 조기 퇴직 등을 들 수 있다.[128)] 2005년에 퇴직한 영국 여성들 중 오직 23퍼센트만이 자신의 기여분에 근거해서 온전한 기초연금을 수령할 수 있었다. 남성의 경우 이 비율이 77퍼센트였다.[129)]

셋째, 적극적 자유와 연대, 실질적 평등의 가치를 표출하는 복지에 가장 가까운 것은 '사회민주주의형' 모델이다. 사회민주주의 모델은 인간을 '외로운 시장' 내의 고립된 단자로 보지 않고, 본질적으로 사회적인 존재로 본다. 그렇다고 해서 이 모델이 개인의 자율성을 희생하자는 것은 아니고, 오히려 개인의 자율성을 달성할 수 있는 방안이라 할 수 있다. 즉, 사회 진보를 개인의 발전을 담보할 수 있는 최선책으로 보는 것이다. 그러므로 시티즌십과 공동체 구성원 자격을 위해서는 사회권이 반드시 필요하다고 생각하며, 자유주의 복지 모델의 특징인 '우리'와 '저들'을 나누는 식의 낙인찍기를 피하려고 한다. 이 모델의 보편적 성격에도 이 점이 잘 나타나 있다. 사회민주주의형 복지 모델은 대상을 한정하여 자격 조건을 심사해서 지원하는 대신, 보건이나 교육, 보육, 여가, 공적 공간 등과 같은 공공재를 강조한다. 시장은 기본적 복지를 달성하기에는 너무 가혹하고 자의적인 수단일 뿐이라고 본다. 이 모델은 의료나 보육과 같은 기초 욕구를 개인이 시장에서 구입하도록 두지 않고, 위험을 사회적으로 통합하는 데 목표를 둔다. 영국의 경우, 국립 의료 제도(NHS, National Health Service), 스칸디나비아 국가의 경우 가족의 욕구와 관련된 종합적인 서비스 정책 등을 꼽을 수 있다. 특히 중요한 사실은, 사회민주주의형 복지 모델이 국가 복지의 수동적인 수급자가 아니라 적극적인 권리를 지닌 시민들을 전제로 삼는다는 점이다. 따라서 교육과 훈련과 의료와 노동 기회를 통해 생산적이고 건설적인 개인을 촉진하기 위해 권리를 신장한다. 그 결과, 전체 공동체가 활짝 꽃핀 개인의 기능에 필요한 기본적인 경제·사회권을 그 사람에게 제공하고, 동시에 전체 공동체가 그러한 경제·사회권의 혜택을 입는 것으로 이해한다.[130]

사회민주주의형 복지 모델은 실질적 평등과 연대를 함께 달성하는 데 가장 적합한 모델이다. 이 모델에서는 가족 생활의 욕구를 사회화해서 여성을 무보수 가사 노동의 부담에서 해방하고, 맞벌이 가구가 가능하도록 도와준다. 맞벌이 가구의 경우, 어린이들의 가난이 줄어드는 등 다른 긍정적인 결과도 나온다.[131] 모든 사람이 복지 국가의 이해 당사자가 되므로 공동체의 연대감이 형성되는 것도 매우 중요한 점이다. 직업 훈련, 의료 제도, 교통, 교육, 보육 등과 같은 공공 서비스 접근권은 집단적인 복지 수혜로 간주되며 개인에게 형식적인 기회가 아닌 실질적인 기회를 제공한다.[132] 국가가 제공하는 복지가 필요한 사람과 그것이 필요치 않은 사람을 철저히 나누는 구분도 존재하지 않게 된다.

장애, 퇴직, 질병, 양육 및 가족 부양 책임 등은 모든 사람 — 가장 생산적인 사람조차 — 이 직면할 수밖에 없는 위험이기 때문이다.

의무의 원천

〈남아프리카공화국 헌법〉은 사회 보장권을 명확하게 규정하고 있는 점에서 흔치 않은 경우에 속한다. 사회 보장권은 다른 경제·사회권과 마찬가지로, 가용 자원 내에서 그 권리를 '전향적이고 지속적'으로 실현하기 위해 필요한 합당한 조치를 취해야 할 의무를 발생시킨다. 그러나 앞에서 예를 든 주거와 교육에서처럼, 복지를 제공해야 할 적극적 의무가 반드시 구체적으로 표현되는 사회 보장권에서만 발생할 필요는 없다. 이 경우 어쩌면 가장 기본적인 시민적·정치적 권리, 즉 '잔인하거나 비인도적인 처우를 받지 않을 권리'로부터도 사회 보장의 적극적 의무가 발생할 수 있다. 영국에서, 망명 신청자들에게 인간으로서 생존에 필요한 가장 기본적인 처우조차 고의적으로 거부한 정책을 놓고, 망명 신청자들이 제기한 소송에 대해 사법부가 국가의 적극적 의무를 인정한 사례가 있다. 'Limbuela' 판례[133]에서 영국의 대법원(상원)은 국가가 인간의 기본적 곤궁을 덜어줄 의무가 있다는 점을 신중하지만 명확하게 인정했던 것이다. 소송 당사자들은 도착 즉시 망명을 신청하지 않은 사람에게는 나중에 망명을 신청하더라도 기본적인 사회 보장을 청구할 권리를 박탈해 온 영국 정부의 방침에 이의를 제기했다. 이들은 또한 유급 일자리를 가질 권리도 거부당했다. 그 결과 망명 신청자들은 완전히 이러지도 저러지도 못하는 상황에 빠질 수밖에 없었다. 그래서 이들은 〈유럽인권협약〉 3조에 규정된 '비인도적이거나 잔인하고 모욕적인 처우 또는 처벌을 받지 않을 권리'를 침해받았다고 주장했다. 대법원은 이 조항의 위반을 피하기 위해서 해당 부서 장관은 망명 신청자들에게 기본적인 지원을 해줄 의무가 있다고 만장일치로 결정하였다.

이 판결에는 두 가지 중요한 요소가 들어 있었다. 첫째, 3조에 포함된 '비인도적이거나 모욕적인'이라는 말뜻 속에 인간에게 가장 기본적인 욕구를 박탈하는 행위 — 심각하게 해를 끼치는 수준에서 — 도 포함된다고 판시한 점이다. 둘째, 특히 중요한 점인데, 국가가 이들의 처지에 책임이 있다고 인정한 것이다. 왜냐하면 법률 구조 자체가 이 망명자들에게 유급 일자리를 구하지 못하도록 금지했으며, 그와 함께 사회적 지원 역시 끊음으로써 — 법이 그렇게 되어 있지 않았더라면 사회보장을 받을 수 있었을 텐데 — 이들이 곤궁한 처지에 빠졌기 때문이었다. 이 판결이 특히 중요한 이유는 협약의 3조에서 어느 누구도 모욕적인 처우를 받아서는 안 된다고 했으므로, 말 그대로만 보면 국가의 자기 억제 의무만 규정해놓은 것으로 독해할 수도 있기 때문이다. 그럼에도 대법원이 협약 3조가 소극적 의무를 불러일으키는지, 아니면 적극적 의무를 불러일으키는지를 분석하는 것은 별 소용이 없다는 점을 인정했던 것이다. 브라운 대법관은 다음과 같이 말했다. "이런 식의 이분법은 잘못된 구분이라는 점이 거듭 되풀이해 밝혀졌다." 그 대신, 국가가 "피해자에게 입힌(또는, 입히겠다고 위협한) 손해에 대해 책임이 있다고 실제로 인정되는지"의 여부가 진짜 쟁점이었다.[134] 그런데 이러한 책임은 직접적으로 폭력이나 처벌을 가한 경우에만 한정되지 않았다. 국가는 국가가 설정한 법률 때문에 사람들이 곤경에 빠졌을 때에도 책임이 있는 것으로 간주될 수 있다는 말이다. 이 소송의 경우, 망명 신청자들에게 사회적 지원을 중단하고, 동시에 그들이 취업을 해 자립하지도 못하게 막은 것은 다름 아닌 국가의 법률 체계였다. "내가 보기에, 유럽인권재판소가 'Chapman' 판례에서 그러했듯이, 협약 당사국들 안에 노숙자들이 많이 있으며 그런 사람들에게 국가 재원을 제공하는 것이 사법적 쟁점이 아니라 정치적 쟁점에 속한다고 말할 수는 있다. 하지만 영국같이 비교적 잘사는(선진국에 속한다는 사실은 말할 것도 없고) 나라에서 특정 집단을 지정하여 그들을 정책적으로 노숙자 상태로 내버려 두는 것은 전혀 다른 이야기다."135) 이러한 판결은 이 책에서 다룬 핵심 주제 중의 하나를 결정적으로 인정한 것이다.

　복지 영역에서 적극적 의무의 또 다른 원천은 평등 원칙이라 할 수 있다. 평등 역시, 다른 영역과 마찬가지로, 전통적인 시민적 · 정치적 권리로부터 적극적 의무를 도출해낼 수 있다. 〈유럽인권협약〉에는 직접적인 사회 보장권이 없다. 그런데 놀랍게도 재산 관련 조항으로부터 사회 보장을 제공해야 할 적극적 의무를 끌어낼 수 있다. 재산권 조항이 국가의 자기 억제 의무의 형태로 규정되어 있긴 하지만 말이다. 〈유럽인권협약 제1추가의정서〉의 1조는 다음과 같이 규정한다. "모든 자연인 또는 법인은 자신의 재산을 평화적으로 향유할 권리를 지닌다. 어느 누구도 공익을 위하여, 그리고 법률 및 국제법의 일반 원칙에 의하여 규정된 조건에 따르는 경우를 제외하고는 자신의 재산을 박탈당하지 아니한다." 이 조항은 그 자체로 사회 보장권을 발생시키지 않는다. 그러나 유럽인권재판소는, 당사국들이 법률로 제공하는 사회 보장 급부가 수급자 입장에서는 재산권에 해당한다는 점을 점진적으로 인정하였다. 처음에는 자신이 기여한 부분에 대해 일종의 이자를 청구할 수 있는 경우에만 그 복지 수혜를 재산권으로 인정해주었다. 그러나 2005년경에 이르러 재판소는 이 재산권 규정이 협약 당사국들 ― 수많은 사람들이 자기들 생활의 전부 혹은 일부를 사회 보장과 복지 수혜에 의존하는 ― 의 복지 제공 현실을 반영해야 한다고 인정하게 되었다. 당사국들 중 많은 나라의 사법부에서 그러한 개인들이 어느 정도 삶의 확실성과 안정을 누릴 수 있어야 한다고 인정하였고, 자격이 되는 개인들에게 하나의 권리로서 복지 수혜를 제공해야 한다고 인정하게 되었다. 이러한 입장은 다음과 같이 설명되었다.

> 54 …… 제1추가의정서 제1조는 재산 획득의 권리를 창출하지 않는다. 이 조항은 당사국이 어떤 형태로든 사회 보장 정책을 채택할지 말지 여부를 결정할 수 있는 자유에 대해, 또는 그러한 정책으로 어떤 유형 또는 어느 정도의 복지 수혜를 선택할 것인가 하는 자유에 대해, 어떠한 제한도 부과하지 않는다. …… 그러나 당사국이 일종의 복지 수혜 권리 — 그것이 그 이전의 보험 기여분에 달려 있든, 또는 그렇지 않든 상관없이 — 로서 복지 급여를 제공하는 법률을 시행하고 있는 경우, 그 법률은 제1추가의정서 제1조의 범위 내에서 요건을 충족하는 사람들에 대해 일종의 재산권적 이해 관계를 창출하는 것으로 간주되어야 할 것이다. ……[136]

그렇다면 여기에서 법원의 역할은 무엇일까? 사법부는 생존에 필요한 최소한의 조건을 제공하라고 요구하는 것을 넘어, 복지 영역에서 적극적 의무의 적절한 형태를 갖추기 위해 전력을 기울여야 한다. 사회 보장 영역의 복합적 성격과 그것의 광범위한 분배적 결과를 감안할 때, 법원이 특정한 복지 모델을 채택하라고 요구하는 것은 적절치 않다. 그러나 법원은 평등 원칙에 의거해서 가장 효과적인 영향을 끼칠 수 있어야 한다. 백보를 양보하더라도, 분배적 평등을 신장할 목적을 지닌 어떤 정책이 실제로는 인정상의 불평등 또는 지위상의 불평등을 고착시킬 때, 법원은 그 문제를 해결하기 위해 중요한 역할을 수행할 수 있다. 평등 원칙의 개념적 구조를 통해 이런 역할을 촉진할 수 있는데, 이러한 평등 원칙에 따르면 지위상의 불평등에 대단히 큰 영향을 끼칠 수 있는 방식으로 사회 집단들의 범주를 구분하는 행위는, 국가가 그런 행위를 정당화하지 못하는 한, 그 자체로서 '자명하게 추정되는 차별 (prima facie discrimination)'이 되는 것이다. 이렇게 국가가 자신의 행동을 정당화할 수 있어야 한다는 요구 조건으로 인해, 사법부는 국가에 대해 정치적 책무성과 투명성을 지키라고 요구할 수 있게 되었다. 사법부가 어느 정도나 심의민주주의적 의미에서 이런 요구를 하는가 하는 점은 법원이 국가의 정당화를 검증해보겠다는 의지의 강도, 그리고 법원이 요구하는 참여의 범위와 성격에 달려 있다.

우리는 앞에서 이미 캐나다의 'Gosselin' 판례를 살펴보았다. 이 건은 30세 미만의 소송 당사자들을 차별하는 근로 연계 복지 정책에 관련된 소송이었다. 이 재판에서 법원은 국가에 아주 피상적인 설명 의무만 요구하였다. 법원은 특히 30세 미만의 사람들이 30세 이상 되는 사람들보다 구직 가능성이 더 높다는 국가의 주장을 아무 근거도 없이 무조건 받아들였다. 〈유럽인권협약〉에서도 이와 유사한 판결 유형이 나타난다. 유럽인권재판소는 다음과 같은 범위 내에서만 실질적 평등을 수용하였다. "14조는 당사국이 서로 다른 사회 집단들 사이에 존재하는 '실제적 불평등'을 시정하기 위해 그 집단들을 서로 다르게 처우하는 것을 금지하지 않는다. 어떤 상황에서는, 서로 다른 처우를 통해 불평등을 시정하려고 노력하지 않는 것 자체가 본 조항을 위반하는 것이 될 수도 있다."138)

그러나 뚜렷한 목적과 합당한 이유가 없는 경우, 처우에 차이를 두는 것이 반드시 불평등을 시정하는 것이 아닐 수도 있다. 다시 말해, 그러한 정책이 정당한 목표를 추구하지 않는다면, 또는 사용하는 수단과 추구하는 목표 사이에 합당한 비례 관계가 성립하지 않는다면, 그것은 차별적인 정책이 될 수 있다. 이런 사실은 원칙적으로 법원에 대해, 젠더 평등의 이유 또는 기타 용납되지 않는 근거에서 사회 보장이 도전을 받는 상황이 발생할 때, 정치적 책무성을 묻고 심의 과정을 추진하라는 중요한 역할을 부여한다. 그러나 유럽인권재판소는 '인정상 평등' 주장에 대해서는 비교적 확고 부동한 입장, 그리고 분배적 결정에 대해서는 당사국의 정치 과정을 존중하는 입장 사이에서 갈피를 잡지 못하고 있다. 따라서 사회 보장 문제에서는, 캐나다의 사법부처럼 국가의 정치적 결정을 무비판적으로 존중하는 입장을 취해 왔다. "당사국의 정부는 그 나라 사회와 그 사회의 욕구를 잘 파악하고 있을 것이므로, 원칙적으로 각국 정부는 사회적·경제적 근거에서 공익에 부합하는 바가 무엇인지를 국제재판소의 판사보다 더 잘 평가할 수 있는 위치에 있다. 그리고 본 재판소는 각국 입법부의 정책 선택이 '명백하게 합당한 근거를 결여한' 경우가 아닌 한, 일반적으로 그러한 선택을 존중한다."[139]

남아프리카공화국 사법부의 결정은 이보다 더 복합적이었다. 'Khosa' 판례는 정식 시민권이 없는 영주권자들이 남아프리카공화국 시민들에게만 노령 연금과 양육 보조비가 지급되는 것에 이의를 제기한 사건이었다. 〈남아프리카공화국 헌법〉은 '모든 사람'이 사회 보장을 요구할 자격이 있다고 규정하면서 실질적 권리와 평등 원칙을 모두 제시한다. 법원은 국가의 설명을 상세히 검토한 후, 그러한 설명이 인간의 존엄과 연대를 규정한 헌법 가치에 비추어 견지될 수 없다고 판시하였다. 남아프리카공화국 사법부는 캐나다와 유럽의 법원들과 달리, 그러한 결정이 불러올 분배적 결과를 두려워하지 않았으며, 복지 수혜 범위를 영주권자에게까지 확대한다고 해서 국가 재정에 엄청난 누수가 발생하지 않을 것이라고 주장했다. 다른 한편, 남아프리카공화국 사법부는 인정상의 평등 측면에서는 정밀한 분석을 내놓지 않았다. 법원은 영주권자를 배제한 조치가 '모든 사람'의 사회 보장권에 위배된다고만 판결하였다. 그러나 법원은 이런 결정이 영주권자에게만 해당하는지,

아니면 영주권자들보다 숫자가 훨씬 더 많은 임시 체류자 집단에게는 전혀 다른 논거를 제시할 수 있을지에 관해서는 전혀 언급하지 않았다. 법원의 논거는 영주권자들이 곧 정식 시민이 될 예정이라는 사실에만 초점을 맞추었으므로, 인정상의 평등 측면을 시티즌십 개념 ― 법적이든 사회적이든 ― 에만 국한했던 것이다. 그러나 '모든 사람'이라는 말에 담긴 거대한 개념을 국가가 시민권 또는 의사(擬似) 시민권을 부여하기로 결정한 사람들에게만 한정하는 것이 정당화되려면, 더 많은 설명이 필요할 것이다. 하지만 이렇게 될 때 복지 수혜를 받을 수 있는 사람의 숫자가 늘어나면서 분배적 조치가 심각한 문제로 떠오를 것이다. 영국의 망명 신청자 소송 건에서 대법원이 보여주었던 것처럼, 인권의 원칙에 따르면 국가는 적어도 사람들이 완전히 곤궁한 처지에 빠지지 않도록 하기 위해, 생존에 필요한 최소한의 조건을 제공해줄 의무를 져야 마땅하다.

4_인권이 민주주의의 핵심이다

인권으로부터 발생하는 국가의 적극적 의무는 더는 무시될 수 없으며, 그것이 각종 권리의 범주를 나눈 인위적인 구분 뒤에 은폐되어서도 안 된다. 모든 인권의 바탕이 되는 자유, 평등, 민주주의, 연대의 기본 가치에 의거해서 국가는 적극적 의무와 자기 억제 의무를 모두 받아들여야 한다. 이때 해결해야 할 과제는 이러한 국가의 의무를 일관되고 지속 가능한 방식으로, 그리고 위의 기본 가치를 신장할 수 있는 방식으로 구성하는 것이다. 무엇보다도 '인권의 의무' 개념을 통해 민주주의를 발전시켜야 한다. 지구화되고 있는 세계 속에서 국가의 이러한 인권 의무는 특히 중차대한 과제라 할 수 있다. 무역의 가치와 국가의 규제 정책을 가로막는 압박이 국가의 모든 운신의 폭을 제한하고 있기 때문이다. 이 책에서는 바로 이러한 과제를 해결해보려고 노력하였다. 까마득해 보이지만 반드시 해결해야 할 이 과업을 달성하는 데 이 책이 작은 도움이 되었기를 희망하는 바이다.

| 주석 |

머리말

1) ICM/Joseph Rowntree Reform Trust State of the Nation poll 2006.

2) A. Sen. *Development as Freedom*(OUP, Oxford, 1999).

서론

1) H. J. Steiner, P. Alston, and R. Goodman. *International Human Rights in Context*(3rd edn, OUP, Oxford, 2007) 263.

2) D. Kelly. *A Life of One's Own: Individual Rights and the Welfare State*(Cato Institute, Washington DC, 1998) 1.

3) Steiner, Alston, Goodman(위의 주 1) 282.

4) 1998년 7월 1일부터 발효된 〈유럽사회헌장 추가의정서〉에 따라 집단 진정이 가능해졌다.

5) H. Shue. *Basic Rights: Subsistence, Affluence, and US Foreign Policy*(2nd edn, Princeton University Press, 1996).

6) "Maastricht Guidelines on Violations of Economic, Social and Cultural Rights". 다음에서 전재. (1998) 20 *Human Rights Quarterly* 691(Guideline 6).

7) South African Constitution, s 7(2).

8) A. Sen. *Development as Freedom*(OUP, Oxford, 1999).

9) J. Raz. *The Morality of Freedom*(Clarendon Press, Oxford, 1986) 425.

10) R. Alexy. *A Theory of Constitutional Rights*(OUP, Oxford, 2004).

1장 인권의 가치를 다시 생각한다 – 자유, 평등, 연대

1) I. Berlin. *Four Essays on Liberty*(Clarendon Press, Oxford, 1969) 121.

2) G. A. Cohen. 'Freedom and Money', Lecture in memory of Isaiah Berlin(1999).

3) Berlin(위의 주 1) 126.

4) 위의 문헌.

5) F. A. Hayek. *The Constitution of Liberty* (Routledge and Kegan Paul, London, 1960) 11.

6) 위의 문헌 19.

7) Hayek(위의 주 5) 207-208.

8) 위의 문헌 64-65.

9) Hayek(위의 주 5) 231.

10) A. Sen. *Development as Freedom* (OUP, Oxford, 1999) 5.

11) 위의 문헌 3.

12) Sen(위의 주 10) 75.

13) 위의 문헌 90-91.

14) M. Nussbaum. *Women and Human Development* (Cambridge University Press, Cambridge, 2000) 12.

15) 위의 문헌 5-6.

16) J. Bentham. *Principles of the Civil Code* (Simkin Marshall, 1898) 1:307-308.

17) C. R. Sunstein. *The Second Bill of Rights* (Basic Books, New York, 2004) 23-24.

18) Sen(위의 주 10) 165-166.

19) Cohen(위의 주 2).

20) J. Rawls. *Justice as Fairness* (Harvard University Press, Cambridge Massachusetts, 2001) 42.

21) 위의 문헌 148-150.

22) Rawls(위의 주 20) 149.

23) 위의 문헌 44.

24) Rawls(위의 주 20) 44-45.

25) 위의 문헌 151.

26) Nussbaum(위의 주 14) 65.

27) C. R. Sunstein. 'Preferences and Politics'(1991) 20 *Philosophy and Public Affairs* 3, 7.

28) 위의 문헌 10.

29) Nussbaum(위의 주 14) 115.

30) 위의 문헌 160.

31) T. Hobbes. *Leviathan*(Penguin Classics, 1985) Part I, ch 13.

32) 위의 문헌 Part I, ch 14, 190-191.

33) Hobbes(위의 주 31) 227.

34) J. Locke. *Two Treatises of Government*(Cambridge University Press, Cambridge, 1963) 372.

35) 위의 문헌 123.

36) G. W. F. Hegel. *Phenomenology of Spirit*(OUP, Oxford, 1977) 104-119; 추가로 다음을 보라. A. Patten. 'Hegel' in D. Boucher and P. Kelly(eds). *Political Thinkers*(OUP, Oxford, 2003).

37) 또한 다음을 보라. A. Honneth. 'Redistribution as recognition: A response to Nancy Fraser' in N. Fraser and A. Honneth. *Redistribution or Recognition*(Verso London, New York, 2003) 180.

38) Rawls(위의 주 20) 143.

39) 위의 문헌 6.

40) Rawls(위의 주 20) 144.

41) Hegel(위의 주 36). 또한 다음을 보라. Boucher and Kelly(위의 주 36).

42) J. Habermas. *Between Facts and Norms*(Polity Press, 1997) 88.

43) 위의 문헌 91-92.

44) J. Raz. *The Morality of Freedom*(Clarendon Press, 1986) 124.

45) Aristoteles. *Politics*(Random House, 1943) 1287, 1280-1282, 1325. 또한 다음을 보라. T. Burns. 'Aristotle' in D. Boucher and P. Kelly(eds). *Political Thinkers*(OUP, Oxford, 2003) 76-77.

46) Raz(위의 주 44) 110.

47) Berlin(위의 주 1) 169.

48) I. Kant. *The Moral Law*(Unwin Hyman, London, 1948) Book I, ch viii.

49) G. W. F. Hegel. 'Philosophy of Right(1942)' in S. M. Cahn(ed). *Political Philosophy: The Essential Texts*(OUP, Oxford, 2005) para 149, 153.

50) J. J. Rousseau. 'Of the Social Contract(1762)' in S. M. Cahn(ed). *Political Philosophy: The Essential Texts*(OUP, Oxford, 2005).

51) 위의 문헌 297.

52) Berlin(위의 주 1) 170.

53) Rawls(위의 주 20) 156.

54) S. Deakin and F. Wilkinson. *The Law of the Labour Market*(OUP, Oxford,

2005) 285-286.

55) Habermas(위의 주 42) 97.

56) 위의 문헌.

57) N. Fraser. 'Social justice in the age of identity politics: Redistribution, Recognition and Participation' in N. Fraser and A. Honneth. *Redistribution or Recognition*(Verso London, New York, 2003) 40.

58) J. G. Finlayson. *Habermas*(OUP, Oxford, 2005) 96-97.

59) Rawls(위의 주 20) 33-34.

60) 위의 문헌 32.

61) Rawls(위의 주 20) 152.

62) 위의 문헌 154.

63) Rawls(위의 주 20) 153.

64) 위의 문헌 6.

65) Rawls(위의 주 20) 153.

66) R. Dworkin. 'Rawls and the Law'(2004) 72, Fordham Law Review 1387, 1397-1398.

67) Raz(위의 주 44) 426.

68) 위의 문헌 425.

69) Raz(위의 주 44) 410.

70) 위의 문헌 409-423.

71) Rawls(위의 주 20) 6.

72) 위의 문헌 124.

73) Rawls(위의 주 20) 124.

74) 위의 문헌 76.

75) Rawls(위의 주 20) 84.

76) W. Hutton. *The World We're In*(Abacus, 2002) 63.

77) Rawls(위의 주 20) 126.

78) A. Sen. *Development as Freedom*(OUP, Oxford, 1999) 31.

79) Aristoteles. *Politics*(Random House, 1943) Book I, ch 3, 1253a 19-41.

80) R. Lister. *Citizenship: Feminist Perspectives*(2nd edn, Palgrave, 2003) 13, 15-16.

81) A. Oldfield. *Citizenship and Community, Civic Republicanism and the Modern World*(Routledge, London, 1990) 5.

82) Lister(위의 주 80) 41-42.

83) 위의 문헌 37.

84) Cohen(위의 주 2).

85) Raz(위의 주 44) 415-417.

86) 위의 문헌.

2장 국가의 역할

1) J. Bentham. *Constitutional Code*. Bk 1, ch 9, quoted in D. Held 'Central perspectives on the Modern State', in G. McLennan, D. Held and S. Hall(eds) *The Idea of the Modern State*(Open University Press, Milton Keynes, 1984) 42.

2) J. Waldron. *Law and Disagreement*(OUP, Oxford, 1999) 15.

3) HRA 1998, s 19.

4) 다음을 보라. Platon. *The Republic*(Penguin, Harmondsworth, 1974) 282; Held(위의 주 1) 19-27.

5) G. McLennan. 'Capitalist State or Democratic Polity' in Held(위의 주 1) 82.

6) 공화주의에는 여러 형태의 해석이 있다. 여기서 소개한 것은 그중 하나에 불과하다. 다음을 보라. C. R. Sustein. 'Beyond the Republican Revival' [1988] 97 Yale Law Journal 1539.

7) D. Held. *Models of Democracy*(3rd edn, Stanford University Press, Stanford, 2006) 268-269.

8) J. Habermas. *Between Facts and Norms*(Polity Press, 1997) 300.

9) J. H. Ely. *Democracy and Distrust: A Theory of Judicial Review*(Harvard University Press, 1980) 135.

10) Habermas(위의 주 7) 139-140, 165.

11) J. Cohen. 'Deliberation and Democratic Legitimacy' in A. Hamlin and P. Pettit(eds). *The Good Polity*(Blackwell, Oxford, 1989) 22.

12) 위의 문헌 27.

13) Cohen(위의 주 11) 25-26.

14) Sunstein(위의 주 6).

15) Cohen(위의 주 11) 23.

16) 위의 문헌 24.

17) C. R. Sunstein. *Designing Democracy: What Constitutions Do*(OUP, Oxford, 2001) 50-65.

18) C. R. Sunstein. 'Beyond the Republican Revival' [1988] 97 Yale Law Journal 1539.

19) Habermas(위의 주7) 166.

20) C. R. Sunstein. 'Interest Groups in American Public Law' (1985) 38 Stanford Law Review 29, 48-49.

21) Habermas(위의 주7) 166.

22) 위의 문헌 300.

23) H. Arendt. *The Human Condition*(2nd edn. University of Chicago Press, Chicago, 1998) 45.

24) J. Rawls. *Justice as Fairness*(Harvard University Press, Cambridge Massachusetts, 2001) 148-150.

25) T. H. Marshall. 'Citizenship and Social Class' in T. H. Marshall and T. Bottomore(eds). *Citizenship and Social Class*(Pluto 1992) 7.

26) Cohen(위의 주11) 23.

27) 위의 문헌 25.

28) '덤핑(dumping)'이란 한 나라의 제조 업체가 타국에다 자기 생산품을 자국 내 가격보다 낮게 판매하거나, 또는 생산비보다 낮은 가격으로 판매하는 행위를 지칭한다.

29) R. Howse and M. Mutua. 'Protecting Human Rights in a Global Economy: Challenges for the World Trade Organization'. International Centre for Human Rights and Democratic Development, Policy Paper 6.

30) 다음을 보라 ⟨http://www.wto.org/⟩.

31) General Agreement on Trade in Services(GATS).

32) Trade-Related Aspects of Intellectual Property Rights(TRIPS).

33) 정부 조달 사업 참여는 선택 조항 2개 중의 하나이다. 다른 모든 조항들은 의무적이다.

34) Trade-Related Investment Measures(TRIMS).

35) 분쟁 처리 결정에 대해 상설 상고 처리 기구를 통해 제소할 수 있다. 각국 정부만이 WTO의 분쟁 처리 기구에 제소할 수 있음을 기억하라.

36) 예를 들어 다음을 보라. S. Deakin and J. Browne. 'Social Rights and Market Order: Adapting the Capability Approach' in T. Hervey and J. Kenner(eds). *Economic and Social Rights under the EU Charter of Fundamental Rights*(Hart, Oxford, 2003).

37) United Nations Development Programme. *Human Development Report 1999.*(OUP, Oxford, 1999).

38) J. Stiglitz. 'Trade and the Developing Work: A New Agenda'. *Current History* (November 1999) 387.

39) F. E. Cardoso. 'Globalization and International Relations: Public Address to the South African Institute of International Affairs'(Johannesburg 26 November 1996) 5-6, 다음에서 인용. J. Oloka-Onyanga and D. Udagama 'The Realization of Economic, Social and Cultural Rights: Globalization and Its Impact on the Full Enjoyment of Human Rights'(Preliminary Report submitted to the United Nations Economic and Social Council, E/CN.4/Sub.2/2000/13, June 2000) para 7.

40) 타이, 인도네시아, 말레이시아, 한국, 필리핀.

41) *Human Development Report*(위의 주 37) 2-3.

42) Trade Related Aspects of Intellectual Property Rights.

43) M. Warner. 'Globalization and Human Rights: An Economic Model' [1999] 25 Brooklyn Journal of International Law 99, 99, 100-101.

44) 위의 문헌 101.

45) *Human Development Report* 1999(위의 주 37)

46) J. Sachs. 'Globalization and Patterns of Economic Development'. [2000] 136 Weltwirtschaftliches Archiv/Review of World Economics 579, 597.

47) 위의 문헌 598-599.

48) E. Cameron. *Witness to AIDS*(IB Taurus & Co. London, New York, 2005).

49) S. Deakin and F. Wilkinson. *The Law of the Labour Market*(OUP, Oxford, 2005); S. Deakin and J. Browne. 'Social Rights and Market Order: Adapting the Capability Approach' in T. Hervey and J. Kenner(eds). *Economic and Social Rights under the EU Charter of Fundamental Rights*(Hart, Oxford, 2003).

50) B. Hepple. *Labour Laws and Global Trade*(Hart, Oxford, 2005) 256.

51) M. Wolf. *Why Globalization Works*(Yale, Nota Bene, New Haven and London, 2004) 114-115.

52) World Bank. *Globalization, Growth and Poverty: Building an Inclusive World Economy*(2002) 118-119.

53) Wolf(위의 주 51) 233.

54) 위의 문헌 179.

55) F. Castles. *The Future of the Welfare State*(OUP, Oxford, 2004); Wolf(위의 주 51) P. Hall and D. Soskice. 'An Introduction to Varieties of Capitalism' in P. Hall and D. Soskice(eds). *Varieties of Capitalism: The Institutional Foundations of Comparative Advantage*(OUP, Oxford, 2001); Hepple(위의 주 50) 252.

56) Castles(위의 주 55) 157.

57) Hall and Soskice(위의 주 55) 60.

58) GATT, Article 1; GATS, Article 2; TRIPS, Article 4.

59) GATT, Article 3; GATS, Article 17; TRIPS, Article 3.

60) Document G/AG/NG/W/36/Rev.1; G. Marceau 'WTO Dispute Settlement and Human Rights'(2002) 13 European Journal of International Law 753, 주 111 참조.

61) 일반적으로 다음을 보라. Oloka-Onyanga and Udagama(위의 주 39).

62) Broad Based Black Economic Empowerment Act 53 of 2003, s 1.

63) DTI. 'The Codes of Good Practice on Broad Based Black Economic Empowerment-Phase One: A Guide to Interpreting the First Phase of the Codes'(2005).

64) Broad Based Black Economic Empowerment Act 53 of 2003, s 10.

65) J. Mortensen. 'WTO v. BEE: Why Trade Liberalization May Block Black South Africans' Access to Wealth, Prosperity or just a White Collar Job' Danish Institution for International Studies Working Paper no 2006/30.

66) The South Africa-Italy Bilateral Investment Treaty.

67) 다음에 보도됨. R. Geldenhuys. 'South Africa's BEE Policy in Trouble'(26 February 2007); ⟨www.tradelaw.co.za/news/article.asp? newsID=133⟩, ⟨www.tradelaw.co.za/news/article.asp?newsID=90⟩.

68) International Centre for Settlement of Investment Disputes(ICSID).

69) *Thailand-Restrictions on Imports of Tuna*(1991) 30 ILM 1594; *United States-Restrictions on Imports of Tuna*(1994) 33 ILM 936.

70) Howse and Mutua(위의 주 29) 11.

71) Charter of the United Nations(1945) Articles 55 and 56.

72) WTO Report of the Appellate Body. *United States-Import Prohibition of Certain Shrimp and Shrimp Related Products*(12 October 1998) WT/DS58/AB/R.

512 인권의 대전환

73) Ministerial Conference of the WTO (3 December 1996); Singapore Ministerial Declaration, adopted 13 December 1996(1997) 36 ILM 218.

74) 또한 다음을 보라. 117조, 118조.

75) ILO 'Social Aspects of European Economic Cooperation: Report of a Group of Experts' [1956] 74 International Law Review 99, 104–105.

76) D. Collins 'Social Policy' in J. Lodge(ed). *Institutions and Policies of the European Community*(Pinter, London, 1983) 98.

77) M. Maduro 'Striking the Elusive Balance Between Economic Freedom and Social Rights in the EU' in P. Alston(ed). *The EU and Human Rights*(OUP, Oxford, 1999) 468.

78) Case C-55/94 *Gebhard v. Consiglio* [1995] ECR I-4165(ECJ) para 34.

79) Case 8/74 *Procureur du Roi v. Dassonville* [1974] ECR 837(ECJ).

80) Article 31 EC.

81) C-155/82 *Commission of the European Communities v. Kingdom of Belgium* [1983] ECR 531(ECJ).

82) Case 120/78 *Cassis de Dijon* [1979] ECR 649(ECJ).

83) Case 43/75 *Defrenne v. Sabena* [1976] ECR 455(ECJ).

84) Article 13, 136–148 EC.

85) *Social Policy Agenda*, para 1.2.

86) 위의 문헌, para 1.2.

87) M. P. Maduro. 'The Double Constitutional Life of the Charter of Fundamental Rights of the European Union' in T. Hervey and J. Kenner(eds). *Economic and Social Rights under the EU Charter of Fundamental Rights*(Hart, Oxford, 2003).

88) Presidency Conclusions, Brussels, 21/22 June 2007.

89) Charter of Fundamental Rights of Union OJ C310/41 16.12.2004 Article II-85, 86 and 82.

90) Charter of Fundamental Rights of the Union OJ C310/41 16.12.2004 Article II-112.

91) IP/05/494 Brussels, 27 April 2005.

92) 강조 추가.

93) Joint Committee on Human Rights. *The Meaning of Public Authority under the Human Rights Act*(The Stationery Office 2007) para 64, 65.

94) 위의 문헌, para 84.

95) Joint Committee on Human Rights(위의 주 93), para 88.

96) *Van der Mussele v. Belgium*(1984) 6 EHRR 163(European Court of Human Rights).

97) *Costello-Roberts v. UK*(1995) 19 EHRR 112(European Court of Human Rights).

98) SDA 1975, s 76A; DDA 1995, s 49A.

99) 다음을 보라. C. McCrudden. *Buying Social Justice Equality, Government Procurement, & Legal Change*(OUP, Oxford, 2007).

100) Joint Committee on Human Rights. 'The Meaning of Public Authority under the Human Rights Act' Seventh Report of Session 2003-2004(The Stationery Office 2003) para 115.

101) 위의 문헌 para 125.

102) HRA 1998, s 6(5).

103) 다음 사례에서 인용. Lord Chancellor, HL Deb, 24 November 1997, col 811.

104) 예를 들어 다음을 보라. HC Deb, 16 February 1998, col 773(Home Secretary); HC Deb, 17 June 1998, cols 409-410, 433(Home Secretary), HL Deb, 24 November 1997, col 800, 811(Lord Chancellor).

105) YL(By her litigation friend the Official Solicitor) v. Birmingham CC [2007] UKHL 27; [2007] 3 WLR 112(HL).

106) JCoHR(2007)(위의 주 93) para 7.

107) South African Constitution, s 8(2).

108) *Ex Parte Chairperson of the Constitutional Assembly: In re Certification of the Constitution of the Republic of South Africa* 1996(4) SA 744(South African Constitutional Court) para 56.

109) *Khumalo v. Bantubonke Harrington Holomisa Case* CCT 53/01(South African Constitutional Court) para 33.

110) 비교 판례를 면밀히 검토하려면 다음을 보라. *Du Plessis v. De Klerk* Case CCT 8/95(South African Constitutional Court).

111) *Shelley v. Kraemer* 334 US 1(1948)(US Supreme Court); cf. *Retail, Wholesale and Department Store Union, Local 580 v. Dolphin Delivery*(1987) 33 DLR(4th) 174(Canadian Supreme Court).

3장 적극적 의무의 구조

1) NGO 또는 개인들이 경제 · 사회권 위원회에 제소하거나 개인 통보 제도를 활용할 수 있도록 본 규약에 선택 의정서를 추가 설정하려는 논의가 현재 진행되고 있다.

2) H. J. Steiner, P. Alston, and R. Goodman. *International Human Rights in Context*(3rd edn, OUP, Oxford, 2007) 264.

3) A. Sen. 'Freedoms and Needs'. *The New Republic*(10 and 17 January 1994) 31, 32, cited in Steiner, Alston, and Goodman(위의 주 2) 371.

4) 5장을 보라.

5) *R(on the application of Limbuela) v. Secretary of State for Home Department* [2005] UKHL 66 [2006] 1 AC 396(HL).

6) *Gosselin v. Quebec* 2002 SCC 84(Canadian Supreme Court) para 81.

7) 위의 문헌 para 377.

8) Committee on Economic, Social and Cultural Rights(CESCR), General Comment 4, The right to adequate housing(Sixth session, 1991) para 8(a).

9) *Ghaidan v. Godin-Mendoza* [2004] UKHL 30, [2004] 2 AC 557(HL) 7장을 보라.

10) R. Alexy. *A Theory of Constitutional Rights*(OUP, Oxford, 2004) 324.

11) 위의 문헌 326.

12) H. Shue. *Basic Rights*(Princeton University Press, 1980) 51.

13) 또한 다음을 보라. CESCR, General Comment 12, Right to adequate food(Twentieth session, 1999), UN Doc E/CN.12/1999/5, reprinted in Compilation of General Comments and General Recommendations Adopted by Human Rights Treaty Bodies(2003) UN Doc HRI/GEN/1/Rev.6 at 62, para 13.

14) Alexy(위의 주 10) 126, 324.

15) 8장을 보라.

16) 다음을 비교하라. ICCPR, Article 2(1) 그리고 ICESCR, Article 2(1). 전향적이고 지속적인 실현에 대해서는 아래의 논의를 참고하라.

17) 다음과 비교하라. J. Alder. 'The Sublime and the Beautiful: Incommensurability and Human Rights' [2006] Public Law 697-721.

18) 본서 1장 참조. Cf. Alder(위의 주 17): 여기서 모호함은 이성적인 논증을 통해 해소될 수 있다고 본다.

19) D. Kelley. *A Life of One's Own: Individual Rights and Welfare State*(Cato Institute, 1998) 1.

20) Alder(위의 주 17).

21) Alexy(위의 주 10) 45-57.

22) 규범은 '의무의 양식(deontic modes)'을 뜻하며, 명령, 금지, 또는 허용을 지칭한다.

23) J. Habermas. *Between Facts and Norms*(Polity Press, 1997) 179.

24) 위의 문헌.

25) *Platform 'Ärzte für das Leben' v. Austria*(1991) 13 EHRR 204(European Court of Human Rights).

26) 위의 문헌 para 32.

27) *Platform*(위의 주 25) [34].

28) *Osman v. United Kingdom*(2000) 29 EHRR 245(ECHR) para 115.

29) 위의 문헌.

30) *Osman*(위의 주 28) para 116.

31) 위의 문헌 para 116.

32) *Z v. United Kingdom*(2002) 34 EHRR 3(ECHR).

33) 위의 문헌 para 73.

34) Kelley(위의 주 19) ch 2.

35) *Airey v. Ireland*(1981) 3 EHRR 592(European Court of Human Rights).

36) 위의 문헌 para 24.

37) ICESCR, Article 12.

38) 다음을 보라. CESCR, General Comment 14, *The Right to the Highest Attainable Standard of Health*(Twenty-second session 2000) para 3-4.

39) 위의 문헌 para 47.

40) CESCR, General Comment 3, The nature of states parties obligations(Fifth session 1990) UN Doc E/1991/23, Annex III, para 9.

41) South African Constitution, ss 26(2), 27(2).

42) South African Constitution, s 28(1)(c).

43) A. Chapman. 'The Status of Efforts to Monitor Economic, Cultural and Social Rights'. Economic Rights: Conceptual, Measurement and Policy Issues Conference University of Connecticut(2005) 17.

44) CESCR, General Comment 3(위의 주 40).

45) 위의 문헌 para 9.

46) CESCR, General Comment 3(위의 주 40) para 11.

47) *Ghaidan v. Godin-Mendoza* [2004] UKHL 30, [2004] 2 AC 557(HL).

48) *Khosa and Mahlaule v. Minister for Social Development* 2004(6) BCLR 569(South African Constitutional Court).

49) A. Chapman, '"A Violations Approach" for Monitoring the International Covenant of Social, Economic and Cultural Rights'(1996) 18 Human Rights Quarterly 23, 23-66.

50) 위의 문헌 31.

51) R. Robertson, 'Measuring State Compliance with the Obligation to Devote Maximum Available Resources to Realising Economic, Social and Cultural Rights'(1994) 16 Human Rights Quarterly 693, 694.

52) A. Chapman, 'The Status of Efforts to Monitor Economic, Cultural and Social Rights'. Economic Rights: Conceptual, Measurement and Policy Issues Conference University of Connecticut(2005).

53) H. Hofbauer, A. Blyberg, W. Krafchik. *Dignity Counts*(Fundar 2004) 36.

54) Chapman(위의 주 52) 18.

55) 5장을 보라.

56) Economic and Social Council. 'Report of the Special Rapporteur on the right to the everyone of the highest attainable standard of physical and mental health, Paul Hunt'(GENERAL E/CN.4/2005/51, 11 February 2005) paras 54-56.

57) 위의 문헌 Annex, para 5.

58) Institute for Democracy in South Africa(IDASA).

59) *Republic of South Africa v. Grootboom (1)* 2001(1) SA 46(South African Constitutional Court).

60) Hunt(위의 주 56) paras 39-43.

61) CESCR, General Comment 3(위의 주 40).

62) *Republic of South Africa v. Grootboom (1)* 2001(1) SA 46(South African Constitutional Court).

63) 유효성에는 '접근성(accessibility)'이 포함된다.

64) General Comment 3(위의 주 40).

65) *Khosa and Mahlaule v. Minister for Social Development* 2004(6) BCLR 569(South

African Constitutional Court) para 34.

66) 위의 문헌 para 35.

67) *Khosa and Mahlaude*(위의 주 65) para 10(이탤릭체 추가).

68) Alexy(위의 주 10) 65.

69) 위의 문헌 194-196.

70) S. Liebenberg. 'The Value of Human Dignity in Interpreting Socio-economic Rights'(2005) 21 South African Journal on Human Rights 1.

71) 위의 문헌 22-23.

72) *Grootboom*(위의 주 59) paras 39-43; *Minister of Health v. Treatment Action Campaign(no2)*(2002) 5 SA 721(South African Constitutional Court) paras 32-39 and 125.

73) Indian Constitution(adopted 26 January 1950), Art 37; Bunreacht Na hÉireann, Art 45.

74) 이 대목은 Alexy(위의 주 10) 121-138에서 인용한 것이다.

75) Liebenberg(위의 주 70) 30.

76) P. Jones. 'Universal Principles and Particular Claims: From Welfare Rights to Welfare States'. in A. Ware and R. Goodin(eds) *Needs and Welfare*(Sage, London, 1990).

77) A. Sen. *Development as Freedom*(OUP, Oxford, 1999) 78-81.

78) I. M. Young. *Justice and Politics of Difference*(Princeton Paperbacks, Princeton, 1990) 22.

79) 위의 문헌 28.

80) Young(위의 주 78) 25.

81) Habermas(위의 주 23) 198.

82) 위의 문헌 para 1.3.1.

4장 사법 심사와 법원의 역할

1) Commission on Economic, Social and Cultural Rights(CESCR), General Comment 9, The domestic application of the Covenant(Nineteenth session 1998) para 10.

2) Indian Constitution(adopted 26 January 1950), Article 37.

3) Bunreacht Na hÉireann, Article 45.

4) EU Charter of Fundamental Rights, Article 52(5). 다음을 보라. M.P. Maduro

'The Double Constitutional Life of the Charter of Fundamental Rights of the European Union' in T. Hervey and J. Kenner(eds) *Economic and Social Rights under the EU Charter of Fundamental Rights*(Hart, Oxford, 2003); S. Fredman 'Transformation or Dilution: Fundamental Rights in the EU Social Space' [2006] 12 European Law Journal 41-60.

5) *DeShaney v. Winnebago County Department of Social Services* 1009 S Ct. 998(1989)(US Supreme Court).

6) 위의 문헌 195.

7) 다음을 보라. M. Hunt 'Why Public Law Needs "Due Defense"' in N. Bamforth and P. Leyland(eds) *Public Law in a Multi-layered Constitution*(Hart, Oxford, 2003). 이 부분은 다음에서 따온 것이다. S. Fredman 'From Defence to Democracy: The Role of Equality under the Human Rights Act 1998' (2006) 122 Law Quarterly Review 53-81.

8) *R. v. Director of Public Prosecutions, ex parte Kebilene* [2000] 2 AC 326(HL) 380-381.

9) *A. v. Secretary of State for the Home Department* [2004] UKHL 56, [2005] 2 WLR 87(HL) [29].

10) 위의 문헌 [38].

11) *Poplar Housing and Regeneration Community Association Ltd. v. Donoghue* [2001] EWCA Civ 595, [2002] QB 48 [71].

12) *A*(위의 주9) [108].

13) *R.(Alconbury Developments Ltd. and Others) v. Secretary of State for the Environment, Transport and the Regions* [2003] 2 AC 295(HL) [60].

14) *Poplar*(위의 주11) [71]

15) *R.(Anderson) v. Secretary of State for the Home Department* [2002] UKHL 46, [2003] 1 AC 837 [39].

16) *Alconbury*(위의 주13) [60].

17) *A*(위의 주9) [29].

18) *Bellinger v. Bellinger* [2003] UKHL 21, [2003] 2 AC 467.

19) 위의 문헌 [36].

20) *Bellinger*(위의 주18) [39].

21) *Lochner v. New York* 198 US 45, 25 S Ct. 539(1905)(United States Supreme Court).

22) 위의 문헌 52.

23) *Lochner*(위의 주 21) 65.

24) *Chaoulli v. Quebec(Attorney General)*(2005) SCC 35(Supreme Court of Canada) para 4.

25) 다음에서 인용. *Chaoulli*(위의 주 24) para 241.

26) 위의 문헌. para 104.

27) B. Porter. 'A Right to Health Care in Canada — Only if You Can Pay for It' [2005] 6 Economic and Social Rights Review.

28) S. Fredman 'Substantive Equality and the Positive Duty to Provide' [2005] 21 South African Journal on Human Rights 163-190, 67-68.

29) *Attorney-General s Reference(No 2 of 2001)* [2004] 1 Cr App R25(HL).

30) Housing Act 1988, s 21(4).

31) *Poplar Housing and Regeneration Community Association Ltd. v. Donoghue* [2002] QB 48 (CA).

32) 위의 문헌 69.

33) *Gosselin v. Quebec* 2002 [SCC] 84(Canadian Supreme Court) paras 338-358.

34) *Osman v. United Kingdom*(2000) 29 EHRR 245(ECHR) para 151.

35) *R(on the application of Limbuela) v. Secretary of State for the Home Department* [2005] UKHL 66, [2006] 1 AC 396(HL).

36) J. Waldron. *Law and Disagreement*(OUP, Oxford, 1999) 213.

37) 위의 문헌 222.

38) Waldron(위의 주 36) 251.

39) 위의 문헌 213.

40) HRA 1998, s 3.

41) HRA 1998, s 4.

42) *A*(위의 주 9) [143].

43) *State of Madras v. Champakam Dorairajan* AIR 1951 SC 226(Indian Supreme Court).

44) *Golaknath v. State of Punjab* AIR 1967 SC 1643(Indian Supreme Court): *Kesavananda Bharati v. State of Kerala*(1973) 4 SCC 225(Indian Supreme Court).

45) D. Dyzenhaus. 'The Politics of Deference: Judicial Review and Democracy'. in M. Taggart(ed) *The Province of Administrative Law*(Hart,

Oxford, 1997) 305.

46) R. Alexy. *A Theory of Constitutional Rights*(OUP, Oxford, 2004) 348.

47) G. Cartier 'The Baker effect: A New Interface between the Canadian Charter of Rights and Freedoms and Administrative Law' in D. Dyzenhaus(ed) *The Unity of Public Law*(Hart, Oxford, 2004) 83.

48) 이것과 유사한 논증으로 다음을 보라. J. Habermas. *Between Facts and Norms*(Polity Press, 1997) 231.

49) C. Sunstein. 'Interest Groups in American Public Law'(1985) 38 Stanford Law Review 29 at 58.

50) Habermas(위의 주 48) 278-279.

51) *United States v. Carolene Products Co* 304 US 144, 152 n 4(US Supreme Court).

52) J. H. Ely. *Democracy and Distrust: A Theory of Judicial Review*(Harvard University Press, 1980) 103.

53) 위의 문헌 136.

54) *United States v. Carolene Products Co* 304 US 144, 152 n 4(US Supreme Court).

55) Ely(위의 주 52) 152.

56) 위의 문헌 151.

57) B. Ackermann. 'Beyond Carolene Products' [1985] 98 Harvard Law Review 713 at 718.

58) 위의 문헌 741.

59) Ackermann(위의 주 57) 741.

60) W.N. Eskridge. 'Pluralism and Distrust: How Courts Can Support Democracy by Lowering the Stakes of Politics' [2005] 114 Yale Law Journal 101-149.

61) *Ghaidan v. Godin-Mendoza* [2004] UKHL 30, [2004] 2 AC 557(HL) at [132]. 또한 다음을 보라. *A*(위의 주 9) at [108], [237]; 그리고 *West Virginia State Board of Education v. Barnette* 319 US 624(1943), para 3.

62) *Railway Express Agency Inc v. New York* 336 US 106(United States Supreme Court) at 112-113.

63) D. Held. *Models of Democracy*(Polity, Cambridge, 1987) 186-220.

64) F.I. Michelman. 'Law's Republic' [1988] 97 Yale Law Journal 1493 at 1529.

65) South African Constitution, s 28(1).

66) South African Constitution, s 27(3): '누구도 응급 진료를 거부당하지 아니한

다.'

67) South African Constitution, s 29(1)(a).

68) South African Constitution, s 35(2)(e).

69) *Bel Porto School Governing Body and Others v. Premier, Western Cape and Another* 2002(3) SA 265(CC), 2002(9) BCLR 891(CC) at para 46.

70) *Ex Parte Chairperson of the Constitutional Assembly: In re Certification of the Constitution of the Republic of South Africa* 1996(4) SA 744(CC)(South African Constitutional Court).

71) *Soobramoney v. Minister of Health, Kwa-Zulu-Natal* 1998(1) SA 765(CC)(South African Constitutional Court).

72) 위의 문헌 para 29 per Chaskalson CJ.

73) *Republic of South Africa v. Grootboom (1)* 2001(1) SA 46(Couth African Constitutional Court).

74) 다음을 보라. *Bel Porto School Governing Body and Others v. Premier, Western Cape and Another* 2002(3) SA 265(CC); 2002(9) BCLR 891(CC) at para 46.

75) *Republic of South Africa v. Grootboom (1)* 2001(1) SA 46(South African Constitutional Court).

76) 위의 문헌 para 23.

77) *Grootboom*(위의 주 75) para 44.

78) 위의 문헌 para 41.

79) *Grootboom*(위의 주 75) para 43–44.

80) 위의 문헌 para 66.

81) *Minister of Health v. Treatment Action Campaign*(no. 2)(2002) 5 SA 721 (CC)(South African Constitutional Court)(henceforth *TAC*).

82) 위의 문헌 para 20.

83) *TAC*(위의 주 81) para 96.

84) 위의 문헌 para 123.

85) *TAC*(위의 주 81) para 114.

86) G. Budlender and K. Roach. 'Mandatory Relief and Supervisory Jurisdiction: When is it Appropriate, Just and Equitable?' [2005] 122 South African Law Journal 325–351.

87) *Rudolph v. City of Cape Town* reported by A. Mahomed 'Grootboom and Its Impact on Evictions' [2003] ESR Review 4.3.

88) *Port Elizabeth Municipality v. Various Occupiers* 2005(1) SA 217(CC)(South African Constitutional Court).

89) 위의 문헌 para 43 at 240E.

90) *Occupiers of* 51 *Olivia Road v. City of Johannesburg* Case No CCT 24/07 Interim Order dated 30 August 2007.

91) 내게 이 임시 명령을 알려주고 유용한 통찰을 제공해준 Geoff Budlender에게 감사를 표한다.

92) 이 사건에 대해 귀중한 논평을 해준 Geoff Budlender에게 감사를 표한다.

93) South African Constitution, s 39.

94) J. Dugard 'Court of First Instance? Towards a Pro-poor Jurisdiction for the South African Constitutional Court' (2006) 22 South African Journal on Human Rights 261.

5장 사법부의 재구성

1) 이 장은 인도의 여러 법률가와 법학자의 도움을 받아 집필했다. 생각과 경험을 필자에게 전해준 분들께 감사를 표한다. 모든 오류는 필자의 몫이다.

2) 일반적으로 다음을 보라. A. Desai and S. Muralidhar. 'Public Interest Litigation: Potential and Problems' in B. Kirpal(ed) *Supreme but not Infallible: Essays in Honour of the Supreme Court of India*(OUP, New Delhi, 2000); P. Singh. 'Promises and Perils of Public Interest Litigation in Protecting the Rights of the Poor and the Oppressed' (2005) 27 Delhi Law Review 8-25. C. Gonsalves 'Economic Rights and the Indian Supreme Court' unpublished paper.

3) *SP Gupta v. Union of India*(1981) Supp SCC 87(Indian Supreme Court).

4) 위의 문헌.

5) *Municipal Council, Ratlam v. Vardichan*(1980) 4 SCC 162(Indian Supreme Court) at 163.

6) *Gupta*(위의 주 3) at 210.

7) *Bandhua Mukti Morcha v. Union of India*(1984) 3 SCC 161(Indian Supreme Court) at 186.

8) Desai and Muralidhar(위의 주 2) 167.

9) *Gupta*(위의 주 3).

10) Desai and Muralidhar(위의 주 2) 165.

11) *Dr Upendra Baxi v. State of UP*(1986) 4 SCC 106(Indian Supreme Court).

12) *Bandhua*(위의 주 7) at 182-183.

13) 아래 주석 21.

14) *TN Godavarman Thirumulpad Through the Amicus Curiae v. Ashok Khot* Contempt Petition(Civil) 83/2005(2006.05.10)(Indian Supreme Court).

15) 신청 건수 중 약 50퍼센트가 간단한 청문 절차를 거쳐 '신청 불가'로 기각된다. 이때 기각 사유는 제시되지 않는다.

16) 역설적으로, 대법원은 행정부의 비상 사태 선포권에 의해 구금된 사람들의 기본적 시민권을 보호하기 위해서는 적극적으로 개입하지 않았다.
G. Subramanium. 'Emergency Provision under the Indian Constitution' in B. Kirpal et al(eds) *Supreme but not Infallible*(OUP, New Delhi, 2000).

17) *Sheela Barse v. Union of India*(1993) 4 Supreme Court Cases 204(Indian Supreme Court).

18) *Sheela Barse v. Union of India* [1995] 5 Supreme Court Cases 654(Indian Supreme Court).

19) *Ratlam Municipality v. Vardichand and Others* AIR 1980 SC 67(Indian Supreme Court).

20) *Paschim Banga Khet Mazdoor Samity v. State of West Bengal* [1996] 4 Supreme Court Cases 37(Indian Supreme Court).

21) '식량권'을 다루는 이 부분과 아래 절에 나오는 정보는 식량권 캠페인 단체의 다음 웹사이트에 나온 자료를 인용한 것이다. 〈http://www.righttofoodinida.org〉. 그리고 특히 이 웹사이트에 실려 있는 다음 자료를 많이 사용하였다. 'Supreme Court Orders on the Right to Food, October 2005'.

22) *People's Union for Civil Liberties v. Union of India and Others* Writ Petition(Civil) 196 of 2001(Indian Supreme Court).

23) 이 사례에 관해 풍부한 관점을 제공해준 Colin Gonsalves에게 감사를 표한다.

24) *Right to Food* interim orders booklet, 16.

25) Government of India. *Guidelines for Sampoorna Grameen Rozgar Yojana*(Ministry of Rural Development, New Delhi, 2002) 1.

26) *Right to Food*(위의 주 24) 18.

27) Writ Petition(Civil) 196 of 2001(PUCL v. Union Of India & Others) Sixth Report of the Commissioners, December 2005 〈http://www.

righttofoodindia.org/comrs/comrs_reports.html〉.

28) U. Baxi. 'The Avatars of Indian Judicial Activism' in S. Verma and Kusum(eds) *Fifty Years of the Supreme Court of India: Its Grasp and Reach*(OUP, New Delhi, 2000).

29) 이 소송 건에 대해 유용한 통찰을 제공해준 Leilla Ollipally, Justice Bannurmath, Jayna Kothari에게 감사를 표한다.

30) *State of Himachal Pradesh v. Umed Ram Sharma* AIR 1986 SC 847(Indian Supreme Court).

31) *Almitra Patel v. Union of India(16 January* 1998*)* 〔1998〕 INSC 35(Indian Supreme Court).

32) *Mohini Jain v. State of Karnataka* AIR 1992 SC 1858(Indian Supreme Court); *Unni Krishnan v. State of AP & Ors* AIR 1993 SC 2178(Indian Supreme Court).

33) 이 부분과 다른 여러 부분에서 통찰을 제공해준 마단 로쿠르 판사에게 감사를 표한다. 물론 집필에 따른 오류는 필자의 책임이다.

34) 이와 다른 방식으로 인도의 대법원은 지방법원 판사들을 상임 조사위원으로 임명하여 정기적으로 대법원에 보고하게 하는 제도를 도입하기도 했다.

35) R. Dutta and K. Kohli. 'North East: Apex Court Rules the Forests'. *India Together* 5 March 2005.

36) Submission to the Ministry of Tribal Affairs, Government of India on Behalf of the Wildlife Trust of India on the Draft Scheduled Tribes(Recognition of Forest Rights) Bill 2005, 10 July 2005.

37) U. Baxi(위의 주 28) 173.

38) 예를 들어, 2006년 4월 5일 델리의 낭글라마치 슬럼 지역의 거주자들에게 철거를 요구하는 중간 명령(interlocutory order)이 발표되었다. 사전에 거주자들의 의견 수렴은 없었다. (SP(C) No. 3419/1999). 그제야 주민들은 특별 진정을 제출해 자신들의 처지를 호소하기 시작했다. 다음을 보라. *Ram Rattan et al v. Commissioner of Police*, Special Petition, 9/05/06.

39) *T.N. Godavarman Thirumulpad v. Union of India*(1997) 2 SCC 267(Indian Supreme Court).

40) 물론 대법원은 일부 주의 경우 "숲 속이 아니라 숲의 인근 지역에서 사회 임업 프로그램에 의존하고 있는 부락민들은, 법이 정한 바대로 삼림을 벌채하고 식재한다는 조건에 따라, 정부의 승인에 의거하여 향후에도 삼림을 벌채하고 식재할 수 있다."라고 명령하였다. 그러나 이는 제한된 허용 조항이었을 뿐이다.

41) *Olga Tellis v. Bombay Municipal Corporation* AIR 1986 SC 180(Indian Supreme Court). 이 소송은 두 노숙자와 한 언론인이 제기하였음.

42) *Almitra Patel*(위의 주 31).

43) 위의 문헌.

44) U. Baxi, interview, 23 February 2007, Delhi.

45) F. I. Michelman, 'Law's Republic' [1988] 97 Yale Law Journal 1493 at 1529.

46) *Vishaka v. State of Rajasthan*(1997) 6 SCC 241(Indian Supreme Court). 또한 다음을 보라. I. Jaising 'Gender Justice and the Supreme Court' in B. Kirpaland et al(eds) *Supreme But Not Infallible*(OUP, New Delhi, 2000) 312-315.

47) 이 부분에 통찰을 제공해준 Indira Jaising에게 감사를 표한다.

48) U. Baxi, interview, 23 February 2007, Delhi.

49) 〈http://www.censusindia.gov.in/Tables_Published/Admin_Units /Admin_links/slum1.html〉.

50) 〈http://www.censusindia.gov.in/Table_Published/Admin_ Units/Admin_links/slum1.html〉.

51) *Olga Tellis*(위의 주 41) 586.

52) M. Lokur, 'Environmental Law: Its Development and Jurisprudence' Greenlaw Lecture IX, Greenlaw Lecture Series, World Wide Fund for Nature, India 1-27.

53) *M. C. Mehta v. Union of India*(1986) 2 SCC 176,(1986) 2 SCC 325,(1987) 1 SCC 395(Indian Supreme Court).

54) *Indian Council for Enviro-Legal Action v. Union of India*(1996) 3 SCC 212(Indian Supreme Court).

55) *M. C. Mehta v. Union of India*(1998) 6 SCC 60;(1998) 8 SCC 648;(1999) 6 SCC 14;(2000) 9 SCC 519;(2001) 3 SCC 756;(2001) 3 SCC 763;(2001) 3 SCC 767;(2002) 4 SCC 352;(2002) 4 SCC 356;(2003) 10 SCC 560(Indian Supreme Court).

56) *Rural Litigation and Entitlement Kendra v. State of Uttar Pradesh*(1985) 2 SCC 431;(1985) 3 SCC 614;(1986) Supp SCC 517; (1980) Supp 1 SCC 514; (1989) Supp 1 SCC 537; (1989) Supp 2 SCC 384;(1991) 3 SCC 347(Indian Supreme Court); 또한 다음을 보라. Lokur(위의 주 52) 4-6.

57) Writ Petition No 305 of 1995 in the Bombay High Court; see U. Ramanathan. 'Illegality and Exclusion: Law in the Lives of Slum Dwellers'. International Environmental Law Research Centre Working Paper 2004-2, 9.

58) R. N. Barucha. *Yamuna Gently Weeps* 〈http://www.yamunagently weeps.com〉

59) *Narmada Bachao Andolan v. Union of India*(2000) 10 SCC 664(Indian Supreme Court) para 64.

60) 위의 문헌 para 54.

61) *Narmada Bachao Andolan*(위의 주 59) para 230.

62) 위의 문헌 para 233-234.

63) *Narmada Bachao Andolan*(위의 주 59) para 47.

64) 위의 문헌 para 48.

65) *Narmada Bachao Andolan*(위의 주 59) para 248.

66) U. Baxi(위의 주 28) 159.

67) 위의 문헌 161.

68) U. Baxi(위의 주 28) 164.

69) U. Baxi, interview, 23 February 2007, Delhi.

6장 법을 넘어선 적극적 의무

1) G. Teubner. 'Substantive and Reflexive Elements in Modern Law' (1983) 17 Law and Society Review 239.

2) 위의 문헌; C. Scott. 'Regulation in the Age of Governance: The Rise of the Post-Regulatory State' in J. Jordana and D. Levi-Faur(eds) *The Politics of Regulation*(Edward Elgar, Cheltenham, 2004); J. Black. 'Constitutionalizing Self-Regulation' (1996) 59 Modern Law Review 24; J. Black 'Proceduralizing Regulation, Part II'(2001) 21 OJLS 33.

3) J. Habermas. *Between Facts and Norms*(Polity Press, 1997) section 2.1.

4) Scott(위의 주 2).

5) Teubner. 'After Privatization: The Many Autonomies of Private Law'(1998) 51 Current Legal problems 393-424.

6) Teubner(위의 주 1) 254.

7) 위의 문헌 255.

8) Scott(위의 주 2) 9.

9) Teubner(위의 주 1) 256.

10) O. Gerstenberg and C. Sabel. 'Directly-deliberative Polyarchy: An Institutional Ideal for Europe?' in C. Joerges and R. Dehousse(eds) *Good Governance in Europe's Integrated Market*(OUP, Oxford, 2002) 338-340.

11) Habermas(위의 주 3) para 2.1.

12) 예를 들어 다음을 보라. O. de Schutter and S. Deakin. 'Reflexive Governance and the Dilemmas of Social Regulation' in O. de Schutter and S. Deakin(eds) *Social Rights and Market Forces: Is the Open Coordination of Employment and Social Policies the Future of Social Europe?*(Bruylant, Bruxelles, 2005).

13) S. Sturm. 'Second Generation Employment Discrimination: A Structural Approach'(2001) 101 Columbia Law Review 458 at 463.

14) J. Cohen and C. Sabel. 'Directly-deliberative Polyarchy'(1997) European Law Journal 313.

15) 위의 문헌 321, 334.

16) Gerstenberg and Sabel(위의 주 10) 291.

17) Cohen and Sabel(위의 주 14) 334-335.

18) I. Young. 'Communication and the Other: Beyond Deliberative Democracy' in S. Benhabib(ed) *Democracy and Difference: Contesting the Goundaries of the Political*(Princeton Paperbacks, Princeton, 1996) 127-128; I. Young. 'Justice and Communicative Democracy' in R. Gottlieb(ed) *Radical Philosophy: Tradition, Counter-tradition, Politics*(Temple University Press, Philadelphia, 1993) 130.

19) J. Black. 'Proceduralizing Regulation, Part II'(2001) 21 OJLS 33 at 47.

20) de Schutter and Deakin(위의 주 12) 3.

21) B. Hepple, M. Coussey, and T. Choudhury. *Equality: A New Framework Report of the Independent Review of the Enforcement of U.K. Anti-discrimination Legislation*(Hart, Oxford, 2000).

22) Scott(위의 주 2) 12; Hepple, Coussey, and Choudhury(위의 주 21) 56-58.

23) J. Black. 'Proceduralizing Regulation, Part II'(2001) 21 OJLS 33 at 51.

24) N. Bernard. 'New Governance Approach to Economic, Social and Cultural Rights' in T. Hervey and J. Kenner(eds) *Economic and Social Rights under the*

EU Charter of Fundamental Rights(Hart, Oxford, 2003) 255.

25) C. Sabel and W. Simon. 'Epilogue: Accountability without Sovereignty' in G. de Burca and J. Scott(eds) *New Governance and Constitutionalism in Europe and the US*(Hart, Oxford, 2006).

26) 위의 문헌 7.

27) Treaty of the EU, Article 127.

28) Article 125.

29) Article 127.

30) Article 128.

31) *Presidency conclusions*. Extraordinary European Council meeting on Employment Luxembourg, 20 and 21 November 1997 para 13. 〈http://ec.europa.eu/employment_social/elm/summit/en/backgr/home.htm〉.

32) Bernard(위의 주 24) 263-267.

33) European Commission. *Jobs, Jobs, Jobs: Creating More Employment in Europe*(2003).

34) 위의 문헌.

35) European Commission(위의 주 33) 29.

36) 위의 문헌 27.

37) A. Supiot. *Beyond Employment*(OUP, Oxford, 2001).

38) *Draft Joint Employment Report* 2003/2004(2004) 17, 30.

39) 위의 문헌 26.

40) *Draft Joint Employment Report* 2003/2004(위의 주 38) 36.

41) 위의 문헌 18, 35.

42) *Draft Joint Employment Report* 2003/2004(위의 주 38) 38.

43) S. Ball. 'The European Employment Strategy: the Will but not the Way?' [2001] 30 Industrial Law Journal 353.

44) European Commission(위의 주 33) 57.

45) C. D. L. Porte and P. Nanz. 'The OMC—a Deliberative-democratic Mode of Governance? The Cases of Employment and Pensions'(2004) 11 Journal of European Public Policy 267-288 at 281.

46) K. A. Armstrong. 'Tackling Social Exclusion Through OMC: Reshaping the Boundaries of EU Governance' in T. Börzel and R. Cichowski(eds) *State of*

the Union: Law, Politics and Society(Vol. 6)(Oup, Oxford, 2003) 27.

47) S. Borras and B. Greve. 'Concluding Remarks: New Method or Just Cheap Talk'(2004) 11 Journal of European Public Policy 329-336 at 345.

48) 다음을 보라. S. Fredman. 'Transformation or Dilution: Fundamental Rights in the EU Social space' [2006] 12 European Law Journal 41-60.

49) P. Alston. 'Strengths and Weaknesses of the ESC's Supervisory System' in G. De Burca and B. de Witte(eds) *Social Rights in Europe*(OUP, Oxford, 2005) 51.

50) Draft Optional Protocol to the International Covenant on Economic, Social and Cultural Rights Prepared by the Chairperson-Rapporteur, Catarina De Albuquerqu A/HRC/6/WG.4/2 23 April 2007.

51) CESCR General Comment 14, The Right to the Highest Attainable Standard of Health(Twenty-second session 2000), E/C.12/2000/4.

52) South African Constitution, s 184.

53) C. F. T. Thipanyane. 'The Monitoring of Socio-economic Rights by the South African Commission in the Second Decade of the Bill of Rights' (2007) 8 Economic and Social Rights Review 11.

54) South African Human Rights Commission. 'Sixth Economic and Social Rights Report' August 2006, xiv.

55) 위의 문헌 6.

56) Sturm(위의 주 13).

57) *Treatment Action Campaign v. MEC for Health, Mpumalanga & Minister of Health Transvaal Provincial Division* case no. 35272/02. 또한 다음을 보라. G. Budlender and K. Roach. 'Mandatory Relief and Supervisory Jurisdiction: When is it Appropriate, Just and Equitable?' [2005] 122 South African Law Journal 325-351.

58) Aids Law Project Annual Report 2003, 24.

59) Treatment Action Campaign Annual Report 2006.

60) 위의 문헌 8.

61) South African Constitution, s 35(2)(e).

62) J. Berger. 'Implementing the Operational Plan in Prisons' AIDS Law Project 18 month Review 2006-2007, 21-26.

63) ALP Annual Report 2006-2007, 18.

64) Treatment Action Campaign Evaluation June 2005, 25.

7장 평등의 실현

1) S. Fredman. *Women and the Law*(Oxford Monographs in Labour Law, OUP, Oxford, 1997) 385-403; S. Fredman. *Discrimination Law*(Clarendon Law Series, OUP, Oxford, 2002) ch 5; S. Fredman. 'Reversing Discrimination' [1997] 113 Law Quarterly Review 575-600.

2) N. Fraser and A. Honneth. *Redistribution or Recognition*(Verso, London, New York, 2003) 13.

3) G. W. F. Hegel. *Phenomenology of Spirit* (OUP, Oxford, 1977) 104-109. 위의 책 1장을 보라.

4) Fraser and Honneth(위의 주 2) 13.

5) N. Fraser. 'Redistribution or Recognition' in Fraser and Honneth(위의 주 2) 14.

6) 위의 문헌 29.

7) Fraser in Fraser and Honneth(위의 주 5) 29.

8) A. Sen. *Inequality Re-examined*(OUP, Oxford, 1992).

9) S. Fredman. *The Future of Equality in Great Britain*(Working Paper No. 5 Equal Opportunities Commission, Manchester, 2002); S. Fredman. 'Recognition and Redistribution' [2007] South African Journal on Human Rights(forthcoming).

10) 8장을 참조하라.

11) J. Habermas. *Between Facts and Norms*(Polity Press, 1997) para 1.3.1.

12) *United States v. Carolene Products Co.* 304 US 144, 152 n 4(US Supreme Court); *Andrew v. Law Society of British Columbia* [1989] 1 SCR 143(Supreme Court of Canada).

13) J. H. Ely. *Democracy and Distrust: A Theory of Judicial Review*(Harvard University Press, 1980) 151.

14) A. Sen. 'Freedoms and Needs' *The New Republic*(10 and 17 January 1994, 31, 32) cited in H. J. Steiner and P. Alston. *International Human Rights in Context*(2nd edn, OUP, Oxford, 2000) 269.

15) C. R. Sunstein. *Designing Democracy: What Constitutions Do*(OUP, 2001) 11.

16) *San Antonio Independent School District v. Rodriguez* 411 US 959, 93 S Ct

1919(US Supreme Court).

17) 위의 문헌 1294.

18) *San Antonio*(위의 주 16) 1302.

19) *Khosa and Mahlaule v. Minister for Social Development* 2004(6) BCLR 569(South African Constitutional Court).

20) 위의 문헌 para 77.

21) *Eldridge v. British Columbia* [1997] 3 SCR 624(Canadian Supreme Court).

22) 위의 문헌 para 54.

23) *Andrews v. Law Society of British Columbia* [1989] 1 SCR 143(Supreme Court of Canada) per McIntyre J. at 169.

24) *Eldridge*(위의 주 21) para 73.

25) 위의 문헌.

26) Canadian Charter, s 1.

27) *Law v. Canada* [1999] 1 SCR 497(Canadian Supreme Court).

28) *Gosselin v. Quebec* 2002 SCC 84(Canadian Supreme Court) para 61(McLachlin J.).

29) *Law*(위의 주 27) para 105.

30) 위의 문헌 para 101.

31) *Gosselin*(위의 주 28) para 55.

32) 위의 문헌 para 56.

33) *Belgian Linguistic Case*(No. 2)(1968) 1 EHRR 252(European Court of Human Rights), para 10.

34) 위의 문헌.

35) *Petrovic v. Austria*(2001) 33 EHRR 14(European Court of Human Rights).

36) 위의 문헌 paras 27–29.

37) *Petrovic*, para C38.

38) *R. on the Application of Hooper v. Secretary of State for Work and Pensions* [2005] UKHL 29(House of Lords); *Ghaidan v. Godin-Mendoza* [2004] UKHL 30, [2004] 2 AC 557(HL).

39) *Wandsworth Borough Council v. Michalak* [2003] 1 WLR 617(CA); *Douglas v. North Tyneside Metropolitan Borough Council* [2003] EWCA Civ. 1847(CA).

40) *Ghaidan*(위의 주 38) para 18.

41) *Michalak*(위의 주 39).

42) 위의 문헌 para 41.

43) Pay Equity Taskforce and Departments of Justice and Human Resources Development Canada. *Pay Equity: A New Approach to a Fundamental Right*(2004) 106.

44) 위의 문헌 108.

45) Pay Equity Taskforce(위의 주 43) 98.

46) 위의 문헌 147.

47) Platform for Action. *Fourth World Conference on Women*(Beijing, 1995).

48) F. MacKay and K. Bilton. *Learning From Experience: Lessons in Mainstreaming Equal Opportunities*(Scottish Executive Social Research 2003) 1.

49) 위의 문헌.

50) C. McCrudden, 'Review of Issues Concerning the Operation of the Equality Duty' in E. McLaughlin and N. Faris(eds) *Section 75 Equality Review — An Operational Review Volume* 2(Northern Ireland Office, Belfast, 2004); C. McCrudden. 'Mainstreaming Equality in the Governance of Northern Ireland' in C. Harvey(ed) *Human Rights, Equality and Democratic Renewal in Northern Ireland*(Hart, Oxford, 2001).

51) Race Relations Act 1976, s 71(1).

52) Sex Discrimination Act 1975, s 76A.

53) Disability Discrimination Act 1995(DDA, 1995), s 49.

54) Northern Ireland Act 1998, s 75.

55) Fair Employment Treatment(Northern Ireland) Order 1998 No. 3162(NI 21).

56) 위의 문헌 s 55.

57) Pay Equity Taskforce(위의 주 43).

58) B. Hepple, M. Coussey, and T. Choudhury. *Equality: A New Framework Report of the Independent Review of the Enforcement of UK Anti-discrimination Legislation*(Hart, Oxford, 2000) 57.

59) MacKay and Bilton(위의 주 48) 97.

60) 위의 문헌 74.

61) MacKay and Bilton(위의 주 48) 143.

62) M. Pollack and E. Hafner-Burton. 'Mainstreaming Gender in the European Union' [2000] 7 Journal of European Public Policy 432-456.

63) *R(on the application of Diana Elias) v. Secretary of Defence, Commission for Racial Equality* 〔2005〕 EWHC 1435(Admin)(QBD(Admin))(이 건은 항소 대상이 아니었고, 아직도 계속되고 있다).

64) *R(on the application of Diana Elias) v. Secretary of Defence, Commission for Racial Equality* 〔2005〕 EWHC 1435(Admin)(QBD(Admin)); *Elias v. Secretary of Defence* 〔2006〕 EWCA Civ 1293(Court of Appeal).

65) 이 판례에서, 국방부의 특정한 정책이 잠재적으로 인종 차별적인 특징을 띨 것인지를 두고 조금도 주의를 기울이지 않았으므로 국방장관이 평등 의무를 위배했다는 결정이 나왔다.

66) Equality Commission for Northern Ireland Reviewing the Effectiveness of Section 75 of the Northern Ireland Act 1998(May 2007) 〈http://www.equalityni.org/archive/pdf/ReviewingEffS75 ECNIRpt0507.pdf〉.

67) 예컨대 다음을 보라. *Common Ground: Equality, Good Race Relations and Sites for Gypsies and Irish Travellers. Report of a CRE Inquiry in England and Wales* 2006. The Inquiry took evidence on implementation of the duty from 236 local authorities.

68) Women and Equality Unit. *Advancing Equality for Men and Women: Government Proposals to Introduce a Public Sector Duty to Promote Gender Equality*(2005) para 30.

69) MacKay and Bilton(위의 주 48) 142.

70) Race Relations Act 1976, s 71(1); Northern Ireland Act 1998, s 75.

71) Discrimination Law Review: A Framework for Fairness: Proposals for a Single Equality Bill for Great Britain(Department for Communities and Local Government, June 2007) 〈http://www.communities. gov.uk/publications/communities/frameworkforfairnessconsultation〉 para 5.29.

72) DDA 1995, s 49A(1).

73) Pay Equity Taskforce(위의 주 43) 62.

74) DDA 1995, s 49A(1)(e).

75) B. Osborne and I. Shuttleworth(eds) *Fair Employment in Northern Ireland: A Generation On*(Blackstaff Press Ltd, Belfast, 2004) 8.

76) K. A. Armstrong. 'Tackling Social Exclusion through OMC: Reshaping the

Boundaries of EU Governance' in T. Börzel and R. Cichowski(eds) *State of the Union: Law, Politics and Society(Vol. 6)*(OUP, Oxford, 2003) 12.

77) J. Rubery. 'Gender mainstreaming and Gender Equality in the EU: The Impact of the EU Employment Strategy'(2002) 33 Industrial Relations Journal 500–522 at 503.

78) Northern Ireland Act 1998, Sch 9.

79) MacKay and Bilton(위의 주 48) 46ff.

80) Hepple et al.(위의 주 58) 57 ; Pay Equity Taskforce(위의 주 43) 395.

81) Hepple et al.(위의 주 58) 59.

82) C. McCrudden, R. Ford, and A. Heath. 'The Impact of Affirmative Action Agreements' in B. Osborne and I. Shuttleworth(eds) *Fair Employment in Northern Ireland: A Generation On*(Blackstaff Press, Belfast, 2004) 125.

83) Pay Equity Taskforce(위의 주 43) 163, 406.

84) Northern Ireland Act 1998, Sch 9.

85) McCrudden et al.(위의 주 82) 122.

86) Hepple et al.(위의 주 58) 62.

87) B. Osborne and I. Shuttleworth(eds) *Fair Employment in Northern Ireland: A Generation On*(Blackstaff Press, Belfast, 2004) 7.

88) Pay Equity Taskforce(위의 주 43) 401, 406.

89) Fair Employment and Treatment(Northern Ireland) Order 1998 No. 3162(NI 21) Article 13 ; 다음을 보라. McCrudden et al.(위의 주 82) 122-150.

90) Hepple et al.(위의 주 58) 64.

91) C. R. Sunstein. 'Beyond the Republican Revival' [1988] 97 Yale Law Journal 1539.

92) C. D. L. Porte and P. Nanz. 'The OMC: A Deliberative-democratic Mode of Governance? The Cases of Employment and Pensions'(2004) 11 Journal of European Public Policy 267-288.

93) Pay Equity Taskforce(위의 주 43) 231.

94) J. Zeitlin. 'Conclusion: The Open Method of Coordination in Action: Theoretical Promise, Empirical Realities, Reform Strategy' in J. Zeitlin, P. Pochet, and L. Magnusson(eds) *The Open Method of Coordination in Action: The European Employment and Social Inclusion Strategies*(PIE–Peter Lang, 2005).

95) 위의 문헌 39.

96) Pay Equity Taskforce(위의 주 43) 160, 223.

97) C. D. L. Porte and P. Nanz. 'The OMC: A Deliberative-democratic Model of Governance? The Cases of Employment and Pensions'(2004) 11 Journal of European Public Policy 267-288, 273.

98) Armstrong(위의 주 76) 25.

99) Zeitlin(위의 주 94) 37-38.

100) Pay Equity Taskforce(위의 주 43) 230.

101) Zeitlin(위의 주 94) 42-43.

102) MacKay and Bilton(위의 주 48) 141ff.

103) 위의 문헌 71.

104) Rubery(위의 주 77) 515.

105) Pay Equity Taskforce(위의 주 43) Chapter 5.

106) Pay Equity Taskforce(위의 주 43) 228.

107) MacKay and Bilton(위의 주 48) 124.

108) Regulation(EC) No. 1784/1999 of the European Parliament and the Council of 12 July 1999.

109) Armstrong(위의 주 76) 29.

8장 사회적 권리와 적극적 의무 : 몇 가지 핵심 사례들

1) *Chapman v. United Kingdom*(2001) 33 EHRR 399(European Court of Human Rights) para 99.

2) ICESCR, Article 11(1).

3) ESC, Article 31.

4) *Republic of South Africa v. Grootboom (1)* 2001(1) SA 46(South African Constitutional Court) para 23.

5) *United Nations Housing Rights Programme, Report No. 1* 'Housing Rights Legislation: Review of International and National Legal Instruments'(2002) at 1.

6) *Port Elizabeth Municipality v. Various Occupiers* 2005(1) SA 217(South African Constitutional Court) per Sachs J. at para 18(228).

7) *R(on the application of Limbuela) v. Secretary of State for Home Department* [2005] UKHL 66; [2006] 1 AC 396(HL) para 71.

8) *Ahmedabad Municipal Corporation v. Nawab Khan Bulab Khan*(1997) 11 SCC

121(Indian Supreme Court).

9) Concluding Observations of the Human Rights Committee: Canada, UN Doc. CCPR/C/79/Add.105(7 April 1999).

10) *Olga Tellis v. Bombay Municipal Corporation* AIR 1986 SC 180(Indian Supreme Court).

11) 위의 문헌.

12) *Botta v. Italy*(153/1996/772/973).

13) *R(on the application of Bernanrd) v. Enfield LBC* [2002] EWHC 2282(High Court); 또한 다음을 보라. *R(on the application of Anufrijeva) v. Southwark LBC* [2003] EWCA Civ 1406(CA).

14) *Ghaidan v. Godin-Mendoza* [2004] UKHL 30, [2004] 2 AC 557(HL) at [135].

15) 진하게 표시된 부분은 필자의 강조이다.

16) 필자가 강조한 부분.

17) ESC, Article 16.

18) ESC, Article 23.

19) ESC, Article 30.

20) 필자가 강조한 부분.

21) South African Constitution, s 25(5).

22) *Poplar Housing and Regeneration Community Association LTD v. Donoghue* [2001] EWCA Civ 595, [2002] QB 48.

23) Housing Act 1988, s 21(4).

24) *Olga Tellis*(위의 주 10).

25) 5장을 보라.

26) *Modderfontein Squatters, Greater Benoni City Council v. Modderklip Boerdery* 2004(6) SA 40(South African Supreme Court of Appeal).

27) *President of the Republic of South Africa and Another v. Modderklip Boerdery(Pty) Ltd.* CCT20/04(South African Constitutional Court).

28) *Port Elizabeth*(위의 주 6) para 28.

29) *Jaftha v. Schoeman and Others; Van Rooyen v. Stoltz and Others* 2005(2) SA 140(CC) at para 34.

30) *Occupiers of* 51 *Olivia Road v. City of Johannesburg, Rand Properties and Others* CCT 24/07; see Chapter 4.

31) International Eviction Guidelines, 20, paras 38-40.

32) *Rand Properties*(위의 주 30).

33) *Olga Tellis*(위의 주 10).

34) CESCR General Comment 4. *The Right to Adequate Housing*(Art. 11(1): 13/12/91).

35) *Ahmedabad*(위의 주 8).

36) *Grootboom*(위의 주 4).

37) *P. G. Gupta v. State of Gujarat*(1995) Supp 2 SCC 182(Indian Supreme Court). 또한 다음을 보라. *Shantistar Builders v. Narayan Khimalal Totame*(1990) 1 SCC 520(Indian Supreme Court) 이 경우 도시의 유휴지를 빈곤층을 위한 주택 건설에 쓸 수 있도록 판결하였다. 또한 다음을 보라. *Grootboom*(위의 주 4) para 35.

38) *European Roma Rights Centre v. Greece* Complaint No. 15/2003(European Committee of Social Rights).

39) 위의 문헌 para 19.

40) *Connors v. United Kingdom*(2005) 40 EHRR 9(European Court of Human Rights) para 84.

41) *Grootboom*(위의 주 4) paras 37, 39, 40.

42) Report of South African Human Rights Commission 2002-2003, 5.

43) *Grootboom*(위의 주 4) para 39.

44) *Minister of Health v. Treatment Action Campaign(no. 2)*(2002) 5 SA 721(South African Constitutional Court) para 123.

45) *Grootboom*(위의 주 4) para 42-43.

46) 위의 문헌 para 44.

47) CESCR General Comment No. 3 The nature of states parties obligations(Fifth session 1990) para 9.

48) *Grootboom*(위의 주 4) para 46.

49) *Roma Rights* case(위의 주 38).

50) 다음을 보라. T. Makonnen. *Measure for Measure Data Collection and EU Equality Law*(European Communities, 2007) 〈http://www.migpolgroup.com/documents/3645.html〉.

51) ECHR First Protocol, Article 2.

52) *Belgian Linguistic Case(No. 2)*(1968) 1 EHRR 252(European Court of Human Rights) 281.

53) United Nations Economic and Social Council, The right to education(Art. 13), 08/12/99, E/C.12/1999/10(General Comments) 1.

54) K. Tomaševski, *Preliminary Report of the Special Rapporteur on the Right to Education*(Human Rights Commission, 1999) para 60.

55) Universal Declaration of Human Rights, Article 26(초등 기초 단계에서 무상 의무 교육); ICESCR, Article 13(무상 의무 초등 교육); Convention of the Rights of the Child, Article 28(무상 의무 초등 교육); African Charter on the Rights and Welfare of the Child, Article 11(무상 의무 기초 교육).

56) South African Constitution, s 29(1). 다음을 보라. F. Veriava and S. Wilson, ˈA Critique of the Proposed Amendments on School Funding and School Feesˈ(2005) 6(3) ESR Review 9.

57) South African Schools Act No. 84 of 1996 as amended.

58) Tomaševski(위의 주 54) para 35.

59) South African Schools Act No. 84 of 1994, s 5.

60) Exemption of Parents from Payment of School Fees Regulations Government Notice 1293(Government Gazette 19347) October 1998.

61) Education Laws Amendment Act 2005; Veriava and Wilson(위의 주 56).

62) Tomaševski(위의 주 54) para 20, 80; Economic and Social Council, *Annual Report of the Special Rapporteur on the Right to Education, Katarina Tomaševski* E/CN.4/2001/52(11 January 2001) para 35.

63) Lisbon Accord 2000.

64) W. De Kok, *Jobs, Jobs, Jobs: Creating More Employment in Europe(Report of the Employment Taskforce)*(European Commission, 2003) 8 ⟨http://ec.europa.eu/employment_social/employment_strategy/pdf/etf_en.pdf⟩.

65) New York State Constitution, Article XI, S 1.

66) *Campaign for Fiscal Equity v. State of New York* 100 NY2d at 930.

67) *Campaign for Fiscal Equity Inc v. State of New York* 2006 NYSlipOp 02284(Appellate Division, First Department).

68) Tomaševski(위의 주 54) paras 51-74.

69) *Campaign for Fiscal Equity Inc v. State of New York*, 86 NY2d 307, 316, 317 [1995](New York State Court of Appeals); 100 NY2d at 908.

70) 100 NY2d at 909-912.

71) 일반적으로 다음을 보라. Farkas L. *Segregation of Roma Children in Education:*

Addressing the Structural Discrimination through the Race Equality Directive(EU Commission, 2007).

72) European Monitoring Centre on Racism and Xenophobia, Annual Report 2005, Part II(EUMC I) 68.

73) *Case of DH and Others v. The Czech Republic*(Application no 57325/00) para 10-11 and 49-51 respectively.

74) *Case of DH and Others v. The Czech Republic*(Application no 57325/00) Grand Chamber, 13 November 2007.

75) *San Antonio Independent School District v. Rodriguez* 411 US 959, 93 SCt 1919(US Supreme Court).

76) Contrast *Board of Educ, Levittown Union Free School Dist v. Nyquist* 57 NY2d 27, 49 n 9 [1982], appeal dismissed 459 US 1139 [1983]

77) *Campaign for Fiscal Equity v. State of New York* 100 NY2d 893, 906, 908 [2003] [*CFE II*] at 925.

78) 위의 문헌 930.

79) *Campaign for Fiscal Equity*(위의 주 77) at 932.

80) *Campaign for Fiscal Equity Inc v. State of New York*(2006 NYSlipOp 08630) 11.

81) *Centre for Applied Legal Studies v. Hunt Road Secondary School Case* No: 10091/2006.

82) D. MacFarlane. 'Government to Act on School Fees' *Mail* and *Guardian* 30 July 2007.

83) Plenary Speech by the Minister of Education, Naledi Pandor, MP, Education Laws Amedment Bill debate, National Council of Provinces, 16 November 2005.

84) J. Liebman and C. Sabel. 'A Public Laboratory Dewey Barely Imagined: The Emerging Model of School Governance and Legal Reform'(2002-2003) 23 NYU Journal of Law and Social Change 183-304.

85) South African Human Rights Commission. 'Report of the Public Hearing on the Right to Basic Education' 2006.

86) Royal Commission Report in 1834, S. Webb and B. Webb. *English Poor Law Policy*(Longmans, 1910) 277.

87) T. H. Marshall. 'Citizenship and Social Class' in T. H. Marshall and T. Bottomore(eds) *Citizenship and Social Class*(Pluto, 1992).

88) 위의 문헌 7.

89) P. Jones. 'Universal Principles and Particular Claims: From Welfare Rights to Welfare States' in A. Ware and R. Goodin(eds) *Needs and Welfare*(Sage, London, 1990); A. Sen. *Development as Freedom*(OUP, Oxford, 1999) 78-81.

90) I. M. Young. *Justice and the Politics of Difference*(Princeton Paperbacks, Princeton, 1990) 22.

91) L. Mead. 'Welfare Reform and Citizenship' in L. Mead and C. Beem(eds) *Welfare Reform and Political Theory*(Russell Sage Foundation, New York, 2005) 187.

92) A. Wax. 'The Political Psychology of Redistribution: Implications for Welfare Reform' in Meed and Beem(위의 주 91) 200 at 201.

93) 위의 문헌 216.

94) T. Blair. *The Courage of Our Convictions*(Fabian Society, London, 2002); A. Giddens. *The Third Way and Its Critics*(Polity Press, Cambridge, 2000); S. White. 'The Ambiguities of the Third Way' in S. White(ed) *New Labour: The Progressive Future?*(Palgrave, New York, 2001).

95) S. Fredman. 'The Ideology of New Labour Law' in C. Barnard, S. Deakin, and G. Morris(eds) *Essays in Honour of Bob Hepple*(Hart, Oxford, 2004).

96) G. Brown in D. Miliband(ed) *Reinventing the Left*(Polity Press, Cambridge, 1994) 114.

97) D. Held. 'Inequalities of Power, Problems of Democracy' in D. Miliband(ed) *Reinventing the Left*(Polity Press, Cambridge, 1994) 47.

98) A. Supiot. *Beyond Employment*(OUP, Oxford, 2001) 197-198.

99) Commission of the European Communities. *Social Policy Agenda* COM(2000) 379 final(henceforth *Social Policy Agenda*) para 1.2; and see 'Mid term Review' para 3.3.

100) *Social Policy Agenda* para 1.2

101) Draft Joint Employment Report 2003/2004(2004) 18.

102) L. Mead. 'Summary of Welfare Reform' in L. Mead and C. Beem(eds) *Welfare Reform and Political Theory*(Russell Sage Foundation, New York, 2005) 13.

103) 위의 문헌 12.

104) L. Mead. 'Welfare Reform and Citizenship' in Mead and Beem(위의 주 102)

173.

105) L. Mead. 'Summary of Welfare Reform' in Mead and Beem(위의 주 102) 15-19; D. King 'Making People Work' in Mead and Beem(위의 주 102) 66, 67.

106) A. Giddens. *The Third Way and Its Critics*(Polity Press, Cambridge, 2000). 65.

107) Brown(위의 주 96) 114.

108) 예를 들어 다음을 보라. F. Field. *Stakeholder Welfare*(Institute for Economic Affairs, London, 1997); C. Oppenheim. 'Enabling Participation? New Labour's Welfare to Work Policies' in S. White(ed) *New Labour: The Progressive Future?*(Palgrave, New York, 2001) 78.

109) Green Paper. *New Ambitions for Our Country: A New Contract for Welfare*(Cm. 3805, 1998) 24, 31.

110) *Preventing Social Exclusion* the 2001 report of the Social Exclusion Unit(Cabinet office, London, 2001) 8.

111) F. Vandenbroucke. 'European Social Democracy and the Third Way' in S. White(ed) *New Labour: The Progressive Future?*(Palgrave, New York, 2001) 170-171.

112) 위의 문헌.

113) 예를 들어 다음을 보라. A. Deacon. 'An Ethic of Mutual Responsibility? Towards a Fuller Justification for Conditionality in Welfare' in Mead and Beem, 127-150; S. White. 'Is Conditionality Illiberal' in Mead and Beem(위의 주 102) 92.

114) White(위의 주 111).

115) M. Freeden. 'Rights, Needs and Community: The Emergence of British Welfare Thought' in A. Ware and R. Goodin(eds) *Needs and Welfare*(Sage, London, 1990) 55.

116) D. Ritchie. *Natural Rights*(Allen & Unwin, London, 1894) 87.

117) *Khosa and Mahlaule v. Minister for Social Development* 2004(6) BCLR 569(South African Constitutional Court) at para 74.

118) G. Esping-Anderson. *Social Foundations of Post Industrial Economies*(OUP, Oxford, 1998).

119) 위의 문헌 74-76.

120) G. Esping-Anderson. *Social Foundations of Post Industrial Economies*(OUP,

Oxford, 1998) 171.

121) K. Bellamy, F. Bennett, and J. Millar. *Who Benefits? A Gender Analysis of UK Benefits and Tax Credits System*(Fawcett Society, 2005) 5 ; S. Fredman. *Women and the Law*(OUP, Oxford, 1998) 171-173.

122) Fredman(위의 주 122) at 27ff ; G. Esping-Anderson. *Social Foundations of Post Industrial Economies*(OUP, Oxford, 1998).

123) L. Mead. 'A Summary of Welfare Reform' in Mead and Beem(위의 주 102) 10.

124) G. Esping-Anderson. *Social Foundations of Post Industrial Economies*(OUP, Oxford, 1998) 171.

125) 위의 문헌 175-178.

126) S. Fredman. 'Women at Work : The Broken Promise of Flexicurity'(2004) 33 Industrial Law Journal 299.

127) J. Bradshaw et al. *Gender and Poverty in Britain*(EOC, 2003) Lewis 92.

128) Pensions Policy Institute. *The Under-pensioned Women*(2003) 8.

129) K. Bellamy, F. Bennett, and J. Millar. *Who Benefits? A Gender Analysis of UK Benefits and Tax Credits System*(Fawcett Society, 2005) 4.

130) Esping-Anderson(위의 주 124) at 78-80.

131) 위의 문헌 178-179.

132) Supiot(위의 주 98) 144.

133) *R. on the Application of Hooper v. Secretary of State for Work and Pensions* [2005] UKHL 29(House of Lords) at [7].

134) *Limbuela*(위의 주 7) at [92] and see Lord Hope at [53].

135) *R.(on the application of Limbuela) v. Secretary of State for Home Department* [2005] UKHL 66 ; [2006] 1 AC 396(HL).

136) *Stec and others v. UK* Application nos 65731/01 and 65900/01(2005) (Admissibility decision 6 July 2005) para 54.

137) *Gosselin v. Quebec* 2002 SCC 84(Canadian Supreme Court).

138) *Stec v. UK* [2006] ECHR 65731/01(European Court of Human Rights) para 51.

139) 위의 문헌.

140) 이 점을 일깨워준 Geoff Budlender에게 감사를 표한다.

인명

R.) 211

카르도주, 페르난두 엔히크(Cardoso, Fernando Henrique) 142, 143

칸트, 이마누엘(Kant, Immanuel) 83, 97

켈리, 데이비드(Kelly, David) 190, 203

코언, 스탠리(Cohen, Stanley) 50

코언, 제럴드(Cohen, Gerald) 84, 115, 136

토마셰프스키, 카타리나(Tomaševski, Katarina) 470

토이브너, 귄터(Teubner, Günther) 24, 346, 347, 350, 361

프레이저, 낸시(Fraser, Nancy) 101, 395, 396

플라톤(Platon) 126

하버마스, 위르겐(Habermas, Jürgen) 24, 94, 127, 129, 131, 134, 193, 227, 228, 262, 263, 338, 352, 356

하우즈, 로버트(Howse, Robert) 157

하이에크, 프리드리히(Hayek, Friedrich) 80, 100

허튼, 윌(Hutton, Will) 111

헤겔, 게오르크 빌헬름 프리드리히 (Hegel, Georg W. F.) 93, 94, 97, 395

헤플, 밥(Hepple, Bob) 148, 430~432

헬드, 데이비드(Held, David) 24, 134

호네트, 악셀(Honneth, Axel) 395

홉스, 토머스(Hobbes, Thomas) 92

용어

판례

'Ahmedabad' 판례 447

'Airey' 판례 205, 207, 221, 224

'Alconbury' 판례 237

'Almitra' 판례 322

'Anderson' 판례 237

'Belgian Linguistics' 판례 463, 464

'Carolene Products' 판례 265, 267

'Chaoulli' 판례 240, 243

'Chapman' 판례 444, 498

'Costello-Roberts' 판례 170

'Defrenne' (No 2) 판례 163

'DeShaney' 판례 234

'Eldridge' 판례 407, 409

'Elias' 판례 422

'Ghaidan' 판례 415, 416, 449

'Gosselin' 판례 243, 409~412, 415, 501

'Grootboom' 판례 214, 219, 220, 224, 225, 274, 278, 283, 286, 289, 382, 445, 459

'Hunt Road' 판례 478

'Khosa' 판례 217, 226, 406, 490, 502

'Law v. Canada' 판례 409

'Limbuela' 판례 244, 245, 497

'Lochner v. New York' 판례 239

'Michalak' 판례 416

'Modderklip' 판례 453

'Olga Tellis' 판례 321, 328, 448, 453, 456

'Osman' 판례 198, 201, 244

'Petrovic' 판례 413, 415

'Platform' 판례 197, 201

'Poplar' 판례 237, 452

'Port Elizabeth Municipality' 판례 286

'Rand Properties' 판례 286, 454~456

'Right to Food' 판례 301, 306, 307, 329

'San Antonio' 판례 405, 473

'Shelley v. Kraemer' 판례 173

'Soobramoney' 판례 274, 276, 277, 279

'TAC' 판례 280, 284, 382, 459

'Tuna Dolphin' 판례 157

'US-Shrimp' 판례 158

'Vehiclular Pollution' 판례 329

'Z v. UK' 판례 199, 200

ㄱ~ㄹ

개인 책임과 근로 기회 조정법 (PRWORA) 485

건강권 26, 43, 44, 48, 144, 153, 190, 207, 208, 212~215, 221, 381, 463

경제적·사회적·문화적 권리를 위한 국제 규약(ICESCR) 64, 181, 182, 209, 372~375, 445, 450, 459